인지문체론
텍스트의 언어와 인지 분석

Cognitive Stylistics: Language and cognition in text analysis

Edited by Elena Semino and Jonathan Culpeper
Copyright © 2002 by John Benjamins Publishing Company

이 책의 한국어 판권은 JOHN BENJAMINS PUBLISHING COMPANY와의
독점계약으로 한국문화사에 있습니다.
Korean Translation Copyright © 2017 by HankookMunhwa-Sa Publishing Co.

한국문화사 인지시학 시리즈

인지문체론
텍스트의 언어와 인지 분석

Elena Semino(엘레나 세미노)·Jonathan Culpeper(요나단 컬페퍼) 엮음
양병호·유인실·이승철·이강하 옮김

Cognitive Stylistics:
Language and cognition in text analysis

한국문화사

■ 서문

엘레나 세미노 · 요나단 컬페퍼 (랭커스터 대학교)

  이 책의 목적은 언어학, 문학 연구, 인지과학 사이의 접점에서 빠르게 영역을 확장하고 있는 인지문체론의 학문적 양상을 보여주는 것이다. 인지문체론은 전형적인 문체론의 전통 방식인 문학 텍스트에 대한 일종의 명쾌하고 엄격하고 상세한 언어 분석에, 언어 창출 및 수용의 근간인 인지 구조와 인지 과정에 관한 체계적이고 이론적인 고찰을 결합한다.

  인지문체론은 정의하기에 따라 진부하기도 하고 참신하기도 하다. 문체론이 언어학적 선택과 언어학적 효과 사이의 관계에 초점을 맞추면서 텍스트와 텍스트에 대한 독자의 해석에 항상 관심을 두었다는 점에서 인지문체론은 진부하다. 예컨대 현대영미 문체론의 발전에서 중요한 역할을 수행한 전경화 이론(무카로브스키 Mukařovský, 1970)이 특정 언어 선택과 언어 패턴에 대한 인지 효과와 관련되어 있다(이것이 형식주의로 알려진 학파에서 비롯되었다는 점에도 불구하고)는 것을 상기하는 것이 중요하다. 따라서 전경화 이론에 대한 경험주의 연구에 해당하는 빌리 반 피어 Willie van Peer의 독창적인 저서에『문체론과 심리학: 전경화에 관한 연구 Stylistics and Psychology: Investigations of Foregrounding』(반 피어, 1986)라는 제목이 붙은 것은 우연이 아니다. 마찬가지로 문체론 연구는 독자반응비평(피시 Fish, 1973)과 문학의 경험주의 연구(쇼트 Short · 반 피어, 1988)의 이론 및 방법론 발전에 영향을 받아 왔다.

  그러나 전통적인 문체 분석은 해석을 예증하거나 설명하기 위하여 언어

이론이나 틀 구조를 사용하는 경향이 있다. 인지문체론은 인지 구조와 인지 과정을 언어 선택과 관련짓는 이론에 기반을 두고 체계적으로 언어를 분석한다는 점에서 참신하다. 이는 한편으로 텍스트와 반응 사이의 관계, 다른 한편으로는 텍스트와 해석 사이의 관계에 관하여 더 체계적이고 명확한 설명을 제시한다.

따라서 이 책의 12개 장 전체가 공유하는 것은 (ㄱ)특정 텍스트나 텍스트 현상에 대한 관심, (ㄴ)언어 선택을 인지 현상과 명확하게 관련시키는 분석 방법의 적용, (ㄷ)해당 텍스트나 현상에 대한 충분한 설명은 인지문체론 방법을 통해야만 도달할 수 있다는 주장이다. 구체적으로 이 책의 대부분에서 반복되고 있는 목표는 텍스트에 대한 새로운 해석을 제시하는 것보다 그 해석에 도달하는 방법을 설명하는 것이다. 몇몇 장에서의 분석(마가렛 프리만 Margaret Freeman, 크레이그 해밀턴 Craig Hamilton, 야나 포포바 Yanna Popova, 피터 스톡웰 Peter Stockwell, 르우벤 춰 Reuven Tsur)은 동일한 부분의 텍스트가 어떻게 다양하게 해석되는지 체계적으로 설명하고 있다.

12개 장의 공통점은 소위 인지문체론의 산하에 각 장을 포괄하는 한편, 이 분야에 포섭되는 연구의 다양성을 제시하기 위하여 각 장의 저자를 엄선했다는 것이다. 이들 사이의 비교적 사소한 견해 차이는 각 장의 저자가 그들이 수행하는 연구 기획의 명제를 취하는 방법 때문이다. 일부 연구자는 '인지문체론'을, 일부 연구자는 '인지시학'을 사용하고, 또 다른 일부 연구자는 확실히 두 용어를 동의어로 생각한다(웨일즈 Wales, 2001, 64쪽 참조). 우리는 이 두 명제를 범박하게 일치하는 것으로 간주하지만, 텍스트의 언어를 치밀하게 주목한다는 점을 강조하기 위하여 이 책의 제목을 '인지문체론'으로 채택했다. 또한 '인지문체론'은 베버 Weber의 저서인 『문체론 독본: 로만 야콥슨부터 현재까지 The Stylistics Reader: from Roman

Jakobson to the Present』(베버, 1996)에서 한 부의 제목으로 사용되었다. 그 부에는 이 책 '후기'의 저자인 도날드 프리만Donald Freeman의 글이 포함되어 있다.

이 책에서 더욱 더 두드러진 견해 차이는 각 장마다 특정한 인지 접근 방식을 채택하고 있다는 것이다. 당연히 대부분의 장은 래내커Langacker, 레이코프Lakoff 등의 연구와 연관된 인지언어학의 영향을 받고 있다. 사실, 인지시학의 발전 도상에서 소위 인지문체론의 부상에 대하여 언급하는 것은 거칠게는 인지언어학, 더 명확하게는 레이코프 식의 인지은유 이론의 영향 때문이다. 그러나 특정한 방법론을 지니고 있는 이 책의 저자들은 자신들의 입장을 취하는 방식이 분명히 다르다. 프리만, 해밀턴, 포포바, 제라드 스틴Gerard Steen은 인지문체론을 인지언어학 방법론의 부분으로 본다. 다른 연구자들은 인지언어학을 인지문체론에 도입할 수 있는 인지 이론에 관한 방법론의 하나로 (또한 우리가 공유하는 입장으로) 여긴다. 세미노, 스톡웰, 반 피어 · 에바 그라프Eva Graf가 쓴 장은 모두 인지언어학, 그리고 일반적으로 심리학과 인지과학에 기반한 여러 이론들을 적용했다. 또한 캐더린 에모트Catherine Emmott와 스틴은 그들이 논의한 현상에 대해 설명하면서 인지언어학의 잠재성을 인정하는 한편, 취약성을 지적한다. 스틴은 텍스트 처리 과정에 대하여 인지언어학이 심리학을 더 고려할 필요가 있음을 주장하는 반면에, 에모트는 담론 현상과 서사 현상에 대한 고찰이 결여되었음을 강조한다. 그 외의 장들은 대부분 인지언어학의 방법론으로부터 독립되어 있다. 예스하야후 쉔Yeshayahu Shen은 시에서 비유적인 언어 사용에 대한 자신의 인지 이론을 점검하고 전개하지만, 자신의 이론과 인지은유 이론과의 관계를 (그리고 양립 가능성을) 상세히 설명한다. 살바토레 아따도Salvatore Attardo와 컬페퍼는 각각 유머 연구와 캐릭터 묘사 연구를 위하여 텍스트 처리 과정 연구의 전통방식으로부터 착안한 각자의 틀 구조를 제안한다. 마지막으로 취는 "현저한 차이"로서, 또는 어떤 점에서 "'인지언어학'의 명제 하에 최근 진행되는 것"과 "심지어 정반대"로서, 자신의 '인지시학'에 관한 이론을 제시한다. 이 책에서 각 장의 순서는 대략 위의 설명 순서를 따르고 있다.

마지막으로 이 책의 12개 장은 시, 허구 및 바-허구 서사, 연극을 망라하여 문학 텍스트, 문학 시기, 문학 현상을 폭넓게 넘나든다. 일부는 문학과 언어학 연구에서 오래된 전통 양식을 지닌 현상(유머, 캐릭터 묘사, 비유 언어, 운율)에 혁신적인 방법론을 제공하고, 그 외 일부는 아직 주목을 충분히 받지 못한 현상(자아 분열 현상, 정신 유형, 공간 언어)에 초점을 맞춘다. 또한 이 12개 장은 특정한 분석 방법을 사용하는 데에 차이가 있고, 해당 텍스트에 대한 언어 분석이 적절한 해석과 관련짓는 방식에서도 차이가 있다. 일부 저자가 각자의 개성적 독법에 근거하여 적절하거나 개연성 있는 반응에 대해 가설을 세운 반면, 몇 저자(포포바가 특히 그러하고, 프리만, 해밀턴, 세미노, 스톡웰은 좀 덜하다.)는 문학비평가의 의견을 참조하고, 일부 저자(쉔, 스틴, 취)는 특정 가설을 시험하기 위하여 실험 정보를 활용한다.

각 장의 개요

우선 이 책의 1~3장에서는 인지언어학에서 나온 중심 개념과 일부 통찰력을 특정 텍스트의 분석에 적용하였다. 1장에서 크레이그 해밀턴은 크리스틴 드 피장Christine de Pizan의 15세기 텍스트인 『숙녀들의 도시The Book of the City of Ladies(Le Livre de la cité des dames)』)에서 은유, 비유, 풍유를 활용하고 해석하는 것을 '개념통합'이나 '혼성'의 이론이 어떻게 설명할 수 있는지 보여준다. 해밀턴의 분석은 피장의 작품에 관한 독자의 직관적 이해에 대해, 그리고 다양한 역사 시기와 문화 집단을 거슬러 해석되어 온 방식에서 유사성과 변별성에 관해 체계적으로 설명한다. 해밀턴은 "여러 학자가 오늘날 문학비평이 전부 사이비나 무의미한 기획이 되지 않도록 인지적 전환을 할 필요가 있다."라는 것을 주장하고, '여성 독자'와 '성 차이에 따른 기억'과 마찬가지로 시대적인 개념에 대한 적절한 과학적 연구의 토대가 부족하다는 것을 드러낸다.

2장에서 마가렛 프리만은 정신과 언어의 신체화된 본성을 강조하는 인지언어학이 텍스트, 특히 시에서의 신체화 양상에 대하여 재평가를 이끌어낸다는 것을 논의한다. 프리만은 에밀리 디킨슨Emily Dickinson이 쓴, 일반적으로 비평가가 흐릿하다고 생각하여 기존의 판본으로부터 상당히 변경된, 시 두 편의 친필 원본을 분석한다. 프리만은 디킨슨의 개념 세계를 구성하는 특정 지식 영역과 개념은유뿐만 아니라, 두 텍스트 본래의 시 형태적 특징 중 인지적 중요성을 고려하여 어떻게 두 텍스트를 적절하게 판독하는지 보여준다. 프리만은 텍스트의 생산과 수용을 통해 의미가 어떻게 창출되는지를 설명할 수 있다는 점에서, "인지시학은 설명하는 능력이 있다."라고 강조한다.

3장에서 야나 포포바는 흔히 문학비평가에 의해 고도의 모호성이 제기되고 다양한 해석을 야기하는 헨리 제임스Henry James의 『융단 속의 문양 The Figure in the Carpet』를 논의한다. 포포바의 목적은 모호성을 해결하는 것이 아니라, 모호성이 해결될 수 없는 이유, 즉 텍스트가 본질적으로 모호한 이유를 설명하기 위하여 인지언어학의 통찰력을 사용하는 것이다. 포포바의 분석은 텍스트에 존재하는 모호성의 두 가지 주요 원인과 플롯의 중심인 '비밀'의 양립할 수 없는 은유적인 개념화를 추적한다. 또한 포포바는 제임스의 소설에 대한 약 서른 편의 발표 논문을 고려하고, 자신의 분석이 소설비평의 두 가지 주요한 해석 노선을 어떻게 설명하는지 보여준다. 포포바는 인지언어학 방법론이 기본적인 해석인 '원형적인' 수준과 또 다른 기본적이지 않은 수준을 구분할 수 있다고 주장한다. 또한 포포바는 한편으로 해석의 가변성에 대해, 다른 한편으로 모든 해석은 동일하게 수용되지 않는다는 사실에 대해 설명한다. 포포바는 위의 사실이 "해석 이론의 다원주의와 객관주의 사이에 필요한 절충점을 구축한다."라고 주장한다.

  4장부터 8장이 인지언어학과 여타 인지 이론과 접근 방식을 절충하여 작성하는 한편, 7장과 8장은 인지언어학 방법론에 대한 일종의 한계를 지적한다. 4장에서 피터 스톡웰은 밀턴Milton의 소네트 네 편을 "텍스트를 읽는 동안 어떤 방식으로 감각을 느끼는지"의 원인이 되는 형식적 자질과 심리학적 자질의 조합인 '텍스처'라는 측면에서 분석한다. 스톡웰은 직시, 통사, 부정과 같은 언어 현상에 인지 방법을 적용하고, 개념은유, '유인'과 '산만'의 개념, '전경'과 '배경'의 대조를 포함하여 이들의 가능 효과를 설명하기 위하여 인지 개념의 범위를 기술한다. 이 장에서 스톡웰은 동시에 다르게 읽기가 가능함을 설명하고, 텍스트 자질과 인지 과정 사이의 관계 측면에서 다양한 텍스처가 어떻게 적절하게 포착될 수 있는지를 네 개의 텍스트를 통하여 제시한다.

  5장에서 엘레나 세미노는 적절한 인지 이론을 통해 언어 자질을 인지 구조와 인지 현상에 관련시킴으로써 '정신 유형'으로 알려진 현상을 설명할 수 있다고 주장한다. 세미노는 '정신 유형'의 개념과 '이데올로기적 관점'의 개념을 구분하고, 정신 유형은 "언어가 개인의 세계 인식을 특징짓는 특정한 개념 구조와 인지 습관을 반영하는 방법에 관한 것"이라고 주장한다. 세미노는 두 개의 특정한 정신 유형, 즉 루이스 드 베르니에Louis de Bernières의 소설 『코렐리 대위의 만돌린Captain Corelli's Mandolin』에 나오는 주변 인물, 존 파울즈John Fowles의 소설 『수집가The Collector』에 나오는 프레드릭 클렉Frederick Clegg의 정신 유형이 언어적으로 드러나는 방법을 보여주기 위해 도식 이론, 인지은유 이론, 혼성 이론을 적용한다.

6장에서 빌리 반 피어와 에바 그라프 또한 텍스트의 언어 패턴이 인지 과정을 반영한다는 인지문체론의 전제로부터 논의를 시작한다. 저자들은 스티븐 킹Stephen King의 장편 소설 『거시기IT』에서 어린이와 어른의 언어에 나타난 공간 개념에 대한 언어 실태를 분석함으로써 이 가정을 탐색한다. 이 분석은 동일한 주요 인물이 어린이일 때보다 어른일 때의 발화에서 공간 언어의 사용이 언어적으로나 개념적으로 모두 조금 더 복잡하다는 것을 보여준다. 여기에서 저자들이 보여주는 것은 실생활에서의 인지 발달에 따른 공간의 개념화와 일맥상통한다. 또한 이것은 개념은유를 매개로 하여 인지 발달과 관련된 경험상의 다른 영역으로 개념화하는 것과 일치한다. 텍스트 실례에 대한 논의는 공간 은유에 관한 인지언어학의 근거뿐만 아니라 공간 이해와 인지 발달에 관한 심리학으로부터도 이끌어낸다. 반 피어와 그라프는 자신들의 분석에 기초하여 어린이와 어른 사이의 언어 차이와 인지 차이를 현실감 있게 그려낸 킹의 업적을 평가한다.

7장에서 캐더린 에모트는 허구와 비-허구 사례(도리스 레싱Doris Lessing의 소설 『폭력의 아이들Children of violence』과 뇌졸중 환자의 자서전 두 편)를 포함한 '자아 분열' 서사의 언어 자료 일부를 분석한다. 에모트는 자신의 자료에 포함된 자아 분열 현상의 다양성을 강조하고, 예비적 차원의 유형화를 제안한다. 다른 연구자들이 서사학적이고 담론적인 방법의 도움을 필요로 하는 반면에, 에모트는 이러한 현상 일부가 인지언어학자에 의해 (용기 은유 등과 같은 개념을 사용하여) 어떻게 인식되고 설명되어 왔는지 보여준다. 이는 플롯, 서사의 목소리, 그리고 작품을 읽는 동안 독자가 인물과 인물의 자아를 파악하는 방식에 대해 더 효과적인 설명을 제공할 수 있다.

8장에서 제라드 스틴은 텍스트 자체의 언어 구성뿐만 아니라, 텍스트의 창출과 해석에 대한 인지적인 설명에서 정신 표상의 유형으로서의 장르 개념이 중심 역할을 해야 한다고 주장한다. 스틴은 구체적으로 은유적인 언어, 그리고 은유적인 언어와 장르의 관계에 초점을 맞추고, 밥 딜런Bob Dylan의 노래 <허리케인Hurricane>의 가사를 대상으로 은유의 사용을 상세하게 분석한다. 스틴은 자신의 분석에 기초하여 독자의 은유 인식에 영향을 줄 수 있는 여덟 가지 변수를 제시하고, 여덟 가지 변수의 역할 조사에 목적을 둔 정보 기반 연구의 결과를 논의한다. 그 결과, 분명한 효과를 보인 몇 가지 변수가 노래 가사인 텍스트의 구조와 관련될 수 있음을 보여준다. 스틴은 인지언어학 방법에서 은유를 이끌어내고 있으나, 에모트처럼 인지언어학이 여러 학문, 그 중에서도 읽기와 텍스트 처리 과정에 관한 심리학 연구의 통찰을 통해 보완될 필요가 있다고 주장한다. 또한 스틴은 텍스트 분석과 정보 실험을 포함한 '경험적인' 연구에 관한 견해를 제시하고, 인지문체론의 전문가는 경험주의 학문의 적절한 연구 방법론을 알고 있어야 할 필요성을 강조한다.

9, 10, 11장은 특정 현상을 설명할 목적으로 독자적인 인지 이론을 제시한다. 9장에서 예스하야후 쉔은 시에서 비유 언어를 사용하는 특정 구조 패턴을 인지적으로 설명하기 위해 자신의 인지제약 이론(CCT)을 소개하고 논증한다. 인지제약 이론은 시에서 비유 표현으로 나타난 구조적인 규

칙성이 한편으로는 참신성과 독창성이라는 미학 목표와 다른 한편으로는 이해력이라는 소통 목표 사이의 '타협'을 반영한다고 말한다. 쉔은 다양한 언어, 역사 시기, 문예운동에 걸친 시의 언어 자료집 범위에서 액어법, 공감각, 모순 어법에 대한 언어 분석의 결과를 제시한다. 각각의 경우에서 각 비유 표현을 인식할 때는 두 가지 주요 선택사항이 있음을 확인하고, 자신의 자료에서 하나의 선택사항이 다른 선택사항보다 얼마나 더 두드러지게 빈번한지를 보여준다. 그리고 쉔은 가장 빈번한 구조의 선택사항이 인지적으로 가장 '기본적인', 즉 이해하고 기억하기 더 수월한 방식을 보여주는 실험 정보의 결과를 제시한다. 이러한 결과는 쉔의 인지제약 이론으로 설명될 수 있고, 쉔이 보여주는 바와 같이 인지은유 이론의 중요한 부분과 양립할 수 있다. 쉔은 여타의 인지 방법이 '정상적인' 인지 과정을 위배하거나 방해한다고 주장하기보다, 자신의 연구가 언어 예술의 창조성에서 인지제약의 존재를 입증한다는 점에서 문학 언어에 대한 여타의 인지 방법과는 다른 방식임을 강조한다.

10장에서 살바토레 아따도는 광범위한 담론 상황 및 텍스트 종류에 관련된 현상으로서의 유머에 초점을 맞추고 있다. 유머의 개념은 해석자에게 끼친 어떤 설명적 자극제의 영향으로 파악되기 때문에 해석자가 이용한 자극제(우리의 경우에는 언어), 인지 구조, 전략 모두를 포함하는 접근법이 요구된다. 아따도는 한편으로 언어 선택과 언어 패턴을, 다른 한편으로 인지 구조와 인지 과정을 모두 구성 요소로 한 틀 구조인 언어 유머의 일반이론(GTVH)을 소개하고 있다. 아따도는 언어 유머의 일반이론이 유머 효과의 강도를 설명할 수 있는 방법이며, 유머 텍스트의 서로 다른 유형을 구별할 수 있는 방법임을 보여준다. 오스카 와일드Oscar Wilde의 단편 소설 「아더 새빌 경의 범죄Lord Arthur Savile's Crime」에 관한 세세한 분석은 언어 유머의 일반이론이 텍스트의 특성을 유머의 특수한 유형으로 규정할 수 있는 방법, 텍스트에서 서로 다른 유머 패턴을 강조할 수 있는 방법, 해석적 가치와 미학적 가치에 대한 문제를 다루는 것을 도와줄 수 있는 방법을 보여준다.

11장에서 요나단 컬페퍼는 매우 다양한 텍스트 유형에서 중심이 되는 또 하나의 현상, 즉 캐릭터 묘사를 다룬다. 캐릭터 묘사는 텍스트를 진행하는 과정에서 야기되는 캐릭터의 정신적 표상에 대한 구축이다. 컬페퍼는 어휘가 텍스트에서 캐릭터에 대한 특정 인상을 독자의 마음에 자아내는 방식, 그리고 그 인상이 텍스트를 처리하는 과정에서 바뀔 수 있는 방식을 설명하는 캐릭터 묘사에 대한 모델을 기술하고 입증한다. 컬페퍼는 특히 반 디크van Dijk와 킨치Kintsch(1983)의 저명한 연구에 영향을 받아서 자신의 연구를 텍스트 이해 영역에 설정한다. 또한 컬페퍼는 사회 인지, 구체적으로는 사회 도식(또는 인지 관념) 연구를 자신의 모델 상황에 적용한다. 컬페퍼는 자신의 모델이 여러 가지 텍스트 유형에서 매우 다양한 캐릭터를 설명할 수 있는 방식과 텍스트에 대한 독자의 해석에 관하여 검증이 가능한 가설로 이어질 수 있는 방식을 논증한다. 컬페퍼는 자신의 연구 방법이 순전히 언어적인 현상으로, 또는 순전히 인지적인 현상으로 캐릭터를 다룬, 비평에 대한 해결책이라고 주장한다. 그리고 자신의 방법이 캐릭터 묘사 연구에서 언어와 인지를 모두 고려해야 함을 인정한 구조주의 비평가에 대한 부응이라고 주장한다.

마지막으로 12장에서 르우벤 츠는 자신이 주장하는 인지시학 이론의 몇 가지 중요한 측면을 제시하고 있다. 츠는 인지시학이 "문학 텍스트의 구조와 텍스트에서 지각한 효과 사이의 관련성을 체계적으로 설명하기 위하여 인지 이론을 제공하고", 또한 "밝혀진 효과가 불확실한 구조와 타당하게 관련될 수도 있고, 관련되지 않을 수도 있는지를 판별한다."라고 주장한다. 춰는 시가 정서 자질을 전달할 수 있는 방식, 또는 시인이 감정 구조에 대한 언어 등가물을 창조하는 방식을 설명하기 위해 자신만의 접근 방식을 원용한다. 춰는 특히 시에서 자신이 명명한 '변성 의식 상태'를 찾는 것에 초점을 맞추고 독자 입장에서 읽기 방식의 차이, 모호성과 혼란함을 포용하는 정도 차이의 결과에 따라, 동일한 텍스트 일부에 대해서 서로 다른 반응이 발생할 수 있는 방식을 설명한다. 춰는 마지막에 시의 리듬 인식에 대한 인지적인 설명을 제시한다. 특히 그는 율격적 규칙성이 거의 포함되지 않는 인용 시에서 독자가 어떻게 율격적 규칙성을 지각하는가에 대해서 주목한다. 춰는 시종일관 자신이 논의한 사례에 대한 독자의 반응을 간략하게 언급한다. 그리고 시의 리듬에 대한 자신의 논의에서 특정 시의 구술 낭송 차이를 분석함으로써 자신의 가설을 시험한다. 앞에서 언급한 대로 춰는 자신의 인지시학이 인지언어학 내에서 제시된 것과 차이가 있음을 주장한다. 춰의 중요한 견해는 인지언어학자가 전통방식을 존중하는 반면에, 자신은 창조성을 강조하고 모든 시적 표현에서 개성적이고 독창적인 점에 주목한다는 것이다. 이러한 점에서 춰는 자신의 이론이 신비평, 구조주의, 형식주의에 의해 "선-이론적인 의미에서 때로는 상당히 훌륭하게" 다루어진 현상에 대해 체계적인 인지 설명을 제공한다고 주장한다.

마지막으로 '후기'에서 도날드 프리만은 12개의 장을 개관하고, 인지문체론이 미래의 문학연구에 기여할 잠재성에 대한 기대를 표명한다.

참고 문헌

Fish, S. 1973. "What is stylistics and why are they saying such terrible things about it?" In S. Chatman (ed.), *Approaches to Poetics*. New York: Columbia University Press.

Mukařovský, J. 1970. "Standard language and poetic language." (Ed. and trans. P. L. Garvin). In D. C. Freeman (ed.), *Linguistics and Literary Style*, 40–56. New York: Holt, Rinehart and Winston.

Van Dijk, T. A. and Kintsch W. 1983. *Strategies of Discourse Comprehension*. London: Academic Press.

Van Peer, W. 1986. *Stylistics and Psychology: Investigations of foregrounding*. London: Croom Helm.

Short, M. and Van Peer, W. 1988. "Accident! Stylisticians evaluate: Aim and methods of stylistic analysis." In M. Short (ed.), *Reading, Analysing and Teaching Literature*. London: Longman.

Wales, K. 2001. *A Dictionary of Stylistics*. London: Longman. (2nd ed).

Weber, J-J. 1996. *The Stylistics Reader: From Roman Jakobson to the present*. London: Arnold.

■ 차례

■ 서문 ·· v

01 『숙녀들의 도시』에 나오는 개념 혼성 ································· 1
02 말 속의 몸 :
    시 텍스트 형태에 대한 인지적 접근 ································ 34
03 『융단 속의 문양』:
    발견 또는 재-인지 ··· 73
04 밀턴풍의 텍스처와 읽기 감각 ·· 108
05 허구 서사에서의 정신 유형에 대한 인지문체론적 접근 ········ 146
06 발달 시기의 차이 :
    스티븐 킹의 『거시기』에 나타난 공간 언어와 그 발달 표상 ·········· 186
07 소설에서의 '분열된 자아'와 의료에서의 '인생 이야기':
    인지언어학의 이론과 서사 실제 ······································ 233
08 밥 딜런의 <허리케인>에서의 은유 :
    장르, 언어, 문체 ·· 275
09 언어적 창의성에 대한 인지제약 :
    시적 담화에서 비유 언어의 사용 ······································ 316
10 유머 텍스트에 대한 인지문체론 ·· 345
11 캐릭터 묘사의 인지문체론적 접근 ······································ 375
12 인지시학의 양상 ··· 415

■ 후기 ·· 477
■ 찾아보기 ·· 486

Cognitive Stylistics: Language and cognition in text analysis

Foreword   Elena Semino and Jonathan Culpeper
Chapter 01   Conceptual integration in Christine de Pizan's City of Ladies __ Craig Hamilton
Chapter 02   The body in the word: A cognitive approach to the shape of a poetic text __ Margaret Freeman
Chapter 03   The Figure in the Carpet: Discovery or Re-cognition __ Yanna Popova
Chapter 04   Miltonic texture and the feeling of reading __ Peter Stockwell
Chapter 05   A cognitive stylistic approach to mind style in narrative fiction __ Elena Semino
Chapter 06   Between the lines: Spatial language and its developmental representation in Stephen King's IT __ Willie van Peer and Eva Graf
Chapter 07   "Split selves" in fiction and in medical "life stories": Cognitive linguistic theory and narrative practice __ Catherine Emmott
Chapter 08   Metaphor in Bob Dylan's "Hurricane": Genre, language, and style __ Gerard Steen
Chapter 09   Cognitive constraints on verbal creativity: The use of figurative language in poetic discourse __ Yeshayahu Shen
Chapter 10   Cognitive stylistics of humorous texts __ Salvatore Attardo
Chapter 11   A cognitive stylistic approach to characterisation __ Jonathan Culpeper
Chapter 12   Aspects of Cognitive Poetics __ Reuven Tsur
Afterword   Donald C. Freeman

01 『숙녀들의 도시』에 나오는 개념 혼성

크레이그 해밀턴 (노팅엄 대학교)

1. 서론

문학비평은 일반적으로 흔히 두 가지 형식을 취한다. 하나는 문맥의 입장이다. 그것은 문학 텍스트가 생산되고 소비되면서 문맥을 형성하는 (그러나 정의하는) 역사적, 혹은 정치적 쟁점과 관련되어 있다. 이러한 문학비평은, 문맥은 텍스트만큼 중요하다는 관점을 취하고 문학 외부로부터 내부를 향하여 분석한다. 신역사주의 비평의 형식에서 역사와 문학 텍스트는 해석의 목표에 도달하기 위한 동등한 수단이 된다. 또 다른 하나는 수사적 입장이다. 그것은 텍스트가 의미화를 위해 상징하는 것, 그리고 의미화를 위해 사용된 장치에 관심을 지닌 해석학, 시학과 관련이 있다. 이러한 문학비평은 지면의 활자가 모든 것을 말한다는 관점을 취하고서 문학 내부로부터 외부를 향하여 분석한다. 신비평의 형식에서는 텍스트가 의미하는 것과 텍스트가 세계와 관련 맺는 방식에 대해 알려고 한다. 이러한 두 가지 비평의 입장은 '신비평'과 '신역사주의 비평' 같은 용어가 만들어졌던 이전으로 환원된다. 이 두 입장이 완성되거나 재편되면서, 그 영향력은 한 세대의 비평가들로부터 다음 세대의 비평가들로 부침한다. 신비평가가 쓴 연구 논문은 모든 2차 자료를 거의 인용하지 않는데 반하여,

신역사주의 비평가가 쓴 연구 논문은 2차 자료를 많이 인용한다. F. R. 레비스F. R. Leavis(1955)의 논문과 스티븐 그린블랫Stephen Greenblatt(1983)의 논문에 나오는 참고자료를 무작위로 비교해보면, 두 가지 비평의 입장 사이에는 기본적인 방법론적 차이가 존재한다는 결론에 도달한다.

매우 흥미롭게도 이 두 가지 비평의 입장은 그 어느 누구도 예측할 수 없는 차원에서 일치한다. 수사적 입장은 소위 인지시학과 인지문체론에서 새로운 흥미를 불러일으킨다. 역사주의 입장은 유물론을 포함하는 문학연구에서 새로운 관심사를 불러일으킨다. 문학의 본질적인 자료가 인간의 뇌이기 때문에 이 두 가지 입장의 공통 배경에는 유물론이 존재한다. 유물론에 대한 새로운 이해를 이끌었던 문학연구에서 인지적 전환이 나타남으로써, 현재 많은 비평가들이 어떤 입장을 주목하고 있는가가 관심사이다. 텍스트는 시간과 공간을 가늠하는 언어적 의사소통 형식을 위한 중요한 자료이다. 이야기는 진화된 인간 정신이 설명하기 어려운 것을 설명하기 쉬운 일에 사상寫像하는 일을 수행함으로써 만들어낸 것이다. 그 매체는 문학을 위한 시각 자료인 언어이다. 그러나 언어의 지시 대상과 해석은 모두 개념적이다.

이야기가 법칙화된 정신 과정에서 기인된 것이라는 것을 이해하기 위해서는 오래전에 휴머니즘 방식으로 했었던 구태의연한 질문에 맞닥뜨리게 된다. 즉, 어떻게 독서해야 하는가? 어떻게 줄거리를 연결하는가? 어떻게 세계를 이해하는가? 문학 연구에 대한 인지적 접근에서 해석을 재고하는 것은 이러한 질문에 대한 답변을 찾기 위해서 중요하다. 여기서 이에 대한 답변을 목록화하기에는 너무 복잡하기 때문에, 오늘날 많은 학자는 문학 비평이 완전히 알 수 없고 무의미한 작업이 되지 않기 위해서는 인지적 전환을 할 필요가 있다고 본다. 해석에 대한 기본적인 질문에 있어, 여전히 유효한 흥미는 문학 작품의 분석에서 또다시 '인지적' 연구를 추구하는 것이다. 이러한 인지적 접근에 대한 근거들은 상대적으로 (항상 그런 것처럼 공감의 다양한 차이에 따라) 허약하다. 그러나 그 근거들은 문학 분석에서 무엇이 '인지적'인가를 드러내는 데 도움을 준다. 첫째, 문학어와 일상어를 구분하는 이분법은 언어의 창작과 수용의 기본적인 정신 과정이 문맥을 특정화하지 않기 때문에 잘못된 것이다. 창작, 혹은 해석은 문맥을 특정화한다. 그러나 인간의 정신 구조는 그렇지 않다. 둘째, 마음을 직접적으로 연구하는 것은 불가능하다. 심지어 MRI 장치가 뇌 사진을 보여줄지라도 그것이 뇌 그 자체는 아니므로 불가능하다. 그러나 마음을 간접적으로 연구하는 것은 가능하다. 문학을 연구하는 것은 언어를 연구하는 것이고, 언어를 연구하는 것은 마음을 연구하는 것이기 때문이다. 그래서 언어는 마음으로 들어가는 창이고, 또한 문학비평가에게 언어는 목표인 마음을 이해하기 위한 가장 최선의 출발점을 제공한다. 셋째, 신체화된 인지는 직접적으로 언어에 영향을 끼치고, 몸과 마음 사이의 경계를 지워버린다. 최근 신경학자 프란시스코 바렐라Francisco Varela가 말한 유명한 말 "마음은 머리 안에 있지 않다."(프란시스코 바렐라, 1999, 10쪽)에 적용하면, 마음은 몸 안에 있다. 넷째, 해석상의 연결은 영역을 교차하는 정신적 사상寫像을 기술하는 은유 모델로 설명할 수 있다. 이와 같은 해석상의 사상으로 크리스틴 드 피장Christine de Pizan의 『숙녀들의 도시City of Ladie』를 고찰하는 것이 이 글의 목적이다.

    작품의 구조를 분명하게 밝히는 작업을 하는 비평가들은 시대적으로 오래된 문제들을 살펴보는 연구자들이다. 그들은 직관적인 해석 작업을 위해 인식론을 사용하는 것과 마찬가지로 어떤 텍스트를 또 다르게 해석하기 위해 인지시학으로 작업하는 것이 MLA(Modern Language Association)

의 서지학 자료를 이용하는 것보다는 매우 유용함을 알 것이다. 그러한 점에서, 시학이 하는 일이 일반적으로 특정 텍스트에 대해 참고자료를 요구한다 할지라도 인지시학자의 연구는 해석학보다는 시학을 이용한다. 이러한 인지시학의 접근 방식은 인지과학에서 가져온 통찰력이 요즘의 문학 비평에 사용되고 있다는 점에서 새로운 방식이다. 예컨대 문학비평가인 마크 터너 Mark Turner와 인지과학자인 질 포코니에 Gilles Fauconnier 같은 연구자들은 영역 사이를 연결해 주는 인간의 일상적 능력 배후에 있는 몇 가지 원리를 분명히 설명하기 위해서 혼성 이론, 혹은 개념혼성(터너, 1996, 포코니에 · 터너, 1995, 1998, 1999, 2002)을 제기한다. 이러한 특성은 유머, 시각예술, 문법 구조, 비유 언어, 문학 담론, 수학, 과학 개념, 종교 상징 등 다양한 상황에서 볼 수 있다. 이것들은 문학을 위해 무슨 일을 하는가? 예컨대, 크리스틴 드 피장의 『숙녀들의 도시』와 같은 텍스트를 읽을 때, 독자의 상상력은 드 피장의 여러 은유, 유추, 반어를 손쉽게 파악한다. 그러나 개념혼성과 같은 이론들은 몇몇 해석 과정을 상세하게 설명함으로써 직관의 감옥에서 빠져 나올 수 있도록 해준다. 그렇게 하려면 우선 독서 과정에 치밀한 주의를 기울여야 한다. 독서 과정 자체는 활기찬 연결을 시작할 때 하는 메모와 『숙녀들의 도시』에서 비유의 징후를 만났을 때 하는 투사의 이유에 대한 질문을 포함하고 있다. 치밀한 읽기에 대한 보상은 무엇보다도 적절한 해석을 하는 방법을 아는 것이다. 본고의 목적은 『숙녀들의 도시』에 나오는 은유, 유추, 풍유를 직접 고찰하는 것이다.

2. 『숙녀들의 도시』에 나오는 은유

1404년 12월에서 1405년 4월 사이에 저술된 크리스틴 드 피장의 『숙녀들의 도시』는 현재 프랑스에서 여성 연구의 정전이 되었다. 『숙녀들의 도시』는 독자들에게 보물이며, 『장미 이야기 Roman de la Rose』에 묘사된 여성과 짝을 이루는 초상화이다. 19세기에만 반짝 재출간되었을 뿐 최근까지 오랫동안 잊혀졌던 『숙녀들의 도시』는 인생에는 두 개의 구별되는 물질과 정신이 존재한다는 중세의 신념에 대한 좋은 실례를 보여준다. 『숙녀들의 도시』는 1405년경 프랑스에서 드 피장 자신이 발견한 세속적인 여성차별에 대한 대안의 세계를 그리고 있다. 이 선구적인 페미니스트의 텍스트는 역사상 모범이 되는 여성 영웅들을 조명하고 있다. 드 피장은 텍스트를 통하여 여성이 착한 존재임을 주장한다. 그녀는 자신의 주장을 증명하기 위하여 과거 시대의 영예로운 여성들을 다수 소개한다. 이 책은 총 136장으로 되어 있고, 3부로 나뉘어 있다.[1] 이 이야기의 주요 인물은 주인공인 크리스틴 Christine과 이성, 공정, 정의라는 세 명의 여신이다. 이성의 여신은 대부분 1부(38-98쪽)를, 공정의 여신은 대부분 2부(99-216쪽)를, 정의의 여신은 대부분 3부(217-258쪽)를 서술한다. 1부에서는 에티오피아 왕족인 니쿨라 Nicula부터 라티누스 Latinus 왕의 딸인 라비니아 Lavinia에 이르기까지 30명이 넘는 착한 여성들을, 2부에서는 시빌 에리트레아 Sybil Erythrea부터 생 루이스 Saint Louis의 어머니인 블랑쉬 Blanche 여왕에 이르기까지 50명이 넘는 착한 여성들을, 3부에서는 마리아 막달레나 Mary Magdalene부터 생 아프라 Saint Afra에 이르기까지 20명이 넘는 착한 여성들을 소개하고 있다. 때때로 크리스틴도 서술을 하거나 세 여신들의 대화에 끼어든다. 그러나 이성, 공정, 정의의 여신들이 대부분 이야기한다. 오늘날 드 피장의 텍스트는 글쓰기 방법의 전범으로 사회 비평과 내면 성찰의 매체로 기능하는 역사서로 간주되고 있다(마골리스 Margolis, 1986, 364쪽). 그리고 드 피

---

[1] 이 글의 모든 인용은 드 피장의 『숙녀들의 도시』(영어판, 1982)에 따름.

장은 "예화를 들어 증명하려고 하는 데 무게중심을 두고 있는"(크리스틴 모네라 라에네크Christine Moneera Laennec, 1993, 42쪽) 서술 문체를 사용함으로써 날카로운 수사적 기법과 혁신적인 소설적 재능을 보여 주었다.

『숙녀들의 도시』를 읽는 독자는 처음에 이성의 여신, 공정의 여신, 정의의 여신이라는 세 명의 의인화를 만난다. 말테오루스Maltheolus의 여성차별주의적 텍스트를 읽은 다음에, 크리스틴은 실의에 빠져 안락의자에 계속 누워 있다. 그 뒤 세 명의 대화자를 맞이하는데, 그들은 크리스틴에게 "자신들이 활발하게 살아갈 구체적인 장소를 상상하도록 요구하는 존재이며, 대화를 촉구하는 의인화된 이미지이다."(엔더스Enders, 1994, 237쪽) 요구하는 세 명의 대화자가 찾아온다. 드 피장이 행한 이성, 공정, 정의의 의인화는 근원영역을 목표영역에 결합시키는 개념의 사상 측면에서 이해할 수 있다. 추상 개념의 의인화는 전형적인 수사법이다. 우리는 원형적으로 능동적인 주체(예컨대, 자동차가 달린다, 기후가 도래했다, 사람이 우리에게 말한다.)로서의 객체의 관점에서 세상을 지각한다. 그리고 일상 대화에서 명사구-동사구(예, 행위자-행위)라는 영어 발화구조를 더 선호하는 것이 이러한 주장을 뒷받침한다(애치슨Aitchison, 1997, 204쪽). 의인화는 '전형적인' 수사법이다. 즉, 의인화는 세상에서 일어나는 행위들 사이의 상관적인 조화, 혹은 상응, 그리고 마음에 예측을 채워 넣는 '전형적인' 문화 패턴을 드러낸다(브루너Bruner, 1990, 50쪽). 드 피장의 텍스트를 읽기 시작한 독자는 이성과 같은 성격을 인지적 성질에 근거하여 불확실하게 개념화할 것이다. 이것은 아마도 성격들 자체가 언제나 이미 어떤 형태, 혹은 또 다른 형태의 의인화이기 때문이다(슈나이더Schneider, 2001).

비록 드 피장이 '공정'을 하나의 성격으로 독특하게 창안했을지라도, 마리나 워너Marina Warner가 지적한 바와 같이, 오늘날 풍유적 비유로 말하는 것은 "대중적인 중세풍의 관습"(드 피장, 1982, 15장)이 되었다. "『장미 이야기』의 주인공 아망 Amant이 꾸는 꿈"(리차즈 Richards, 1992, 259쪽)이 아니라 자신의 '풍유적 꿈'(퀼리간 Quilligan, 1991b, 46쪽)이 통찰하는 시간을 의식하고 있는 크리스틴은 인격화의 관점에 따라 쉽게 상상할 수 있는 의인화된 성격들인 대화자들과 편안하게 이야기한다. 세 명의 여신은 일찍이 크리스틴에게 다가와 다음과 같은 목적에 대해 말한다.

> 우리 셋이 온 것은 바로 이 때문이란다. 우리는 너를 불쌍히 여겨 네게 도시 건설 계획을 알려 주려고 왔단다. 너는 선택을 받았어. 그러나 우리의 조력과 충고에 의지해서 도시를 건설하여라. 견고한 성채를 짓고 성벽을 쌓아라. 그리고 오직 뛰어난 덕성과 평판을 가진 여성들만 들여보내도록 하여라. 덕성 없는 여성은 누구를 막론하고 이 도시 근처에는 얼씬도 못하게 하여라.

드 피장이 독자에게 말하려고 하는 점은 모든 도시에 착한 여성들이 아주 많이 살고 있으며, 따라서 흔히 여성을 사악한 존재라고 투덜거리는 여성차별주의 남성들이 잘못되었음을 밝히려는 것이다. 드 피장의 이러한 계획에 크리스틴과 함께 참여하는 성격들은 의인화된 인물들이다.

우리는 보통 일반적인 무정물에 은유적으로 기능을 부과하여 상상의 대상을 현실적인 실체로 바꿀 때 의인화를 한다. 인지언어학자들이 사상 mapping이라는 용어를 "하나의 영역에서 다른 영역으로 성질을 부여하는 두 항목 사이의 상응"(포코니에, 1997, 1쪽)이라고 말하듯이, 본고는 동일한 의미로 '사상(map)'을 사용할 것이다. 사상은 종종 사고 속의 관습적인 은유를 반영하는 순수한 언어적인 은유에 있어서도 개념과 언어 차원에서 동시에 일어난다. 사고의 비유와 언어의 비유 사이의 고전적인 경계가 허물어지면서, 의인화는 인지적 관점에서 매력적인 관심사가 되었다. 의인화는 자주 사용하는 아주 기본적인 은유 표현 중의 하나가 되었다. 아동문학에서 의인화의 빈번한 활용은 인생의 아주 이른 초기에 의인화를 이해한다는 점과 의인화가 '원형적인 은유'라는 점을 제시한다. 그리고 의인화는 '비인간적인 화제를 인간적인 매체'에 사상함으로써 성립한다(맥케이 MacKay, 1986, 87쪽). 달리 말하자면 의인화는 의인화된 근원영역을 목표영역에 사상해야만 한다. 그리하여 목표영역은 **근원영역**으로부터 의인화의 자격을 획득한다. 조지 레이코프 George Lakoff와 마크 존슨 Mark Johnson이 설명한 바와 같이 "'인플레이션이 나의 저금을 강탈해 갔다'고 말할 때, 우리는 '인플레이션'이라는 말을 사람을 지시하기 위해서 사용하지 않는다."(1980, 35쪽). 이 경우에 '사람'은 확실히 근원영역 내부에 있다. 의인화가 정의의 여신으로 나타났을 때, 언어, 행위, 관습적인 순수한 행동 등은 모두 우리가 근원(여신)으로부터 목표('정의의 여신'으로 명명한 성격)에 사상한 인간적인 특성들이다. 우리가 독자로서 의도와 행위를 한번 여신들에게 의지하면, 그녀들은 크리스틴의 방에 들어와 그녀에게 말한다. 이러한 생각은 우리의 지식이 세계와 직접 관련되어 있다는 것을 함축한다. 그리고 영역을 결합하는 사상이 없고서는 드 피장의 텍스트에 있는 이러한 의인화된 성격을 이해할 수 없을 것이다.

특히 세 명의 여신은 추상 개념을 의인화한 경우이다. 추상 개념의 의인화는 18세기 영시에서 절정에 이르렀다가 워즈워스 Wordsworth 이후에 사용하지 않게 되었다(냅 Knapp, 1985, 128쪽). 그렇지만 피터 크리스프 Peter Crisp이 말한 바와 같이 "추상 개념의 의인화는 풍유에서 광범위하게 사용된다."(2001, 14쪽). 예컨대 드 피장의 '정의의 여신'에서 우리가 해야 할 일 중의 하나는 근원영역의 '개별적인 요소들', 혹은 '원형적 속성'을 목표영역의 '사람의 층위'에 범주적으로 사상하는 것이다(크리스프, 2001, 15쪽). 즉, 드 피장의 시대에 '숙녀'는 『숙녀들의 도시』 3장에 나오는 20명 이상의 정직한 여성(예, 생 마가렛 Saint Margaret)들에 사상할 수 있는 착한 여성의 원형일 것이다. 이러한 견해에 따르면, 은유는 범주화, 혹은 속성 부여이다(그룩스버그 Glucksberg · 케이사르 Keysar, 1993). 드 피장의 풍유는 범주화를 확장하여 활용한 것이다. 그리고 드 피장은 숙녀의 칭찬할 거리에서 뽑아낸 칭찬받을 만한 모든 특성을 착한 여성의 범주에 집어넣을 것인지 묻는다.

일이 까다로워지는 것은 분명히 두 개 이상의 영역이 포함되어 있을 때이다. 근원-목표 시나리오는 신체화된 착함, 즉 '정의의 숙녀'에게 성격을 부여하기 위해서 여성을 착함(정의)에 사상한다는 것을 설명하는 데 유용하다. 우리는 흔히 추상적인 것을 구체적인 것의 관점에서 생각하기 때문에 의인화도 예외가 될 수 없다. 그러나 범주의 원형(숙녀)을 다른 층위의 요소(생 마가렛)에 사상할 때 두 개 이상의 영역이 개입된다. 즉, 사람을 착함에, 그리고 원형을 층위 요소에 사상할 때는 네 개의 영역이 포함되어 있음을 암시한다. 이것은 이중의 영역 모델이 한정하는 것으로 나타날 때 혼성 이론이 유용할 수 있는 지점이다. 모든 비평가가 이러한 주장에 동의하지는 않을 것이다. 그러나 다수 발견되는 이중 영역 모델은 개념혼성 이론의 관점으로만 분석할 수 있는 사고의 실례들을 다루기에 충분하다. 그리고 여전히 다수의 은유와 유추의 실례들을 혼성 모델로 분석할 수 있기 때문에 어떤 측면에서 은유는 개념혼성이다. 소수의 상응 요소만을 지니고 있거나 두 개의 분명한 영역만을 환기하는 단순 은유의 경우에 이중 영역을 지닌 개념은유 모델은 분석하기에 더할 나위가 없는 것이다. 아주 색다른 은유의 경우에 목적에 대한 동기, 의도, 의미와 같은 복잡한 관계들은 비유 의미론의 새로운 구조에서 변화한다. 그래서 고찰하고 있는 이러한 비유의 양상을 설명하는데 개념혼성 모델이 필요하다. 간단히 말해 '혼성 이론'과 개념은유 이론은 거의 차이가 없는 방식으로 비슷한 종류의 증거를 설명하기 위한 상보적인 방법이다(그래디 Grady 등, 1999, 101쪽). 그러나 개념혼성 모델에는 적어도 네 개의 정신 공간이 존재하는 반면에, 레이코프 식의 은유 모델에는 흔히 두 개의 영역이 있기 때문에 몇 가지 차이가 존재한다. 즉, '입력 공간'이 되는 영역들은 '총칭 공간'과 '혼성 공간'이라는 두 개 이상의 정신 공간과 마찬가지로 서로 관련되어 있다(포코니에·터너, 1998, 137쪽). 이러한 네 개의 정신 공간은 의미 있는 혼성이 일어나기 위해서 최소한의 개념 결합이 필요하다. 포코니에와 터너가 설명한 바와 같이, 혼성은 입력 정신 공간의 구조가 분리되고 '혼성된' 정신 공간에 투사되는 것에서 일어나는 정신 결합의 산물이다(1998, 133쪽).

<도표 1>

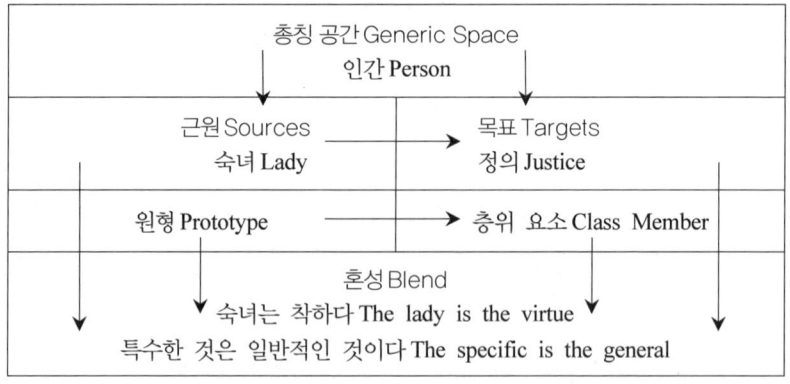

드 피장과 생 마가렛으로 돌아가서, 위의 <도표 1>의 혼성 구조는 많은 영역(정신 공간)들이 포함되어 있어서 유용하다. 숙녀와 원형은 두 개의

근원영역이고, 정의와 층위 요소는 두 개의 목표영역이다. 화살표는 근원 공간과 목표공간에 연결되어 있는 총칭공간의 '인간'을 포함하여, 한 영역(입력 공간)으로부터 다른 영역으로의 사상 활동을 나타낸다. 혼성은 숙녀를 착함으로, (착한 여성) 층위의 일반적인 요소를 특수한 원형으로 동시에 개념화할 때 새로운 구조로 나타난다. 그래서 드 피장의 세 개의 주요한 의인화를 자신의 텍스트 전반에 걸쳐 나타나는 모든 여성은 착하다는 주장을 포함하는 범주를 위하여 설정된 원형으로 생각할 수 있다. 이러한 방식으로 성격(정의의 숙녀)과 실례(생 마가렛) 사이의 연결을 할 수 있다.

우리는 은유를 통해 어떤 것을 다른 것의 관점으로 이해한다. 그러나 의인화는 드 피장이 자신의 이야기를 말할 때 사용하는 유일한 은유가 아니다. 그녀가 사용하는 또 다른 은유는 글쓰기/건축 은유이다. 드 피장의 텍스트가 숙녀들의 도시를 건축하기 위하여 숙녀들의 도시 은유를 쓰는 것과 마찬가지로 여성들의 이야기는 은유적이다. 여성들의 전기傳記는 도시의 가정을 위한 주추, 돌, 지붕이 된다. 드 피장에게 문학 행위는 '사건과 건축, 경이와 작업'을 함의한다(세르키글리네 Cerquigline, 1993, 687쪽). '주춧돌에서부터 시작하여 작은 탑과 성채'에 이르기까지의 도시를 건설하는 행위는 '건축적 은유'(퀼리간, 1991b, 3쪽)라 불린다. 이것은 드 피장의 텍스트가 진행되어 나가는 방식이다. 그리고 또한 '건축적 은유'라는 말에서 불만족스러운 것은 은유에 포함된 여러 영역(최소한 둘)을 인식할 수 없다는 것이다. 도시를 위한 **글쓰기/건축, 전기**傳記**/건축 재료**는 드 피장의 이야기를 위해 결합된 두 개의 은유이다. 이렇게 생각하는 것은 드 피장이 서사를 통해 제기한 것과 이상적인 숙녀들의 도시의 또 다른 어떤 것을 만드는 것을 취하는 것이다. 이상적인 숙녀들의 도시는 "숙녀들과 훌륭한 여성들이 여러 공격자들에 대항하여 은신하고 보호받을" 수 있는 안전한 장소이자 그들을 보호할 수 있는 일종의 '둘러싸인 울타리'를 가진 장소이다. 요엘 블랑샤르Joel Blanchard와 같은 비평가는 드 피장이 제시하는 '여성주의 이상향'(1992, 228쪽)에 대해 동의하지 않지만, 그의 생각은 논점에서 벗어나 있다. 우리가 고찰하는 영역은 다른 것이다. 그렇지만 글쓰기와 건축의 결합, 혹은 집의 부분들과 전기의 결합은 영역을 연결하는 사상을 통해 독자들을 단련시키는 연결이다.

이를 혼성의 관점에서 설명하기 위해서, 우리는 이상적인 숙녀들의 도시는 건축 재료(돌)와 유사한 글쓰기 재료(전기)를 포함하여, 글쓰기와 건축을 함께 끌어와 섞어서 만든 건축물이라 말할 수 있다. 예컨대 1부 말미에 이성의 여신이 크리스틴에게 "현재 우리 도시의 기초는 완성되었다. 우리는 이제 도시 주변에 높은 벽을 쌓아야만 한다."라고 말하듯이, 상상의 도시를 건축하는 드 피장의 방법을 이해하기 위해서 실제 도시의 건축은 기본적인 이야기이다. 그리고 이성의 여신은 나중에 다음과 같이 말한다.

> 이제 내 임무는 끝났어. 숙녀들의 도시의 성벽을 완성했으니까 말이야. 잘 말랐고 마무리도 깔끔하군. 이제 동생들의 차례야. 동생들의 도움과 조언으로 너는 앞으로 남은 일을 완성해 도시를 완공할 수 있을 거야.

이성의 여신이 도시의 건축에 대해 언급한, 이와 같은 반사실적인 혼성에서 도시는 본질적으로 돌이 아니라 이야기로 건설되었다. 이러한 혼성은 크리스틴이 펜이 아니라 흙손으로 만든 원고 위의 놀라운 삽화로 인해 1405년 드 피장의 초기 독자들에게 한층 효과적이었을 것이다. 간단히 말해 드 피장이 "여성 주체에 대한 인식론적 건축을 위하여 여성의 기억 공간을 건설한"(엔더스, 1994, 247쪽) 것은 사실이다. 반면에 내가 말하고자 하는 것은 독자들이 텍스트의 의미에 관해 어느 정도 광범위한 해석학적 노력을 기울이기 이전에 먼저 서사 행위를 이해하기 위한 어떤 개념 활동을 수행한다는 것이다. 본고는 다음의 두 장에서 먼저 유추, 그리고 풍유를 논할 것이다.

3. 『숙녀들의 도시』에 나오는 유추

유추는 적어도 두 사물이 개념적으로 서로 병행될 때 야기된다. 포코니에에 의하면 유추에서 우리는 "근원영역의 일부 구조를 목표영역의 일부 구조"(1997, 102쪽)에 사상한다. 이는 혼성에서의 선택적 투사 사이의 연결과 유추의 형성에서 이미 드러난 진술이다. 드 피장의 『숙녀들의 도시』에는 단순 유추와 확장 유추라는 두 종류의 유추가 존재한다. 단순 유추의 예문은 다음과 같다. "자연은 신의 시녀이다.", "크리스틴은 세 여신의 '시녀'이다.", 크리스틴은 이성의 여신의 '딸'이다. 세 여신은 신의 딸이다. 이와 같은 단순 유추는 터너가 말하는 혼성된 'XYZ 은유'이다. 이 XYZ 은유는 세 개의 명시적인 어휘(X, Y, Z)와 함축적 어휘(W)를 지니고 있다. 즉, 우리는 드 피장의 비유를 다음의 <도표 2>처럼 나타낼 수 있다.

<도표 2>

X	Y	Z
자연은 Natuer is	시녀이다 the chambermaid of	신의 God
크리스틴은 Christine is	시녀이다 the handmaiden of	세 여신의 the three ladies
세 여신은 The three ladies	딸이다 are the daughters of	신의 God
크리스틴은 Christine	딸이다 is the daughter of	이성의 여신의 Lady Reason

유추 어휘들이 기능하는 방식을 더욱 간단히 나타내면 다음과 같다.

$$X : Z = Y : W$$

또는

$$\frac{X}{Z} = \frac{Y}{W}$$

세 개의 어휘(자연, 시녀, 신)는 X, Y, Z 항목 순서에 따라 첫 번째 유추를 만든다. 그러나 X와 Z(자연과 신) 사이의 유추 관계는 Y와 명시되어 있지 않은 어휘(W) 사이의 관계에 완벽하게 사상될 필요가 있다. 우리는 자연(X)과 신(Z) 사이의 관련 방식을 이해하기 위해서 시녀(Y)와 주인, 혹은 두목(W) 사이의 관계에 대해 알고 있는 지식을 활용한다. 그 관계가 해결되고 나면 우리는 자연을 신의 하인으로 보는 유추를 아주 재빨리 완성한다. 달리 말하자면 자연 : 신의 관계는 시녀 : 주인의 관계를 해결했을 때에만 이해할 수 있고, 또한 소위 유추라는 인지 패턴을 완성할 수 있다. 유추에 대단히 중요한 네 번째 요소인 (W)가 생략되어 있는 것은 이러한 유추가 분명히 혼성에 의해 성립한다는 이유를 드러낸다. 세 개의 항목에 부분적인 투사만이 가능할 때, 우리는 생략된 요소를 밝혀 관계를 완성해야 한다. 그리고 목표의 의미를 완전히 이해하기 위해서 (X)가 투사하는 목표의 지시로 돌아가야만 한다. 요소들 사이의 관계가 아주 독특할 때 손수 그 관계를 밝히기 위해서 혼성이 유용하다는 것은 자명하다. 왜 혼성이 그런 것인가? 유추의 기본 목적은 총칭 공간, 그리고 혼성에서 정보로 기능하는 영역들 사이의 공통 배경을 제공하는 정신 공간을 보강하는 것이다. 달리 말해 "자연은 신의 시녀이다."는 관계들 중에서 예속의 중요성(총칭 공간)을 환기하도록 해주는 유추인 것이다.

확장 유추를 고찰하기 위하여 케사르Caesar에 대한 드 피장의 논의를 살펴보자. 드 피장 시대의 프랑스 찰스 6세Charles VI와의 대화를 위해 케사르를 선택한 것은 개념의 사상을 통해 도달하는 지시 행위가 요구된다. 『숙녀들의 도시』에서 만나는 케사르의 이야기는 "자신의 부인을 믿지 않아서 불행에 빠지게 되는 남자"의 맥락을 지닌다. 브루투스Brutus가 자신의 부인 포샤Portia의 말을 듣지 않고서 케사르를 살해하려 결정했기 때문에 도리어 자신이 죽게 되었고, '결과론적인 죄악'이 뒤따르게 되었다. 이제 새로운 역사적, 정치적 구조로 드 피장을 읽기 위하여 찰스 6세와 드 피장의 역사적 상황과 결부된 유추를 만들어야만 한다. 그러한 읽기가 이러한 유추에 근거하여 어떻게 가능한 것인가? 지도자로 이루어진 총칭 공간에서 출발하여 근원영역의 케사르로부터 목표영역인 찰스 6세에 이르는 읽기를 통해, 우리는 프랑스 왕에 대한 유추로 고대 로마의 통치자를 떠올린다. 그러나 이러한 읽기를 위해서는 (케사르/브루투스 이야기에 의해 촉발되는) '배신', 혹은 '고집'을 포함하는 하나의 틀이 필요하다. 그리고 그 틀은 찰스 6세에게 동등하게 적용될 것이다. 또한 완전한 혼성을 위해서는 시해자/부친살해범의 개념을 포함시켜야 하기 때문에, 찰스 6세의 아들인 찰스 7세Charles VII를 브루투스에 대한 유추로 읽어야 할 필요가 있다. 그러나 1405년에 찰스 7세는 두 살이기 때문에 그렇게 읽는 것이 꼭 적절한 것은 아니다. 찰스 6세는 1368년에 태어나 1422년에 죽었는데, 1380년부터 시작하여 1422년 죽을 때까지 통치하였다. 그의 아들 찰스 7세는 1403년에 태어나 1422년부터 1461년까지 통치하였다. 이러한 사실은 무엇을 의미하는가? 이러한 맥락이 유추를 제약하기 때문에 찰스 7세가 자신의 아버지 찰스 6세에 대해 브루투스 역할을 했다고 말할 수는 없다. 그래서 우리는 질문해야만 한다. 왜 드 피장은 서두에서 브루투스와 포샤를 소개하여 독자가 유추하도록 부추기는가?

　우리가 유추를 사용하는 하나의 이유는 유추가 잘 아는 것을 통하여 잘 알지 못하는 것을 이해하려는 학습방식이기 때문이다. 우리는 모두 케사르가 누구인지는 잘 알지만 찰스 6세가 누구인지는 잘 알지 못한다. 이것이 바로 유추가 사용되는 이유이다. 그러나 새로운 역사학자의 관점에 수긍하거나 호기심을 만족시키기 위해서는 찰스 6세에 관한 몇 개의 어휘는 정리되어야 한다. 베니스에서 태어난 드 피장이 1405년 프랑스에서 저술활동을 하고 있을 때 프랑스 왕국은 위기에 처해 있었다. 찰스 6세의 자문관인 오를레앙 Orléans 공작과 필리페 르 하디 Philippe le Hardi는 왕궁의 정책을 가지고 계속 싸웠다(더비 Duby, 1987, 37쪽). 백년 전쟁(1337-1453) 동안 세금이 오르고 교회의 종파 분열이 가속화된 것은 왕이 직면한 문제들이었다. 그래서 허약한 정부가 사라질 것처럼 점점 더 약해진다는 것이 프랑스의 분명한 여론으로 보였다. 1405년경 드 피장의 독자에게 이와 같은 정보는 목표영역의 왕과 결합하여 위기의 처지에 놓인 케사르와 유추하기에 손쉬웠다. 그러나 유추에서 브루투스는 누구인가? 오를레앙 공작, 혹은 필리페 르 하디는 왕궁에 긴장을 조성했기 때문에 1405년경의 브루투스에 대한 유추로 추론될 수 있을 것이다. 그래서 프랑스의 반역자에 관한 불안의 주석으로 브루투스 이야기를 해설하기 위해서는 유추를 사상하는 방식이 가능할 것이다. 그러나 혼성은 종종 요소들을 잘못 결합하거나 관계를 어긋나게도 한다. 그래서 드 피장이 저술을 할 때 찰스 6세가 암살되지 않았다는 사실과 또는 찰스 7세가 너무 어려서 (아이!) 자신의 서거를 모른 체하는 부인이 없었다는 사실은 포코니에가 말한 유추에 사상되는 '부분적인' 구조의 법칙에 들어맞는다. 즉, 유추를 하는 데에는 언제나 서로 간에 어느 정도의 개념적 차이가 존재한다. 우리는 케사르가 자신의 아들에게 암살되었다고 알고 있기 때문에, 찰스 6세는 실제로 우리가 아는 케사르가 아니다. 실제로 드 피장의 관심사가 궁정에서의 문제들을 창출하기 위해서 그러한 혼성을 만들지 않았다는 것은 분명해 보인다. 이러한 방식으로 독자가 다른 것이 아닌 어떤 혼성을 만들어서 취하게 되는 확실한 문제로서 엄혹한 통치방식의 검열을 볼 수 있다. 요컨대 위에서 상세하게 설명한 것처럼 요소들이 유추에서 완벽하게 사상되는 것은 아니다. 그러나 우리는 여전히 찰스 6세에 대한 유추로 (죽은 케사르가 아닌, 혹은 자신의 아들에 의해 살해당한 케사르)의 문제를 지닌 케사르를 생각할 수 있다.

 다른 확장 유추는 고대에서 중세까지 비유를 전달하는 텍스트에서 동일한 방식으로 기능한다. 이와 같은 여러 실례들을 텍스트에서 찾아볼 수 있다. 첫째, 드 피장은 어떻게 아마존 여자들이 트로이 전쟁에서 놀라운 일을 했는지 설명한다. 드 피장은 메날리페Menalippe와 히폴리타Hyppolita가 헤라클레스Hercules와 제우스Theseus를 말에서 때려 떨어트린 마상 창시합에 대해 이야기한다. 결국에는 남자가 여자를 죄수로 생포하고, 제우스는 히폴리타와 결혼한다. 여자들은 미모로 칭송받지만 특히 그녀들은 그리스의 두 영웅과 마상 창시합을 할 수 있는 체력에 있어서도 칭송받는다. 여기서 드 피장이 헤라클레스와 제우스를 '세상에서 가장 용감한 두 명의 기사'로 명명할 때 흥미로운 유추가 발생한다. 두 명의 고대 전사를 이해하기 위한 틀로 중세의 '기사' 개념을 사용하는 것은 잘 알려진 것과 덜 알려진 것을 비교하는데 유용하다. 달리 말하자면 1405년의 독자들이 트로이 전쟁 시대의 그리스 영웅들의 중대함과 사회적 지위를 이해하기 어려운 반면 그들의 사회에서 기사가 차지하는 위상은 금방 알아차릴 것이다. 둘째, 드 피장은 "자신의 왕자들에게 존경을 받았던 이집트의 제노비아Zenobia가 국민들에게도 순종과 사랑을 받았으며 기사들에게도 존경과 경외를 받았다는" 것을 말할 때에도 역시 '기사'의 틀을 사용한다. 고대의 이집트인들에게 기사의 개념은 낯설었을 것이다. 마찬가지로 1405년의 프랑스 독자들(심지어 오늘날의 우리)에게도 이집트인들에게도 역시 낯설게 여겨졌을 것이다. 그리하여 잘 모르는 것을 개념화하기 위하여 잘 아는 것을 사용하는 것은 이와 같은 유추와 더불어 하나의 중요한 학습방법이다. 셋째, 드 피장은 나중에 "트로이의 프리암Priam 왕과 헤쿠바Hecuba 여왕과 모든 남작들로부터 존경을 받았던" 펜테실레아Penthesilea에 대해 이야기한다. '기사'가 예전의 이국적인 실체의 시각을 지닌 틀로 사용되었던 것과 마찬가지로 그렇게 여기에 나오는 '남작' 역시 동일한 방식으로 사용되었다. 마찬가지로 드 피장이 "테베스 시의 고위 성직자인 티레시아스Tiresias(혹은 다른 종교 성직자들이 결혼하는 데 비해 소위 주교)"를 말할 때, 그녀는 역시 잘 모르는 고위 성직자의 사회적 지위를 독자들이 잘 아는 대상(주교)으로 바꾼다. 이러한 '교체'를 유추로 보기 위해서는 유추란 이해하기 매우 어려운 대상에다 이미 알려진 역사적, 문화적 제약을 가함으로써 타협하게 되는 가장 훌륭한 전략 중의 하나로 이해하는 것이다. 그러나 우리는 유추의 능력으로 인해 그러한 제약을 벗어나는 어떤 일을 할 수 있다.

  계속하여 드 피장의 유추는 서사에 틀을 부착하는 혼성의 방식을 사용한다. 때때로 텍스트의 표층을 나타내는 유추로서의 틀은 텍스트의 의미를 이해하도록 해준다. 마찬가지로 유추로서의 틀은 드 피장의 독자들로 하여금 아주 오래전의 텍스트의 의미를 이해하도록 도와준다. 인지서사학자인 맨프레드 잔Manfred Jahn은 틀을 "서사 텍스트를 읽는 과정 중에 선택하고 사용하는 (때때로 폐기하는) 인지모델을 가리키는 것"(1997, 442쪽)

이라고 정의했다. 새로운 상황을 이해하기 위해 사용하는 기억 틀(잔, 1997, 442쪽)로서의 인지모델은 책을 읽을 때마다 항시 사용된다. 예컨대 텍스트에서 시캄브리안Sicambrians은 프랑스 사람으로 정의된다. 누가 프랑스 사람인가를 알기 때문에 우리는 잘 모르는 그룹(시캄브리안)을 알기 위해서 잘 아는 틀(프랑스 사람)을 사용한다. 이와 같은 활동은 서사학자인 데이비드 헤르만David Herman의 다음과 같은 말로 분명해진다. "독자와 청자가 서사를 어떻게 처리하는가는 서사를 설명하기 위한 세계 지식의 특성과 시야에 달려 있다."(1997, 1057쪽). 아주 난해한 방식으로 '프랑스 사람'이라는 틀은 시캄브리안을 설명할 것이다. 그래서 우리는 이전의 잘 모르는 실체를 지나친 다음에 미심쩍게 책을 읽을 것이다. 이것은 왜 그런가? 읽기는 더욱 무의미해지는 경향이 있는데, 목적 지향적인 활동보다 덜 무의미한 것은 이해에 목표를 두는 것이다. 만약 프랑스 사람이 누구인가를 알지 못한다면 문제가 있을 것이다. 그렇지만 드 피장을 이해하기 위해서는 아마도 최소한의 문제만이 있을 것이다.

틀과 틀의 기능은 공식으로 이해하기에 매우 좋다. 하나의 보편적인 서사 공식은 다음과 같다. X는 Z가 하는 것을 본 Y와 관련이 있다. 잔은 이 공식을 더욱 확장하여 작가, 묘사, 서사를 더욱 잘 드러낸 다음의 공식을 만든다. X는 Z가 하는 것을 본 Y에 대해 R에게 말한다. 여기서 X는 서술주체, R은 반응자(수용자/청자), Y는 초점주체, Z는 행위자이다(잔, 1997, 443~444쪽). 우리가 『숙녀들의 도시』를 읽으면서 이러한 틀을 사용하는 문장은 공정의 여신이 아드라투스Adratus 왕의 딸인 아르게이아Argia의 크리스틴에게 말할 때이다. 두 형제 에티오클레스Etiocles와 폴리네이세스Polyneices가 전투에서 서로를 죽인 이후에, 아르게이아는 왕좌를 버리고 도시를 떠난다. 그녀는 다른 숙녀들을 따라 전쟁터를 찾아 간다. 공정의 여신은 아르게이아가 한 일을 보카치오Boccaccio가 말하는 형식으로 크리스틴에게 다음과 같이 설명한다.

> 고상한 숙녀 아르게이아는 들었어. 자신의 남편 폴리네이세스가 죽어서 여러 시체들 사이에 매장되지 못한 채 누워 있다는 것을. 그리고 거기에서 죽은 사병들의 시체들과 함께 썩어가고 있다는 것도. 슬픔에 가득 차서 아르게이아는 자신의 인생을 편안하고 안락하게 보장해주는 화려한 방과 마찬가지인 왕족의 옷과 장신구들을 바로 벗어 버렸어. (…) 전쟁터에 도착해서 그녀는 야만적인 잔인함 때문에 놀라지 않았어. 그리고 거대한 새들이 시체 주변을 맴돌고 있는 것을 보고도 놀라지 않았어. 나쁜 마음으로 몇몇 어리석은 자들이 시체 주변을 어슬렁거리는 것을 보고도 놀라지 않았어. "이보다 더 불가사의한 일이 어디 있어." 보카치오는 말했어. "그녀는 크레온Creon 왕의 칙령과 명령을 두려워하지 않았어. 죽음의 고통을 느끼면서 크레온 왕은 명령했어. 아무도 접근하지 말고 또 시체를 묻지 말라고, 그들이 누구인지 걱정하지도 말고."

보고 형식의 인용문이 지시하는 바와 같이, 이 서사는 다음과 같이 사상할 수 있다. 공정의 여신(X)이 크리스틴(R)에게 보카치오(Y)가 관찰한 위에 묘사한 아르게이아(Z)의 행위를 말한다. 이러한 틀의 각각(X, R, Y, Z)은 (드 피장의) 서사 안에 있는 (크리스틴의) 서사 안에 있는 (공정의 여신의) 서사 안에 있는 (보카치오의) 서사를 읽도록 해준다. 또 다른 차원에서, 공정의 여신이 서술주체(X)인 보카치오와 반응자(R)인 아르게이아, 혹은 '전경화된 인물'과 더불어 크리스틴에게 말했다는 사실을 잊는다면, 우리는 앞에 있는 서사의 담론 구조 안팎에서 아르게이아를 볼 수 없다. 즉, 아르게이아의 기분과 생각은 그녀의 서사가 보카치오의 말로 신체화(혼성)되어서 독자인 우리에게 반영된다.

다시 이러한 설명에 따라서 생각하는 것은 인지시학을 받아들이는 것이다. 인지시학은 환원주의 수학이 아니라 반응자가 어떻게 서사 목적에 기여하는가, 혹은 주체적인가를 보는 방식이다(잔, 1997, 446쪽). 논의의 초점을 확대하면, XRYZ 모델은 서술자인 크리스틴과 더불어 다른 곳에도 적용된다. 이러한 관점에서 잔의 인지서사학을 위한 모델은 크리스틴 모네라 라에네크라는 비평가의 다음과 같은 말이 왜 정당한 것인지 설명해 준다. "크리스틴은 자신의 입장을 표현하기보다는 다른 허구적 인물에 종속되었으며 그들의 분노에 수긍하였다. 여성에 대한 모욕적인 대우에 대해 말한 사람은 크리스틴이 아니라 정의의 여신이었다. 크리스틴은 단지 대화하는 상대를 고무시키는 논의에 동의했을 뿐이다."(1993, 38쪽). 여기서 반응자가 서술주체에 기여한다는 것은 분명하다. 그러나 크리스틴은 이성의 여신과 어머니와 딸의 관계에 있기 때문에 그 자체가 어떤 개념적 사상에 의해 이루어진 유추라는 결론을 짓기 위해서는 반드시 그래야만 한다. 달리 말해 모든 읽기에는 개념혼성이 결부되어 있다.

4. 『숙녀들의 도시』에 나오는 풍유

비평가들은 문학비평을 텍스트에 편재되어 있는 풍유를 여러 차원에서 일제히 해석하는 것이라고 생각하는 경향이 있다. 독자 교육 차원에서 읽기는 언제나 어떤 이야기를 다른 이야기에 사상한다는 점에서 이미 항상 풍유적이다. 이러한 풍유에 대한 유명한 문화적 실례는 아더 Arthur 왕 전설을 존 F. 케네디 John F. Kennedy의 부상하는 권력에 사상함으로써 존 F. 케네디의 초기 위상을 카멜롯 Camelot으로 제시하는 것이다. 이와 같은 근원 이야기와 목표 이야기의 결합은 본질적으로 터너가 『문학 정신 The Literary

Mind』(1996)에서 말하는 '우화'를 의미한다. 이 장은 세 개의 수사적 비유 중에서 풍유를 다룬다. 그러나 드 피장을 연구하는 학자들에 의해 풍유는 이따금 잘못 해석되어 왔다. 이성, 공정, 정의의 여신을 '풍유적 선생'(라에네크, 1993, 38쪽)이나 '풍유적 손님'(엔더스, 1994, 243쪽)으로 부를 수 있다. 그러나 다른 비평가(퀼리간, 1991b, 2~3쪽)는 텍스트 자체를 '관습적인 풍유 토론의 총체', 혹은 '풍유적 시'라고 말한다. 이 텍스트가 시보다는 소설처럼 보인다는 사실은 적어도 이 마지막 장에서 다룰 문제는 아니다. 물론 이 장에 주어진 중요한 일은 드 피장이 했고 해야만 했던 중세의 삽화가 풍부한 텍스트가 '풍유적'(니콜스Nichols, 1993, 중세 필사본 이미지)이라고 정확히 정의하는 일이다. 앞에서 개념적 사상이라고 말했던 의인화의 개념은 이성, 공정, 정의 여신을 풍유적으로 '선생', 혹은 '손님'으로 부른다는 점이 중요하다. 이러한 점에서 나는 그렌다 멕로드 Glenda McLeod가 "왕관을 쓴 세 명의 숙녀는 풍유적으로 (말테오루스,『탄식Liber lamentationum』) 독자 입장의 크리스틴의 반응을 제시하고, 풍유 차원에서 크리스틴의 이성, 공정, 정의의 의미를 나타낸다."(1992, 38쪽)는 말에 전적으로 동의한다. 풍유는 "다른 형태의 은유 언어가 할 수 없는 방식으로 은유적 근원영역을 삶에 가져온다."(2001, 10쪽)는 크리스프의 말에도 동의한다. 왜 동의하는가? 비록 작가가 일반적으로 근원을 제시하더라도, 풍유는 목표를 요구하기 때문이다.

『숙녀들의 도시』를 읽으면서 드 피장의 생각과 드 피장의 이야기를 풍유적으로 이해하는 요즘 독자들의 생각을 쉽게 알 수 있다. 드 피장 텍스트의 몇몇 부분에는 효과는 여전히 나타나지만 거의 드러나지 않는 풍유가 있다. 예컨대 공정의 여신이 소크라테스Socrates의 아내 크리스틴 산티페Christine Xanthippe를 말할 때, 난해한 풍유가 숨어 있다. 소크라테스는 사악한 심판관들에 의해 생을 마감한 선인으로 알려져 있다. 그는 그리스인들이 잘못된 우상 숭배를 하고 있으며, "숭배하고 섬겨야 할 대상은 오로지 신뿐이다."라고 말했기 때문에 죽게 되었다고 기록되어 있다. 심판관들이 감옥에 있는 소크라테스에게 사약을 마시도록 하기 전에, 산티페는 달려가서 컵을 비워버리고 무고한 사람을 죽이려고 하는 심판관들을 맹렬하게 비난하였다. 그럼에도 불구하고 소크라테스는 죽음을 받아들였다. 산티페는 자신의 행동에 대한 남편의 책망에도 불구하고, 여생 동안 충직하게 소크라테스를 애도하였다. 우리는 어떤 측면에서 잘못 처형된 사람에 대한 축어적 이야기를, 다른 측면에서 부인의 경건한 인내심에 관한 도덕적 이야기를, 또 다른 측면에서 어느 비평가(쉬바노프Schibanoff, 1994, 236쪽)가 말한 아브라함Abraham의 전형적 이야기를 생각해 볼 수 있다. 그러나 혼성에 따라서 풍유는 복잡한 것이다. 아브라함은 이삭Isaac을 희생시키지 않았고, 소크라테스 이야기에는 여전히 죽음이 남아 있다. 이 이야기에서 아브라함처럼 소크라테스는 당대의 종교적 실천을 의심한다. 이삭처럼 소크라테스는 제물로 설정되었다. 그러나 이삭과 달리 소크라테스는 죽었지만 산티페에게 당한 것은 아니다. 이 경우에 산티페는 희생을 멈추기 위하여 아브라함처럼 행동한다. 그렇지만 소크라테스는 여전히 죽었다. 그래서 본질적으로 소크라테스 이야기에 아브라함, 혹은 이삭이 나오지는 않지만, 전형적인 풍유의 차원에서 우리는 아브라함과 이삭의 이야기를 산티페와 소크라테스 이야기에 사상한다. 그래서 혼성의 결과는 정신 공간에 있는 유추들 사이의 잘못된 결부를 드러낸다. 산티페가 소크라테스의 생명을 구했다면 (아브라함이 이삭을 구한 것처럼) 성공적인 혼성이 이루어졌을 것이다. 그러나 그것은 (적어도 플라톤Plato이 「파이돈Phaedo」에서 말한 바와 같이) 소크라테스 이야기에 딱 들어맞는 사실은 아니다. 마찬가지로 아브라함이 이삭을 죽이려 했기 때문에 아브라함 이야기와 소크라테스 이야기(산티페는 소크라테스를 죽이려 했다.)에 잘 부합되는 사실이다. 그러나 드 피장의 글에 나타난 혼성에서 산티페가 소크라테스의 이삭에 대해 아브라함의 역할을 하려고 하거나 최후의 순간에 죽음을 방해하려고 하는 한, 소크라테스는 그리스인들에게 아브라함의 역할을 한다. 이와 같은 풍유의 형식론은 특히 비유추가 포함된 혼성에서 유발된다. 드 피장은 소크라테스 이야기와 아브라함과의 결합을 통해 "여러 경우에서 다른 읽기와 놀랄 정도로 상이하게 일반적인 텍스트를 자신의 읽기로 창조해낸다"(쉬바노프, 1994, 236쪽) 것을 아주 분명하게 보여준다. 비유추의 혼성은 우리를 창조적으로 읽기를 자극하기 때문에 분명히 놀라운 것이다.

　아마도 풍유에서 가장 중요한 사항은 개념혼성의 경우 형식론이다. 왜냐고? 풍유는 여기서 논의한 우화적인 사상을 포함하고 있으며, 어떤 이야기를 다른 이야기와 결합시키는 것을 독자가 의식적으로 알아차리도록 해주기 때문이다. 이 단계에서 드 피장은 종종 주어진 우화 이야기가 무엇을 의미하는지 독자에게 분명하게 밝힘으로써 매력적이다. 드 피장 텍스트에서 아주 흥미로운 몇몇 부분은 2부에 있다. 2부는 소위 퀼리간이 말하는 풍유인 '발단 이야기'(첫 이야기)가 크리스틴의 논평이 계속 이어지도록 자극한다. 드 피장의 풍유를 가장 완벽하게 고찰한 비평가인 퀼리간은 비유의 두 가지 중요한 요소를 다음과 같이 지적했다. "드 피장의 모든 풍유에는 논평이 필요하다."(1991b, 2쪽). 그리고 "풍유의 연쇄는 항상 독자가 주제를 결합하도록 요구한다."(1991a, 130쪽). 형식론의 관점에서 논평은 크리스틴, 혹은 그녀의 독자가 어떤 인생 이야기를 다른 인생 이야기에 사상할 수 있도록 그 목적을 상세하게 설명하는 기능을 한다. 예컨대 세네카Seneca의 부인 폼페이아 파울리나Pompeia Paulina 이야기는 어떻게 사랑스런 젊은 부인이 별로 멋지지 않은 나이 든 남편을 계속 존경하는가에 대한 실례로 공정의 여신이 텍스트에서 딱 한 번 말한다. 이 '발단 이야기'가 제시된 다음에 드 피장은 논평을 통해 크리스틴을 형식론적으로 브리타니Brittany의 잔느 라발Jeanne Laval로 바꾸고, 세네카를 잔느의 남편 베르트랑 뒤 게클랭Bertrand du Guesclin과 연결시킨다. 결혼, 정절, 세대 사이의 관계와 같은 틀은 근원영역의 세네카와 파울리나, 그리고 목표영역의 잔느와 베르트랑의 사상을 야기하기 위한 총칭 구조를 제공한다. 물론 드 피장의 논평은 자신의 풍유를 오직 한 가지 방식으로만 해석하도록 독자를 구속하지 않는다. 그러나 드 피장은 원하는 사상이 무엇인지 설계할 수 있도록 하기 위해서 이따금 원형적 해석을 제공한다. 드 피장은 왜 이렇게 하는가? 아마도 『장미 이야기』가 잘못 읽혀진 것에 대한 드 피장의 좌절감이 오독의 위험을 줄이기 위해서 특별한 형식론적 목적을 끼워 넣도록 유도했을 것이다. 역시 드 피장은 고대 그리스의 여주인공들과 아마도 드 피장의 문학적 후원자들이어서 그들의 유추에서 형식론적으로 명명된 귀족 부인들 사이의 유사성을 강화하기 위하여 관습적인 이야기를 변경한다. 그러나 드 피장은 독자가 원하거나 또 인지적으로 좋아하는 사상을 할 수 있도록 모든 풍유에 대해 논평을 제공하지는 않는다. 축어적 차원에 따라서만 읽는 것은 요나단 컬러Jonathan Culler의 유명한 말을 빌리면 '문학적 능력'(1975, 113쪽)의 결핍을 말한다. 그리고 역시 문학이 어떻게 세기를 가로질러 소통되는가, 현대의 독자들이 어떻게 적절성을 찾아내는가에 대한 가장 훌륭한 증거는 제시된 옛날의 전거에서 항상 새로운 목표를 발견해내는 우리의 능력에 달려 있다.

풍유의 해석과 관련이 있는 퀼리간의 '연쇄' 개념에 관해서는 숙녀 테르티아 에밀리아Tertia Aemilia 이야기가 몇 가지 문제에 관한 통찰을 제공한다. 에밀리아는 나이 든 남자와 결혼했는데 남편의 불륜에도 불구하고 여전히 가정에 충실했다. 이 이야기는 『숙녀들의 도시』에서 반복되는 주제이다. 그러나 이 특별한 연쇄는 다음과 같이 목록화 할 수 있다.

1. 젊은 테르티아 에밀리아는 나이 든 대大 스키피오 아프리카누스Scipio Africanus와 결혼한다.
2. 스키피오는 에밀리아의 시녀인 노예와 여러 번 잠잔다.
3. 에밀리아는 모든 것을 알고 있지만 체면과 명예를 지키기 위해 대결을 삼간다.

드 피장의 논평에 따라 크리스틴은 말한다.

1. 불성실한 남편과 결혼한 여성
2. 남편을 계속 사랑하는 여성
3. 심지어 남편의 애인과 사생아까지 사랑하는 여성

위에 목록화된 세 개의 서사 가닥들은 우화와 논평이 어떻게 관련되는지 알 수 있도록 독자에게 충분한 자료를 제공하기는 하지만, 완벽하게 일치하지는 않는다. 궁극적으로 그 관련은 아래의 <도표 3>가 제시하는 개념혼성에 의해 드러난다.

특히 드 피장은 에밀리아의 상대역이 브리타니에 있는 코에몬Coemon의 백작 부인이라고 말한다. 그래서 일반적인 논평이 특히 백작 부인에게 집중된다. 착한 여성에 관한 총칭 공간의 정보는 결혼, 사생아와 부모 입장, 배신에 직면한 정절, 하층 시녀에 대한 공정한 대우 등이다. 이러한 총칭 배경은 에밀리아 이야기와 백작 부인의 이야기를 구축하는 정보를 제공한다. 그리고 역시 풍유를 개념화하는 데 활기를 불어 넣는다. 참말로 우리는 에밀리아를 원형으로 하는 착한 여성 범주의 구성소로 백작 부인을 간주하면서 전개되는 특수한 것과 일반적인 것의 혼성을 볼 수 있다. 달리 말해, 풍유는 일반적인 착한 여성의 범주에 백작 부인을 개념적으로 통합할 것과 특히 범주의 원형인 에밀리아 곁에 백작 부인을 나란히 위치시킬 것을 요구한다.

<도표 3>

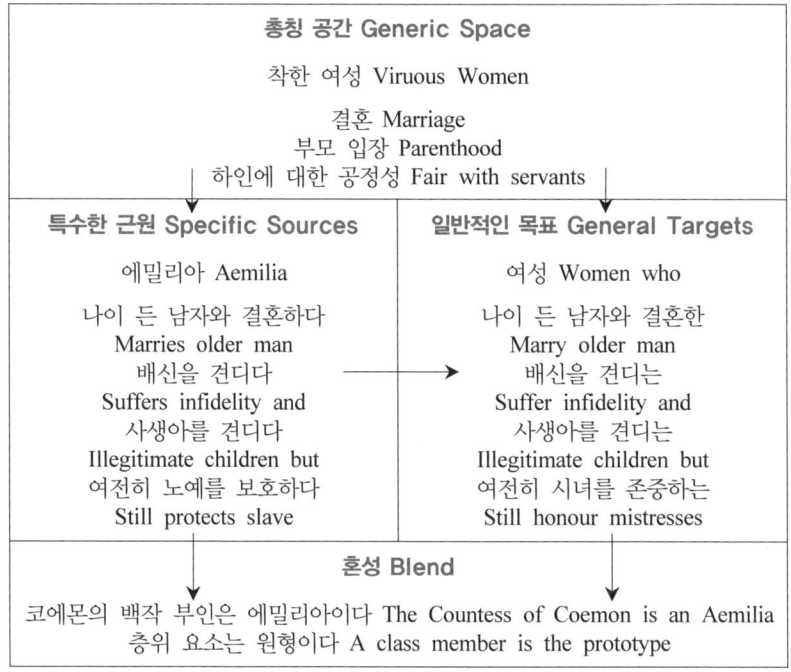

5. 결론

결론에 앞서, 읽기 과정에 대해 내가 기술한 것을 정리해야 할 몇 마디 첨언이 있다. 드 피장이 망각한 것을 복구해냈기 때문에 그녀의 텍스트는 이제 사소하지 않게 되어 더욱 정전화 되었다. 그러나 드 피장의 텍스트는 페미니즘 해석이 가능하더라도 읽기에 들어있는 능동적인 인지 절차에 있어 남성과 여성이 서로 다르다고 말하기에는 설득력이 없다. 내가 보기에 누가 읽느냐에 따라 읽기 과정에 중요한 차이를 드러내는 주제에 대하여 MRI 촬영을 포함한 신경과학의 연구는 없다. 이러한 사실이 드러내는 것은 본고에서 말한 기본적인 종류의 개념적 사상이 시간과 공간상에서, 그리고 여러 다른 독자들 사이에서 일어난다는 것이다. 드 피장과 그녀의 15세기 독자들은 오늘날의 우리와 마찬가지인 혼성의 인지 능력을 지니고 있다. 만약 어떤 차이가 있다면 역사적인 것일 뿐이다. 드 피장이 제공한 근원 자료에 사상하기 위하여 어떤 목표를 이용할 것인가는 역사 참조에 따라 달라질 것이다. 그러나 사상 절차 자체는 거의 600년 된 텍스트를 이해하기에 충분히 고정적일 것이다. 예컨대 앞에서 논의한 브루투스 이야기는 찰스 7세에 적합할 뿐 아니라 오늘날의 우리가 잘 알지 못하는 다른 몇몇의 왕자에게도 적합한 것으로 생각될 것이다. 물론 지식이 많은 수준 높은 독자, 혹은 비평가는 사상에 어떤 목표가 가능할 것인가에 대한 가능성이 열려 있다. 실제로 문학 교육에 관한 완전한 기획이란 학생들이 문학 작품을 접하여 문학과 자신의 삶을 결부시킬 때 실행 가능한 목표를 알아내는 능력을 향상시키는 프로그램이라고 볼 수 있다.

그러나 비평가에게 있어 그 프로그램은 어떤 생각을 재정의하도록 요구하는 것과 별반 다를 게 없다. 예컨대 드 피장을 연구하는 학자들에게서 만나는 '여성 독자'(쉬바노프, 1994, 222쪽)라는 개념은 과학적 근거가 없는 생각이다. 그들은 해명해야 할 필요가 있다. 참말로 바바라 츠베르스키 Barbara Tversky와 같은 유명한 심리학자는 현재 극소수의 문화비평가들만이 옳은 것으로 듣고 싶어 하지만, 여성과 남성 사이에 뇌 기능의 차이는 없다(1999)고 말했다. 아주 이상하게도 그러한 차이가 존재한다고 주장하는 것은 확실히 드 피장이 오랫동안 제거하려고 싸워왔던, 즉 여성은 기본적으로 남성과 다르다는 함정에 빠지는 것이다. 그러나 인지시학이 이름을 따온 인지과학은 어떤 개인의 특수한 마음이 아니라 일반적인 마음에 관한 학문이다. 내가 남녀 사이에 차이가 있다는 생각을 고쳐 생각하는 것은 '성 차이에 따른 기억'(엔더스, 1994, 234쪽)이 존재한다는 완전히 주제넘은 생각으로부터 벗어나게 해줄 것이라고 주장한다. 이러한 용어는 혼란을 불러일으킨다. 이러한 혼란은 기억이 어떻게 작동하는지, 기억의 구성 요소가 무엇인지, 그리고 성이 진짜로 기억 뒤에서 기능하는 신경과학의 문제인지 분명하지 않은 상황에서 발생한다. 물론 많은 문화비평가들이 기억에 관한 연구를 잘 의식하지 않고 있지만, 기억은 오늘날 인지과학 연구에서 중요한 화두이다. 이와 같은 학제간 연구에 대한 무지는 소문에 따르면 1999년 3월 북미와 해외에 3만 명의 문학비평가를 회원으로 가진 PMLA 학회에서 기억과 문학에 관한 세 편의 논문이 발표됨으로써 화제가 되었다. 다행히도 어떤 발표자가 문학 연구 분야 밖에서 이전에 기억에 관해 적절한 연구를 했던 한 심리학자에게 감사를 표하였다. 불행하게도 인용된 심리학자는 1900년대 초반 이후 기억에 관해 신뢰할 만한 연구가 행해진 적이 없다고 순진하게 가정하였던 프로이트Freud였다. 나는 '마음의 사상Mapping the Mind'이라는 주제로 논문들이 발표된 2000년 3월 PMLA 학회에서도 동일한 상황이 일어났다고 본다. 여담이긴 하지만.

 요약하자면 『숙녀들의 도시』에 나오는 은유, 유추, 풍유에서 이루어지는 개념혼성은 드 피장의 텍스트에 대한 독자의 이해를 이해하기 위한 하나의 효과적인 모델이다. 이와 같이 구체화된 인지시학은 오래된 인식론적 질문에 대해 새로운 방식의 답변을 제시한다. 예컨대 "어떤 풍유적

은유가 대단히 기억 의존적인지 그렇지 않은지"(엔더스, 1994, 240쪽)에 관한 질문에 답변하기 위해 역으로 인지과학과 경험 자료가 중요시 될 것이다. 테레즈 모로 Thérèse Moreau와 에릭 힉스 Eric Hicks는 현대 프랑스어판 『숙녀들의 도시』 서문에 다음과 같이 썼다. "이 책 읽기에 대한 일치된 반응은 무엇보다도 이 작품에 있는 현대 정신을 알아내는 것이다." 만약 중세와 현대의 정신 사이에 아주 심오한 차이가 있다면, 이러한 진술은 불가능할 것이다. 그러나 해석적으로 사상하는 것은 인간의 오래된 인지 능력이기 때문에, 드 피장의 작품과 같은 텍스트는 오늘날의 독자가 이해할 수 있는 방식으로 성공적으로 이야기한다. 결국 인지시학과 같은 접근 방식으로 문학을 연구한 결과는 인간을 또다시 인간다움으로 되돌려 놓는 것이다. 그녀의 인간애에 대한 열정(퀼리간, 1991a, 127쪽)에 따라 드 피장은 이와 같은 결론에 만족할 것이다.

■ 참고 문헌

Aitchison, J. 1997. *The Atriculate Mammal*. London: Routledge. (4th ed).
Blanchard, J. 1992. "Compilation and legitimation in the fifteenth century: Le Livre la cité des dames." In E. J. Richards (ed.), *Reinterpreting Christine Pizan*. 228-246. Athens, GA: U of Georgia Press.
Bruner, J. 1990. *Acts of Meaning*. Cambridge, MA: Harvard University Press.
Cerquigline, J. 1993. "L'imaginaire du livre à la fin du Moyen Age: Pratiques lecture, théorie l'écriture." *MLN* 108: 680-695.
Crisp, P. 2001. "Allegory: Conceptual metaphor in history." *Language and Literature* 10: 5-19.
Culler, J. 1975. *Structuralist Poetics*. Ithaca, NY: Cornell University Press.
Duby, G. (ed.). 1987. *Histoire la France: 1348 á 1852*. Paris: Larousse.
Enders, J. 1994. "The Feminist MneMonics of Christine Pizan." *MLQ* 55: 231-249.
Fauconnier, G. 1997. *Mappings in Thought and Language*. Cambridge: Cambridge University Press.
Fauconnier, G. and Turner, M. 1995. "Conceptual integration and formal expression." *Metaphor and Symbol* 10(3): 183-203.
Fauconnier, G. and Turner, M. 1998. "Conceptual Integration networks." *Cognitive Science* 22: 133-187.
Fauconnier, G. and Turner, M. 1999. "A mechanism for creativity." *Poetics Today* 20: 397-418.
Fauconnier, G. and Turner, M. 2002. *The Way We Think*. New York: Basic Books.
Glucksberg, S. and Keysar, B. 1993. "How metaphors work." In A. Ortony (ed.), *Metaphor and Thought*. 401-424. Cambridge: Cambridge University Press. (2nd ed).
Grady, J., Oakley, T. and Coulson, S. 1999. "Blending and metaphor." In R. Gibbs and G. Steen (eds.), *Metaphor in Cognitive Linguistics,* 101-124. Amsterdam: John Benjamins.
Greenblatt, S. 1983. "Murdering Peasants: Status, genre, and the representation of rebellion." *Representations* 1: 1-29.
Herman, D. 1997. "Scripts, sequences, and stories: Elements of a postclassical narratology." *PMLA* 112: 1046-1059.
Jahn, M. 1997. "Frames, preferences, and the reading of third-person narratives:

Towards a cognitive narratology." *Poetics Today* 18: 441–468.
Knapp, S. 1985. *Personification and the sublime: From Milton to Coleridge.* Cambridge, MA: Harvard University Press.
Laennec, C. M. 1993. "Christine Antygrafe: Authorial ambivalence in the works of Christine Pizan." In C. Singley and S. E. Sweeney (eds.), *Anxious Power: Reading, writing, and ambivalence in narrative by women*, 35–49. Albany: State University of New York Press.
Lakoff, G. and Johnson, M. 1980. *Metaphors We Live By.* Chicago: Chicago University Press.
Leavis, F. R. 1955. "Women in love." *D. H. Lawrence: Novelist*, 162–205. London: Chatto and Windus. (1968 reprint).
MacKay, D. G. 1986. "Prototypicality among metaphors: On the relative frequency of personification and spatial metaphors in literature written for children versus adults." *Metaphor and Symbolic Activity* 1(2): 87–107.
Margolis, N. 1986. "Chiristine Pizan: The poetessas historian." *Journal of the History of Ideas* 47: 361–375.
McLeod, G. 1992. "Poetics and antimisogynist polemics in Christine Pizan's *Le Livre la cité des dames*." In Richards E. J. (ed.), *Reinterpreting Christine Pizan.*, 37–47. Athens, GA: University of Georgia Press.
Nichols, S. 1993 "Picture, image, and subjectivity in Medieval culture." *MLN* 108: 617–637.
Pizan, C. de. [1405] 1982. *The Book of the City of Ladies.* (Trans. E. J. Richards. Intr. Maria Warner). New Yord: Persea.
_____. [1405] 1986. *Le Livre la cité des dames.* (Trans. T. Moreau and E. Hicks). Paris: Stock/Moyen Age.
Quilligan, M. 1991a. "The allegory of female authority: Christine Pizan and canon formation." In J. DeJean and N. Miller (eds.), *Displacements: Women, tradition, literatures in French*, 126–143. Baltimore: Johns Hopkins University Press.
_____. 1991b. *The allegory of female authority: Christine de Pizan's cité des dames.* Ithaca: Cornell University Press.
Richards, E. J. (ed.). 1992. *Reinterpreting Chirstine Pizan.* Athens, GA: University of Georgia Press.
Schibanoff, S. 1994. "'Taking the gold out of Egypt': The art of reading as a woman." In R. Evans and L. Johnson (eds.), *Feminist Readings in Medieval Literature: The wyf of Bath and all her sect*, 221–245. New York: Routledge.

_____. 2001. "Towards a cognitive theory of literary character: The dymamics of mental model construction." *Style* (Winter): 607–640.

Turner, M. 1991. *Reading Minds*. Princeton: Princeton University Press.

_____. 1996. *The Literary Mind*. New York: Oxford University Press.

Tversky, B. "Three types of spatial cognition." 1999 Lecture, 15 Dec, College de France, Paris, France.

Varela, F. 1999. "Quatre phares pour l'avenir des sciences congitives." *Théorie Littérature Enseignement* 17: 7–22.

Warner, M. 1982. Introduction to *The Book of the City of Ladies*, Christine de. Pizan. (Trans. E. J. Richards). New York: Persea.

02 말 속의 몸

시 텍스트 형태에 대한 인지적 접근

마가렛 프리만 (로스앤젤레스 밸리 대학)

1. 서론

가능하다면 시인과 철학자가 글쓰기에서의 언어의 본질에 대해 토론하는 혼성 공간에 대해 상상해보시오.[1] 프랑스 철학자 모리스 메를로 퐁티 Maruice Merleau-Ponty(1962, 401쪽)는 다음과 같이 말했다.

> 언어에 있어 가장 미묘한 것은 언어가 언어 자신의 망각을 촉진시키는 것이다. 눈으로 지면 위에 있는 시를 보고 그 뜻을 이해하자마자 그 뜻은 바로 눈에서 사라진다. 단어가 지면 위에 있다. 내 눈과 몸은 보이지 않는 작업을 위한 최소한의 장치일 뿐이다. 무엇이 표현되기 전에 표현법이 사라진다. 바로 이런 이유 때문에 언어의 중재 역할이 무시당할지도 모른다. (…) 우리는 확실히 표현에 도달하고 또 표현을 초월하는 것을 즐긴다. 진실은 언어와 분리되어 있고, 언어 표현은 단지 표피적이거나 우연적인 표명일 뿐이다. 이것은 언어에 의해 우리에게 확실히 주입되었다.

---

[1] 19세기의 블레이크와 20세기의 메를로 퐁티 사이에 실제적으로 불가능한 토론은 혼성의 인지 능력에 따라 가능해질 것이다. 예를 들면 칸트 Kant와 포코니에 Fauconnier, 터너 Turner 교수 사이에 이루어진 토론(2002)을 볼 수 있다.

영국의 시인 윌리엄 블레이크 William Blake(1810, 1972, 611쪽)는 다음과 같이 대답한다.

모든 사람은 눈, 코, 입을 가지고 있다. 이러한 사실은 바보들도 알고 있다. 그러나 현명하고 민감한 사람만이 눈, 코, 입의 모든 방식과 의도와 (표현) 특성을 아주 상세하게 고려하고 구별한다. 모든 예술은 이러한 구별에 의해 성립한다. 그래서 나는 용모의 특징을 위하여 손과 발을 주의해서 관찰하기를 바란다. 그것들은 모두 성격에 대한 묘사이고, 가장 변별적이고 특별한 것이기 때문이다. 시가 어떠한 단어도 무의미한 것으로 받아들이지 않는 것처럼, 회화 역시 어떠한 모래알이나 풀잎도 무의미한 것으로 받아들이지 않는다. 하찮은 오점이나 표지도 마찬가지다.

메를로 퐁티의 관점에 따르면 세상을 지각하는 눈은 나에게 보이지 않는다. 내가 표현하려고 하는 무언가에 집중하고 있을 때 타자하고 있는 내 손은 의식에서 사라진다. 내가 책을 읽을 때 물리적 활자는 활자가 생성한 생각으로 교체된다. 드류 레더 Drew Leder(1990)의 생각에 따르면 지면 위의 물리적 활자가 '사라지는' 것이다. 아직 완전히 이해되지 않은 인지 과정을 통해 나의 정신은 구체적인 세계에 대한 나의 감각적 체험을 추상적 사고 영역에 개념적으로 투사하는 일을 한다. 메를로 퐁티의 말에 의하면, 활자의 조합과 단어의 순서인 지면 위의 물리적 표지는 언어 표현에 대한 "단순히 표피적이거나 우연적인 표명"이다. 이런 언어 표현의 특성들은 활자가 의미를 생성하기 전에 희미해진다. 그러나 예술 작품에 관한 한 메를로 퐁티의 '단순히(merely)'는 블레이크의 '아주 자세하게(most minutely)'로 된다. 블레이크는 메를로 퐁티가 '오로지' 추상적인 사고를 전달할 뿐이라는 각각의 표지와 시행에 주목해야 한다고 주장한다. 철학자와 시인 사이의 차이는 이 두 인용 토론에서 더욱 뚜렷하게 드러난다.[2] 언어는 언어의 비밀을 완전히 이해했을 때만 그 의미를 투명하게 드러낸다. 잘 알지 못하는 외국어로 쓰인 텍스트를 읽을 때, 텍스트의 의미를 이해하기 위해서 텍스트의 물리적인 형태와 특성에 집중해야만 한다. 예술 작품, 그리고 나의 특정한 목적인 시의 경우에, '의미'는 언어의 형태로 신체화되거나 구체화된 표현의 의장으로부터 드러난다. 그 표현 의장에는 의미가 잠복하고 있다. 시를 이해하기 위해서는 이처럼 신체화된 특성들을 읽을 줄 알아야 한다. 텍스트를 읽을 때 인지 과정은 명백하지 않지만 텍스트의 의미를 명확히 하기 위해서는 의식적으로 의미가 불명확한 것을 읽어내려고 해야만 한다.

언어를 조직화한 인쇄판은 성격, 글줄, 문장 부호의 표준화를 통해 언어의 투명도를 증가시킨다. 지면 위에 있는 글자의 물리적 형상에 주목을 요하는 경향이 있는 필사본의 특이성은 사라진다. 그리고 언어가 생성한 의미에 마음이 개념적으로 투사될 때 눈이 더욱 읽기 쉽도록 언어를 '사라지게' 한다. 그러나 필사 원고가 인쇄될 때 불가피하게 변화되는 것들이 있다. 그런데 만약 변화되는 것이 언어 디자인의 **필수적인** 의장의 일부라면, 그 개념 투사의 결과도 역시 변화할 것이다. 필사 원고를 인쇄로 변환하는 작업을 살펴보고 있는 작가, 또는 자기가 인쇄의 형식을 직접 조정하는 작가는 이와 같은 효과를 지배할 수 있다. 그러나 자신의 시를 인쇄 형식으로 출간하지 않았던 에밀리 디킨슨Emily Dickinson과 같은 작가의 경우에, 그녀의 필사 원고를 인쇄로 변환하는 효과는 독자가 구체적인 형식

---

2 메를로 퐁티(1962, 151쪽)는 예술 작품의 몸에 대해 기술하면서, 시 텍스트의 중요성에 대해 다음과 같이 말한다. "시는 모든 요소의 도움에 의존한다. 그래서 만약 시 텍스트가 아주 섬세하게 보전되지 않는다면 돌이킬 수 없는 상실에 이를 것이다."

에 추상적인 의미를 개념적으로 투사하는 방식을 과감하게 변화시킬 것이다. 디킨슨의 시를 인쇄하려고 하는 편집자는 그녀 원고의 물리적인 명시를 손상시킬지도 모를 결과에 대해 정밀하게 의식해야만 한다. 왜냐하면 이와 같이 물리적으로 신체화된 명시들은 우리들로 하여금 디킨슨의 텍스트가 생성한 의미들을 인지적으로 개념화하도록 해주기 때문이다(워너 Werner, 1995).

디킨슨의 시를 읽는 전통적인 독자들은 마음이 신체화 되어 있는 것과 마찬가지로 언어 또한 신체화 되어 있다는 인식의 중요성을 무시함으로써 디킨슨 시의 필사 원고의 중요성을 간과했다(존슨Johnson, 1987). 현재 인지언어학에서 보이는 '인지로의 전환'은 작가와 독자들이 다양한 정신 공간에서 개념혼성 과정을 통해 의미를 구축할 때 하는 투사 방식을 제공한다(포코니에·터너, 2002). 본고의 의도를 드러내기 위해 아마도 부분적으로 개념적 어려움이나 애매한 점을 지니고 있어서 거의 비평적 주목을 받지 못했던 에밀리 디킨슨의 시 두 편에 대해 논의할 것이다. 이 시들은 편집자가 디킨슨의 시행을 조정했기 때문에 오독이 생긴다. 게다가 해석은 디킨슨의 언어 선택을 드러내는, 그리고 소위 디킨슨의 개념 세계(프리만, 1995)의 은유 구조를 구성하는 지식 영역에 대한 인지적 자각에 의존한다. 본고는 텍스트의 언어적 특성을 드러내는 형식적 형태에 개념적 투사를 함으로써 디킨슨 텍스트의 의미를 인지적으로 재구축하는 작동 과정을 다음 장에서 상세하게 기술할 것이다.

2. 디킨슨의 시행 배열에 인지의 적용

첫 번째 시는 『에밀리 디킨슨의 미공개 시편들Unpublished Poems of Emily Dickinson』 시집에 77호로 실려 있다. 이 시집은 1935년 알프레드 리트 햄슨Alfred Leete Hampson과 디킨슨의 조카인 마사 디킨슨 비앙키Martha Dickinson Bianchi에 의해 출판되었다. 시는 다음과 같다.

꿈은 좋다. 하지만 깨어남이 더 좋다
아침에 깨어난다면!
한밤중에 깨어난다면 더 좋다
새벽의 꿈꾸기.

더욱 상쾌하다. 울새를 추측하기는
결코 나무를 기쁘게 하지 않는,
어떤 견고한 새벽을 만나면서,
어떤 날로도 이끌지 않는.

Dreams are well, but waking's better
If one wakes at morn!
If one wake at midnight better
Dreaming of the dawn.

Sweeter the surmising robins
Never gladdened tree,
Than a solid dawn confronting,
Leading to no day.

1955년 세 권으로 출판된 디킨슨의 시집에서 토마스 H. 존슨Thomas H. Johnson은 이 시를 450호로 매겼다. 보는 바와 같이 존슨의 판본은 가능한 한 디킨슨의 원본과 가깝게 만들려고 시도했다. 존슨은 이 시의 2행에 있는 'wake' 뒤에 붙인 's'를 삭제하고, 특정 알파벳을 대문자로 쓰고, 줄표를 사용하여 구절과 단어를 강조함으로써 1935년에 출판된 시의 규칙을 바꿨다.

꿈은 - 좋다 - 하지만 깨어남이 더 좋다,
아침에 깨어난다면 -
한밤중에 깨어난다면 - 더 좋다 -
꿈꾸기 - 새벽의 -

더욱 상쾌하다 - 울새를 추측하기는 -
결코 나무를 기쁘게 하지 않는 -
어떤 견고한 새벽을 - 만나면서 -
어떤 날로도 이끌지 않는 -

Dreams - are well - but Waking's better,
If One wake at morn -
If One wake at Midnight - better -
Dreaming - of the Dawn -

Sweeter - the Surmising Robins -
Never gladdened Tree -
Than a Solid Dawn - confronting -
Leading to no Day -

1998년 디킨슨 시의 집주판에서 R. W. 프랭클린 R. W. Franklin은 다시 이 시를 449호로 편입하였다. 그는 존슨이 붙인 줄표 대신 이음표를 사용하고, 또한 첫 행의 끝에 있는 쉼표를 이음표로 바꾸는 것 외에는 존슨의 편집을 따랐다. 프랭클린은 디킨슨의 시행 배열이 인쇄본과 다르다고 이

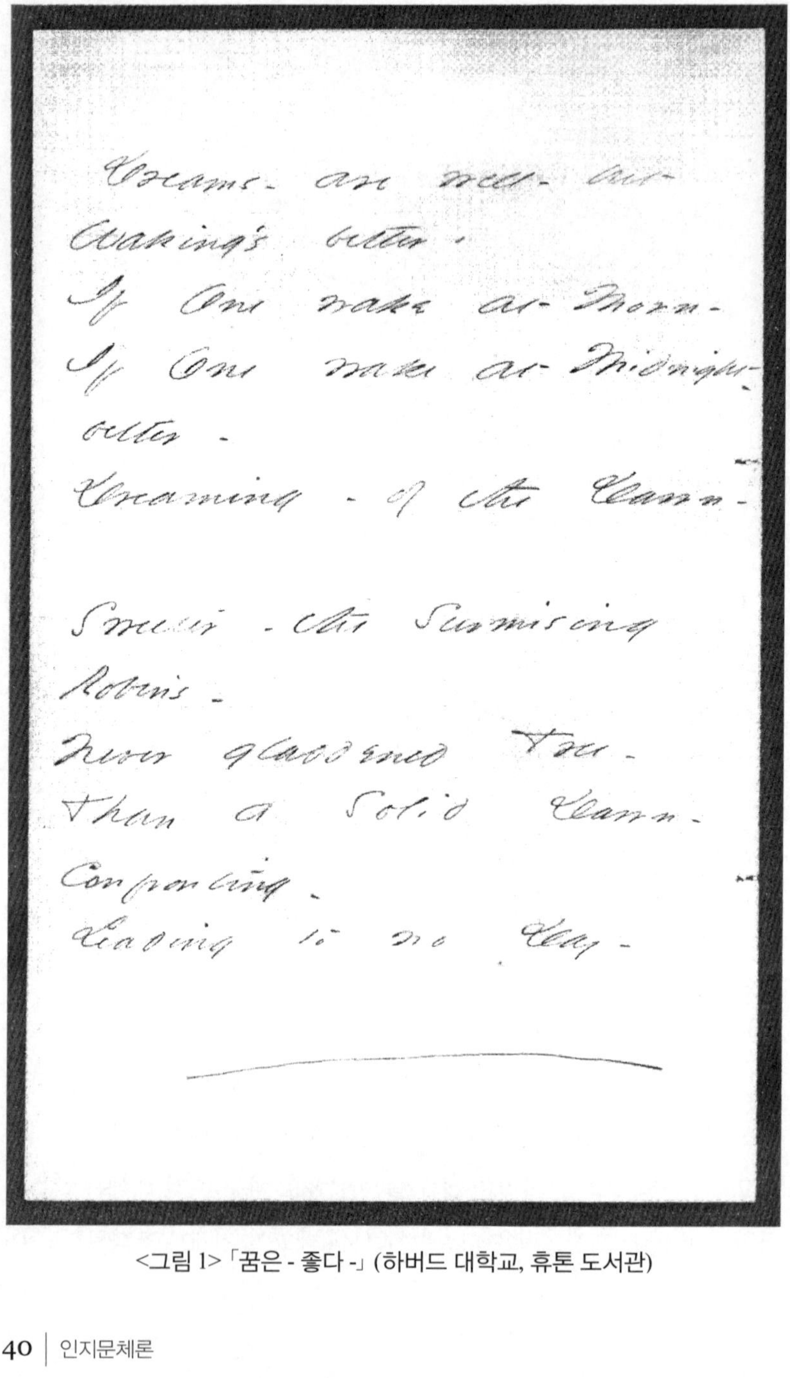

<그림 1> 「꿈은 - 좋다 -」 (하버드 대학교, 휴톤 도서관)

시의 아래에서 지적했다. 현존하는 하나의 필사본을 인쇄한 세 가지 판본은 모두 하버드Harvard 대학교의 휴톤Houghton 도서관에 21권의 분책으로 장정이 되어 183호로 소장되어 있다.³

데이비드 포터David Porter(1981, 103쪽)는 이 시에 대해 다음과 같이 논평했다.

> 시 450호 역시 음절이 잘못 배치된 까닭에 통사구조가 멋대로 고쳐졌다. 인용 시는 영원성에 대한 디킨슨의 풍유를 지니고 있다. 디킨슨의 어휘 '견고한 새벽'은 의미론의 전형적인 문제를 제기한다. 디킨슨은 '견고한 새벽'이 자신이 말하고자 한 충만한 새벽, 완전한 새벽, 영원한 새벽을 의미하기를 바랐다. 다른 결함은 음절 배치 때문에 발생한다. 즉, 하나는 시행을 멈추고, 또 다른 하나는 양행걸침인 'better'를 잘못 병렬 배치한 것이다. 'well'을 형용사로, 부사의 자리에 'sweeter'를 사용하는 것은 정당성이 없다. 마지막 연은 이해 가능하도록 통사 연쇄를 완전히 재배치해야만 한다. 재배치하면 다음과 같다. 울새를 추측하는 것은 어떤 날로도 이끌지 않는 영원한 새벽을 만나는(노래하는) 것보다 결코 더욱 상쾌하게 나무를 기쁘게 하지 않을 것이다.

포터는 이런 논평을 통해, 시의 원래 필사본에서 보이듯이(그림 1) 존슨의 인쇄본이 잘못 편집된 것임을 명확하게 지적했다.

필사본 지면 위에 서로 다르게 나타나는 단어 사이의 간격에 주의하길 바란다. 존슨의 인쇄본에 있는 규격화된 크기의 줄표는 필사본의 서로 다

---

3 디킨슨 시의 필사본에 대한 이야기와 출판의 역사는 오래 된 것이고 또 복잡하다. 1886년 디킨슨이 죽고 난 뒤 발견된 많은 필사본 시들은 작은 묶음, 혹은 소책자로 장정되었다. 처음 편집자가 이를 '분책'이라 했는데, 이 용어는 이후의 학자들에게 계승되었다. 몇 개를 제외하고 디킨슨의 필사본 시들은 암허스트Amherst 대학의 프로스트Frost 도서관과 하버드 대학교의 휴톤 도서관에 소장되어 있다.

른 길이, 간격, 위치, 경사 방향을 빼앗아 버린다. 시행 배열이 다르다. 비앙키와 존슨 둘 다 분명히 짧은 시행을 이월되는 것으로 간주하여 2연 8행 시로 시행을 새롭게 규칙화했다. 이들은 디킨슨이 쓰지 않은 시를 만들어냈다. 포터는 존슨의 판본 시가 바로 그렇다고 읽고서 정확하게 비평했다. 블레이크에 따르면, 디킨슨의 필사본에 있는 '생김새의 특징'을 읽어 내는 일은 서로 다른 시를 서로 다른 결과에 개념적으로 투사하는 것이다.

  먼저 단어 사이의 간격을 주목해보라. 디킨슨은 시행 바꿈에 대해 관심이 없고 지면의 끝에 이르러 억지로 시행을 넘겨서 쓴 것이라고 생각할 수 있다. 그러나 디킨슨이 원한다면 여러 단어들을 억지로 한 행 안에 정리했던 예들을 충분히 보여줄 수 있다. 디킨슨의 필사본에 나오는 신체화된 간격도, 혹은 '강약도'는 그녀의 인지 의도에 대한 단서를 제공한다.[4] 3행과 4행의 단어들 사이에 있는 여백과 규칙성이 지면을 가로질러 어떻게 반복의 패턴으로 주의를 끄는지 살펴보라. 비앙키, 존슨, 프랭클린은 'better'를 4행의 말미에 놓아두면 시의 균형이 파괴된다고 보았다. 디킨슨이 'better'를 별행으로 처리한 것은 2연에서 'Robins'과 'Confronting'을 별행으로 처리한 것과 동일한 것을 의미했다. 'Robins'를 별행으로 처리하는 것은 단어 'Surmising'과 분리시키는 것이다. 따라서 'Surmising'는 (정확히) 분사 형용사가 아니라 동명사로 읽힐 수 있다. 이렇게 읽으면 실제의 새벽이든 '견고한' 새벽이든지 간에 새벽을 만나는 것이나 추측하는 것이 울새는 아니다. 반대로 울새는 오히려 추측의 대상이 되고, '견고한 새벽'과 등가로 배치된다. 디킨슨의 울새는 무기력하여(J919/F982) 추

---

[4] '강약도'는 필적학에서 빌려온 용어이다. '강약도'는 행의 두께와 지면에 대한 압력도와 같은 필체의 물리적 특질을 말한다. 필적학적 관점(사피로 Shapiro, 2001)에 따르면 필체의 신체화된 특징은 작가의 신체화된 정신, 혹은 육체화된 심리를 드러낸다. 이러한 점에서 필적학을 인지과학으로 간주할 수 있다.

측을 할 수 없다.[5] 디킨슨의 개념 세계에서 꿀벌은 취하고, 꽃은 외치고, 호랑이는 목이 마르고, 또 참새는 굶주리는 방법을 알고 있다. 그러나 디킨슨의 자연 어느 곳에도 인간이 생각할 수 있는 것보다 다른 존재가 생각할 수 있는 데에서 오는 감정의 오류가 존재하지 않는다.[6]

신체화된 텍스트 형태는 인지 디자인을 구성한다. 12행으로 된 디킨슨의 필사본 시는 인쇄본이 하지 못한 방식으로 균형을 잡고 있다. 디킨슨이 구축한 디자인의 단서 중 하나는 'Dreaming'과 'Waking' 사이에 드러난 대조이다.

          Dreams – are well – but
a   **Waking's** better /
          If One wake at Morn –
          If One wake at Midnight \
          better –
b   **Dreaming** – of the Dawn –

b   Sweeter – the **Surmising**
          Robins –
          Never gladdened Tree –
          Than a Solid Dawn —
a   **Confronting** \
          Leading to no Day —
      —

---

5 디킨슨의 시들은 존슨(1955)과 프랭클린(1998)의 판본을 참조했는데, 시 번호는 'J'는 존슨을, 'F'는 프랭클린을 따랐다.
6 그녀의 모든 전집에서 인간의 감정과 지능을 지닌 유일한 동물인 디킨슨의 개 카를로Carlo는 예외이다(에버윈Eberwein, 1998, 41쪽).

이 시는 각 3행으로 된 네 개의 동등한 부분으로 되어 있다. 네 개의 부분은 1연에서 'waking'과 'dreaming'이라는, 2연에서 'surmising'과 'confronting'이라는 병치하는 동사에 의해 지배된다. 이 시의 지배적인 구조는 단어와 어구가 abba 양식으로 구성된 교차구조이다. 이 시의 병렬 구조는 'Surmising'이 'Dreaming'과 'Confronting'이 'Waking'과 각각 대응함으로써 2연은 1연의 주제와 제재의 확장이라고 분석할 수 있다. 그래서 이 시를 다음과 같이 고쳐 읽을 수 있다. "아침에 발생하는 것이라면 꿈꾸기보다는 깨어남이 더욱 좋은 것으로 여겨질 수 있다. 한밤중에 발생하는 것이라면 꿈꾸기가 새벽보다는 더욱 좋을 것이다. 실제로 영원한 것이기 때문에 견고한 것인 새벽과 만나고/깨어나는 것보다 낮에는 결코 일어나지 않을 추측하기와/꿈꾸는 것이 더욱 상쾌하다."

그래서 이 시는 깨어나기/만나기, 혹은 꿈꾸기/추측하기 중 어떤 것이 더 좋은 것인지에 대한 논쟁이 존재한다. 깨어나기/만나기는 인간 마음에 대한 의식적, 논리적, 분석적 추리와 관련되어 있다. 반대로 꿈꾸기/추측하기는 창의적, 상상적, 유추적 능력과 관련되어 있다. 필사본 텍스트에 있는 다양한 형태의 문장 부호들과 작시법 상의 표지들은 마음속에 있는 대화의 목소리를 활성화시킨다는 것과 같은 논쟁을 촉발시켰다.[7] 에디트 와일더 Edith Wylder(1971)는 디킨슨이 사용한 표지들이 그녀의 학창 시절에 암허스트 아카데미에서 다루었던 『수사적 독자 The Rhetorical Reader』라는 책에

---

[7] 요나단 컬페퍼 Jonathan Culpeper가 디킨슨의 음조 변화는 컴퓨터 언어 자료에서 구어를 표시하기 위해 사용했던 것처럼 괄목할만한 것으로 보인다고 지적한 점에 감사드린다. 와일더(1971, 13쪽)는 "오늘날 낭송의 기술은 상대적으로 저평가되어 있다."라는 것과 크럼블리 Crumbley(1997)가 디킨슨 시에서 목소리를 이음표로 연결한 것은 작시법이라기보다는 다성성을 말하는 것이라는 주장이 맞다는 것을 지적했다. 와일더의 논문은 디킨슨 비평에서 오랫동안 무시되어 왔던 것을 재고한 점에서 가치가 있다.

나오는 네 가지 유형의 음조 변화와 일치한다는 사실을 발견했다. 이 책의 저자 에베네저 포터Ebenezer Porter(1835)는 대화 목소리의 음조 변화가 발언이 의도한 의미를 뒷받침하고, 정확한 음조 변화를 사용하지 않으면 의미의 혼란을 가져온다고 설명한다. 포터는 서로 다른 부호를 사용함으로써 이러한 음조 변화를 구분하고 있다. 즉, "대조 관계가 명시되거나 암시될" 때, 상승 경사(/)는 "**부정**, 아니면 **제한적이거나 조건이 있는** 긍정을 표현하는" 반면, 하강 경사(\)는 "**능동적인 긍정**, 혹은 활기찬 생각의 어법을 표현한다." 단선, 혹은 수평의 이음표(−)는 "심각한 어투, 특히 엄숙한 서술의 경우, 혹은 장엄한 감정이나 숭배를 표현하는 곳에서 사용한다."

디킨슨의 필사본 원고에 있는 표지들은 세 가지 경사 방향을 드러내고 있다. 즉, 수평, 상향, 하향, 그리고 수평인지 하향인지가 모호한 표시들이다. 이 원고에서 비스듬히 상향하는 표지는 2행의 말미에 있는 'better' 뒤에 단 하나뿐이다. 분명히 비스듬하게 하향하는 표시는 4행의 대문자로 된 단어 'Midnight', 그리고 11행의 대문자로 된 단어 'Confronting' 뒤에 있다. 나머지 11개의 경사 표지는 모두 거의 수평이다. 이 11개의 경사 표지 가운데 4개는 1행, 6행, 7행의 중간에 존재하고, 나머지는 3행, 5행, 6행, 8행, 9행, 10행, 12행의 끝에 존재한다. 다른 문장 부호는 나타나지 않는다.

수평의 음조 변화는 시작하는 진술의 어투, 즉 "꿈은 좋다(Dreams − are well −)"를 강화한다. 그러나 곧바로 다른 소리가 들리고, 독자인 우리는 배반하여 이 시에 대해 논의한다. 즉, "그러나 깨어나는 것이 더 좋다(But / Waking's better /)." 그리고 비스듬히 상향하는 경사는 시작하는 진술을 부정하기에 그치지 않고, 주장을 강력하게 표현하는 것이 아니라 에둘러 말한다는 것을 제시한다. 비론 언명(깨어나는 것이 꿈꾸기보다 더 좋다)에서는 관습적인 고정관념이긴 하지만, 그 암시는 시의 나머지 부분 전체에 영향을 끼칠 것이다. 이러한 영향은 시인의 목소리가 2행에 동의하는 것처럼 드러나는 이어지는 3행에서 시작된다. "꿈은 좋다(Dreams are well–)"라는 언명을 단언하는 것처럼 보이는 이 목소리는 다음과 같이 논쟁자에게 동의한다. 즉, "그래, 아침에 깨어난다면 깨어남이 더 좋다. 그러나 한밤중에 깨어난다면…", 그리고 "Midnight \" 뒤에 있는 하향 경사는 "깨어남이 꿈꾸기보다 더 좋다."는 고정관념적이고 상투적인 사고가 2연을 극단적으로 완전히 손상시켜버린 것과 같이 모순의 강도를 강화시킨다. 2연의 "Confronting \" 뒤에 있는 하향 경사가 1연의 '한밤중에 깨어난다면'의 병치인, 즉 "견고한 새벽(a Solid Dawn —)" 단어 다음에 나타난다는 점에 주목하라.

"꿈은 좋다"는 현재의 실제공간을 꿈에서 깨어나는 대조적인 가상공간에 투사한다는 점에서 논쟁의 여지가 있다. 첫 번째 부분 1-3행은 그 부분의 말미에 오는 "아침에 깨어난다면(If One wake at Morn –)"과 더불어 논쟁의 관점을 드러낸다. 다음 부분의 첫 행 "한밤중에 깨어난다면(if one wake at Midnight \,)"은 병치되고 또 교차하는 abba 반복을 시작한다. 반복은 시의 나머지 부분을 지배하게 되고, 시의 주요한 논쟁을 이끌 것이다.

a	깨어남이 좋다 /	a	깨어남
b	아침에 깨어난다면 –	b	좋다
b	한밤중에 깨어난다면 \	b	좋다
a	더 좋다 – / 꿈꾸기 –	a	꿈꾸는
a	Waking's better /	a	waking
b	If one wake at Morn –	b	better

b	if one wake at Midnight \	b	better
a	better – / Dreaming –	a	dreaming

2연에서, '추측하기'와 '만나는'의 보어인 "울새 – / 결코 나무를 기쁘게 하지 않는 –"과 "견고한 새벽 (…) 어떤 날로도 이끌지 않는"은 각각 통사론적이고 의미론적인 면에서 동등하게 교차한다.

- a 추측하기
- b 울새 (결코 나무를 기쁘게 하지 않는)
- b 견고한 새벽 (어떤 날로도 이끌지 않는)
- a 만나는

- a Surmising
- b Robins (Never gladdened Tree)
- b Solid Dawn (Leading to no day)
- a Confronting

시 전반에 걸친 병렬성은 교체 형식의 완벽한 동등성이라는 매우 엄격한 패턴을 준수하고 있다. 그 결과 이러한 정확성에서의 일탈은 특별히 도드라진다. 무카로브스키 Mukařovský(1970)의 용어를 빌리면 '전경화'된다. 시는 abab 패턴으로 다르게 시작한다. 'dreams are'와 'waking's'는 a 부분을 형성하고, 'well'과 'better'는 b 부분을 형성한다.

a	Dreams are	Dreams	:: Waking
b	well	are	:: 's
a	Waking's	well	:: better
b	better		

형태 및 어휘의 반복이 "Dreams :: Waking"과 "are :: 's"와 "well :: better"처럼 정확하게 동등하지는 않다. 시 전체에서 종속절의 밖에 있는 유일한 직설 동사는 처음에 나타나는 'are'와 'waking's'의 ''s'이다. abab 시작 행에서 발생하는 어휘 및 형태의 변화는 abba 행의 아주 정확한 동등성을 바꾸어 놓는다. 병렬의 예측성은 강화되고 놀람은 일어나지 않는다. 논쟁의 시작에서 무엇인가가 잘못되었다. 그리고 잘못된 어떤 것이 존재한다. 우리는 "그래, 꿈꾸기는 좋아, 그러나 깨어나는 것이 훨씬 좋아."에서와 같이, 전통적이고 고정 관념적인 수준의 경험으로 무엇인가를 수용하도록 요구받는다. 시의 언어만이 그렇게 하지 못하도록 만든다. 앞에서 제시된 시의 비교는 첫 논의에서의 어휘 및 형태 요소와 나머지 시의 부분의 어휘와 형태 요소를 비교하는 상대적인 비동등성에 의해 피상적인 것이 되었다. 'Dreams'의 's'는 'waking'의 'ing'와 정확하게 동등한 것이 아니다. 그러나 우리는 동등한 것이길 바란다. 그리고 단어 'Dreams'와 'Well'은 'wake'와 'better'와 마찬가지로 동일한 통사 범주에 속해 있지 않다. 그래서 논의는 시작한 곳에서 끝마치게 된다. 꿈은 좋다. 그리고 시는 그 이유를 드러낸다.

  1연의 두 번째 부분에 있는 엄격한 병치의 유일한 변이는 'of the Dawn' 이라는 전치사 구가 추가된 것이다. 꿈꾸는 행위는 처음으로 시를 시작하는 'Dreams'라는 어휘 형태로 나타난다. "누군가 어떤 것에 대해 꿈꾸다 (one dreams about something)"에서 보듯, 명사화는 동사에 기저해 있는 타동사적 속성을 애매하게 만든다. 그러나 'waking'이 병치의 짝으로 드러날 때, 완전한 차이의 힘이 발생한다. 즉, 깨어나는 행위가 자동(아무 일도 일어나지 않았지만, 쉽게 깨어난다.)인 반면에 꿈꾸기는 타동적이다. 꿈꾸기는 시 속에 하나의 대상을 만들어낸다. 더군다나 꿈꾸기는 '아침에', 즉 '새벽에' 깨어남으로써 확인되어진다. 새벽의 꿈꾸기를 통해 만들어내는 것은 특정한 한정사 'the'의 사용으로(할리데이 Halliday, 1964) 자기 존재의 진실을 증명하는 어떤 것이다.

더욱 복잡한 2연은 논의를 자세히 고찰해야 한다. 시의 논점은 누가 깨어나고, 누가 꿈꾸고, 누가 추측하고, 누가 만나는가 등에 관한 것이다. 왜 꿈꾸기가 한밤중에 깨어나는 것보다 더 좋은 것인가? 1연에 주어진 힌트를 살펴보면, 꿈꾸기가 1연에 나오는 깨어나기보다 훨씬 더 강력한 것이고, 꿈꾸기는 깨어나기(깨어나기는 오로지 체험에 의해서만 그것을 알 수 있기 때문에)보다 더욱 강력한 것이다. 그 힌트는 2연의 마지막 부분에서 비교를 통해 더욱 강화된다.

If one wake at Midnight \

Better –
a   Dreaming –
b   of the Dawn –
……………………………
than
b   a Solid Dawn –
a   Confronting \

한밤중에 깨어난 결과는 낮으로 이어지지 못한 일종의 새벽을 (만나는) 경험이다. '견고한(solid)'이라는 단어가 시에서 고립되어 병치되지 않는 것은 우연이 아니다. 즉, '견고한'은 비교의 대상이 없는 유일한 형용사이고, 일반적인 명사구 위치에 나타난다. 포터는 그 중요성에 대해 논평했다. 즉, 그것은 디킨슨이 의미하길 바라는 것을 **의미한다**. 그 구절은 하나의 입력공간에서 시간과 공간의 요소가 복잡하게 혼성된 결과이고, 누군가는 다른 입력공간에서 아침의 시작이라는 불가해한 벽과 마주친다. 이 혼성에서 깨어남이 한밤중에 일어나기 때문에 이러한 새벽은 아무데도 갈 수 없으며, 창조적인 잠재력도 차단된다.

깨어나고/만나는 공간과는 달리, 꿈꾸기/추측하기 공간은 생산적이다. "한밤중에 깨어난다면"이라는 조건구문이 지배하는 비교들 사이의 가장 중앙에 자리 잡은 울새 영역은 문법적으로 가장 복잡한 구조이고, 시 전체에서 요체가 된다. 울새는 시에서 유일하게 이름이 있는 대상이고, 그들은 행위는 (나무를 기쁘게 하는) 사역의 시제 동사만으로 표현되고 있다. '울새'처럼 '나무'도 전혀 한정사를 가지고 있지 않다. '새벽'이 보어라서 '꿈꾸기'를 생산하는 것처럼, '울새'도 보어라서 '추측하기'를 생산해 낸다. 따라서 세 번째 부분은 두 번째 부분과 더불어 통사적 병치를 드러낼 뿐 아니라 의미론적 동등성도 성취한다. '꿈꾸기'와 '추측하기'는 둘 다 동등하게 보어에 의해 수행된다. 꿈꾸기가 새벽을 창조하는 것과 마찬가지로 추측하기는 어떤 일(나무를 기쁘게 하는)을 일어나게 할 수 있는 울새를 만들어 낼 수 있다. 대조적으로 '깨어나기'는 아무것도 일어나게 할 수 없으며, 만나서 체험하는 모든 것은 아무것도 일어나지 않는, 즉 어떤 날로도 이끌지 않는 견고한 새벽이다. (아이러니하게도 이 시의 유일한 순수 타동사 '만나는(confronting)'은 사건 틀[8]에 있는 직접 목적어를 취한다.) 한정사의 통사 의미적 진행은 냉담한 결론에 도달하게 한다. 즉, 'the down'에 나오는 특정사 'the'부터 시작하여 'Robins'와 'Tree'의 특정사의 부재, 그리고 'a Solid Down'에 나오는 한정사 'a'가 'waking'/'confronting'의

---

[8] 인지언어학에서 요소들 사이의 문법 관계는 래내커 Langacker의 전경/배경 방식을 형성하고, 레오나드 탈미 Leonard Talmy가 '사건 틀'에서 말하는 '주의의 이중화'이다.

곁에 부재하는 것은 'no Day'에 나오는 부정사 'no'를 예감케 한다. 그런데 울새는 결국 나무를 기쁘게 하지 않는다.

    a   Robins –
    b   Never gladdened Tree –
    ....
    a   a Solid Dawn –
    b   Leading to no Day –

울새 자신은 '견고한 새벽'과 abab 패턴에서 동등하게 병치되어 있기 때문에, '추측하기/만나는'과 대립적 요소인 '울새'와 '견고한 새벽'은 본래의 논의에 대해 최종적으로 부정과 훼손을 반영한다. 꿈꾸기와 깨어나기 중 어느 것이 더 좋은 것인지에 대한 진정한 테스트는 햄릿의 유명한 독백과 마찬가지로 좋은 것과 나쁜 것을 고려하는데 있지 않다. 나쁜 것을 꿈꾸는 것이 직접 만나는 것보다 더 좋다. 허무를 예상하는 것이 허무를 직접 체험하는 것보다 더 좋다. 이러한 논의에 따라서 예상은 언제나 행동화를 이겨야 한다. 그래서 디킨슨은 성격적으로 이를 더 선호한다.

시작할 때와 마찬가지로 이 시의 현실 공간에서 논의를 끝마친다. 독자로서 우리는 시의 첫 진술인 "꿈은 좋다(Dreams are well)"부터 평가하고 지나가도록 요구받는다. 'well'은 비교를 나타내는 유사형 부사 'better', 'sweeter'와 다른 단어 범주에 속하여 독립해 있다. 이것은 이 시의 문법적 기이함인 것처럼 보인다.9 이 진술은 시의 다른 진술과 달리 비교를 허락

---

9 'well'은 "모두가 좋다(all is well)"에서처럼 만족스런 조건을 지시할 때, 혹은 "너의 어머니는 건강하시냐?(Is your mother well?)"에서처럼 건강을 나타낼 때 형용사처럼 사용된다. 포터가 시에서의 이러한 사용을 비판하지만, 디킨슨은 실제로 단어의 통사를 비틀어서, 비교의 맥락 속에 집어넣는다. 그러나 'well'은 꿈이 참말

하지 않는다. 그 원인은 마지막 abab 패턴에서 밝혀진다. 한밤중에 깨어난다는 조건이 주어진 어떤 꿈꾸기에서 가능한 변화는 어떤 날로도 이끌지 않는 견고한 새벽에 우리를 깨어나게 하는 것이다. 즉, 죽음의 상태이다. 그러므로 꿈꾸기는 인지적으로 살아있도록 하는 것이며, 유익한 것이며, '좋게(well)' 하는 것이다.

데이비드 포터의 해석에 따르면, "디킨슨의 풍유 구절은 영원성을 지향한다."는 특성 대신에, 시는 누군가의 창조에 반응하기만 하는 수동적인 경험을 능가하여 창조할 수 있는 인지 능력의 탁월성에 대해 칭송받는다. 시는 무미건조한 마음의 관습적이고 안락한 신념을 수용하는 것을 냉정하게 거부한다. 마찬가지로 시는 언제나 디킨슨의 사고에 있는 최상의 존재론적 질문을 제기한다. 즉, "우리는 어디로 가는가, 우리가 가는 곳은 어디인가, 이승의 다음에 저승이 있는가?"와 같은 질문을 한다. 인생과 시심에 관한 시는 논리와 이성의 무기력한 효과를 능가하는 상상력이라는 생명성에 대한 칭송이다.

앞의 논의에서 보았듯이 디킨슨 텍스트의 문제는 필사본을 인쇄로 변환하기 시작하면서 발생한다. 더군다나 디킨슨 시의 통사에서 나타나는 어려움, 어휘의 지시 대상이 없는 것처럼 보이는 특성, 이상한 문장 부호는 심지어 아주 일반적인 독자에게도 아주 분명하게 드러난다. 디킨슨 텍스트가 지니고 있는 다양한 수준의 의미를 감상하기 전에, 블레이크가 시와 예술에서 의미심장한 것으로 인식하는 '차별적이고 특수한' 부호를 살펴보지 못함으로써 야기되는 오독의 덫에서 빠져나올 필요가 있다. 나의 연구는 디킨슨이 자신이 하는 것에 대해 정확히 알고 있었다는 가정에서 출발했다.

로 우리에게 좋은 것이라는 이 시의 중요한 논점을 예기하고 강화하는 것을 형용사적으로 동시에 지시한다.

그래서 디킨슨의 시에 불규칙한 것으로 나타나는 것은 우리가 그녀의 인지 문법의 원리를 완전히 이해하고 있지 않기 때문이다. 실제로 디킨슨은 내가 말하는 '틀 문법'과 나중에 찰스 필모어 Charles Fillmore(1977)가 말한 '틀 의미론'을 알고 있었다. 그리고 더욱 최근의 인지 문화 모델과 사건 틀 속의 인지언어학 용어와 관련되어 있다(레이코프 Lakoff · 존슨 Johnson, 1998, 래내커, 1987, 1991, 탈미, 2000, 웅게러 Ungerer · 쉬미트 Schmid, 1996).

필모어는 틀이라는 용어의 의미를 다음과 같이 설명한다.

> 나는 어떤 개념을 이해하기 위해서는 그 개념에 들어맞는 전체 구조를 이해해야만 하는 그러한 방식과 관련이 있는 어떤 개념 체계를 마음속에 가지고 있다. 즉, 그러한 구조 안에 있는 어떤 것이 텍스트나 대화 속에 나타날 때, 다른 모든 것은 자동적으로 이용 가능해진다. (필모어, 1977, 111쪽)

나는 디킨슨의 의미론에서뿐만이 아니라 전체 문법에서 이러한 사실을 발견했다. 실제로 나는 디킨슨의 시를 제대로 '읽기' 위해서는 디킨슨의 문법을 알아야 할 필요가 있다고 주장한다. 그리고 이것은 '작시법' 상의 문법만이 아니라 필모어의 틀 의미론과 최근의 인지언어학 이론까지도 의미한다. 즉, 필모어는 다음과 같이 유추를 사용하여 그 둘 사이의 차이를 설명한다.

> 연장에 대해 아는 것은 연장이 어떻게 생겼는가, 연장이 무엇으로 만들어졌는가(말의 경우에 음운론과 형태론)를 아는 것이다. 또한 사람들이 무엇을 위해 연장을 사용하는가, 왜 연장을 사용하여 하는 일에 관심을 갖는가, 그리고 심지어 어떤 사람들이 연장을 사용하는가를 아는 것이다. 이 유추를 통해 언어학적 텍스트를 해석자가 '중요한 의미'(텍스트가 내

포하는 의미)를 추출하도록 해주는 '사소한 의미'의 기록으로서가 아니라, 누군가 특별한 활동을 수행하기 위해 사용했던 연장에 대한 기록으로 생각해볼 수 있다. 그래서 텍스트를 해석하는 일은 사람들이 순서에 따라 연장을 사용하여 무슨 일을 했는가를 파악하는 일과 유사하다. (필모어, 1977, 112쪽)

3. 의미의 개념화, 디킨슨 텍스트의 '틀'에 대한 이해

디킨슨의 시를 읽는 본고의 접근 방법은 다음의 두 가지이다. 첫째는 디킨슨 시학 구조인 인지 틀에 대한 이해이다. 둘째는 디킨슨이 인지 틀과 인지 문화 모델, 혹은 정보를 주는 지식 영역을 사용한 방식에 대한 이해이다. 본고에서 논의하는 두 번째 시는 비평 해석에 대한 문법적이고 의미론적인 도전을 제기한다. 그런데 결과적으로 이 시는 첫 번째 인용 시와 같이 별로 논의된 바가 없다.[10] 이 시는 마벨 루미스 토드Mabel Loomis Todd와 밀리센트 토드 빙햄Millicent Todd Bingham(1945)이 공편한 『선율의 번개: 에밀리 디킨슨의 신작시Bolts of Melody: New Poems of Emily Dickinson』에서 126호로 처음 소개되었다.

    라일락꽃 바다 위에
    끊임없이 몸부림치는
      호화로운 경적
    누군가 봄으로부터 도망치고

---

10 1989년 10월 암허스트 대학에서 열린 디킨슨 학회에서 오랫동안 디킨슨을 연구한 학자이자 서지학자인 리차드 시월Richard Sewall은 디킨슨 시가 무엇을 의미하는지에 대해 수년 동안 연구해 왔음에도 불구하고 그녀의 시가 난해하다고 지적하면서 수수께끼 같다고 고백했다.

내동댕이친 것을 복수하는 봄
　　　방향芳香의 파멸로

Upon a lilac Sea
To toss incessantly
　His plush alarm,
Who fleeing from the spring,
The spring avenging fling
　To dooms of balm.

존슨은 자신의 판본에서 토드와 빙햄이 드러낸 병치를 무시하고 디킨슨의 대문자를 복원했지만, 시행 배열은 그들을 따랐다. 또한 이 시를 1337호로 정리했다.

　라일락꽃 바다 위에
　끊임없이 몸부림치는
　호화로운 경적
　누군가 봄으로부터 도망치고
　내동댕이친 것을 복수하는 봄
　방향芳香의 파멸로

Upon a lilac Sea
To toss incessantly
His plush Alarm,
Who fleeing from the Spring,
The Spring avenging fling
To Dooms of Balm−

프랭클린이 존슨의 텍스트에서 유일하게 바꾼 것은 시의 첫 단어의 철자를 'Opon'으로 한 것과 1368호로 정리한 것이다. 프랭클린은 이 시의 아래에 디킨슨의 시행 구분을 추가했다. 이 시는 두 개의 필사 원본이 존재한다. 하나는 스크랩 용지에 연필로 쓴 완전한 시인데, 암허스트 대학 기록보관소에 502호로 보관되어 있다. 또 하나는 L51호로 휴턴 기록보관소에 보관되어 있다. 그런데 "누군가 봄으로부터 도망치고, (Who fleeing / from the / Spring,)"라는 이 시의 결정적인 행에 대한 해석이 있다. 그것은 디킨슨이 이 시를 1875년 헬렌 헌트Helen Hunt와 윌리엄 S. 잭슨Willian S. Jackson의 결혼을 축하하기 위해 보냈다는 것이다. 디킨슨은 잭슨에게 보낸 메모에서도 연필로 쓴 초고에 나타난 것과 동일한 행 구분을 유지했다. 이러한 행 구분은 다음의 <그림 2>에 있는 것과 같다.

디킨슨의 문법과 문체상의 전략은 대부분 이 단시에서 드러난다. 허공을 바다로 대치하는 것은 디킨슨의 정전에서 광범위하게 나타나는 이미지 은유이다(프리만, 1995). 이 시에는 그윽한 라일락꽃 향기가 풍기는 이른 봄의 허공은 '라일락꽃 바다'가 된다와 같은 동일한 은유가 나타난다. 디킨슨은 'plush'와 'Dooms'에서 보듯이, 명사를 재구성함으로써 일상적인 의미를 해체하거나 지시 대상으로부터 분리시키고, 자신의 개념 세계의 지시 틀 안에서 재조직한다. 그런데 가장 이해하기 어려운 디킨슨의 전략은 통사론적인 것이다.

디킨슨은 스물세 개의 단어로 구성된 한 문장을 통해 적어도 두 가지 방법으로 읽을 수 있는 복잡한 종속 패턴을 창조했다. 첫 번째 인용시의 논의에서 살펴본 바와 같이, 선택적 읽기는 디킨슨 시를 연구한 모든 학자가 맞닥뜨린 문제인 텍스트에 대한 의문에 관심을 갖게 한다. 예컨대 인쇄본에서 단어 'Alarm'과 'His plush'는 동일한 행에 배치되어 있다. 디킨슨

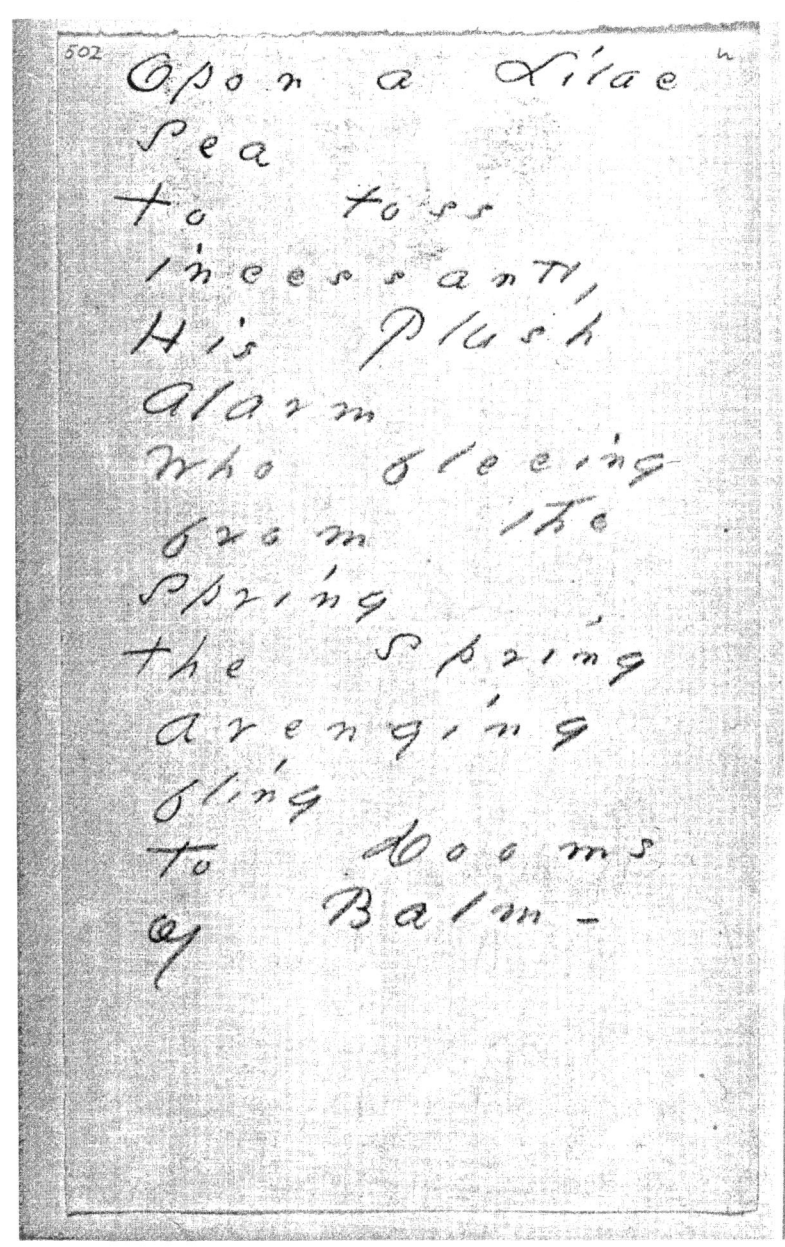

<그림 2> 「라일락꽃 바다 위에」 (암허스트 대학 기록보관소, 특별 소장품)

은 좀처럼 동사를 대문자로 쓰지 않았기 때문에, 이러한 재조직은 독자로 하여금 'Alarm'을 명사로 이해하도록 한다. 그렇게 함으로써 'Alarm'을 동사로 읽지 못하도록 한다. 필사본을 다시 살펴보면 이런 난처한 상황을 해결할 수 있다. 위에 인용한 시에서 디킨슨의 행 배열은 인쇄본과 매우 다르다. 가장 주목할 점은 단어 'Alarm'이 단독으로 처리되고 있다는 사실이다. 그 사실은 단어 자체가 대문자로 설정되어 있다는 것이다. 비록 디킨슨이 시의 다양한 원고와 판본을 쓸 때 이따금 시행 배열을 바꾸었지만, 그녀가 헬렌 헌트 잭슨에게 보낸 편지의 시에서 정확히 동일하게 시행 배열을 유지해왔던 점은 이러한 시행 배열이 의미가 있다는 것을 암시한다.

   시를 문자 차원에서 이해하려면 다음과 같은 간단한 질문에 대해 답변하는 것이다. 즉, 주 동사와 주 주어는 무엇인가? 대표적으로 디킨슨의 시에 답변하는 방식은 두 가지이다. 디킨슨은 헬렌 헌트 잭슨에게 보내는 편지에서 정확한 필사본의 마지막 시행을 분리함으로써, 우리들로 하여금 'fling'을 주동사로 'Spring'을 주어로 읽도록 고무시킨다. 이러한 읽기는 앞에서 언급한 'Alarm'을 대문자로 표기한 것 때문에 더욱 고무된다. 그러나 이러한 방식으로 시를 읽게 되면, 보어구를 어떻게 처리해야 할지 결정하는 데 곤란한 점이 생기고, 문법에 대한 불편하고 불만족스러운 위반에 도달하게 된다. 그래서 디킨슨을 신뢰하도록 배웠던 어떤 일도 할 수 없게 된다.

   만약 'Alarm'을 명사로 읽게 되면, 그 문장에서는 'Spring/fling'이 주주어/주동사가 된다. 'fling'은 타동사이기 때문에, 그 목적어는 앞에 놓인 명사구 "His Plush Alarm."이다. 이러한 읽기가 야기한 문제는 통사론적인 것이다. 즉, 어떻게 "His Plush Alarm."을 "To toss incessantly" 시행에 맞도록 할 것인가? 'tossing'이라는 동사구를 가지고 있다고 본다면, 그것을 "His Plush Alarm"과 동격으로 읽을 수 있다. 그러면 문제가 없을 것이다. 그러나 디킨슨은 이렇게 쓰지 않았고, 쓰여진 바와 같은 이런 구조에 만족하지 않는다는 것을 드러내는 어떤 변형도 없다. 'To toss'는 목적을 지시한다. 즉, 주절에 대한 보어로서 이러한 목적을 읽어낼 수 있다. 예컨대, 봄은 라일락꽃 바다 위에 끊임없이 몸부림치는 호화로운 경적을 내동댕이친다.[11] 그러나 또 '방향의 파멸로(Dooms of Balm)'로는 무엇을 할 수 있는가? 이것이 이러한 상황에서 두 개의 보어를 갖는 것이 문법적으로 가능하다면, 그 중 하나는 바로 여기서 처리할 수 있다. 시의 통사 질서가 전체적으로 붕괴되어(봄은 라일락꽃 바다 위에 끊임없이 몸부림치는 방향의 파멸로 자신의 호화로운 경적을 내동댕이친다.), '방향(Blam)'은 '몸부림치는(tossing)'과 '끊임없이(incessantly)'의 격동적인 이미지를 내포하지 않기 때문에 그 효과는 마지막 행을 훼손시키는 것이다. 그러나 만약 'Alarm'을 동사로 읽는다면, 통사의 문제는 해결된다. 이렇게 읽으면, 'Plush'는 더 이상 형용사가 아니라 명사이다. 『옥스포드 영어사전 Oxford English Dictionary』에는 1629년까지 단어 'plush'가 형용사처럼 사용된 것으로 기록되어 있다. 그러나 명사처럼 사용하는 것이 더 일반적이고, 디킨슨은 다른 시에서도 이 단어를 언제나 명사로 사용했다.[12]

---

11 이와 같은 통사의 재배열은 시에서 전혀 분명하게 읽히지 않는 대명사 'His'가 'Spring'을 지시한다는 가능성을 암시한다.
12 디킨슨의 언어 자료에는 하나의 복수 단어 'plushes'를 더하여 'plush' 단어에 대한 열 개의 참조가 있다. 난해시의 애매한 예외를 제외하곤, 이들 모두는 명사이다. 논의하고 있는 시를 다 헤아릴 수는 없지만, 시 네 편(J401/F675, J457/F684, J1140/F1164, J1738/F1772)에서의 참조는 불확실하다. 두 편(J589/F67, J1664/F1708)에서는 발을 가리킨다. 두 편(J173/F171, J1448/F1523)에서는 풀쐐기를 가리킨다. 벌새에 대한 시(J334/F380)와 벌에 관한 시(J1224/F1213)에서는 꽃을 가리키는 것으로 보인다. 벌에 대한 시의 경우, "Like Trains of Cars on Tracks of Plush"라는 유추 속의 전치사구가 유추의 지시 대상을 가리키는지 어떤지 불명확하다. 즉, "꽃

두 번째 읽기에 따르면, 시에는 다섯 개의 동사적 구조가 있다. 즉, 'toss,' 'alarm,' 'fleeing,' 'avenging,' 'fleeing.'이다. 그들과 대응하는 주어는(일부는 언어적이 아니라 개념적으로 표현된다.[13]) 순서에 따라 바다/허공, 몸부림치는 행위, '그의 호화로움', 그리고 나머지 둘은 봄을 지시한다. 도망치는 행위를 제외하고, '그의 호화로움(His Plush)'은 시에 나오는 모든 행위의 대상이다. 문장을 시작하는 전치사 구를 제시한 다음에, 디킨슨은 그녀의 시에서 빈번하게 발견되는 주어-목적어-동사(SOV)의 순서를 사용한다. SOV 순서에 따라 이 시는 "끊임없이 몸부림치는 것은 호화로움을 울린다(To toss incessantly alarm(s) his plush)"로 변하게 된다. 이 시의 마지막 3행은 '누구(who)'로 인해 명사구 '그의 호화로움(His Plush)'에 종속된다.

디킨슨의 전치 보어에 대한 독단적인 애용과 문법 규칙에 대한 명백한 무시는 겉보기에 부자연스럽다. 첫 번째 인용 시에서 보았듯이, 디킨슨 시 형태의 구조는 지배적인 병치 원리에 의한 것이다. 예컨대 두 번째 인용 시에서, aabccb 율격/압운 도식은 b구인 "His Plush/Alarm"과 "To Dooms/of Balm"을 두드러지게 가깝게 만들고, 나머지 행들은 이 두 쌍의 지원을 위해 허약해지게 된다. 토드 빙햄의 판본(1945)은 들여쓰기에 의해 이러한 효과를 드러내었다. 이 두 b구가 이 시의 독자를 불투명성으로

들을 가로질러(across the Flowers)" 나는 벌인지 아니면 벌이 나는 곳인지 명확하지 않다. 후자 쪽은 디킨슨의 시(J173/F171, J334/F380, J1448/F1523 등등)에서 'plush'는 벨벳과 긴밀하게 결합되어 있다. 그것은 애매하지 않게 꽃을 묘사한다. 한편, 그것은 시(J1224/F1213)에서는 디킨슨이 묘사한 벌의 소리이다. 그리고 다른 시(J457/F684, J589/F617, J1664/F1708)에서 'plush'는 소리와 관련되어 있다. 벌새에 대한 시에서는 소리, 혹은 글쓰기와 꽃과 관련이 있다.

13 래내커(1987, 1991)의 용어에 의하면, 주어는 언어 표현에서 나타나든가 아니면 프로파일링의 결과이다. 탈미(2000)는 이러한 개념 정보의 배경을 'gapping'이라 부른다.

압박하는 것은 우연한 것이 아니다. 처음에 나오는 두 동사의 표면적인 주어는 '바다(sea)'이고, 마지막에 나오는 두 동사의 주어는 '봄(spring)'이다. 다섯 중에서 짝이 없이 중간에 방치된 동사의 주어는 '그의 호화로움(His Plush)'이다. 즉, 이 시를 주어/동사 구조로 살펴보면, 다음과 같은 병치 형태를 보인다.

Sea — toss, alarm
Plush — flee
Spring — avenge, fling

우연히 일치하지 않은 채, 자동사로 사용된 유일한 동사(flee)는 'Plush'를 그 주어로 삼는다. 다른 모든 동사는 타동사이고, 그들의 목적어는 이 시의 중심이 되는 'Plush'이다. 맨 처음에 나오는 두 동사의 표면적인 주어가 'Sea'이지만, 경적을 울리는 바다/허공의 몸부림침이 더 사역 주체인 'Spring'의 매체이다. 'Spring'은 이 시의 모든 행위의 바탕에 자리 잡고 있다.[14] 'Alarm'과 'fling'은 그들의 형태에 있어 문법적으로 변칙이다. 3인칭 단수의 현재 시제 동사로서, 이들은 항상 '-s'의 활용을 수행해야 한다. 그러나 이 시의 병치를 위해서 이러한 규정은 지켜지지 않는다. 디킨슨은 자주 불규칙 압운을 사용하지만, 필자가 보기에 그녀는 결코 'alarms/balm', 'spring/flings'가 보여주는 것과 같은 압운 도식을 허약하게 하는 일을 하지 않았다(스몰Small, 1990). 물론 '-s' 활용의 누락 현상은

---

14 이러한 읽기는 봄이 복수하는 것이 정확히 무엇인가 하는 문제에 대한 논란을 불러 일으킬 것이다. 이 시에 기저 해 있는 낭만주의 틀을 탐구하는 것이 논점을 벗어난 것이긴 하지만 이 논문의 목적이다. 그러나 이는 디킨슨의 인지문법에 대한 더욱 포용력 있는 설명을 위해 다루어야 할 필요가 있다. 낭만주의 시에서 사역의 기능을 살펴보려면 D. C. 프리만D. C. Freeman(1987)을 참조하시오.

디킨슨의 시에서, 그리고 글쓰기 자체에서 일상적으로 일어난다. 그래서 'Alarm'을 명사로 보는 것도 논쟁할 필요가 없는 일이다.[15]

그래서 통사를 바꾸어 쓰면, 라일락 향기 진한 바다/허공의 몸부림으로 경적이 울려, 그의 호화로움은 도망치려 하고, (혹은 '그러나', 봄과 이 시의 주어 사이의 관계가 아직 해결되지 않았기 때문에) 봄이 그것을 방향의 파멸로 내동댕이치는 것은 정당한 처벌이다.

그 다음의 해석 단계는 독자가 텍스트에서 의미를 구축하는 전략에 대한 탐구로서, 앞에서 상세하게 기술한 개념혼성의 사상이 진행되는 과정을 포함하고 있다. 처음 이 시를 읽었을 때, 필자는 디킨슨이 벌을 지시하기 위해서 사상한 은유라고 추측했다. 아마 마음속으로 "호화로운 철로 위의 기차처럼(Like Trains of Cars on Tracks of Plush)", 그리고 "방향 속에 길 잃은(is lost in Balms)"과 같은 시행을 포함하고 있는 벌에 관한 시들이 떠올랐기 때문일 것이다. 디킨슨의 벌은 꽃과의 관계에서 볼 때 구혼자이자 남성이며 성적인 관계를 지니고 있다. 만약 벌에게 숙명으로 주어진 것이 과즙의 방향, 라일락꽃의 벌꿀이 아니라면, 봄이 가져온 또 다른 운명은 무엇인가? 필자가 생각하기에 아주 놀랍게도 디킨슨은 결혼을 축하하기 위해 이러한 이미지를 사용한 것은 아닌가? 그런데 나중에 이러한 생각이 바뀌어서 필자는 어쨌든 적절한 인지 틀을 갖게 되었다. 다음은 필자가 벌에 대해 생각한 것을 쓴 것이다.

벌은, 라일락 꽃 향기 밀려오는 공기에 휩쓸려, (혹자는 디킨슨의 술 취한 벌을 기억할 것이다.) 몸부림치고 닝닝거렸다. 벌은 불안하고 어지러

---

[15] 디킨슨의 '-s'가 빠진 동사는 시의 실제 공간의 관점을 다른 정신 공간에 투사를 유발하는 가정법 동사의 특성을 갖는다. 디킨슨 시의 이러한 현상에 대한 탐구는 본고의 범위를 벗어난다. 그렇지만 인지적 고찰이 수행될 필요는 있다.

운 소란을 가리키는 동사이다. 그리고 통사적 형태, 혹은 문맥에서 볼 때, 벌은 불균형을 야기하는 분명한 동작주 없이 놓여 있다. 소위 봄(라일락 꽃 향기 가득한 허공)의 모든 출현으로부터 도망친다고 하는 것은, 벌이 내동댕이친(이 단어의 오만한 음조를 주목하라) '봄(Spring)'의 번식력, 생산력, 질서를 만드는 힘에 의해 복수 당한 것이다. 벌은 고요, 평안, 피할 수 없는 숙명적인 결말 —방향초芳香草가 되었다.

그렇다. 방향초이다. 디킨슨은 식물에 대한 실제적 지식을 통해 이 풀을 알았고 또 키웠다. 『로데일 식물 백과사전 Rodale Encyclopedia of Herbs』(1987)에서 벌새는 방향초에 관한 내용의 두 번째 쪽에 실려 있고, 벌은 세 번째 쪽에 실려 있다. 컬러 사진은 방향초 꽃잎의 빨강색과 주홍색을 생생하게 드러내 보였다. 방향초는 7월-8월까지는 꽃이 아니다. 나는 생각했다. 벌은 어디에 내동댕이쳐진 것일까? 방향의 파멸에로. 나는 정말 복수의 의미를 이해한 것일까? 벌은 라일락 같은 이른 봄꽃에서 자양분을 얼마나 얻을 수 있는가? (나는 이 점이 고민스러웠다. 즉, 왜 벌은 봄에 불편한 상태에 처해 있는가?) 봄은 운명, 즉 여름날의 방향초를 찾는 벌을 내동댕이침으로써 일찍이 라일락 향기 가득한 공기가 일으키는 흥분을 보상하는 것인가? 여기에는 무슨 공명이 존재하는가! 만약 디킨슨의 주제가 있다면, 봄 : 여름 = 기대 : 성취인가.

그런데 마음에 석연치 않은 것이 있다. 왜 벌은 봄에 만족하지 못하는가? 또는 왜 봄은 벌에 만족하지 못하는가? 그 석연치 않은 점은 'Plush'란 단어가 여러 가지 뜻을 지니고 있다는 것을 알게 된 후에 끝났다. 디킨슨이 'Plush'를 명사로 본 것은 알았다. 그러나 그녀가 이 단어를 사용하는 인지 틀도 연구해 볼 필요가 있다. 그것은 바로 이 단어에서 애벌레의 뜻을 발견했을 때이다. 벌은 결혼 연상 때문에, 벌새는 『로데일 식물 백과사

전』 때문에 부각된다. 그런데 애벌레는 순수한 디킨슨이다. 애벌레는 공중의 의식되지 않는 피해자이다. 애벌레는 특히 고치 상태일 때에 바람에 따라서 어디로든 갈 수 있는 것을 제외하고는 어떤 일도 할 수 없다. 물론 애벌레는 벌이나 벌새와 달리 라일락을 먹지 않는다. 이제 '파멸(dooms)'은 새로운 공명을 불러일으킨다. 즉, 애벌레의 운명은 라일락을 먹을 수 있는 나비가 된다는 것이다. 봄은 애벌레의 이상인 나비가 되도록 애벌레를 여름 속으로 내동댕이치는 일을 한다. 역시 애벌레는 계절의 경계에서만 존재한다. 즉, 애벌레는 여름과 가을 사이에 고치에서 부화하여 곡식을 먹는 유충이 된다. 애벌레는 가을과 겨울 사이에 자신의 몸을 고치에 넣어서 번데기로 변신한다. 그리고 다시 애벌레는 봄에, 즉 겨울과 여름 사이에 나비가 된다. 이제 복수 이미지는 더 의미 있는 것처럼 보인다. 즉, 궁극적 동작주인 'Spring(봄)'은 애벌레의 변형태인 나비가 되도록 내동댕이침으로써, 맨 처음에 나오는 두 개의 동사 'toss(몸부림침)'와 'Alarm(경적)'이 드러낸 혼란과 불안감을 정당화한다. 나비도 역시 과즙을 먹는다. 디킨슨은 자신의 여자 친구의 결혼 축하와 관련된 글에서 새로운 차원을 보여주었다. 즉, 수컷 벌의 분명한 성적 특성에 대한 표현이 아니라 빅토리아 식의 (애벌레가 나비가 되는) 성취에 대한 차원이다. 특수한 경우에 적절한 어휘를 사용하는 디킨슨의 탁월함은 매우 특징적이다(레보우 Lebow, 1999). 필자가 주장하는 것은 디킨슨 시를 이해하기 위해서는 인지-문화-맥락 틀을 이해해야 한다는 것이다.

아래 인용한 두 편의 시는 위의 시를 해석할 때 작동하는 애벌레 틀을 보여준다. 존슨이 시에 부기한 날짜가 아주 정확하게 맞는다고 하더라도, 애벌레 틀은 전 시기의 디킨슨 시에 통용된다. 초기시(1860)인 J173/F171에는 애벌레가 'alarm'과 'plush'와 함께 결합되어 있다.

보풀을 가진 친구, 발 없이 -
여전히 굉장히 달린다!
벨벳이 그의 표정이다 -
그리고 그의 안색은, 암갈색!

때로, 그는 풀밭에 산다!
때로, 나뭇가지 위에,
거기서 그는 **플러시 천**으로 내려온다
사람이 지나가고 나면!

이 여름 내내 -
하지만 바람이 숲의 종족에게 **경적**을 울릴 때,
그는 다마스크 주거를 택한다 -
그리고 바느질한 비단 속으로 점잖게 걷는다!

그 때, 어떤 숙녀보다 더 곱게,
봄으로 나온다!
각각의 어깨에 하나씩의 깃털!
그를 알아보기 힘들 것이다!

사람들이, 애벌레라 부르는!
내가! 그런데 내가 누구지,
나비의!
귀여운 비밀을 알리기 위해 (프랭클린 판본)

A fuzzy fellow, without feet -
Yet doth exceeding run!
Of velvet is his Countenance -

And his Complexion, dun!

Sometime, he dwelleth in the grass!
Sometime, opon a bough,
From which he doth descend in **plush**
Opon the Passer-by!

All this in summer –
But when the winds **alarm** the Forest Folk,
He taketh *Damask* Residence –
And struts in sewing silk!

Then, finer than a Lady,
Emerges in the spring!
A Feather on each shoulder!
You'd scarce recognize him!

By Men, yclept Caterpillar!
By me! But who am I,
To tell the pretty secret
Of the Butterfly! (Franklin's text)

그리고 후기시(1880)인 J1448/F1523을 보자.

애벌레의 걸음걸이는 어찌나 부드러운지 –
손등에서 애벌레를 보았다
그는 벨벳 세상에서 오고 있다 –
자유롭게 쓸 수 있는 플러시 천에서

체포된 듯 소리 없이 기어가는
내 느린 - 지상의 시선 -
자신의 질주에만 관심이 쏠려 -
나에겐 무슨 소용이 있는 것인지 - (프랭클린 판본)

How soft a Caterpillar steps -
I find one on my Hand
From such a velvet world it comes -
Such **plushes** at command
It's soundless travels just arrest
My slow - terrestrial eye -
Intent opon it's own career -
What use has it for me - (Franklin's text)

디킨슨은 월간지 『애틀랜틱 The Atlantic Monthly』의 문학 담당자인 토마스 웬트워스 히긴슨 Thomas Wentworth Higginson과 서신 왕래를 시작한 초기에 보낸 편지에서 자신의 시학에 대해 다음과 같은 단서를 제공한다. "당신은 '어둠'을 말한다. 나는 나비를 알고 있다. 그리고 도마뱀도 알고 있다. 그리고 난초도 알고 있다. 그것들은 너의 동포가 아닌가?"16 지식 영역을 공유한 이 인용문에서, 디킨슨은 히긴슨이 적절하게 사상을 할 수 있는 능력을 지닌 것으로 생각한다. 히긴슨에게 보낸 다음 편지에서 디킨슨은 다음과 같이 썼다. "당신은 '내 지식을 넘어선다.'고 말한다. 당신이 나를 조롱하는 것은 아닐 것이다. 왜냐하면 나는 당신을 믿기 때문에. 그러나 지도자, 당신은 지도자가 될 수 없는가? 모든 사람이 나에게 '무언가'를

---

16 디킨슨의 편지에 대한 참조는 존슨이 편집한 세 권으로 된 서한집(1965)에 따랐다.

말한다. 그러나 나는 그것을 하나의 겉말이라고 생각했다." 존슨의 서한집에 나오는 이 8월의 편지 바로 직전인 7월 하순 경 디킨슨은 플린트Flint 여사에게 아래의 시가 포함된 편지 한 통을 보냈다.

내가 쓸 수 있는 모든 글자는,
이처럼 예쁘지 않다 -
벨벳 음절 -
플러시 천 문장 -
루비의 농도, 물기 남은 -
숨겨진, 입술, 그대 위한,
그것이 한 마리 벌새인 양 놀고
홀짝홀짝 마셨다 바로 나를 -

All the letters I could write,
Were not as fair as this -
Syllables of Velvet -
Sentences of **Plush** -
Depths of Ruby, undrained -
Hid, Lip, for Thee,
Play it were a Humming Bird
And sipped just Me -

존슨 판본 시집의 주석이 정확하다면, 헬렌 헌트 잭슨은 디킨슨의 결혼 축하 편지를 받고 (그래서 히긴슨이 시작했던 관행이 계속되는) 해석을 해달라는 요구가 담긴 답장을 보냈다. 그리고 이어지는 편지에서 다음과 같이 언급했다. "해석을 해달라는 나의 뻔뻔한 요구에 대해 화내지 않아서 고맙습니다. 그럼에도 나는 당신이 말한 '파멸(dooms)'이 정확히 무엇을 의미하는지 알고 싶습니다!" 인지 틀의 관점으로 읽으면, 이러한 말은 아주 다른 해석이 가능할 것이다. 디킨슨의 답장을 찾을 수는 없지만, 나는 디킨슨이 실제로 잭슨에게 해석을 제공했을 거라고 생각한다. 헬렌 헌트 잭슨은 바보도 아니었고 천진한 18살 소녀도 아니었다. 이 두 번째 결혼에 앞서 잭슨은 이미 결혼 생활의 현실을 체험했다. 잭슨의 질문은 그들이 서로 '파멸(dooms)'의 의미를 가지고 놀며, 농담을 '주고받는' 것으로 읽어낼 수 있다. 잭슨이 'do', 'just', 'you', 'though'를 강조한 점과 마지막 문장에 나오는 감탄부호는 모두 이러한 경향을 가리킨다.

인지 문법의 관점으로 읽으면, 간단하고, 불규칙하고, 수수께끼 같고, 사소하게 보이는 한 편의 시는 언어에 대한 사랑의 반향을 일으키고 압축적인 표현의 힘으로 충만하다. 애매하지도 않고 비문법적이지도 않은, 디킨슨의 언어는 폭발적인 힘을 지니고 있다. 토마스 존 카리슬Thomas John Carlisle(1987, 64쪽)은 자신의 시에서 그녀를 다음과 같이 묘사하고 있다. '에밀리 디킨슨', 그녀는 "다이너마이트처럼 점잖을 떤다."

4. 결론

결론적으로 철학자 메를로 퐁티와 시인 블레이크는 이해가 신체화되어 있다는 인지언어학의 관점에 동의했다. 즉, 의미, 상상력, 이성은 우리의 세계 경험에 대한 신체적 기반을 지니고 있다. 회화에서 유화나 수채화, 아크릴이나 크레용의 선택, 또는 음악에서 첼로나 바이올린, 프렌치 호른이나 플루트의 선택은 예술 작품에 반응하고 예술 작품을 이해하는 데 다양한 방식으로 영향을 끼친다. 인쇄된 책의 형태를 지닌 문학 작품 역시 그 영향력이 못지않다. 윌리엄 블레이크는 출판의 방식을 조절함으로써 자신의 시에 있는 각각의 '인쇄 선명도, 혹은 표지'를 통제하려고 했다.

그는 도판을, 그리고 자신의 단어와 도안을 디자인했다. 디킨슨은 자신의 시를 출판하려 하지 않았고, 어쨌든 인쇄 매체를 통한 출판은 다른 사람에 의해 통제되었다. 결과적으로 디킨슨의 시에 대한 비평적 해석은 인쇄로 인해 오독될 수 있다. 즉, 글자나 단어의 물리적 재현, 간격, 필사본의 표식들은 모두 시의 '의미'에 영향을 끼친다. 디킨슨은 마벨 루미스 토드와 함께 자신의 시를 최초로 인쇄 출판한 편집자인 토마스 웬트워스 히긴슨에게 처음으로 편지를 보냈을 때 "만약 시가 숨 쉬고 있다면", 자기 시의 운율이 살아 있는지 어떤지 말해달라고 요청했다. 히긴슨은 그 질문이 신체화된 이해에 관한 것이었다는 것을 알았을까?

인지언어학의 원리와 방법을 문학에 적용함에 있어 필자는 이것이 어떤 섬세하고 치밀한 읽기, 혹은 다른 문학비평 방법으로는 성취할 수 없는 통찰력을 디킨슨의 시에 제공한다고 주장하지는 않는다. 이러한 의미에서 인지시학은 특별한 접근방법으로 인해 해석에 기여하는 또 다른 문학 이론이 아니다. 오히려 인지시학은 문학 작품이 창조되고 이해되는 인지 과정을 드러냄으로써 해석하는 힘을 지니게 된다. 인지시학은 문학 작품의 개념 구조를 조망한다. 인지시학은 작가와 독자가 새로운 의미를 창조해 내기 위하여 하는 개념의 투사와 사상의 방식에 대해 설명한다. 인지시학은 해석 결과가 아니라 해석 과정에 초점을 맞추고 있다. 인지시학은 이러한 조건의 제약을 받고 있다. 인지시학은 디킨슨 같은 시인이 왜 그러한 방식으로 생각하는지 설명할 수 없고, 또 (아직) 참신한 문학의 창조성에 대한 독특성도 기술할 수 없다. 본고에서 시도하는 것과 마찬가지로 인지시학이 할 수 있는 것은 시에서 발생하는 상상력을 밝히는 것이다.

■ 참고 문헌

Bianchi, M. D. and Hampson, A. L. (eds.). 1935. *Unpublished Poems of Emily Dickinson*. Boston: Little, Brown.

Blake, W. 1972. *Blake: Complete Writings with Variant Readings.* (Ed. Geoffrey Keynes). London and New York: Oxford University Press.

Carlisle, T. 1987. *Invisible Harvest.* Grand Rapids, MI: William B. Eerdmans.

Crumbley, P. 1997. *Inflections of the Pen: Dash and voice in Emily Dickinson*. Kentucky: The University Press of Kentucky.

Eberwein, J. D. (ed.). 1998. *An Emily Dickinson Encyclopedia.* Westport, CT: Greenwood Press.

Fauconnier, G. and Turner, M. 2002. *The Way We Think: Conceptual blending and the mind's hidden complexities.* New York: Basic Books.

Fillmore, C. J. 1977. "Topics in lexical semantics." In R. W. Cole (ed.), *Current Issues in Linguistic Theory*, 76-138. Bloomington: Indiana University Press.

Franklin, R. W. (ed.). 1981. *The Manuscript Books of Emily Dickinson*. Cambridge, MA: The Belknap Press of Harvard University Press.

_____. (ed.). 1998. *The Poems of Emily Dickinson.* Cambridge, MA: The Belknap Press of Harvard University Press.

Freeman, D. C. 1978. "Keats's To Autumn': Poetry as process and pattern." *Language and Style* 11: 3-17.

Freeman, M. H. 1995. "Metaphor making meaning: Emily Dickinson's conceptual universe." *Journal of Pragmatics* 24: 643-666.

Halliday, M. A. K. 1964. *Descriptive Linguistics in Literary Studies.* Edinburgh: Edinburgh University Press.

Johnson, M. 1987. *The Body in the Mind: The bodily basis of meaning, imagination, and reason.* Chicago, IL: The University of Chicago Press.

Johnson, T. H. (ed.). 1955. *The Poems of Emily Dickinson: Including variant readings critically compared with all known manuscripts.* Cambridge, MA: The Belknap Press of Harvard University Press.

_____. (ed.). 1965. *The Letters of Emily Dickinson.* Cambridge, MA: The Belknap Press of Harvard University Press.

Kowalchik, C. and Hylton, W. H. (eds.). 1987. *Rodale's Illustrated Encyclopedia of Herbs.* Emmaus, PA: Rodale Press.

Lakoff, G. and Johnson, M. 1998. *Philosophy in the Flesh.* Chicago and London: University of Chicago Press.

Langacker, R. W. 1987, 1991. *Foundations of Cognitive Grammar*, Vol. 2. Stanford: Stanford University Press.

Lebow, L. 1999. "Autobiographic Self-Construction in the Letters of Emily Dickinson." Unpublished Ph.D. dissertation, University of Wollongong.

Leder, D. 1990. *The Absent Body.* Chicago, IL: The University of Chicago Press.

Merleau-Ponty, M. 1962. *Phenomenology of Perception.* (Trans. Colin. Smith). London: Routledge.

Mukařovský. J. 1970. "Standard language and poetic language." (Ed. and trans P. L. Garvin). In D. C. Freeman (ed.), *Linguistics and Literary Style*, 40–56. New York: Holt, Rinehart and Winston.

Porter, E. 1835. *The Rhetorical Reader.* New York: Mark H. Newman.

Porter, D. 1981. *Dickinson: The modern idiom.* Cambridge, MA: Harvard University Press.

Rosenbaum, S. P. (ed.). 1964. *A Concordance to the Poems of Emily Dickinson.* Ithaca, NY: Cornell University Press.

Shapiro, S. 2001. "Secrets of the pen: Emily Dickinson's handwriting." In G. M. Grabher and M. Antretter (eds.), *Emily Dickinson at Home*, 223–238. Trier: Wissenschaftlicher Verlag Trier.

Small, J. J. 1990. *Positive as Sound: Emily Dickinson's rhyme.* Athens, GA: University of Georgia Press.

Talmy, L. 2000. *Toward a Cognitive Semantics*, Vol. 2. Cambridge, MA: The MIT Press.

Todd, M. L. and Bingham, M. T. (eds.). 1945. *Bolts of Melody: New poems of Emily Dickinson.* New York: Harper & Brothers.

Ungerer, F. and Schmid, H. J. 1996. *An Introduction to Cognitive Linguistics.* London: P Longman.

Werner, M. L. (ed.). 1995. *Emily Dickinson's Open Folios: Scenes of reading, surfaces of writing.* Ann Arbor: University of Michigan Press.

Wylder, E. 1971. *The Last Face: Emily Dickinson's manuscripts.* Albuquerque: University of New Mexico Press.

03 『융단 속의 문양』*
발견 또는 재-인지

야나 포포바 (옥스퍼드 대학교)

1. 머리말

본고는 인지언어학을 문학 분석에 적용하는 것이 문학 해석의 과정에 매우 필요한 방법론을 제공함과 동시에 문학 연구에서의 해석의 본질에 관한 이론적 쟁점을 드러낸다는 것에 대해 논할 것이다. 본고의 분석은 출간된 이래 백 년 동안 수많은 충돌적인 독해를 양산했던 헨리 제임스 Henry James의 매우 모호한 서사인 『융단 속의 문양 The Figure in the Carpet』에 집중되어 있다. 이 특별한 서사는 전통적으로 시와 문학적 산문에 연관되어 있는 용인된 모호성의 수준을 넘어선다. 오늘날에도 그 작품의 독해에서 서로 정반대의 해석들이 여전히 생산되고 있다는 점이 그 사실을 반영한다.

---

* 본고의 제목은 부분적으로 도날드 C. 프리만 Donald C. Freeman(1993)의 논문 제목을 모델로 한 것이다. 또한 이 글의 제목은 이해가 항상 문학적 재인지의 한 종류인 기억의 형식이라는 로저 생크 Roger Schank의 관점에 기대고 있다. 따라서 이 글에서의 "재-인지"는 독자로서 우리에게 융단 속의 문양을 발견하기 위해서 요구되는 지식이 어떤 의미에서는 이 미 우리가 알고 있고 우리가 생각하는 방식의 재-적용과 재-발견이라는 것이다. 이러한 의미는 본고가 전개됨에 따라서 분명해질 것이다. 이 논문의 초고에 대해 유용한 검토를 해 준 도날드 프리만과 마가렛 프리만과 엘레나 세미노 Elena Semino에게 감사의 말씀을 드린다.

일찍이 구조주의자와 서사론자들은 플롯, 성격화, 초점화와 같은 텍스트 구조의 요소에서 모호성에 대한 해명을 찾으려 하였다(토도로프Todorov, 1977, 리몬Rimmon, 1977). 후기구조주의자들은 모든 의미는 결정 불가능하다는 그들 주장의 본보기로서 이러한 모호한 텍스트를 환영해 왔다(힐리스 밀러Hillis Miller, 1980, 베버Weber, 1986). 아주 최근에는 인지의미론이 언어의 특질과 서사 텍스트의 특성으로서의 모호성을 논의하는 데 있어 적절한 분석틀을 제공한다는 것이 밝혀졌다(포포바, 2001). 이러한 모호성에 대한 인지학적 접근은 심리학적인 양상을 강조한다. 모호성은 더 이상 순수한 언어학적인 현상으로서가 아니라 우리가 세상에 대해 생각하는 모순적인 방식의 산물로 간주된다. 본고는 지속적으로 나타나는 선택적 은유 개념화가 텍스트 층위에서 모호성을 야기한다는 것을 논증할 것이다. 인지의미론은 텍스트의 기본적인 층위에서 작동하는 이미지의 중요한 패턴을 알아내는 방법론을 제공한다. 바로 이러한 패턴은 플롯과 성격화와 같은 텍스트 구조의 다른 요소를 설명함과 동시에 그 정합성을 부여하는 것으로 이해된다. 따라서 본고에서 제시하는 주장은 인지적 접근이『융단 속의 문양』과 같은 매우 모호한 텍스트의 그 모호성을 해결할 수 있다는 것이 아니라 그것의 해결이 왜 불가능한지를 증명하는 것이다.

나는 레이코프Lakoff와 터너Turner가 그다지 논쟁거리가 없는 문학 텍스트인 윌리엄 카를로스 윌리엄스William Carlos Williams의 시「달의 가벼움 같은 재스민The Jasmine Lightness of the Moon」에서 아주 설득력 있게 논파했던 그 작업(레이코프 · 터너, 1989, 140-159쪽)과 유사하게『융단 속의 문양』의 은유 구조를 드러내 주는 일반적인 원칙을 수립하려고 한다. 개념은유에 기초한 이 분석의 목적은 개념은유가 무작위적인 것이 아닌 다소 예측 가능하고 관습적인 방법으로 의미의 해석을 어떻게 구성하는가를 논증하는 데에 있다. 그리고 나서 그 개념은유의 관습성이 어떻게 특정한 텍스트에서 원칙을 위반하는지 위반하지 않는지를 탐구하는 데에 있다. 도날드 프리만이 이미 지적했듯이 "인지은유적 읽기는 특별한 것이 아니다.", 왜냐하면 인지은유적 읽기는 "갑자기 나타난" 것이 아니라 "이미 거기(우리의 존재와 우리의 사유 사이의 분리 불가능한 존재로서)"에 나타난 사유의 방법인 개념화에 의존하고 있기 때문이다(프리만, 1995, 706쪽). 개념은유의 관점에서 텍스트 연구는 단순히 단어들 자체에 관한 것이 아닌 단어들의 은유 체계의 연구이다. 우리는 이러한 은유적인 체계에서 단지 적시된 텍스트에서의 추론 패턴뿐만 아니라 바로 그 텍스트의 비평적 독서에서의 추론 패턴까지 일반화할 수 있다. 그러한 본고의 논의를 위해서 선택한 아주 모호한 소설의 경우에 소설 속에서의 선택적인 은유가 어떻게 그것의 선행 해석의 이중성에 정합성을 부여하는가를 살펴보는 것이 가능하다. 따라서 이 경우에 비슷한 사상寫象, mapping 과정이 소설과 소설의 독서 모두를 지배한다고 주장할 수 있다. 텍스트의 은유적 언어를 기술하는 일은 일종의 자세히 읽기인 문체론적 기획으로 주로 이해되어 왔다. 그러나 레이코프식의 은유 적용은 언어 자체에 대한 것이라기보다는 체계적인 은유적 사상의 분석으로써 기존의 것과는 완전히 다른 문체적 읽기이다. 나는 레이코프, 존슨Johnson, 터너, 리쾨르Ricoeur를 따라서 은유는 언어 수행이 이루어지기 이전에 본질적으로 사고 과정이라는 인지적 관점을 전적으로 지지한다(레이코프·존슨, 1980, 1989, 1999, 존슨, 1987, 레이코프, 1987, 리쾨르, 1984).

2. 『융단 속의 문양』, 간단한 요약

이 소설에서 이름이 나타나지 않는 소설의 일인칭 서술자는 친구이자

동료인 비평가 조지 코빅George Corvick을 대신하여 생존 유명 작가인 휴 베리커Hugh Vereker의 최신작에 대한 리뷰 작업을 떠맡는다. 일을 맡은 지 얼마 지나지 않아 서술자는 그와 한 파티에서 만나게 되는데, 작가는 그 리뷰를 하찮은 것으로 간주하여 무시해 버린다. 그런데 그 소설가는 자신의 작품에는 "융단 속의 문양"과 같은 비밀스러운 의미가 포함되어 있어, 훌륭한 비평가는 그것을 발견해야만 좋은 비평을 구성할 수 있다고 말해 준다. 서술자는 그 문양을 찾기 위해 고통스러운 한 달을 보낸다. 서술자가 그 의문을 캐는 것에 지쳤을 즈음 서술자는 그 의문에 대한 자신의 지식을 친구인 코빅과 공유한다. 코빅은 그 의문에 관련되는 지식을 약혼녀인 궨덜린Gwendolen에게 말한다. 비록 서술자는 모든 계획이 베리커에 의한 발명품이라는 것을 의심하기 시작하지만, 이렇게 해서 총 3명이 베리커가 제시한 문양을 찾는 과정에 개입된다. 인도에 간 코빅은 마침내 그의 약혼녀에게 비밀을 알아냈다는 전보를 친다. 그 발견을 친구인 서술자와 공유하기 전에, 코빅은 작가인 베리커에게 그 발견에 대한 확언을 구하고 결국 인정을 받는다. 그러나 발표 지연이 거듭되는 만큼 그 발견에 대한 발표의 기대감이 커진다. 코빅과 궨덜린은 결혼을 하고, 코빅은 신혼여행에서의 사고로 비극적인 죽음을 맞는다. 코빅의 미망인은 그 비밀에 대한 지식을 확신했지만 서술자와 그 지식을 공유하기를 거부한다. 그녀는 작가로서 성공하고, 재혼하고, 고향에서 죽는다. 서술자는 그녀가 두 번째 남편인 딘Deane에게 그 비밀을 전했는지를 궁금해 한다. 서술자는 그러한 의문을 갖고 딘을 만난다. 궨덜린이 베리커에 대한 어떠한 비밀스러운 지식도 갖고 있지 않았다는 딘의 주장에 서술자는 이미 우리가 알고 있는 그 소설을 딘에게 해준다. 이 소설은 딘과 서술자를 미해결의 동일한 강박 상태로 남겨 놓고 끝을 맺는다.

중대한 수수께끼, 때때로 발생하는 내부적인 모순, 서술자의 의심스러운(등장인물들과 사건들에 대한 서술자의 판단이 오락가락하는 것에 의해 재현되는) 불신에도 불구하고, 오랜 시간 동안 이 소설은 모호성을 고려하지 않는 해석도 당연한 것으로 받아들였다. 이 소설의 해석자들은 그 문양의 존재와 그 소설의 인간적이고 미학적인 의미를 환영하는 자들과 확실하게 부인하는 자들로 다소 명확하게 구분된다. 소위 "바-아이러닉한" 읽기는 문양이 존재한다는 것, 그리고 문양의 발견이 일종의 지식의 소유와 연결된다는 것을 인정한다(몇 명만 언급하자면 블랙머 Blackmur, 1945, 볼란드 Boland, 1977, 도로시 크룩 Dorothea Krook, 1988, 레이노프 Lainoff, 1970, 레비 Levy, 1962, 살먼 Salmon, 1980, 레이몬드 J. 윌슨 Raymond J. Wilson, 1995, 화이트 White, 1992). 그것의 "아이러닉한" 읽기(해체주의자들이 한 텍스트의 통일된 의미를 암묵적으로 거부하기 때문에 나는 해체적 읽기를 여기에 포함한다.)는 그러한 문양의 존재를 부인하고, 따라서 그 소설을 문학 해석에 대한 패러디나, 혹은 제임스의 아니러닉한 장난으로 해석한다(핀치 Finch, 1968, 르웰린 스미스 Lewellyn Smith, 1994, 록 Lock, 1981, 힐리스 밀러, 1980, 베이드 Vaid, 1964, 베버 Weber, 1986, 윌슨, 1945). 나는 이 소설에 두 가지 상충되는 결과를 지지해 줄 수 있는 충분한 증거가 있다고 믿는다. 그 증거는 은유 체계에서 발견할 수 있다. 그런데 베리커의 작품을 지배하는 그 '문양'은 그 은유 체계를 통해서 독자에게 재현되고 독자와 관련된다. 그러한 은유들은 이 소설에서 해결될 수도 없고 해결할 수도 없는 모호성을 지속하기 위해서 교묘하게 사용된다.

3. 인지언어학과 개념은유

인지언어학에 관련된 주요한 대상과 방법론은 매우 잘 알려져 있기 때문에, 이 글에서는 앞으로 논의할 인지적 기획의 두 측면만을 간명하게 상술할 것이다. 그 측면들은 앞으로 논의할 것으로서『융단 속의 문양』의 분석에서 매우 중요하다. 첫 번째로 다룰 것은 로날드 래내커Ronald Langacker의 '형성' 개념이고 두 번째로 다룰 것은 개념은유에서의 특별한 작업이다.

3.1. 래내커의 형성 개념

인지 리얼리즘에 대한 공헌은 인지언어학적 접근의 주요한 특징 중의 하나이다. 이러한 접근을 통해 수행된 문학 해석 과정에서 발생하는 것을 기술함에 있어 나는 인지언어학의 기술적인 용어인 '형성' 개념을 빌려올 것이다. 이 용어는 래내커의 용어집에서 처음 쓴 용어이며, "그가 개념화하고 묘사하려고 하는 화자와 청자와 상황 사이에 있는 관련성"으로 사용되었다(래내커, 1987, 487-488쪽). 인지 문법은 이 형성 관계에 대한 많은 측면의 연구들과 관계되어 있다. 여기에서는 이것에 대한 자세한 사항은 다루지 않는다. 문학 해석에서 '형성'에 대한 많은 사용은 계획적이고, 인지언어학적 연구의 중요한 전제를 반영한다. 래내커는 다음과 같이 적시한다.

> 인지의미론의 기본은 선택적인 방식에서 상황을 구성하는 우리의 능력을 재인식하는 데 있다. 인지의미론은 우리가 개념을 가능한 한 구조화시키는 것에 사용하는 확실한 반복과 예리하게 구별되는 우리 경험의 측면들을 가리킨다. (래내커, 1991, 294쪽)

"형성"의 개념은 잠재적으로 무한한 방법에서의 사건이나 상황을 '구상'하거나 그리는 우리의 수용성을 반영한다. 이것은 또한 엄청난 유연성에도 불구하고 분석 층위의 기본인 절대로 피할 수 없는 우리의 몸과 마음의 본성에 엄격하게 동기화된 '원형'이 있다는 것을 가리킨다. 형성에 기초한 문학적 읽기는 기본적인 층위를 다른 층위와 구별하는 것이 무엇인지를 설명할 수 있다는 것이 나의 주장이다. 그러므로 "형성"을 유용하게 활용하는 문학과 문학적 해석에 대한 새로운 인지적 접근은 의미의 생산에서의 유연성과 동기화 모두를 구성하는 것이 무엇인가를 이해하는 것을 합일화할 수 있다. 그러므로 형성과 원형성 형성은 해석에서의 수용성과 타당성의 정도를 설명하는 도구가 될 것이다.[1]

다양한 지식 영역을 구조화시키는 동시적인 교차 언어적 장치로서의 개념은유의 중요성은 관련 문헌에 아주 훌륭하게 적시되어 있다. 개념은유는 래내커의 의미에서 하나의 형성에 대한 선언이다. 신체적 경험과 은유적 원인 사이의 지각적 상호 관련성은 은유적 형성에 기반한 이미지 스키마에 대한 인지적 메커니즘의 측면이 기본적이고 보편적이라는 것을 주장한다. 비록 개념은유의 분류가 아직 이루어지지 않았지만, 개념은유가 더욱 기반에 충실한 차원에서의 사상을 포함한다는 설득력 있는 주장이 존재한다(그래디 Grady, 1997, 1999, 레이코프·존슨, 1999, 45-59쪽). 나의 관점에서 '주요한' 은유라고 불리는 개념은유는 첫째로, 중요한 구성적 층위의 원형이다. 개념은유는 감각 운동 경험과 입력된 감각에 대한 인지적 반응 사이의 보편적 상호연관성을 합일화한다. 있는 그대로의 개

---

[1] 래내커와 래내커의 형성 개념에 대한 특별한 언급이 없음에도 불구하고, 문학 분석에 대한 인지언어학적 적용에 참여한 많은 문학 연구자들은 해석에 함축된 전략을 밝히는 것과 같은 정확히 이와 같은 시도를 해왔다(도날드 프리만, 1993, 1995, 마가렛 프리만, 1999, 2000). 그러나 나는 "형성"의 개념이 바로 그러한 과정에서 무슨 일이 일어나고 있는가를 정확하게 기술한다고 믿는다. 따라서 형성은 지금까지 "인지시학", 또는 "인지문체론" 등의 다양한 관점에서 연구되어 온 이러한 기획의 이론적이고 방법론적인 기초로서 채택되어야 한다.

념은유의 과정을 따르는 것은 거의 자동적이고 무의식적이다. 래내커의 관찰에 따르면 "형성은 일반적으로 우리에게 보이지 않는 안경이나 콘택트렌즈처럼"(래내커, 1991, 517쪽), 개념은유의 기본적인 개념 연합은 독자에게 의식적인 효과를 반드시 산출하지는 않는다. 몇몇의 특별히 주요한 은유에 대한 것은 다음 장에서 다룰 것이다. 한편, 『융단 속의 문양』의 해석에 대한 개념은유의 중요성은 4장에서 논의할 것이다.

3.2. 개념은유, 이해하는 것은 보는 것이다

인지적 어형 변화를 연구한 언어학자인 이브 스위처 Eve Sweetser는 영어를 비롯한 인도 유럽 언어권에서의 지각 동사의 다의적 사용에 대해 흥미로운 연구를 진행하였다. 그는 지각의 영역 안에서 의미들 사이에 통시적으로도 공시적으로도 관찰 가능한 체계적인 결합 패턴이 있다는 것을 설득력 있게 논증하였다. 이 패턴은 교차 언어 연구에도 적용된다(스위처, 1990). 한편으로는 시각과 이성 사이의 결합, 다른 한편으로는 촉각과 감성의 결합은 중요한 개념은유가 아주 세세한 단어 영역을 구조화시키는 토대로 여겨지고 있다. 레이코프와 존슨은 많은 개념은유들 중에서 **이해하는 것은 보는 것이다**를 첫 번째 원리로 예시하면서 여러 표현들을 목록화했다. 시각과 이해, 시각과 지식, 시각과 정신 조정 사이의 은유적 연결은 임의적인 것이 아니라 우리가 거주하는 세계를 신체화된 이해의 관점에서 해명 가능한 언어학 현상의 범위에 대한 일반적 용어로 사용되고, 레이코프와 존슨, 그리고 다른 이론가들이 소위 "신체화"라고 하는 것에 의해 엄격하게 통제된다(존슨, 1987, 레이코프, 1987, 레이코프·존슨, 1999, 16-44쪽). 신체의 운동, 대상의 조정, 세계와의 지각의 상호 작용에서 나타나는 반복 패턴에 의해서 우리의 개념과 언어를 구조화한다. 어느 국면에 이르면 이와 동일한 반복 패턴에 의해서 추상적인 수준의 개념화를 구조(다양한 종류의 이미지 스키마 변환)화한다.

신체화를 전제한 결과로 시간이나 마음과 같은 추상적인 경험 영역과 결부된 단어들은 공간이나 신체와 같은 더욱 구체적인 영역을 기술하는 단어들에서 파생된다. 다의어 연구(인지언어학의 주요한 연구 분야 중 하나)에서와 마찬가지로 의미 변화의 규칙을 연구하는 최근의 역사 의미론은 은유가 언어와 의미 변화를 동기화하고 구조화할 수 있다는 것을 발견하기 시작했다.[2] 언어에는 신체와 관련된 단어로부터 마음과 관련된 단어를 유추하는 경향이 있다는 사실이 오랫동안 인정되어 왔다. 일반적으로 인지언어학에 대한 스위처의 공헌은 물리적 경험과 인지적 상태 사이의 언어적 사상의 본질에 대한 체계적이고 은유적인 본성을 지적하고, 그러한 사상을 '신체로서의 마음'이라는 거시적 은유 개념으로 명시화한 것이다.

그러므로 **이해하는 것은 보는 것이다**는 시지각과의 관점에서 지식을 언급하는 말하기의 고도로 관습화된 교차 언어적 방법을 반영하고 있다. 듣기와 관련된 단어는 시지각에 대한 단어보다는 좀 더 낮은 수준에서 정신적 집중과 이해("나는 당신이 말하는 것을 듣는다.")를 의미하고, 물리적인 청각 수용 역시 배려와 동정("어떤 사람의 부탁에 귀를 기울이는")과 일반적인 주의와 연결되어 있다(스위처, 1990, 41쪽). 스위처는 시각이 일반적

---

[2] 스위처의 논문(1990)에도 인용된 트라우고트 Traugott의 논문(1982, 245-271쪽)을 참조하시오. 이 분야에서 이루어진 최근의 주요한 연구는 특별히 1952년에 주창된 헤인즈 크로나세르 Heinz Kronasser의 "크로나세르 법칙"의 영향을 인식하고 있다. 어느 경우이든 어원적으로 관련된 두 개의 개념 중 더 구체적인 개념이 더 추상적인 개념보다 시기적으로 더 앞선다는 것이 크로나세르의 법칙이다. 더 자세한 것은 트라우고트(1985, 155-173쪽)를 참조하시오.

인 지각 중에서 대표적으로 변별화되고, 더욱 분명한 대상 지식의 관념과 정보에 결부된다고 주장한다. 한편, 스위처는 청각이 대상의 객관적 수용력과 주체의 내부적 수용성을 상호 매개하는 위치를 드러내는 데 반해 후각, 미각, 촉각은 감성과 개인적 취향에 대한 주체적 표현과 가장 자주 연결다고 주장한다(스위처, 1990, 41쪽). 이러한 감각 중 촉각은 감성과 가장 긴밀하게 연합된다. 물리적인 촉각(운동 감각을 포함해서)은 "치명적 부상을 당하다", "정곡을 찌르다", "영혼을 어루만지다", "상처받다" 등과 같은 모든 은유적이고 감정적인 차원에서 모든 종류의 감성 표현에 일상적으로 사용된다. 헨리 제임스는 본고에서 논의하려는 자신의 소설에서 이러한 은유적 투사를 충분히 활용한다. 베리커가 리뷰에 대한 경멸적인 논평으로 서술자에게 "의도하지 않은 상처"(제임스, 1964, 279쪽)를 준 점에 대해서 사과하려고 할 때, 서술자는 그 은유를 받아들인다. "나는 어떠한 뼈도 부러지지 않았다고 항변했다. 그러나 그는 내 방문 앞에까지 걸어와서 내 어깨에 손을 얹으며 골절상을 진심으로 걱정했다."(제임스, 1964, 279쪽). 서술자가 그 사건에 대해 "거의 미지근해진" 시점에서 코빅은 "그 일화를 듣고 마음의 동요가 일었다."(제임스, 1964, 296쪽).

  이 소설에는 "보다"와 "알다" 의미 사이에 객관적으로 존재하는 어떠한 유사성도 없다. 따라서 우리는 이러한 사상mapping이 어떻게 동기화되었는지에 대한 질문을 제기할 필요가 있다. 스위처는 정신 지각을 위한 고도로 체계화된 단어의 특성이 내부적 속성과 외부 신체적 속성의 특별한 양상들 사이를 확실하게 동기화시키는 연결고리의 정체를 밝힌다는 것을 설득력 있게 논증한다. 이해하기를 청각, 후각, 미각보다 시지각과 연결시키는 인간의 본성은 이 점을 더욱 중요하게 만든다.

스위처는 시각과 이해하기의 상호연관성에 대해서 세 가지 주장을 펼친다. (1) 시각에 대해서 인간 감각은 초점 능력을 지닌다. 그 능력으로 인간은 많은 자극에서 한 가지 자극을 골라낼 수 있다. 그 능력은 또한 다른 감각으로부터 분명하게 그 감각을 구분할 수 있는 의도성과 방향성을 갖는다. (2) 시각은 세계에 관한 객관적 정보의 주요한 원천이다. 시각적 모습은 어린이의 범주화에서 아주 두드러진 것이어서 개념 형성에 중요한 일부가 된다. 시각은 또한 관계가 아주 먼 정보를 우리에게 제공하는데, 이 정보는 은유적 변환을 통해서 이성적 영역에서 객관성의 특질이 된다. (3) 동일한 시점을 갖는 서로 다른 사람은 동일한 관점을 갖는다(스위처, 1990, 38-39쪽).

나는 마지막으로 이해하는 것은 보는 것이다가 그래디의 관점(그래디, 1997)에서도 주요한 은유라는 것을 덧붙일 것이다. 그래디에 의해서 주요한 은유로 규정된 **존재성은 시각성이다**와 밀접하게 연계된 또 다른 은유이다. 이 은유는 대상과 사물의 존재 가능성에 대한 인식과 시각장에서의 그들의 물리적 현존 사이의 상호 연관성의 관점에서 동기화된 것으로 보인다. **이해하는 것은 보는 것이다**와 **존재성은 시각성이다**가 주요한 은유라는 사실은 이 글에서 채택하고 있는 제임스의 소설에 대한 논의에서 매우 중요하다. 이미 살펴보았듯이 주요 은유들에 개념을 연결하는 경험적 상호 연관성은 임의적인 것이 아니라, 필연적이고 엄밀하게 보편적인 것이다. 주요 은유가 모든 독자들에게 반드시 의식적인 인식을 생산하지 못할지라도, 그 은유들이 독자의 해석을 동기화시키고 독자의 해석에 영향을 끼친다는 것이 나의 주장이다. 이 소설의 다중적 읽기가 존재한다는 사실에서 우리는 그러한 주장의 확신을 찾을 수 있을 것이다.

3.3. 개념은유, 본질은 내부에 존재한다

이해하는 것은 보는 것이다는 지식을 사물이 시각적으로 보이는 방식에 연결시킨다. 그러나 상식적이고 관습적으로 사물은 또한 그들의 본질에 의해서 기술된다. "사물의 특징적이고 본질적인 모습이 그것의 정체성을 결정한다."(『콜린 영어 사전The Collins English Dictionary』, 1986). 일상적으로 외관이 한 대상의 더욱 표면적이고 비본질적인 자질을 떠맡는 반면, 즉각적으로 시각으로 지각되지 않는 사물의 숨겨진 면과 묻힌 면에 사물의 본질에 대한 관습적인 이해가 있다. 다시 말해, 대상의 내부 모습과 그것의 본질적 자질 사이를 연결하는 은유의 형성은 어떤 문제에 대해 우리가 말하고 생각하는 방법에서 거의 지각 불가능할 정도로 생득적인 것이다. 다음과 같이 말하는 것은 지극히 상식적이다. "그녀가 진실을 밝히는 것에는 몇 년이 걸렸다.", "문제의 핵심은 그의 외관에도 불구하고, 그가 가난하다는 것이다.", "내심 그는 그가 해야 할 일을 알고 있었다." 등등. 이러한 예는 **본질은 내부이다**라는 주요한 은유의 언어적인 표현이다. 레이코프와 터너의 언급에 의하면, 기존의 문화 모델에서 상식적인 질문에 대한 두 가지 모순적인 대답이 있다. 우리는 그것의 외관으로부터 어떤 것의 본질을 결정할 수 있을까?(레이코프·터너, 1989, 148쪽) 첫째로, "그녀의 아름다움은 단지 피상적인 것에 불과하다.", "너는 책을 표지로만 판단할 수 없다." 등과 같이 외관은 진짜 본질을 숨기는 걸림돌이다. 둘째로, 외관이 실제적으로 어떤 방법을 통하여 본질을 나타낸다는 것이다. "얼굴은 영혼의 창이다.", "나는 그의 모습을 좋아하지 않는다."

4. 『융단 속의 문양』, 인지 형성

4.1. 이 소설에서의 개념은유

이 소설에서 베리커 작품의 불가사의한 의미가 '융단 속의 문양'이라는 단 하나의 은유에 의해서만 기술되고 있다는 사실을 처음부터 강조할 필요가 있다. 따라서 하나의 해결책에 대한 전체적인 찾기는 그러한 은유에 의해서 생산되는 추론을 추적하는 하나의 실례가 된다. 단 한 가지 경우 (코빅과 궨딜린의 결혼은 그 비밀의 발견에 어떤 점에서 약간의 도움이 될 수도 있다.)를 제외하고는 어떠한 단서도 주어지지 않는다. 이어지는 분석에서 비밀은 서로 상충되는 두 가지 방법으로 묘사된다. 선택적으로 그것은 관찰되거나 보여지는 어떤 것이고, 또는 느껴지고 경험되는 어떤 것이다.

이해하는 것은 보는 것이다 그리고/또는 본질은 내부에 존재한다

첫째로, 이 소설의 전반에 걸쳐 개념은유의 원천 영역은 비밀의 시각적 본질을 묘사한다. 그것은 "정교한 도식"(제임스, 1964, 282쪽)이며3, "복잡한 페르시안 융단 문양"(289쪽)이며, "모든 금과 보석"(300쪽)이며, "가장 놀라운 예술의 꽃 중의 하나"(300쪽)이며, "언젠가는 그 비밀을 알아챈 사람에게는 개념은유를 완벽하게 재현한 것으로 여겨지게 될 책의 질서, 형식, 짜임"(282쪽)이다. 한번 인식하기만 하면, "너는 그녀의 걸음걸이만 보아도 여신임을 알 수 있다."(296쪽)처럼 그것은 틀림없이 즉시 시

---

3 『융단 속의 문양』 텍스트에 더욱 많은 참조사항이 있을 것이다.

지각으로 접근 가능해진다. 더욱이 그 비밀의 본성을 폭로하고, 그 본성에 "새로운 빛을 비추는"(303쪽) 최고의 방법은 그것을 그리는 것이다. 실제로 코빅은 죽기 바로 전까지 정확하게 "비평적인 반다이크(Vandyke)나 벨라스퀘스(Velasquez)"(307쪽)로서 베리커의 문학적 초상화를 준비하고 있었다. 그것은 "융단 속의 문양을 직물의 모든 방향에서 다루는 것이고 모든 색조에서 재생산하는 것이다."(303쪽).

둘째로, 그 비밀은 또한 시각보다 의미가 뚜렷하고 잘 알려진 촉감이다. "내 작품에서 아무도 언급하지 않았다고 내가 주장하는 것은 생명의 유기체라는 것이라네."(284쪽), "나에게 그것은 정확히 굴뚝의 대리석처럼 뚜렷한 것이라네."(282쪽). 단순히 외관 이상의 어떤 것을 다루고 있는 베리커의 비밀은 그의 비밀에서나 그 자신에 대한 묘사에서 연역될 수 없다. 베리커는 "아주 인기 있는 작가는 아니다."(276쪽), 그러나 "명석하고"(276쪽), "심오하다."(278쪽). 서술자가 쓴 베리커에 대한 리뷰를 한 귀부인이 기세 좋게 읽을 때, 그 귀부인은 "그 비평가는 정확하게 당신 속을 파악했네요."(277쪽)라고 말한다. 우리가 알다시피 베리커는 그러한 평가에 동의하지 않는다. 물론 베리커는 나중에 서술자로부터 "대양같이 깊은"(278쪽) 사람으로 인정받지만, 베리커는 아무도 그의 작은 비밀을 증명하려고 하지 않는다는 사실에 비통하게 실망한다. 이어지는 문양에 대한 폭로는 "마음 속 깊은"(280쪽)이라는 말에 의해서 더욱 중요한 소리로 들린다. 베리커가 "나의 작은 수법은 책 전체에 걸쳐 있지, 상대적으로 나머지 모든 것들은 그것의 표면을 가지고 노는 것이지"(282쪽)라고 주장할 때, 그는 숨겨진 본질과 진실에 그 자신을 연결시킨다. 그래서 그 문양은 일반적 의미의 문양이 아닌, 표면과 형식이 아닌 깊이와 본질을 다루는 문양이다. 그러나 이 소설은 여전히 "내 책의 질서, 형식, 짜임은 언젠가는 그 비밀을 알아 챈 사람에게는 그 은유를 완벽하게 재현한 것으로 여겨지게 될 것이다."(282쪽)에 나타난 것처럼, 동시에 외관 역시 고려된다.

이 소설에서 비밀의 숨겨진 본성으로서의 본질과 외적 성질의 더욱 표면적인 것으로서의 본질의 상충은 빈번하게 나타난다. 한편으로 그것은 독자가 그것을 힐끗 보기만 해도 "당신이 본 모든 것이 곧 실제로 나타나는"(282쪽) 명료하고 뚜렷한 것이다. 그것은 숨겨져 있기 때문이 아닌 "그것이 비밀이기 때문에 비밀이다."(283쪽). 그러나 그럼에도 불구하고 그것은 여전히 비밀이고 베리커는 그것이 "탄로나는"(285쪽) 것을 걱정한다. 코빅이 "묻혀 있는 보물"(285)을 찾는 것에 동참했을 때, 코빅은 그가 추구하는 것이 "본질"임을 분명히 한다. 그러므로 그는 "베리커의 작품에는 눈에 띈 것 이상의 것"(287쪽)을 항상 느껴왔다고 인정한다. 이어지는 서술자의 이에 상충되는 발언인 "그것이 눈에 띈 것은 더 잘 보이게 하려고 발명된 인쇄된 종이에 의한 것이다."(287쪽)는 어떤 때는 보이는 것으로, 어떤 때는 단순히 보이는 것이 아닌 느껴지고 경험되는 것으로 존재하는 베리커 비밀의 모호한 본성을 상기시키는 역할을 한다.

첫째, 『융단 속의 문양』에 나타난 이미지의 주요한 패턴으로서 이중성 내지 모호성은 베리커의 비밀을 기술하면서 은유의 원천 영역을 다룬다. 그것의 외관으로 그것의 본질을 인식하는 것이 가능한가? 두 번째는 은유의 목표영역과 관련된다. 비밀의 발견에 어떤 종류의 지식이 필요한가? 그 비밀은 상반되는 변별적 은유적 투사에 의해서 개념화되어 있기 때문에, 바로 그 투사는 인식적으로 변별적인 추론 패턴을 생산한다. 만일 그 문양이 외관만을 다룬다면, 거기서 가동되는 은유는 이해하는 것은 보는 것이다가 된다. 그리고 소설 전반에 걸쳐서 시각/관념 은유는 실제적으로 텍스트의 곳곳에 편재한다. 베리커는 서술자를 "그 비밀을 힐끗 본 적도 없는"(282쪽) "아무것도 보지 않은"(278쪽) 사람이라고 말한다. 그 비밀이 무엇을 상징하는지 모르는 상태는 빛이 동등하게 지식에 비추는 동안에도 어둠과 연결되어 있다. 서술자는 여러 사건에서 그 문양의 본성에 대한 자신의 무지를 인정한다. "나는 전에 경험하지 못한 어둠에 빠져 있다."(281쪽). 그러나 다른 한편으로 베리커에게 그 사물들이 "명료하고", 자명하다. "우리에게는 보이지 않는 것이 의심할 바 없이 그 자신에게는 생생하게 거기 존재한다."(289쪽). 이것은 시각 가능성은 존재 가능성이라는 은유의 관점에서 쉽게 해명 가능하다. 이 은유로 인해서 보일 수 있는 사물만이 실재하는 것으로 간주된다. 코빅과 궨딜린은 모두 "비침"과 "비춤"을 필요로 한다. "그들의 지성에 대한 자부심에도 불구하고, 그들은 그들이 손대고 있는 일에 내가 던져줄 어떠한 더 좋은 빛에 무관심할 정도는 아니었다."(290쪽). 서술자는 사실 "자신의 예술적 소양에 어울리는 빛을 가진 코빅의 재능에 대해" 부러워한다. 모든 새로운 빛은 모든 새로운 가능성 있는 발견을 이끈다. 서술자는 "그는 새로운 빛에 손뼉을 치지만, 곧 페이지를 넘기는 바람에 의해서 그 빛이 꺼지는 것을 보게 될 것이다."(291쪽)라며 코빅의 미래를 예측한다. 서술자는 궨딜린의 지식이 확고하다는 것을 다음과 같이 적시한다.

> "그 동안 그녀가 건네주기를 거부했던 횃불이 그녀의 기억의 방에서 활활 타오르는 것을 볼 수 있었다. 그녀의 두 눈에 넘쳐흐르는 빛이 그녀의 외로운 집을 밝게 비추고 있었다." (306-307쪽)

만일 문양이 존재한다면, 기본적인 은유의 관점에서 그 문양에 대한 관습적 은유인 이해하는 것은 보는 것이다와 존재성은 시각성이다는 비평가가 아주 뚜렷한 시각으로 그 비밀을 볼 수 있고 발견할 수 있다는 결론을 드러낸다. 그러나 그 문양이 볼 수 없는 것이라면, 즉 그 문양이 본질의 관점에서만 이해되는 것이라면 어떻게 그 문양을 포착할 수 있는가? 이해하는 것은 보는 것이다와 달리 본질에 대한 지식을 기술한 단일한 개념은 유는 존재하지 않는다. 대신에 우리는 감성, 직관, 미학적 감수성에 대한 관습적인 지식에 의존해서 추론을 할 수 있다. 이와 같은 추론에 대한 단서는 소설에 나타난 여러 원천 요소에서 생겨난다. 첫째, 그 비밀은 이 소설의 또 다른 은유에서 "생명의 핵심(organ of life)"(284쪽)으로 기술된다. 관습적 지식을 통해 생명이 핵심이 심장이라는 사실을 알고 베리커는 그 사실을 확인한다. 그래서 비밀의 본질이 무엇인가를 아는 것은 추론에 의해서 심장에서 유래하는 감성, 느낌, 희생, 자비, 직관과 연결된다.[4] 둘째, 스위처에 의하면 비밀은 반복적이고 관습적으로 감성과 연결되어 "감지할 수 있"고 "구체적"이고 촉감적인 것이 된다. 따라서 궨덜린은 서술자에게 그 발견은 코빅이 "생각하고 있지 않을 때"(297쪽) 일어났다고 말하고, 베리커는 그 발견을 "작가의 열정 중에 열정"(281쪽), "영혼의 기쁨"(285쪽)이라고 기술하고, 그 비밀의 발견은 코빅에게 "일종의 도취"(300쪽)가 된다. 셋째, 필수 지식은 개인적이고 직관적이다라는 추론으로 텍스트에 나타난 또 다른 설명 불가능한 사실을 합리화할 수 있다. 베

---

[4] 감성 영역으로서의 심장에 대한 전통 모델은 레이코프의 용어와 이상화된 인지 모델(ICM)에서 살펴볼 수 있다(레이코프, 1987, 68-76쪽의 여러 곳). 그 모델은 보편적인 것은 아닐지라도 광범위하게 퍼져 있고 모든 인도-유럽 언어에서 발견된다. 수잔 니메니어Susanne Niemeier는 은유와 환유에 기반한 "심장"의 다양한 개념화의 모델을 제안했다. 심장에 존재하는 것으로 형성된 원형적인 느낌은 사랑이다. 그러나 연민이나 동정과 같은 긍정적인 느낌도 심장과 빈번하게 결부된다(니메이어, 2000, 195-213쪽). 가장 일반적으로 스위처는 촉감이 감정에 대한 은유로 사용된다고 주장한다. 그래서 느낌(부드러운 마음, 단단한 마음)을 나타내려는 감성 자각성, 또는 느낌 표현력을 기술할 때 "부드러움"이나 "단단함"과 같은 촉감과 결부된 특별한 감각적 자질이 매우 일상적이라는 것은 강조될 필요가 있다.

리커는 결혼이 그 비밀의 발견에 도움을 주는 것으로 생각하는 개인적이고 직관적인 지식을 갖고 있다.

지금까지의 논의를 요약하면, 언어적 표현은 독자가 인지적 재현이나 의미를 형성하도록 추동하는 역할을 한다. 이 소설에서 불가해한 "융단 속의 문양"을 묘사하는 일련의 은유들은 독자인 우리가 그러한 은유적 투사를 이해할 수 있도록 감각화시켜 준다. 래내커의 형성 개념에 따른 해석은 그 문양을 명백하게 외관이나 본질 중 하나의 관점에서만 선택적으로 기술하도록 밝힌다. 이해하는 것은 보는 것이다라는 개념은유가 그 하나이고, 심장과 감정을 연결하는 관습적 환유가 나머지 하나이다. 또한 여기까지의 분석은 위에서 소개한 형성의 근본(원형)적인 층위와 바-근본적인 층위 사이의 구별을 분명히 해야만 하는 의무가 있었다. 반드시 어떤 보이는 것으로서의 비밀에 대한 베리커의 메시지 묘사는 비밀의 발견에서 요구되는 것이 객관적이고 이성적인 지식이라고 암시한다. 이해하는 것은 보는 것이다라는 기본 은유를 통해서 그와 비슷한 종류에 의해서만 만들어진 추론은 근본은유의 형성을 재현한다. 그러나 그 비밀의 메시지가 본질의 관점에서 묘사될 때, 관습적 지식은 더 일반적인 관점에서 유일하게 감성과 연결될 수 있다. 예를 들어 감성적 반응의 특성에 대한 또 다른 추론은 독자의 특별한 선호도를 요구함과 동시에 의존할 것이고, 바-근본적인 형성에 대한 실례가 될 것이다. 게다가 다음의 전개에서 볼 수 있는 것처럼, 이 작품에 대한 기존의 독해는 이에 대한 증거가 된다. 특별한 은유적 투사에 의해서 드러난 형성에 대한 근본 차원과 바-근본적 차원의 구별은 추론 정도의 차이의 관점에서 엄밀하게 통제되거나 통제가 없는 추론 패턴을 보이는 근본 형성으로 보일 수 있다.

비평은 사냥이다

불가해한 문양을 기술하기 위해 지금까지 연구한 이해하는 것은 보는 것이다와 본질은 내부에 존재한다라는 기본 개념은유, 그리고 심장과 감정의 관습적 연결은 근본적인 수준의 추론을 설명하는 것에 활용되었다. 텍스트상에서의 기본 은유는 아니지만 더 확장된 것으로서 그 문양의 발견을 추구하는 바로 그 행위를 드러내는 비평은 사냥이다 은유가 있다. 이 은유는 비평에 대한 엄밀한 관습적 은유는 아니지만, 발견을 추구하는 사람(직업 구함, 남편 구함 등등)이 가치 있게 생각하는 사람이나 사물에 대한 성실한 추구를 개념화하는 일반적인 방식의 한 특수한 예이다. 이 소설에서 이 은유의 특별한 중요성은 지금까지 논의된 여타의 기본 은유들과 관련된 통합 능력이다.[5] 사냥 은유는 베리커의 대체적인 의도의 탐색에 대한 그 자신의 생각을 가장 잘 기술한 것이며, 서술자가 확실하게 일상적으로 사용하는 것이다. 코빅과 퀜덜린은 "나팔 소리로 사냥을 시작하고"(291쪽), 코빅은 "잘못 맡은 냄새로 길을 잃고"(291쪽), 그러나 마침내 "라이플총으로 짐승을 쓰러뜨릴 것이다."(293쪽). 코빅은 퀜덜린이 "올가미를 놓고 싶어하는"(293쪽) 것에 실망하고, 사냥 은유의 확장을 통해서 "제물을 바칠 준비가 되기 전에는 제단에 다가갈 마음이 없다."(293쪽)고 주장한다. 이 일은 코빅이 마침내 짐승을 "땅에"(293쪽) 눕혔을 때 실제로 하려는 일이다. 코빅은 불가해한 문양, 즉 사냥감, 의미 탐색, "보물 사냥"을 사냥한다. 동시에 "묻혀 있는 보물"은 "새장 속의 새, 바늘의 미끼, 쥐덫의 치즈"(283-284쪽)로 구체화되어 계속해서 나타난다. 새장 속의 새는 이미 사로잡힌 생명체이다. 이에 반해 바늘의 미끼와 쥐덫의 치즈는 사냥

---

5 이 내용은 도날드 프리만에게서 빌려왔다.

감을 잡기 위한 장치이다. 덫에 잡히고 걸리는 느낌은 서술자와 딘이 융단 속의 문양에 대한 비밀을 들었을 때 느끼게 될 것과 정확하게 동일하다. "나는 지하 감옥의 죄수처럼 완전히 얼이 빠져 있었고 (…) 나는 이 사업의 결말을 감옥의 창살을 통해 예견했었다."(310쪽).

4.2. 은유적 투사에서의 이중성과 모호성

이미 논의한 것처럼 기존 문화 모델에는 외관과 본질의 관계에 대해 서로 상충하는 두 가지 사유 방식이 있다. 외관은 본질에 대하여 거짓, 혹은 진실의 재현이다. 나는 문양이 무엇인가라는 은유와 그 문양이 무엇을 재현하는가라는 은유가 레이코프(1993, 218-227쪽)에 따르면 "이중성"을 지니기 때문에 이 소설이 매우 모호하다고 주장한다. 이 주장에는 레이코프가 특별한 영역을 개념화하는 양자택일의 방식으로서 "이중성"을 이해한다는 사실이 지적되어야 한다. 이러한 상호보완적 개념화는 레이코프가 소위 "영역짝/대상짝(location/object fair)"에서 도출되는 은유적 사상의 결과로 가장 일반적으로 관찰된다. 따라서 관습적 은유인 시간의 경과는 움직임이다(TIME PASSING IS MOTION)는 시간의 경과는 사물의 움직임이다(TIME PASSING IS MOTION OF AN OBJECT)("행동할 시간이 다가왔다-The time for action has arrived", "크리스마스가 다가오고 있다-Christmas is coming up on us")뿐만 아니라 시간의 경과는 지상경로를 건너는 움직임이다(TIME PASSING IS MOTION OVER A LANDSCAPE)("그가 제 시간에 도착했다-He arrived on time", "우리는 크리스마스에 다가가고 있다-We are coming up to Christmas")를 만든다. 본질에 관련된 외관에 대한 이 두 개의 양자택일적 형성은 영역짝/

대립짝이 아님에도 또 다른 이중성의 확실한 예가 된다. 이 성질들은 이해의 양자택일적인 모델과 본질의 관점에서도 같은 것을 개념화시키는 이중의 역할을 하게 될 외관의 관점에서의 어떤 것의 개념화를 요구한다. 그러나 외관이 사물의 본질을 나타낸다고 판단될 때, 그 두 개의 개념화는 상충적인 것으로 형상화되지 않는다. 나는 "융단 속의 문양"의 모호성은 외관과 본질을 상충적인 것으로 취해야 하는지(둘 중 하나), 아니면 상호보완적인 것(둘 모두)으로 취해야 하는지를 분명하게 하지 않는 사실에 달려 있다고 생각한다. 여전히 이 소설에 대한 대부분의 해석에서 해석자는 "둘 중 하나"만을 선택한다. 아래에 개진될 것처럼, 이 소설에 대한 바-아리러닉한 대다수의 비평은 코빅이 이성적 노력이 아니라 정확히 그가 사랑과 정열을 따랐기 때문에 성공한 것으로 본다. 코빅은 "베리커의 작품에는 눈에 보이는 것 이상의 것이 있다."(287쪽)고 느끼는 사람이다. 반면에 상충되는 은유의 조건에서 어느 하나를 선택할 수 없는 아이러닉한 독자는 그 비밀이 장난이다라고 주장한다.

결정적으로 나는 **비평은 사냥이다** 은유가 제공하는 두 개의 은유적 투사에 의한 모호성과 이 소설의 기본 개념은유에서 도출되는 모호성의 병렬 관계에서, 나는 상위 층위에서의 모순을 확정하고 통합하는 소설의 중심적인 이중성이 있음을 발견한다. 그 하나는 성공적인 사냥꾼(코빅)을 함의하는 비평가에 의해서 사냥되고 붙잡힌 것으로서의 비밀을 기술하는 "새장 속의 새" 은유이다. 두 번째 은유인 "바늘의 미끼", "쥐덫의 치즈"는 비밀에 유인의 의미와 우둔한 비평가를 미끼를 통해서 유혹하기 위해 고안된 사냥도구의 의미를 부여한다.[6] 이 소설에서 **비평은 사냥이다**는 모

---

[6] 리몬(1977, 112-113쪽)은 사냥 은유에 의한 추론으로 이 소설에서 생산된 모호성을 간략하게 언급한다. 그러나 사냥 은유와 다른 은유들이 이 소설의 구조적 요소

호한 상황을 기술한다. 하나는 그 비밀을 잡을 수 있는 성공한 사냥꾼이고, 나머지 하나는 그 자신이 사냥되는 올바른 지식이 부족한 비평가이다. 두 번째 유형의 비평가에게 비밀은 항상 미끼이고 덫이고 환영이다. 사냥에 대한 은유의 이러한 두 가지 함의는 많은 비평가들이 제의했던 이 소설의 두 가지 종류의 해석과 어느 정도 대응한다는 사실을 적시하는 것이 중요하다. 첫째로, 바-아이러닉한 읽기에서는 비평적 정신에 잡히고 덮쳐지고 발견되고 드러나는, 숨어 있는 실제의 비밀이 있다. 따라서 그 소설은 서술자와 등장인물과 독자 모두가 동등하게 참여하는 사냥소설 그 자체이다. 그러나 두 번째 아이러닉한 읽기에서 밝혀진 것은 이 소설에는 오직 우둔한 서술자와 등장인물과 독자를 유혹하기 위한 미끼와 속임수와 환영만이 있고 어떠한 실제적인 비밀도 없다는 것이다. 따라서 이 소설은 은유적으로는 스스로 죄수가 되고 강박관념에 빠지고 덫의 유혹에 빠지고 그것의 비밀을 추적하는 자체의 행위만이 있는 불운한 운명의 소설이다. 비평은 사냥이다 은유는 제3의 중재적인 조건을 허락하지 않는다. 하나는 항상 사냥꾼(성공적 비평가)이고 나머지 하나는 사냥감(실패한 비평가)이다. 이것이 바로 레이코프에 따르면 엄밀한 이중성이다.

5. 개념은유와 기존 해석들

지금까지 나는 본고가 논의한 개념은유에 비롯된 움직임에 관한 일련의 추론들이 이중적이고, 결과적으로 그러한 이중성이 소설의 모호한 해석을 도출한다고 주장해 왔다. 그러나 이러한 특별한 은유적 투사의 결과로서 야기되는 모호성의 변수가 무제한적인 것은 아니다. 위에서 살펴본 것처

로서의 모호성을 만들어내는 원천 요소의 중요성을 크게 살피고 있지는 않다.

럼 첫째로, 은유적 투사는 시각적/개념적인 관점에서 개념화된 비밀의 특성을 다루고, 둘째로 사냥으로 상상되어진 비밀에 대한 탐색 그 자체를 생각한다. 따라서 두 번째 경우는 비평가를 성공적인 사냥꾼이나, 또는 사냥감이 되도록 하는 승리의 게임, 혹은 불운한 추구이다. 본고에서 논의한 것과 같은 인지의미론에 기반한 읽기는 앞으로 전개될 주장에 대한 사례를 예시해 줄 수 있는 장점을 지니고 있다. 『융단 속의 문양』의 이해가 내가 논의한 개념은유와 독자가 이 개념은유를 이해하는 방식에 어느 정도 따르고 있다면, 그 내용은 이 소설에 대한 기존의 해석에 드러나야 할 것이다.

5.1. 비-아이러닉한 읽기

내가 살펴본 약 30편 정도의 『융단 속의 문양』에 관해 출간된 모든 해석의 상세한 면면을 지면의 제약 때문에 제공할 수는 없다. 그러나 모든 연구서들을 살펴본 결과, 그러한 해석들이 나의 분석이 기반하고 있는 개념은유와 동일한 것에서 나타난 추론 패턴에 기대고 있다는 사실을 보여준다. 은유에 대한 명확한 언급이 없음에도 불구하고, 대부분의 비-아이러닉한 읽기는 그 문양에 대해서는 보이는 것에 대립되는 경험된 것이라고, 그 발견에 대해서는 이성적인 능력에 대립되는 사랑이라고 말한다. 레비는 다음과 같이 말한다.

> 제임스가 베리커의 소설에서 추출된 지식이 일종의 생명의 묘약이라는 사실을 계속해서 분명하게 밝히고 있음에도 불구하고, 서술자는 마치 소설에서 추론된 지식이 단순히 이성적 '사실'인 것처럼, 퍼즐에서 사라진 한 조각인 것처럼 오직 신비만을 추적할 수 있을 뿐이다. (레비, 1962, 461쪽)

레이노프에게 여러 "무의미 분석"은 그 비밀로부터 지식을 캐낼 수 없다. 그것은 오직 "생명의 감각"(레이노프, 1970, 41쪽)에 대한 소유로만 가능하다. 살먼은 코빅이 "말 바꿔치기로서의 대화가 아닌 경험으로서의 교감"(살먼, 1980, 793쪽)을 추구한다는 사실이 코빅이 성공한 이유임을 밝혀낸다. 살먼에게 융단 속의 문양은 "추상적인 어떤 것"이 아니라 "개인의 인생에 차이를 만드는" 어떤 것이다. 볼란드(1977), 피델슨Feidelson(1970), 레이노프(1970), 레비(1962), 살먼(1980)과 같은 비평가들이 제임스의 소설을 문학의 카타르시스적인 의미(아리스토텔레스의 관점에서)에 대한 단초로 제임스의 소설을 이해한다는 사실은 강조될 필요가 있다. 문학은 우리가 어떻게 느껴야 하는지를 가르쳐준다. 이성적이고 추상적인 지식과 그러한 비평적 읽기에서의 감정의 구별은 그 읽기에서 작동하는 **이해하는 것은 보는 것이다**와 **본질은 내부에 존재한다**의 은유를 나타내준다. 가끔 비평가들은 소설의 기저를 이루는 동일한 은유를 활용한다. 그리하여 레이노프는 비밀이 결코 "밝혀질"(레이노프, 1970, 46쪽) 수 없다고 말한다. 살먼은 "그 문양은 그것을 볼 수 있는 능력을 가진 사람들에게만 나타난다."(살먼, 1980, 801-802쪽)고 생각한다. 존슨은 이 소설에서 "지식의 특성에서의 모호성"(존슨, 1988, 232쪽)에 관한 교훈을 발견한다.

앞서서 언급한 것처럼 형성의 기본적 층위에서 **이해하는 것은 보는 것이다**가 야기한 추론은 베리커의 비밀에 대한 발견을 서술자의 시도에 의해서 소설에 반영된 순수한 이성적 노력과 결부한다. 그러나 본질에 대한 지식은 비밀의 일부 근본적이지 않는 다양한 추론을 하도록 허락한다. 이미 논의한 바에 따르면 몇몇의 비평가들의 비밀의 드러냄은 가장 전형적인 감성인 사랑을 느끼는 능력에 따른다. 이 추론은 여전히 기본 층위의 형성이다. 이 읽기가 순수한 이성적 지식과 또 다른 지식 사이의 기본적 차원의 구별에 의존하고 있는 반면에, 또 다른 읽기는 이러한 유형의 지식이 무엇인지를 기술하면서 그러한 유형의 지식을 소개한다. 따라서 비밀은 도덕적 순수성과 이타심을 통해서 드러나고(볼란드, 1977), 사랑의 행위를 통해서 드러나고(화이트, 1992), "우리의 의식적인 자아를 지속적이고 반복적으로 위협과 억압을 가하는" 무의식적이고 억눌린 욕망을 통해서(록, 1981, 165쪽) 드러난다.

아주 최근에 이루어진 이 소설에 대한 두 개의 독해는 외관과 본질의 관계를 상호모순적인 것이 아닌 상호보완적인 것으로 설명하고 있다. 도로시 크룩은 "올바른 경험을 지닌다는 것"이 지식에 대한 올바른 유형을 결정짓고, 이 소설 안의 (그리고 이 소설에 대한) 모든 독자는 그 지식을 갖느냐 못 갖느냐의 문제가 비밀의 발견에 결정적인 것이라고 믿는다(크룩, 1988). 그녀가 자신의 논문에 인용한 블레이크의 "그 사람이 보는 것이 곧 그 사람이다."라는 말은 객관적 지식은 미학적 지각력의 본질이 되는 주관성으로부터 야기된다는 논문의 결론을 요약한다. 레이몬드 J. 윌슨은 상호텍스트성에, 특히 진실을 말하는 소설의 기능을 드러내기 위해서 『융단 속의 문양』의 이미지에 대한 호손Hawthorne의 용법에 기반을 두고 독해하고 있다. 윌슨은 감성과 상상력의 결합에 의해서만 융단 속의 문양을 볼 수 있는 하나의 희망이 생긴다고 주장한다. 그 문양은 순수하지만 이성적 노력으로 순수한 특성에 다가가는 비평가에게는 결코 드러나지 않는다. 흥미롭게도 윌슨이 사용하는 언어 역시 **이해하는 것은 보는 것이다**를 활용한다. 즉, "그 문양은 논리적 분석을 통한 아침이나 정오의 빛에 의해서만 보이는 것도, 볼 가능성 있는 것도 아니다."(윌슨, 1995, 144쪽).

5.2. 아이러닉한 읽기

이 소설에 대한 아이러닉한 독해들의 통합된 주제는 그 문양은 단순한 환영이고, 추구되고 발견할 수 있는 실제의 대상으로 존재하지 않는다는 것이다(핀치, 1968, 플래너리Flannery, 2000, 르웰린 스미스, 1994, 베이드, 1964, 윌슨, 1945). 나는 이러한 해석들 역시 **이해하는 것은 보는 것이다**와 **존재성은 시각성이다**는 기본 은유가 야기한 추론 패턴에 대한 결과로 믿는다. 문양에 대한 외관과 본질의 관점에서의 상충적인 기술이 동시에 그 문양을 불가능하고 역설적인 어떤 것으로서 지각하게 만든다. 만일 그 문양이 보이는 것이 아니고 존재하는 것이 아니라고 가정된다면 그러한 추론이 가능해진다. **비평은 사냥이다**는 이러한 종류의 인과관계를 강화한다. 비평가는 올바른 지식의 유형을 갖고 있지 못하거나, 그 소설 안에 알 만한 어떤 것도 있지 않을 때 강박에 빠진 사냥감이 될 것이다. 만일 우리가 그 문양을 보지 못하고 거기에 있다고만 말한다면, 그 문양은 베리커나 제임스가 던져 놓은 덫이나 올가미나 미끼가 아니고 무엇이겠는가? 따라서 코빅의 발견은 베리커 그 자신의 가식을 유지하기 위해서 잘못 확정한 환영에 불과할 뿐이다. 또한 확실히 환영은 시각적 속임수로서 관습적 개념화이다.

6. 개념은유와 서사 정보의 관련성

지금까지 논의한 베리커의 비밀을 기술하는 은유적 사상은 다음과 같이 정리된다. (1) 다양한 추론을 야기하는 복합성. (2) 확장된 은유 장치를 구성하는 체계성 (3) 관습성. 앞의 4장의 논의는 『융단 속의 문양』과 같은 복잡한 텍스트를 이해하기 위해서 어떻게 은유적 투사가 작동하는지를 보여주었다. 여기서 제기되는 중요한 질문은 이러한 은유들이 플롯, 시점, 성격화와 같은 서사의 구성 요소들에 관련된 추가적인 추론을 제공하는가 이다. 이러한 질문은 확실히 이미 이러한 서사 요소들이 서사적 모호성의 주요 요소로 간주되고 있다(리몬, 1977, 토도로프, 1977, 윌슨, 1945)는 점에서 적절하다. 이 질문을 확실하게 하기 위해 이 소설에 대한 서사적 요소를 간략하게 언급할 필요가 있다.

첫째, 나는 서술자에 대한 불신이 서술자 자신은 물론 우리가 비밀을 개념화하는 상충적인 방식의 결과라고 논증할 것이다. 우유부단함은 항상 모호성의 전제조건이다. 이와 관련하여 소설이 시작될 때부터 결코 그 결말(문양의 특성은 어떠한 모호하지 않는 방식에서도 밝혀지지 않는다는 사실)을 알 수 없는 사람인 내부적 서술자/초점자에 의해서 이 소설이 말해지고 있다는 사실이 중요하다. 한편, 독자로서의 우리는 그 지식을 갖고 있지 못하다. 우리는 스스로 그 문양을 발견해야 한다. 따라서 우유부단함, 망설임과 같은 서술자의 불안정한 관점은 문양에 대한 양자택일적인 개념화에 의해 야기되는 모호성을 반영할 수 있는 관점일 뿐이다. 서술자의 시점은 그 은유를 이해하려는 독자 각각의 노력을 아주 자세하게 반영한다. 서술자의 관점은 확실히 몇몇의 비평가(윌슨, 1945)에 따르면 모호성의 원인이 아니라 모호성의 결과이다.

두 번째, 나는 이 소설의 등장인물을 보는 우리의 방식이 지금까지 논의했던 어떤 개념은유에 의존하고 있다고 믿는다. 소설을 구조화시키는 은유들이 모호하기 때문에 다양한 서사적 정보들은 특별한 등장인물에 있어 양자택일적인 방법으로 일치될 것이다. 그 문양이 이성적인 노력보다는 직관과 공감을 포함한 것으로 이해될 때, 그 문양을 발견한 사람이 왜 코빅인지가 분명해진다. 코빅은 이미 그 비밀을 갖고 있기 때문에 그 숨겨진

지식을 밝혀낼 수 있다. 즉, 코빅은 등장인물 중 가장 이타적인 사람이다. 서술자가 자신의 동생을 간호하는 것을 원망하는 반면에, 코빅은 퀜덜린의 어머니를 위해서 자신의 소중한 시간을 희생한다.7 그러나 문양의 어떠한 비밀도 없다는 모호하고 역설적인 특성은 추리의 향방을 다르게 한다. 만일 모든 것이 단순히 아이러닉한 장난이라면, 서술자를 제외한 모든 등장인물은 거짓말쟁이이며, 코빅과 퀜덜린의 결혼은 거짓이다.

셋째, 나는 소위 이 논의에서 빈번하게 나타나는 개념은유가 주제적 구조화 장치로서 복합성과 체계성과 관습성을 갖는다고 믿는다. 이 개념은유는 두 가지 층위에서 발생한다. 첫 번째 층위에 있는 직관과 이해는 우리가 단기 기억을 통해 텍스트의 정보를 처리할 때 자동적이고 무의식적으로 개념은유에 의해서 구성된다는 것이다. 이것은 몇몇의 심리학자들이 말하는 "이해력"의 층위이다(깁스Gibbs, 1999, 39쪽). 두 번째 층위는 이 장에서 논구된 해석의 층위로서 개념은유가 의식의 반영을 활용한다는 것이다. 텍스트에서 확장되고 지속되는 개념은유는 다른 영역과 교차해서 발생하는 연상을 재현한다는 점에서, 섕크의 "주제적 조직화 요점(thematic organisation points, TOPs)"과 유사한 어떤 것으로서 기능한다.8 우리가

---

7 레이몬드 J. 윌슨은 이러한 추리 방법에 대한 재미있는 단서를 제시한다. 윌슨은 등장인물의 이름을 들어 자신의 제안을 확신한다. 코빅은 심장(heart)을 갖고 있기 때문에 승리하는데, 이 사실은 그 이름에서 밝혀진다. 즉, 라틴어 cor는 "heart(심장)"을 vico는 "conquer(승리)"를 의미한다. 한편 베리커는 진실의 발견에 관심을 갖는 사람이다. 라틴어로 vere는 "truth(진실)"을 의미한다(윌슨, 1995, 150쪽, 각주 1).
8 "TOPs" 개념은 이해와 인지에 인간의 기억이 중심적이라는 중요한 통찰을 담아낸다. 우리는 우리의 마음이 이미 보려고 준비한 것만을 본다. "TOPs"는 기억에서의 특수한 인지 과정 구조이다. 이러한 인지 과정 구조는 우리에게 새로운 상황에 대해서 존재하는 적절한 지식을 대응시키려는 기억을 활성화시킨다. 최소한 그 용어들의 기본적인 쓰임에 있어서 섕크의 TOPs와 개념은유의 한 가지 중요한 차이는 개념은유가 신체화되어 있고 구체화되어 있는 반면에 TOPs는 추상적이고 즉흥적이다라는 것이다(그래디, 1997). 세미노(1997)는 섕크의 TOPs 개념을 활용하여 몇

어떤 텍스트에서의 플롯 정보에 대한 다양한 기준이 되는 생크의 "변별적 영역(different domains)"을 채택한다면, 우리는 개념은유 사상의 체계적 효과가 주제 함축성을 강화한다고 말할 수 있다. 베리커의 융단에 문양이 존재하는가 존재하지 않는가, 문양의 정확한 특성은 무엇인가, 그 문양은 어떻게 알 수 있는가와 같은 제임스 소설의 상충되는 다양한 주제는 우리가 그 소설을 읽을 때 만들어 내는 관습적 은유의 투사에서 도출되는 추론의 원인이 아니라 추론의 효과이다.

7. 결론

본고에서 나는 의미를 형성하는 인지적 이해에 따른 문학 작품 읽기가 서사 텍스트에서의 모호성을 설명할 수 있음을 증명하려고 했다. 전통적으로 모호성은 플롯, 성격화, 초점화 등의 서사적 구성 요소의 관점에서 설명되었다. 본고는 양자대일의 은유적 개념화의 산물로서 모호성을 살펴보는 것이 필요하고 또한 유용함을 보여주었다. 개념은유의 이중적 사상에 의한 효과는 첫째, 이 소설에서 하나의 진실된 해석을 성취하는 것이 불가능하다는 것을 설명하기 위해 사용되었고, 둘째, 기왕의 비평적 독해의 복합성에 일치하는 이해에 어떻게 도달하는지를 설명하기 위해 사용되었다. 특히 중요한 나의 주장은 이 글에서 탐구한 비평의 언어가 소설 자체에 나타난 것과 동일한 개념은유에 의존하고 있다는 것이다. 텍스트가

몇의 시 텍스트에 대한 재미있고 설득력 있는 분석을 제공하고, 또한 TOPs의 적용 가능성의 관점에서 다양한 은유의 해석에 대해 설명한다. 세미노의 관점에서 관습적 은유는 언어 사용자의 장기 기억의 영원한 일부인 TOPs를 통해서 해석될 수 있다. 한편, 독창적 은유 역시 언어 사용자의 장기 기억의 일부가 되거나 되지 않을 수도 있는 TOPs에 의존해서 해석될 수 있다.

모호하고, 은유가 이 텍스트를 상충적으로 구조화시키는 것처럼 특정한 비평가들은 암암리에 선호도에 따라서 은유를 선택하거나 배제해 왔다. 그러나 전체적으로 내가 살펴본 『융단 속의 문양』에 대한 기존의 모든 해석은 그 해석을 구조화시키는 개념은유의 관점에서 설명 가능하다. 따라서 융단 속의 문양은 이성적 노력이나 이타적 심정에서 도출되는, 보이고 알려질 수 있거나 느껴지고 경험될 수 있는 어떤 것으로 기술된다. 그 문양은 또한 상충된 것이 동시에 나타나는 것으로 기술된다. 이와 동일하게 그 문양에 대한 탐색은 영광스러운 승리이거나 비극적인 패배가 된다. 왜냐하면 그 탐색의 결말에는 실제적인 어떤 것, 혹은 상대적으로 거짓된 어떤 것이 존재하기 때문이다.

후기구조주의자들의 해석과 비교하여 특히 인지적 접근은 공유된 계획을 개략적으로 활용한다. 그 전략은 텍스트 읽기에서 발생하는 텍스트를 통제하는 것이다. 우리는 융단 속의 문양이 그 문양을 묘사하는 은유에서, 그리고 기술된 개념적 사상 안에서 의미를 만드는 은유에서 독립적인 것인지에 대한 이해를 시작조차 할 수 없다. 그래서 텍스트에 대한 인지적 읽기는 많은 비평적 독해들의 유일한 함축이 무엇인지를 선명하게 한다. 나는 은유적 투사에서 추론의 수준을 드러내는 형성의 가능성으로 기본 층위와 비-기존 층위 형성의 구별이 문학적 해석을 위한 높은 수준의 생산성을 갖는다는 것을 보여주려고 하였다.

모든 허구 텍스트에 대한 유일하게 결정화된 해석이 항상 있다는 말을 따르지 않더라도 비평에는 모두가 동의할 수 있는 좋은 비평에 대한 확실한 보편적 기준(기본 형성 층위에 의한 매개변수처럼)이 있다. 『융단 속의 문양』과 같이 모호한 서사의 경우에 인지접 접근으로 통일된 해석을 산출하기 위해서 무엇이 배제되어야 하는지를 지적할 수 있다. 이론적 전망과 실제로 지금까지 논의된 바와 같이 텍스트를 해석한다는 것이 무엇인가에 대한 이러한 관점은 해석의 이론에 있어서 필수적으로 요구되는 다원주의와 객관주의 사이의 중간 지점으로 드러난다.

참고 문헌

Works by and about Henry James:

Beach, J. W. 1945. "The Figure In The Carpet." In F. W. Dupee (ed.), *In The Question of Henry James: A Collection of Critical Essays*, 92–104. New York: Henry Holt and Company.

Blackmur, R. P. 1945. "In the country of the blue." In F. W. Dupee (ed.), *The Question of Henry James: A collection of critical essays*, 191–211. New York: Henry Holt and Company.

Boland, D. M. 1977. "Henry James's 'The Figure in the Carpet': A fabric of the east." *Papers on Language and Literature* 13: 424–429.

Feidelson, C. Jr. 1970. "Art as problem in The Figure in the Carpet and The Madonna of the Future." In J. P. Tompkins (ed.), *Twentieth Century Interpretations of The Turn of the Screw and Other Tales*, 47–55. Englewood Cliffs, NJ: Prentice-Hall.

Finch, G. A. 1968. "A retreading of James's carpet." *Twentieth Century Literature* 14: 98–101.

Flannery, D. 2000. *Henry James: A certain illusion*. Aldershot: Ashgate.

James, H. 1964. "The figure in the carpet." In L. Edel (ed.), *The Complete Tales of Henry James*, 273–315. London: Rupert Hart-Davies.

Johnson, W. 1988. "Parable, secrecy and the form of fiction: the example of *The Figure in the Carpet* and *The Portrait of a Lady.*" *Journal of English and Germanic Philology* 87: 230–250.

Hillis Miller, J. 1980. *"The Figure in the Carpet."* *Poetics Today*, 1: 107–118.

Krook, D. 1988. "As a man is, so he sees: The reader in Henry James." *Neophilologus* 72: 300–315.

Lainoff, S. 1970. "Henry James' The Figure in the Carpet: What is critical responsiveness?" In J. P. Tompkins (ed.), *Twentieth Century Interpretations of The Turn of the Screw and Other Tales*, 40–46. Englewood Cliffs, NJ: Prentice-Hall.

Levy, L. B. 1962. "A reading of *The Figure in the Carpet.*" *American Literature* 32: 457–465.

Llewellyn Smith, V. 1994. *Henry James and the Real Thing*. Basingstoke and London: Macmillan.

Lock, Peter W. 1981. *"The Figure in the Carpet*: The text as riddle and force." *Nineteenth-Century Fiction* 36: 157–175.

Rimmon, S. 1977. *The Concept of Ambiguity, The Example of James.* Chicago: University of Chicago Press.

Salmon, R. 1980. "A marriage of opposites: Henry James's *The Figure in the Carpet* and theproblem of ambiguity." *English Literary History* 47: 788–803.

Vaid, K. B. 1964. T*echnique in the Tales of Henry James.* Cambridge, MA: Harvard University Press.

Weber, S. 1986. "Caught in the act of reading." In S. Weber (ed.), *Demarcating the Disciplines: Philosophy, literature, Art*, 181–214. Minneapolis: University of Minnesota Press.

White, R. 1992. "The figure of the carpet in James's temple of delight." *The Henry James Review* 13: 27–49.

Wilson, E. 1945. "The ambiguity of Henry James." *In The Question of Henry James: A Collection of Critical Essays*, 160–190. New York: Henry Holt and Company.

Wilson, R. J. 1995. "The possibility of realism: *The Figure in the Carpet* and Hawthorne's intertext." *The Henry James Review* 16: 142–152.

Other Works:

Collins English Dictionary. 1986. London and Glasgow. (2nd ed).

Freeman, D. C. 1993. "According to my bond: *King Lear* and re-cognition." *Language and Literature* 2: 1–18.

_____. 1995. "'Catch[ing] the nearest way': Macbeth and cognitive metaphor." *Journal of Pragmatics* 24: 689–708.

Freeman, M. H. 1999. "The poem as complex blend: Conceptual mappings of metaphor in Sylvia Plath's *The Applicant.*" Paper presented at the MLA conference: San Francisco.

_____. 2000. "Poetry and the scope of metaphor: Toward a cognitive theory of literature." In A. Barcelona (ed.), *Metaphor and Metonymy at the Crossroads: A cognitive perspective*, 253–281. Berlin: Mouton de Gruyter.

Gibbs, R. W. 1999. "Researching metaphor." In L. Cameron and G. Low (eds.), *Researching and Applying Metaphor*, 29–47. Cambridge: Cambridge University Press.

Grady, J. E. 1997. "Foundations of Meaning: Primary metaphors and primary

scenes." Unpublished Ph.D. dissertation, University of California, Berkeley.
_____. 1999. "A typology of motivation for conceptual metaphor: Correlation vs. resemblance." In R. W. Gibbs and G. J. Steen (eds.), *Metaphor in Cognitive Linguistics*, 82–100. Amsterdam: John Benjamins.
Johnson, M. 1987. *The Body in the Mind: The bodily basis of meaning, imagination, and reason*. Chicago: University of Chicago Press.
Lakoff, G. 1987. *Women, Fire and Dangerous Things: What categories reveal about the mind*. Chicago: University of Chicago Press.
_____. 1993 "The contemporary theory of metaphor." In A. Ortony (ed.), *Metaphor and Thought*. Cambridge: Cambridge University Press. (2nd ed).
Lakoff, G. and Johnson, M. 1980. *Metaphors We Live By*. Chicago: University of Chicago Press.
_____. 1999. *Philosophy in the Flesh: The embodied mind and its challenge to western thought*. New York: Basic Books.
Lakoff, G. and Turner, M. 1989. *More Than Cool Reason*. Chicago: University of Chicago Press.
Langacker, R. W. 1987. *Foundations of Cognitive Grammar: Theoretical prerequisites*, Vol. 1. Stanford: Stanford University Press.
_____. 1991. *Foundations of Cognitive Grammar: Descriptive applications*, Vol. 2. Stanford: Stanford University Press.
Niemeier, S. 2000. "Straight from the heart: Metonymic and metaphoric explorations." In A. Barcelona (ed.), *Metaphor and Metonymy at the Crossroads: A cognitive perspective*, 195–213. Berlin: Mouton de Gruyter.
Popova, Y. 2001. "Ambiguity in Language and Narrative: Some theoretical models and their application." Unpublished Ph.D. dissertation, University of Oxford, U. K.
Ricoeur, P. 1984. "Foreword." In M. Gerhart and A. Russell, *Metaphoric Process: The creation of scientific and religious understanding*. Fort Worth, TX: Texas Christian University Press.
Schank, R. C. 1982. *Dynamic Memory: A theory of reminding and learning in computers and people*. Cambridge: Cambridge University Press.
Semino, E. 1997. *Language and World Creation in Poems and Other Texts*. London and New York: Longman.
Sweetser, E. 1990. *From Etymology to Pragmatics: Metaphorical and cultural aspects of semantic change*. Cambridge: Cambridge University Press.
Todorov, T. 1977. *The Poetics of Prose*. (Trans. R. Howard). Oxford: Basil Blackwell.

Traugott, E. C. 1982. "From propositional to textual and expressive meaning." In W. Lehmann and Y. Malkiel (eds.), *Perspectives on Historical Linguistics*, 245-271. Amster-dam: John Benjamins.

_____. 1985. "On regularity in semantic change." *Journal of Literary Semantics* 14: 155-173.

04 밀턴풍의 텍스처와 읽기 감각

피터 스톡웰 (노팅엄 대학교)

1. 밀턴과 밀턴풍에 대하여

존 밀턴John Milton은 44세에 시력을 완전히 잃었다. 밀턴은 1652년 이후 3년의 기간 중에 틈틈이 아래의 유명한 소네트를 썼다.

> 나의 빛이 어떻게 소진되는가를 생각할 때,
> 　반생도 되기 전에, 이 어둡고 광막한 세상에서,
> 　그리고 숨겨두면 죽어 버리는 하나의 재능
> 　쓸모없이 내게 머물고 있네, 비록 영혼을 더욱 기울여
> 주를 섬기고자 그리고 보여주고자
> 　나의 진심을 다했지만, 그분이 돌아와 책망하지 않도록,
> 　신은 빛을 거부하면서 낮 노동을 요구하시는가
> 　나는 어리석게도 묻는다 그러나 인내는 가로막는다
> 그 투덜거림을, 즉답하기를, 신은 원치 않으신다
> 　인간의 업적도 재능도, 가장 최선을 다해
> 　그의 가벼운 멍에를 짊어지는 자, 그들이 그를 가장 잘 섬기는 자이다.
> 　그분의 지위는
> 　왕과 같다. 수천의 천사가 그분의 명령을

땅과 바다 너머로 쉬지 않고 전한다
오직 참고 기다리는 자가 또한 그를 섬기는 것이라고. (소네트 20)

When I consider how my light is spent,
　Ere half my days, in this dark world and wide,
　And that one Talent which is death to hide
　Lodg'd with me useless, thought my Soul more bent
To serve therewith my Maker, and present
　My true account, lest he returning chide,
　Doth God exact day-labour, light deni'd,
　I fondly ask; But Patience to prevent
That murmur, soon replies, God doth not need
　Either mans work or his own gifts, who best
　Bear his milde yoke, they serve him best, his State
　Is Kingly. Thousands at his bidding speed
And post o'r Land and Ocean without rest:
They also serve who only stand and waite. (Sonnet XX)

이때까지의 밀턴의 삶을 돌아보면, 그는 졸업을 하고, 결혼을 하고, 헤어지고, 재결합했다. 그리고 첫 번째 아내의 죽음을 목도했다. 밀턴은 『리시다스Lycidas』, 『코머스Comus』, 『쾌활한 사람L'Allegro』, 『사색하는 사람 Il Penseroso』을 비롯하여 여러 편의 잡문과 아주 유명한 시편들을 썼다. 그리고 밀턴이 열성적으로 참여한 영국시민혁명이 시작됐고, 밀턴은 그 기간 동안 열심히 참여하였다. 밀턴은 『실낙원Paradise Lost』, 『복락원Paradise Regain'd』, 『투사 삼손Samson Agonistes』을 집필한다. 이어서 그는 두 번 더 결혼을 하고, 다시 부활한 공화주의 영국의 군주를 맞이한다.

이러한 역사적 맥락은 밀턴이 영문학에서 중추적 위치에 있음을 의미한다. 그는 거의 모든 비평과 이론의 분야에서 언급되어 왔다. 그는 후기 르네상스, 그리고 형이상학파 시인들과 연결되어 있다. 그는 낭만주의의 원천으로 여겨져 왔다. 그의 청교도적 간증은 그를 종교적 신념의 중심에 위치하게 했다. 반면 그의 이혼, 언론·출판의 자유, 의회 민주주의의 옹호에 관한 입장은 밀턴을 근대적인 다원적 자유주의자로 재평가하게 했다. 그의 시, 산문, 극본을 망라한 저작은 공적·사적 발언, 정치적·개인적 진술, 종교적 은밀한 고해를 두루 갖추고 있다.

근대 영연방이 설립되었을 때 밀턴은 전기 연구(예컨대, 메이슨Masson, 1946, 파커Parker, 1996 등)의 대표주자로서, 그리고 문학사의 중추로서 주목을 받았다(폰 말찬von Maltzahn, 1991, 크노퍼스Knoppers, 1994, 맥린MacLean, 1995, 노브룩Norbrook, 2000). 정치적 측면에서 밀턴은 비평이론 연구의 중심이 되었다(배럴Barrell, 1998, 퀸트Quint, 1993, 펄롱Fallon, 1995). 문체론자로서 밀턴의 혁신은 언어 연구를 촉발했으며(클뤼세네르Cluysenaar, 1976, 콘즈Corns, 1990, 1994), 비평 양식 그 자체는 논의의 중심이 되었다(룸리치Rumrich, 1996, 콜브레너Kolbrener, 1997).

분명한 것은 여러 저자들이 독자의 자질과 문학 수용의 문제를 연구하는 배경으로 밀턴을 원용했다는 것이다. 파울러Fowler(1981, 133-134쪽)는 리파테르Riffaterre(1971)의 '초능력 독자' 개념에 관한 논의에서 밀턴과 '밀턴풍'의 정신 양식에 관한 수용적 이해를 환기했다. 예컨대 리파테르는 모든 읽기에서 가장 이상적인 읽기는 어떤 특수한 텍스트라도 이해할 수 있는 것이라고 말했다. 피쉬Fish(1967)는 『실낙원』에 관한 자신의 글에서 영미의 '독자 수용' 비평, 혹은 '정서적 문체론'에 대한 전반적인 문학연구의 전통을 수립했다. 또한 피쉬(1980, 154-158쪽)는 위의 「소네트 20」을 분석하였다. 그는 발전적이고 방대한 현대 비평 양식의 최근 저술 말미에 밀턴에 대한 더 치밀한 분석(피쉬, 2001)을 다시 시작하였다.

이 장에서는 밀턴의 저작을 해석한 다양한 의미 중 일부를 모아 몇 가지 관련성을 다루고자 한다. 여기에서 추구하고자 하는 텍스처라는 개념이다. 이것이 '밀턴풍'의 진정한 의미가 무언인지를 이해할 수 있는 길이라 여겨진다. 또한 텍스처는 인지시학에서 중요하게 간주되는 개념이다. 그래서 이 두 가지를 함께 동원하여 다루는 것은 만족스러운 우연의 일치이다. 텍스처라는 개념에 대하여 섬세한 정독을 할 때 **인지 태도, 직시이동, 주의, 분산, 방치**라는 개념과 같은 몇 가지 요소를 찾아 살펴볼 필요가 있다. 이러한 모든 인지시학 용어는 앞으로 이를 언급할 때 설명할 것이다.

2. 실명의 텍스처

피쉬(1980, 147-180쪽)의 「소네트 20」(대개 「그의 실명에 대하여 On His Blindness」로 시 선집에 수록)에 대한 분석은 시의 통사론적 패턴에 초점을 둔다. 다음에 서술하겠지만 피쉬는 행을 가로지르는 시어의 조직인 '통사적 미끄러짐'에 대한 패턴을 제시한다. 통사적 미끄러짐은 독자로 하여금 처음에는 한 방향으로 읽게 하다가 불확실한 처음의 이해를 되돌리는 새로운 시구가 나올 때 독자의 생각을 바꾸게 한다. 예컨대 시의 전반부에서 시행이 점차 파편화되는데, 이해 가능한 통사상의 예측을 만들어내기 위해서 독자들은 문장구조의 힘을 활용한다. 만약 피쉬가 1970년대 문체론 일부에서 반발했던, 보다 정태적인 형식주의자의 방식으로 시를 분석하는 경우 이러한 패턴은 드러나지 않는다. 이것은 읽기 과정의 시간적 차원이 일차적으로 분석되는 경우에 분명히 드러나게 된다. 말하자면 수용론적 비평가는 시 작품을 분석하기 위해 읽기 과정을 재실행하고 그 세부정보를 숙고할 필요가 있다. 이것은 '정서적 문체론'이고 피쉬는 논의의 결과로써 문학 작품은 텍스트의 객관적인 의미로 존재하기보다는 이해 가능한 해석의 문제라고 주장했다.

2.1. 통사 읽기

피쉬의 정서적 문체론은 두 가지 역동적인 과정의 변증법적인 상호활성이다. 즉, 독자가 텍스트와 더불어 텍스트에 대해 하는 일, 그리고 일시적으로 설명될 수 있는 문체론적 자질이 그것이다. 독자는 해석활동을 함에 있어서 특정 자질들에 주목하며 이를 분석에 활용한다. 독자는 이해 및 사회적 교섭을 타자와 공유함으로써 유사한 해석을 공유할 수 있는 '해석 공동체'를 형성한다. (본고에서 해석이라는 말은 문학 작품에 대한 독자중심의 의미를 파악하는 뜻으로 사용하며, 읽기는 문학 작품의 의도, 아마도 사회적으로 발화된 표현을 뜻할 때 사용할 것이다. 스톡웰 2002 참조)

문학 환경에 대한 피쉬의 시각에서 중요한 요소는 절차적이고 독자 측면적이고 경험적인 요소이다. 문학 작품은 그 자체가 자족적인 가공물이 아니라 일시적 과정을 위한 근거 대상이다. 문학 텍스트는 의식적인 읽기에 연관될 때에만 문학 작품으로서 인식된다. (잉가르덴Ingarden(1973)에 의하면 자율적 대상과 타율적 대상 사이의 현상학적 구분은 문학 또한 의식의 수용을 통해서만 존재한다.) 문학 작품의 읽기는 인간 존재의 물질적 조건에 기반하며, 저자와 독자의 경험을 통하여 발현된다.

이와 같은 피쉬의 관점은 기본적으로 인지시학의 한 형태이다. 그는 독자를 문학의 효과와 관련시킨다. 그리고 동시에 문학 환경을 읽기 과정의 효과와 관련시킨다. 이러한 상황을 논증하기 위해서, 인지를 통해 시의 독자 차원의 효과를 이끌어내기 위해서 「소네트 20」을 간단히 분석하여 검토해 보기로 하자. 이렇게 함으로써 시의 **텍스처**가 밝혀지게 된다. 이 용어는 다음에 좀 더 분명하게 정의하겠다.

「소네트 20」은 적어도 두 번은 읽을 필요가 있는 시이다. 한 번 읽기에는 시에 제시된 부분적인 구절을 짐작하고 넘어가기가 매우 어렵다. 이것은 이전에 이 시를 전혀 본 적이 없는 사람에게 시를 크게 읽도록 하여 만들어내는 어조가 발생시키는 혼란을 들으면 쉽게 증명될 수 있다. 지금 여러분의 마음에 시가 좀 더 분명히 떠오를 수 있도록 하기 위해 처음으로 돌아가서 시를 다시 읽어 보자.

피쉬는 지속적으로 협상하고 바꿔야 할 필요가 있는 '통사적 미끄러짐'이 들어있는 시의 전반부에서 독자가 느끼는 불안감을 지적했다. 예컨대 첫 번째 행은 주절에 대한 종속절('…를 생각할 때')인 것으로 설정된다. 주절은 다음 행, 또 다음 행으로 두 차례 미끄러지다가 완전히 사라져 버릴 때까지 계속 지연된다. 강세법은 매우 확연히 다른 세 가지의 방법으로 첫 번째 행에서 배치되어 있다. 독자는 두 번째 행에서 '어둡고(dark)'를 짐작하여(물론 두 번 읽기를 통해) '빛'을 대조 강세로 설정할 수 있다. '빛'의 은유적 성질은 시력(압운 공명에 의해)과 신앙('빛'을 경건함의 상징으로 활용한 다양한 성경의 우화를 떠올림으로써)으로써 초점화된다. 또한 이러한 강세 패턴은 '소진되는(spent)'을 진행형(꺼지고 있는), 그리고 수동태(다른 누군가에 의해 꺼진)로 읽게 한다.

두 번째로, 강세가 '소진되는(spent)' 그 자체에 놓일 수 있다(학생들에게 소리 내어서 읽게 했을 때 이것은 처음과 두 번째 읽기 모두에서 공통적인 것으로 나타난다.). 이와 같은 읽기는 위에서 설명한 '소진되는

(spent)'의 두 가지 의미의 강조, 동사가 야기하는 격리감을 초점화하고 있다. 이와 같은 방식으로 종속절에서 동사를 강조하는 것은 독자로 하여금 완전한 문장을 완성시켜야 하는 본동사에 주목하게 한다. 그렇지만 이러한 본동사는 훨씬 더 지연된다. 세 번째로, 독자가 다음의 몇 시행을 빛이 소모되는 다른 방법들의 열거라고 예상하는 경우에는 '어떻게(how)'가 강조될 수 있다.

이러한 의미들의 어떤 것이든 읽기에서 지속적인 잘못, 역추적, 재검토라는 일반적 패턴으로 일어난다. 첫 행을 채우고 있는 종속절의 완성은 두 번째 행의 두 가지의 전치사구인 시간적 전치사구와 공간적 전치사구에 의해 지연되고 있다. 세 번째 행은 주절을 완성하지 않고 단순하게 종속 층위에 접속절을('그리고 숨겨두면 죽어버리는 하나의 재능(And that one Talent which is death to hide)') 부가한다. 심지어 이 행 안에는 여러 개의 잘못된 경로와 양가성이 존재한다. 재능은 숨겨져 있는 경우 죽음에 이른다. 재능은 숨기기가 매우 어렵다. 재능을 숨기려는 것은 사악하다. 나의 재능은 죽음을 숨기는 것이다. 'which' 뒤는 이와 같은 읽기의 가능성들이 더 많이 내재해 있다.

'내게 머물고 있네(Lodg'd with me)'에서는 재능에 동사를 추가로 덧붙이고 있다. 그 다음 '나의 영혼을 더욱 기울여(my soul more bent)'라는 구절의 통사는 더 많은 양가성을 드러낸다. 나의 영혼을 더욱 기울이다. 매우 많이 기울이고 뒤틀려지는 나의 영혼. 불구의 나의 영혼. 그런 다음 '기울여(bent)'는 '섬기고자 기울이다(bent to serve)'라는 동사구의 첫 부분임이 드러난다. 물론, 이 모든 것은 '비록(though)' 뒤에 내재되어 있다! 결국, 우리는 원래의 종속절이 동사 '책망하다(chide)'로 완성될 것처럼 보이는 행에 이르게 된다. 그리고 이것은 다음 시행의 '신은 빛을 허락하지 않으시면서 낮 노동을 요구하시는가(Doth God exact day-labour, light deni'd)'라는 직접화법의 전달문인 것처럼 보인다. 수사의문형으로의 이동(이것은 신에게 책망 받는다.), 처음으로 드러난 한 행과 완전한 문장의 명백한 일치, '빛을 허락하지 않으시면서 낮 노동을(day-labour, light deni'd)'에서 드러나는 소리 병치에 의한 강세의 강화, 이 모든 것이 마침내 의미를 완성하는 것처럼 보인다. 그러나 해결된 이 행은 다음 행을 시작하는 '나는 어리석게도 묻는다(I fondly ask)'라는 실질적인 전달문에 의해 곧바로 곤경에 처하게 된다.

 이 시 후반부의 통사는 내재적이기보다는 축적적이고, 종속적이기보다는 병렬적이어서 훨씬 더 질서정연하다. 의미는 계속 증가하는 내재된 요소의 완성을 기다리는 대신에 부가되면서 진행된다. '인내(Patience)'는 답을 하며, 진술은 예상대로 진행된다. 병렬은 일반적으로 구어 담화와 관련되어 있으며, 종속구문의 과중한 종속은 **글쓰기** 및 기교와 연관되어 있다. 이 시에서 전반부의 종속은 심사숙고 과정의 일부이며, 모두 '생각하다(consider)'로부터 연유한다. 사실 상황을 통제하는 본동사는 '묻는다(ask)'이다. 그러나 이것은 시의 중간 부분에 위치하고 있으며, 곧바로 응답을 이끌어낸다. 이 시 후반부의 병렬은 **인내가 직접 말하는 것**에 대한 적절한 표현법이다.

 이와 같이 평이한 직접적인 발화는 통사구조와 결부된다. 비록 구절들이 각운과 일치되지 않고 진행되더라도, 시 후반부의 효과는 그것이 잘못된 것이고 재검토를 하기보다는 앞을 향해 의미가 진행된다는 것이다. 그 문장들은 아래와 같이 간결한 경구가 된다.

  신은 인간의 업적도 재능도 원치 않으신다.
  그의 가벼운 멍에를 가장 잘 짊어지는 자, 그들이 그를 가장 잘 섬기는 자이다.
그분의 지위는 왕과 같다.
수천의 천사가 그분의 명령을 땅과 바다 너머로 쉬지 않고 전한다.
오직 참고 기다리는 자가 또한 그를 섬기는 것이다.

게다가 끝에서 두 번째 행 말미에 있는 콜론도 최종 진술이 앞의 내용과 후방 조응하도록 지시한다. 그 전반적인 효과는 단정적이며 명확한 진술이다. 시의 전반부는 지속적인 사고의 혼란을 준다. 반면에 시의 후반부는 충분히 고려되었으며 확정적이다.

2.2. 직시적 목소리들

그러나 이러한 통사의 제 양상은 단지 시 속에 기저하는 '목소리들'의 인지 형태에 대한 단순한 문체론적 특징이다. 이러한 문체론적 특징을 추출해내기 위해서는, 첫 번째 행으로 되돌아가서 이번에는 인칭대명사인 'I'와 'my'에 강조점을 다시 재조정할 필요가 있다. 다시 되돌아가서 이런 식으로 읽어보자.

이제 시에서 강조해야 하는 것은 말하기, 쓰기, 생각하기의 서로 다른 목소리들이다. 우리는 이후 간략하게 개술할 **직시이동 이론**이라는 인지시학의 틀을 사용하여 이러한 움직임들을 추적할 것이다. 직시이동 이론에 대한 개괄은 듀칸 Duchan · 브루더 Bruder · 휴잇 Hewitt(1995), 특별히 시걸 Segal(1995a, 1995b), 갈브레스 Galbraith(1995), 위브 Wiebe(1995), 탈미 Talmy(1995), 츠빈 Zubin · 휴잇(1995)의 연구에 따른 것이다. 도식은 저서인 스톡웰(2000, 23-46쪽)로부터 개념을 발전시켜서 스톡웰(2002)의 논문에서 논의된 것이다.

직시이동 이론의 핵심은 말하기, 쓰기, 생각하기의 '목소리'를 **직시 중심**으로 나타내는 개념이다. 그리고 직시 중심은 텍스트를 통한 정합성의 의미감각이 가장 잘 설명되는 **인지 태도**를 수용함으로써 독자가 정신적 투사를 할 수 있는 것이다. 목소리는 이러한 **직시 중심**과 관련되어 있는 것들에 위치하고 있다. 예컨대 특정 장소와 시간, 타자들 사이의 사회적 관계에 대한 표명, 종종 그들 자신의 발언(또는 텍스트)에 대한 언급, 말하기, 작문의 조건들이다. 목소리의 '움직임'에 대한 읽기 감각은 직시 중심들 사이의 이동에 달려있다. 이와 같은 직시이동 의 패턴은 아래와 같은 직시 영역의 차원으로 요약될 수 있다. 이것은 직시이동 장치로서의 역할을 하는 문체적 자질을 가리킨다.

- 지각적 이동
- 공간적 이동
- 시간적 이동
- 관계적 이동
- 텍스트적 이동
- 구성적 이동

지각적 직시이동은 보통 인칭 대명사, 명사구, 지각 서술부와 정신적 서술부를 도입하고 유지하는 지각적 시점 사이의 움직임을 일컫는다. 공간적 이동은 대개 처소격 표현, 움직임 서술, 공간부사를 통해 나타나고 직시 중심의 공간적 기반을 유지하기 위해 접속절을 통하여 연결된다. 시간적 이동 역시 시제, 양상 이동, 연쇄와 같은 처소격 표현에 의해 드러난다. 이와 같은 세 가지 직시 영역(나, 여기, 지금)은 전통적인 직시 이론의 전통적인 '영점'이라는 자기중심 초점에 조응하여 발현된다(뷸러 Bühler,

1982, 자벨라Jarvella · 크레인Klein, 1982, 라우Rauh, 1983, 그린Green, 1995를 참조). 리온즈Lyons(1977)와 레빈슨Levinson(1983)은 이 세 가지 차원을 더욱 발전시켰다. 관계적 직시는 부호화된 목소리의 사회적 관계, 그리고 다른 존재들에 대한 태도를 말하는 것이며, 이러한 관계들은 텍스트를 읽는 과정에서 끊임없이 상태가 변할 때마다 이동의 표시로 나타난다. 이름과 호칭 형식, 평가 부사와 평가 형용사, 동사 선택, 양식화된 표현과 부호화된 사회적 예의 이 모두가 관계적 직시와 그 이동을 나타낸다. 텍스트적 이동은 각 장의 제목, 담화에서의 동일지시어, 총칭적인 문장, 혹은 속담으로 표현된 문장, 자기 자신을 드러내는 필적학과 같은 매개의 실재물 그 자체(텍스트, 발언, 생각)를 언급하면서 나타나는 움직임이다. 마지막으로 구성적 직시는 일반적인 관습, 상호텍스트성, 그리고 발화자의 관습과 관련한 직시 중심에 기반한다.

직시이동 이론은 직시 중심이 독자 입장의 투사에 따라 움직여야 하는 텍스트 내부의 요소들에 초점을 맞춘다. 이러한 관점에서, 독자에 의해 행해지는 경계 작업이 존재한다. 이는 독자에 의해 행해지는 직시 중심에서의 이동을 조율하고 추적하기 위한 것이다. 직시 중심은 앞에서 설명한 바와 같이 도입되고 유지되며, 새로운 직시 중심이 각각의 직시 영역 차원에 따라 도입될 때까지 다양한 이동 방지 장치에 의해 고정된다. 컴퓨터 용어를 차용하여 말하자면, 다른 직시 영역들 속으로 들어가서 나가는 움직임은 한 직시 중심에서 다른 직시 중심으로 '밀기(push)'와 '튀어 나오기(pop)'가 실행되는 것과 같다. 독자는 이러한 모든 다양한 목소리와 그들 사이의 관계를 직시 영역 차원에 따라 다양한 차원으로 추적해야 한다. 따라서 이것은 텍스처의 구조이다.

다시 「소네트 20」으로 돌아가면, 이 시는 독자의 인지 태도를 1인칭 발화의 직시 중심으로 밀어넣는 것으로 시작한다. 이러한 지각적 직시 차원에서, 처음으로 말하는 목소리는 곧바로 시에서 문제가 고려되고 있는 직시 영역으로 더 밀어 넣는다. 이 밀기는 'when'에 드러나는 시간적 직시 이동을 동반한다. 'when'에 이어지는 구절은 가정의 직시 영역이 아닌 반복되는 과거의 사건을 드러내고 있다. 시간적 직시 중심은 "이 어두운 세상에서(in this dark world)"라는 공간 기반과 병치되고 있다. 또는 시간적 직시 중심은 적어도 독자가 현재 머물러 있는 직시 영역 내에서 나타나는 방식이다. 그러나 만약 우리가 이미 하나의 차원('생각할 때(when I consider)')에 밀어 넣어져 있다는 것을 기억한다면 우리가 현재 개입되어 있는 목소리는 '고려'라고 하는 내면에서 생각하고 있는 목소리이다. "이 어둡고 광막한 세상(This dark world and wide)"은 실명된 상태의 마음에서 연유한 전망이며, 또한 시간적으로 그의 반평생을 가둔다. 이 직시 영역은 정확히 시의 전반부까지 지속된다.

    시의 전반부에서 공간적으로 우세한 패턴은 물리적인 신체화에 관한 것이다. 예컨대 우리의 인지 태도가 시적 화자의 머릿속으로 밀기되고, 죽음은 숨겨져 있고, 재능은 그의 내부에 머물러 있다. 그리고 '내적인' 영혼에 대한 관습적 이미지는 지각적 직시 영역을 분할하는 수단으로 환기된다(시적 목소리는 '나(I)'와 '영혼(my soul)'을 모두 망라한다.). 시의 후반부에서 공간적 직시는 점차적으로 더 광범위해져서 사회적인 영역으로까지 튀어 나온다. 예컨대 내면의 삶이 아니라 업적, 재능, 지위와 같은 외부의 삶으로 튀어 나온다. 물론 이것들은 역시 상징적으로 쓰였다. 그러나 여기서 중요한 것은 그것들이 통찰이라기보다는 오히려 외부 관계 차원에서 표현되었다는 점이다. 이 시의 마지막 세 행에서의 공간 이동은 금지 영역과 사적인 영역으로부터 전 세계와 모든 피조물로 인지적 시야각을 확장시킨다(예컨대 빛과 더불어 '땅과 바다(Land and Ocean)'는 신이 창세기에서 말로 존재하게 한 세 가지이다.).

그런데 시의 전·후반부에는 두 가지의 공간 이동이 존재한다. 통찰적인 시의 전반부에 나오는 움직임은 정신적인 신체화 과정이거나 아니면 자아성찰로의 회귀, 그리고 자세를 낮추는 것이다('머물러 있네(Lodg'd)', '나의 영혼을 기울여(my Soul more bent)'). 시의 후반부에 나오는 명확한 움직임은 훨씬 더 물질적이고 신체적이다('멍에 짊어짐(bearing a yoke)', '쉼 없는(without rest)' 신체적인 작업과 신체적인 여행). 이 두 가지의 경우, 내적 목소리와 외적 목소리는 모두 인간의 불안감을 표현하고 있다.

이와 같이 계속해서 이동하는 불안감은 앞에서 설명했던 것처럼 미끄러지는 통사에 의해 병렬된다. 또한 이것은 독자가 참여해야만 하는 직시 경계의 교체 작업에서 분명해진다. 이들 중 가장 분명한 것은 시의 중간부에서 발생한다. "그분이 돌아와 책망하지 않게(lest he returning chide)"라는 구절은 신의 직접적인 발화("신은 빛을 허락하지 않으시면서 낮 노동을 요구하시는가(Doth God exact day-labour, light deni'd)")라는 직시 중심으로 밀어 넣는 지점으로 보인다. 신은 여기에서 직접적으로 질문을 하지만, 자신을 3인칭으로 언급함으로써 의문의 수사학적 자질을 나타난다. 그러나 다음 행의 첫 번째 구절("나는 어리석게도 묻는다(I fondly ask)")은 분명한 직접발화, 그리고 우리가 이미 도달해 있는 차원의 시적 목소리의 직시 중심으로 변환하는 것을 '밀어 넣지 않음'으로써 독자로 하여금 이 구절을 직전에 구축된 신의 직시 중심으로 교체하도록 압박한다. 이러한 독자 측면의 '잘못'은 극화된 신학상의 실수로, 이것은 두운과 압운을 포함한 수사적 속임수를 사용하고 채택함으로써 신이 묻는 것을 인간이 질문하는 것으로 가정하는 것이다.

따라서 전반적으로 이 시에는 지각적 직시(생각하는 마음 안에, 나아가 영혼 안에, 이윽고 말하고 답하는 목소리로 밀어 넣기), 시간적 직시(반평생 동안 반복되는 불안과 목소리의 위치 사이의 움직임), 공간적 직시(머리를 드나드는, 그리고 세계와 사회로 뻗어나가는)에 걸친 이동이 존재한다. 완벽한 대조에 따라서 신은 처음부터 끝까지 자동사로 존속한다. 직접화법의 앞에서 전달동사인 것처럼 보이는 동사 'chide'는 목적어가 없는 자동사인 것처럼 보인다. 관계적 직시 차원에서 보면, 시적 목소리와 신 사이의 관계는 모호하다. 신은 흔하게 불리는 이름이고, 자기중심적으로 명명되고('my Maker'), '신'이라는 시어는 직접화법으로 이동된 직시 영역들 안에서 신체화된 경우에만 두 번 사용된다. 이 두 경우에서 신과 결부된 동사의 선택은 능동적이고 물질적인 것이라기보다는 오히려 상대적이고 속성적인 것('요구하시는가(exact)'와 '원치 않으신다(doth not need)')으로 보인다. 다른 곳에서 신은 계속 대명사화('he', 'his', 'him') 된다.

심지어 우리가 신이 활성화될 것이라고 기대하는 지점에서조차 말하는 목소리에 의해 다른 선택이 이루어진다. 그 선택은 '인내'로, 교묘한 수사적 질문에 답하는 사람은 신이 아니다. 또한 인내(외적인 침잠으로 표명되는 내면의 미덕)가 선구적인 시간적 이동("그 불평을 가로막고 곧 답하기를(to prevent that murmur soon replies)")을 통해 시 전반부에서 과거의 반복되는 불안감을 저지하고 있다는 점을 주목하자. '인내'는 발화 시에 고려된 생각이 말로 표현되는 것('투덜거림(murmur)')을 미연에 방지한다. 또한 이것은 텍스트의 직시 차원에서 처음 일곱 행의 복잡한 칭얼거림을 사소한 '투덜거림'으로 축소시킨다. 신은 행위의 수신자('to serve therewith my Maker', 'they serve him')이며, 혹은 신체화된 소유격('his

State', 'his mild yoke', 'his own gifts') 안에서 단순하게 나타난다. 아마도 신에 관한 가장 능동적인 신의 규정은 그가 모든 사람들에게 육지와 바다를 여행하도록 명령한다는 점이 될 수 있다. 그러나 여기에서 시적인 목소리는 다시 신을 소유격의 명사구('his biddin')에 끼워 넣으며, 사람들에게 "수천의 천사가 그분의 명령을(Thousands at his bidding speed)"에서처럼 능동적인 주어의 역할을 부여한다.

신은 시의 관계적 직시를 통해 정적 지점에 머물러 있다. 그러나 신은 시의 직시 중심으로는 전혀 출현하지 않는다. 독자뿐만 아니라 시적 목소리 모두는 신과 직접적인 대화를 할 수 없다. 만약 이렇게 가정된다면, 이는 실수로 드러날 것이며 통사와 인지, 양 측면에서 수정되어야만 한다. 신의 존재는 내면의 미덕(재능, 그리고 인내의 중재)을 통해서만 접근할 수 있다. 신이 직접 화자로 등장하는 시행이 존재한다는 자기중심적 가정은 오만한 것이다. 그리고 사적인 지각적 직시 중심을 사회적인 것으로 시 전반에 걸쳐 이동함으로써 겸손함을 활성화시킨다. 시의 후반부에는 '나(I)'가 나타나지 않는다. 내면의 불안감은 '수천의 천사(thousands)'에게 전이되고, 시적 목소리의 개인적인 상황은 마지막 행에서 'they'로 일반화된다.

시의 후반부는 흔히 전반부의 영적 의심에 대한 해결책을 제시하는 것으로 비춰지는데 이는 '인내(Patience)'가 내면의 의심에 대해 응답하는 방식이다. 마지막 여섯 행에 나오는 시간 이동은 경구이자 불변의 진리를 위한 선택으로서 생성된 현재 시제 속에 강령을 위치시킨다. 그러나 마지막 여섯 행의 인지 태도를 곧바로 투사하는 것에는 확실히 문제가 있다. 인내가 '대답'할 때, 즉 말하는 목소리의 직시 영역으로 밀어 넣는 것이 활성화될 때, 독자는 이와 같은 직시이동의 돌출된 결론을 시 전반부에서 인내심을 가지고 기다리도록 유도해 왔다. 그러나 이와 같은 도출은 어디에서 발생하는가? '인내(Patience)'는 시 후반부 전체를 말하고 있는가? 그렇지 않으면 '인내(Patience)'의 발화는 "그분의 지위는 왕과 같다(his State is Kingly)"라는 최종적인 구어적 주장 다음에 끝나는가? 그렇다면 마지막 문장은 시적 목소리 자체의 주장이 된다. 쟁점은 '마지막 세 행의 발화자가 누구인가?'이다.

이것은 사소한 문제로 보일 수도 있다. 그러나 실제로 이 지점에서 인지 태도의 대입은 이 시에서 상당히 큰 문제가 된다. 인지 태도의 첫 번째 적용은 인내가 대답하는 부분이다. 예컨대, "신은 원치 않으신다. 인간의 업적도 재능도, 가장 잘 그의 가벼운 멍에를 짊어지는 자, 그들이 그를 가장 잘 섬기는 자이다. 그분의 지위는 왕과 같다.(God doth not need either mans work or his own gifts, who best bear his milde yoke, they serve him best, his State is Kingly)"이다. 이 지점에서, 독자의 투사된 인지 태도는 시적 목소리의 영역을 보존하면서 도출되는데, 이 시적 목소리는 마지막 세 행의 발화 내용을 생각하는 시적 화자이다. 이와 같은 읽기의 효과는 시적 목소리가 자신의 의구심을 구체화시킬 수 있도록 시를 고차원의 현실 세계로 되돌리는 것이다. 그리고 또한 이와 같은 읽기는 동등한 관점으로 답변된 것이다. 시의 전반부에 드러난 시적 목소리의 망설임과 단편적인 불안감은 먼저 '인내(Patience)'의 중재에 의해 자신의 마음에서 해결된다. 그렇지만 결정적으로 범세계적 관점의 도입과 **자신의 목소리에 깃든 확신에 의해 해결된다.**

두 번째로, 시 후반부에는 분명한 마무리 발화 표지가 없다. 그리고 '인내(Patience)'의 대답은 시가 끝날 때까지 모든 시행을 망라하여 포괄한다. 이와 같은 효과는 시적 화자, 그리고 '인내(Patience)'라고 하는 직시 영역

안에 내재한 투사된 독자를 남겨놓는 것이다. 목소리와 생각은 신과의 중재자로 존재하는 '인내'에 의해 지배되었다. 따라서 마지막 행의 효과는 자족적인 깨달음의 문제가 아니라 시적 목소리의 외적 삶에 접근하려는 명령이다. 은밀한 개인적 고뇌로부터 신성한 깨달음으로, 그리고 사회와 세상의 관점으로 진행되는 시의 움직임이 이러한 읽기를 지원한다.

따라서 독자 측면의 인지 태도를 적용하면, 이 시는 의심에 대한 고백이거나 신성한 명령에 대한 계시이다. 그러나 시가 제공하는 인지 조건과 일치하는 세 번째 방안이 존재한다.

그 방안은 '인내는(⋯) 즉답하기를(Patience (⋯) soon replies)'를 ('chide' 주변에 있는 구두점과 동일한 의미를 적용한 대로) 자동사로 읽는 것이 가능하다는 것이다. 다음과 같이 통사구조가 유사하다.

> 그분이 돌아와 책망하지 않도록
> 그러나 인내는 그 투덜거림을 가로막고 즉답하기를

> lest he returning chide
> But Patience to prevent that murmur soon replies

두 시행 모두에서 말하지 않은 무언가가 미연에 방지된다. 두 시행 모두에서 역접 접속사가 구절을 이끈다. 병렬적인 통사 구성은 주어인 '신(God)'과 주어인 '인내(Patience)'를 나란히 놓는다. 이 경우에 두드러지게 두 시행에서 주어로 선택된 시어는 '신(God)'이 아니라 공지시적 항목, 즉 신(God)을 '인간(he)'으로 의인화한 대명사와 거룩한 미덕의 의인화('인내(Patience)')이므로, 이것은 신(God)을 인내(Patience)와 동등하게 하려는 시도이다. 또한 두 시행에는 병렬의 재귀가 있다. 예컨대 '돌아와

(returning)'는 명백한 재귀동사이며, '그 투덜거림을 가로막고(to prevent that murmur)'는 독자의 주의를 시의 전반부('그 투덜거림(that murmur)')로 되돌린다. 이와 같은 인지 태도에서 신은 오직 시인 자신의 내면 목소리에서만 나타난다. '인내(Patience)'는 단지 인간과 신 사이의 중재자일 뿐만 아니라 직접적인 기도에 응답하는 각색된 신의 목소리이다.

이와 같은 읽기는 '인내(Patience)'의 발화를 함축적으로 표현하는 것 같다. 그리고 시의 후반부 전체를 시적 목소리가 단도직입적으로 주장하는 기독교인의 간증으로 남겨 놓는다. 우리가 신이 3인칭 시점으로 자신을 지시하고 있다고 생각하는 것과 마찬가지로, 시적 목소리는 시의 말미에서 자신을 일반화라기보다는 복수의 형태('man', 'who', 'they')로 지시한다. 그리고 이와 같은 직시 중심에 대한 관점은 내부라기보다는 외부를 향하는 것으로 보인다. 예컨대 이것은 자기 성찰적이라기보다 전체 포괄적인 것이다. 이 시는 고백이나 계시라기보다는 간증의 행위로 읽히며, 모든 과정은 실명에 관한 시를 위한 역설적 결과물이다.

3. 세계 때문에 산란해진 정신

「소네트 20」의 복합적인 텍스처는 독자가 투사하는 인지 태도와 더불어 형식적 자질(구문론, 운율, 단어 선택)의 문제 때문이기도 하다. 물론 이러한 텍스처가 이 시만의 특이성은 아니라고 주장할 수 있다. 그리고 읽기의 효과와 해석상 어떤 것을 강조해서 읽어낼 수 있는 것은 모든 종류의 텍스처가 그 '자체 안에서' 해석된다고 주장할 수 있다(사실, 이것은 피쉬(1980)의 주장이다.). 그러나 이것은 실명에 관한 밀턴의 다른 소네트를 살펴봄으로써 쉽게 탐색될 수 있다.

실명한 시리악 스키너 씨에게

시리악이여, 이 3년이라는 세월에 이 눈들은, 비록
　겉보기에는 흠이나 점도 없이 맑아 보이지만,
　빛을 빼앗겨 보는 것을 잊어버렸다오,
　이 헛되이 움직이는 동공에 나타나지 않네,
일 년 내내 해도 달도 별도,
　또한 남자도 여자도. 그래도 나는 따지지 않네,
　하나님의 손길과 뜻에 대항하여, 또한 조금도 잃지 않네,
　용기나 희망을 그리고 묵묵히 참고 나아가네,
앞으로 곧장. 무엇이 나를 버티고 있냐고, 그대 묻는가?
　의식이오, 친구여, 온힘을 쏟다가 시력을 잃었다고 하는,
　자유를 방어하는 일에, 나의 고상한 임무인,
유럽 전역에서 말하는.
　이 생각에 이끌려 세상의 헛된 가장무도회를 지나가리라
　비록 눈은 멀었지만 만족하고, 보다 좋은 안내자가 없다면.

(소네트 23)

To Mr Cyriack Skinner upon his Blindness

Cyriack, this three years day these eyes, though clear
　To outward view of blemish or of spot,
　Bereft of light thir seeing have forgot,
　Nor to these idle orbs doth sight appear
Of Sun or Moon or Starr throughout the year,
　Or man or woman. Yet I argue not
　Against heav'ns hand or will, nor bate a jot
　Of heart or hope; but still bear up and steer
Right onward. What supports me, dost thou ask?

> The conscience, Friend, to have lost them overpli'd
> In libertys defence, my noble task,
> Of which all Europe talks from side to side.
> This thought might lead me through the worlds vain mask
> Content though blind, had I no better guide. (Sonnet XXIII)

3.1. 인지 태도

필연적으로 우리는 밀턴의 시편들을 읽을 때마다 독자로서 구성적 이동을 경험할 것이다. 그리고 이 시에 대한 고려사항은 우리가 방금「소네트 20」을 읽으면서 경험한 인지를 포함한다. 그런데 이 시는 직시 영역의 텍스트에 관한 밀어 넣기, 튀어 나오기, 창의적인 주변 작업에 대해서 훨씬 적은 기회를 제공하는 것으로 보인다. 이 시의 대화 내용은 기본적 수준에서 수신인(시리악 스키너는 1640년대와 50년대에 밀턴의 학생이자 친구였다.)에게 직접적으로 수신된다. 지각적, 공간적, 시간적인 직시 중심에 관한 중요한 점은 관습적으로 자기 중심적이라는 것이다. 예컨대 시간적이고 공간적인 표식은 여기와 지금('이 3년이라는 세월에(this three years day)'와 '이 눈들(these eyes)')을 신호로 알린다. 이것은 두 번째 구문에서 '나(I)'의 사용으로 명확해진다.

직시 중심 유지의 일관성은 일반적인 이동 제어 장치인 대명사의 결합, 공간적 지향의 지속성, 일관성 있는 지각의 유지를 통해 달성된다. 시적 화자의 눈들은 기억('보는 것을 잊어버렸다오(thir seeing have forgot)')에 대한 그 자신의 능력을 가진 최소 단위의 사람들로 다뤄지지만 그 이외에 관점은 하나의 초점화된 지각이다. 이러한 일관성을 지원하기 위해, 처음 여섯 행의 통사는 「소네트 20」의 처음 여섯 행과는 대조적으로, 종속적이기보다는 병렬적이다. "비록 맑아 보이지만(though clear…)"에 의해 도입된 단순한 종속절과는 달리 시행들은 모두 추가되는 식으로 진행된다. 이와 같은 패턴은 매우 두드러져서 '아니면 남성이나 여성'의 추가가 재고된 것처럼 보인다. 개정되지 않은 발화의 의미는 더욱 더 전경화된다.

다시 「소네트 20」과 대조해 보면, 이 시는 신에 대한 의문이나 논쟁이 없다. 게다가 이 시는 그 가능성을 명시적으로('나는 따지지 않네(I argue not)') 부정한다. 직접 발화의 가능성이 있을 때, 이것은 자유 간접발화 형태('무엇이 나를 버티고 있냐고(What supports me)')로 표출되며, 따라서 변화에 대한 강력한 사례가 존재하는 맥락에서조차 지각적 직시를 유지한다. 바꾸어 말하면, 심지어 대화하는 지점에서도 독자가 투사하는 인지 태도는 'I'/'me'와 'thou'/'Friend'가 지속적이며 뚜렷하게 남아 있는 채로 일관되게 존속할 수 있다. 이 시에는 「소네트 10」에 있는 것과 같은 전달문의 교묘한 혼란조차 없다. 다만 질문에 대한 솔직한 표식자가 있다. 호격적인 'Friend'와 지각적 직시인 'my'가 시적인 목소리를 표시하기 때문에 응답의 경계를 발견하기 쉽다. 마지막 두 행은 구성적 상태('이 생각(this thought)')를 유지한 채, 다시 시적 화자로 돌아가 확고히 중심화되면서 표시된다.

인지 태도의 수준에서 이 시는 텍스처의 복잡성에 대한 훨씬 적은 가능성을 제공한다. 이에 의한 의미는 인지적이며 단순히 문체의 문제가 아니라는 것을 기억한다. 반면 표현을 간단히 하고 시의 텍스처가 덜한 것이라고 말할 수 있다. 「소네트 23」은 「소네트 10」보다는 더욱 분명할 수 있지만, 그 분명성은 단순명쾌함의 부분이며 직시이동에 의한 것이 아니라 더욱 영리한 부정 표현의 사용 및 부정적인 단어 선택에 의한 것이다. 시의 문체에 대한 이러한 양상을 더욱 자세히 검토할 가치가 있다.

이 시는 지향성에서 질적으로 부정적인 다양한 단어 선택('흠(blemish)', '점(spot)', '쉬고 있는(idle)', '헛된(vain)')을 제공한다. 또한 다양하게 부정적으로 지향된 동사('빼앗기다(bereft)', '잊다(forgot)', '따지다(argue)', '잃다(lost)', '온 힘을 쏟다(overpli'd'))를 특징짓는다. 그리고 수많은 문법적 부정('이 쉬고 있는 동공에 나타나지 않네(nor (…) doth sight appear)', '나는 따지지 않네(I argue not)', '또한 조금도 잃지 않네(nor bate a jot)')을 제시한다. 마지막으로 몇 가지 부정적인 방향의 요소가 있다('비록(though)' 두 번, '또한 아니다(nor)' 두 번, '그래도(yet)'). 이들의 효과는 시적인 목소리가 너무나 많은 것을 불평하는 것처럼 보이게 만드는 것이라고 생각한다. 첨가되는 통사의 누적은 이것을 지원한다. 그는 해나 달을 볼 수가 없으며 거기에 별을 더하고 나중에 생각한 것처럼 남성과 여성 역시 더한다.

또한, 부정의 효과는 부정적인 요소를 독자의 관심 분야로 가져오는 동시에 구축된 인지적 텍스트의 세상으로부터 그것을 제거한다. 그 결과는 요소들이 관심에 비춰지고 강제로 제거되는 듯이 환기시키는 것이다. 이러한 인지적 수단은 외양이 신뢰될 수 없는 시에 있는 분명한 의미에서 아주 유사하다. 시인의 눈은 부정적인 요소에 대해 명확히 보지만, 그럼에도 불구하고 제대로 작동하지 않는다. 첫 번째 시구에 도입된 이 생각은 반대 가능성을 설정하기 위해 부정사 '비록(though)'을 사용한다. '비록(Though)'은 가상세계를 설정하는 'might'와 함께 다시 사용된다. 두 경우 모두에서 우리에게는 진짜이거나 정직한 가능 세계가 제공된다. 시의 중간에 있는 '비록(though)'의 대응은 시적 화자가 가지고 있지 않다고 말하는 주장에 부여되어 있는 '그래도(yet)'이다. 그러나 우리는 시적 화자가 실제로 주장에 결부되어 있지만 덧없이 시의 문체 선택이 그것을 부정하는 것으로 보인다고 볼 수 있다.

  이와 같은 전술적 전개의 점증적인 시적 효과는 시 스스로 대상의 외양을 신뢰할 수 없게 만든다는 것이다. 이것은 대화의 방식으로 나타나는데, 그 대화는 일관적이며 변화가 없는 발화자 목소리의 직시 중심에서 독백의 방식을 채택하고 있다. 이와 같은 독백은 병렬로 이어진 대사처럼 보인다. 그러나 이것은 사실 세심하게 공을 들인 한 편의 글임을 암시하고 있다. 또한 독백은 불평이 없는 주장이지만, 사실 그것은 논쟁과 불평의 요소를 잔뜩 쌓아두고 있다. 이 시는 독자의 관심을 흩트리는 것으로 찰나의 스쳐 지나가는 모든 요소들을 분명하게 제시하고 있다. 그러나 마지막 두 시행은 전과 같은 혼란과 부정을 통해 이전의 것을 바로잡을 수 있게 하고 있다.

  시의 말미에서 시적 화자는 이 시의 논쟁거리인 'this thought'에서 그로 하여금 '자족감'을 유지하게 하고, 허울뿐인 세계에서의 허영심을 충분하게 부정하고 있음을 말하고 있다. 또다시 등장하는 시어인 '비록(though)'은 이와 같은 흘러가는 가설 안에서 불평을 암시한다. 마지막 행의 끝에 있는 다섯 개의 시어는 모든 불평을 'better guide'로 돌려 세우면서, 신을 믿는 호의에 관한 거짓된 주장의 타당성을 부정하고 있다. 심지어 믿음에 관한 최종적인 행위는 부정('no better guide')으로 나타난다. 이것은 신을 실제로 언급하고 있지는 않지만, 시적 기교의 한도를 넘어서서 실재계의 실생활에서의 신을 암시하고 있다. 이와 같은 세계는 시적 논쟁 측면에서 어수선하게 하는(집중을 방해하는) 동사 'might'에 맞서 동사 'had'를 사용하는 것으로 실체화(현실화)된다. 이 시에서 문체의 텍스처는 진실한 믿음과 동떨어진 세상의 헛된 모습에 대하여 어수선한 생각을 제공하고 있는 부정에 있다.

3.2. 유인자

필자는 지금까지 **주의**와 **분산(산만)**이라는 용어를 상당히 느슨하게 사용해 왔다. 인지심리학의 주의 개념은 시각의 지각 분야에서 가장 많이 연구되어 왔다(포스너 Posner 1989, 배들레이 Baddeley · 위스크란츠 Weiskrantz 1993, 스미스 Smyth · 콜린스 Collins · 레비 Levy 1994, 스타일스 Styles 1997) 참조). 시각 영역에서 주의를 끌면서 식별되는 항목들은 전경으로, 그 영역의 나머지 항목들은 전경에 대한 배경으로 간주된다. 주의는 배경에 대한 전경의 힘에 기초하여 선택된다. 전경은 시각적으로 뚜렷한 개념적이거나 물리적인 경계가 있으며 정적인 배경에 맞서 움직인다. 그리고 전경은 시공간에서 배경보다 선행하며, 배경으로부터 벗어나 전경으로 부상하는 배경의 일부분이거나 아니면 배경 중에 가장 크거나 첫 번째에 위치한 것이다. 전경은 종종 배경보다 더 상세하게 다뤄지고, 더 초점화되며, 더 부각된다. 그리고 전경은 배경보다 주의를 더 끈다(유인한다.). 여기에서 **유인**은 단순하게 주의를 끄는(또는 방해하는) 힘을 의미한다. 예컨대 흉하고 혐오감을 일으키는 대상들도 이러한 의미에서 미적인 대상들과 마찬가지로 주의를 끌 수 있다.

작품 읽기의 측면에서 문체적 패턴들은 독자가 주의를 검토하며 텍스트를 읽는 과정에서 지속적으로 전경과 배경의 관계를 재구성하도록 도와준다(쇼트 Short(1989), 반 피어 van Peer(1986, 1992) 참조). 주의가 불이행되는 것은 텍스트 내에서 가상의 움직임에 문학 경험을 부여하는 일련의 과정에서(물론 비록 주의가 유지되는 흥미로운 텍스트가 독자들에 의해 폐기되지 않더라도) 일반적으로 발생한다. 기본적으로 주의는 선택되며, 작품을 읽는 과정의 한 지점에서 선택이 해제되면 배경이 된다. 또한 배경은 **방치**로 특성화된다. 주의는 전경으로 이어지는데, 전경은 필연적으로 다른 요소들에 대한 주의를 상쇄시킨다. 언급하지 않는 것, 명백한 거부이거나 부정, 또는 전경에 대한 강렬한 초점은 그에 상응하여 다른 대상들을 방치로 이끌 것이다. 이후 전경은 선명도에 따라 배경으로 전환된다.

시각 영역에서 주의는 불변하거나 정적 요소들과는 거리가 있다. 주의는 **반복 제한(복귀 억제)**의 특성을 지닌다. 우리의 주의는 이미 정적인 대상을 처리했으며 새로운 자극을 찾고 있다. 그래서 우리는 텍스트 내에서 주제, 초점, 강조, 시점과 관련한 대상들에게 주의를 기울인다. 또는 중요한 술어 귀속되어 움직임이 있는 대상들에게 주의를 기울인다. 마찬가지로 가장 활동적인 요소가 전경이 될 가능성이 높다. 예컨대 중요한 행동 서술은 관계 서술과 한정 서술, 또는 정신 과정보다도 주의를 끌 가능성이 높다. 이와 같이 인지시학의 전경이 될 가능성이 있는 문체적 요소들을 **유인자**라고 부른다.

주의가 되기 위해 여러 개의 유인자가 서로 경쟁할 수 있다. 이와 같은 일이 발생할 때, 우리는 불필요하게 반복하는 특성들을 무시하려는 경향을 보인다. 예컨대 어떤 상투적인 유인자의 경우, 우리는 그것의 통례적인 사건 전개를 예측할 수 있다고 생각하면서 그 유인자를 무시하게 된다. 이와 같은 경우에 첫 번째의 유인자와 부차적인 유인자들이 모두 방치된 배경 위로 부각되어 나타난다. 우리는 유인자를 통해 한 차원 높은 관점으로 텍스처를 판단할수 있다.

필자는 밀턴의 소네트를 여러 편 읽으면서 밝고 빛나거나, 또는 신속한 행동이거나 그렇지 않으면 작시법에 맞게 강조되고 있는 유인자들을 따라가는 주의에 대한 가상의 움직임을 추정할 수 있다. 아래의 인용시는 밀턴의 마지막 소네트이다. 이 시의 창작 시기는 1652년 밀턴의 첫 번째 부인인 메리 포웰Mary Powell이 딸 데보라Deborah를 낳은 지 사흘 후에 죽은 이후이거나, 혹은 1657년 그의 두 번째 부인인 캐더린 우드콕Katherine Woodcock이 죽고 곧이어 신생아인 딸도 죽은 이후로 추정된다.

> 나는 본 듯하여라 최근 결혼했던 나의 성녀가
> 무덤에서 나온 알케스티스와도 같이 내게로 온 것을,
> 조브의 위대한 아들이 그녀의 기뻐하는 남편에게 돌려주었던,
> 창백하고 가냘프긴 하나 힘으로 죽음에서 구출하여.
> 내 아내, 산욕産褥의 오점으로부터 씻겨져,
> 옛 율법의 결례가 구해 준 것과 같은,
> 그리고 한 번 더 천국에서 자유롭게
> 온전한 모습 보기를 내가 믿는 이 같은 그녀가
> 그 마음처럼 온통 희고 깨끗한 옷 입고 나타났네.
> 그녀의 얼굴은 베일에 가려 있으나 내 상상의 눈엔,
> 사랑, 친절, 선함이 그녀에게서 빛났도다
> 매우 밝게, 그 이상의 기쁨을 가진 얼굴은 세상에 없는 것처럼.
> 그러나 오, 그녀가 나를 포옹하려 몸을 굽히는 순간,
> 나는 잠이 깨었네, 그녀는 사라지고, 낮이 내 밤을 도로 가져갔네.
>
> (소네트 24)

> Methought I saw my late espoused Saint
> Brought to me like Alcestis from the grave
> Whom Joves great Son to her glad Husband gave
> Rescu'd from death by force though pale and faint,
> Mine as whom washt from spot of child-bed taint
> Purification in the old Law did save,
> And such as yet once more I trust to have
> Full sight of her in Heav'n without restraint,

Came vested all in white, pure as her mind
　　　　Her face was veild, yet to my fancied sight
　　　　Love, sweetness, goodness in her person shin'd
　　　So clear, as in no face with more delight.
　　　　But O as to embrace me she enclin'd
　　　　I wak'd, she fled, and day brought back my night. (Sonnet XXIV)

　시 전문에 대한 상세 분석을 하지 않더라도, 이 시에는 시를 움직이는 여러 개의 유인자들이 명백하게 존재함을 알 수 있다. 이와 같은 유인자들 중에는 환영적인 유인자들이 존재한다. 이 유인자들은 관습적인 인용들이기 때문에 상대적인 관점에서 방치로 취급할 수 있다. 조브Jove의 아들인 헤라클레스Hercules는 알케스티스Alcestis를 그녀의 남편인 아드메투스Admetus에게 돌려보냈으며, 알케스티스는 배우자에 대한 정절의 상징이 되었다. '옛 율법의 정화(Purification in the old Law)'는 출생 이후 여성의 정화를 규정하는 「레위기Leviticus」(12장 4-6절)를 암시한다. 그의 부인인 알케스티스는 초월적이고 범상치 않은 형태의 종교적 성격의 도상처럼 관습적인 흰색으로 나타난다. 이와 같은 유인자들은 관습적인 환영이기 때문에 상대적으로 방치될 수 있다.
　이 소네트는 시적 화자를 드러냄과 동시에 기교를 부르는 것으로 강조를 하면서 시작된다. 소네트 전반부에서는 주의를 활성화시키는 지각 대상으로의 이동들, 즉 죽은 아내의 모습, 시적 화자, 그의 아내가 주의를 활발하게 이끌어 낸다. 그런데 꿈꾸고 있는 시적 화자는 잠을 자는 정적인 상태인 목격자로서 움직이지 않고 지켜 볼 뿐이다. 시적 화자는 일종의 아드메투스로 혼성된 대응 인물로 시의 초반 몇 행에서만 등장한다. 그리고 그는 아내의 환영에 호감을 갖는 부차적인 유인자로 점차적으로 방치된다. 비록 우리가 시적 목소리의 시점을 유지할지라도, 그의 아내는 이 시에서 중요한 분산 요소가 된다. 시의 중간 부분에 나오는 "나는 그녀가 온전한 모습인 것을 믿는다(I trust to have full sight of her)"에서 마지막으로 그를 분산 요소로 짧게 등장시킨다. 그러나 죽은 아내의 환영이 시의 후반부에서 일차적인 유인자가 된다.

이와 같은 분산의 전이는 대체로 행동 유인자들과 밝기 유인자들의 조화에 의해 이루어진다. 행동 유인자들은 시의 전반부에서 두드러지게 나타난다. 예컨대 'brought', 'gave', 'rescu'd', 'washt', 'came'이다. 이와 같은 시어들은 모두 행동의 수신자, 방관자, 혹은 목격자인 시적 화자와 관련한 신체적 활동과 행동을 나타내는 동사들이다. 시의 후반부에 나오는 동사들은 유인에 있어서 이차적인데, 주로 상대적이고 한정적인 특성을 지니고 있으며, 동작성이 점점 떨어진다. 이와 같은 움직임 측면에서의 활동 감소와 더불어, 시는 진행될수록 점점 더 밝아진다. 이 시는 '창백하고 가냘픈(pale and faint)'의 색깔로 시작한다. 이것은 인접해 있는 행동 유인자인 'gave', 'rescu'd', 'force', 'washt'로부터 연유한다. 그러나 이 색깔은 (특히 이 시행의 첫 머리에 쓰여진) '온전한 모습(full sight)'에서 더욱 더 풍부해진다. 그리고 나서 그의 아내의 환영은 완벽하게 일차적인 유인자로서 드러난다. 그녀는 '온통 희고 깨끗한 옷 입고 나타나다(came vested all in white)'에서 전경화된 움직임과 분산의 밝기 특성을 결합하고 있다. 그리고 그녀의 미덕들은 (동일한 위치에 있는 'sight'보다 더 강조된) '그 이상의 기쁨(more delight)'에 내재된 'light'와 더불어 빛남과 밝음(분명함)으로 드러난다.

물론, 이 시의 시작이 'Methought'에서 꿈꾸는 지각의 직시 영역 'Methought'로 밀어 넣어졌다는 점 때문에 완전히 방치되고 있다. 이와 같은 방치는 마치 시적 화자인 자신이 이러한 사실을 잊은 것처럼 보이며, 또한 그는 자신을 구부려서 끌어안고 그녀의 모습을 보고 있는 것처럼 보인다. 이와 같은 갑작스러운 행동 유인으로의 재설정은 독자로 하여금 방치된 밀어 넣기를 환기시키고, 시는 정신의 지각적 수준의 뒤에서 드러난다. 세 개의 행동 유인자들은 마지막 시행("I wak'd, she fled, and day brought back my night")에서 빠른 연쇄를 이루고 있으며, 시점 또한 빠르게 교체되고 있다. 이와 같은 마지막 역설적인 진술은 환영이라는 유인자들의 빛의 밝기 감각을 드러낸다. 그리고 또한 시행의 구성적 맥락 차원에서 시인의 실명에 대한 이중의 공명을 드러낸다.

밀턴의 더 긴 시들과 다른 소네트들을 보면, 그 시들에 내재한 세계와 문학의 문체적인 매력 요소는 올바름의 진실한 경로를 방해하는 분산 요소들이다(이것을 피쉬(2001)는 '유혹(temptation)'이라고 칭한다.). 물론 이와 같은 분산의 기능은 방해의 작용을 함으로써 매력적인 요소가 될 수 있다. 그리고 분산은 규범화된 시적 형식과 해석 가능한 정신이라는 부호화된 의미이다. 또한 분산은 다수의 밀턴 시에서 나타나는 텍스처이다. 「소네트 24」에서도 역시 분산이 나타나는데, 천국이 현실의 낮 시간을 혼란스럽게 하는 분산 요소인 것처럼 보인다. 이 시는 시적으로 각색된 비통함을 제공하고 있다. 그런데 밀턴은 각색된 비통함을 그의 아내와 재회하는 것으로 연결함으로써 구원에 대한 희망으로 전환시키고 있다. 이와 같은 희망은 혼란스러운 꿈을 꾸고 있는 중간 부분에 내재해 있다. 다시 한 번 간단히 말하자면, 그 희망은 아래의 인용 구절에서 일차적인 유인자로서, 시적 화자가 바라는 대로 이루어지는 지점인 것이다.

그리고 한 번 더 천국에서 자유롭게
온전한 모습 보기를 내가 믿는 이 같은 그녀가.

And such as yet once more I trust to have
Full sight of her in Heav'n without restraint.

인용 구절을 다시 읽다보면, 「소네트 24」는 전체적인 측면에서 고통으로 괴로워하고 있기 보다는 희망적이다. 또한 'my night'라는 시구는 역시 추구하고자 하는 정신적 삶의 순간적인 삶을 포함하고 있다. 육체적 삶은 시인과 시적 화자가 다시 한 번 'full sight'를 경험한다는 점에서 드러난다.

4. 시간, 지각, 이미지들

이 마지막 장에서는 밀턴의 생의 초기인 1631년 12월 9일을 지적하기 위하여 처음으로 돌아가고자 한다. 이 날 밀턴은 아래에 언급한 시를 썼는데, 이 시는 그의 처녀작이다. 당시 밀턴은 23세였다.

젊음의 도둑은 얼마나 빨리 시간을 훔쳐가나
　내 스물세 해를 빼앗아 얼마나 빠르게 날아갔는가!
　내 분주한 나날들은 쏜살같이 날아가건만,
　나의 늦은 봄은 봉오리도 꽃도 없구나.
아마도 진실을 속이고 있는 것이리라,
　내 얼굴이 장년에 바싹 다가선 사실을,
　그리고 어떤 이들은 나이에 비해 더 많이 갖춘,
　내면의 원숙함이 내게는 없구나.
그럼에도 많거나 적거나 또 이르거나 늦는 차이는 있겠지만,
　여전히 아주 분명한 차이가 있도다
　같은 경우라도, 고귀함과 비천함에,
　하늘의 뜻과 시간이 나를 이끄는 대로

이 모든 것은, 만약 내가 원숙함의 은총을 받고 있다면,
하나님이 보시기에는 그 모두가 같을 것이다. (소네트 7)

How soon hath Time the suttle thief of youth
   Stolne on his wing my three and twentith year!
   My hasting dayes flie on with full career,
   But my late spring no bud or blossom shewth.
Perhaps my semblance might deceive the truth,
   That I to manhood am arriv'd so near,
   And inward ripeness doth much less appear,
   That som more timely-happy spirits indu'th.
Yet be it less or more, or soon or slow,
   It shall be still in strictest measure ev'n
   To that same lot, however mean or high,
   Toward which Time leads me, and the will of Heav'n;
   All is, if I have grace to use it so,
   As ever in my great task-Masters eye. (Sonnet VII)

앞에서 언급한 다른 소네트들과 마찬가지로 이 시의 지각적 직시 중심은 시의 말미 바로 전까지 지속되고 있다. 또한 이 시는 가장 빈번하게 발생하는 공간적 직시와 시간적 지시 차원의 이동이 동반된다. 이에 따라 독자는 빈번하게 경계 작업을 수행해야 한다. 만약 이 시에서 개념적 이론들을 인지 유인자들의 활동으로 간주할 수 있다면, 이와 같은 텍스처상의 경계 작업의 패턴들은 시와 독자 모두를 움직이게 함으로써 중요한 메카니즘이 될 수 있다. 이미지들(여기서는 시각적 이미지)이 생성되면서 주의를 분산시키고 있다. 그리고 시는 독자가 이미지를 따라 움직이도록 도와준다(더욱 상세한 논의는 브릿지만 Bridgeman(2001)과 스캐리 Scarry(2001) 참조).

이것은 필자가 연구를 통해 도달하고자 하는 시의 주요한 양상이다.

물론, 이 소네트도 관습적인 전략 중 하나인 시간의 개념은유를 활용하는데, 이 시간 개념은 시간이 공간적으로 어떻게 구상화되는지를 구체화한다. 이 시는 은유의 작업 과정을 따라감으로써 이와 같은 은유를 발전시키고 있는데 그 결과 은유는 이미지를 활성화시킨다. 이와 같은 문체적 유인자는 시의 초반부에서 필자가 주목하고 있는 기본적인 특성이다. 시간은 의인화되거나, 또는 새와 같은 것으로 유정물화된다. 시간이 날아가는 방향은 시적 목소리('stolne', 'file on')의 직시 중심으로부터 멀어져간다. 이것은 낯선 긴장감을 조성한다. 왜냐하면 과거('time[hath] stolne')가 시적 화자를 현재('no bud or blossom shewth')에 남겨둔 채 미래('file on')를 향해서 멀리 날아갔기 때문이다.

그러나 이 시는 「소네트 10」에서 보이는 단편적인 시구의 이접성이 아닌 균등하고 순리적인 시행 배열은 잠잠하게 흐르는 시간의 순리성을 배태한다. 시의 첫 행에는 주어를 생성하고, 다음 행에서는(2행에서는) 완전한 서술어를 제시한다. 세 번째 시행은(3행은) 완벽한 접속절이며, 네 번째 시행도(4행도) 마찬가지이다(세 번째 시행이 온전한 구문으로 이루어진 것처럼 네 번째 시행도 마찬가지이다.). 다음 네 행들도(5행에서 8행은) 유사한 구조를 지닌다. 4행은 하나의 가설('Perhaps my semblance might (…)')을 설정하고 있으며 그 가설은 다음 행에서 바로 완결된다. 그 다음 행은 완전한 구절을 제시하며, 그런 다음 8행의 종속절을 드러낸다. 이와 같이 온전한 구문을 한 행에 배치하는 문체론적 평탄성은 너무 평이해서 방치된 배경의 일부분으로 간주되는 것처럼 보인다. 이 시의 전반부에서 방치된 전경화된 유인자는 독창적인 성과를 창출해 낸 평탄성을 방해하는 은유이다.

그러나 이 시는 시간적, 공간적 이동이 동시에 문체상의 유인자들에 따라 동시적으로 이동한다. 이와 같은 이동은 9행에 나오는 반대 표현 'Yet'에 의해 시작된다. 시간 영역 차원에서 보면, 이후의 진행은 균형('less or more, or soon or slow')을 맞추는 영원함('be it')으로 나타난다. 그런 다음 미래의 양상('It shall be still')으로 이동한다. 여기에서 시어 'still'은 두운, 모음운, 강세에 의해 초점화된다. 그리고 이 시어 역시 시간적 공간적 국면을 함께 모아두고 여기에서 시의 움직임을 제한한다. 공간 영역 차원에서 보면, 지금까지 진행되어 온 여정은 일정한 양('in strictest measure ev'n')으로 나타난다. 인지은유의 지향성은 시간이 더 이상 그의 인생의 일부분을 도둑질해 가지 않고 그를 일정한 지점으로 인도하는 것으로 변화한다(시간과 공간 여정은 전경과 배경은 명백한 지향성을 지닌 이와 같은 변환을 창출해내기 위해서 전환된다.).

이러한 모든 것은 9행인 'Yet (…)'으로부터 12행인 '(…) Heav'n'까지 문체상의 유인자에 의해서 방치된 평이한 시행들의 이동 때문이다. 이 소네트에서 처음으로 나오는 종속절 네 행은 통사적 의미를 완결 짓기 위해 독자의 시선을 다음 행, 그 다음 행, 그리고 다음 행으로 향하도록 이끈다. 화자를 이끌고 있는 시간의 이미지는 당연히 독자의 실제 감각과 공명한다.

이 소네트는 급속히 빠르게 흘러가는 시간의 속도에 대한 탄식의 반응으로부터 시적 화자의 전 생애에서 연유한 객관적인 시간의 관점으로까지 이동한다. 이것은 마지막 두 행으로 한 단계 더 나아가기만 하면 된다. 소네트의 말미에서 지각적 직시 중심은 지속적이긴 하지만 변화한다. 실재로 세계는 'All is'가 신의 관점으로 이동하는 것과 마찬가지로 지각적, 시간적, 공간적 차원으로 재설정된다. 공간적 관점은 모든 대상을 아우르는 신의 시점으로 이동한다. 시간적 관점은 성스러운 영원의 시간이 된다.

즉, 'All is'는 총칭적이며 영원한 것에 대한 언급이다. 그리고 다음에 나오는 가정문은 시적 화자의 현실적인 삶을 수용한다. 그리고 총체적인 관점은 'ever'라는 단어로 지속된다.

젊은 밀턴이 이후 그의 소네트들과 주요 시들에서 취했던 패턴들을 이미 이 시에서 설계해 놓았다는 점이 내게는 선견지명이 있는 것처럼 느껴져 놀라웠다. 또한 밀턴의 후기 작품을 읽는 과정에서도 그의 작품의 구조적 기교가 일관성을 유지하고 있는 것도 신기하다. 그리고 밀턴이 23세에 쓴 이 시의 구성적 차원에 드러나는 분산 요소는 'shewth', 'semblance', 'appear', 그리고 God의 'eye'로 끝내는 것에서 보듯이 이 시는 시각적인 것에 초점을 맞추고 있다.

5. 텍스처, 읽기, 감각

본고의 목적은 밀턴의 소네트를 중심으로 시 텍스트의 텍스처를 구명하는 것이다. 왜냐하면 밀턴의 소네트 시들은 특별하게도 잘 가공된 이형 텍스처의 예들을 압축하여 보여주고 있기 때문이다. 또한 밀턴의 장편 시들은 독자 측면의 읽기에서 비판적 관심을 받아오고 있다. 그리하여 필자는 인지시학을 통해 밀턴풍의 글쓰기에 드러나는 이형의 특성을 규명해 내고자 했다. 필자는 텍스트의 자질이 특별한 효과를 드러내고 있다고 말하는 것을 피하기 위해 매우 조심스럽게 범주화와 구조를 이용했다. 필자는 텍스트의 자질이 특별한 효과를 드러낸다고 말했던 곳에서 그것이 그것을 의미하지 않는다고 강조해야만 했다.

필자는 텍스처가 의미하는 것에 도달하기 위해 주의와 같은 심리학적 자질(주의)뿐만 아니라 몇 가지 형식적 자질들(통사와 서지)을 조사해야만 했다. 그러나 텍스처와 읽기 감각은 각자의 개별적인 차원을 통해서는 정확하게 설명될 수 없었다. 다시 말해 그보다는 읽기 과정에서 각자의 차원들을 결합시키는 것이 설명하기 쉽다. 따라서 유인자 개념, 분산 개념, 방치 개념에 대한 사용은 텍스트를 읽어가는 동안 우리가 어떻게 인지시학의 방식대로 느끼는가(우리의 방식대로 느끼는 방법)에 대한 지각을 선명하게 드러내 준다.

 인지시학은 비록 문체 패턴을 통해서 사고하는 것이 직관적으로 느꼈던 것으로 주의가 남아있는 것에 주목을 하게 할지라도, 인지시학은 단순히 사회적이고 비평적 모델만을 제공하는 것은 아니다. 인지시학은 이와 같은 패턴들과 똑같은 차원들을 따라 그것들을 다른 텍스트들과 관련시키는 것에 대해서 말하는 방법들을 제공한다. 그뿐만 아니라 인지시학은 오랫동안 문체론의 신성한 성배 역할을 했고, 그것을 설명할 수 있는 분석적인 절차를 제공한다. 예컨대 개인적인 읽기와 사회적 읽기에 대한 철저한 설명, 그리고 상호주관적인 현상으로서의 텍스트에 대한 순수한 인지, 정교한 수공품이면서 이해 가능한 인지로서 문학 작품을 진정으로 알아본다. 본고에서 추정한 밀턴의 텍스처 내에서의 패턴들은 이와 같은 소네트에서는 특별하다. 그러나 구조의 원리들은 일반적으로 부차적인 것이다. 본고에서 필자는 어떻게 인지의 이동들과 분산이 움직이는 이미지들의 텍스처를 위한 메커니즘이 되는지를 보여주려고 노력했다. 그런데 이러한 의도는 바로 읽기에 대한 감각인 것이다.

■ 참고 문헌

Baddeley, A. D. and Weiskrantz, L. (eds.). 1993. *Attention: Awareness, selection, and control*. Oxford: Oxford University Press.

Barrell, J. 1988. *Poetry, language and politics*. Manchester: Manchester University Press.

Bridgeman, T. 2001. "Making worlds move: Re-ranking contextual parameters in Flaubert's *Madame Bovary* and Céline's *Voyage au Bout de la Nuit*." *Language and Literature* 10(1): 41-60.

Buhler, K. 1982. "The deictic field of language and deictic worlds." In R. J. Jarvella and W. Klein (eds.), *Speech, Place and Action: Studies in deixis and related topics*, 9-30. Chichester: John Wiley. (Trans. *Sprachtheorie*, 1934).

Cluysenaar, A. 1976. *Introduction to Literary Stylistics*. London: Batsford.

Corns, T. N. 1990. *Milton's Language*. Oxford: Basil Blackwell.

_____. 1994. *Regaining Paradise Lost*. London: Longman.

Duchan, J. F., Bruder, G. A. and Hewitt, L. E. (eds.). 1995. *Deixis in Narrative: A cognitive science perspective*. Hillsdale, NJ: Lawrence Erlbaum.

Fallon, R. T. 1995. *Divided Empire: Milton's political imagery*. University Park, PA: Pennsylvania State University Press.

Fish, S. 1967. *Divided by Sin: The reader in "Paradise Lost"*, London: Macmillan.

_____. 1980. *Is There a Text in this Class?* Cambridge, MA: Harvard University Press.

_____. 2001. *How Milton Works*. Cambridge, MA: Harvard University Press.

Fowler, R. 1981. *Literature as Social Discourse: The practice of linguistic criticism*. London: Batsford.

Galbraith, M. 1995. "Deictic shift theory and the poetics of involvement in narrative." In J. F. Duchan, G. A. Bruder and L. E. Hewitt (eds.), *Deixis in Narrative: A cognitive science perspective*, 19-59. Hillsdale, NJ: Lawrence Erlbaum.

Green, K. (ed.). 1995. *New Essays in Deixis: Discourse, narrative, literature*. Amsterdam: Rodopi.

Ingarden, R. 1973. *The Literary Work of Art: An investigation on the borderlines of ontology, logic, and theory of literature*. Evanston, Ill: Northwestern University Press. (Trans. George Grabowics, from the third edition of *Das literarische Kunstwerk*, 1965; after a Polish revised translation, 1960; from the original German, 1931.)

Jarvella, R. J. and Klein, W. (eds.). 1982. *Speech, Place and Action: Studies in deixis and related topics*. Chichester: John Wiley.

Knoppers, L. L. 1994. *Historicizing Milton: Spectacle, power and poetry in restoration England*. Athens, GA: University of Georgia Press.

Kolbrener, W. 1997. *Milton's Warring Angels: A study of critical engagements*. Cambridge: Cambridge University Press.

Levinson, S. C. 1983. *Pragmatics*. Cambridge: Cambridge University Press.

Lyons, J. 1977. *Semantics*, Vol. 2. Cambridge: Cambridge University Press.

MacLean, G. (ed.). 1995. *Culture and Society in the Stuart Restoration: Literature, drama, history*. Cambridge: Cambridge University Press.

Masson, D. 1946. *The Life of John Milton*, Vol. 7. London: Macmillan.

Norbrook, D. 2000. *Writing the English Republic: Poetry, rhetoric and politics*, 1627–1660. Cambridge: Cambridge University Press.

Parker, W. R. 1996. *Milton: A biography*, Vol. 2. Oxford: Clarendon Press. (2nd ed).

Posner, M. I. (ed.). 1989. *Foundations of Cognitive Science*. Cambridge, MA: The MIT Press.

Quint, D. 1993. *Epic and Empire: Politics and generic form from Virgil to Milton*. Princeton, NJ: Princeton University Press.

Rauh, G. (ed.). 1983. *Essays on Deixis*. Tübingen: Gunter Narr Verlag.

Riffaterre, M. 1971. *Essais de Stylistique Structurale*. (Trans. D. Delas). Paris: Flammarion.

Rumrich, J. P. 1996. *Milton Unbound: Controversy and reinterpetation*. Cambridge: Cambridge University Press.

Scarry, E. 2001. *Dreaming by the Book. Princeton*, NJ: Princeton University Press.

Segal, E. M. 1995a. "Narrative comprehension and the role of deictic shift theory." In J. F. Duchan, G. A. Bruder and L. E. Hewitt (eds.), *Deixis in Narrative: A cognitive science perspective*, 3–17. Hillsdale, NJ: Lawrence Erlbaum.

_____. 1995b. "A cognitive-phenomenological theory of fictional narrative." In J. F. Duchan, G. A. Bruder and L. E. Hewitt (eds.), *Deixis in Narrative: A cognitive science perspective*, 61–78. Hillsdale, NJ: Lawrence Erlbaum.

Short, M. H. (ed.). 1989. *Reading, Analysing and Teaching Literature*. London: Longman.

Smyth, M. M., Collins, A. F., Morris, P. E. and Levy, P. 1994. *Cognition in Action*. Hillsdale, NJ: Lawrence Erlbaum. (2nd ed).

Stockwell, P. 2000. *The Poetics of Science Fiction*. London: Longman.
_____. 2002. *Cognitive Poetics: An introduction*. London: Routledge.
Styles, E. 1997. *The Psychology of Attention*. Hove: Psychology Press.
Talmy, L. 1995. "Narrative structure in a cognitive framework." In J. F. Duchan, G. A. Bruder and L. E. Hewitt (eds.), *Deixis in Narrative: A cognitive science perspective*, 421-460. Hillsdale, NJ: Lawrence Erlbaum.
Van Peer, W. 1986. *The Taming of the Text: Explorations in language, literature and culture*. London: Routledge.
_____. 1992 "Literary theory and reader response." In E. F. Nardocchio (ed.), *Reader Response to Literature: The empirical dimension*, 137-152. Berlin: de Gruyter.
Von Maltzahn, N. 1991. *Milton's 'History of Britain'; Republican historiography in the English revolution*. Oxford: Clarendon Press.
Wiebe, J. M. 1995. "References in narrative text." In J. F. Duchan, G. A. Bruder and L E. Hewitt (eds.), *Deixis in Narrative: A cognitive science perspective*, 263-286. Hillsdale, NJ: Lawrence Erlbaum.
Zubin, D. A. and Hewitt, L. E. 1995. "The deictic center: a theory of deixis in narrative." In J. F. Duchan, G. A. Bruder and L. E. Hewitt (eds.), *Deixis in Narrative: A cognitive science perspective*, 129-155. Hillsdale, NJ: Lawrence Erlbaum.

05 허구 서사에서의 정신 유형에 대한 인지문체론적 접근

엘레나 세미노 (랭커스터 대학교)

1. 서론

본고는 인지문체론적 접근이 텍스트 내 세계 인식에 대한 언어구조를 설명하며, 특히 허구 서사의 '정신 유형'의 개념으로 포착된 양상들을 설명하는 데 매우 적합한 방법임을 증명할 것이다. 본고는 '정신 유형'에 대한 간단한 소개를 시작으로, 로저 파울러Roger Fowler(1986, 1996)의 견해와는 달리 '정신 유형' 개념이 '이데올로기적 관점'의 개념과 동의어이기보다는 '정신 유형'과 '이데올로기적 관점'이 서로 상호보완적일 수 있다는 것을 제안할 것이다. 본고는 정신 유형이 언어가 개인의 세계 인식을 규정하는 특별한 개념 구조와 인지 습관을 반영하는 방식과 관련이 있다고 주장할 것이다. 그리고 언어학적 분석과 인지 이론을 결부시키는 방법이 이 현상에 가장 훌륭하게 접근하는 것이라고 제안할 것이다. 본고는 루이스 드 베르니에Louis de Bernieres의 『코렐리 대위의 만돌린Captain Corelli's Mandolin』에 나오는 주변 인물과 존 파울즈John Fowles의 『수집가The Collector』에 나오는 남자 주인공의 정신 유형을 논하기 위하여 도식 이론, 인지은유 이론, 혼성 이론을 활용할 것이다.

2. 정신 유형과 인지문체론의 적절성

'정신 유형'이라는 용어는 로저 파울러(1977, 1986, 1996)가 텍스트 내의 언어 양상이 텍스트 상의 '세계'를 이해하고 지각하는 독특한 방식인 특정한 세계 인식을 투사하는 방식을 언급하기 위해 도입했다.

일관된 구조적 조건들, 주어진 세계를 하나의 양상, 또는 다른 양상으로 재단하기, 어떤 세계 인식에 대한 인상을 야기하는 것. 이것의 총합이 소위 '정신 유형'이다. (파울러, 1977, 73쪽)

파울러는 특히 골딩 Golding의 『상속자들 The Inheritors』이라는 소설 도입부의 언어 형식과 소설의 주인공인 록 Lok의 태도와 인지 한계를 체계적으로 관련시켜 분석한 할러데이 Halliday를 언급한다(파울러, 1977, 104쪽 참조, 1986, 150쪽 참조). 주지하는 바와 같이 할러데이는 록의 관점을 투사하기 위해 사용된 한정된 어휘와 개인 특유의 타동성 양상들이 인과관계에 대한 이해 부족, 무정물이 유정성을 지니고 있다고 생각하는 성향, 일상 개념들에 대한 한정된 이해력을 반영하고 있다고 주장했다.[1] 파울러는 자신의 연구에서, 다양한 정신 유형의 투사를 설명하기 위해서 어휘적 양상들, 통사적 양상들, 타동성 양상들을 주목하였다. 그리고 그는 이러한 양상들을 고딕소설에 나오는 등장인물들, 포크너 Faulkner의 『소리와 분노 The Sound and the Fury』의 등장인물인 벤지 Benji와 같은 정신박약 인물, 혹은 정신지체의 인물들과 관련시켰다. 파울러는 정신 유형이 작가, 서술자, 등

---

[1] 할러데이의 분석은 활발한 논쟁을 야기했다(『상속자들』의 언어에 대한 심도 있는 분석은 피쉬 Fish, 1981, 심슨 Simpson, 1991, 툴란 Toolan, 1990, 블랙 Black, 1993, 후버 Hoover, 1999 참조).

장인물로부터 기인할 수 있다는 것을 지적했다. 그러나 그의 분석은 오로지 등장인물의 정신 유형과 일인칭 동종 서술자만을 다루었다.

파울러(1986, 1996)는 『언어학 비평 Linguistic Criticism』에서 '정신 유형'의 개념을 '세계 인식'과 '이데올로기 차원의 관점'과 동일한 것으로 분명하게 제시하였다.

> 문학 소설에 나타나는 이러한 현상을 분석하면서, 나는 이 현상을 **정신 유형**이라고 부른다. 즉, 정신 유형은 작가, 서술자, 등장인물의 세계 인식이 텍스트의 관념 구조로 구성되는 것이다. 지금부터는 거추장스러운 '이데올로기 차원의 관점'의 용어 대신 '정신 유형'의 용어를 사용할 것이다. (…) : 이 용어들의 개념은 동일하다. (파울러, 1986, 150쪽, 1996, 214쪽)

그러나 매우 광범위하고 일반적인 현상들에 대한 변별적인 세 용어의 잠재적 적용은 불만족스럽다. 게다가 파울러가 내린 정의들은 그 당시 사용한 용어에 따라 결정되는 그의 여러 양상들을 전달하는 것 같다.

> 한 개인의 정신적인 자아에 대한 어떤 특징적인 언어 표현을 언급하기 위해 '정신 유형'이라는 용어를 만들어 낼 수도 있다. (파울러, 1977, 103쪽)

> 지금부터 서사 텍스트 속에 나타나는 이데올로기 차원의 관점을 말할 때, 그것은 텍스트의 언어로 전달되는 일련의 가치나 신념체계를 의미한다. (파울러, 1986, 130쪽, 1996, 165쪽)

본고는 기존의 전문 용어를 더 명확하고 유용하게 사용하기 위해서 세미노와 스윈들허스트Swindlehurst(1996)를 참조한다. 본고는 텍스트의 언어로 전달된 '실재'나 '텍스트 내 현실 세계'(라이언Ryan, 1991)에 대한 전반적인 견해를 언급할 때 가장 일반적인 용어로 '세계 인식'을 사용할 것이다. 또한 텍스트에 의해 투사된 세계 인식의 변별적인 **양상**을 표현하기 위해 '이데올로기적 관점'과 '정신 유형'이라는 용어를 사용할 것이다.

'이데올로기적 관점'의 개념은 본질적으로 사회적, 문화적, 종교적, 정치적인 세계 인식의 양상을 드러내거나, 어느 한 개인이 유사한 사회적, 문화적, 종교적, 정치적 집단에 속한 다른 사람들과 공유하는 세계 인식의 양상을 드러내는 데 가장 적합하다. 예를 들어 이데올로기적 관점은 도덕적 판단, 다른 사회집단이나 인종집단에 대한 태도, 우주 안에서의 인간의 지위, 혹은 정의의 본질과 관련된 신념 등을 포함한다. 이것은 앞에서 언급한 '이데올로기 차원의 관점'에 대한 파울러의 정의에서의 "텍스트의 언어로 전달되는 일련의 가치나 신념체계"와 일치한다.

다른 한편, '정신 유형'의 개념은 주로 개인적이며 본질적으로 인지적인 세계 인식의 여러 양상을 드러내는 데 가장 적합하다. 그리고 정신 유형은 특별한 개인의 특이한 것이거나, 동일한 인지 특성(어린이들의 경우에서처럼 비슷한 정신 질환의 결과, 혹은 동일한 인지 발달 단계의 결과)을 가진 사람들에게 공통적인 것이다. 이와 같은 양상은 개인의 독특한 인지 습관, 인지 능력과 인지 한계, 그리고 이것들로부터 야기되는 어떤 신념과 가치를 포함한다. 이것은 앞에서 언급한 '정신 유형'에 대한 파울러의 "개인의 정신적 자아에 대한 독특한 언어 표현"이라는 정의와 일치한다.

물론 이와 같은 세계 인식의 여러 양상들은 서로 긴밀하게 관련되어 있으며, 장기 기억과 인지 과정을 수반한다는 점에서 모두 '인지적'이다. 그러나 본고의 관점에서 볼 때 문화 의존적이고 공유되는 세계 인식의 여러 양상과 개인의 경험과 인지에 의존하는 개인적인 양상을 구분할 수 있으며, 구분하는 것이 유용하다('관점'과 '정신 유형'의 차이에 관한 유사한 논쟁과 더 전반적인 논의를 보려면 세미노와 스윈들허스트(1996)를 참조). 예컨대 파울즈의 『수집가』를 논의할 때, 본고는 성에 대한 도덕주의적 윤리 의식과 여자를 나비로 보는 성향이 있는 프레드릭 클렉Frederick Clegg의 세계 인식을 언급할 것이다. 이 두 가지는 서로 연관되어 있지만, 성에 대한 도덕주의적 윤리 의식은 클렉의 이데올로기적 관점의 일부이고, 반면 여자를 나비로 보는 성향은 그의 정신 유형의 일부라고 논의할 것이다.

'정신 유형'과 '이데올로기적 관점'의 차이를 주장하는 것은 이후의 연구(심슨, 1993, 블랙, 1993, 복팅Bockting, 1994)에서 두 용어를 따로 사용하는 경향이 있다는 사실에 근거를 두었다. 좀 더 구체적으로 말하자면 파울러의 글에 기반을 둔 정신 유형에 관한 모든 연구는 뚜렷한 인지적 입장으로 정의했으며, 실재에 대한 개인의 개념화에 초점을 맞추었다. 리치Leech와 쇼트Short(1981, 187쪽)는 정신 유형을 허구 세계가 "이해되거나 개념화된다."라는 방식으로 정의했으며, 그것을 소위 '개념적 변이'(리치·쇼트, 1981, 191쪽)와 관련시켰다. 리치와 쇼트는 허구 세계의 '자연스럽고 비인위적인' 정신 유형으로부터 발생하는 비정통적인 개념을 분명하게 드러내는 연속변이를 제안한다. 그리고 리치와 쇼트는 포크너의 『소리와 분노』에 나오는 벤지의 언어가 그의 정신 질환과 인지 한계를 반영하고 있는 방식을 상세하게 분석한다. 이와 유사하게 블랙(1993)은 『상속자들』의 등장인물인 록과 관련된 실재에 대한 특이한 개념화에 대해 정신 유형 개념을 적용한다. 반면 복팅은 정신 유형을 다음과 같이 정의한다.

> 세계의 개념화에 대한 언어 표현은 세계에 대한 개인 각자의 개념화를 포함하는 것으로 개인에 의해 성취된다. (171-172쪽)

> 정신 유형은 특정한 정신으로 실재를 개념화하는 언어 구성, 그리고 언어 표현과 관련되어 있다. (복팅, 1994, 159쪽)

복팅은 『소리와 분노』에 등장하는 콤슨Compson가 형제들의 일인칭 시점 서술의 언어적 특성들이 어떻게 여러 유형의 정신 질환을 반영하는지 상세하게 제시한다.

인지문체론적 접근이 일반적으로 텍스트 내 세계 인식의 연구(예, 세미노, 1995, 1997)에 적절하지만, 이 글에서 기술한대로 특히 인지문체론적 접근은 정신 유형의 분석을 위해 적용된다. 즉, 만약 정신 유형이 텍스트 상의 세계에 대한 특정한 개념화인 언어 구성과 관련되어 있다면, 정신 유형을 분석하는 데 언어 형식 분석과 인지 이론을 결합하는 것이 가장 적절하다. 초기 정신 유형에 관한 연구들은 언어학에만 국한되는 경향이 있었다. 좀 더 정확히 말하자면, 언어학 이론들과 언어학 분석들이 개념 구조와 인지에 대한 추론의 근거로 사용되었다. 또한 이와 같은 연구들은 주로 어휘 현상이나 문법 현상에 초점을 맞추는 경향을 보이고 있다(할러데이, 1971, 파울러, 1977, 1986, 1996, 리치와 쇼트, 1981). 이와 대조적으로 최근의 연구들은 등장인물, 또는 서술자의 정신을 파악하기 위해서 언어 양상을 인지 이론과 관련 짓는다. 블랙(1993), 세미노와 스윈들허스트(1996)는 각각 『상속자들』의 등장인물인 록과 케시Kesey가 쓴 『뻐꾸기 둥지 위로 날아간 새One Flew Over the Cuckoo's Nest』의 등장인물인 브롬덴Bromden의 정신 유형을 분석하기 위해 인지은유 이론을 적용한다. 세미노와 스윈들허스트(1996)는 정신 유형을 생성하는 은유 양식의 잠재적인 중요성이 이전 연구에서는 지나치게 무시되었다고 강조한다. 그리고 인지은유 이론이 사고와 개념 구조인 언어 은유와 관련하여 유용한 접근법을 제공한다고 강조한다. 『소리와 분노』에 등장하는 콤슨가 형제들에 대한 복팅의 분석(1994)은 다음과 같다.

내가 소위 **심리문체론**이라고 부르는 것은 서사심리학과 정신 의학을 발전된 현대 문체론과 통합한 학제간 접근법이다. (158쪽)

좀 더 자세히 말하자면, 복팅은 정신 유형을 정의하기 위해서 심리 분석과 정신 의학을 참조한다. 그리고 콤슨가의 형제인 벤지, 쿠엔틴Quentin, 제이슨Jason의 언어와 그들이 타자에 대한 관점을 표현하는 변별적 방식의 의미를 해석하기 위해서도 심리 분석과 정신 의학을 참조한다.

따라서 이 글은 정신 유형을 분석하는 전통적인 인지문체론에서 새롭게 부각되는 것들을 다룬다. 비록 정신 유형의 개념이 작가, 서술자, 등장인물에 적용될지라도, 본고는 일인칭 서술과 삼인칭 서술에서 캐릭터 묘사와 정신 유형을 특수하게 관련시킨 복팅의 견해를 따를 것이다(컬페퍼 Culpeper, 2001, 288-289쪽 참조). 또한 본고는 몇 가지 정신 질환을 가진 『수집가』의 등장인물인 클렉의 사례를 포함하여 인지에 관한 문제를 수반하는 정신 유형에 주목할 것이다. 반면 리치와 쇼트(1981)가 제시한 것처럼 정신 유형은 '정상 상태'부터 '이상 행동'까지 다양한 범위를 보여줄 수 있으며, 정신 유형의 개념은 어떤 두드러진 인지 습관이나 인지 결함을 나타내는 언어 양식의 전경화가 드러나는 서사에 아주 유용하다.

3. 루이스 드 베르니에의 『코렐리 대위의 만돌린』의 등장인물 알레코스의 정신 유형

루이스 드 베르니에의 소설 『코렐리 대위의 만돌린』은 1994년 처음 발표되었고, 2001년에 영화로 만들어졌다. 이 소설의 배경은 그리스의 작은 섬 케팔로니아Cephallonia이며, 소설의 줄거리는 세계2차대전, 특히 그리스에 대한 이탈리아 침략의 결과, 침략자와 침략당하는 자가 포함된 소수의 등장인물의 삶에 초점이 맞춰 있다. 서술 양식과 서술 시점은 각 장마다 변한다. 몇몇 장에서는 주요 등장인물들에 의해 일인칭으로 서술되는 반면, 대부분 장에서는 다양한 등장인물들이 초점자의 역할을 교대로 하며 3인칭으로 서술된다. 때때로 다른 사람들과 거의 접촉 없이 아이노스산Mount Aenos에서 염소들을 돌보며 살아가는 인물인 양치기 알레코스Alekos와 같은 주변 인물이 일시적으로 이 초점자의 역할을 맡는다.

독자들은 소설의 중반부가 지난 46장에서 알레코스를 처음 만난다. 독자들은 바로 46장의 첫 부분부터 종종 간접자유 사고(리치와 쇼트, 1981)에 의해 전달되는 알레코스의 내면 시점을 전달받는다. 이 내면 시점은 즉각적으로 알레코스가 어린아이 같은 단순한 마음을 가졌다는 것을 분명하게 알려준다. 알레코스는 매일 밤 멀리서 비추는 탐조등과 섬광을 보고 전쟁 중임을 알았으며, 탐조등과 섬광이 지역의 성聖 축제일까지 계속되기를 바랐다(축제일은 알레코스가 산을 내려오는 드문 경우 중의 하나이다.). 왜냐하면 한밤중 밖에 앉아 '불꽃놀이'로 묘사된 것을 지켜보는 것이 "사랑스럽고 즐거운" 것이라고 여겼기 때문이다(332쪽).[2] 또한 최근 마을의 의사가 방문한 이후에 알레코스는 전쟁이 아이들을 너무 빨리 어른으로 변하게 하며, "아기들이 엄마의 뱃속에서 나오면서 이미 관에 못질을 하는 것을 대자연의 어머니가 지켜보고 있는"(333쪽) 것과 같은 끔찍한 생활환경을 야기했다고 믿는 것 같다. 독자들은 알레코스의 시점에 의한 기록인 이러한 묘사를 의사가 좋아하는 풍부한 상상력과 과장된 언어의 표현임을 쉽게 이해할 것이다. 그러나 알레코스는 의사의 강렬한 문자 상상을 있는 그대로 받아들이는 것처럼 보인다. 알레코스가 그의 머리 위를

---

2 소설 『코렐리의 만돌린』의 모든 인용문은 1999년 판이다(루이스 드 베르니에, 1999).

날아다니는 전투기들에 대해 더 이상 신경 쓰지 않는다는 것을 읽은 후, 독자들은 특히 놀랄 만한 사건을 상세히 듣게 된다.

> 하지만 이번에는 본능적으로 고개가 위로 향했다. 특별히 멋진 광경이 연출되고 있었으니(1). 흰 버섯 같은 것이 작은 사람을 매달고 아래로 내려오고 있는 게 아닌가? 지평선 위로 태양이 떠오르기도 전인데도 그 버섯의 갓은 반짝이고 있었다(2). 참 신기한 일이었다. 알레코스는 자리에서 일어나 넋이 빠진 듯 그 장면을 바라보았다(3). 분명 천사일 것이다(4). 저 사람은 분명 흰색 옷을 입었다(5). 그는 성호를 그으며 기도문을 기억해내려고 애썼다(6). 물론 버섯 아래를 떠다니는 천사에 대해 들어본 적은 없었지만 알 수 없는 일이다(7). 천사가 아마도 짐 꾸러미인 커다란 바위 하나를 줄로 발에 매달은 것처럼 보인다(8).[3] (333쪽)

이 부분에서 낯선 사람은 어설프게 땅에 착지하여 알레코스에게 인사를 하고는 의식을 잃는다. 알레코스는 "엉킨 망과 끈들"로부터 그를 풀어 놓았고, '버섯'을 다가오는 성 축제일 때 입을 어울리는 옷으로 바꿀 수도 있다고 생각한다. 그리고 알레코스는 낯선 사람을 돌보기 시작한다.

> 그는 하늘에서 온 방문객을 자신의 오두막으로 옮긴 다음, 함께 떨어진 커다란 짐꾸러미를 열러 갔다. 거기에는 다이얼이 달린 무거운 금속 상자 하나와 작은 엔진 하나가 있었다(9). 결코 우둔하지 않은 알레코스는 천사가 차 같은 것을 만들기 위해 엔진을 가져온 것이라고 결론지었다(10). (334쪽)

독자들은 알레코스가 낯선 사람에게 꿀, 요거트와 함께 맛있는 것들을

---

[3] 인용문의 번호는 언급의 편의를 위한 것이다

가져다 먹이고, 낯선 사람이 내뱉는 말을 거의 알아들을 수 없었기 때문에 두 사람이 의사소통에 상당히 어려움을 느끼고 있다는 것을 듣게 된다.

가장 흥미로운 점은 천사가 신이나 성인에게 말하고자 할 때면 그 금속 상자를 만지며 여러 재밌는 우는 소리, 쉿 소리, 딱딱 소리 같은 것을 낸다는 것이었다(11). 그러고 나면 신은 천사의 말에 응답했다. 너무나 먼데다가 과장되게 들리는 그 소리를 들으며, 알레코스는 신이 누군가에게 말하는 것을 듣는다는 것이 얼마나 어려운 일인지 처음으로 깨달았다(12). 알레코스는 자주 반복되는 '찰리(Charlie)'나 '브라보(Bravo)', '윌코(Wilco)', '로저(Roger)' 같은 단어들이 귀에 들어오기 시작했다(13). 천사의 또 다른 이상한 점은 권총과 전투 소총, 그리고 알레코스가 만져서는 안 되었던 금속 레버가 달린 아주 무거운 카키색의 철 솔방울들을 많이 가지고 있었다는 것이다(14). 알레코스가 이전에 보았던 그림 속 천사들은 모두 칼과 창을 들고 있지 않았던가? 게다가 신이 현대식으로 행동하는 것도 좀 이상해 보였다(15). (334-335쪽)

나흘 후, 알레코스는 낯선 사람이 떠나고 싶어 한다는 것을 이해하고, 의사가 '천사의 말'(335쪽)을 이해할 수 있는 유일한 사람이라고 생각했기 때문에 자청해서 그를 의사에게 데려다 준다.

『코렐리 대위의 만돌린』의 46장에서 발췌한 다른 인용문들과 마찬가지로, 이 인용문은 우리에게 알레코스의 내면 시점을 들여다 볼 수 있게 한다. 인용문에는 주체로서의 알레코스의 지각과 인지를 나타내는 문장 7의 '들었다(heard)', 문장 9의 '결론지었다(concluded)'와 같은 동사가 풍부하다. 추측 표현의 사용(문장 5의 '일 것이다(It seemed)')은 상황에 대한 알레코스의 판단을 반영한다. 그리고 가치 판단 형용사(문장 1의 '멋진(pretty)'과 문장 2의 '신기한(marvellous)')는 알레코스가 그 사건을 불안과 공포보다는 놀라움으로 지각한다는 것을 드러낸다(문장 3을 보라)(파울러, 1986, 127쪽 참조, 심슨, 1993, 30쪽 참조. 쇼트, 1996, 263쪽 참조). 또한 어떤 범위의 텍스트는 알레코스 사고에 대한 간접자유 묘사로 이해 될 수 있다(예컨대 문장 4). 그러나 사건이 서술되는 방식과 특히 어휘의 사용은 알레코스의 지식의 부족과 다소 단순한 사고방식 때문에 전적으로 신뢰할 수 있는 반영자가 아닌 누군가의 시점을 더 두드러지게 보여준다.

서술은 독자들이 텍스트의 실세계(라이언, 1991)에서 수류탄을 포함해 몇 가지 무기들과 무전기를 지닌 한 군인이 낙하산을 타고 아이노스산에 착륙했다는 것을 이해하기 위한 충분한 단서를 포함하고 있다. 낙하산이 '버섯'으로, 군인이 '천사'로, 무전기가 '금속 상자', 또는 '엔진'으로, 수류 탄이 '철 솔방울'로 이해된다는 사실은 초점자인 알레코스의 정신에 적절 한 개념이 결핍되어있다는 것을 드러낸다.4 이것은 잘 알려진 현상인 '미 어휘화未語彙化'로 정신 유형 연구에서 자주 언급된다.

미어휘화는 어휘, 또는 일련의 어휘가 결핍되어 있는 것을 말한다. 우리 가 생각하는 어휘에 대한 심리언어학은 개인의 어휘 곳간에서의 이러한 결핍이 관심 갖고 있는 개념에 접근할 수 없거나 접근하기 어렵게 만든 다고 생각한다. (파울러, 1986, 152쪽)

본고는 파울러의 진술에 동의하는 한편, 위의 인용문에서 알레코스의 정신 유형이 어떻게 나타나고 있는지를 인지문체론적 접근으로 설명할 수 있다고 주장한다.

---

4 소설이 3인칭 서술 형태이기 때문에 우리는 알레코스 본인의 음성을 들을 수 없다 는 것을 명심하는 것이 중요하다. 그러나 알레코스는 초점자이기 때문에 그의 인지 력은 서술자의 언어로 나타나고 간접자유 사고를 나타내는 (구어 형태인) 표현은 그의 사고에 대한 부분적인 접근을 가능하게 한다(그러나 알레코스는 그리스인이 지만 소설은 영어로 쓰여졌다는 것에 대해 어떤 불신을 잠시 멈추어야 한다.).

무엇보다도 상황에 대한 알레코스의 특이한 이해는 당시 전쟁에 관한 적절한 배경지식이 부족한 탓일 수 있다. 도식 이론의 개념으로 볼 때, 알레코스는 낙하산, 무전기, 현대 무기에 대한 '도식'이 부족하다. '도식'은 사람, 사물, 사건 등을 포함하는 실재의 특정한 상황과 관련된 배경지식의 구조적 일부이다(바틀렛Bartlett, 1932, 섕크Schank · 앨버슨Abelson, 1977, 섕크, 1982, 아이젠크Eysenck · 킨Keane, 2000). 특별한 자극(언어적이든, 비언어적이든)에 대한 과정에서 가장 적절한 도식이나 도식들의 결핍은 이해의 실패와 실수를 야기할 수 있다. 그러나 희한한 경험과 직면하는 것은 새로운 도식을 구성하는 과정을 유발할 수 있다. 이것은 '도식 갱신'의 극단적인 형태이다. 즉, 새로운 경험에 비추어 누군가의 도식 지식에 대한 변화가 발생하는 것이다(쿡Cook, 1994, 세미노, 1995, 1997). 알레코스의 경우, 새로운 도식이 형성되기 시작했다(심지어 필요성조차 지각하지 못했다.)는 징후는 없다. 즉, 그는 단순히 몇 개의 기존 도식을 상황에 적용시킨다. 이것은 알레코스가 지각하는 부분에서 구체적인 상황을 꽤 성공적으로 다루는 것으로 귀착할 뿐만 아니라 다소 우스꽝스러운 일련의 오해를 초래한다.

인용문의 언어에 대해 더 자세히 분석을 하기 전에, 앞서 언급한 정신 유형과 이데올로기적 관점의 구별이 여기서 어떻게 적용되는지 언급할 것이다. 낙하산과 라디오에 대한 알레코스의 지식 결핍과 초자연적이기는 하지만 실재하는 천사와 관련된 그가 소유한 지식과 실재하는 천사로서 그의 **믿음**은 모두 그의 이데올로기적 관점이다. 특히 그의 세계 인식에서 천사에 대한 두 양상은 동시대의 많은 그리스 사람들끼리 공유되었다. 이것은 알레코스가 관련 도식의 결핍을 메우는 방식이며, 한 개인의 정신 유형이라고 말할 수 있는 천사에 대한 지식과 믿음을 펼치는 방식이다.

이제 이것에 대해 더 상세히 설명할 것이다.

'버섯'이라는 용어의 사용은 독자들이 추론하는 낙하산에 대한 알레코스의 지각을 반영하는 것으로 단지 미어휘화의 사례일 뿐만 아니라, 형태와 색깔의 유사성에 근거하여 '버섯'의 개념과 미지의 대상이 연관되는 은유적 표현이다. 사실 서술은 버섯에 대한 알레코스의 개념 적용이 은유적이라는 것을 보여준다. 즉, 이것은 부분적으로 문장 2에서 '버섯'이라는 단어의 첫 번째 사용이 애매한 발언("흰 버섯 같은 것")이기 때문이다, 그러나 무엇보다도 다음 텍스트에서 알레코스가 '버섯'이 천과 끈으로 만들어졌다는 것을 알고도 놀라지 않았기 때문이다. 비슷한 생각으로 '솔방울'이라는 표현의 사용은 낯선 사람의 수류탄에 적용된다(문장 14). 즉, 전치수식어 '철'의 사용, '솔방울'과 '권총'을 통합한 것은 알레코스가 실제 솔방울로 오해한 것이 아니라 그는 그것들이 무기의 종류라고 인식한 것을 보여준다. 이것은 초기 정신 유형의 연구에서 간과되었던 은유의 기능과 어휘적(개념적) 결핍 채우기(고틀리Goatly, 1997, 149쪽)의 기능을 수행하는 은유의 두 기능에 대한 예이다(블랙, 1993 참조). 또한 이러한 표현들은 알레코스에게 갑자기 나타난 친숙하지 않은 대상들을 이해하기 위해 그가 살고 있는 자연 환경과 관련한 그의 도식에서 도출되는 경향이 있다. 친숙한 것에 대한 관점으로 친숙하지 않은 것에 대해 생각하고 말하기 위한 은유의 사용은 인지은유의 이론가들에 의해서 강조되었다(레이코프 Lakoff · 존슨Johnson, 1980). 그러나 알레코스가 새로운 경험에 대해 사고하기(와 가능한 말하기) 위해 자연 영역에서 도출한 특수하고 개인적인 방식은 그의 정신 유형을 특정 짓는 인지 습관으로 볼 수 있다.

동일한 의미영역에서 추출한 '천사'라는 단어와 다른 단어들의 사용은 이전의 미어휘화의 예시들과는 다소 다르다. 왜냐하면 그 단어들은 알레코스가 지각하는 부분에서 문자에 대한 믿음을 반영하기 때문이다. 정말로 소설 46장의 후반부에서 알레코스와 낯선 사람의 첫 만남 이후에 낯선 사람의 규칙적인 방문에도 알레코스는 "그가 천사가 아니라는 것을 전혀 깨닫지 못했다."(339쪽). 문장 4에서 처음 등장한 '천사'라는 단어는 알레코스의 사고에 대한 간접자유 재현의 일부이며, '아마도'라는 추측 부사를 사용함으로써 애매모호해진다. 이 지점에서 알레코스는 하늘에서 다가오는 낯선 사람이 천사라는 **가설**을 세우기 시작한 것처럼 보인다. 그러나 다음 텍스트는 곧 알레코스가 자신이 처음 세운 가설을 '사실'로 받아들이는 것을 제시하며(문장 6에서 알레코스는 성호를 그었다.), **천사** 도식의 관점에서 모든 상황과 연이은 사건들을 이해하기 시작한다.

　낯선 사람을 보고 알레코스가 즉시 천사를 떠올렸던 사실은 낯선 사람의 몇 가지 두드러진 행동과 외관 때문이다. 즉, 알레코스의 배경 지식에 의하면 인간이 할 수 없는 방식으로 그가 하늘에서 떠내려 왔다. 또한 낯선 사람은 흰옷을 입고 있었다. 아마 추측컨대 이러한 모습은 알레코스가 그동안 그림을 보고 이야기를 들으면서 배운 천사의 모습과 일치한다. 도식 이론에서 보면, 상향식 과정으로 진행되는 자극의 영향은 입력되는 것을 설명할 수 있는 도식의 활동을 유발한다. 천사에 대한 알레코스의 도식은 독자에게 순진하게 느껴질 하늘에서 내려온 누군가의 신체적이고 구체적인 모습을 설명할 수 있게 한다. 이것은 원래 기독교 신앙의 다소 순진한 견해로부터 연유한 이데올로기적 관점 탓으로 돌릴 수 있다.

　일단 도식이 활성화되면, 예상과 추론을 생성시키고, 입력물의 구성 요소에 대한 동일화와 구성 요소들 사이의 관계 확립(하향식 과정)을 유도함으로써 더 앞으로 나아가게 된다. 그러나 상향식 과정과 하향식 과정은 항상 함께 나타나며 상호 작용한다. 그래서 만약 입력 정보에 대한 진전된 처리 과정에서 현재의 활동 도식이 불충분하고 부적절한 것으로 드러난다면 그 도식의 적용은 중단되고 새로운 해석의 가설이 만들어진다. 알레코스의 정신 유형에서 주요한 특이점은 끈질긴 하향식 과정, 즉 자신의 방식에 도달하는 잠재적 반증의 속성과 관계없이 **천사** 도식의 지속적인 적용으로부터 발생한 것이라고 말할 수 있다.

알레코스가 낯선 사람을 천사로 처음 동일화한 후, 특히 그가 '버섯'을 타고 하늘에서 내려오고(문장 7), 그가 '금속 상자'를 통해 '신, 또는 성자 중 한 명'과 대화를 나누고(문장 12), 알레코스가 그동안 봐왔던 그림에서 기억해낸 천사의 '창과 방패' 대신에 현대 무기를 가지고 있는(문장 15) 낯선 사람에 관한 많은 사실은 알레코스에게 주목할 만하거나 특이한 것이라는 인상을 준다. 이러한 일들은 알레코스가 알고 있는 **천사** 도식의 일부가 아니거나, 혹은 그 도식(무기 속성의 경우처럼)의 일부와 충돌하는 인지된 경험의 모든 양상이다. 그러나 이러한 상황들을 지각함에 있어 알레코스는 그의 첫 해석의 가설을 의심하지 않고, **천사** 도식의 적용을 중단하지 않으며, 새로운 요소를 수용하기 위해 자신의 도식을 계속 적용한다. 이것은 상황에 따라 잠재적으로 요구되는 것보다 덜 극단적인(덜 적절한) 도식 갱신 형식이다. 이와 유사한 이해는 신에 대한 알레코스의 도식과 마찬가지로 **천사** 도식과 관련된 다른 도식들에도 적용된다. 즉, 알레코스는 신이 현대 무기와 기술들을 이용한다는 사실을 받아들이고, 신의 이러한 양상이 이미 알레코스의 배경 지식의 일부가 아님에도 불구하고, 자신이 그것을 이해하는 데 어려움을 겪을 수 있다는 사실 또한 받아들인다. 본고는 초자연적인 것과 관련되어 있는 알레코스의 도식에 대한 유연성의 수준이 일반적으로 유사한 신앙을 가진 사람들끼리 공유될 수 있는 특성이라기보다 한 개인의 특성이라고 결론짓는다.

따라서 발췌한 인용문에 대한 분석은 다음과 같이 알레코스의 정신 유형을 드러낸다. 알레코스의 인지 습관의 관점에서 보면, 그는 자연 지식과 종교 지식의 관점에서 새로운 경험 양상들을 지각하려는 성향을 보인다. 또한 알레코스는 새로운 경험에 자신의 기존 지식을 적용하는 데 대단히 창조적이고 유연하다. 사실 알레코스는 너무 유연해서 어떤 새로운 경험의 경우 기존 지식으로는 적절하게 설명할 수 없다는 것을 깨닫지 못한다. 알레코스의 개념 구조에 관한한 그의 배경 지식은 몹시 제한적이다. 그리고 자연과 초자연적인 것에 대한 알레코스의 경계가 너무 흐릿해서 천사와 신에 대한 그의 개념은 인간 세계의 많은 여러 구체적인 인격화된 양상들을 수용할 수 있다. 전반적으로 이러한 개념은 창조적이지만 단순하고 순진한 마음뿐만 아니라 엄청난 경이로움을 가지고 있으나 의식적으로 자신의 정신 작용을 평가할 능력이 거의 없는 인상 때문이다. 이것이 단순히 수년간 고립된 알레코스의 결과로 이해할 것인지, 그렇지 않으면 부분적으로 일종의 정신 결함에 기인한 것인지에 대한 의문은 다소 논란의 여지가 있는 문제이다.

본고는 삼인칭 서술을 통한 사랑스럽고 순진한 알레코스의 세계 인식에 대한 표현이 특히 간접자유 사고를 이용하여 웃음 효과뿐만 아니라 고도의 시적 효과를 어떻게 드러내는가에 대해 상세히 설명하지는 않았다. 본고는 초점자로서 알레코스에 관한 소설 부분도 가끔 소설 속 전쟁에 대한 소름끼치는 서술로부터 순간적인 휴식을 제공하는 중요한 기능을 하고 있다는 것과 매우 별나고 긍정적인 등장인물을 소개하기 위한 것임을 지적하고 있다. '천사'는 '버니(Bunny)'로 불리는 영국 중위인 워렌 Warren으로 드러난다. 버니는 이튼 Eton에서 배웠던 고대 그리스어로 의사소통을 하면서 현지인들과 빠르게 친구가 되었으며, 결국 안전을 위해 작품명과 동일한 이름인 코렐리 대위를 그리스 밖으로 몰래 빼냈다. 이러한 의미에서 워렌을 천사로 생각하는 알레코스의 개념은 소설에 등장하는 다른 등장인물의 시점과 비교하여 매우 타당한 은유로 볼 수 있다.

4. 존 파울즈의 『수집가』에 나오는 프레드릭 클렉의 정신유형

존 파울즈의 첫 번째 소설인 『수집가』는 1963년에 처음 발표되었으며 널리 호평을 받고 있다. 이 소설은 나비 수집을 매우 좋아하는 서기인 프레드릭 클렉이 어떻게 예술 학교 학생인 미란다 그레이 Miranda Grey를 납치하여, 그녀가 폐렴으로 죽을 때까지 두 달 동안 인가에서 멀리 떨어진 서섹스 Sussex의 오래된 집 지하실에 감금했는지를 냉담하고 현실적으로 설명하고 있다. 소설은 4장으로 나뉘어 있으며 남녀 주인공 두 명이 번갈아가며 일인칭 시점으로 서술하고 있다. 1장은 클렉의 시점으로 미란다가 병에 걸릴 때까지의 사건을 이야기한다. 2장은 미란다가 감금되어 있는 동안 쓴 일기로 구성되어 있으며, 감금되기 이전의 삶과 사건들, 그리고 그녀가 치명적인 병에 걸리기까지의 이야기를 전한다. 3장과 4장은 클렉의 시점으로 서술된다. 3장에서는 클렉이 미란다의 죽음과 그 후유증으로 인한 자신의 행동에 대해 말한다. 4장에서는 클렉이 미란다의 지난 삶에 대해 회상하는 것으로 시작하여, 소설의 도입부에서 미란다를 관찰했던 것처럼 이제 다른 젊은 여자를 어떻게 면밀히 관찰하는지 보여주며 충격적인 결말로 끝난다.

많은 비평가의 관심을 받아 온 이 소설의 중요한 양상은 두 주인공 사이의 대조이다(올센 Olshen, 1978, 콘라디 Conradi, 1982, 살라미 Salami, 1992). 클렉은 하층 중산계급의 25살 남성이다. 그는 어릴 적 부모를 잃고, 엄격한 비신봉자의 환경에서 고모인 애니 Annie의 손에 자랐다. 클렉은 지방 도시의 시청 부속실에서 서기로 일하는데, 동료들을 싫어하고, 자신의 직업도 싫어한다. 클렉은 계층에 대한 편견과 심각한 열등감을 가지고 있다. 또한 그는 술과 섹스에 대한 애니 고모의 도덕적인 윤리 의식에 동화된다. 그는 친구가 없으며, 단 한 번도 여자 친구를 사귀어 보거나 섹스를 해본 적이 없다. 이러한 사실은 클렉이 성적으로 무력하다는 것을 드러낸다. 나비 수집은 클렉에게 단순한 취미일 뿐만 아니라, 유일하게 열정을 쏟아 부을 수 있는 것이며, 또한 그의 삶에서 유일하게 그를 즐겁게 해주는 것이다.

소설 도입부에서 클렉은 미란다를 규칙적으로 먼발치에서 관찰하고, 그녀에 대한 꿈을 꾸면서 어떻게 그녀에게 빠지게 되었는지를 이야기한다. 클렉은 축구경기 도박으로 많은 상금을 받자 일을 그만두고 미란다를 감금해서 온전히 자신의 것으로 만드는 계획을 실현하기 위하여 오두막과 도구들을 구매한다. 클렉은 미란다를 죽일 의도가 없었지만, 그녀를 살릴 수 있었던 의료상의 도움을 주지 않았다. 클렉은 그녀를 감금해 놓은 것, 혹은 아무런 행동을 취하지 않음으로써 그녀를 죽음에 이르게 한 것에 대해 결코 뉘우치지 않는다. 예컨대 클렉은 오직 성적인 생각과 성적 욕구를 느낄 때만 죄의식을 느낀다. 또한 클렉은 다른 남자들이 했을지도 모를 성적 이용을 하지 않았기 때문에 계속해서 도덕적 고결성을 주장한다. 클렉의 서술은 허울뿐인 '올바름'에 대한 관심, 그리고 틀에 박힌 표현, 상투어, 완곡어법을 벗어날 수 없는 무능력을 보여준다(예컨대 그는 미란다를 '손님(guest)'으로, 섹스를 '뻔한 짓(the obvious)'이나 '딴 짓(the other thing)'으로 언급했다.). 미란다의 감금과 죽음이 좋은 쪽이든 나쁜 쪽이든 클렉을 변화시켰다는 징조는 없다. 그가 새로운 젊은 여자를 관찰하기 시작하면서 갖는 유일한 관심은 미란다보다 더 잘 통제할 수 있도록 상류층 사람이 아닌 가게 점원을 현재 선택했다는 것이다.

미란다는 런던예술 학교에서 장학금을 받던 20살의 중산층 여자이다. 그녀는 친구들이 많고, 장래가 촉망되는 학생이며, 예술에서부터 핵무기 감축에 이르기까지 다양한 문제들에 대해 확고한 견해를 가지고 있다. 그녀의 일기는 다채롭고, 대담하고, 매우 개성적인 문체로 쓰였다. 일기의 대부분은 그녀에게 지대한 영향을 준 중년 예술가인 조지 패스톤George Paston(또는 미란다가 그 남자를 부르는 G.P)과 그녀와의 복잡한 관계에 대해 서술되어 있다. 미란다가 감금되어 있는 동안, 그녀는 자신에 대한 새롭고, 성숙하고, 자신감 있는 견해를 발전시키고, G.P와의 관계를 어떻게 하면 발전시킬 수 있을지에 대해 생각을 분명히 한다. 미란다는 여전히 신념에 따른 처녀이지만, 석방되기 위해 클렉에게 몸을 바치기로 결심한다. 그러나 이와 같은 그녀의 시도는 클렉의 성적 무능력을 드러내는 것일 뿐만 아니라, 그녀를 더럽고 음란하게 보기 시작한 클렉의 신임을 잃는 결과를 초래했다. 미란다는 아마도 클렉을 유혹하는 도중 클렉으로부터 감기를 옮게 되며, 감금된 지하실의 답답한 공기는 감기를 폐렴으로 악화시켜 결국 미란다를 죽음에 이르게 한다.

이 소설에 대한 비평은 몇 가지 중심 주제에 집중되어 있다. 이 중심 주제는 클렉과 미란다 두 주인공 사이의 계층 대조를 포함하고 있다. 이것은 두 주인공을 교육받은 상류층 사람과 교양 없고 교육받지 못한 집단 사이의 광범위한 투쟁을 상징하는 방식으로 나타냈다. 또 다른 중심 주제는 셰익스피어Shakeapeaare의 『템페스트 The Tempest』와의 상호텍스트성의 의미이다(클렉은 미란다에게 자신을 '페르디낭(Ferdinand)'로 부르라고 하지만, 미란다는 클렉을 '칼리반(Caliban)'이라고 부른다.). 특히 클렉은 문학비평가들에게 원형적으로 나약한 남자, 환경의 희생자, 정신병자, 정신분열증 환자와 같이 다양하게 평가받았다(울프 Wolfe, 1976, 올센, 1978, 콘라디, 1982, 살라미, 1992). 그동안 계층 차이와 섹스에 관한 클렉의 변별성은 충분히 논의되었으며, 클렉이 자주 나비와 나비수집에 대한 관점으로 미란다와 여러 다른 사람들, 사건들에 대해 은유적 표현을 사용했다는 사실이 언급되었다. 그러나 클렉의 개성과 세계 인식에 대한 언어 구조가 체계적으로 연구되지는 않았다. 특히 클렉이 자신의 정신 유형과 행동에 대해 어떻게 나비 은유를 사용하는지를 이론적으로 설명한 연구도 없다(그러나 소설에서 정신 유형과 시점의 몇 가지 양상들에 대한 언어학적 접근을 보려면(타파디코 Tsapadikou, 2001 참조)).

앞서 짧게 언급한 대로 클렉의 세계 인식에 대한 두드러진 여러 양상은 섹스, 성 계층에 관한 클렉의 의견이나 태도에 대한 이데올로기적 관점의 개념으로 포착될 수 있다. 이러한 대부분의 시각은 그의 고모로부터 주입된 것이라는 점이 클렉의 서술을 통해 명백하게 드러난다. 클렉의 고모는 클렉이 열등감을 느끼고, 성적인 관계에 대한 무능력을 느끼도록 영향을 준 중요한 요인이라고 할 수 있다. 반면에 특히 미란다와 관련하여 나비 은유에 의존하는 진도와 특성은 클렉의 특이한 정신 유형의 특징이다. 클렉의 이데올로기적 관점들의 다양한 양상들을 결부시키는 것은 정신이상과 같은 다소 비현실적인 상황에 현실적인 인상을 준다. 즉, 비록 파울러의 소설이 부분적으로 현실에서 일어나는 납치에서 영감을 받았을지라도(올센, 1978, 15-16쪽), 클렉은 피해자들에게 보통 성적 본능에 따라 신체적 폭행을 가하는 실재의 정신병자들과는 매우 다르다. 이 장에서는 클렉의 범죄적이고 병적인 정신에 대해 어떻게 **나비** 은유의 사용이 언어적 투사에 기여하는지를 주목할 것이다.

4.1. 클렉의 정신 유형과 인지은유 이론

세미노와 스윈들허스트(1996)는 케시의 소설 『뻐꾸기 둥지 위로 날아간 새』에 등장하는 브롬덴Bromden의 서술을 분석하고, 인지은유 이론(레이코프 · 존슨, 1980, 레이코프 · 터너Turner, 1989, 레이코프, 1993)이 정신 유형의 구성에서 언어의 은유적 형태의 역할을 설명할 수 있다는 것을 제시한다.

인지은유 이론가들은 언어의 은유적 표현에 대한 관습적 형태(그 사람은 나의 모든 약점을 낱낱이 공격했다(He attacked every point I made))가 관습적 개념은유(**논쟁**은 **전쟁**이다(ARGUMENT IS WAR), 은유적 사상에서 **전쟁**은 근원영역이고, **논쟁**은 목표영역이다.)의 존재를 제시한다고 주장한다. 그 결과, 은유는 단순한 언어 현상이 아니고 사고, 추론, 행동을 위한 중요한 도구로 작동한다. 레이코프와 존슨(1980)이 이론을 도입한 이후, 보편적 언어 형태를 기반으로 한 (개인의) 개념 구조에 대해 주장하는 것이 타당한가하는 의구심이 제기되었고, 언어적인 은유에서 개념은유로 전환하는 과정에서 부각된 방법론적 쟁점들이 제기되었다(머피Murphy, 1996, 스틴Steen, 1999, 세미노 외, 출간 예정). 그러나 본고의 관점에서 볼 때, 은유의 형태가 일상 언어에서 중요한 역할을 한다는 것은 타당한 근거를 지니고 있다. 심지어 두 개인이 동일한 개념 구조를 공유하지 않을지라도, 은유의 형태가 언어 사용자들 사이에 광범위한 개념 결합을 반영한다고 가정하는 것이 타당할 것이다. 따라서 이 이론적 방식에 따르면, 은유의 관습적 사용은 동일한 언어(문화) 공동체의 일원들에게 공유될 수 있는 세계 인식을 반영한다고 볼 수 있다. 반면에 은유의 창조적 사용은 관습적 은유의 본질적 언어 실현에 의해서든지, 또는 전적으로 새로운 개념적 사상에 의해서든지 실재에 대한 새로운 통찰력을 제공한다(레이코프·터너, 1989).

세미노와 스윈들허스트는 브롬덴의 정신 유형에 대한 분석을 소개하면서 다음처럼 언급한다.

> 본고는 은유에 대한 인지적 접근을 여러 방식으로 수립하고 있다. 첫째, 인지 이론가들이 관습적 은유와 특정한 문화의 세계 인식 사이의 관계를 강조하는 데 반해, 본고는 특정 텍스트에 나타나는 일관적이고 비관습적인 은유 형태가 창작자(케시의 소설의 경우, 일인칭 화자)의 개념 체계를 반영하는 방식에 대해 탐구한다. 본고는 개인 차원에서의 특정 은유의 조직적 사용이 개인 특유의 인지 습관, 세계에 관해 이야기하는 개성적 방식을 탐구한다. 즉, 특정한 은유가 정신 유형을 반영한다고 주장한다. 둘째, 본고는 정신 유형의 개념이 은유의 인지 이론과 매우 관련 있다고 주장한다. 왜냐하면 정신 유형은 텍스트상에서 일관적이고 특이한 은유 사용의 누적된 결과로 파악될 수 있기 때문이다. (세미노·스윈들허스트, 1996, 147쪽)

이 장의 분석은 유사한 목적을 가진다. 그러나 브롬덴과 클렉의 독특한 은유 형태 사이에는 몇 가지 중요한 차이가 있다. 브롬덴의 서술은 특히 기계에 대한 근원영역으로부터 끌어낸 **관습적** 개념은유의 빈번하고 창조적인 사용이 특징이다. 브롬덴과는 다르게 나비와 관련되어 있는 클렉의 은유 표현들은 영어에서 쓰이는 어떤 관습적 개념은유와도 관련없이 **특이**한 개념은유를 실현하고 있다. 게다가 서술 전체에서 사용된 브롬덴의 기계 은유들은 그의 심리 발달과 정신 발달을 반영하는 방식으로 변한다. 그러나 클렉이 미란다에게 저질렀던 범죄를 반복적으로 저지르려는 것을 예견하는 결말 부분의 서술에서는 브롬덴과 같은 변화를 찾아 볼 수 없다.

클렉의 서술 처음부터 그가 은유적으로 미란다를 나비로 생각하고 있다는 것을 분명히 알 수 있다. 아래의 인용문은 소설 도입부의 처음 두 단락에서 발췌한 것이다.

(1) 서류와 장부로부터 손을 뗄 수 있는 여유가 생기면 나는 언제나 창가에 자리를 잡고 뿌연 유리창 너머로 길을 내려다보고는 했다. 그리고 때때로 그녀를 지켜보았다. 저녁이 되면 나는 관찰일지에 표시를 하였다. 처음에는 X표시를 했다가, 나중에 그녀의 이름을 알게 되었을 때에는 M이라고 적었다. (9쪽)[5]

(2) 나는 그녀의 뒤통수와 길게 땋아 내린 머리채를 자세히 지켜볼 수 있었다. 머리는 비단결 같았으며 빛깔은 누에고치처럼 푸르스름했다. (9쪽)

(3) 그녀를 바라보고 있노라면 나는 언제나 소위 안절부절 못하고 희귀한 나비를 잡은 것 같은 기분을 맛보곤 했다. 예컨대 '페일 클라우디드 옐로우(A Pale Clouded Yellow)'라는 나비를 손에 넣던 기분에 비할 수 있다. 나는 항상 그녀를 이런 식으로 생각하고 있다. 보통 나비가 아닌 눈에 띄지 않고, 드문드문 일어나고, 매우 세련된 예쁜 나비에 비할 수 있다. 진짜 감정전문가가 알아줄 수 있는 나비를 잡았을 때의 기분과 맞먹는 것이다. (9쪽)

첫 번째 인용문에 나타나듯이, 미란다를 관찰하는 것은 클렉이 나비를 관찰하는 것과 동일한 행동을 유발한다. 즉, 그는 모든 관찰을 그의 곤충학적인 '관찰 일지'에 기록한다. 두 번째 인용문에서 그녀의 머리카락에

---

[5] 소설 『수집가』의 모든 인용문은 1998년 판이다(파울즈, 1998).

대한 묘사는 본고가 클렉의 **나비** 근원영역이라고 부르는 것에서 도출한 직유('누에고치처럼(like burnet cocoons)')를 포함한다. 세 번째 인용문은 **나비** 근원영역과 미란다와 관련한 경험 영역, 즉 **미란다** 목표영역 사이의 일치를 나타내는 일련의 은유 표현들을 포함한다. 따라서 미란다는 희귀한 나비('페일 클라우디드 옐로우')와 상응한다. 또한 미란다를 보는 것은 희귀한 나비를 잡는 것과 상응한다. 그리고 곤충학 가이드에서 나비들을 설명하는 데 쓰이는 어휘들('눈에 띄지 않고(elusive)', '드문드문 일어나고(sporadic)')을 그녀에게 사용함으로써 미란다를 관찰하는 곤란함이 분명하게 표현된다. 게다가 클렉의 서술에 나타난 은유 표현들은 예기치 않게 미란다를 마주치는 일과 예기치 않게 나비를 발견하는 일(26쪽), 미란다를 납치한 것과 희귀한 나비를 잡은 것(31쪽), 자유를 향한 미란다의 애원을 다루는 시도와 그물 없이 나비를 잡는 것(40쪽), 미란다의 아름다움에 대한 그의 감정 반응과 나비의 아름다움에 대한 그의 감정 반응(80쪽), 석방되기 위한 미란다의 유혹의 시도와 나비로 성장하기 위해 서두르는 애벌레(95쪽) 사이의 유사성을 병치하여 표현한다.

근원영역인 나비로부터 도출한 은유 표현의 빈도와 정교함은 **미란다** 영역과 **나비** 영역 사이의 유사성에 대한 체계적인 조합이 클렉의 개념 구조의 일부라는 것을 드러낸다. 왜냐하면 사용된 은유적 표현들은 영어에서 사용하는 관습적 양식과 관련되지 않았기 때문에, 이에 상응하는 개념 구조도 관습적이기보다는 독특한 것이다. 따라서 은유 표현들은 클렉의 정신 유형에 대한 특성을 나타낸다. 클렉이 나비수집가로서 그의 경험을 토대로 미란다와 관계를 형성한 사실은 인지은유 이론에 의해 제시된 은유의 관점과 전적으로 일치한다. 반면, 클렉의 **나비** 영역은 (또는 도식 이론 용어로 클렉의 **나비** 도식) 매우 정교하게 만들어지며, 긍정적인 정서적 유대를 지니고 있다. 따라서 클렉은 나비류의 의미론적 분야에서 보면 과잉 어휘화되었다. 한편, 클렉의 도덕적 견해와 경험의 결핍으로 인해, 여성들, 그리고 여성들과의 관계와 관련된 그의 도식들은 제한적이며 부정적인 정서적 유대를 지니고 있다. 따라서 클렉은 그가 가장 잘 아는 나비 수집에 대한 관점으로 자신이 꿈꾸는 여성과의 관계를 구성한다. 위의 세 번째 인용문에서 클렉이 스스로 미란다와 희귀한 나비 사이의 일치가 단순한 언어 표현의 문제를 넘어 선 것이라고 언급한 것은 중요하다. 예컨대 "나는 항상 그녀를 이런 식으로 **생각했다.**"(9쪽. 필자 강조).

미란다가 자신의 일기에서 쓴 적이 있는 묘사인 '수집가'처럼, 소설의 제목은 그 자체로 클렉을 은유적인 '수집가'으로 언급한다.[6] 클렉은 명시적으로 이 '수집가'이라는 말을 그의 서술에서 결코 사용하지 않지만, 나비 근원영역의 사용은 항상 그를 나비수집가의 역할로, 미란다를 나비의 역할로 배정되게 한다. 아래의 인용문은 미란다가 감금되어 있는 동안 클렉과 미란다의 대화와 관련이 있다.

> (4) 나중에 그녀는 항상 자신이 한 짓이 얼마나 나쁜 일이며, 자신의 잘못을 깨달아야 한다고 나에게 말했다. 그러나 이미 말한 대로 그날 밤에 나는 대단히 행복했다. (…) 내가 행복할 수 있었던 것은 내 의도가 좋은 동기에서 우러난 것이기 때문이다. 그러나 그녀는 결코 이것을 이해하지 못했다.
>
> 요컨대, 그날 밤은 내 일생의 경험에서 최고의 일이 벌어졌다. (물론 축구 경기에 돈을 걸었다가 상금을 탔던 일을 제외하고 하는 말이다.) 그것은 '마자린 블루(Mazarine Blue)'나 '스페인 표범나비의 여

---

[6] 미란다는 그녀와 관련한 클렉의 사고와 행동이 그의 나비 관찰에서 연유한 것임을 알아챘다. 또한 그녀는 종종 스스로 **나비** 도식을 사용한다.

왕(Queen of Spain Fritillary)'이라 불리는 나비를 잡았을 때 느끼는 환희와 같은 것이었다. 이것은 일생일대에 한 번 있을까 말까 한 일을 해냈을 때에 느끼는 기쁨에 견줄 만하다. 즉, 좀처럼 실현될 수 없는 줄 알면서 꿈을 꾸었다가, 그 꿈이 현실에서 이루어지는 것과도 같았다. (31쪽)

위의 예문과 앞의 첫 번째 발췌문을 보면, **나비** 은유가 클렉의 언어와 사고에 영향을 미치는 것뿐만 아니라, 그의 행동을 이끈다는 것이 명백해진다. 그러나 인용문 (1)과 (4) 사이의 차이는 축구 도박으로 얻은 부가 **나비** 근원영역과 **미란다** 목표영역 사이의 일치에 결정적 변화를 유발했다는 것이다. 클렉이 상금을 받기 전에 나비를 **잡는** 것은 미란다를 **관찰하는** 것으로 사상된다. 반면에 클렉이 상금을 받은 후에 나비를 **잡는** 것은 미란다를 **잡는** 것으로 사상된다.

클렉이 자신의 독특한 **나비** 은유에 따라 **행동**한 사실은 범죄적으로 비참한 결과를 초래했다. 좀 더 자세히 말하자면, 클렉의 결정적인 실패와 일종의 정신 질환에 대한 징조는 그의 언어와 사고에서 비관습적인 은유가 적용되었다는 사실이 아니라, 클렉이 곤충에 인간을 사상하고 이러한 사상을 기반으로 행동을 진행한다는 사실이다. 또한 클렉이 미란다를 납치한 목적은 나비를 수집하는 목적과 병치되어 있다. 비록 클렉이 미란다에게 매혹되었음에도 불구하고, 클렉은 미란다와의 성적 접촉을 피한다. 즉, 클렉이 원하는 것은 서두르지 않고 그녀를 지켜볼 수 있으며 가끔은 사진을 찍기 위해 미란다에게 자유롭게 접근하는 것이며 그녀를 통제하는 것이다. 예컨대 "그녀는 그저 나와 함께 있는 것이 그녀를 가진다는 것을 결코 이해하지 못한다. 그녀를 가지는 것으로 충분하다. 다른 것은 아무것도 필요 없다. 나는 단지 그녀를 마지막까지 안전하게 소유하기를 원한다."(95쪽). 게다가 위의 인용문 (4)와 다른 부분의 클렉의 서술을 보면, **나비** 은유가 그의 도덕적 태도와 감정 반응을 이끌거나, 혹은 반영한다는 것이 분명해진다. 클렉은 미란다를 납치한 것에 대해 전혀 죄의식을 느끼지 않는다. 오히려 그는 나비를 잡고 난 이후와 마찬가지로 매우 의기양양해 한다.

　클렉의 정신에서 미란다와 나비의 연결은 단지 은유적인 것만이 아니다. 예컨대 클렉의 꿈속에서 미란다는 항상 "나를 사랑하는 나의 소유물"(10)로 묘사되고, 나비에 관해 미란다와 대화를 나눌 때 클렉은 발언권을 잃지 않으려고 한다. 한편, **나비** 근원영역에서 도출한 표현들은 목표영역인 미란다에게만 국한되는 것은 아니다. 클렉은 성적 조우에 실패했던 매춘부에 대해 "당신은 야외 나비채집에서 외면 받는 표본"(14-15쪽)이라고 묘사함으로써 그녀에 대한 혐오를 드러낸다. 클렉은 '일류 신문'과 미술관을 "당신이 알지 못하지만 매우 아름다운, 자연 역사박물관의 곤충 방에 전시되어있는 외래종의 진열장"으로 비유한다(19쪽). 소설의 결말부에서 클렉은 인간 조건을 좀 더 일반적인 곤충 영역에서 도출함으로써 비관적인 견해를 드러낸다. "우리는 곤충과 같다고 생각한다. 우리는 짧게 살다가 죽는다. 그리고 그게 전부이다."(277쪽).

　이러한 예들은 곤충과 관련된 클렉의 도식을 보여주고 있으며, 특히 나비는 은유의 근원영역으로써 다양한 경험을 해석하는 데 자주 적용된다. 특히 **나비** 영역은 특이함, 고차원의 정교함, 긍정적인 정서적 유대감 때문에 매우 '다면적 의미를 지닌 것'(고틀리, 1977, 258-259쪽), 또는 매우 넓은 '범위'(쾨베체시 Kövecses, 2000)를 가지고 있다.

　따라서 개념 구조에 관한한 클렉의 정신 유형은 **나비** 영역과 **미란다** 영역, 혹은 일반적으로 여성의 영역 사이의 조직적인 사상에 의해 특성화된다. 이 사상은 나비에게 적합한 행동과 속성과 여성과 관련된 행동과 속성 사이의 일치를 포함한다. 게다가 클렉은 나비들과 나비 수집의 관점에서 그의 경험을 인지하는 것이 더 일반적인 인지적 성향으로 나타난다. 다른 나비류 학자들이 클렉의 **나비** 도식에 대한 내용을 공유하고 그 도식을 빈번하게 사용할 가능성도 있지만, 클렉이 **나비** 영역을 미란다에게 적용하는 방식은 그의 특성이며 정신 질환의 표현이다. 인지은유 이론은 언어 형태를 사고와 행동에 관련짓는 데 유용하다. 또한 인지은유 이론은 그녀를 만질 생각도 하지 않고 여자를 수집하는 비상식적인 나비류 학자의 믿기지 않는 이야기가 비평가들이 말하는 대로 왜 '실재적'으로 묘사된 것인지를 설명하는 데에도 유용하다(울프, 1976, 콘라디, 1982).

4.2. 클렉의 정신 유형과 혼성 이론

나비 은유는 미란다가 납치되기까지 클렉의 사고와 행동을 표현하는 데 매우 효과적인 수단으로 기능한다. 그러나 미란다를 납치한 후에는 사상을 구성하는 몇 가지 상응상의 충돌이 더욱 분명하게 나타나며, **나비** 은유의 예는 곤란함과 갈등의 상황을 표현하게 된다.

아래의 인용문은 미란다가 클렉에게 만약 풀어준다면 절대 신고하지 않을 것이며, 그가 원하는 만큼 자주 그를 만날 것이고, 심지어 그를 존경할 것이라고 약속하며 자신을 풀어주도록 설득하는 부분으로서 대화 끝부분에서 발췌했다. 이 상황에서 클렉이 미란다와 대화하는 데 겪는 어려움이 매우 심해진다. 클렉은 그만 가봐야겠다고 어색하게 말하고, 서둘러 문쪽으로 향했다. 미란다는 마지막으로 애원했다.

(5) "제발 부탁이에요" 그녀의 목소리는 아주 부드럽고 고왔다. 그녀의 청을 거절하기란 정말 어려운 일이었다. 그것은 포충망을 사용하지 않고, 검지와 중지만을 사용하여 표본을 잡는 것과도 같았다. (나는 항상 이렇게 나비를 잡는 데 능숙하다.) 뒤로 살금살금 다가가서 나비를 잡았을 때 나비는 두 손가락 사이에서 파르르 떠는 것이었다. 그것은 살충제 병을 다룰 때처럼 쉬운 일이 아니었다. 그런데 그녀를 다루는 것은 두 배나 더 어려웠다. 왜냐하면 나는 그녀를 죽이고 싶지 않았기 때문이다. 그녀를 죽이는 것은 마지막 선택이 될 것이다. (40쪽)

미란다의 애원을 들어주는 것에 대한 어려움은 **나비** 근원영역에서 도출된 독특한 시나리오의 관점으로 표현되었다. 이 시나리오에 의하면, 클렉은 손으로 나비를 잡은 후, 그가 '살충제 병'이라고 언급한 것에 나비를 넣어 질식시켜 죽이기보다 그의 손가락을 이용해 나비를 죽여야 한다. 문제는 나비와 미란다를 상응시키는 데 있어 근본적인 불일치가 존재한다는 것이다. 나비의 경우, 비록 그가 다루기 쉬운 것보다 어려운 방식으로 처리할지라도 클렉의 목적은 나비를 죽임으로써 성취된다. 반면 미란다의 경우, 소유와 즐거움이라는 클렉의 목적은 그녀를 죽임으로써 성취될 수 없다(클렉은 명시적으로 미란다의 죽음을 원하지 않는다고 말한다.). 왜냐하면 클렉은 미란다의 몸짓, 안색, 머리 모양, 옷차림과 같은 것을 관찰하는 즐거움을 느끼기 때문이다. 그러나 클렉의 목적은 미란다가 살아있는 경우 실현되기 어렵다. 미란다는 인간이기 때문에 완전하게 통제될 수 없다. 게다가 클렉은 미란다의 외모, 매력, 말솜씨에 압도당한다. 미란다의 이러한 특성은 클렉의 고민과 좌절을 악화시킨다. 그 결과, 클렉은 곤란함과 내적 갈등의 상황에 놓인다. **나비** 은유는 처음으로 이러한 곤란함을 유발시켰으며, 지금은 곤란함을 지속적으로 표현하는 데 사용된다.

인지은유 이론은 클렉이 **나비** 은유의 관점으로 여러 상황들을 어떻게 이해하고, 왜 그렇게 이해하는지를 설명할 수 있다. 또한 인지은유 이론은 다양한 은유 표현에 나타난 미란다와 나비의 상응, 수집가인 클렉에 대해 설명할 수 있다. 그러나 인지은유 이론은 은유의 특정한 예에 대한 특정한 의미를 완벽하게 설명하지는 못한다. 예문 (5)에 대한 이해는 단일 방향의 사상 자질의 결과가 아니며 단순한 근원 목표영역과의 관계가 아니다. 즉, **나비** 영역에서 목표영역으로 투사되는 갈등이나 선택의 어려움은 없다. 갈등은 근원영역으로부터 도출된 시나리오와 목표영역으로부터 도출된 시나리오를 모두 결합시키려는 시도에서 야기된다.

혼성 이론(개념통합 이론, 또는 개념혼성 이론)은 정확히 이러한 문제들을 다루기 위해 개발되었다(포코니에Fauconnier, 1997, 포코니에·터너, 1996, 터너·포코니에, 1999, 2000). 이 이론의 목적은 '정신 공간'에 대한 연결망의 관점에서 의미의 연결 구성을 설명하는 것이다. 인지은유 이론의 영역들은 꽤 견고한 장기 기억 구조(도식)이다. 그에 반해 정신 공간은 과정과 사고를 연결하는 동안 기존 영역과 개념은유에서 도출된 단기의 인지 재현이다.

> 정신 공간은 지엽적인 이해와 행위의 목적을 위해 우리가 생각하고 말할 때 구축되는 작은 개념 꾸러미이다. 정신 공간은 서로 연결되어 있으며, 사고와 대화의 전개 양상에 따라 수정될 수 있다. 포코니에와 터너는 최근에 입력할 때 정신 공간상에서 작동하는 일반적인 인지 과정의 존재, 즉 개념혼성을 제안했다. (포코니에·터너, 1996, 113쪽)

좀 더 자세히 말하면, 혼성 이론은 네 개의 정신 공간을 포함하는 개념 연결망의 관점에서 특정한 은유 표현들(가정문, 몇 가지 문법 구성, 기하학적인 문제들을 포함한 여러 현상들)의 생성과 지각을 설명한다.

네 개의 정신 공간은 두 개의 '입력' 공간(은유의 경우, 개념은유 이론 (CMT)의 근원영역과 목표영역과 결부된다.), 두 개의 입력 공간이 공유하는 개념 구조를 나타내는 '총칭' 공간, 입력 공간의 요소들이 결합하고 상호 작용하는 '혼성' 공간을 포함한다. (그래디 Grady 외, 1999, 103쪽)

예문 (5)의 경우, 근원 입력 공간은 클렉이 손가락을 이용해 서투르게 나비를 잡고 죽이는 시나리오이다. 이 공간은 클렉의 개념 구조 속에 있는 폭넓은 **나비** 영역으로부터 도출되었다. 목표 입력 공간은 미란다에게 반응을 보이는 것을 어려워하고, 풀어달라는 그녀의 애원에 어떻게 반응해야할지 몰라 곤란함을 느끼는 시나리오이다. 이것은 폭넓은 **미란다** 영역의 일부로서, 클렉은 그녀의 감금 상태를 유지하는 방법을 배우는 것으로 영역을 구성하고 있다. 여기에는 근원 입력과 목표 입력 사이에 공간으로 교차하는 부분적인 사상이 존재한다(그림 1의 가로의 연속 실선을 볼 것). 즉, 나비 수집가인 클렉과 납치범인 클렉이 상응하고, 미란다와 나비가 상응하고, 미란다를 납치한 것과 나비를 잡는 것이 상응하고, 풀려나기 위한 미란다의 요구와 멀리 도망가려는 나비가 상응하고, 미란다의 애원을 들어줄 수 없는 클렉의 무능력과 그물의 부재가 상응하고, 미란다를 소유하는 목적과 나비를 소유하는 목적이 상응한다. 이러한 두 정신 공간 사이의 중요한 상응은 클렉의 개념 구조의 일부인 **나비** 은유에서부터 기인한다. 그러나 근원 입력 공간은 나비와의 문제를 해결하는 방법으로 '손가락으로 죽이는 것'을 포함하고 있다. 이와 대조적으로 목표 입력 공간은 문제에 대한 해결 방법을 포함하고 있지 않다. 그리고 클렉은 미란다를 살해하고 싶지 않다고 단언한다. 총칭 공간은 두 개의 입력 영역에 의해 공유된 기본 구조로 구성되어 있는 추상적 시나리오이다. 즉, 이 총칭 공간에서 클렉은 살아있는 생명체을 포획하지만, 자꾸만 탈출하려고 시도하

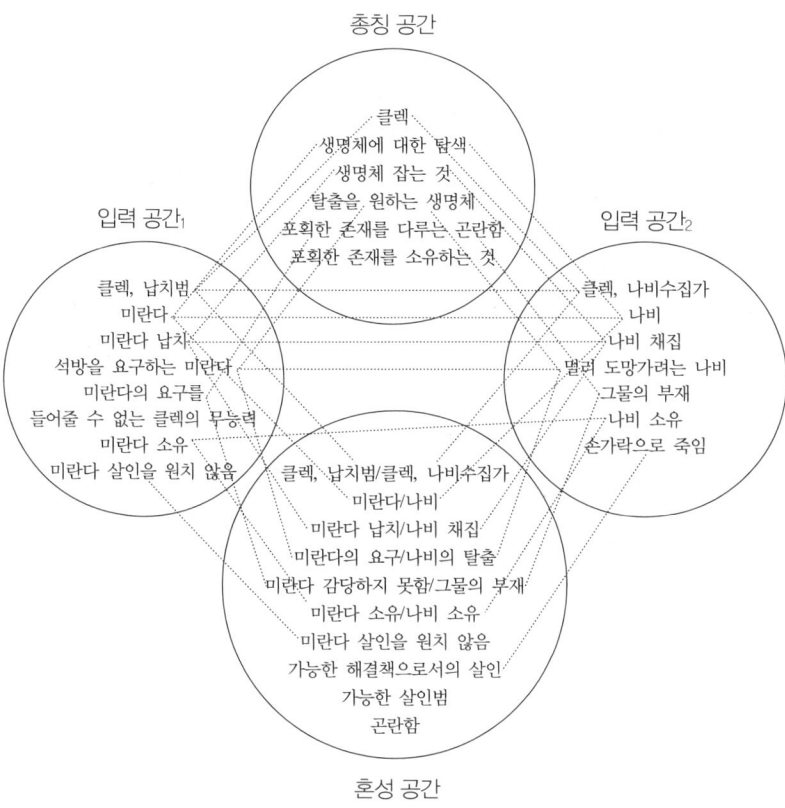

<그림 1> 예문 (5)의 개념 연결망

는 것을 다루는 데 어려움을 느낀다. 따라서 이 공간에는 문제에 대해 명시된 해결책이 없다.

네 번째 공간인 혼성 공간은 두 입력 공간을 교차하는 상응과 공유된 총칭 구조에 기초하여, 두 입력 공간으로부터 하나의 시나리오를 만들어 내는 요소의 융합으로부터 발생한다(그림 1을 보면, 두 입력 공간과 총칭 공간 사이의 상응, 두 입력 공간과 혼성 공간 사이의 상응은 점선으로 표시함). 혼성 이론에 의하면 혼성 공간에서 의미가 생성된다. 혼성은 근원 입력 공간의 기본 구조를 따른다. 예컨대 납치범인 클렉은 수집가인 클렉이고, 미란다는 나비이다. 문제에 대한 해결 방법으로 포획한 것을 죽이는 개념은 근원 입력 공간으로부터 투사된 것이다. 그러나 이 개념은 목표 입력 공간으로부터 투사된 미란다를 죽이지 않으려는 욕망과 충돌되기 때문에 혼성 공간에서는 발생한 문제에 대한 적절한 해결책을 제공하지 않는다. 게다가 목표 입력 공간은 앞서 언급한 곤란함을 야기하는 포획된 존재와 관련하여 '+ 인간'이라는 자질을 투사한다. 즉, 클렉의 소유 목적과 즐거움은 (나비의 경우처럼) 미란다의 생존과 양립할 수 없다. 그러나 또한 이것은 심지어 도덕적 고려를 배제한다고 하더라도 (나비의 경우와는 다르게) 미란다의 죽음과 양립할 수 없다. 그럼에도 불구하고 살인의 개념은 가능한 행동 과정으로 근원 입력 공간으로부터 혼성 공간으로 투사된다. 사실, 미란다의 죽음은 적어도 당면한 문제인 그녀의 애원과 범죄 고발 문제를 다루는 해결책이 될 것이다. 혼성 공간은 소위 '창발적 구조'이다. 즉, 클렉의 곤란함은 원천 공간에 존재하지 않는다. 따라서 근원영역의 속성이 목표영역의 속성에 사상되는 것을 설명할 수 없다. 마찬가지로 근원 공간에서 나비를 죽이는 행동은 범죄가 아닐뿐더러 불법도 아니기 때문에 (누군가에게는 그 행위가 불쾌감을 줄 수도 있지만) 문제가 없다. 혼성 공간, 즉 근원 공간과 목표 공간의 융합 공간에서 미란다를 살해할 것인지 말 것인지에 대한 결정은 해결할 수 없는 난제로 바뀌며, 살인의 악령이 나타나는 것으로 변한다.

이 예문은 우선 클렉의 행동에 부분적으로 관여하는 **나비** 은유가 어떻게 사람을 납치한 후에는 적절한 도움을 주지 못하는지를 보여준다. 그러나 클렉은 알레코스처럼 다른 방식으로 그 상황을 재개념화하지 못한다. 게다가 미란다에 의해 제기된 문제에 대한 마지막 '해결책'은 예문 (5)의 근원 입력 공간에 의해 제공되는 것이다. 즉, 비록 엄밀히 말하자면 클렉이 직접적으로 미란다를 살인하지 않았을지라도, 그는 그녀에게 필요한 치료를 모색하지 않아서 그녀의 죽음을 초래했다. 이것은 미란다보다 덜 자신감에 차 있으며 덜 똑똑해서 결과적으로 다루기 쉬울 것으로 여겨지는 또 다른 희생자를 클렉이 찾도록 그를 자유롭게 해준다. 그러나 독자로서 우리는 클렉이 지니고 있는 문제에 대한 진짜 원인이 인간이 아닌 것을 인간과 일치시키려고 시도하는 것이라는 점을 안다. 그 결과 이후 이어지는 납치의 결과가 처음의 납치와 다르지 않을 것이라는 점을 안다.

이와 같은 분석은 **나비** 은유에 대한 다른 여러 특수한 예들을 설명할 수 있다. 그러나 본고는 오직 하나의 예만을 분석할 것이다. 아래의 인용문은 미란다가 클렉에게 섹스를 제공하려는 것에 대한 클렉의 반응을 보여준다. 클렉은 이를 개탄스러운 것으로 지각한다.

> (6) 그녀는 마치 석 달이 걸려야 나비가 되는 애벌레가 며칠 만에 나비가 되겠다고 하는 것과 같은 경우였다. 나는 결과가 좋지 않으리라는 것을 잘 알고 있는데, 그녀는 자꾸 급하게만 서둘러 대는 것이었다. (95쪽)

이 때에 클렉은 미란다의 행동을 어리석고 용납할 수 없는 것으로 구성하고, 그녀에 대한 자신의 반응을 정당화하기 위해 **나비** 근원영역과 관련된 은유 시나리오를 사용한다. <그림 2>에 나타나듯이, 이 경우 근원 입력 공간은 성장하는 데 세 달이 걸리는 애벌레를 포함한다. 목표 입력 공간은 미란다가 클렉에게 너무 성급하게 섹스를 제공하려는 것을 포함한다. 총칭 공간에는 어느 정도 충분한 시간이 걸려서 과정을 통과하는 존재들이 있다. 혼성 공간에서 미란다는 애벌레와 융합되고, 성관계를 할 정도로 발전

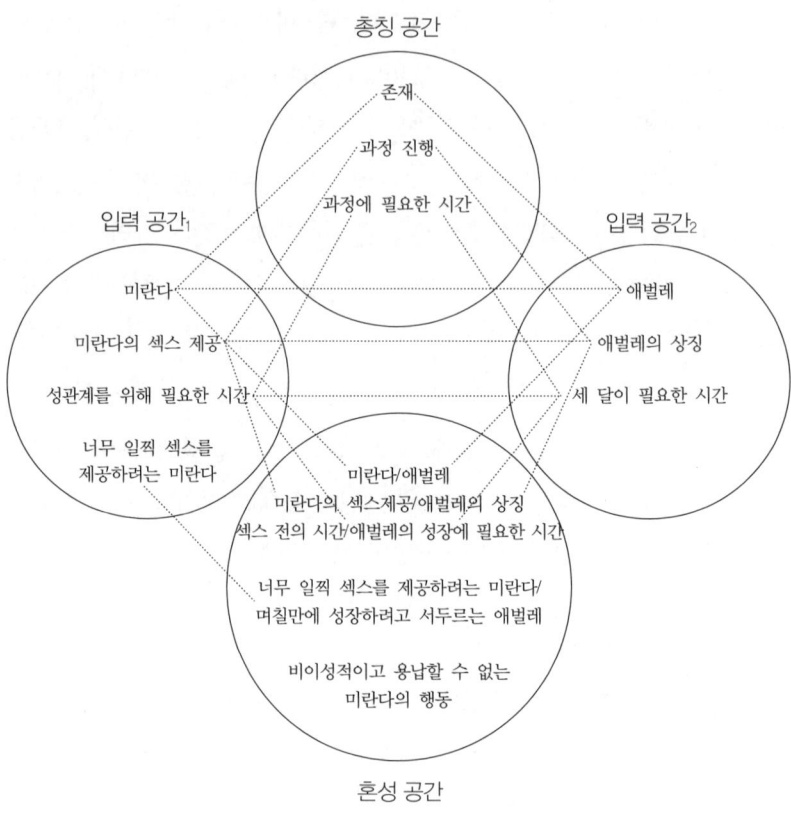

<그림 2> 예문 (6)의 개념 연결망

하기까지 필요한 시간은 애벌레가 성장하는 데 필요한 시간과 융합된다. 그리고 혼성 공간에서 미란다가 성관계를 위해 서두르는 것은 애벌레가 나비로 성장하기 위해 몇 달 걸릴 일을 며칠로 서두르는 것과 융합된다.

따라서 혼성 공간에서 미란다의 행동은 단지 클렉만 용납할 수 없는 것이 아니라 절대적인 관점에서도 불합리하고 어리석은 행동이라는 가정법의 시나리오가 유일하게 구성된다. 근원 공간에서 애벌레의 성장에 필요한 시간은 본질적으로 정해져 있다. 이와 대조적으로 목표 공간에서는 성관계를 할 정도로 발전하는 데 얼마만큼의 시간이 필요한지를 결정하는 물리 법칙이나 자연 법칙이 없다. 즉, 여기에서 시간은 당사자의 도덕적 견해, 욕망과 관련이 있다. 근원 공간에 대한 클렉의 선택은 상대적이고 주관적인 문제가 아니라, 물리적이고 객관적인 문제로 변한다. 이와 같은 방식으로 자신의 도덕관과 성적 무능력 때문에 섹스를 미루고자 하는 클렉의 바람은 불변하는 자연 법칙의 결과로 간주된다. 그리고 미란다는 존경받을 가치가 없는 사람으로 간주되기 시작하고, 그리하여 소중하게 다루지 않기 시작한다. 이와 같이 미란다에 대한 클렉의 변화된 견해는 자신이 미란다의 병을 알았을 때 아무것도 하지 않는 결과를 초래한다.

앞에서 주장한 논의처럼 결과적으로 본고는 인지은유 이론과 혼성 이론은 양립할 수 있으며, 상보적 관계에 있다고 보는 그래디 외 공저(1999)의 아래 인용문에 동의한다.

> 본고는 인지은유 이론과 혼성 이론이 은유적 개념화의 다른 양상을 취급하고 있기 때문에, 두 이론의 구조가 상당히 상보적 관계에 있다고 주장한다. 개념은유 이론(CMT)에서 연구되는 관습의 개념 짝짓기와 한 방향의 사상은 혼성 이론(BT)에서 제기되는 일종의 특정 개념 연결망상의 입력이자 제약이다. (그래디 외, 1999, 120쪽)

클렉의 정신 유형의 경우에 있어 인지은유 이론은 클렉의 개념 구조와 인지 습관에 대한 몇 가지 특이한 양상을 설명한다. 반면 혼성 이론은 특정한 상황에 대한 클렉의 묘사와 이러한 묘사가 소설의 비극적인 결말에 기여하는 방식을 설명한다. 더불어 두 이론의 구조는 파울즈의 소설에서 은유적 표현들이 정신 이상이고 범죄적이지만 겉보기에는 이성적인 정신을 구성하기 위해 어떻게 사용되는지를 설명하는 데 효과적이다.

5. 결론

본고는 정신 유형의 개념과 이데올로기적 관점이 텍스트에 투사된 세계 인식의 다양한 양상들을 포착하는 데 사용될 수 있다고 주장하였다. 본고는 두 개의 특정한 정신 유형이 언어학적으로 어떻게 구성되었는지를 설명하기 위해 도식 이론, 인지은유 이론, 혼성 이론을 두 소설에서 발췌한 인용문의 언어 분석에 적용했다. 이와 유사한 접근법이 포크너의 소설 『소리와 분노』에 등장하는 벤지의 정신 유형에 초점을 둔 연구에서처럼 이전의 정신 유형에 대한 분석(특히 파울러, 1986, 리치·쇼트, 1981)을 재논의하기 위해 효과적으로 적용될 수 있다고 본다.

마지막으로 본고에서 설명했던 도식/영역들, 정신 공간, 혼성 공간에 대한 인지적 '실재'에 대해 강력하게 주장할 수 없다는 점을 지적하는 것은 중요하다. 그러나 본고에서 채택한 세 가지 이론은 경험적 실험(아이젠크·킨, 2000, 256쪽, 깁스Gibbs, 1994, 포코니에, 1997, 13쪽)을 통해 입증되고 있으며, 뇌의 신경 구조에 관한 최근의 견해들과 양립할 수 있다. 본고의 목적을 위한 이 이론들의 주요 매력은 이 이론들이 설명의 힘을 지니고 있으며, 허구 서사에 나타나는 정신 유형에 대한 언어 구조를 명료하고 체계적이며 인지적으로 개연성 있는 설명을 제공하는 데 사용될 수 있다는 점이다.

■ 참고 문헌

Bartlett, F. C. 1932. *Remembering: A study in experimental and social psychology.* Cambridge: Cambridge University Press.
Black, E. 1993. "Metaphor, simile and cognition in Golding's *The Inheritors.*" *Language and Literature* 2: 37–48.
Bockting, I. 1994. *Character and Personality in the Novels of William Faulkner: A study in psychostylistics.* Amsterdam: University of Amsterdam Press.
Conradi, P. 1982. *John Fowles.* London: Methuen.
Cook, G. 1994. *Discourse and Literature.* Oxford: Oxford University Press
Culpeper, J. 2001. *Language and Characterisation: People in plays and other texts.* London: Longman.
De Bernieres, L. 1999. *Captain Corelli's Mandolin.* London: Vintage.
Eysenck, M. W. and Keane, M. T. 2000. *Cognitive Psychology: A student's handbook.* London: Psychology Press. (4th ed).
Fauconnier, G. 1997. *Mappings in Thought and Language.* Cambridge: Cambridge University Press.
Fauconnier, G. and Turner, M. 1996. "Blending as a central process of grammar." In A. Goldberg (ed.), *Conceptual Structure, Discourse, and Language*, 113–130. Stanford, CA: Center for the Study of Language and Information.
Fish, S. 1981. "What is stylistics and why are they saying such terrible things about it?" In D. Freeman (ed.), *Essays in Modern Stylistics*, 53–78. London: Methuen.
Fowler, R. 1977. *Linguistics and the Novel.* London: Methuen.
_____. 1986. *Linguistic Criticism.* Oxford: Oxford University Press.
_____. 1996. *Linguistic Criticism.* Oxford: Oxford University Press. (2nd ed).
Fowles, J. 1998. *The Collector.* London: Vintage.
Gibbs, R. W., Jr. 1994. *The Poetics of Mind: Figurative thought, language, and understanding.* Cambridge: Cambridge University press.
Goatly, A. 1997. *The Language of Metaphors.* London: Routledge.
Grady J., Oakley, T. and Coulson, S. 1999. "Blending and metaphor." In R. W. Gibbs, Jr. and G. J. Steen (eds.), *Metaphor in Cognitive Linguistic*, 101–124. Amsterdam: John Benjamins.
Halliday, M. A. K. 1971. "Linguistic function and literary style: an inquiry into

the language of William Golding's *The Inheritors*." In Chatman, S. (ed.), *Literary Style: A Symposium*, 330–368. New York: Oxford University Press.

Hoover, D. L. 1999. *Language and Style in "The Inheritors."* Lanham: University Press of America.

Kövecses, Z. 2000. "The scope of metaphor." In A. Barcelona (ed.), *Metaphor and Metonymy at the Crossroads: A cognitive perspective*, 79–92. Berlin: Mouton de Gruyter.

Lakoff, G. 1993. "The contemporary theory of metaphor." In. A. Ortony (ed.), *Metaphor and Thought*, 202–251. Cambridge: Cambridge University Press. (2nd ed).

Lakoff, G. and Johnson, M. 1980. *Metaphors We Live By*. Chicago: Chicago University Press.

Lakoff, G. and Turner, M. 1989. *More than Cool Reason: A field guide to poetic metaphor*. Chicago: Chicago University Press.

Leech, G. N. and Short, M. H. 1981. *Style in Fiction*. London: Longman.

Murphy, G. 1996. "On metaphoric representations." *Cognition* 60: 173–204.

Olshen, B. N. 1978. *John Fowles*. New York: Frederick Ungar Publishing Co.

Ryan, M. L. 1991. *Possible Worlds, Artificial Intelligence and Narrative Theory*. Bloomington, IN: Indiana University Press.

Salami, M. 1992. *John Fowles's Fiction and the Poetics of Postmodernism*. London: Associated University Presses.

Schank, R. C. 1982. *Dynamic Memory: A theory of reminding and learning in computers and people*. Cambridge: Cambridge University Press.

Schank, R. C. and Abelson, R. 1977. *Scripts, Plans, Goals and Understanding*, Hillsdale, NJ: Lawrence Erlbaum Associates.

Semino, E. 1995. "Schema Theory and the Analysis of Text Worlds in Poetry." *Language and Literature* 4(2): 79–108.

_____. 1997. *Language and World Creation in Poems and Other Texts*. London: Longman.

Semino, E., Heywood, J. and Short, M. Forthcoming. "Methodological problems in the analysis of metaphors in a corpus of conversations about cancer." *Journal of Pragmatics*.

Semino, E. and Swindlehurst, K. 1996. "Metaphor and mind style in Ken Kesey's *One Flew Over the Cuckoo's Nest*." *Style* 30(1): 143–166.

Short, M. 1996. *Exploring the Language of Poems, Plays and Prose*. London: Longman.

Simpson, P. 1993. *Language, Ideology and Point of View*. London: Routledge.

Steen, G. J. 1999. "From linguistic to conceptual metaphor in five steps." In R. W. Gibbs, Jr. and. G. J. Steen (eds.), *Metaphor in Cognitive Linguistics*, 57–77. Amsterdam: John BenJamins.

Toolan, M. 1990. *The Stylistics of Fiction: A literary-linguistic approach.* London: Routledge.

Tsapadikou, M. 2001. "A Stylistic Analysis of John Fowles's *The Collector* with a Particular Focus on Point of View and Mind Style." MA Dissertation, Lancaster University.

Turner, M. and Fauconnier, G. 1999. "A Mechanism of creativity." *Poetics Today*, 20(3): 397–418.

_____. 2000. "Metaphor, metonymy, and binding." In A. Barcelona (ed.), *Metaphor and Metonymy at the Crossroads: A cognitive perspective*, 133–145. Berlin: Walter de Gruyter.

Wolfe, P. 1976. *John Fowles, Magus and Moralist.* Lewisburg: Bucknell University Press.

06 발달 시기의 차이
스티븐 킹의 『거시기』에 나타난 공간 언어와 그 발달 표상

빌리 반 피어·에바 그라프 (뮌헨 대학교)

여기도 아니고 저기도 아닌 (빌 브라이슨Bill Bryson)

1. 서론

   인간과 공간에 대한 연구는 발상과 방법론과 이론 배경에 대한 유사성뿐만 아니라 대립성까지를 찾기 위한 학제 간 만남이 이루어지는 여전히 성장 중인 거대한 연구 분야이다. 이 장에서는 문학 텍스트에 나타난 어린이와 성인의 언어에서의 공간에 대한 언어적 표지에 집중함으로써 연구를 시작하려고 한다. 공간적 특성은 스티븐 킹Stephen King의 소설『거시기IT』에서 추출한 언어 자료에서의 어린이와 성인의 언어 짝에 의해서 규정되고 언급될 것이다. 그들 관념의 서로 다른 수준에 따른 맥락적 해석에 기초해서 이러한 연관성은 축어적이거나 은유적인 상태로 나뉘어질 것이다. 일련의 질문들이 제기될 것이다. 인지언어학적 차원에서 첫 번째 질문은

---

[1] 공간과 인간의 관계에 대한 관심은 아리스토틀Aristotle과 다른 고대 사상가들의 글에서까지 찾아볼 수 있다. 또한 공간과 인간에 대한 연구는 (몇 명만 언급하자면) 이러한 주제를 반영한 철학자 칸트Kant나 물리학자 뉴턴Newton과 같은 서로 다른 광범위한 분야로부터 영향을 받았다.

어린이와 성인의 말하기에서 서로 다른 구어적 공간 표현2이 존재하는가의 여부이다. 더 자세하게 말하면, 삶이 더 복합적이다는 점 때문에 언어에서의 공간 표지가 더욱 다양해지는가? 우리는 또한 두 발달 단계에서 발견되는 공간 표현이 언어적 복합성에 대한 다양한 수준을 보여주는지에 대해 흥미를 느낀다. 제기되는 두 번째 질문은 작가가 소설에서 청소년기의 말하기를 사실적으로 표현했는가의 여부이다. 더 자세하게 말하면 『거시기』의 언어에 발달 수준의 차이가 고려되었는가? 물론, 이러한 문제들은 지금까지 거의 연구된 적이 없는 현상인 언어 습득 이후 단계에서의 언어 습득에 대한 질문과 밀접하게 연관되어 있다. 비록 언어능력의 가장 빠르고 급격한 변화가 분명히 생애의 처음 몇 년 동안에 일어나더라도, (공간과 관련된) 인간사의 총체적인 복합성을 언어적으로 언급하는 능력은 다소 제한적인 이러한 기간 내에 완벽하게 획득되지 않으며 획득될 수도 없다. "사실상, 언어 발달 과정이 완전히 끝나는 때가 인생사의 어느 지점인지 규정하는 것은 어렵다.", "인생사 전체를 통한 언어는 이 주제를 파악할 수 있는 타당한 관점이다."(니폴드Nippold, 1998, 1쪽). 즉, 이러한 맥락에서 특히 중요한 것은 은유의 사용이다. 왜냐하면 공간에 대해 경험적으로 기초화된 개념은 몇 개의 기본 개념은유 단위 중 하나이기 때문이다. 기본 개념은유 단위의 구조적 총체(게슈탈트)는 인간관계나 시간과 같은 인지적으로 덜 구체적인 개념에 유사한 방식으로 적용된다. 결과적으로 은유의 사용은 초기 학습 시절에 습득되는 메타언어적 숙련도와 추상적 사고와 밀접하게 관련된다(카밀로프 스미스Karmiloff-Smith, 1992, 니폴드, 1998).

---

2 '구어적 공간 표현'이라는 말은 애임즈Ames · 런드Learned(1948)의 연구에서 처음으로 나타났다.

인지언어학이 언어 사용은 인지 구조를 반영한다는 생각에 근거를 두고 있다면, 인지문체론은 언어 사용이 인지 과정의 문체적 변이 쪽으로 나아가려는 시도를 하고 있다. 따라서 발화자는 특별한 형식 언어의 인지 과정을 약호화할 것이고, 청자는 계속해서 사용되어 온 특수한 언어 구조에 대한 이해를 통해서 발화자의 인지 과정을 해석할 것이다. 글쓰기와 문학에서 이러한 과정은 텍스트에서도 동일한 과정을 재현할 수 있다는 것을 의미한다. 주지하다시피 이것은 한 번도 실험해 본 적이 없는 인지문체론의 단순한 잠정적 추정이다. 이것은 바로 본고에서 목표하고 있는 것이다. 즉, 작가가 언어 사용의 구체적인 형식을 재현할 때 바로 그 작업에서의 인지 과정을 텍스트, 특히 문학 텍스트가 반영한다는 가정에 대한 타당성을 살펴보는 것이 우리의 목적이다.

1.1. 자료

본고의 분석은 스티븐 킹의 소설『거시기』에서 추출한 언어 자료에 기초한다. 본고는 여러 가지 이유로 이 문학 작품을 선정했다. 글쓴이가 여러 장점을 지닌 전문 작가라는 사실이 이 작가가 특별한 적절성을 가진 것으로 생각됐다. 비록 문학비평가와 학자들이 그의 작품을 무시하거나 단순한 베스트셀러로 일축하더라도 밀리언셀러를 기록한 그의 작품은 일정한 목적을 가진 우리의 관심을 끌었다. 만일 본고의 분석이 그러한 대단한 성공을 거둔 다작의 작가가 인지문체론이 전제하는 문체적 선택사항을 반영할 수 없는 것으로 드러난다면 인지문체론 이론은 흔들리게 될 것이다. 우리의 마음속에서 이 소설을 인지문체론에 기초하는 근본적인 추정에 대한 충분한 실험적 근거로 만들어 주는 것은 바로 이러한 작가의 전문성과 대중의 수용력의 결합이다. 여기에는 우리가 왜 스티븐 킹의 베스트

셀러 소설을 선택했는가에 대한 두 번째 이유가 있다. 즉, 이 소설의 이야기는 두 개의 서로 다른 시간 지점에서 전개된다. 첫 번째 에피소드에서는 주인공들이 어렸을 때 『거시기』라고 불리는 괴물에 대적하는 그들의 싸움이 회고된다. 상처를 입었지만 죽지 않은 그 괴물은 세월이 흐른 뒤 돌아오고, 현재 성인이 된 주인공들은 다시 그 괴물과 싸운다. 이 이야기의 이러한 구조는 소설의 어느 부분에서 어린이들에 의해 사용된 (공간적인) 언어를, 소설의 또 어느 부분에서 성인들에 의해 사용된 언어를 비교하도록 해준다. 두 경우 모두 동일한 개인을 다루고 있다는 사실이 이러한 비교를 특별히 부각한다. 만일 인지문체론의 근본적인 추정이 옳다면 (최초한 성공적인) 작가는 소설의 두 부분에 나오는 서로 다른 언어적 양상을 기록한 것으로서 인지적 복합성에서의 차이를 재현할 수 있는 능력이 있어야 한다. 만일 인지문체론이 근거 없는 생각에 의존하고 있다면, 그 생각은 본고의 분석 결과에 의해서 반박될 것이다. 적은 양의 자료는 일반적으로 문학 언어의 신뢰성과 관련된 어떠한 주장도 허용하지 않을 것이다. 그러나 본고는 인지문체론의 주요한 주장 중의 하나를 탐구하는 첫 번째 시도로서 이해되어야 한다.

1.2. 언어에서 공간 개념

다음의 그림을 마음속에 연상하면서 논의를 시작해보자. 아직 말을 하지 못하는 아기는 가냘픈 팔을 들어 올린다. 어머니는 즉각적으로 그 아기가 들어 올려주기를 원한다고 '이해한다.' 개체 발생의 과정에서 한 걸음 더 나아가면, 동일한 어린이는 신체 동작을 동반한 '올려줘(Up)'이라는 한 단어로 된 문장을 사용할 것이다. 25년이 지난 후, 지금 월가에서 증권 중개인으로 일하는 동일한 사람은 그의 고객에게 다음과 같이 말할 것이다. "당신의 주식이 오름세(upward)를 즐기고 있군요." 그리고 그는 속으로 생각할 것이다. "수수료가 하늘을 찌르겠군." 일견 완전히 다른 개념인 것처럼 드러나는 것은 몸짓과 언어를 통한 각각의 공간 표지에 있는 동안 신체 중심적인 수직성 개념에 토대를 둔 것으로 드러난다. 첫 번째 경우는 여전히 원시적이고 구체적인 감각인 반면, 두 번째 경우는 복합적이고 은유적인 방식이다. 그러나 어린이와 성인 모두는 그들의 대화 행위에 공간에 대한 기초적인 개념을 적용하고 또한 함의한다. 나아가 그들은 서구 사회가 지니는 함축적인 문화 유형인 상승 방향에 긍정적 가치를 결부시킨다. 어머니가 아이를 들어 올리는 것은 아이에게는 주변 환경을 탐색하기를 갈망하는 중요한 측면인 시야의 확보뿐만 아니라 어머니와의 친밀함과 신체적 접촉을 의미한다. 동일한 방식으로 이익금이 상승하는 것은 긍정적인 가치를 함의한다. 즉, 이익과 재산 증식의 방향으로의 역동적인 움직임이다.

   언어를 통해 공간을 지시하거나 창조하고 있는 앞의 예는 두 발달 과정에서의 다소 극단적인 위치를 재현한다. 그 위치는 한 어린이가 공간에 대한 철저한 어휘 운용의 습관을 받아들이기까지의 인지적이고 언어적인 경험을 겪는 단계들을 상징화하고 있다. 이러한 공간적 가능성의 증가에 대한 숨은 원동력은 새로운 공간 어휘의 학습에서 예시된 것처럼 일반적인 인지언어에 동기화된다. 뿐만 아니라 더욱 복합적인 공간에서의 실제처럼 외부적 조건에 의해 형성되기도 한다. 이러한 것들 역시 언어에서 적절한 표현을 찾아야 한다.

   현재, 성인의 복합적인 대화 상호 작용에서 서로 다른 공간은 무엇으로 보이는가? 스티븐 킹의 소설 중 479쪽에서 추출한 다음 예문은 그러한 첫 번째 인상으로 제공될 것이다(이것은 추후에 더욱 많이 논의될 것이다.).

마이크(Mike): 거기에는 물론 표면적인 이유가 있어. 애틀란타Atlanta, 뉴욕New York, 시카고Chicago, 디트로이트Detroit… 이것들은 거대한 미디어 도시들이야. 거대한 미디어 도시에서 사건이 일어나면 그 일은 엄청 커져. 네가 고등학교에 설강된 영어와 말하기 과목의 작은 학습용 라디오를 헤아리기 전에는 거기 데리Derry에는 어떠한 티브이나 라디오 방송국도 없어. 사건이 미디어에 나와야 할 때 쯤, 뱅고르Bangor의 사건들은 시장의 구석을 차지하지.

우리는 직시 표현인 '이것들'과 '거기'에서의 거리의 표지뿐만 아니라 고정적이고 분할된 공간('고등학교에')과 같은 서로 다른 공간에 대한 사고를 발견할 수 있다. 추상화의 다양한 수준에 따라서 변별된 이러한 공간적 특성은 축어적이고 은유적인 공간 유형의 창조 모두에서 사용된다('데리에서' 대 '거대한 미디어 도시', 또는 '시장의 구석'). '시장의 구석' 표현에서 추출된 공간에 대한 그림은 다시 한 번 일반적인 생각을 예시한다. 즉, 구체적인 공간에 대한 개념은 미디어 존재의 관념적 맥락에서 뱅고르가 처한 상황을 일러준다.

공간에서의 기본적인 경험은 공간에 관한 움직임, 생각, 발화에 대한 토대를 구성하는 공간적 도식이나 개념을 구축하도록 해준다. 따라서 '언어 속의 공간' 현상은 공간적 개념과 공간적 표현(그리고 인칭 대명사와 같은 바-공간적 표현까지)의 동일화할 뿐만 아니라 재현되고, (또는) 창조되는 공간 유형의 범주화까지도 포함한다. 이러한 언어적 공간은 경험적이고 인지적이고 언어적인 요소의 복합물로 간주되어야 한다. 이것들은 어떤 측면에서는 하나의 복합적인 특수한 문화 형식과 상호 관련되어 있다. 그러나 세부적인 사항을 살펴보기 전에 언어와 공간의 관계에 관련된 매우 일반적인 문제를 고찰해야만 한다.

2. 언어와 공간의 관계

언어와 인지에 관련된 모든 현상을 고찰하게 되면 즉각적으로 그들의 관계에 대한 의문이 제기된다. 따라서 여기에서 다루어야 할 첫 번째 문제는 언어와 공간이 관련되는 방식이다. 세계의 모든 사람에게 존재하는 공간의 현존과 그 중요성은 사회적이거나 문화적인 배경에 따라서 변화하지 않는다. 우리는 공간에 둘러싸여 공간 속에서 존재하면서 행동하고 사고하고 말한다. 그러므로 공간에 대한 언급이 모든 언어에 풍부하다는 것은 놀랄만한 일이 아니다. 그러나 이런 공간적 맥락에서 해결되어야 할 것은 언어와 공간이 어떻게 상호 작용하는가이다. 더 추상적인 차원에서 이것은 상대론적이고 실재론적인 관점3(피아제 Piaget · 인헬더 Inhelder, 1957, 탈미 Talmy, 1983, 헤이워드 Hayward · 타르 Tarr, 1995, 센프트 Senft, 1997, 고프닉 Gopnik, 2001, 바우어만 Bowerman · 레빈슨 Levinson, 2001)의 문제로서 포괄적으로 언급된 유명한 논의를 이끈다. 모어를 통해서 습득한 언어 체계가 우리의 개념 형성에 영향을 미치는가? 본고의 경우, 언어는 선先-구축된 방식으로 우리를 둘러싼 환경을 지각할 수 있게 하는 고정된 공간적 틀거리를 제공하는가? 또는 공간에서 인간 존재로서의 기본적인 경험과 욕구가 언어적 차원에서 밀접하게 연관되는 표현을 만들어내는 보편적으로 그와 유사한 공간적 개념의 형성을 야기하는가? '외부의' 언어적 공간은 결과적으로 '외부의' 물리적 공간에 대한 지각을 인식하도록 '내부의' 공간을 형성하는가? 또는 '내부' 공간은 언어와 유사하게 말해진 공간으로 야기하는 보편적인 외부 형태에 귀착되는가?

---

3 사피어 Sapir와 워프 Whorf 가설이 가장 유명하지만, 이 현상은 정신의 스승인 헤르더 Herder나 훔볼트 Humboldt와 같은 잘 알려진 학자들도 언급하였고 고대 그리스에서부터 줄곧 야기된 언어와 사고에 대한 반영론이다.

2.1. 실재론적 관점

삶의 초기 단계[4]에서 전 세계의 모든 어린이들은 인간의 기본적인 본성으로 인하여 보편적인 최초의 경험과 기본적인 욕구와 관심을 공유한다. 다른 사물과 분리된 구체적인 실체로서 그들 자신이나 그들 신체[5]를 인식하는 것은 성인의 말과 생각의 세계로 진입하는 조건 중 하나가 된다. 이러한 초기의 경험은 자신의 신체에 대한 공간적 차원이나 다른 사물이나 다른 사람과 자신 사이의 거리와 같은 일종의 기본적인 공간 개념의 습득을 야기한다. 이러한 초기의 경험과 결합된 공간과 상호 작용한 개념은 발달의 출발지로서의 자기 개념을 형성한다(나이서Neisser, 1993). 어린이들에게 일어나는 모든 문제는 '지금, 여기'이기 때문에 이러한 초기 발달 단계의 맥락은 매우 구체적이고 제한적이다. 따라서 개체 발달상의 경로는 공간과 자신이라는 맥락의 복합성이 강화되는 것으로 나타나고, 이것은 표면적 차원에서 서로 다른 언어적인 공간으로 구체화된다.

어린이의 또 다른 보편적 욕구는 그들의 환경과 소통하려는 충동이다. "타자와 소통하려는 열망은 인간의 본질적 특성이다."(호프 긴스버그 Hoff-Ginsberg, 1997, 232쪽). 언어 수단이 갖춰지지 않았기 때문에 발달상의 매우 이른 단계에서 대화를 위한 동작학적 형태는 어린이들의 의도를 전달하게 도와준다. 원초적 대화의 이와 같은 비언어적 수단으로서 가리키는 동작은 특별한 역할을 담당한다. 가리키는 동작은 일반적으로는 대화의,

---

[4] 최초 단어들에 대한 교차언어 연구는 초기 개념 표현이 전 세계의 모든 어린이들의 언어에서 대부분 일치함을 보여준다(슬로빈Slobin, 1970, 클라크Clark, 2001).

[5] 칸트 등에 의해서 강조된 공간 개념에 대한 신체의 중요성은 신체 부위를 활용한 많은 공간 표현들에서 찾아볼 수 있다. '앞쪽에서(in front of)'는 어원적으로 '이마(forehead)'까지 거슬러 올라가 추적되어야 한다(스보로우Svorou, 1993). 본고에서의 예는 '마주보다(facing each other)(표 1, 줄 3, 4, 5)'를 참조하라.

특수하게는 직시의 계통발생적이고 개체 발생적인 출발점을 형성한다(뷸러Bühler, 1934, 메드Mead, 1934, 암스트롱Armstrong 외, 1995). 가리키는 몸짓은 일종의 출발지의 관점에서 어떤 것의 위치와 거리를 드러내어 이후의 위치 직시 대한 초기 단계를 재현한다. 나아가, '말해지는' 대상이 대화 참여자 모두에게 관심의 중심이 될 수 있는 반면에, 이러한 원형적 직시 동작은 실재적인 상호 작용의 기점으로서 간주될 수 있다. 즉, 공간과 (대화적인) 상호 작용은 분리 불가능하고, 어린이는 타자와 소통을 통해로 상호 작용하는 공간을 공유하는 것을 배워야 한다. 왜냐하면 이것들은 공간과 대화가 문화적 특수성이기보다 인간 본성과 관련되어 있기 때문에 어느 정도 보편적인 특성을 가진 어떤 발달상의 사실과 관련된다.

2.2. 상대론적 관점

더욱 상대론적인 관점은 문화 특수적인 방법에서 어린이들의 비구어적인 선-대화를 해석하는 언어지도자(어떤 문화의 구성원으로서)의 형식으로 그 단계에 진입한다. 아직 의미를 갖추지 않는 어린이의 원초적인 행위에 부모는 마치 어린이가 의도적인 대화적 의미를 가진 것으로 반응한다. 부모의 지각과 언어로 존재하는 미리 매개된 공간적 형태를 취하면서 어린이는 문화적으로 미리 결정된 방식으로 그 행위의 의미를 배운다. 영어 말하기 환경에서 어린이는 팔을 올리거나 '올려줘(up)'라고 말하는 것이 자신의 의도를 관철할 수 있게 해준다는 것을 안다. 위를 향한 동작의 적극적인 평가가 은유적인 방식으로 널리 적용되는 연합된 한 공간적 생각이 되는 지점이 이러한 구체적인 초기 단계의 맥락이다.

그렇다면 어떻게 이러한 특수한 문화적 공간적 형태가 만들어지는가? 서구 사회의 배경을 예로 들자면, 어린이는 신체 중심적인 (공간적) 지시 틀거리를 물려받는다. 그리하여 공간적 관계를 구성 체계의 출발점, 또는 중심으로 자신의 신체를 통해서 선험적으로 판단한다. 그러나 이러한 공간적 '판단'은 다른 문화와는 대단히 많은 차이가 있다. 서구 문화가 자아-중심적인 반면에, 마야인들은 공간적 관계에 대해서 두드러지게 지라-중심적인 지시 틀거리를 적용한다.[6] 또 다른 예는 사물들 사이의 공간적 관계를 인식하고 지시하는 영어와 한국어의 차이이다. 영어에서는 포함, 또는 지지와 같은 장소 관계가 부각된다(피터는 집에 있다(Peter is in the house)). 반면에 한국어에서는 비좁은 용기와 느슨한 용기 사이의 구별 ('직소 퍼즐에 조각을 끼워 넣어라' 대 '가방에 책을 넣어라'에서 각각의 '-에'는 서로 다른 표현이다.)이 부각된다(바우어만Bowerman · 최Choi, 2001). 문화에 의해 형성된 부모가 매개한 이와 같은 서로 다른 방법의 (공간적) 환경을 지각하고 말하는 방식에서 상대론의 위상은 확고해진다.

2.3. 두 관점의 조정: 언어 습득 현상

두 대조적인 접근법을 조정하는 완벽한 영역은 전 세계에서 발견되는 언어 습득과 놀랍게도 유사한 (시간적) 단계들이다. 한편, 개체 발생 단계의 바로 첫 단계에서의 공간은 인생에 특별한 중요성을 지닌다. 그러므로 공간은 확실한 지각과 (언어습득 이후의) 사고와 언어에서 초기의 기본적이고 보편적인 개념을 재현한다. 그것은 상대론자에 의해서 공유된 관점인 바-공간적 범주에 또한 적용된다. 즉, "공간적 생각은 거의 모든 다른

---

[6] 레빈슨(2001, 574쪽)은 지시에 대한 세 가지 다른 공간적 틀거리를 말한다. 그것들은 모든 방식에 적용되는 것이 아니라 문화 안에서 공간적 지시에서만 두드러진다. 지시의 본질적인, 상대적인, 절대적인 틀거리는 공간적 판단의 중심으로서 서로 다른 출발지에 기반한다(레벨트Levelt, 1996 참조).

영역에 관한 생각에 스며든다. 관념의 문제가 공간화 되었을 때, 명확하게 지각될 수 있다."(레빈슨, 1992, 5쪽).

언어적 차원에서 이것은 공간적 표현은 의미론적으로나 통사론적으로나 비-공간적 범주보다 더욱 기본적이다라는 것과 최초로 학습된 단어들이 언어적으로 교차한다는 것을 의미한다. "공간 언어의 초기 모습은 세계를 조직함에 있어 공간적 언어의 기본적인 중요성을 보장한다."(랭도 Landau, 1993, 2쪽). 그러나 어린이들이 사회적 고립 상태에서가 아니라, 그들을 둘러싼 특수한 문화적 상호 작용 속에서 모어를 받아들이기 때문에 상대론적 형성은 그들의 언어지도자[7]의 도움으로 이루어진다. 언어지도자들은 초기 단계에서 기본적이고 전반적인 요구의 해석자로 행위한다. 왜냐하면 어린이들의 초기 원초적 소통행위는 아직 진정한 발화행위 능력이 없기 때문이다. 이러한 과정을 통해 어린이들은 부모들의 해석을 통해서 그들의 고유한 행위에 대한의 특수한 문화적 의미를 배우고, 다음 발달 단계에서는 의도적으로 그것을 적용한다. 지시의 공간적 틀거리의 관점은 개체 발생적인 (공간적) 발달에서 언어지도자에 의해 매개된 상대론적인 부분[8]을 현시하는 몇 가지 사항을 중요하게 생각한다.

언어에 대한 강력한 효과를 인지적으로 인식하는 사람은 워피안 Whorfian 의 이론에 동의하게 될 것이다. 그러나 그들은 워피안의 방법론을 따르는 것처럼 보이는 반-실재론과 상대론을 거부할지도 모른다. 어린이들은 성

---

[7] 이러한 언어습득에 대한 상호행위적인 접근의 이론적 배경은 기능 이론인 앤드류 록 Andrew Lock(1980)의 『언어의 학습된 재발견』이다. 이 이론은 어린이와 언어지도자 사이의 상호행위의 중요성에 역점을 두고 비언어적 대화에서부터 언어적 대화로까지의 지속적인 과정을 주장하고 한 문화의 구성원으로서의 부모의 언어 형성 역할을 강조한다.

[8] 인간 사고의 구조화에 대한 분명한 보편적 (공간) 도식의 존재를 강력하게 주장하는 이븐 레이코프 Even Lakoff(1987)조차도 이러한 한정적인 상대론의 일면을 허용한다.

인 언어의 특이성에 관심을 기울이고, 그러한 특이성은 어린이의 세계에 대한 개념에 영향을 끼친다. 그것들이 세계를 이해하기 위한 보편적 메커니즘을 반영하기 때문에 그럴 수밖에 없다. (고프닉, 2001, 62쪽)

3. 언어에, 그리고 언어를 통해 표현된 공간적 개념들

다음의 요점은 우리가 실제로 단어들로 표현하거나 지시하는 것보다 더 많은 공간 영역이 존재한다는 사실을 명심해야 한다는 것이다(헤이워드·타르, 1995, 40쪽). 그것은 우리가 다른 것들을 무시하는 동시에 어떤 한 국면에서 확실한 공간적 양상을 선택한다는 것을 의미한다. 비어위시 Bierwisch(1996)처럼 말하면, 그것은 얼마나 많은 공간이 언어로 취해지는 가에 대한 문제이다. 공간은 도식적인 방식으로 언어 안에서 재현된다.

말하자면 다른 모든 양상들이 무시되는 반면에, 공간적 국면에 존재하는 모든 양상들 중의 특별히 선택된 것들만이 언어적 요소에 의해서 실제적으로 언급된다는 것이다. (탈미, 1983, 258쪽)

그러므로 공간적 언어, 또는 공간에서의 언어에 대한 연구(분더리히 Wunderlich, 1982, 올슨 D. R. Olson D. R.·비알리스토크Bialystok, 1983, 슈바이처Schweizer, 1985, 시엔키Cienki, 1989, 바터Vater, 1991, 베커Becker, 1994, 블룸Bloom 외, 1996, 보베크 C. Vorweg C.·릭하이트Rickheit, 1999)는 복합성에 대한 서로 다른 수준에서의 언어적 표층구조에 표현된 것들을 알아내는 공간적 현상이나 공간적 관계의 기본적인 묶음에 집중한다. 이 기본적인 묶음은 외부 공간으로부터 인지적으로 추상화된 것과 재켄도프 Jackendoff가 "언어-공간 접점"이라는 부르는 것에 나타난 정신적으로 표상화된 것으로 구성된다.

3.1. 기저 공간 개념

물론 공간에 대해서 말할 때 마음에 생기는 첫 번째 현상은 직시이다. 특별하게 위치 직시는 '여기'와 '여기가 아닌', 혹은 '가깝다'와 '멀다'에서처럼 이항 변별성에 기반해 있다. 이러한 기초적인 이항 체계는 시간 직시에서의 '지금'과 '지금이 아닌' 사이의 구별, 혹은 인칭 직시에서의 '너'로부터의 '나'의 분리가 나타나는 또 다른 범주들에도 역시 적용된다 (필모어Fillmore, 1975, 리온즈Lyons, 1977, 레빈슨, 1983, 에리치Ehrich, 1992, 마마리도우Marmaridou, 2000).

뷸러(1934)가 제시한 이와 같은 세 개의 범주 외에 사회적 직시와 담론적 직시를 또 다른 접근법으로 말할 수 있다(필모어, 1975, 리온즈, 1977, 레빈슨, 1983, 마마리도우, 2000). 이 접근법들 역시 상대적인 (직시) 공간을 구조화하기 위해서 "중심부", 또는 "말단부"와 같은 공간적 매개변수를 적용시킨다. 비록 직시가 언어에서 공간을 현실화시키는 가능성 있는 유일한 형식이더라도, 직시는 특별한 위상을 차지한다. 직시는 "(…) 언어와 실재가 만나는 매우 중요한 영역이다."(바이센보른Weissenborn · 클라인Klein, 1982, 3쪽). 왜냐하면 언어와 맥락 사이에는 밀접한 관계가 있기 때문이다. 개체 발생에서의 직시 원형에 대한 언급을 또한 주목해 보자. 결과적으로 직시는 "중심부"와 "말단부"와 같은 신체 중심 개념에 의존하고, 이와 같은 표현들은 구체적이거나 은유적인 공간 개념 모두에 가장 광범위하게 사용되는 공간적 사고이며, 모든 언어에 어떤 식으로든 표현되는 것들이다(필모어, 1971, 리온즈, 1977, 레빈슨, 1983, 데니Denny, 1985, 에리치, 1992, 마마리도우, 2000). 이러한 특별한 위상은 직시 습득에 대한 연구로 확실해지는데, 이 연구는 기본적인 직시어들이 최초로 학습되는 단어들이라는 것을 증명한다(탄츠Tanz, 1980, 트레이시Tracy, 1983). 직시를 제외하고 두 번째로, 기본적인 (언어적) 공간의 범주화는 정적 공간과 동적 공간 사이(밀러Miller · 존슨 레어드Johnson-Laird, 1976, 스보로우, 1993, 베커, 1994, 보베크 · 릭하이트, 1999), 즉 공간에서 실체의 위치와 실체 위치의 움직임과 변화 사이에서 이루어진다. 더구나 그 사이에서 이루어지는 차원적, 혹은 구조적 공간의 범주화(올슨 · 비알리스토크, 1983, 바터, 1991, 에리치, 1992)는 실체들의 공간적 총체를 나타낸다. 공간에서의 사물의 위치, 움직임, 배치에 대한 상대적인 본성의 개념은 공간에서의 자아, 또는 다른 실체들과 항상 상대적이다. 이러한 상대적인 본성의 결과로서, 공간적 지시는 어떤 특수한 공간적 사건에서 서로 연관되어 있는 두 실체인 전경과 배경(탈미, 1983)의 서로 다른 특성을 고려해야 한다. 이것은 확연한 공간적 관계에 대한 언어화를 허용하고 그렇지 않는 것들은 허용하지 않는다('담장 앞의 자전거(the bicycle at the fence)' 대 '자전거 앞의 담장(the fence at the bicycle)').

정적 위치, 또는 정적 공간은 위상학적 본성('사과가 바구니 안에 있다(the apple is in the bowl)'처럼 포함이나 지지를 표시함으로써), 투사적이거나 상대적인 본성[9]('당신 앞에 있는 집(the house in front of you)'의 경우), 또는 절대적인 계측적 본성('300미터')으로 표현될 수 있다. 동적 움직임, 또는 동적 공간은 요소, 경로, 목표, 방향이라는 관념을 포함한다. 물론 이 모든 것들이 동적 공간의 언어적 창조에 명확하게 표현되는 것은 아니다('그는 집으로 달렸다(He ran home)' 대 '피터는 해변을 따라 걸었

---

9 이러한 투사적이거나 상대적인 정적 지시는 직시적이거나 실질적인 본성이라고 할 수 있다. 전자는 발화자가 원점이고, 후자는 그 원점으로 사물의 기능적인 자질에 의존한다. 그러나 레빈슨(2001)은 언어 구성 체계를 실질적인 것과 직시적인 것과 절대적인 것으로 구분한다.

다(Peter walked along the beach)'). 차원 공간은 사물의 구조적 자질을 설명한다. 즉, 얼마나 많은 차원이 사물의 공간적 묘사에 포함되어 있는가, 또는 표현된 것이 사물 전체와 관련되는가, 사물의 부분에만 관련되는가를 설명한다(예제 7의 '깨진 동그라미(brokeen circle)' 대 '완성된 동그라미(complete circle)'를 보시오). 이러한 것들은 공간의 언어화를 기저화하는 가장 중요한 공간적 특질이다.

3.2. 공간의 범주에 대한 언어적 연관성

언급한 정적 공간, 동적 공간, 차원 공간이라는 범주들은 지시 대명사와 한정사, 공간 부사, 차원 형용사, 위치 전치사[10] 등등(이 글에서 다루지 않는)에서 언어적인 짝을 갖고 있다. 그러나 언어에서 공간은 '여기', 또는 '앞에' 같은 진짜 공간적 표현을 통해서 표시될 뿐만 아니라 호칭, 인칭 대명사, 또는 호격의 용어와 같은 바-공간적 표현의 도움을 통해서 표시되기도 한다. '쿨타르 교수님, 좋은 오후입니다' 대 '안녕, 말콤'과 같은 변별적인 인사 형식을 비교해 보면, 두 개인 사이에 존재하는 서로 다른 사회적 관계와 대인 관계는 즉각적으로 분명해 질 것이다. 첫 번째 경우에서 우리는 권력과 권위의 문제에 의존하고 있는 사이인 학생과 교수의 형식적인 관계를 알 수 있다. 그러나 두 번째 경우는 덜 형식적이거나 더 친근한

---

10 이러한 맥락에서 가장 활발하게 연구가 이루어진 현상은 위치 전치사이다. 이러한 폐쇄 범주 항목, 또는 기능적 단어들은 공간적이고 바-공간적인 맥락에서의 폭넓은 적용을 허용하기 때문이다(베네트Bennett, 1975, 헉스코비츠Herskovits, 1986, 시엔키, 1989, 라우Rauh, 1991, 가론드Garrod 외, 1999). 본고는 다양한 공간적, 또는 바-공간적 맥락에서의 하나의 전치사에 대한 서로 다른 의미 사이의 관련성을 분석하지는 않는다. 전치사와 부사적 불변화사에 적용된 변별성에 대한 것은 비버 Biber 외(1999, 78쪽)를 참조하시오.

수준에서 서로를 대하는 두 개인 사이의 인사 형식이다. 호칭의 두 번째 유형에서 표현된 것은 사회적이거나 문화적으로 형성된 심리적 친밀함의 관계이다. 사회적이거나 대인 관계적인 수준에서 우리는 두 사람 사이에 존재하는 은유적인 사회적 공간과 은유적인 대인관계적인 공간을 표시하기 위해서 사용된 가깝다와 멀다의 기본적인 개념을 다시 발견하게 된다. 은유적 공간에 존재하는 사회 계층으로 대인관계를 이처럼 위치시키는 것은 호격이나 호칭을 선택할 때 자동적으로 나타난다. 비록 그것들이 축어적인 공간 대명사나 인칭 대명사[11]가 아니더라도, 위치 직시와 인칭 직시 사이의 밀접한 관계로 인해 그것들은 공간 언어의 범주에 포함된다.

3.3. 축어적 공간 대 은유적 공간

비-공간 영역에서 공간의 관념과 개념이 과도하게 사용된다는 사실은 폭넓게 인정된 현상이다(밀러·존슨 레어드, 1976, 레이코프 Lakoff·존슨 Johnson, 1980, 레이코프, 1987, 탈미, 1983, 시엔키, 1989, 레빈슨, 1992, 스보로우, 1993, 보르디츠스키 Boroditsky, 2000). 도입부에서 언급했던 것처럼, 감성과 같은 비-공간적 범주에 공간적 개념의 구조적 총체를 적용하는 것은 더욱 추상적인 현상을 다룰 수 있게 해준다. 경험에 기반한 공간적 도식을 다른 영역에 적용하는 것은 아리스토틀이 이미 인간 인지에서 중요한 것으로 언급한 유사성의 원칙을 따른 것이다. 물론 이러한 맥락에서 가장 두드러지는 예는 공간적 은유로서의 시간이다. 공간적 은유로서의 시간은 중심부와 말단부의 경우에 적용된 '가깝다'와 '멀다'와과 같은 직

---

[11] 동시에 인칭 대명사는 사회적이거나 대인관계적인 직시 표현과 분리불가능하게 연결되어 있다.

시 개념뿐만 아니라 위상적 구조('69년의 여름에서(in the summer of 69)', '같은 날에(on the same day)'), 또는 역동적 움직임('마침내 여름이 왔다 (finally winter came)')도 자주 발견된다. 또 다른 예들은 '행간의 사이를 읽기(reading the BETWEEN the line)'라는 말이 있는 것처럼 텍스트를 공간으로 취급('위에 적시된 논의에서(above listed arguments)')하거나, 인터넷을 공간으로 취급(인터넷에서 우리는 '가상공간(cyber space)'이나 '대화방에 들어가기(going to chat-room)'라고 말한다.)하는 것이다.

4. 분석

4.1. 방법론

스티븐 킹의 『거시기』에 나타난 공간에 대한 언어적 표지의 분석은 세 개의 항목에서 논의될 것이다. 첫째, '3.1.'에서 논의한 공간적 특성은 텍스트에서 인용한 각각의 예시에서 확인될 것이다. 따라서 그러한 분석은 다음의 공간적 특성에 집중할 것이다.

- 정적 공간(위상학적, 투사적, 계측적 관련)
- 동적 공간(요소, 경로, 목표, 방향)
- 차원적 공간(두 개, 혹은 세 개의 차원성과 부분-전체 관련)
- 직시 공간(가깝다와 멀다.)

두 번째 분석적 범주는 이러한 공간적 개념의 언어적 관련성을 다룬다. 이 분석은 영어 문법 입문을 위한 말뭉치 모음인 실용적 목적의 『롱맨 문법-영어에서 구어와 문어 Longman Grammar of Spoken and Written English』(비버 외, 1999)에 주로 기반을 둔다. 언어적 단위는 그 책의 단어 분류[12]와

(가능하다면) 의미론적 영역13에 따라서 분석될 것이다. 분석의 세 번째 항목은 어린이와 성인의 언어에 나타난 공간적 표지의 서로 다른 유형에 대한 규정이 될 것이다. 그것들은 구체적인 공간적 개념이 축어적이고 은유적인 공간이 되는 추상성의 다양한 수준으로 구별될 수 있을 것이다. 서로 다른 공간을 규정하기 위해서 표현된 것들에 대한 폭넓은 맥락들이 고려될 것이며, 필요하다면 문장의 유형과 의미론적 역할도 고려될 것이다. 레이코프·존슨(1980), 인초라드Inchaurralde(1997), 비버 외(1999), 마마리도우(2000) 등을 비롯한 여러 사람의 이론에 의거해서 예시에 나타난 언어화된 공간적 개념들은 어떤 사람의 구체적인 위치처럼 축어적 공간을 표시하는 것으로서, 또는 사회적 거리, 감성적 몰입 등처럼 은유적 공간을 표시하는 것으로서 해석될 것이다. 분석의 세 번째 항목은 어떤 거시적인 기획의 첫 단추로서 이해되어야 한다. 따라서 이 분석은 어떤 식으로든지 전체를 대표하거나 완벽한 어떤 것이라고 주장되어서는 안 된다.

4.2. 언어 자료

처음 다섯 개14의 예(아래의 항목 1)는 11세 즈음 주인공들의 발화에서 취해진 것들이다. 두 번째 여섯 개의 예(아래의 항목 2)는 그로부터 27년 후의 주인공들의 발화에서 취해진 것들이다. 어린이와 성인의 발화를 비교할 수 있도록 하기 위해서 각각의 예들은 비슷한 맥락이나 비슷한 내용

---

12 동사와 결합하는 전치사나 불변화사는 구 동사와 전치사 동사, 또는 자유 결합 문법과 차이점이 없다(비버 외, 1999, 78쪽).
13 롱맨 문법의 명사들은 의미에 따라서 분류화되지 않았기 때문에 우리는 '줄(row)'과 같은 것으로 '공간 명사'를 소개할 것이다(표 1의 2행을 보라). 이러한 범주는 축어적이고 은유적인 공간으로의 변별화에 있어서 중요하다.
14 지면의 한계로 11개의 경우만 분석하였다.

의 배경에서 취해졌다. 예를 들어 두 그룹은 모두 구체적인 축어적 공간에 대해서 말하고 있다. 이러한 조건하에서만 비교 연구가 가능하며 공간의 다양한 유형에서의 복합성의 변별화가 분명해진다. 가끔 하나의 어떤 현상에 대한 예로서 두 개의 텍스트 자료가 취해지기도 한다.

성인의 삶과 경험이 어린이보다 더 다양하고 복합적이라는 단순한 사실 때문에 우리는 주인공들의 성인 언어를 조사하는 것만으로도 또 다른 맥락을 보여줄 수 있다. 논리적으로 성인이 말하는 (공간적) 화제 역시 더 복합적이다.

분석을 위해서 텍스트에 두 종류의 표지를 적용했다. 정밀한 조사가 필요한 언어 표현들은 굵은 글씨로 표시하였다. 밑줄 그어진 발화에 드러난 또 다른 공간적 표현들은 공간 개념 표현이 빈번하게 나타난다는 것을 보여준다. 또한 대화가 아닌 부분은 어떤 표시도 하지 않았다. 대화가 아닌 부분은 순전히 맥락을 제공하기 위한 목적이다.

우리가 대답을 원하는 질문은 다음과 같다. 공간은 어떤 언어적 복합성으로 표시되었는가? 어떤 종류의 공간이 표시되었는가? 작가는 주인공들의 어린이와 성인의 말하기 방식을 어떠한 실재적 장면으로 묘사하였는가?

항목 1: 어린이의 언어

예 1 (소설, 228쪽): 구체적 공간에 대한 말하기

빌과 에디는 바렌의 외진 모래사장에서 여름휴가의 대부분을 보냈다. 그들은 가장 좋아하는 공간인 그곳에서 댐을 만들려고 한다. 세 번째 어린이인 벤은 골치 거리인 덩치 큰 아이들에게 쫓기다가 우연히 모래사장을 발견한다. 나중에 유명한 건축가가 되는 벤은 그곳에서 댐을 만들고 있는 빌과 에디에게 조언한다.

1. 빌: 나-나와 에-에-에디는 대-대-댐을 만들려고 했어.
   (Bill: M-Me and E-E-Eddie were tuh-trying to make a **duh-duh-ham**.)
2. 벤: 너희는 널빤지를 모아야만 해. 널빤지를 가지고 와서 서로 마주보게 차례대로 세워… 샌드위치의 빵처럼 말이야.
   (ben: You ought to have some boards. Get boards and **put em in a row**… **facing each other**… like a bread of a sandwich)
3. 봐, 널빤지는 여기저기에 있어. 너희는 그것들을 각각 서로 강바닥에 마주보게 박아. 알았지?
   (Look, boads here and there. You stick them **in the streambed facing each other**. Okay?)
4. 그리고 냇물이 그것들을 쓸어 가 버리기 전에, 너희는 돌멩이와 모래를 넣어서… 널빤지 사이의 공간에 그것들을 가득 채워.
   (Then, before the water can **wash** them **away**, you **fill up the space between** them with rocks and sand…)
5. 하여간, 만일 너희가 - 우리가 - 돌멩이 같은 재료들로 그 사이의 공간을 가득 채운다면 그것이 당분간은 유지될 거야.
   (Anyway, if you-we **fill up the space in between** with rocks and stuff it'll stay.)
6. 냇물이 차오르게 되면, 상류의 널빤지는 돌멩이와 부스러기에 기대서 버틸 거야.
   (The **upstream board** will **lean back against** the rocks and dirt as the water **piles up**.)
7. 잠시 후에, 두 번째 널빤지는 뒤로 기울어지다 냇물에 쓸려갈 거야.
   (The second board would **tilt back** and **wash away** after a while,)
8. 내 생각에, 우리는 세 번째 널빤지를 준비해야 할 것 같아.
   (I guess, but if we had a third board…)

이러한 예에서 우리는 구체적이고 물리적인 공간을 표시하기 위해 사용된 공간 특성들을 발견한다. 이와 같은 축어적 공간의 말하기는 주인공들이 말하는 공간적 장면 중 어린이의 형식으로서의 구체적인 '지금, 여기'를 지시한다. 위치 직시와 같은 매우 문맥 의존적인 표현(3행)을 제외하면, 벤은 구체적인 공간에 대해서 언어적으로 다양하고 복합적인 표지를 적용한다. 우리는 정태적, 동태적, 차원적인 공간적 특성과, 특히 구체적인 물리적 공간을 표시하기 위하여 사용된 전형적인 여러 공간 명사들을 발견한다. 이와 같은 능란하고 다양한 언어화는 건축에 대한 벤의 특별한 관심에 기인하는 것 같다. 개인적인 관심이 그에 관한 많은 독서로 이어져 특정한 주제의 단어를 성장시킨다는 사실은 언어습득 이후의 단계에서 매우 중요하다(니폴드, 1988).

<표 1> 예 1에서의 공간 개념과 그 언어적 실재화

행	공간 개념	언어 수준
1	3 - 차원적 대상을 표시하는 차원 공간	댐(dam): 공간 명사
2	공간차원으로서 목표 - 목표로 이동을 표시하는 동태적 공간	차례대로 세우다(put in a row): 동작 동사 'put'+장소 전치사 'in'+차원 명사 'row'의 자유 결합
2	2행에 대한 목표를 본래적으로 규정하는 정태적 공간	서로 마주보다(facing each other): 동사 'face'+상호 대명사 'each other'
3	가까운 거리와 먼 거리에 대한 직시적 표시	공간 부사 '여기(here)'와 '거기(there)'
3	용기(container)로서 목표 - 목표의 이동을 표시하는 동태적 공간	강바닥에 박다(stick in the streambed): 동작 동사 'stcik'+장소 전치사 'in'+지리 명사 'streambed'
3	2행의 목표를 규정하는 정태적 공간	서로 마주보다(facing each other): 동사 'face'+상호 대명사 'each other'
4	무방향성을 표시하는 동태적 공간	쓸려가 버리다(wash away): 동작 동사 'wash'+부사적 불변화사 'away'

5	양의 증가로 인한 수직 방향을 표시하며 차원 공간으로서의 목표를 표시하는 동태적 공간	사이의 공간을 가득 채우다(fill up the space between): 동작 동사 'fill'+위치 전치사 'up'+공간 명사 'space'
5	정해지지 않는 위치를 표시하는 정태적 공간	stay: 거주 동사
6	절대적 방향을 표시하는 차원 공간	상류의 널빤지(upstream board): 서술 형용사 'upstream'+공간 명사 'board'
6	지지의 정태적 장소 개념으로서의 방향과 목표를 표시하는 동태적 공간	기대서 버티다(lean back against: 동작 동사 'lean'+부사적 불변화사 'back'+위치 전치사 'against'
6	수직 방향을 표시하는 동태적 공간	차오르다(piles up): 양을 지시하는 동사 'pile'+부사적 불변화사 'up'
7	방향을 표시하는 동태적 공간	뒤로 기울어지다(tilt back): 동작 동사 'tilt'+부사적 불변화사 'back'

예 2 (소설, 229쪽): '우리' 되기

벤은 뚱뚱했기 때문에 친구를 사귄 적이 없었고 학교에서는 외톨이였다. 벤이 빌에게 어떻게 댐을 지어야 하는지를 말할 때, 빌은 벤을 그룹에 합류시키기기 위해 (언어적으로) 끌어들이고, 벤은 그들의 일부가 된다.

1. 벤: 그리고 냇물이 그것들을 쓸어가버리기 전에, 너희들은 돌멩이와 모래를 넣어서… 널빤지 사이의 공간에 그것들을 가득 채워.
   (Ben: Then, before the water can wash them away, **you fill up the space between** them with rocks and sand…)
2. 빌: 우-우-우리가 하자.
   (Bill: **Wuh-Wuh-We** do it.)
3. 벤: 오(매우 바보 같은 표정으로. 그러나 바보처럼 보이는 것에 대해 신경 쓰지 않는다. 왜냐하면 그는 갑작스레 매우 행복한 감정을 느꼈기 때문이다.)
   (Ben: Oh(looking extremly stupid. But he didn't care if he looked stupid, because he suddenly felt very happy.))

4. 좋아, 우리. 하여간, 만일 너희 우리가 돌멩이 같은 재료들로 그 사이의 공간을 가득 채운다면 그것이 당분간은 유지될 거야.
(Yeah, **We**. Anyway, if **you we** fill up the space in between with rocks and stuff it'll stay.)

예 2는 어린이들 각자의 관계에 깔려 있는 은유적인 대인관계 공간의 생성을 보여준다. 언어적 차원에서, '가깝다(near)' 대 '멀다(far)'와 같은 발화자와 청자 사이의 구별에 대한 직시적 관점은 대인관계 단위의 심리적인 생성을 위해서 사용된다. 즉, '너희(you)'에서 '우리(we)'로의 대명사의 변화를 통해서 '나/우리(I/we)-공간' 대 '너희(you)-공간'의 분리가 없어지고 일반적인 '우리(we)-공간'이 생성된다. 축어적인 가까움과 멂의 개념은 대인 관계를 표현하기 위한 유사한 방식으로 사용된다. 언어적으로 변화된 대명사에 표시된 이러한 그들 관계의 변화는 어린이들에 의해서 의식적으로 관찰된 어떤 것이다. 벤은 그가 현재 은유적인 '우리(we)-공간'인 한 동아리나 조직의 일부가 되었음을 인식하고 매우 행복해 한다.

<표 2> 예 2에서의 공간 개념과 그 언어적 실재화

행	공간 개념	언어 수준
1	인간적 거리감을 표시하는 직시	너희(you): 이인칭 복수 인칭 대명사
2	공유 공간에서의 인간적 가까움을 표시하는 직시	우리(we): 일인칭 복수 인칭 대명사
4	먼 거리에서 가까운 거리로의 표시의 변화	'너희(you)'에서 '우리(we)'로의 변화

예 3 (소설, 683쪽): '거시기(IT)'에 대항하는 '우리(We)'

1. 스탠리: 우리가 무엇이든 하려고 한다면, 지금 바로 우리가 어떤 것이든 해야 한다는 말이지. 거시기는 알고 있으니까…

(Stanley: Which means **we** ought to do something pretty soon if **we**'re going to do anything at all. **IT** knows…)
2. 빌: 뭐-뭐라고? 우리가 아-아는 모-모든 것을?
(Bill: Wuh-What? Eh-Everything **we** nuh-know?)
3. 스탠리: 야, 거시기가 알고 그것을 알고 있다면, 우리는 망한 거야. 그러나 너희는 우리가 거시기를 알고 있다는 것도 거시기가 다 알고 있다고 여겨야 할 거야.
(Stanley: Man, if **IT** knows that, we're sunk. But you can bet **IT** knows **we** know about **IT**.)

<표 3> 예 3에서의 공간 개념과 그 언어적 실재화

행	공간 개념	언어 수준
1/2/3	공유된 장소에서의 개인적 근접에 대한 직시적 표시	우리(we): 일인칭 복수 대명사
1/3	외계 존재에 대한 직시 표시	거시기(IT): 삼인칭 단수 대명사

'우리-공간'을 형성하는 것은 동시에 이러한 조직이나 공유된 공간 외부의 모든 것과의 거리를 발생시킨다는 것을 의미한다. 제시한 예의 첫 번째 부분에서 이러한 사실은 삼인칭 대명사[15] 거시기[16]의 도움으로 드러난 언어 수준으로 현실화된다.

---

15 레빈슨(1983, 68쪽)은 그것을 발화자도 아니고 청자도 아닌 것이라고 부른다. 상호 소통에서의 어떤 참가자로도 부정하는 것이다. 이러한 규정과 유사한 관점에서 어떤 부분도 취하지 않는 분석은 공간적 감각에서 실재 참가자들의 바깥에 있는 존재이거나 실재 참가자들로부터 먼 거리에 있는 존재로서 해석될 것이다. 어쨌든 "거시기"는 직시를 어떻게 규정할 것인가라는 문제가 될 직시적 특성을 갖는다. 그러나 이 텍스트에서 "거시기"는 "우리(we)"로부터의, 즉 공간적 직시 감각에서의 거리를 표시하기 위한 방법으로 사용된 점은 분명해 보인다.
16 중립적인 대명사는 이러한 존재의 비인간적인 특성을, 나아가 인간적인 우리-공간(We-space)에서 그것을 제외하기 위해서 표현된다.

(소설, 392쪽): '그들(They)'에 대항하는 '우리(We)'

1. 벤: <u>그것</u>이 어디에 있지?
   (Ben: <u>Where</u> is <u>it</u>?)
2. 비벌리: <u>너희</u>는 <u>그것</u>을 보았어? <u>너희</u> 중 <u>그것</u>을 본 사람? <u>거기에 그것</u>이 있어?
   (Beverly: Do <u>you</u> see <u>it</u>? Do any of <u>you</u> see <u>it</u>? Is <u>it there</u>?)
3. 스탠리. 맙소사! <u>여기에서</u> 꼭 어떤 사람이 돼지를 죽인 것처럼 보이네.
   (Stanley. Jeepers! It looks like somebody killed a pig <u>in here</u>.)
4. 에디: <u>그것</u>이 모두 <u>저 배수구에서 나왔다</u>는 말이야?
   (Eddie: <u>It</u> all <u>came out of the drain</u>?)
5. 벤: 그리고 <u>너희 엄마</u>와 <u>아빠</u>는 <u>그것</u>을 결코 보지 않았지.
   (Ben: And <u>your mom</u> and <u>dad</u> never saw <u>it</u>.)
6. 비벌리: <u>나</u>는 어떻게 <u>내</u>가 다시 <u>여기에 있게 되었는지</u> 모르겠어.
   (Beverly: <u>I</u> don't know how <u>I</u> can ever <u>come in here</u> again.)
7. 스탠리. 글쎄, 우리가 이 <u>장소</u>를 <u>청소하</u>는 게 어때?
   (Stanley. Well, why don't **we** <u>clean</u> the <u>place up</u>?)
8. 에디: 우리 엄마가 피를 옷<u>에서</u> 제거하지 못한다고 그랬어.
   (Eddie: My mother says you can't get blood <u>out of</u> cloth.)
9. 벤: 걸레<u>에서</u> 그것이 <u>나오든</u> 나오지 않든 중요하지 않아. 그들은 <u>그것</u>을 보지 못해.
   (Ben: Doesn't matter if it <u>comes out of</u> the rags or not. **They** can't see <u>it</u>.)

여기서 우리는 그들 집단 외부의 사람들과의 심리적인 거리를 발견하게 된다. 그 거리는 '그들(they)'이 성인이라는 단순한 사실과 소설의 첫 부분에 나오는 괴물이 오직 어린이만을 공격한다는 중요한 사실에 의해서 확장된다.

단란함의 느낌과 대인 관계의 친밀함이 드러나는 이러한 두 예에서, 어린이들은 일상적인 '공간'을 공유한다. 동시에 거기에는 친밀함 외부의 모든 것에 대한 은유적인 대인 관계의 거리가 있다. 위의 예에서는 거시기(IT)과 그들(They)이 그 거리의 예다. 언어적 수준에서 보면, 그들 집단 외부에 있는 사람들에 대한 감정적·심리적인 거리는 일인칭 대명사 '우리(we)' 대 삼인칭 대명사 '거시기(IT)'과 '그들(they)'의 사용으로 성취된다.

예 4 (소설, 290, 303쪽): 패거리의 대장으로서의 빌

1. 빌: 무엇인가를 내가 너희 차-친구들에게 말할 수 아-있을까?
   (Bill: C-Can I tell you g-g-guys suh-something?)
2. 리치: 당연하지, 짱 빌, 무슨 일이야?
   (Richie: Sure, **Big** Bill. What' up?)

빌은 그들 모두가 우러러보는 그들의 대장이었다. 아무도 큰 소리로 대적하지 않았고, 그럴 필요도 없었다. 빌은 지루한 나날을 보낼 어떤 것을 생각해 내고, 다른 사람은 잊고 있는 놀이를 기억해 낼 줄 아는 재간둥이였다.
(Bill was their leader, the one they all looked up to. No one said do out loud, but then no one needed to. Bill was the idea man, who could think of something to do on a boring day, someone who remembered games the others had forgotten.)

어린이들이 빌을 '짱 빌(Big bill)'로 불러서 그의 신체적 크기를 언급하지 않고 그들 패거리의 대장으로서 그의 특성을 말한다. 그 사실은 이어지는 예 4의 직접 화법 부분에서 드러난다. 이러한 부분들은 비록 적절한 분석의 일부가 아닐지라도 논의를 보강하기 위해서 소설에서 발췌했다. 개인의 특성을 위해서 공간 차원으로 유사하게 적용하는 것은 '개성 공

간'17에 대한 표시로서 해석될 수 있다. 또한 이러한 해석에서 가장 중요한 것은 이 맥락의 '짱(big)'이 수용하는 긍정적인 함의이다.

예 5 (소설, 397쪽): 거리 표시 항목 1

1. 비벌리: 그것이 무엇이었어?
   (Beverly: What was **it**?)
2. 스탠리: 내가 배수탑이 있는 저기 작은 공원에 건너 갔어
   (Stanley: I was over in **that** little park where the Standpipe is⋯)
3. 에디: 세상에나, 나는 저런 장소를 싫어해. 거기가 데리에서 살인이 일어난 집이라면, 저기가 그곳이야.
   (Eddie: Oh God, I don't like **that** place. If there's a haunted house in Derry, **that**'s it.)
4. 스탠리: 뭐라고, 너 뭐라고 말했어?
   (Stanley: What? What did you say?)

예 5의 2행에서 우리는 개인적인 과거 사건으로의 이동과 발언된 시점의 발화자로부터 거리가 있는 장소의 언급을 동시에 발견할 수 있다. 그러나 3행에서 그것이 비록 부분적으로 축어적(왜냐하면 그들은 동일한 물리적 거리에 대해서 말하고 있기 때문이다.)이더라도 그 축어적 거리는 감정적인 거리인 개인적 가치 판단의 '저런(that)'으로 변화한다. 이러한 장소와 관련된 부정적인 느낌 때문에, 우리는 3행의 지시 한정사 '그런(that)'을 감정적 공간에서의 거리를 언어적으로 표시한 것으로 해석할 수 있다.

---

17 이와 같은 현상은 또한 애쉬 Asch(1958)의 사회심리학에서 다뤄지고 있다. 애쉬는 인간을 묘사하기 위해서 어떻게 물리적 세계의 자질들이 사용되는가를 밝혀낸 사회적 인지의 창시자 중 한 명이다. 로버트 Robert와 허만 Herman(1986)의 책을 참조하시오.

다음의 예는 이와 비슷한 연상을 드러낸다.

(소설, 695쪽): 거리 표시 항목 2

1. 갑자기 그림에 있는 점들이 사라졌다가 움직이기 시작했다.
2. 빌: 바-바-봐, 너희들 모-모-모두 이것을 잘 봐.
   (Bill: L–L–Lool. A–A–All of you luh–look at this.)
3. 리치: 저것이 거시기야. 저것이 우리가 조지의 방에서 보았던 것이야. 저것이 딱 우리가 보았단 것….
   (Richie: That's IT. That's what we saw in George's room. That's exactly what we)

그들 눈앞에 있는 그림에 대한 축어상의 가까움을 지시하는 한정 대명사 '이것(this)'으로부터 감정적 거리를 표시하는 한정 대명사 '저것(that)'으로의 교체는 축어적 공간에서 은유적 공간으로의 변화를 나타낸다. 즉, 여기서 축어상 가까움은 감정적 거리로 전환된다.

항목 2: 성인의 언어

예 6 (소설, 485쪽): 구체적인 물리적 공간에 대해 말하기

1. 마이크: 마을 경계를 바로 넘어서 뉴 포트로 들어가는 7번 노선 출구 방향의 작은 오두막에 사는 사람… 쓰레기 같은 잡동사니가 지붕에 널려 있는 곳에서 난로에 나무 쪼가리나 태우지. 이름이 해롤드 얼이야.
   (Mike: A guy who **lives in a little shack way out on Route 7**, almost **over the town line** and **into New Port**… Burns scrapwood in his stove, roofed the place with scavenged shingles and hubcaps. Name of Harold Earl.)
2. 아마 일년 내내 현금으로 이백 달러를 채 못 벌지.

(Probably doesn't see two hundred dollars in cash money over the course of the year.)
3. 근처에서 운전하던 어떤 사람이 마당에 우뚝 서 있는 그를 보았대.
(Someone **driving by** saw him **standing out in his dooryard**,)
4. 존 퓨리의 시신이 발견되던 그날에 막연히 하늘만 쳐다보고 있었대.
(just **looking up at the sky**, on the day John Feury's body was discovered.)

<표 4> 예 6에서의 공간 개념과 그 언어적 실재화

행	공간 개념	언어 수준
1	용기의 장소 관련성과 용기의 차원을 부가적으로 표시하는 정태적 공간	작은 오두막에 살다(lives in a little shack): 거주 동사 'live'+장소 전치사 'in'+크기/정도 서술 형용사 'little'+공간 명사 'shack'
1	방향과 지점에 대한 장소의 관련성을 드러내는 가상의 이동	(7)번 노선의 출구 방향(way out on Route (7)): 공간 명사 'way'+부사적 불변화사 'out'+장소 전치사 'on'+지리 명사 'Route (7)'
1	방향, 구역, 목표를 표시하는 가상의 이동	마을 경계를 넘어서 뉴 포트로 들어가는(over the town line into New Port): 위치 전치사 'over'+공간 명사 'town line'+위치 전치사 'into'+고유명사 'New Port'라는 지리명
1	용기의 장소 관련성을 표시하는 정태적 공간	난로에(in stove): 장소 전치사 'in'+공간 명사 'stove'
3	접촉의 장소 개념으로서의 정해지지 않는 경로에 대한 동태적 공간	근처에서 운전하는(driving by): 동작 동사 'drive'+장소 전치사 'by'
3	용기의 장소 개념으로 표시된 투사적 관련성을 표시하는 정태적 공간	그의 마당에 우뚝 서 있는(standing out in his dooryard): 동작 동사 'stand'+부사적 불변화사 'out'+장소 전치사 'in'+공간 명사 'dooryard'
4	목표의 수직 방향을 움직임으로 표시하는 동태적 공간	하늘을 쳐다보고 있다(looking up at the sky): 동작 동사 'look'+부사적 불변화사 'up'+공간 전치사 'at'+정관사 'the'+공간 명사 'sky'

성인 언어의 첫 번째 자료는 어린이 발화 예 1과 비교되는 맥락 배경에 따르면 구체적인 축어적 공간에 대한 말하기를 보여준다. '실재' 공간 형태를 언급할 때에도 높은 수준의 추상화가 적용된다. 예 1의 발화자와는 다르게, 성인 발화자는 묘사하는 공간 장면을 개인화시키지 않는다. 예 5처럼 성인의 언어에는 과거 사건으로의 대치가 일어나지 않는다. 단, 성인 발화자 입장의 직접적인 공간에 대한 개입 없이 정태적이고 동태적인 공간 특성을 축어적으로 표시할 뿐이다.

고도의 언어적 복합성은 1행의 정태적 공간처럼 공간에 대한 생각을 다양한 표시를 통해 공간 개념으로 성취한다. 경로와 방향의 개념이 포함된 절대적인 공간에 대한 표현인 그 작은 오두막(the little shack)은 7번 노선의 부정 거리에 위치하고 있을 뿐만 아니라, 한 마을의 주변부나 외곽 지역에 위치하고 있다. 따라서 그 작은 오두막은 동시에 용기로 드러나는 절대적인 공간에 대한 지시로서, 이웃 마을인 뉴 포트의 입구이기도 하다.

예 7 (소설, 499쪽): '우리' 되기(다시)

1. 빌: (…) 문제는 우리가 지금 무엇을 하고 있는가야. 너 저것에 대해 생각해 봤어, 마이크?
   (Bill: (…) The question is what do **we** do now? Have **you** thought about that, Mike?)
2. 마이크: 물론 나는 그것에 대해서 생각해 본 적 있어. 그러나 너희 모두가 다시 뭉쳐서 얘기하기 전에는 어떤 것도 결정할 수 없어….
   (Mike: I've thought about it, sure. but it was impossible to decide anything until **you** all got together again and talked….)
3. 그 일이 실제로 일어나기 전에는 내가 의 재회가 어떻게 흘러갈지 알 수 있는 길이 거기에는 없어.

(there was no way I could perdict how this reunion would go until it actually happened.)

4. 나에게 한 가지 생각이 있어, 그런데 내가 너에게 그것이 무엇인지 말하기 전에, 나는 우리가 여기서 그 일을 할 것인지에 동의해야 한다고 생각해.

(I've got one idea, but before I tell you what it is, I think we have to agree on whether or not we have business to do here.)

5. 우리가 전에 한 번 시도했던 것처럼 다시 시도하기를 원하고 있을까? 우리가 다시 거시기를 죽이는 것을 원하고 있을까?

(Do we want to try again to do what we tried once before? do we want to try to kill IT again?)

6. 아니면 단지 우리는 6가지 방법으로 책임을 분담한 뒤, 우리가 하던 일로 돌아가게 될까?

(Or do we just divide the check up six ways and go back to what we were doing?-)

7. 우리의 성공에 대한 가능성은 예측하기 불가능하다는 것을 너는 알아야 해.

(You have to understand that our chances of success are impossible to predict.)

8. 나는 그들은 좋지 않다는 것을 알아, 나는 또한 스탠이 여기에 있었다면 그들은 조금 더 좋았겠다는 것도 알아. 여전히 정말로 좋지 않고, 더 나아질 것도 없어.

(I know they're not good, just as I know they would have been a little better if Stan was here, too. Still not real good, but better.)

9. 스탠이 죽었기 때문에, 우리가 저 때 만들었던 동그라미는 깨졌어.

(With Stan gone, the circle we made that day is broken.)

10. 나는 우리가 예전에 했던 것처럼 거시기를 파괴할 수 있다거나 잠시

라도 쫓아버릴 수 있다고는 정말로 생각하지 않아, 깨진 동그라미 때문이지.

(**I** don't think we can destroy **IT**, or even send **IT** away a little while, as **we** did before, with a **broken circle**.)

11. 나는 거시기가 우리를 한 명씩 죽일 것이라고 생각해, 아마 어떤 엄청나게 끔찍한 방법으로 말이지.

(**I** think **IT** will kill **us**, one by one, and probably in some extremely horrible ways.)

12. 내가 지금은 이해할 수조차도 없지만, 어렸을 때 우리는 어떤 방법으로 완전한 동그라미를 만들었어.

(As children **we** made a **complete circle in** some way I don't even understand now.)

13. 나는 우리가 하고자 작정하기로 마음을 먹었다면, 우리는 더 작은 동그라미를 만들 시도를 해야 한다고 생각해.

(**I** think that, if **we** agree to go ahead, we'll have to try to **form a smaller circle**.)

14. 나는 그것이 될 수 있을지 모르겠어···. 그래서 나는 투표를 실행하는 일이 필요하다고 생각해. 머물러서 다시 한 번 시도할 것인지, 집으로 갈 것인지. 그것이 선택할 것이야.

(**I** don't know if that can be done···. So I think we need to take a vote. Stay and try it again, or go home. Those are the choices.)

15. 나는 네가 기억하는지 확신할 수 없는 오래된 약속의 힘으로 너를 여기에 데리고 왔어, 그러나 나는 그 약속의 힘으로 너를 여기에 묶어 둘 수는 없어.

(**I** got **you** here on the strength of an old promise I wasn't even sure **you**'d remember, but **I** can't hold **you** here on the strength of that promise.)

<표 5> 예 7에서의 공간 개념과 그 언어적 실재화

행	공간 개념	언어 수준
1/4/5/6/9/10/12/13/14	공유 공간에서의 인간적 친밀함에 대한 직시 표시	우리(we): 일인칭 복수 대명사
2/4/7/15	아직 공유되지 않은 공간에서의 인간적 거리에 대한 직시 표시	너(you): 이인칭 단수 대명사
2/3/4/8/10/11/12/13/14/15	자아-공간에서의 인간적 친밀함에 대한 직시 표시	나(I): 일인칭 단수 대명사
10	파편화된 전체와 부분-전체의 관계에 대한 차원 공간	깨진 동그라미(broken circle): 분류 형용사로 쓰인 동작 동사 'break'의 과거 분사 'broken'+기하학적인 형태를 묘사한 명사 'circle'
5/10/11	공유 공간의 외부 존재에 대한 직시 표시	거시기(IT): 삼인칭 단수 대명사
12	서로 다른 부분이 현재 전체를 형성할 때 부분-전체 관계에 대한 차원 공간	완전한 동그라미: 분류 형용사 'complete'+기하학적 형태를 묘사한 명사 'circle'
13	더 작은 서로 다른 부분이 현재 전체를 형성할 때 부분-전체 관계에 대한 차원 공간	더 작은 동그라미(smaller circle): 크기/정도에 대한 서술 형용사 'smaller'+기하학적 형태를 묘사한 명사 'circle'

등장인물들은 오랫동안 각자의 삶을 영위하다가, 어떤 서약으로 다시 모이고, 마이크는 그들의 과거와 지금 현재의 상황을 요약한다. 다시 한 번 그들은 각기 나뉘어진 '개인적 공간'을 점유하며 개별자로 출발하지만, 서로에 대한 친밀감과 과거의 공통된 경험으로 생성된 '우리-공간'이라는 새로운 공유 형태를 향해서 나아간다. 이것은 언어적으로 인칭 대명사의 사용으로 표시된다. 위의 예의 처음 부분에서 '우리'는 여전히 존재하는 그들 조직의 의심스러운 부분을 지적하는 '질문'이라는 발언 형식에 동반되어 사용된다. 이것은 또한 '나' 대 '너희'의 잦은 사용을 통해서도 드러

난다. 그들의 대인관계를 은유적으로 표현하기 위한 또 다른 공간 개념은 깨진 동그라미에 대한 부분-전체의 관계이다. 이것은 그들 조직의 공간적 총체성을 드러낸다. 파편화된 부분들로 이루어진 깨진 동그라미는 공유 공간이나 집단의 결핍을 드러낸다. 그들의 옛 친구 중의 한 명이 죽었기 때문에, 어떤 '새로운' 전체인 어떤 새로운 공유 공간을 만들 유일한 가능성은 더 작은 동그라미를 구축하는 것이다. 예전 조직의 부분인 이 작은 동그라미는 자체적으로 그 '전체'를 만든다. 언어적으로 이 새로운 전체의 작아진 크기는 차원 형용사 '작다(small)'를 통해서 표현되었다. 성인 심리에서의 예 2의 '우리' 되기와 비교해 보면, 여기에는 '우리-공간'의, 감정적 친밀함을 표시하기 위한 더욱 다양화된 감성적 표시를 찾을 수 있다. 즉, 예 7에는 인칭 대명사와 그들 관계를 묘사하는 공간의 부분-전체 관계의 관점의 도움으로 표현된 친밀함과 거리의 생각이 있다.

예 8 (소설, 491쪽): '거시기'에 대항하는 '우리'

1. 마이크: 거시기는 우리에게 자신의 흔적을 남겨 놓았어. 거시기는 자신의 의지를 우리에게 작동시켜.
   (Mike: **IT** left its marks **on us**. **IT** has worked **ITS** will **on us**,)
2. 마치 거시기가 자신의 의지를 <u>이 마을 전체에</u> <u>작동시켰던</u> 것처럼
   (just as **IT** has <u>worked</u> **ITS** will <u>on this whole town,</u> <u>day in</u> and <u>day out,</u>)
3. 거시기가 깨어 있거나 잠들어 있을 때, 또는 거시기가 더…. 더욱 활동적인 기간 <u>사이에</u> 무엇을 했든, <u>그러한 긴 기간 동안에도</u>
   (even during <u>those long periods</u> when **IT** is asleep or hibernating or whatever **IT** does <u>between</u> **ITS** more… more lively periods….)
4. 그러나 만일 거시기가 자신의 의지를 어떤 <u>시점에</u>, 어떤 <u>방법으로</u> 우리에게 작동시켰다면,

(But if **IT** worked **ITS** will **on us**, at some point, in some way,)
5. 우리 또한 우리의 의지를 거시기에 작동시켰어.
   (**we** also **worked our** will **on IT**.)
6. 거시기가 작동되기 전에 우리가 거시기를 멈추게 했지….
   (**We** stopped **IT** before **IT** was done….)
7. 나는 우리가 거시기를 죽이는 것에 너무 가까이 와버려서 우리가 가졌던 생각을 버렸다고 생각해.
   (**I** think **we come** so **close to** killing **IT** that **we** went away thinking we had.)

<표 6> 예 8에서의 공간 개념과 그 언어적 실재화

	공간 개념	언어 수준
1	외부 존재에 대한 직시 표시	거시기(IT): 삼인칭 단수 대명사
1	접촉이나 지점에 대한 장소 관계를 표시하는 정태적 공간	(흔적을 (우리))에게 남기다(left(marks) on (us)): 거주 동사 'left'+장소 전치사 'on'
4	접촉이나 지점에 대한 장소적 개념으로서의 목표를 표시하는 동태적 공간	(거시기가 거시기의 의지를 우리)에게 작동시켰다((IT) worked (ITS will) on (us)): 동작 동사 'work'+장소 전치사 'on'
5	접촉이나 지지에 대한 장소적 개념으로서의 목표를 표시하는 동태적 공간	(우리는 우리의 의지를 거시기에) 작동시켰다((we) worked (our will) on (IT)): 동작 동사 'work'+장소 전치사 'on'
5/6/7	공유 공간에서의 인간적 친밀함에 대한 직시 표시	우리(we): 일인칭 복수 대명사
7	가까운 존재로서의 방향과 목표를 표시하는 동태적 공간	가까이 와버려서(come close to): 동작 동사 'come'+공간 부사 'close'+공간 전치사 'to'

예 8에서 우리는 인칭 대명사의 도움으로 표현된 '거시기-공간'과 '우리-공간'의 명확한 분리와 거시기에 대항하는 '우리'라는 존재를 발견할

수 있다. 이러한 관계의 공간적 복합성에 대한 더 높은 수준은 동일한 발언 자료 내의 동작주와 피동작주의 역할 교체에 의해서 달성된다. 1-4행에서는 '거시기'가 동작주로 행위하고 '우리'가 소극적인 피동작주로 행위하는 반면에, 5행 이후부터는 역할의 역전이 나타난다. 성인으로서의 더 풍부해진 지식과 경험 때문에, 등장인물들은 과거를 회상하는 이러한 심리적 방향의 변화를 인식할 수 있게 된다. 동시에 그들은 동작주와 피동작주의 의미론적 역할의 교체를 통해서 언어적 차원에서 심리적 방향의 변화를 표현할 수 있게 된다.

예 9 (소설, 500쪽): 빌, 다시 패거리의 대장 되기

1. 마이크: 네가 무슨 말이든 해 줘, 짱 빌?
(마이크는 그들을 여기로 데리고 왔고, 마이크는 그들을 위해서 그 모든 것을 명확하게 준비해 두었고… 지금 마이크는 대장의 역할을 포기하려고 한다. 그는 1958년에 대장 역할을 했던 그 사람에게 그 역할이 돌아가기를 기대하였다.)
(Mike: What do you say, **Big** Bill?
(Mike had gotten them here, Mike had laid all neatly out for them… and now he was relinquishing the mantle of leadship. he intended that mantle to go back to the person who had worn in 1958.))

그들이 어린이였을 때와 마찬가지로 그들의 집단과 모임에는 책임자가 있었다. 그래서 현재 그들은 빌을 다시 한 번 그들의 대장으로서의 자질을 언급하는 '짱 빌'이라고 호칭한다. 이것은 그들의 공유 공간 내부에 과거와 동일한 구조를 부여하는 '우리-공간'을 재형성하는 더욱 강화된 증거로 볼 수 있다.

예 10(소설, 479쪽): 거시기의 공간적 구상

1. 빌: 거시기야.
   (Bill: IT.)
2. 마이크: 거시기. 만일 우리가 거시기를 어떤 것으로 불러야 한다면, 그것은 우리가 부르곤 했던 거시기가 되는 편이 나아.
   (Mike: IT. If we have to call IT something, it might as well be that we used to call IT.)
3. 나는 생각해 왔어, 너희도 알다시피 거시기는 데리마을의 부분, 배수탑, 운하, 베시 공원, 도서관과 마찬가지로 마을의 부분이 되었어.
   (I've begun ti think, you see, that **IT**'s become **part of derry**, something so much a **part of the town** as the **Standpipe**, or the **Canal**, or the **Bassey Park**, or the **library**.)
4. 너희가 이해하다시피 거시기는 단지 윤곽 형태의 문제만은 아니야.
   (Only **IT**'s not a matter of **outward geography**, you understand.)
5. 아마 저것은 과거에는 사실이었겠지만, 현재 거시기는… 내부의…
   (Maybe that was true once, but now **IT**'s… **inside**.)
6. 어쨌든 거시기는 내부에 파고들었어.
   (Somehow **IT**'s **gotten inside**.)

<표 7> 예 10에서의 공간 개념과 그 언어적 실재화

행	공간 개념	언어 수준
3	도시의 일부로 간주되는 거시기에 대한 부분-전체 관계의 차원 공간	거시기는 데리의 일부가 (되고) 있어 (IT's (become) pare of Derry): 명사구 'part of'+고유명사 지리명 'Derry'
3	부분-전체 관계의 차원 공간	마을의 일부: 명사구 'part of'+정관사 'the'+보통 공간 명사 'town'
3	정태적 절대 공간	배수탑(Standpipe): 고유명사로서의 대상의 이름
3	정태적 절대 공간	운하(Canal): 고유명사 지리명

3	정태적 절대 공간	베시 공원(Bassey Park): 고유명사 지리명
3	정태적 절대 공간	도서관(library): 고유명사로서의 기관
4	차원 공간	외부 지역(outward geography): 크기/정도 서술 형용사 'outward'+공간 명사 'geography'
5	장소 관계를 표시하는 정태적 공간	내부(inside): 복합 위치 전치사
6	용기로서의 방향과 목표를 표시하는 동태적 공간	거시기가 내부에 파고들다(IT's gotten inside): 동작 동사 'get'+복합 위치 전치사 'inside'

예 10에서 우리는 추상적인 거시기를 파악하기 위해서 부분-전체 관계와 같은 구체적인 공간 개념이 사용된 것을 알 수 있다. 오랜 시간 동안의 관찰로 마이크는 공간(배수탑, 운하, 베시 공원(3행))에서의 절대적인 위치와 같은 축어적 공간 개념을 적용하여 거시기의 공간적 모습을 그린다. 파악할 수 없는 존재인 추상적인 거시기의 공간적 형상과 데리 마을과의 관계는 의식적으로 구체적인 공간 총체로서 부여된다. 그들이 어린이였을 때, 거시기는 나쁜 존재이고 싸워야 하는 존재로 알고 있었다. 성인이 된 현재, 그들은 거시기의 존재가 정말로 무엇인지 더 철저하게 이해한다. 거시기의 추상적인 특성에 대한 더 풍부한 지식은 기초적인 공간 특성으로 인해 드러난다.

예 11 (소설, 488): 사회적 공간에 대한 말하기

1. 마이크: 그렇다면 거기에는 너희 모두가 부자라는… 대단히 의아한 사실이 있어.
  (Mike: And then there's the passingly curious fact that you are all rich…)

2. 나는 너희의 어떤 것도 비난하는 것이 아니야, 단지 그 사실을 논의상에 꺼내려고 할 뿐이야.
(I'm not accusing you of anything, just trying to get the facts out on the table.)
3. 너희는 겨우 세금 공제 후 만 천 달러 이하만을 벌고 있는 작은 마을 사서의 기준에 의해서만 부자야, 알겠어?
(You are rich by the standards of a small-town librarian who makes just under eleven grand a year after taxes, okay?)
4. 너희 중 누구도 헌트 가문에 속하지는 않아.
(None of you are in the H. L. Hunt's class.)
5. 그러나 확실한 것은 너희는 미국 중산층의 기준으로는 잘 살고 있지.
(certainly, but you are all well-to-do even by the standards of the American upper-middle class.)

<표 8> 예 11에서의 공간 개념과 그 언어적 실재화

행	공간 개념	언어 수준
1	인간적 거리감에 대한 직시 표시	너희(you): 이인칭 복수 대명사
3/5	장소 접촉에 대한 정태적 표시	기준에 의해서(by the standards): 위치 전치사 'by'+정관사 'the'+명사 'standards'
3	수직축에서의 투사 관계를 표시하는 정태적 공간	(만 천) 달러 이하(under (eleven) grand): 위치 전치사 'under'+명사 'grand'
4	포함을 표시하는 정태적 장소 공간	헌트 가문에(in the H. L. Hunt's class): 장소 전치사 'in'+정관사 'the'+고유명사 이름 'H. L. Hunt'+명사 'class'
5	수직축에서의 투사 공간을 표시하는 정태적 공간	중산층(upper-middle class): 공간 형용사 'upper'와 'middle'의 결합+명사 'class'

1행에서 사회적 공간에 대한 표시는 인간적 거리, 친구들과 분리된 마이크, 마이크의 사회적 위치로 시작된다. 마이크에게 경제적이고 사회적

인 성공 정도에 대한 수직 축을 적용하고 경쟁에서의 마이크의 위치를 최저로 취함으로써, 나머지 사람들은 은유적인 사회적 공간에서 더 높은 위치를 차지한다. 이러한 맥락에서의 수직성은 수량과 밀접하게 관련되고 긍정적 함의를 나타낸다.

5. 소결

요약하면 본고는 서론에서 제기되었던 질문에 대해 다음과 같은 답을 얻을 수 있다.

- 『거시기』에 등장하는 11세의 어린이들은 4.1에 예시된 것처럼 모든 공간 특성을 언어적으로 표현할 수 있다. 그리고 어린이들은 특정 주제에 대한 특별한 관심에 따른 개인적 차이를 인정하면서 공간특성에 대한 표현을 능숙하게 처리한다. 이러한 결과는 공간 언어의 습득에 대한 연구를 통해 뒷받침된다.
- 어린이들에 의해 발화된 공간은 축어적 공간 조건에 대한 언급뿐만이 아니라 '가깝다', '멀다'와 같은 구체적 공간 개념을 더욱 추상적인 현상에 적용함으로써 인간적 통합 결속과 같은 심리적인 공간을 표시하기도 한다.
- 그러나 어린이들은 한정된 인지와 경험의 지평으로 성인의 언어 자료에서 발견되는 복합적이고 몇몇의 의식적인 방식으로 공간화하는 데에는 실패한다.
- 성인의 삶에서 중요한 경험은 어떤 양상이 어린이들의 언어에서는 (공간적으로) 처리되지 않는지를 알려주는 주요한 경험이다.
- 성인 언어 자료에 나오는 발화된 공간은 특정한 공간 개념에 대한 다중의 표시, 문장 유형의 변이, 의미적 역할의 변화에 따른 고도의 언어적 복합성을 드러낸다.

6. 결론

스티븐 킹의 소설 『거시기』는 마틴 퍼츠 Martin Pütz의 "사람은 공간 안에 있고 공간 역시 사람 안에 있다."(퍼츠, 1996, 12쪽)는 진술을 탁월하게 실현한 소설이다. 처음부터 끝까지 공간의 개념을 다룬다. 그뿐 아니라 어린이로서의 등장인물을 다루고 있는 이 소설의 일부분에서는 공간에 대한 메타-구조가 존재한다. 그들은 서로 다른 개인적인 "장소"에서 출발하여 결국 "우라-공간"을 생성하는 친구들끼리의 집단을 형성하기 위해서 바렌에 모이고 친구 되기는 공통 경험의 공유를 통해서 발생된다. 즉, 그들 모두는 괴물인 거시기를 보았거나 접촉했다. 동시에 이 끔직한 만남은 괴물과 어떤 직접적인 접촉이 없는 성인이 된 그들을 구분시킨다. 이렇게 생성되고 공유된 대인관계 공간은 그들을 괴물과 싸울 수 있도록 해준다. 소설의 두 번째 부분에서 병렬적인 (공간적) 발전이 일어난다. 즉, 성인으로서 그들은 거시기와 대적하기 위한 새로운 싸움에서 '모두 참여하는 동그라미'라는 대인관계 단위를 형성하기 위해서 각자의 분리된 삶이나 공간에서 나와서 다시 만난다. 구체적인 물리적 공간인 데리 마을에서의 실제적인 재조직화는 그들의 인간적 공간에서의 친구 모임과 같은 감정적 재결합과 병렬된다. 선의를 위해서 괴물을 물리치고 거시기의 공간을 파괴하고 마침내 다시 그들 공통의 '우라-공간'을 떠나 각자의 개인적인 공간으로 돌아간다.

우리가 제시한 본고의 상세한 텍스트 분석에서 얻은 결론은 이러한 구조가 언어 차원에서 병렬되어 있다는 것이다. 이러한 분석은 이 소설에 사용된 언어가 공간 언어의 다양성에 기반한 인지 차원의 일반적 양상뿐만 아니라 공간 언어 사용에서의 모방의 발달 양상까지를 매우 정확하게 반영하고 있다는 것을 밝혀준다. 본고는 인지 복합성 차원에서 어린이로서의 주인공들의 언어와 성인으로서의 동일한 주인공들의 언어가 확실히 다르다는 것을 발견했다. 본고는 동일한 개인을 다루고 있기 때문에, 서로 다른 시간 지점에서의 그들 언어에 대한 비교는 인지문체론이 제안하는 기본적인 추정에 대한 정당한 실험으로 드러난다. 틀림없이 스티븐 킹과 같은 작가는 성인의 언어와 비교를 위해서 채택된 어린이의 언어 사이의 인지적 차이를 모사하는 것에 능숙하다. 물론 이 논문의 분석은 독자가 그 차이를 포착할 것이라고 확신할 수 없지만 이러한 분석은 정확할 것이다. 스티븐 킹과 같은 작가들의 성공 요소 중의 하나는 공간 언어로 세계를 드러내는 작품에 존재하는 일종의 인지적 메커니즘을 절묘하게 구현해 낸다는 사실이다. 짧게 예를 들어서, 스티븐 킹의 또 다른 소설인 『제랄드의 게임 Gerald's Game』(New York: Signet Books, 1993)의 몇 구절을 비교해보자. 자주 그러한 것처럼 여기서 감정적 긴장은 공간 언어를 통해서 적절하게 표현되고 있다. 예를 살펴보자.

그리고 지금 심보 고약한 좀도둑 같은 새로운 생각이 그녀의 머리에 들어왔다. 즉, 자동차를 출발시킬 수 없는 그녀의 무능력은 연락상 생긴 작은 결함과 아무 상관이 없었다. 이것은 그녀의 손님의 일로 더 적합하였다. (368쪽)

나는 계속해서 뒤쪽 거울을 보려고 하였다. 그러나 나는 그렇게 하는 것이 두려웠다. 나는 그를 보게 될까봐 두려웠다. 그가 거기 있기 때문이 아니라, 당신도 이해하는 것처럼 −나는 그가 거기 없다는 것을 알고 있었다− 그러나 나의 마음이 그를 보게 하였는지도 모른다. (391쪽)

마치 머리와 몸 사이의 마지막 전선 회로가 끊어진 것 같았다. (393쪽)

나는 심연의 가장자리에서 스퀘어 댄싱을 추고 있었다는 사실을 막 깨달은 어떤 여자로 느꼈다. (405-406쪽)

이와 같은 예들은 그야말로 이 소설의 곳곳에 있으며, 스티븐 킹 작품의 정수이다. 그의 작품에는 공간 언어를 통해서 감정을 강조하는 것이 자주 나타난다. 단, 이 논문의 분석의 기본으로 예증될 수 없다는 주장이 있을 수 있다. 그렇지만 아마 그것은 대부분의 문학에 있는 것이다. 만일 이 논문이 복잡한 정신 현상(인지적이고 감정적인 두 종류 모두에 대한)에 대한 기술을 발전시키는 언어의 공간 기제를 설명하는 데에 어느 정도 분명한 결과를 도출해 냈다면, 인지문체론은 언어와 언어의 문체적 변이에 숨겨진 더 심오한 현상을 밝혀내는 도정에 있다.

■ 참고 문헌

Ames, L. B. and Learned, J. 1948. "The development of verbalized space in the young children." *Journal of Genetic Psychology* 72: 63–84.

Armstrong, D., Stokoe, W. and Wilcox, S. 1995. *Gesture and the Nature of Language.* Cambridge: Cambridge University Press.

Asch, S. 1958. "The metaphor: A psychological inquiry." In R. Taguiri and L. Petrullo (eds.), *Person Perception and Interpersonal Behaviour*, 86–94. Stanford, CA: Stanford University Press.

Becker, A. 1994. *Lokalisierungsausdrucke im Sprachvergleich. Eine lexikalisch-semantische Analyse von Lokalisierungsausdrucken im Deutschen und Englischen.* Tubingen: Max Niemeyer.

Bennett, D. C. 1975. *Spatial and Temporal Use of English Prepositions.* London: Longman.

Biber, D. et al. 1999. *Grammar of Spoken and Written English.* London: Longman.

Bierwisch, M. 1996. "How much space gets into language." In Bloom et al. (eds.), *Language and Space*, 31–76. Cambridge, MA: MIT Press.

Bloom, P., Peterson, M. A., Nadel, L. and M. F. Garrett (eds.). 1996. *Language and Space.* Cambridge, MA: MIT Press.

Boroditsky, L. 2000. "Metaphoric structuring: Understanding time through spatial meta-phors." *Cognition* 75: 1–28.

Bowerman, M. and Levinson, S. C. (eds.). 2001. *Language Acquisition and Conceptual Development.* Cambridge: Cambridge University Press.

Bowerman, M. and Choi, S. 2001. "Shaping meanings for language." In M. Bowerman, and S. C. Levinson (eds.), 475–511.

Buhler, K. 1934. *Sprachtheorie.* Jena: Gustav Fischer.

Cienki, A. J. 1989. "Spatial cognition and the semantics of prepositions in English, Polish, and Russian." *Slavistische Beitriige,* 237.

Clark, E. V. 2001. "Emergent categories in first language acquisition." In M. Bowerman and S. C. Levinson (eds.), *Language Acquisition and Conceptual Development*, 379–405. Cambridge: Cambridge University Press.

Denny, J. P. 1985. "Was ist universal am raumdeiktischen Lexikon?" In H. Schweizer (ed.), *Sprache und Raum*, 111–128. Stuttgart: Metzler.

Ehrich, V. 1992. *Hier und Jetzt: Studien zur lokalen und temporalen Deixis im*

Deutschen. Tubingen: Gunter Narr.
Fillmore, Ch. 1971. *Santa Cruz Lectures on Deixis.* Bloomington: Indiana University Press.
_____. 1975. *Santa Cruz Lectures on Deixis.* Bloomington: Indiana University Linguistics Club.
Garrod, S., Ferrier, G. and Campbell, S. 1999. "*In* and *on:* Investigating the functional geometry of spatial prepositions." *Cognition* 72: 167-189.
Gopnik, A. 2001. "Theories, language, and culture: Whorf without wincing." In M. Bower-man and S. C. Levinson (eds.), 45-69.
Hayward, W. G. and Tarr, M. J. 1995. "Spatial language and spatial representation." *Cognition* 55: 39-84.
Herskovits, A. 1986. *Language and Spatial Cognition.* Cambridge: Cambridge University Press.
Hoff-Ginsberg, E. 1997. *Language Development.* Pacific Grove: Brooks/Cole Publishing Company.
Inchaurralde, C. 1997. "Space, reference and emotional involvement." In S. Niemeyer and R. Dirven (eds.), *The Language of Emotion: Conceptualization, expression, and theoretical background,* 135-154. Amsterdam: John Benjamins.
Jackendoff, R. 1996. "The architecture of the linguistic-spatial interface." In Bloom et al. (eds.), 1-30.
Karmiloff-Smith, A. 1992. "Language development after five." In P. Fletcher and M. Garman (eds.), *Language Acquisition. Studies in first language development,* 455-474. Cambridge: Cambridge University Press.
King, S. 1987. *IT.* New York: Signet.
Lakoff, G. 1987. *Women, Fire, and Dangerous Things.* Chicago: The University of Chicago Press.
Lakoff, G. and Johnson, M. 1980. *Metaphors We Live By.* Chicago: University of Chicago Press.
_____. 1999. *Philosophy in the Flesh. The embodied mind and its challenge to Western thought.* New York: Basic Books.
Landau, B. 1993. "Learning the language of space." In E. V. Clark (ed.), *The Proceedings of the 24th Annual Child Language Research Forum,* 1-22. New York: Cambridge University Press.
Levelt, W. J. M. 1996. "Perspective taking and ellipsis in spatial description." In Bloom et al. (eds.), 77-107.
Levinson, S. C. 1983. *Pragmatics.* Cambridge: Cambridge University Press.

_____. 1992. "Primer for the field investigation of spatial description and conception." *Pragmatics* 2: 5-47.
_____. 2001. "Covariation between spatial language and cognition, and its implication for language learning." In M. Bowerman and S. C. Levinson (eds.).
Lock, A. 1980. *The Guided Reinvention of Language*. London: Academic Press.
Lyons, J. 1977. *Semantics*. Vol. 1&2. Cambridge: Cambridge University Press.
Marmaridou, S. 2000. *Pragmatic Meaning and Cognition*. Amsterdam: John Benjamins.
Mead, G. H. 1934. *Mind, Sel fand Society*. Chicago: University of Chicago Press.
Miller, G. A. and Johnson-Laird, R. N. 1976. *Language and perception*. Cambridge, MA: Harvard University Press.
Neisser, U. (ed.). 1993. *The Perceived Self*. Cambridge: Cambridge University Press.
Nippold, M. A. 1998. *Later Language Development: The school -age and adolescent years*. Austin: PRO-ED.
Olson, D. R. and Bialystok, E. 1983. *Spatial Cognition. The structure and development of mental representations of spatial relations*. Hillsdale, NJ: Lawrence Erlbaum.
Piaget, J. and Inhelder, B. 1957. *A Child's Conception of Space*. New York: Norton.
Pütz, M. and Dirven, R. (eds.). 1996. *The construal of language and thought*. Berlin/New York: Mouton de Gryter.
Rauh, G. (ed.). 1983. *Essays on Deixis*. Tubingen: Gunter Narr.
_____. (ed.). 1991. *Approaches to Prepositions*. Tubingen: Gunter Narr.
Roberts, J. V. and Herman, C. P. 1986. "The psychology of height: An empirical review." In C. P. Herman, M. P. Zanna and E. T. Higgins (eds.), *Physical Appearance, Stigma, and Social Behavior: The Ontario symposium*, Vol. 3, 113-140. Hillsdale, NJ: Lawrence Erlbaum.
Schweizer, H. (ed.). 1985. *Sprache und Raum*. Stuttgart: Metzler.
Senft, G. 1997. *Referring to Space*. Oxford: Clarendon Press.
Slobin, D. I. 1970. "Universals of grammatical development in children." In G. G. Flores d'Arcais and W. J. M. Levelt (eds.), *Advances in psycholinguistics*, 174-186. Amsterdam: North-Holland.
Svorou, S. 1993. *The Grammar of Space*. Amsterdam: John Benjamins.
Talmy, L. 1983. "How language structures space." In H. L. Pick, and L. P. Acredolo (eds.), *Spatial Orientation. Theory, research, and application*, 225

-282. New York: Plerium Press.
Tanz, C. 1980. *Studies in the Acquisition of Deictic Terms.* Cambridge: Cambridge University Press.
Tracy, R. 1983. "Cognitive Processes and the Acquisition of Deixis." In Rauh, G. (ed.), *Essays on Deixis,* 99-149. Tubingen: Gunter Narr.
Vater, H. 1991. *Einfuhrung in die Raum-Linguistik.* Köln: Gabel Verlag.
Vorweg, C. and Rickheit, G. 1999. "Richtungsausdrucke und Heckenbildung beim sprach-lichen Lokalisieren von Objekten im visuellen Raum." *Linguistische Berichte* 178: 152-204.
Weissenborn, J. and Klein, W. (eds.). 1982. *Here and There. Crosslinguistic studies on deixis and demonstration.* Amsterdam: John Benjamins.
Wunderlich, D. 1982. "Sprache und Raum." *Studium Linguistik* 12: 1-19, 13, 37-59.

07 소설에서의 '분열된 자아'와 의료에서의 '인생 이야기'*

인지언어학의 이론과 서사 실제

캐더린 에모트 (글래스고 대학교)

(1) (…) 마치 내가 **둘로 분열된** 것 같은 느낌 – 한쪽은 웃고 있고, 다른 한쪽은 객관성을 가지고 냉정하게 지켜보고 있다. (조 심슨 Joe Simpson, 『허공 만지기 Touching the Void』, 1988, 97쪽)

(2) 나의 인생은 이전과 이후의 **둘로 나누어졌다** (…) 지금 '착한' 오른손으로 자판을 치고 있는 내가 두 손으로 분당 50단어를 치곤 했던 예전의 나와 같은지 여전히 궁금하다. (로버트 맥크럼 Robert McCrum, 『나의 휴가: 뇌졸중 후 삶의 재발견 My Year Off: Rediscovering Life after a Stroke』, 1998, 208쪽과 13쪽)

(3) 나무 뒤에 서서 호박밭 속에 있는 **자신의 모습을 지켜보고 있는** 것은 의심할 여지없이 그의 인생에서 가장 이상한 감각이었다. (J. K. 롤링 J. K. Rowling, 『해리포터와 아즈카반의 죄수 Harry Potter and the Prisoner of Azkaban』, 1999, 292쪽)

---

* 이 연구는 에딘버러 왕립학회 및 칼레도니아 연구재단에 의해 지원되었다. 이들의 자금 지원에 감사드린다.

서론

'분열된 자아'는 서사 텍스트에서 흔한 테마이다. 물론 잘 알려진 예로는 로버트 루이스 스티븐슨 Robert Louis Stevenson(1995, 1886)의 고전인 『지킬과 하이드 박사의 이상한 사건 The Strange Case of Dr Jekyll and Mr Hyde』과 영화 <백 투 더 퓨처 Back to the Future>와 같은 현대의 공상과학소설이 있다. 이런 작품들 속에서 (그리고 위의 인용문 (3)의 해리포터 본문에서) 분열은 이야기의 플롯에 중요한 기여를 한다. 분열은 때때로 개인의 위기 순간에 (위의 인용문 (1)과 (2) 참조) 흔히 발생하기 때문에 넓은 범위의 허구적 서사들과 비허구적 서사들 속에서 발견된다. 좀 더 일반적으로 이 테마는 포스트모던 사회의 정체성 분열의 감각을 반영한다. 분열은 또한 서사 형식 속에 고유한 것처럼 보일지도 모르는데, 이것은 일반적으로 일인칭 서사가 현재의 자신이 과거의 자신을 기록하도록 한다는 것과 서사적인 연대기에서 (회상과 같은) 단절이 다른 시점에 있는 별형의 개인들을 병치하는 수단을 제공하기 때문이다.

이 글에서 나는 허구적인 글과 비허구적인 의료에서의 '인생 이야기들'을 포함한 다양한 서사들 속에 나타난 '분열된 자아' 현상을 탐구한다. 특히 소설 『폭력의 아이들 Children of Violence』 속의 장면에 나오는 자아 정체성에 대한 도리스 레싱 Doris Lessing의 연구와 갑작스런 마비(뇌졸중이나 척추골절 등으로 인한)가 유년기와 중년기에 활동적이었던 사람에게 끼친 심리적, 육체적 영향에 대해 묘사한 자전적 시리즈인 '마비 이야기'에 들어 있는 예들을 언급할 것이다(보비 Bauby, 1998, 맥크럼 McCrum, 1998, 리브 Reeve, 1998, 심슨 Simpson, 1988[1]). 나는 '분열된 자아'라는 용어를 매우

---

[1] 프랑스 『엘르』 잡지의 편집장인 보비는 43세에 뇌졸중을 겪은 후에 왼쪽 눈꺼풀만

폭넓게 사용해서, 서사 속에서 어떤 방식으로든 분열되거나 복제되고 있는 등장인물이나 실존하는 개인의 모든 경우들을 포함한다. 나는 많지 않은 글들에 대한 이 조사를 이후의 연구에서 '분열된 자아들'을 좀 더 포괄적인 용어로 설정하기 위한 기초 작업으로 보기 때문에 이 글을 부분적으로 기술할 것이다. 동시에 나는 인지언어학 연구가 서사 텍스트들 속의 '분열된 자아' 현상의 범위를 다룰 수 있는지에 대한 예비 논의를 제시한다. 인지언어학의 많은 고전적인 사례들 중에 서로 병치된 별형의 개인들이 많고, 레이코프Lakoff(1996)의 연구가 분리되고 산재되고 분열된 자아에 대한 명백한 논의를 포함하고 있기 때문에, 인지언어학은 분명히 숙고해야 할 기초 작업이다. 나는 인지언어학 이론이 서사 속의 '분열된 자아' 현상에 대해 어느 정도 유용한 통찰을 제공할 수 있지만, 그러나 인지언어학이 이러한 점에서 근본적으로 서사 이론과 기술의 범주에 속하지 않는다고 주장한다. 따라서 서사 속의 '분열된 자아들'의 사례들을 조사하면 인지언어학자들에 의해 논의된 것보다 더 넓은 범위의 현상을 밝혀낼지도 모르고, 긴 서사적인 기록들과 기초 연구들을 위한 적절한 기초 작업을 가지고 있지 않은 인지언어학자들이 답변할 수 없는 의문들을 제시할지도 모른다. 이 점에서 이 글은 인지언어학 이론의 본질과 인지언어학이 '담론'[2] 자료를 다룰 수 있는지의 여부에 대해 논한다.

움직일 수 있었다. 맥크럼, 파버와 파버 출판사의 편집장인 맥크럼은 42세에 뇌졸중을 겪은 후 좌반신이 마비되었다. 헐리우드 '슈퍼맨' 리브는 42세에 승마 사고로 목이 부러지고 목 아래가 마비되었다. 나는 이 글에서 이러한 텍스트들을 '마비 서사'라고 부를 것이다. 심슨은 기술적으로 마비된 것이 아니라, 등반 사고(높은 고도에서 거의 목숨을 잃을 뻔한 사고)에서 다리가 부러져서 다리를 움직일 수 없다. 이들의 뛰어난 글쓰기 실력 때문에 서평가들은 보비, 맥크럼, 심슨의 서사들이 비허구적임에도 불구하고 이러한 책들의 표지 서평에서 이것들을 문학적 텍스트로 간주한다.

2 나는 '담론'이라는 말로 많은 언어학적, 철학적, 심리학적 연구의 문맥에서 떼어놓

1. 지시적 현상과 '자아'-은유에 대한 인지언어학 연구

인지언어학은 주류 언어학에서 점점 더 중요한 패러다임이 되고 있으며, 인지언어학을 지지하는 사람들은 많은 유형의 의사소통과 정신 과정을 이해하는 데 그들의 이론을 일반적으로 응용할 수 있다는 것을 강조한다. 따라서 문체론자들이 인지언어학 이론이 문학 텍스트 분석에 얼마나 유용한지 평가하려는 일은 그리 놀랄 만한 일은 아니다. 이 글에서 나는 비록 인지언어학 이론이 어떻게 다른 문학 텍스트에 작용하는지에 대한 중요하고 신선한 통찰력을 제공할 수 있음에도 불구하고 근원적으로 한계를 가지고 있다고 주장한다. 인지언어학이 인위적인 예시 문장들을 고려하지 않고 발생하는 매우 특별한 철학적, 언어적 문제들을 해결하기 위해서 만들어져 있기 때문이다. 이러한 근원적인 문제들과 텍스트 비평가들의 연구에서의 문제가 중첩되는 지점에 인지언어학은 텍스트를 분석하는 데 유용한 기초 작업이 될 수 있다. 그럼에도 불구하고 인지언어학자들은 그들만의 매우 특수한 관심 사항을 가지고 있어서 문체론자, 문학평론가, 담론분석가들이 관심을 가질지도 모르는 문제들은 건드리지 않을 수도 있다.

인지언어학은 은유 분석에 관한 접근(레이코프·존슨 Johnson, 1980)으로 가장 잘 알려져 있지만, 인지언어학의 이론에 대한 기초 작업은 지시 현상에 대한 관심에 의해서 또한 강하게 고무되었다(실제 포코니에 Fauconnie는 1994, 162쪽에서 이것을 '정신 공간' 이론의 주요 원천으로 인정한다.). 비록 '분열된 자아'라는 용어가 인지언어학의 글에서 별로 쓰이

고 고찰된 진술들보다 자연스러운 의사소통 상황에서 일어나는 확장된 텍스트를 사용한다(에모트, 1997, 3장 참조).

지 않는다고 해도(아래에서 보듯), 공-지시성의 인지언어학적 논의에 나오는 실체의 별형들에 대해 상당한 관심이 있다. 1장에서 나는 '분열된 자아들'의 주제와 관련 있는 지시이론에 관한 고전적인 인지언어학 연구에서 몇 가지 중요한 쟁점들을 간략하게 검토할 것이다. 1장에서 이러한 인지언어학의 쟁점들을 고찰하면서, 구와 예시 문장들에 대한 고전적인 인지언어학 분석이 어느 정도까지 서사 속에 있는 유사한 언어학적 자질에 대한 분석을 '해석할' 수 있을지 숙고할 것이다. 다음으로 2장에서는 서사 뭉치에서 '분열된 자아'의 예들을 설명하면 논의를 '심화'시킬 것이다. 3장에서는 인지언어학 논의로 다시 돌아와서 2장에서 내가 찾아낸 것들에 비추어 이 이론을 재평가할 것이다.

1.1. 레이코프의 "나는 나 자신이 아니다"에 대한 공-지시 현상과 '자아'-은유 연구

레이코프의 자아에 관한 연구(1996)는 부분적으로 공-지시성의 주제에 대한 관심이 동기화되었다. 레이코프는 '나', 그리고 '나 자신'과 같은 지시 표현들이 항상 동일한 것을 지시하는 것으로 보았던 생성적인 전통에 도전을 제기한다. 그는 만약 엄격한 동일성이 가정된다면 말도 되지 않을 "미안해. 오늘 난 내 자신이 아니야."와 같은 문장을 고찰함으로써 엄격한 동일성에 대한 반대 주장을 펼친다(레이코프, 1996, 9쪽, 107쪽). 분명히 이 문장은 모순된 것이 아니라, 말하는 사람이 그/그녀의 '평소의' 자신과 다르게 느낀다는 것을 의미하며, 그래서 일반적인 건강/정신 상태에 대비된 현재의 건강/정신 상태에 대해 평가하는 것이다. 이와 같은 경우에 레이코프는 '나', '나를', '나 자신'(또한 이에 상응하는 이인칭, 삼인칭 표현들)과 같은 공-지시적 단어가 동일한 개념들을 표시하기보다는 실제로 다른 속성들을 나타낸다고 주장한다. 레이코프의 연구는 윌리엄 제임스 William James(1890, 332쪽, 1910)의 '인식 주체로서의 자기'와 '인식 대상으로서의 자기' 사이의 고전적인 구별과 맥락을 같이하며, 레이코프는 이것들을 각각 '주체'와 '자아'라고 불렀다. 레이코프는 이것을 가지고 넓은 범위의 유사한 언어적 표현들, 가령 "나는 춤추면서 나 자신을 잃었다." (명백하게 말 그대로 화자가 자아를 가지고 있지 않다는 것이 아니라, 일시적으로 자신을 인식하지 못한 것을 의미하는)라는 말을 분석할 수 있었다. 내가 여기에서 이 용어를 사용하는 의미에서 이것들은 모두 '분열된 자아'의 예들이다. 이것은 이러한 유형의 표현들이 다른 경우 (그리고/혹은) 다른 상황에 있는 자아의 별형들을 보여주기 때문이다. 그렇지만, 레이코프(1996)는 '분열된 자아'라는 용어를 어떤 사람이 '과학적인 자아', 혹은 '종교적 자아'[3]에 대해 말할 때와 같이 자아가 서로 다른 지적인/사회적인 면들을 가진 경우에 한정해서 사용한다.

자아에 관한 레이코프의 연구(1996)의 한 측면인 용기(container) 은유에 관한 논의는 여기에서 특히 관련성이 있어 보인다. 레이코프는 여러 '자아'-구절의 논의에서 '내적', 그리고 '외적' 자아를 제시한다("그녀는 외면적으로는 다정하지만 내면적으로는 비열하다.", 109쪽).[4] 레이코프는 이러한 은유들이 자아가 용기라는 측면에서 개념화되는 방식이 항상 일관

---

3 이것은 레이코프가(1996)가 자아를 '자아(자신)'와 '주체'라는 구성 요소로 분리하기 때문이다. 따라서 레이코프한테는 자아는 단지 '자아' 요소가 분열될 때에만 분열된다.
4 이것은 또한 문학 언어학자에 의해 탐구되었다. 셰익스피어 Shakespeare가 리차드 Richard III에서 사회적 자아와 대조해서 전혀 반대인 내적인 개인적 자아를 드러내기 위해 어떻게 독백을 사용하는지에 관한 논의는 컬페퍼 Culpeper(2001, 170-171쪽)를 참고

적이지는 않다는 사실을 지적한다(117쪽). 나는 2장을 통해 용기 은유가 자아에 대한 서사적인 표현들에 있어서 또한 매우 흔하며, 이러한 확장된 텍스트들에 속에서 언제나 일관되지는 않다는 것을 설명할 것이다.

종합적으로 레이코프는 자아가 개념화되는 방식과 이것이 언어적으로 지칭되는 방식에 대한 중요한 통찰력을 제공하는 '자아' 구절에 대한 유용한 조사를 제공한다. 이러한 통찰들은 서사 텍스트의 실례를 조사하는 데 있어서 (2장을 통해서 논의될 것과 마찬가지로) 유용할 것이다. 그러나 레이코프의 주요 관심사가 개인 화자가 확장된 서사 속에서 자신을 지칭하고 자신의 정체감에 대해 논의하는 방식을 조사하기보다는 일반적으로 언어 체계 속에서 이러한 '자아' 은유를 사용하는 데 있다는 것에 주목하는 것이 중요하다. 따라서 우리에게는 개인들이 자아 인식에 중요하고도 충격적인 인생 사건들의 효과를 묘사할 특별한 목적을 위해 은유를 사용하는 방식을 연구하기 위한 더 폭넓은 작업이 필요할지도 모른다.

1.2. '지시 타당성'과 포코니에의 '정신 공간' 연구

레이코프의 '자아'-은유에 관한 연구와는 약간 다른 방식이긴 하지만, 포코니에의 창의적인 '정신 공간' 연구(1994) 또한 고전적인 철학적 문제에 초점을 맞추어 공-지시어 개념을 비판적으로 본다. 비록 포코니에의 용어는 아니지만, 레이코프와 스위처Sweetser(1994, 9-10쪽)는 포코니에 (1997) 서론에서 포코니에의 연구에 의해 제기된 쟁점들을 설명하기 위해서 '분열된 자아'라는 표현을 사용한다. 포코니에의 요점들 중의 하나는 순전하게 논리적 관점에서는 '틀린' 표현으로 보일 수 있는 말이 만약 우리가 '정신 공간'을 고려한다면 실제로는 수용될 수 있다는 것이다. 나는 이와 같은 연구에서 만들어진 이 유형의 언어학 요점을 강조하기 위해서 여기에서 이것을 '지시 타당성'(포코니에 용어가 아닌 나의 용어)이라고 칭할 것이다. "대통령은 1929년에 아기였다."(30쪽)라는 문장에서 어른을 지시하는 '대통령'은 그가 그런 직함을 갖기에는 너무 어렸던(혹은 추론된) 어떤 시점의 한 개인에 대한 별형을 일컫는다. 어떤 점에서는 이것은 철학자들이 사용한 인공적인 자료들로 만들어진 문제라고 주장될 수도 있다. 만약 우리가 '대통령'이라는 표현을 '지금 대통령인 그 개인'을 대신하는 약칭으로 받아들인다면, 일상적인 말하기와 쓰기에서 이 문장은 아마 간단하게 해석될 것이다. 포코니에는 관점의 개념을 도입한 정신 공간 이론을 사용해서 이 문제를 해결할 것을 주장한다. 그러나 만약 우리가 실제 의사소통을 고려한다면 이미 서사론자들이 그들의 서사 층위와 관점에 대한 그들의 연구에서(주네트 Genette, 1980, 발 Bal, 1997 등) 이 특별한 문제를 해결했다는 주장이 가능하다. 실제로 서사학에서는 서사론자들이 **누구의 관점에서 발언이 행해졌는지**에 대해 관심이 있다는 문제가 추가된다(전통적인 철학적 문장들은 종종 너무 문맥과 동떨어져 있어서 특정한 화자의 관점에서 말해지지는 않는다.).

만약 우리가 서사 텍스트에서 포코니에의 '대통령/아기'의 병치 예를 조사한다면, 이 유형의 연구가 서사학적인 분석을 위해 도움이 되는지 안 되는지를 판단할 수 있다. 이와 같은 예가 마거릿 애트우드 Margaret Atwood 의 소설 『나의 어머니 인생에서 중요한 순간들 Significant moments in the life of my mother』(1996)에서 다양하게 나타나는데, 여기에서 '나의 어머니'라는 지칭이 심지어 그녀의 유년 시절을 묘사할 때에도 사용되었기 때문이다. 따라서 서술자는 우리에게 "나의 어머니와 그녀의 여동생은 닫힌 사무실 문 근처를 어슬렁거리다가 쫓겨나곤 했다."(12쪽)라고 말한다. 명백하게 이것은 그녀의 어머니가 어머니였을 시점보다 앞선다. 그러나 서술자의 관점이 가족 관계와 '현재 나의 어머니'인 그 개인의 진정한 의미가 약칭인 '나의 어머니'의 뒤에 분명하게 존재한다는 것을 지시 묘사를 사용하여 설명하기 때문에 실제적으로 이상한 것은 없다. 우선 흥미로운 점은 언어학자들이 일상적인 담론 속의 그러한 평범한 예를 다룰 정도로 충분히 세련된 모형들을 이전에는 가지고 있지 않았다는 사실이다. (비록 이야기를 통해 '어머니'라는 구절의 지속적인 사용이 모성이라는 주제를 강화한다고 말할 수도 있지만.)

이 장에서 내가 논의한 포코니에의 '대통령과 아기'의 예는 특히 다른 시기에 있는 동일한 개인을 묘사한 것이다. 사실 포코니에의 예(1994) 중 상당수는 그림, 상상, 믿음 공간과 같은 영역들 속의 개인과 그들의 대응 짝이 같이 결합된 실체들을 나타낸다. 왜냐하면 이것은 흔히 문학의 텍스트가 이미지나 현실 세계 속에 있는 실체들을 묘사하기 때문이다. 이것은 특히 문학 분석과 관련되어 있는 것처럼 보이는 전통적인 인지언어학 연구의 한 측면이다(좀 더 많은 논의를 위해서는, 워스Werth(1999)와 세미노 Semino(1997) 참조). 이 글에서 살펴본 '마비 서사'는 많은 상상하는 자아들을 포함하고 있다. 마비의 희생자들은 낮 동안에 마음을 방랑하게 내버려두는 것 외에 별다른 선택이 없고, 밤에는 그가 '다시 온전해지는' 꿈을 꾼다(리브Reeve, 1998, 3쪽, 상상의 자아들에 관한 논의 2.1.3. 참조).

1.3. '혼성' 이론에서의 반사실적 실체들

최근에 '혼성'과 '유추적인 반사실들'에 대한 논의에서 주요 인지언어학자들은 잘 쓰인 철학적 문장들을 뛰어넘어서 농담, 일화, 수수께끼, 노래, 만화, 그리고 광고와 같은 자료들 속의 예시들을 자세하게 살펴보기 시작했다(포코니에, 1996, 1997, 포코니에·터너Turner, 1996, 2000). 다시

지칭/지시 대상의 연결 문제는 특정한 지시 표현이 어떤 실체의 별형들을 지시하는 것 사이로 미끄러져 들어가기 때문에 적절할 것이다. 포코니에(1997, 113-120쪽)는 어떤 아버지가 텔레비전의 레슬링 경기를 보면서 자신의 전성기에 레슬러 헐크 호건Hulk Hogan을 쉽게 이길 수 있었을 거라고 이야기하는 만화『드래블Drabble』의 예를 논의한다. 어머니는 그 아버지가 전성기였을 때, 헐크 호건은 '유치원'에 있었다고 반박한다. 포코니에는 이 예를 매우 자세하게 분석했지만, 그 등장인물들의 별형에 관한 기본적인 요점은 다음과 같다.

- 현재 상황:
  아버지-현재(전성기 지남, 약함) : 헐크 호건-현재(전성기, 매우 강함)
- 아버지가 상상한 상황:
  아버지-과거(전성기, 지금보다 강함) : 헐크 호건-현재(전성기, 매우 강함)
- 어머니가 상상한 상황:
  아버지-과거(전성기, 지금보다 강하지만 매우 강하지는 않음) : 헐크 호건-과거(어린이, 약함)

인지언어학의 '혼성' 이론의 많은 부분에서 그 예시의 해석은 우리가 추정 과정에 의해 지시 대상의 다른 '반사실적' 별형을 창조하는지에 의존한다(아버지는 오로지 그 자신에 대해 과거로 되돌아가 추정하지만 레슬러에 대해 추정하는 것은 잊어버린다. 어머니는 양쪽 모두를 추정한다.). 또한 이 추론은 비록 우리가 그런 일이 실제로 일어나지 않을 것을 알면서도 동일한 공간에서 함께 싸우는 두 남자를 상상할 것을 요구한다. 이것은 레이코프의 예시들(1996)보다 더 특별한 각본이지만, 그럼에도 불구하고 우리는 이 특별한 등장인물에 대한 추가적인 지식이 없어도 청년기와 성년기(즉, 심지어 강한 남자들도 어렸을 때는 그리 강하지 않다.)의 싸움 능력에 관한 우리의 일반적인 지식만 가지고도 이 농담을 해석할 수 있다.

이런 유형의 추론은 또한 서사에서도 발견될 수 있다. 예를 들어 맥크럼의 마비 서사에서, 그는 "여섯 달 전에, 나는 이 문장을 자판으로 치는 동안 편지를 부치기 위해 길을 건너갈 수 있었다."라고 말한다. 뇌졸중이 맥크럼의 일상 작업 행위에 미친 영향을 이해하기 위해서 우리는 일반적으로 이러한 두 가지 행위를 하는데 보통 걸리는 시간에 대해 우리의 도식화된 지식을 환기할 필요가 있다. 그래서 우리는 맥크럼의 뇌졸중 이후의 기동성을 "길을 건너는 시간"과 "문장을 입력하는 행위"를 섞어서 더욱 충격적으로 통찰한다. 표준적인 인지언어학 예시에서 혼성 공간은 대개 상상 공간이다. 그렇지만 여기서 맥크럼은 그를 개인적으로 모르거나, 또는 뇌졸중 후유증에 친숙하지 않은 사람들에게 다른 식으로는 전하기 어려울 그의 실제 현재의 신체적 상태에 관한 정보를 전하기 위한 장치를 사용한다. 때때로 우리는 이러한 '혼성' 작업을 통해 문맥을 모르면 이상하게 보일 수 있는 은유를 해석할 수 있다. 맥크럼은 그의 뇌졸중 직후 도움을 청하러 기어가는 시도를 묘사하기 위해 "특수 부대-스타일" 구절(12쪽)을 사용하고, 마지막에 "로키 산맥을 횡단하여 마침내 캘리포니아에 도착한 개척자처럼"(14쪽) 느낀다. 마찬가지로 보비는 자신의 눈을 깜빠거리는 행위를 묘사하기 위해서 역도의 은유를 사용한다(80쪽). 뇌졸중 희생자와 관련한 이러한 '운동', 그리고 '활동' 은유는 묘하게 부적절해 보이지만, 분명한 요점은 마비된 자들의 적은 양의 노력에 대한 위대함을 강조하는 데 있다.

비록 '혼성' 전략이 서사 텍스트 해석에 도움이 될지 모르지만, 이런 유형의 추론 작업은 수많은 것들 중 하나일 뿐이다. 위의 은유는 이러한 개인들에 대한 특별한 지식보다는 질병과 장애에 대한 일반적인 지식으로 이해될 수 있다. 확장된 서사에서 자아의 본성을 완전히 이해하고 외상적 사건이 그들의 정체성의 감각에 끼친 영향을 이해하기 위해서는 일반적으로 특정한 개인의 과거 역사에 대한 이해가 필요하다. 이 글에서 나중에 논의될 것이지만, 전통적인 인지언어학 이론은 텍스트의 확장된 범위를 넘어 특별한 개인에 대한 지식을 단계적으로 축적하는 방법에 대한 아주 적당한 모델을 가지고 있지는 않다.5

1.4. 인지언어학 연구자의 서사 분석

비록 주요한 인지언어학 연구자들이 인위적인 예시들과 짧은 텍스트를 대상으로 창의적인 연구를 해 왔지만, 서사 분석과 관련 있는 쟁점에 관한 자신의 생각들도 어느 정도 활용해 왔다. 전형적으로 이 연구는 위에서 논의된 유형들의 언어학 요점들을 강화한다. 예를 들어 샌더스Sanders (1994)는 내가 '지칭 적합성'이라고 명명한 것을 신문 기사와 성경의 텍스트에서 설명하기 위해, 전통적인 서사 분석과 인지언어학 연구를 함께 관찰한다(샌더스· 레데커Redeker, 1996). 특히 샌더스의 작업은 이미-소개된 인물에 대한 부정명사구의 사용이 어떻게 관점 전환에 의해 설명될 수 있는지 연구하고 있다. 그러므로 인물이 독자와 초점화자 모두에게 알려

---

5 비록 주요 인지언어학자들이 그들의 연구가 담론을 기반으로 한다고 주장하지만, 그들이 조사하는 자료는 때때로 이 점에서 약간 제한된다. 포코니에(1994)에 의해 만들어진 문장은 내가 말하는 담론 자료가 전혀 아니다(비록 장 서두에 쓴 명구에서 때때로 서사 텍스트의 예를 사용하지만, 그는 이것을 상세하게 분석하지는 않는다.). 최근에 래내커Langacker(2001)는 인지언어학자들이 담론 기반을 가지고 있고, 담론 자료를 다룰 수 있다고 주장했다. 그러나 그의 강한 주장은 그가 담론 분석의 전문 지식을 가지고 있지 않으며, 그의 글(2001) 속의 자연적인 담화 자료를 분석하지 않는다고 인정한 것(143-144쪽)과 상충된다.

져 있을지도 모르지만, 초점화자는 특정한 상황에서 이 인물을 즉시 알아보지 못할 수도 있다. 이것이 '여자'와 같은 부정 항목을 사용하는 이유를 설명할지도 모른다. 서사 자료에 대해 연구하고 있는 또 다른 인지언어학 연구자 오클리Oakley(1998)는 아트 슈피겔만Art Spiegelman(1986, 1991)의 『쥐: 한 생존자의 이야기Maus: A Survivor's Tale』 속의 혼성 작용에 관한 정교한 인지언어학 분석을 제공한다. '지시 적합성'(어떤 사진이 '그것'보다는 '그'로 묘사되는데 이는 주인공의 죽은 형제의 이미지를 보여주기 때문이다.)과 상상의 대응 인물(어린 시절에 죽은 주인공의 형제는 '유령 형제'로 상상되며 주인공을 위한 상상의 어른 경쟁자를 제공한다.)의 창조에 대한 어느 정도 유용한 논평들도 포함하고 있다. 위에서 언급한 것처럼, 워스의 연구(1999)는 인지언어학의 발상들을 확장하여 인물들의 믿음, 꿈, 환상의 재현을 포함한 서사 하위-세계들이 어떻게 창조되는지에 대한 폭넓은 분석을 제공한다(자세한 비평을 위해 에모트, 2000 참조).

  이러한 유형의 '응용' 인지언어학 연구는 서사 텍스트에 대한 새로운 시각을 제공하며, 특히 워스의 모형은 이미 인지문체론을 통해 연구하고 있는 사람들을 위한 주요한 틀을 제공하고 있다. 그럼에도 불구하고 우리는 서사 분석의 도구로서의 인지언어학 이론의 유용성을 평가할 때 주의할 필요가 있다. 연구의 초점은 매우 특수한 유형의 예시(위에서 언급된 '지시 적합성 연구)에 맞춰질 수 있고, 더 일반적인 문학-언어학 문제를 말할 때보다는 특수한 전문화된 언어 관점(부정명사구를 어디에 쓸지에 관한 문법적인 사항과 같은)을 논의할 때 가장 적절할지도 모른다. 더욱이 이 연구가 서사 텍스트와 직접적으로 관련된 곳에서는 때때로 인지언어학 자체보다 오히려 서사론의 배경에 기인한 것일지도 모른다(샌더스(1994)는 전통적인 서사론과 문체론의 연구에 크게 의존한다.).

2. 서사 속의 '분열된 자아' 탐구

인지언어학자들이 서사 속의 인칭을 연구해 온 이유가 있다. 앞에서 논의한 분석은 지시자-지시 대상의 연결, 그리고 공-지시성이라는 예기된 언어 형태의 관점에서 보면 흥미롭다. 이것들은 문학 소설과 자전적 '삶의 이야기'를 공부하는 사람들에게 특별한 관련이 있는 주제인 특정한 개인의 자아 정체성 감각과는 다른 쟁점이다. 이 장에서 나는 광범위한 서사에서 수집된 사례들을 논의하고, 왜 분열된 인물들, 그리고 또는 별형의 인물들 사례가 인간 자아의 본성과 서사의 본성으로부터 자연스럽게 발생하는 것처럼 보이는지를 탐구하면서, 주로 '상향식' 접근을 이용하여 분리된/복제된 자아에 대한 참조물들을 살펴볼 것이다.

2.1. 복합적이고 다면적인 자아

2.1.1. 「정신의 본질: 감성과 지성」

자아에 관한 레이코프의 연구(1996)는 개인이 "하나의 형태가 아닌 많은 형태의 자의식"을 가지고 있다는 사실(101쪽)과 우리가 때때로 우리 자신의 다른 측면, 또는 "갈등하고 있는 인간"으로서 미결정과 같은 정신 과정으로 개념화한다는 사실에 주목하고 있다. 여기에는 '분열된 뇌' 환자(뇌의 좌반구와 우반구 사이의 연결이 절단된 사람들)의 연구가 뇌의 두 반구가 독립적으로 작동할 잠재력을 가지고 있다(가자니가Gazzaniga, 1998)는 증거를 제공하기 때문에 이것에 대한 근본적인 신경학적 이유가 있을 것이다. 일반적인 '분열된 뇌' 사례 연구에서 환자의 오른손과 왼손(각각 좌반구와 우반구에 의해 통제되는)은 한 옷장에서 독립적으로 다른 옷을 선택해서 결국 그 환자는 동시에 두 개의 반바지를 입는 것과 같이 두 배의 품목을 입게 되었다(가자니가가 길링Gilling · 브라이트웰Brightwell, 1982, 171쪽에서 보고함). 분열 뇌 환자는 매우 드물지만 그럼에도 신경학자들은 '정상적인' 정신을 이해하는 데 이것들을 매우 중요하다고 여긴다. 하루하루를 생각하면, 우리는 일반적으로 우리 자신이 자아 정체성을 가지고 있다고 느끼지만, 일부 철학자들과 신경학자들은 이것이 실제로는 자아가 만들어낸 허구라고 주장한다(데넷Dennett, 1991, 가자니가, 1998). 예를 들어 좀 더 감정적인 우뇌가 아마도 우리를 특정한 방식으로 행동하게끔 이끌고 나면 우리 자신을 논리적이고 일관성 있는 행위자로 생각하는 기초를 제공한다. 그래서 좀 더 이성적인 좌뇌는 우리의 원래의 동기와 전혀 닮지 않은 방식으로 이 행동을 합리화 할 것이다(가자니가, 1998). 자아 정체성의 감각은 '정상적인' 뇌에서 일반적으로 편재해 있지만, 일상의 '자아'-은유에 관한 레이코프의 연구는 심지어 일상의 언어에서도 우리가 정신의 복합성을 어느 정도 인식하고 있다는 것을 시사하고 있다.

그럼에도 불구하고 서사들 속에서 개인들이 커다란 위기의 순간에 자신들을 묘사할 때 분열된 정신에 대한 훨씬 더 명백한 토론들을 발견하는 것이 가능하다. 예를 들어, 조 심슨의(1998) 치명적인 등반 사고에서 생존하기 위해 고군분투한 자전적인 이야기 『허공 만지기』에서 그는 마치 두 정신이 독립적으로 행동하고 있는 것처럼 분열된 감각에 대한 상세한 묘사를 다수 제공한다.

> 마치 내 안에 계속 이러쿵저러쿵하는 <u>두 개의 정신</u>이 있는 것 같았다. <u>그 목소리</u>는 깨끗하고 날이 서있고 명령하는 듯했다. 목소리는 항상 옳아서, 나는 목소리가 말할 때 목소리에 귀를 기울였고 목소리의 결정에 따라 행동했다. <u>또 다른 정신</u>은 절연된 일련의 이미지들과 기억들과 상상들을 늘어놓았고, 내가 <u>그 목소리</u>의 명령들에 복종하기 시작할 때 백

일몽의 상태에서 주목했다. 빙하에 닿는 것이 나의 목표였다. <u>그 목소리</u>는 <u>나에게</u> 정확히 어떻게 가야 할지 말했고, <u>나</u>는 복종했다. 그러는 동안 <u>나의 또 다른 정신</u>은 멍하니 이 생각에서 저 생각으로 뛰어다녔다. (120쪽, 심슨, 밑줄은 필자)

분열에 대한 이러한 분명한 언급들 외에도, '그 목소리'는 서사의 여러 장(6-12장)에 걸쳐 심슨의 행동을 지배한다. 목소리는 행위를 극화하는 지속적인 수단을 제공하고, 삶을 포기하고자 하는 욕망과 살고자 하는 의지 사이의 싸움을 보여준다. 정신의 각 부분은 다른 가능한 결과를 드러내는 것과 함께 다른 방식의 몸 통제 잠재력을 가지고 있어서 스토리의 긴장감을 더해 준다. 비록 심슨 스스로가 두 정신을 식별하고 있지만, 위의 인용문에는, 네 개의 구성소가 있는 것처럼 보인다. 사건이 벌어지고 난 뒤의 서술자를 제외한 '**목소리**', '**목소리**'에 반응하는 이성적인 '**나**'("나는 그것에 귀를 기울였다."), '또 다른 정신', 그리고 또 다른 정신에 '주목하는' '나', '**목소리**'는 특히 그중에서도 우세한데, 심슨이 하산하는 동안 목소리의 명령을 따르고("나는 내가 말했던 것처럼 했다.", 138쪽), 그것과 논쟁("어떤 나는 포기하고, 잠자고, 내가 절대 야영지에 도달할 수 없다는 것을 받아들이라고 외쳤다. 그 목소리는 어떤 나와 반대였다.", 149쪽)할 때처럼 어떤 식으로 분리된 행위자가 된다. 그럼에도, 비록 '그 목소리'가 중대한 영향력을 가지고 있지만, 심슨이 실제로 산에서 혼자라는 점과 그 자신의 인성의 힘 때문에 생존했다는 것은 의심할 여지가 없다. 따라서 정신이 분열된 것으로 인식될지는 모르지만 실제로 오직 하나의 몸만 존재한다. 이것은 다른 인성(악하고 선한)이 다른 상황에서 교체되며, 다른 신체 형태를 획득하는 고전적인 허구인 『지킬 앤 하이드』이야기(스티븐슨, 1995, 1886)와는 약간 다르다.

2.1.2. 정신과 신체

정신과 신체에 대한 데카르트의 이원론은 수세기 동안 철학자들에 의해 많이 논의되어 왔으며, 최근 일부 신경학자들에 의해 도전을 받고 있다. 그들 중 몇몇은 정신이 단순히 물리적인 뇌의 창조물이라고 주장한다(가자니가, 1998). 정신과 신체의 이원론이 육체와 심리에 대한 정확한 묘사이든 아니든 우리가 우리 신체의 '내부'에 있다는 '민간 개념'이 있다. 따라서 정신-신체의 '분열된 자아' 은유들은 서사에서 흔히 나타나며, 종종 인지언어학자들이 정의하는 식별되는 용기 은유다. 그래서 예를 들면 도리스 레싱의 『사 대문의 도시 Four-Gated City』(1972)에서 서술자는 다음과 같은 것을 관찰한다.

> <u>십 년 전의 잭</u>과 <u>현재의 잭</u>은 같은 사람이 아니었다. (…) 그가 병들어 있던 동안, 늙은 잭은 그저 죽었거나 사라졌으며, 이 새로운 사람이 <u>안으로 들어가서 소유했을 가능성도 있었다</u>. (419–420쪽)

이 예시는 삼인칭 관점으로 또 다른 사람의 변화하고 있는 인성을 보여준다(변화하는 자아에 관한 아래의 논의 2.2. 참조). 또한 새로운 사람이 신체를 소유한다는 개념은 자아-소외를 표현하기 위해 사용될 수 있다. 존 브레인 John Braine의 『꼭대기의 방 Room At The Top』(1959)에서 서술자인 나, 조 램튼 Joe Lampton은 새로운 자신에 대한 반감을 다음과 같이 묘사한다.

> 나는 조 램튼을 증오했으나, 그는 <u>나의 가죽을 쓰고 내 책상에 앉아서</u> 자신을 매우 확신하는 것처럼 바라보고 말했다. (219쪽)

서사의 전범위에 걸쳐, 조는 자신의 감정을 표시하고 지시 표현에 대한 그의 선택으로 분열을 강조한다. 그는 재잘재잘 영혼 없이 말할 때에는 직접화법으로 삼인칭 부가어구를 사용한다. 따라서 엘리스Alice의 죽음에 대해 들었을 때 조의 반응은 다음과 같았다. "나는 예상했어." 조 램튼은 침착하게 말했다. "그녀는 미치광이처럼 운전했어. 그렇지만 그것은 조금도 비극적이지 않아."(219쪽). 그러나 조가 그녀 죽음의 정확한 세부 사항들에 대해 공포로 반응할 때, 일인칭 같은 '나' 형식은 발화 부가어구로, 나는 '세상에'를 사용했다. 즉, 나는 '세상에'라고 말했다(219쪽). 고전인 『지킬과 하이드』 이야기에서처럼, 선과 악은 여기서는 하나의 신체 안에서 번갈아 나타난다.

또한 비허구적인 '마비 서사'들은 상실된 신체 기능들의 중요성을 강조하고, 운동의 상실이 그에 상응하는 자아의 상실을 이끄는지를 탐구하기 위하여 정신-신체 분열의 '민간 개념'을 사용한다. 이것은 개인의 부상당한 성질과 작가의 개인적 철학에 의존한다. 맥크럼(1998)은 "우리는 우리 몸속에서 살고 있다."(50쪽, 149쪽에서 반복됨)고 말하면서 "신체가 기능을 상실하면 당신도 기능을 상실한다."(149쪽)는, 그리고 그러한 신체의 기능 상실이 소위 '자아'라는 허약한 체계를 위협한다는(50쪽) 매우 부정적인 결론을 내린다. 맥크럼의 관점에서 개인은 신체 '안에' 있지만 그럼에도 불구하고 신체의 운명과 밀접하게 연결되어 있는 것처럼 보인다.[6] 리브(1998)는 종교적 의미에서 영적인 차원을 살펴보기 위하여 그 은유를 사용하려고 시도했다. 그러나 그는 맥크럼 견해를 대부분의 경험적인 신체 접촉의 상실과 연결하기 어렵다는 것을 알았다(예컨대 그의 자녀들과의 관계를 고려할 때 그의 이전의 운동을 좋아하는 생활방식의 상실과 생각하면서).

---

[6] 이것은 회복기 동안에 맥크럼이 고려한 관점으로 보이지만, 뇌졸중 그 자체 동안에는 "이것은 거의 마치 내가 내 몸속에 있지 않았던 것 같았다."(1998, 13쪽)라며 그 반대를 암시한다. 3장에서 나는 자아의 지각(그리고 따라서 사용된 은유)이 질병과 회복의 다른 단계 동안 어떻게 다양할 수 있는지 논의한다.

감각의 박탈이 가장 아프다. (…) 신체의 세계는 여전히 나에게 매우 중요하다. 나는 나 자신을 신체로부터 떼어놓고 전적으로 내 마음속에서만 살 수는 없다. 나는 우리가 우리의 신체는 아니라는 것을 믿기는 하지만, 우리가 지상에 있는 동안 우리의 신체는 우리가 살고 있는 집과 같다. 그러한 개념은 매일 내가 지니고 살아가는 철학이라기보다는 하나의 지적인 구성 개념이다. (247쪽)

놀랄 것 없이 이런 '마비 서사'는 종종 건물 은유를 집보다는 감옥으로 본다(맥크럼, 3쪽, 15쪽). 보비의 책(1998)에서, 감옥 은유를 반복해서 사용한 것은 그의 상황이 '감금증후군'이라고 일컬어지기 때문에 매우 적당하다. 이 책의 제목『잠수종과 나비 The Diving-Bell and the Butterfly』는 이것을 반영하는데, 그의 마음을 둘러싼 '잠수종'이 그의 신체를 죄수로 수감하고 있는 것처럼 보이는 것은 때때로 상상력의 힘으로 '나비처럼' 탈출할 수 있는(13쪽), '감금된 고치' 속에 갇혀 있기 때문이다. 또한 그 은유는 보비의 서사 전체에 걸쳐서 확장된 방식으로 사용되고 있다. 예를 들어, 그는 왼쪽 눈을 "내 독방의 유일한 창"(61쪽)이라고 묘사하고, 휠체어를 사용할 수 있을 것이라는 소식을 '종신형'으로 이해하며, "우주가 [그의] 고치를 열 열쇠를 포함하는지"(139쪽), 그리고 "[그의] 자유를 다시 살" 수 있는지를 궁금해 한다. 그렇지만 한 특정한 은유 사용이 항상 일관되지는 않은데, 보비의 경우 때때로 신체가 죄수(위의 '잠수종' 예)이기도 하지만, 신체 속에 갇혀 있는 마음이 죄수이기도 하기 때문이다. 맥크럼의 은유 사용은 감옥이 때때로 신체(3쪽)가 되고, 때때로 좋지 않은 건강(15쪽)이 되고, 때때로 병원/집(108쪽, 216쪽)이 되고, 비참함(133쪽)이 되는 것처럼 다양하게 사용된다. 그러므로 이러한 감옥 은유들이 정신-신체 관계에 대한 서술자의 견해를 잘 짜인 도식으로 제공한다기보다는 그저 좌절이라는 감정을 표현하고 있는 것으로 여기는 것이 더 나을지도 모른다. 전반적인 설명을 위해서 그 은유들은 상실의 본질과 자아 감각 효과에 관한 이 서사들 속의 더욱 분명한 진술들과 연계되는 것으로 보여야 한다.

'정신-신체' 분열 외에도 여전히 기능하는 신체와 그것의 마비된 부분(들) 사이의 분열('신체-신체' 분열 같은)도 또한 있을 수 있다. 예를 들어, 심슨은 앞 장에서 논의한 '정신-정신' 분열 외에도 그의 신체를 이러한 방식으로 분열된 것으로 본다. 일반적으로 그의 정신은 그의 신체의 멀쩡한 부분들과 연결되어 있다. 그가 자신의 부러진 다리를 볼 때, 그는 "마치 내가 다른 누군가를 임상 관찰하고 있는 것처럼"(64쪽) 느낀다. 때때로 그 다리는 "떼쓰는 아이처럼"(127쪽) 그를 귀찮게 하지만, 다른 때에는 그 통증이 매우 심해서 그 다리는 그 자신의 별개의 목소리를 얻어서 다시 그 행동을 극화하는 수단을 제공한다.

> 나는 (…) 고통에 내 자신을 버렸다. 그 고통은 나의 모든 의식적 사고에 열기를 불어넣으면서, 나의 무릎 주변을 덮었고, 허벅지를 오르내렸다. 이 고통은 자기에게 관심을 가져달라고 점점 더 강도를 높이다가 <u>자신만의 개별성을 부여받은</u> 어떤 것이 되었고, 그때서야 비로소 나는 <u>그것의 메시지를 분명히 들을 수 있었다.</u> "나는 아파. 나는 다쳤어. 나를 쉬게 해 줘, 나를 내버려 둬!"(76쪽)

서술자는 큰 고통을 경험하든 감각의 완전한 상실을 경험하든 마치 부상당한 다리가 그의 것이 아닌 것처럼 취급하는 경향이 있다. 예를 들어, 심슨은 그의 다리를 "내 것이 아닌"(64쪽), "더 이상 내 일부가 아닌"(76쪽) 것으로 여기고, 그 다리를 마치 "그것이 내가 걸려 넘어졌던 의자"(72쪽)인 것처럼 취급하고 저주한다. 처음에 전혀 감각이 없던 맥크럼은 다리를 다시 움직이고 다시 "나의" "다리"(153쪽)가 될 때까지는 오직 "그 다리"라는 표현만 사용한다고 주장한다.

2.1.3. 상상하는 자아와 사회적 역할

많은 사회이론가들이 관찰해온 것처럼, 우리가 직업과 가정생활(제임스 James, 1910, 빌링톤Billington 외, 1998, 49-52쪽, 보스마Bosma · 쿤넨 Kunnen, 2001)에서 다른 사회적 역할을 받아들이는 것처럼 우리는 다른 사회적 상황들 속에서 자아의 다른 측면들을 본다. 허구 서사에서 등장인물들은 이따금 그들 인성의 다른 측면에 다른 이름을 적용함으로써 그 이름이 그들 주위의 다른 사람들에게 인식되거나 제시되기도 한다. 레싱의 『사 대문의 도시』(1972)에서, 마사Martha는 그녀가 '마티(Matty)'라고 부르는 화자를 스스로 창조해서 그녀의 인성과 일치하지 않은 측면을 보여준다. 유사하게 슈 타운젠트Sue Townsend의 『코벤트리 재건축Rebuilding Coventry』(1989)에서 코벤트리라고 불리는 인물은 로렌Lauren이라고 불리는 대응 짝을 가지고 있는데, 코벤트리의 내부에 갇혀 있는 대응 짝인 로렌은 가정생활의 구속에 대항하는 자신의 반항을 의미한다.

> 로렌은 끊임없이 코벤트리와 다투고 있는 중이다. 그들은 모두 지쳤다. (…) 로렌은 계속 "날 내보내 줘."라고 소리 지르고 있다. (52쪽)

코벤트리는 로렌을 상상할 뿐만 아니라 이 주체와 다른 이름의 주체들까지 행동으로 나타내기 시작한다. 결과적으로 단일한 이름은 그녀를 지칭하는 데 부적절한 방법이다. 아래의 글에서 밑줄 친 여자 이름들은 모두 그녀의 과거 주체들을 공지칭하는 것이다. 스잔느 로웨Suzanne Lowe라는 이름은 공간적으로 비행기 속에 분리된 그녀의 새로운 주체를 일컫는다. 대조적으로 "나의 아이"라는 말에서 '나의'는 이러한 모든 주체들을 융합한 것으로 해석되거나, 그녀의 원래 주체인 코벤트리 램버트Coventry Lambert, 또는 가장 최근의 주체인 스잔느 로웨 중 하나를 지칭하는 것이어야만 한다.

> 나는 작은 창밖을 내다보고 아득히 멀리 있는 공항의 불빛들을 본 것을 기억한다. 저 아래 어딘가에서 나의 아이들이 집으로 갈 준비를 하고 있었다. 그리고 이제 저 아래에 그들과 함께 내 부모님의 딸인 <u>코벤트리 램버트 양</u>, 내 남편의 아내인 <u>데릭 다킨Derek Dakin 여사</u>, 내 아들이 꾸며낸 <u>마거릿 다킨</u>, 브래드포드 케인스Breadford Keynes의 학생인 <u>로렌 맥스카이Lauren McSkye</u> 그리고 도도의 친구인 <u>자파Jaffa</u>가 뒤에 남겨져 있었다. "우리 어디로 가는 거야?" <u>스잔느 로웨</u>가 물었다. (150쪽)

위 인용문에서 주체들은 각각의 인물이 특별한 사회적 하위 그룹 내에서, 또는 서사의 다른 단계에서 그녀를 어떻게 지각하고 수용하는지와 연계되어 있다. 대조적으로 레싱의 『사 대문의 도시』에서 마사가 다른 주체들을 감지하는 것은 더울 유동적이다. 즉, 마사는 인지언어학자들이 주목한 용기 은유들을 사용해서 때때로 '마티'에게 "집-방"을 주고 있는 것으로(15쪽), 반대로 마사는 때때로 '마티' 속에 걸어 들어가고 침입해서 그 안에 가두어지는 것으로 자신을 묘사한다(15쪽).

비허구의 '마비 서사'에서 사회적 역할은 뇌졸중, 사고 전후의 '자아'에 대한 다른 관점들과 불가피하게 연계되어 있다(변화하는 자아에 관한 논의는 아래 2.2. 참조). 신체 마비는 희생자를 정상적인 사회적 약속과 의무로부터 즉시 차단한다(맥크럼, 11-12쪽). 과거 직업 생활과의 단절은 자긍심에 중요한 영향을 끼칠 수 있다(보비의 111쪽, 맥크럼의 139쪽). 신체를 점차 의료진과 간병인에 의존하는 것은 만족스럽기도 하지만 때때로 심각한 굴욕이라는 부가적인 사회적 관계를 추가한다(리브, 44-45쪽). 이러한 모든 변화에도 불구하고, 가족 관계는 자아-정체성의 유지에 중요할 과거와 현재 상황 사이의 지속적인 가교적인 역할을 제공한다(리브, 5쪽). 좀 더 일반적으로 사회적 접촉은 감금의 느낌을 완화시킬 수 있고(보비, 48쪽), 심지어 다른 사람들이 의사소통이라는 의미에서 고치 속에 있는 보비와 "연결될" 수 있게 한다. 게다가 리브가 부상 후 장애인 모임에 가담하고 척추 부상 연구를 위한 기금을 모금한 것처럼, 새로운 형태의 자아-주체들로 발전할 수도 있다. 다음 장에서 신체에 심각한 물리적 외상에 따라 자아가 '분열'되는지 안 되는지 평가함에 있어 사회적 상태에 관한 판단이 어떻게 특히 중요할 수 있는지를 더욱 상세하게 살펴볼 것이다. 사회적 자아에 관한 많은 다른 요소가 있기 때문에, 개인은 다른 면(예, 가정생활과 대립되는 직업적인 생활)에서는 아니지만 어떤 면에서는 '분열'됐다고 느낄 수 있거나, 그의 삶의 하나의 특정한 면(예, 가족)을 총체적인 분열이 있는지 없는지를 결정하는 데 있어 가장 중요한 것으로 평가할 수도 있다.

이 장에서 지금까지 논의한 사회적 역할은 현재 상황에 따른 개인의 일부에 초점이 맞춰질지도 모르지만, 역시 자아의 별형들은 미래에 관한 두려움, 희망, 예상 등과 부합하는 상상 속에서 창조된다(피스크Fiske · 테일러Taylor, 1991, 6장, 베버Weber, 2000, 10장). 가능한 대안의 자아를 성찰할 수 있는 인간의 정신 능력은 서사 텍스트에서 중요하다. 왜냐하면 이와 같은 '상상된 자아들'이 행동에 동기를 부여하고 긴장감을 더하며 강한 공감을 북돋울 수 있기 때문이다. 예를 들어 심슨이 산에서 다리가 부러졌을 때, 처음에 그는 "나는 죽었다."(64쪽)라고 생각했다. 이 생각은 그 사고의 심각성을 강조하는 미래 자아에 관한 가능한 예상이다. 라보브

Labov(1972)의 서사 틀 속에서, 가능성 있는 최악의 결과에 대한 이러한 언급은 그 주인공이 직면한 잠재적인 위험을 보여줌으로써, 서사의 클라이맥스를 점증시킨다. '상상된 자아'를 창조하는 인간의 정신 능력은 심지어 행동할 수 없는 전혀 움직일 수는 없지만 깊은 아이러니와 함께 자신이 "지금까지 가장 위대한 감독"(37쪽), 연회를 준비하는 요리사(44-45쪽), 홍콩 여행객(111-112쪽), 포뮬러 I 자동차 경주 선수(125쪽)라고 상상한다.

2.2. 변화하는 자아

순간순간마다 인간의 자아는 변화한다. 그래서 어떤 점에서 모든 서사의 행위에는 새로운 별형의 자아가 함께 형성된다. 이런 이유로 일부 언어학자들은 서사의 독자들이 끊임없이 갱신되는 인물, 개인의 정신적 표상을 만들어 낼 필요가 있다고 생각한다(브라운Brown · 율Yule, 1983, 에모트, 1997, 컬페퍼, 2001). 비록 인성에 있어 끊임없는 작은 변화들이 있지만, 그럼에도 가지고 있는 것과 마찬가지로 개인 자신은 일정하게 유지되는 요소들을 인식하고, 일반적으로 지속적인 자아-정체성을 지각한다. 우리의 인생에 적합한 '서사'를 창출해내는 기억은 중요한 역할을 하고 있다고 생각한다(가자니가, 1998, 보스마 · 쿤넨, 2001).

그렇지만 극한의 상황에서 그 연속성은 깨질 수 있다. 레싱의 『바람직한 결혼A Proper Marriage』(1996, 『사 대문의 도시』와 같은 시리즈에 있는 소설)에 나오는 마티는 산통을 겪는 동안 다른 자아들의 급속한 교체 체험을 한다. 이것은 고통과 무통의 순환이 모든 것을 망라하고, 체험적으로 아주 달라서 이전의 상태가 어떤 것이었는지 전혀 회상할 수 없도록 만든다는 사실 때문이다.

(…) 단지 몇 분 전에 고통이 그랬던 것처럼 무통의 상태도 불가능한 것처럼 보였다. 그것들은 완전히 분리되고 연결하는 다리도 없는 존재의 두 가지 상태였다. (…) 두 명의 마사가 있었고, 그들을 연결하는 것은 아무것도 없었다. (163, 164쪽)

고통의 파동이 몇 시간 동안 지속되는 중요한 인생의 사건에 따라 '이전'과 '이후'로 분열되는 상태와는 약간 다르다(가령 약간 다른 '자아-분열' 은유는 분만 전후의 인물을 표상하는 데 사용될 수 있다.).7 마비를 일으키는 뇌졸중, 사고의 신체적, 심리적 외상은 흔히 '분열된 자아'의 개념에 의하여 '마비 서사'에서 자아-정체성에 대한 많은 의문을 일으킨다. 예를 들어, 맥크럼은 '그의 새로운 삶'과 대비하여 그의 '오래된 자아', 또는 그의 '잃어버린 자아'를 자주 언급한다(맥크럼, 151쪽, 128쪽). 더 이상 말을 할 수 없는 보비는 그의 오래된 친구들에게 의지해서 과거의 자아의 이미지를 남들에게 전달한다("지금부터 나의 인생은 이전에 나를 알던 사람들과 다른 모든 사람들로 구분된다.", 94쪽). 이러한 '분열된 자아' 은유는 자아-정체성에 관한 다른 말들에 의해서 재강화된다. 뇌졸중, 사고 희생자들에게 일상의 질문과 말은 자아-정체성에 대해 갑자기 더 깊은 철학적 의미를 요구한다. 보비가 "너 거기 있어…?"라고 묻고, 그는 이따금 아무것도 모르겠다고 독자에게 말한다(49쪽). 마찬가지로 뇌졸중 이후의 맥크럼을 발견한 낙하산 부대 위생병은 "당신은 누구십니까?"(15쪽)라고 묻고, 맥크럼은 자신의 자전적인 배경(23-4쪽)과 철학적인 말(190, 215쪽)의 도입부인 서사를 구축하기 위하여 "나는 누구인가?"라는 의문을 사용한다.

---

7 마사가 임신 후 자신의 모습을 회복할 때, 우리는 "그녀는 그녀 자신이었다. 비록 새로운 자아이지만"(178쪽)라고 듣는다. 하지만 이것은 모성에 대한 그녀의 태도에 대한 말이라기보다는 주로 그녀의 외모에 대한 말이다.

비록 '분열된 자아' 은유가 종종 정체성을 논의하기 위한 의제를 설정하지만, 외상에도 불구하고 지속성에 대한 단언이 흔하게 존재한다. 때때로 특정한 사회적 역할에 집중하는 것은 심지어 중요한 상실에 직면해서도 어느 정도의 자아 정체감을 제공할 수 있다. 예를 들어 보비는 그의 아들과 함께 어버이날을 보내고, 아버지에 대한 "거친 스케치, 그림자, 작은 파편도 여전히 아버지다."(78쪽)라고 말한다. 리브는 그의 책 제목으로 『여전히 나』를 선택해서 자신의 마비된 상태에 대해 말장난을 할 뿐만 아니라, 그의 아내가 "당신은 여전히 당신이에요."(32쪽)라고 단언한 것을 그대로 되풀이하는데, 이는 서사를 구축하기 위해서 그가 반복하여 사용하는 말이다(54, 94쪽). 자신의 상황에 대한 맥크럼의 평가는 약간 상반된다. 그는 "어떤 분명한 차원에서 나는 상당히 변해 있지만 또 다른 단계에서는 나는 나 자신이 단지 나 자신이라고 느낀다."(106쪽)라고 말한다. 정말로 어떤 점에서는 맥크럼은 뇌졸중으로 인해 자신의 인생에 대해 더 분명한 시각을 가지게 되었고, 회복기에는 결코 많은 시간을 보내지 못했던 어떤 흥미로운 누군가(자아)와 홀로 있을 수 있게 되었다(55쪽). 그럼에도 불구하고, 분열의 이미지는 여전히 지속된다.

> 뇌졸중 회복의 난제는 누군가가 자신의 잃어버린 자아를 되찾기 위해 의식적으로 노력하는 동안에 이전의 자아가 수천 조각으로 회복할 수 없이 흩어진다는 것과 이러한 조각들을 다시 이어 붙이려 아무리 노력해도 재구축된 오래된 자아의 별형이 금가고, 불완전한 결합, 과거 자신이 훌륭한 인격체에 대한 지속적인 조롱보다 결코 더 낫지 않을 거라는 잔인한 사실이다. (151쪽)

일반적으로 이러한 '마비 서사'에서 자아-정체성에 대한 질문은 삶의 중요한 측면들이 남아 있는지 없는지에 대한 개인의 주관적인 가치 판단에 달려 있다. 더군다나 분열된 자아의 은유 사용은 묘사되는 것이 자아 자체보다는 희생자의 '삶', 또는 '세계'라는 사실 때문에 더욱 복잡해진다.

> 내가 쓰러진 밤에 현재 지금 내가 나의 '과거' 삶의 전형으로 생각하는 어떤 것을 끝냈다. (맥크럼, 8쪽)

> (…) 얼마나 무자비하게 내가 약속과 의무의 <u>세계로부터 분리되어 왔었는지</u> (맥크럼, 11쪽)

> 나는 정말로 <u>새 삶</u>을 살기 시작했고, 그 삶은 여기, 이 침대와 저 휠체어와 저 복도들 속에 있다. 다른 어느 곳에도 없다. (보비, 137쪽)

이러한 삶/세계의 분열은 종종 '분열된 자아'의 개념을 강화할지도 모른다(맥크럼, 208쪽). 반대로 다른 경우에 삶/세계의 분열은 매일의 일상 상황들 속의 변화를 언급하는 수단이 될지도 모른다(반드시 정체성의 단절을 암시하는 것은 아니지만, 독립성의 상실과 직업상의 지위 상실, '당연시 되던' 집안일에 대한 제한들, 병원 침대에 매인 몸과 같은 물리적 제약).

2.3. 서술의 행위

2.3.1. 서사 병치

앞 장에서 개인은 불연속적인 체험의 일시적 감각, 또는 외상으로 인한 삶의 변화 때문에 자신을 분열된 것으로 지각하거나, 또는 분열의 가능성으로 여겼다. 심지어 변화가 매우 점진적이고, 당사자인 개인이 그 변화를 자아-정체성에 대한 도전으로 보지 않는 곳에서조차 서사의 행위 자체는 한 개인에 대한 별형의 묘사를 서로 나란히 설정하고, 따라서 3인칭 서술자 (그리고/또는) 독자에게 아래의 예문에서와 같은 현저한 대조를 제공한다.

> 나는 다Da가 어린 소년이었을 때의 낡은 암갈색의 사진을 한 장 가지고 있다. 그는 나의 할머니와 나란히 새 모이판 옆에 서 있다. 그녀는 아름답다. 그리고 그녀는 우아한 20세기 스타일의 옷을 입고 있다. 그것은 내가 후에 몇 번 만났던 허약한 우울증에 걸린 늙은 여자와 결코 일치할 수 없는 이미지다. (심슨, 1994, 『이 유령들의 게임 This Game of Ghosts』, 16쪽)

일상생활에서 사진의 이미지와 심슨의 기억 속에 저장되어 있는 이미지는 아주 다른 물리적 영역들 속에 존재한다. 글로 쓰인 서사 양식은 동일한 텍스트 매체 속에 있는 두 묘사의 병렬을 허락한다(이와 같은 유형의 예시에 대한 정신 공간 분석을 위해서 포코니에, 1994, 참조. 또한 포스트모던 시에서 이러한 경계를 넘나드는 인물의 문체에 대한 논의를 위해서 세미노, 1997, 104-107쪽 참조).

텍스트에서는 묘사의 병치뿐만 아니라 과거와 현재의 맥락에서 행동하는 별형의 인물들을 병치하는 것도 가능하다. 이전의 연구에서(에모트, 1992, 1997, 6장) 나는 이것을 '서사 출연자들'이라고 명명했다. 시간-공간의 맥락 사이의 전환은 불분명하게 드러나고 때때로 아주 애매할 수 있기 때문에 서로 다른 출연자들이 문체적인 효과를 야기하는 다른 출연자들의 병치뿐만 아니라 독자들이 어떤 출연자가 의도하는 것에 대해서 독자들이 순간적으로 확신하지 못하는 것까지 가능하다. 예컨대 에모트 (1997, 187쪽)에서, 나는 릴랜드Leland(1983, 40쪽)의 "야외에 있는 거실에서"에 나오는 하나의 사례를 논의한다. 그런데 작품 속에서 다음처럼 하나의 장면이 변화한다.

(1) 장면의 마지막 문장: 아버지가 집에 도착해서 엠마Emma가 그림을 그리면서 어질러 놓은 것을 보면 화낼 것이라고 어린 딸 엠마에게 소리치고 있는 어머니.

(2) 장면의 첫 번째 문장: 엠마가 그림을 그리고 있는 동안 그녀에게 말해진 "내가 왜 매일 집에 오면 난장판이 되어 있어야 해?"라는 속성이 부여되지 않은 직접화법.

아버지가 늦게 집에 도착해서 아이를 꾸짖고 있는 것이 명백히 추론된다. 하지만 우리가 계속 읽다 보면 여전히 그림을 그리고 있는 엠마의 어른 별형이 현재 아버지가 아니라 남편을 화나게 만든다는 사실이 더 분명해진다. 이 이야기에서 이 시점까지 어른 엠마도 엠마의 미래 남편도 전혀 언급되지 않는다. 만약 독자가 처음에 잘못해서 두 번째 장면을 아이 엠마를 묘사한 것으로 이해한다면 독자는 그 장면 속에 나오는 정신적 모델을 '수정'해서 아이 출연자를 어른 출연자로 교체할 필요가 있다. (그리고 이와 같은 경우에 독자가 다른 선택을 하는 것은 곤란하다.) 이것은 처음에 독자에게 어른 엠마를 수정해서 아이로 보게 하거나 엠마 인생의 다른 시기에도 그녀가 계속 그림을 그리고 있고, 그녀, 혹은 그녀와 관련된 남자들의 비난의 대상이 되어 왔다는 것을 강조하는 절묘한 효과를 드러내고 있다. 일반적으로 어떤 등장인물의 다른 별형을 '출연자'를 통해 보지만(대조, 혹은 반어적 비교 둘 중 하나를 위해) 등장인물 자신은 '분열된' 것을 느끼지 못할 것이다.

2.3.2. 일인칭 서술자의 이중, 다중 자아

서사론자가 흔히 고찰해 왔듯이(주네트, 1980, 발, 1997), 일인칭 서술은 한 개인의 다른 목소리들을 얽혀 짠다. 왜냐하면 대부분이 일인칭 서술은 자아가 초기 자아의 변형이 포함되어 하는 사건에서 시간상으로 회고하는 것을 포함하고 있기 때문이다. 이것은 '마비 서사'에서 특히 서술자가 자신의 질병, 부상의 발생을 묘사할 때 매우 분명하다. 예를 들어, 리브 1은 사고 바로 직전의 일을 기억하지 못한다. 그래서 리브 1은 리브 2에게 일어난 일을 묘사하기 위해서 다른 사람이 제공하는 정보에 의존하게 된다. (그래서 그가 이 부분을 서술할 때 "나중에 (…) 나는 들었다."(18쪽), "목격자가 말했다."(19쪽), "듣자 하니"(19쪽)와 같은 시간상 간접구절들을 산발적으로 흩트려 사용했다.) 맥크럼 1은 뇌졸중 사고를 약간 기억하지만, 거의 의식이 없는 맥크럼 2의 생각을 보충해 준다. ("나는 이 지성에 호소하는 연극에 대한 기억이 없다."(4쪽), "곰곰이 생각해 보면 나는 기억한다."(5쪽), "내가 지금 이해하는 것(시각)은 각고의 노력이었음이 분명하다."(12쪽), "몇 주 후 나는 알게 되었다…."(14쪽)) 때때로 과거 자아의 목소리가 순진한 것이 분명하기 때문에 아마도 마비되어 있는 동안 맥크럼 2는 "그것이 무엇이든 지나갈 것이다."(9쪽)라고 생각할 것이다. 그럼에도 불구하고 서술하는 자아는 사건들이 어떻게 진행될지 알고(보비 1의 목소리는 그의 '최후의'(131쪽) 식사를 포함하는 이전 삶의 "마지막"(127쪽, 128쪽, 131쪽) 사건을 회상한다.), 질병, 부상 예후적 설명과 의학 서적들을 통독해서만이 획득될 수 있는 체계적인 지식을 가지게 될 것이다(맥크럼, 2장).

이러한 서사에는 이중의 목소리를 존재하고(바흐친Bakhtin, 1973), 위의 문단에서 나는 서술자의 과거와 현재의 자아를 나타내기 위해서 이원적 표기법(맥크럼 1, 맥크럼 2)을 사용해 왔다. 그러나 일인칭 화자가 이전의 기억 활동을 기억할 때, 좀 더 복잡한 표기 체계를 필요로 하는 다중적인 자아가 존재할지도 모른다. '마비 서사'에서 서술자(자아 1)는 자주 자신의 요양기간을 돌아보면서, 어떻게 요양하는 자아(자아 2)가 뇌졸중(자아 3)의 순간, 혹은 뇌졸중 이전의 자신("앞서 논의된 이전의/오래된/잃어버린 자아") 자아 4를 어떻게 생각했는지를 회상한다. 따라서 다음 인용문에서 맥크럼 1(한 손으로 타이핑하는 사람, 인용문 2 참조)은 서술하고 있고, 맥크럼 2는 퇴원 후 집에서 요양 중이며, 맥크럼 3가 뇌졸중 이후에 의식을 되찾았을 때 경험한 사건을 재생하고 있다(동일한 장소로 돌아옴으로써 생각난 맥크럼 2의 가끔씩 떠오르는 기억들).

> 나의 뇌졸중 2주년 기념일이 다가오면서 이 장을 완성하는 지금까지도 (자아 1)내가 이 개인적인 재앙을 1995-96년 파일로 귀속시킬 것을 희망함에도 불구하고 사실 이 재앙의 영향들은 훨씬 더 오랫동안 나와(자아 1) 함께할 것이다. (…) 처음에 나(자아 2)는 집에 와서 기뻤다 (…) 그런 다음 나(자아 2)는 첫 번째 날을 반복해서 재생하고 있었다. 나(자아 2)는 수없이 2층 정면 좌석에 태아처럼 웅크린 <u>나의 벌거벗은 몸</u>(자아 3)을 보지 않고서는 나(자아 2)는 침대에 누울 수도 없었고, 오래전 토요일에 내가(자아 3) 천장의 지도를 가로질러 혼란스러운 여행에 대한 것을 회상으로부터 벗어날 수 없었다. 내가 정면 입구 계단에 서 있을 때마다 나(자아 2)는 여름날 저녁놀 속에 낙하산 부대 위생병들에 의해 실려 나가고 있는 나의 무기력한 몸(자아 3)을 보았다. (맥크럼, 216-217쪽)

2.4. 서사와 비서사 속의 '특수 효과'

비록 글로 쓰인 서사가 항상 개인의 별형에 대한 묘사를 병치할 수 있다고 하더라도, 그 경우는 오로지 일반적인 물리적 법칙이 무시될 때에만 (공상 과학과 판타지 장르에서, 그리고 다른 작품에 나타나는 상상 속의

하위-세계에서와 같이) 실제로 개인은 동일한 물리적 공간 속에 복제
(duplicate)물로 존재할 수 있다. 시간-여행 이야기는 이것을 성취하는 수
단을 제공한다(라이더Ryder, 출간 중). 예를 들어 J. K. 롤링의『해리포터
와 아즈카반의 죄수』(1999)에서 시간의 잔을 3시간 뒤로 움직이면 해리와
헤르미온느Hermione의 현재 별형(해리 1과 헤르미온느 2)이 이전의 시간적
-공간적 맥락으로 걸어 들어가서 자신들의 과거의 별형들을 본다. 언어학
적으로 모호성의 가능성이 있는데, 동일한 이름들과 대명사들('해리',
'그')이 등장인물의 전후 별형들을 명명하고, 실제로 심지어 '우리'를 그들
의 현재와 과거의 자아를 묘사하는 직접 화법을 사용하기 때문이다. 따라
서 예를 들어, 해리는 헤르미온느에게 "너 나한테… 우리가 여기 찬장
속에 있고 저기 밖에도 있다고 말하고 있는 거니?"라고 말한다(289쪽).
그럼에도 불구하고 해리와 헤르미온느가 (이야기의 최종 클라이맥스까지)
주요 관찰자들로 인정될 수 있기 때문에 독자가 이전에 일어났던 것으로
인식하는 '재생된' 사건 속에 있는 해리 2와 헤르미온느 2를 보고 듣는
것은 별로 혼란이 없다. 따라서 "우리는 우리가 떠나는 것을 방금 들었
다."(290쪽), "우리는 우리를 볼 것이다."(290쪽), 그리고 "해리는 자신의
목소리를 들었다."(291쪽)와 같은 문장에서 행위자 입장에서 언급하는 표
현들은 그 등장인물의 '현재의' 별형을 명명하는 것으로 여겨질 수 있다.
때때로 이름에 대한 전치 수식어에 나오는 공간 정보는 등장인물("호박
밭 속의 헤르미온느"(292쪽), "나무 뒤에 숨은 해리와 헤르미온느"(292
쪽))의 어떤 별형을 의도하는지 명확하게 해 주는데 이는 독자가 그 등장
인물의 어떤 별형이 그 장소의 어떤 부분에 있는지를 추적할 수 있기 때문
이다.

여기에서 시간 여행 에피소드는 다양한 플롯 기능을 제공한다. 그러한

많은 이야기들 속에서처럼, 해리 1과 헤르미온느 1은 과거 사건들의 진행을 바꿀 수 있고, 따라서 현재로 돌아올 때 그들 스스로 '현재'를 바꾼다. 또한 그 에피소드는 해리 1이 자신의 과거를 이해하도록 해 주는데, 이는 그가 해리 1을 자신의 아버지로 오해해서 해리 2가 이전에 그를 틀림없이 보았다고 인식하기 때문이다("그는 그 자신을 보았다.", 300쪽, (고딕은 롤링이). 비록 해리 1과 해리 2가(세 시간, 그리고 이러한 세 시간의 지식 차이 때문에) 본질적으로 다름에도 불구하고, 이야기 속에 나오는 복제 인물들은 자아의 본질을 탐구하는 수단으로서보다는 행위 속에 그들의 역할 때문에 더 중요하다. 어떤 시간-여행 이야기들은 다른 자아들을 더욱 상세히 탐구할지도 모른다. 예를 들어 스티븐 프라이Stephen Fry의 『역사 만들기 Making History』(1996)는 영국인 등장인물 마이클 영Michael Young이 역사를 바꾼 뒤 하루아침에 갑자기 미국인 마이키Mikey 된(마이클 D. 영)것을 발견해서 당황하는 것을 보여줌으로써 문화적인 차이점들을 탐구한다. 그럼에도 불구하고, 플롯 요소가 심지어 이 이야기에서도 아주 결정적인 것으로 드러나는데, 이는 프라이의 소설이 주로 유대인 대학살, 혹은 다른 세계에서의 시대와 유사한 대학살 행위들을 피하기 위하여 역사의 과정을 바꾸려고 하는 반복적인 시도에 관한 것이기 때문이다.

이와는 다른 자아들의 특성은 어떤 비서사적 영상 매체에서는 훨씬 덜 중요할 수도 있다. 디지털 사진과 다른 영화 기술은 우리는 지명 광고, 영상 광고와 다른 시각 매체에서 일반적인 복제물을 만들어냈다. BBC의 시리즈물인 자동차에 대한 '잡지'적 성격을 지닌 BBC의 <탑 기어Top Gear>는 대부분 방송에서 적어도 한 보도에서 복제들을 사용한다.[8] 예컨대

---

8 이것은 2000년과 2001년에 방송된 <탑 기어> 프로그램의 대표적인 사례이다.

진행자는 자동차의 앞좌석에 앉아서 그 차를 설명하다가 몸을 돌려 뒷좌석에 앉아있는 자신을 바라본다. 마찬가지로 자동차의 용적량을 시험하기 위해서 진행자가 커다란 물체의 한쪽 끝을 들고 그의 별형이 다른 쪽 끝을 들어서 그 안에 넣으려고 시도할지도 모른다. 비록 이것들은 그 차의 용적량을 입증하기 위해서 제2의 '엑스트라'가 촬영장에 들어가야만 하는 지체와 혼란을 피하는 기능을 수행하지만, 주로 충격적인 효과(결국에는 흔하게 되지만)를 위해서 사용하는 단순한 시각적인 속임수들이다. 복제들이 다른 개성을 가지고 있다는 관점에서는 복제들을 만들어낸 것에 대한 서사적 배경이 없기 때문에 일반적으로 자아들의 실질적인 차이는 없다. 때때로 다른 옷들은 다른 개성들을 암시할 수 있다(진행자의 한 별형이 레이싱복(그 차의 스포츠 특성을 드러내기 위한)을 입고, 다른 별형은 일상복(자동차의 일상적 실용성을 드러내기 위한)을 입는다.). 그럼에도 불구하고, 우리는 진행자에 대한 실제 지식이나 그에 관한 인간적인 판단보다는 고정관념에 기반을 두고 판단하게 될 것이다.[9]

따라서 전반적으로 복제들에 수반하는 전반적인 '특수 효과들'은 시각적 미디어에서는 충격적인 효과를 만들어내고, 시간-여행 이야기의 경우에서는 이야기의 플롯에 중대하게 기여할지도 모르지만, 반드시 인간 자아의 본성에 대해 말하려는 목적을 가지고 있는 것은 아니다. 특수한 시각 효과의 경우, 복제들은 거의 틀림없이 실재 '자아'를 가지고 있지 않기 때문에 '분열된 자아'라는 용어를 사용하는 것은 아마 적절하지 않을 것이다.

---

[9] 이 유형의 기법들은 빠르게 진화하고 있어서 여기에서의 결론들은 단지 잠정적이며, 이 글(2001년 9월)보다 이후에 나오는 예들의 분석에 의해서 균형이 맞춰져야 한다.

2절 요약

2절에서 나의 목표는 '분열된 자아'에 대한 몇 가지 다른 유형들의 다양성에 주목하는 것이었다. 다음 작업에서, 나는 더 광범위한 텍스트들에 나오는 사례들에 의거해서 포괄적인 기초 작업을 전개할 것이다. 그럼에도 불구하고 이 선행 연구에 기초하더라도 '분열된 자아'의 현상은 복잡하고 광범위하다.

위에서 개략한 것처럼 이와 같은 복잡성은 부분적으로 자아의 본질 때문에 발생하는 것이지만, 정신적/육체적 예시화('정신-정신', '정신-몸', '몸-몸' 분열)와 인간이 하는 다른 사회적인 역할('사회적 자아' 분열)의 기능, 가능한 자아들('실제와-상상의' 자아 분열)에 대해 회상하는 능력을 가지고 있다는 사실에 의해서도 발생한다. 자아가 시간에 따라 변한다는 사실은 또한 시간상의 차이들('시간 1-시간 2' 분열)을 드러낸다. 이 외에도 서사의 특성은 자아에 대한 변형들(서사 병치, 그리고 이중의/다중의 음성 서사)을 제시할 가능성을 더할 수 있다. 더욱이 서사와 시각 매체 속에 나오는 '특수 효과'는 신체의 '복제화'(시간 여행 복제들과 시각적 복제들)를 위한 부가적인 이유가 될 수 있다. 그러나 그러한 경우에 '자아'의 개념에 대한 탐구는 거의 없을지도 모른다.

위 문단의 요약은 단지 간단한 개요일 뿐이다. 이러한 범주의 다수는 더욱 세분화 될 수 있으며, 위의 요소들 사이에는 빈번한 중첩이 존재한다. 따라서 고전 『지킬과 하이드』 이야기는 '몸 1-몸 2' 분열(그러나 심슨이 상상 속에서 자신의 부러진 다리와 상상의 대화(2.1.2. 참조)하는 데에서 발견되는 '전체-부분 신체' 분열과는 다른 유형의 '몸-몸' 분열)로 예시화된 '정신1-정신2' 분열을 포함하고 있다.

어떤 점들에서는 허구 텍스트는 비허구 텍스트보다(허구 텍스트가『지킬과 하이드』유형의 신체 변화, 시간 여행 등을 허용하기 때문에) 더 큰 분열의 가능성을 제공할 수 있다. 그럼에도 불구하고, 비허구의 텍스트는 자전적인 틀 속에 끼워 넣어진 허구적 이야기와 상상의 자아를 포함할 수 있다. (리브의『여전히 나Still Me』의 첫 번째 장은 밤에 멀리 항해해서 "다시 온전해"질 수 있다고 꿈속에서 상상하는 허구의 마비된 등장인물이 나오는 영화를 위한 자신의 생각을 기술하고 있다(3쪽). 그리고 보비의 '나비' 상상은 가능한 세계로의 무수한 여행을 허용한다.) 또한 비허구의 "삶 이야기들"은 본고에서 논의된 마비 서사에서와 같이, 변화하는 자아와 그들의 사회적인 환경들에 대한 극도로 복잡한 확장된 분석들을 구체화할 수 있다.

3. 인지언어학을 넘어서: 서사에서의 '분열된 자아'와 정체성의 분석

본고는 지금까지 '분열된 자아들'에 대해 약간 다른 두 가지 접근 방법을 취했다. 1장에서 나는 인지언어학에 따른 이론적 연구를 살펴보았고, 어떻게 이러한 생각들이 서사 분석에 적용될 수 있는지를 논의했다. 반면에, 2장에서 나는 '상향식'으로 연구했고, 기초적 유형학을 제공할 목적으로 '분열된 자아들'의 서사 예시들을 모았다. 마지막 장에서는 확장된 서사 자료들을 다루기 위해서 어떻게 접근법들을 결합하고 새로운 기법을 개발할 것에 대해서 필요한지 논의했다.

앞장에서 논의한 것처럼, 인지언어학 이론이 서사에서 '분열된 자아' 분석과 특별한 관련을 가지고 있는 영역이 있는 것처럼 보인다. 2장에서 예로 든 것처럼, 용기 은유는 각각의 자아들(다른 자아 내의 자아, 몸속의 자아 등) 사이의 상호 관계를 보여주기 위하여 자주 사용된다. 또한 1장에서 논의한 대로 '혼성' 이론은 서사에서(맥크럼의 뇌졸중 이후 기동성에 관해 위에서 논의한 것처럼(1.3.)) 어떤 유형의 추론 작용을 설명하는 것을 도울 수 있다. 게다가 워스의 '텍스트 세계' 이론은 이미 문체론자들에 의해서 문학적 텍스트를 분석하는 데 사용되고 있으며, '마비 서사'와 여기서 논의된 다른 연구들 속에 나오는 상상의 세계들과 자아를 탐구하는 데 생산적인 도구가 될 수도 있다.

그러나 포코니에(1994)와 같은 고전적인 인지언어학자들은 언어학적 대상(공-지시 현상을 설명하는 것과 같은)과 자료(일반적으로 분절된 완성 문장들) 때문에, 특별한 '인생 이야기'가 있는 특수한 상황 속의 특정한 개인을 검토하지 않는다. 이와 대조적으로 포코니에의 '대통령'(1994)은 말하자면 개인사를 가진 매우 극적인 개인적 변화를 겪고 나서, 한 권의 책보다 더 긴 자서전을 계속 전개하는 맥크럼(1998)과는 대조적으로 전적으로 상황과 별개로 고찰된다. 비록 인지언어학이 서사 텍스트에 나오는 특정한 예시들을 설명하는 데 유용할지는 모르지만, 서사 분석 또한 실체가 시간에 따라 어떻게 변하는지에 관한 바람직한 모형을 필요로 한다. 서사론자, 문체론자들 사이에서는 이미 이러한 유형의 연구가 있었지만, 이러한 모형들은 넓은 범위의 텍스트를 다루기 위해 발전될 필요가 있다. 인물 표상에 대한 나의 선행 연구(에모트, 1997, 6-7장)는 특히 3인칭 서사를 다루면서, 각각의 서사 사건이 발생할 때이다. (플롯 상태, 신체적 위치, 지식 등의 측면에서) 등장인물이 약간 변할지도 모른다고 생각하면서 독자는 허구적인 이야기들 속의 등장인물에 대한 정보를 어떻게 축적하는지를 연구해 왔다. 여기에서 '마비 서사'는 개인들이 외상적 '삶의 변화' 사건 이후에서조차 자신들이 연속된 자아-정체성을 가지고 있다고 믿는 정도에 대해 약간 다른 쟁점을 제기한다. 이것은 주로 일인칭 서술자의 주관적인 판단에 달려있고, 일부는 신체적 상실이 그들의 사회적 자아 관념의 다양한 입장에 어떠한 영향을 주었는지에 달려 있다. 이러한 점에서 이 글에서 논의한 텍스트의 문체 분석에 사회심리학 모형들을 적용하는 것이 앞으로 유용할 것이다. 최근에 컬페퍼(2001)는 이러한 유형의 연구를 수행해 왔다. 하지만 컬페퍼의 연구는 먼저 등장인물들의 대화로부터 추론할 것을 요구하는 1인칭 '인생 이야기' 서술자들의 책 전체에 걸친 개인적인 진술과는 약간 다를지도 모르는 드라마 텍스트를 주로 다룬다.

이 글에서 고찰한 텍스트들은 심지어 동일한 개인을 논의하고 있을 때에도 서사 속의 '분열된 자아들'이 여러 다른 유형의 자아들일 수도 있다는 것을 보여준다. 따라서 레싱의 『폭력의 아이들』 시리즈에서 마사는 마티와 마사(2.1.3.)라는 다른 사회적인 인격들 사이를 오가고 있을 때에는 노동하는 동안에(2.2장) 고통과 무통의 순간들 사이를 번갈아 겪고 있을 때와는 다른 방식으로 분리된다. 심지어 뇌졸중과 같은 단일한 인생-변화 사건이 묘사되는 곳에서도 마비 서사는 자아의 다른 사회적 입장들에 대한 서술자의 고찰이 전반적인 분열이 일어났는지 안 일어났는지에 대해 서로 다른 관점들을 야기할지도 모른다는 것을 보여준다. 자주 이중적 은유(둘로 분열된, 둘로 분리된, 과거의/지금의, 이전의/이후의)가 사용되지만, 좀 더 상세한 분석은 때때로 서술자(심슨의 **목소리** 예시에서, 두 개보다 최소한 네 개의 구성 요소가 있는 것으로 보인다(2.1.1. 참조))에 의해 지각된 것보다 더 많은 자아가 있다는 것을 드러낸다. 전체 서사에 대한 검토는 삶의 이야기 속의 여러 중요한 단계에 있는 자아의 표상들(맥크림 1-4)을 드러낼지도 모르지만, 서술자는 어느 특정한 단계에서 의미심장하게 변할 수 있고(회복기의 맥크림), 그가 변하면서 그에 따라 그의 현재와 이전의 '자아'에 대한 판단이 변화할 수도 있다. 따라서 회복기의 맥크럼은 어느 특정한 날의 전반적인 건강 상태와 정신 상태에 따라서 상황에 대한 시각을 바꿀 수도 있다. 또한, 리브는 끊임없이 그의 상황(2.1.2.)에 맞춰 약간 다르게 감정적이고 지적으로 반응한다. 지각하는 자아와 지각되는 역동적인 표상을 하는 데에 있어 지각하는 자아, 지각되는 자아 둘 다 포함될 필요가 있다.

독자가 복잡한 자아와 변화하는 자아를 어떻게 추적하는지를 보여주는 모형을 제공하는 것이 유일한 것은 아니다. 서사 행위가 자아를 (점진적으로, 또는 극적으로) 바꿀 수 있고, 자아들이 행동의 동기(상상의 자아에 관한 논의는 2.1.3. 참조)가 될 수 있으므로 서사의 기초작업 역시 고려될 필요가 있다. 또한 등장인물의 시간적-공간적인 위치는 어떤 자아가 언급되고 있는지를 결정하는 열쇠(2.4., 에모트, 1997 참조)를 제공할 수 있다. 서사 자체는 다른 묘사들과 다른 목소리들(2.3.)을 병치함으로써 서로 다른 자아들을 창조하고, 서사에서 시간과 장소에 대한 정상적인 물리적인 제약들이 무시되는 곳에서 복제들이 '특수 효과'(2.4.)를 위해 창조될 수 있다.

또한 1장과 2장에서의 분석은 문체적으로 두드러지는 언어와 일상적 언어의 경계에 관한 질문들을 야기한다. 레이코프의 예들은 언어 체계에서 일상적인 문구들이지만, 그러한 문구들과 문학 언어 사이의 경계에 대한 설명은 거의 없었다. 때때로 서사 텍스트에 나오는 '분열된 자아'의 예시들은 통사적으로 구별될지 모르지만 일반적인 경우로 보이지는 않는다. 만약 자아가 '분열'된다면, 위기 속에서의 자아 '분열'의 예들은 어떻게 효과를 달성하는가? 텍스트의 범위를 넘어선 자아의 '극화'와 같은 기법들이 또한 문학 텍스트와 다른 확장된 서사(심슨의 『목소리Voice』,

2.1.1.)에서도 더 그럴듯할 수도 모른다. 그럼에도 불구하고, 일상의 '분열된 자아'의 예시들과 문체상으로 중요하게 두드러지는 "분열된 자아" 예시들 사이의 경계를 식별하기 위해서는 더욱 체계적인 연구는 필요하다.

결론

이 글에서 나는 서사에서의 '분열된 자아들'을 범주화하기 위한 예비작업을 시도했고, 또한 인지언어학이 이런 유형의 자료의 분석에서 이루어낸 공로에 대한 초창기의 가치를 드러냈다. '분열된 자아' 현상은 아주 흔하고 복잡해서 의학적 '삶 이야기'와 같은 특수한 장르들, 그리고 다른 범위의 장르들 속에 나오는 이러한 은유들의 사용에 관한 어떤 결론이 도출되기 전에 훨씬 더 많은 분석 작업이 확실히 행해져야 할 필요가 있다. 또한 인지언어학과 사회심리학과 같은 현재의 이론적인 기초 작업들이 서사 분석에 어떻게 적용될 수 있는지를 평가하는 측면에서 확장된 텍스트 속에 나오는 등장인물들에 대한 역동적인 표상의 정신적 모형 접근법과 같은 새로운 틀을 구축하는 측면에서 더 많은 연구가 행해질 필요가 있다. 분석을 위한 새로운 기법들을 개발함에 있어, 인지언어학과 같은 현재 유행하는 이론을 끌어올 뿐만 아니라, 확장된 텍스트를 다루는 더욱 세련된 방법들을 제공하는 문체론과 서사학 속의 더 익숙한 접근법들의 가치를 인정함으로써 절충적인 접근을 적용하는 것이 유용해 보인다. 또한 확장된 텍스트 취급에 더욱 세련된 방법을 제공할 수 있는 문체학과 서사학에서의 좀 더 친숙한 접근의 가치를 인식하면서 절충적인 접근법을 적용하는 것이 유용할 것이다. 문체론자들이 그들의 '도구상자'에 유용한 추가물로 인지언어학을 알아내겠지만, 역으로 인지언어학자들은 확장된 서사를 어떻게 다룰지에 관해 문체론자들로부터 배울 것이 많을 것이다.

■ 참고 문헌

Bakhtin, M. M. [1929] 1973. *Problems of Dostoyevsky's Poetics.* (Trans. R. W. Rotsel). USA: Ardis. (2nd ed).

Bal, M. 1997. *Narratology: Introduction to the theory of narrative.* Toronto: University of Toronto Press. (2nd ed).

Billington, F., Hockey, J. and Strawbridge, S. 1998. *Exploring Self and Society.* Houndmills, Basingstoke: Macmillan.

Bosma, H. a. and Kunnen, E. S. (eds.). 2001. *Identity and Emotion: Development through self-organisation.* Cambridge: Cambridge University Press.

Brown, G. and Yule, G. 1983. *Discourse Analysis.* Cambridge: Cambridge University Press.

Culpeper, J. 2001. *Language and Characterisation: People in plays and other texts.* London: Longman.

Dennett, D. C. 1991. *Consciousness Explained.* Boston: Little, Brown and Co.

Emmott, C. 1992. "Splitting the referent: An introduction to narrative enactors." In M. Davies and L. J. Ravelli (eds.), *Advances in Systemic Linguistics: Recent theory and practice*, 221-228 London: Pinter.

_____. 1997. *Narrative Comprehension: A discoures perspective.* Oxford: Clarendon Press(Oxford University Press).

_____. 2000. "Review of Paul Werth's (1999) Text Worlds: Representing conceptual space in discourse." *Language and Literature* 9(4): 371-377.

Fauconnier, G. 1994. *Mental Spaces.* Cambridge: Cambridge University Press. (First published in French in 1985).

_____. 1996. "Analogical counterfactuals." In G. Fauconnier and E. Sweetser (eds.), *Spaces, Worlds and Grammar*, 57-90. Chicago: University of Chicago Press.

_____. 1997. *Mappings in Thought and Language.* Cambridge: Cambridge University Press.

Fauconnier, G. and Turner, M. 1996. "Blending as a central process of grammar." In a. Goldberg (ed.), *Conceptual Structure, Discourse and Language*, 113-130. Stanford: California: CSLI Publications.

_____. 2000. "Compression and global insigth." *Cognitive Linguistics* 11(3/4): 283-304.

Fiske, S. T. and Taylor, S. E. 1991. *Social Cognition*. Mountain View, CA: McGraw Hill. (2nd ed).
Gazzaniga, M. S. 1998. *The Mind's Past*. Berkeley: University of California Press.
Genette, G. 1980. *Narrative Discoures*. Oxford: Basil Blackwell.
Gilling, D. and Brightwell, R. 1982. *The Human Brain*. London: Orbis Publishing/BBC.
James, W. 1890. *The Principles of Psychology*. New York: Holt.
_____. 1910. *Psychology: The Briefer course*. New York: Holt.
Labov, W. 1972. *Language and the Inner City*. Philadelphia PA: University of Pennsylvania Press.
Lakoff, G. 1996. "Sorry, I'm not myself today: The metaphor system for conceptualizing the self." In G. Fauconnier and E. Sweetser (eds.), *Spaces, Worlds and Grammar*, 91-123. Chicago: University of Chicago Press.
Lakoff, G. and Johnson, M. 1980. *Metaphors We Live By*. Chicago: University of Chicago Press.
Lakoff, G. and Sweetser, E. 1994. *Foreword to Mental Spaces*. G. Fauconnier, ix-xvi. Cambridge: Cambridge University Press. (First published in 1985).
Langacker, R. W. 2001. "Discourse in cognitive grammar." *Cognitive Linguistics*, 12(2): 143-188.
Oakley, T. V. 1998. "Conceptual blending, narrative discourse, and rhetoric." *Cognitive Linguistics* 9(4): 321-360.
Ryder, M. E. In press. "I met myself coming and going: co(?)-referential noun phrases and point of view in time travel stories." *Language and Literature* 12(1).
Sanders, J. 1994. "Perspective ing Narrative Discourse." Unpublished Ph.D. dissertation. Katholieke Universiteit Brabant, Tilburg, The Netherlands.
Sanders J. and Redeker, G. 1996. "Perspective and the representation of speech and thought in narrative discourse." In G. Fauconnier and E. Sweetser (eds.), Spaces, Worlds and Grammar, 290-317. Chicago: University of Chicago Press.
Semino, E. 1997. *Language and World Creation in Poems and Other Texts*. London: Longman.
Weber, R. J. 2000. *The Created Self: Reinventing body, persona and spirit*. New York: W. W. Norton & Co.
Werth, P. N. 1999. *Text Worlds: Representing conceptual space in discourse*. London: Longman.

08 밥 딜런의 <허리케인>에서의 은유
장르, 언어, 문체

제라드 스틴 (암스테르담 자유 대학교)

1. 인지문체론과 문학경험론

언어와 문체에 대한 나의 관점은 문학경험론에 대한 관심에 의해서 확고해졌다(쉬람Sharm · 스틴, 2001, 스틴, 1994). 이러한 사실은 때때로 오해를 불러일으키기 때문에 본고에서는 문학경험론의 영향력에 대한 이야기로 처음을 열려고 한다. 이러한 설명은 앞으로 이 장에서 다룰 밥 딜런 Bob Dylan의 노래 <허리케인Hurricane>의 가사에 나타난 은유 분석에 대한 배경과 동기를 제공할 것이다.

문학경험론은 '검증 명제'의 방식으로 문학을 기술하고 설명하려는 문학연구자와 사회과학자의 시도의 하나이다. 검증 명제는 더욱 폭넓은 이론을 수용하고 구체적인 예측을 만든다. 이러한 일들은 자료를 수집하는 일과 수집된 자료가 예측을 지지하는지를 탐구하는 것으로 조사될 것이다. 이론과 연구는 검증 가능성을 목적으로 한다면 경험적이다. 따라서 검증은 오류를 입증할 수도 있다. 명제를 검증하기 위해서 문학경험론자들은 사회과학의 방식으로 다양한 이론과 방법론을 개발하고 적용한다. 기본적인 방법론의 문제들을 알고자 한다면 쉬라이어Schreier(2001)를 보라.

문학경험론은 텍스트를 강조하는 전통적인 문학론에서 텍스트와 인간의 관계를 다루는 문학론의 방향으로 새로운 이론적 접근을 이끌어 왔다. 예컨대 문학경험론은 문학을 읽기, 또는 텍스트 수용으로, 쓰기, 또는 텍스트 생산으로 간주하여 연구한다. 텍스트 생산과 수용은 문학에 대한 두 가지 심리학적인 접근 방법이다. 사회학적인 경험론적 접근은 텍스트의 사회적 기여와 평가의 체계에 대한 관심을 포함하고 있다. 이러한 모든 연구, 그것들의 대부분이 검토되고 예시된 쉬람과 스틴(2001)의 연구에서 "문학"은 단순히 텍스트(들)가 아닌 좀 더 복잡한 그 어떤 것임을 의미한다. 그것은 "텍스트 지향 행위"라고 명명될 수 있을 것이다. 언어학자들은 "담론"이라는 말을 선호한다. 단, 그 용어가 흔히 몇몇 언어학에서 실체로 인정되는 언어학자들에 의해 상상된 행위라기보다는 소박한 행위를 언급하는 것이 분명하다는 조건에서 말이다.

텍스트 중심 행위, 또는 담론에 대한 강조는 급진적인 단절의 한 결과이다. 이 급진적인 단절은 최초의 문학경험론 선구자들이 텍스트로서의 문학에 대한 전통적인, 특히 해석학적인 접근에 대해서 실행하고자 했던 단절인 것이다(쉬람· 스틴, 2001). 모든 문학 연구가 전적으로 텍스트에만 초점을 두지 않더라도 문학 연구자들의 관례적인 행위는 문학 텍스트에 대한 해석과 평가였으며, 지금도 여전히 그러하다. 텍스트가 연구자들에 의해서 해석되고 평가되는 대상에서 벗어남으로써 특히 독자들, 그리고 출판사, 서평가 집단, 문학상 제도 등을 포함하는 문화적 구성체의 구체적인 연결망에 대한 탐구의 공간이 마련되었다. 그리하여 새로운 연구 방법론의 적용이 동시에 허용되는 문학 인지와 문학 문화에 대한 새로운 영역이 열렸다. 문학경험론은 현재 그 고유한 영역을 넓히며 성장의 전기를 마련하고 있다(입쉬 Ibsch · 쉬람· 스틴, 1991, 루쉬 Rusch, 1995, 크로이츠

Kreuz · 맥니얼리MacNealy, 1996, 퇴퇴시 드 체퍼닉 Totosy de Zepetnek · 시웬키 Sywenky, 1997, 얀센 Janssen · 반 디크 Van Dijk, 1998, 쉬람 · 스틴, 2001).

그러나 이러한 진전 또한 하나의 중요한 실수를 드러내고 있다. 그 과정에는 텍스트 지향 행위라는 조사 대상에서 부분적인 독자 요인으로서의 텍스트에 대한 현저한 방치가 있었다. 연구자는 텍스트라는 복잡한 연구 대상의 구성 요소 중의 하나, 즉 텍스트에 대한 이론과 연구를 하지 않고서는 이 복잡한 대상을 시험할 수 없다. 예를 들어, 읽기 심리학자들은 읽기 행위의 실험 조사에서 텍스트 처리를 동기화하기 위해서 독립적인 텍스트 기술본을 가지기를 원한다. 물론 읽기 심리학자들은 그렇게 한다. 사회과학 분야에서 텍스트 분석은 경험적 작업의 부분이자 전체이며 또한 부분이자 전체가 될 수 있다는 것을 증명한다. 그러나 담론심리학에서 이와 같은 사실에도 불구하고, 문학경험론에서 독립적인 검토 대상으로서의 텍스트에 대한 과도한 방치는 여전하다.

이러한 현상은 아마도 앞에서 언급한 새롭게 발견된 연구 영역에 대한 고무와 매력 때문인 것 같다. 또한 읽기 연구에서 심리학자처럼 텍스트를 다루려는 사화과학자들의 어떤 상대적인 방법론적 무지가 원인일 수도 있다. 그리고 아마도 결정적인 원인은 문학 학자들을 도우려는 가능성 있는 언어학과 담론 연구의 빈약하고 심지어 구태의연한 관점일 것이다. 결론은 경험론적 입장이든 비경험론적 입장이든 많은 문학도들은 문학 텍스트는 경험적 연구에 적합하지 않고, 텍스트(들)로서 문학에 대한 정보는 불가분 해석의 "방법론"에 의해 얻어져야 한다는 사실을 여전히 견지하고 있다는 것이다.

언어, 텍스트, 그리고 담론의 경험적 연구에 관심이 있는 언어학자로서 나는 항상 이러한 사실을 믿기를 거부해 왔다. 물론 언어학과 담론 분석의 몇몇 연구들은 경험적 연구의 엄격한 요구를 역시 충족시키지 못한다는 사실은 인정해야 한다. 거기에는 전형적인 해석학적 텍스트 해석과 심지어 가치평가의 언저리를 맴도는 몇몇의 언어학과 담론 분석이 분명히 존재한다. 그러나 이러한 비경험적 연구에서 제기된 이의는 이론과 방법론의 비경험적인 적용이 그 스스로의 이론과 방법의 경험적 잠재력을 무효화하지 못한다는 관측에 의해 반박될 것이다.

이러한 모든 사실들은 문학경험론에 대한 나의 관심이 텍스트와 은유의 언어학적 분석에서 출발하여 독자와 정보소의 인지 행위에 대한 경험적 연구로 나아갔던 것을 설명해 준다. 이것이 은유에 관한 나의 논문이 왜 "문학에서 은유 이해하기"라고 붙여지는 것에 대한 이유이다(스틴, 1994). 그러나 똑같은 경험적이고 인지적인 관심이 인지적이거나, 또는 더욱 일반적으로 심리적인 관점에서 은유적이거나 비은유적인 언어와 문체의 경험적 가능성을 탐색하기 위해서 은유적이거나 비은유적인 언어와 문체의 연구로 그때부터 나를 다시 데려가고 있었다.

이러한 발전의 일부는 문학적인 담론과 비문학적인 담론의 대조에서 시작하여 모든 언어 사용에 대한 경험적 연구에 관한 더욱 일반적인 관심으로 나의 지평을 넓혀 왔다. 특히 나는 문체와 언어에 대한 경험적이고 인지적인 연구가 담론에 대한 장르 지향의 접근에서 얻을 것이 더 많다고 믿는다(스틴, 1999a). 언어 사용자들이 언어 사용의 특수한 집단과 관련 맺고 있을 때, 만약 우리가 언어 사용자들의 (인지적인) 기대를 설명하기를 원한다면 장르는 본질적이다. 이러한 몇몇의 장르 기대는 문체와 연관되어 있으며, 이 문체는 메시지의 생산과 이해의 모두에 영향을 미친다. 결과적으로 이 영향력은 또한 메시지 자체의 언어에 반향될 것이다. 나는 이러한 추정에 따라 다음 논의를 진행할 것이다.

인지문체론의 제안에 따라 현재까지 수집된 자료는 로마로 가는 다른 길들이 많이 있다는 것을 보여준다. 나는 "인지문체론"을 1980년대에 래내커 Langacker, 탈미 Talmy, 레이코프 Lakoff 등과 같은 언어학자들에 의해 성립된 "인지언어학"의 더욱 포괄적인 학문을 언급하는 것으로 이해한다(웅게러 Ungerer · 쉬미트 Schmid, 1996). 인지시학은 괄목할만한 인지언어학의 한 분파로 부상하였다(스톡웰 Stockwell, 2002, 개빈스 Gavins · 스틴, 출간 예정). 그리고 결과적으로 행위로서 또한 심리언어학, 인지심리학, 사회심리학, 사회학, 인류학의 경우와 마찬가지로 인지언어학은 언어에 대한 몇몇의 사회과학적 접근의 성공에 의해서 촉발된 인지로서의 언어와 담론에 대한 관심의 부활을 구체화한다. 우리는 현재 사회과학에 근거를 둔 언어의 본질과 기능에 대한 폭넓은 인지 접근 방법을 가지고 있다. 그리고 인지 접근 방법이 아주 자연스럽게 문체에 주의 집중된 방향으로 확장되고 있다는 것은 당연한 일이다.

그러나 문학경험론에 대한 나의 배경은 "인지"라는 단어를 사용함에 있어 나를 민감하게 만들고 있다. 인지라는 단어의 단순한 사용, 그리고 인지과학에 대해 그 단어가 시사하는 것은 인지문체론이나 심지어 인지언어학 자체를 사회과학이나, 혹은 경험적 규칙으로 전환시키는 것에 충분하지 않다. 게다가 거기에는 언어 지향 과학에 대한 고정된 오해가 있는데, 이 오해는 인지과학의 정체성에 대한 이상적 관념을 애매하게 만든다. 예를 들어서, 나는 경험적이라는 것이 대상이나 정보소의 실험을 활용하는 것이라는 말을 종종 들어 왔다. 이것은 분명히 사실이 아니다. 왜냐하면 연구자들에 의한 텍스트와 언어 분석은 그 결과가 검증 가능 명제와 관련되어 있다면 아마 반드시 경험적일 것이며 또한 그러한 이유로 신뢰성과 타당성이 있는 기준에 견주어서 평가받을 것이기 때문이다.

이와 연관되어 있으나 대조적인 실수는 텍스트에서 상정된 사고 과정의 분석으로 이전하는 것이 어떤 연구를 인지과학으로 전환시킨다는 생각이다. 이러한 때가 있다는 것은 분명한 사실이다. 이러한 연구는 경험적 연구보다는 이론 형성하에 속해야 할지도 모른다는 것 또한 숙지해야 한다. 이와 반대되는 것의 핵심은 연구자가 만든 주장은 행위적인 정보에 대한 어떤 독립적인 수집 목록에 견주어서 여전히 검증되고 있다는 것이다.

그리고 세 번째 논점은 인지의 개념화 자체와 관련되어 있다. 만약 인지가 인지 행위 내지는 인지 과정으로 정의된다면, 텍스트는 환유에 의한 것을 제외하고는 인지로 인식되지 못할 것이다. 텍스트는 인지의 산물이자 인지를 위한 자극체이다. 만일 이 재구조를 용인한다면, 텍스트는 생산품이나 자극체의 자격으로서 조사 대상이 되는 것을 자초할 것이며 이 조사는 직접적인 분석이나 정보소의 도움에 의한 방법으로 행해질 것이다. 그러나 그러한 텍스트 연구가 전제하는 것은 언어의 측면과 행위의 관점에서의 텍스트에서 보이는 고정된 행위에 관한 인지의 생산품 내지 자극체로서의 텍스트 이론이다. 이 이론은 인지과학에서 폭넓은 방향성을 요구한다. 인지언어학, 담론분석학, 적합성 이론, 그리고 비판적 담론분석학 등을 포함하여 언어학의 많은 새로운 분야에서 실제로 이러한 주장을 한다. 그러나 이러한 재지향성이 확고한 입장을 취하고 있고 환영받을 만하더라도, 다양한 신념을 가진 언어학자들이 제기한 인지과학의 수많은 제안들에 관하여 우리는 여전히 많은 회의와 예리한 통찰력을 원한다. 아마추어의 위험은 결코 사라지지 않는다.

은유 연구는 이 점에서 훌륭한 사례를 제공한다. 비록 많은 인지언어학자들이 삶으로서의 은유(레이코프 · 존슨 Johnson, 1980)의 틀에 따라 은유 연구를 수행해 왔지만, 그들 중 소수의 언어학자만이 은유와 읽기의 심리학적인 연구 사이의 관련성에 주의를 기울여 왔다. 또한 그 소수만이 경험적 연구자에게 타당성과 신뢰성의 논점을 제기하는 자연적 담론에 나타나는 어떤 현상으로서 은유의 기술적 규정에 주의를 기울여 왔다. 그러므로 담론상에 나타난 은유와 인지적 연구와 은유의 인지적 연구와 은유의 인지적 과정에 직접적으로 연결되어 있을 언어학에서의 은유에 대한 인지적 연구 이전에 여전히 상당한 양의 작업이 소요된다. 밥 딜런의 <허리케인>과 같은 어떤 특정한 텍스트에서 은유의 포착에 의한 이러한 논점이 시도될 때에 이 장은 나머지는 적절한 시점에 그 논점을 간단히 설명할 것이다. 특정한 입장에서 언어와 그리고 은유적 언어를 위치시킨 장르 분석적 관점을 통해서 나는 이 일을 수행할 것이다.

2. 장르의 역할

1행 밤의 술집에서 총성이 울려 퍼지고
    패티 발렌타인이 위층 홀에서 내려오지
    그녀는 피의 풀장에 있는 바텐더를 쳐다보지
    울부짖지, "신이시여, 그들이 모두를 죽였어요!"

위 인용문은 밥 딜런의 앨범 ≪희망Desire≫(콜롬비아Columbia, 1975)에 수록된 <허리케인>의 극적인 도입부이다. 이 행들에 대해 인지적 접근을 수행하는 연구자들은 이 행들이 인쇄 지면으로 이해될 때와 반대로 노래로 불린 가사로 들릴 때의 영향력 사이의 차이를 즉각적으로 지적해야 한다. 서로 다른 두 매체에서의 행들의 인지적 재현이 다르다는 사실은 자명한 일이다. 왜냐하면 노래로 불린 말은 인쇄된 말보다 더 많은 해석과 표현을 수행하기 때문이다. 내가 생각하기에 그 차이는 장르의 문제이다.

이 노래에 나오는 은유 분석 작업을 시작하기 위해서 장르 이론의 틀을 먼저 구축해야 한다.

언어와 문체에 대한 인지적 접근은 그 언어 사용자로부터 시작해야 할 것이다. 왜냐하면 언어 사용자는 바로 인지의 과정과 생산의 원천이기 때문이다. 더구나 언어 사용자들은 진공 상태에서는 어떤 인지적 과정도 수행하지 않는다. 반면에 그들은 언제나 구체적인 상황 속에서 인지 과정을 수행한다. 그리고 언어 사용자들은 그러한 맥락에 관한 어느 정도 세세한 인지적 모델들과 기대를 지니고 있을 것이다. 나는 그러한 인지 모델과 기대를 분석에 대한 가장 중요한 개념이 장르론의 일부라는 것을 믿는다(스틴, 1999a, 출간 예정).

나는 언어 사용자들이 인지 구조에 대한 전체 범주를 알고 있다고 추정한다. 그 인지 구조는 문화적으로 잘 알려져 있는 구별이 뚜렷한 담론의 하위 장르에 대한 개인적인 재현이다. 장르의 인지적 재현은 또 다른 언어 사용자들과의 협력하에 메시지 내용의 선택과 조직, 적합 사용 영역의 선택으로서 이러한 담론적 양상을 원활하게 해준다. 언어 사용자들의 이와 같은 맥락의 추정에 대한 심리언어학과 사회언어학의 접근은 1970년대부터 조금씩 있어 왔다(하임즈Hymes, 1976, 반 디크·킨치Kintsch, 1983). 이 연구자들은 인지의 원리를 조직하는 것으로서의 장르 개념에 주목하지 않았다. 최근의 장르 분석에 대한 부각(스왈레스Swales, 1991, 바티아Bhatia, 1994)에 따라 장르의 정신적 재현이 생산이든지 이해든지 개인 언어 사용자들의 장르에 대한 정신적 재현이 언어의 인지 과정에서 중추적 역할을 하고 있다는 것이 점차적으로 분명해지고 있다.

<허리케인>의 장르 명칭은 녹음된 노래이다. 녹음된 노래는 비교적 규모가 크고 공공적인 영역인 담론 공동체에 반복적으로 제공된다. 그래서

많은 노래들이 상대적으로 잘 알려진 것으로 취급될 것이다. 이것은 더욱 중요한 나의 목적에 또한 그들의 노래 가사가 상대적으로 친숙한 것으로 여겨질 수 있다는 의미이다. 많은 사람들은 다른 어떤 층위의 담론들보다 그 노래에 더욱 주의를 기울인다. 더구나 사람들을 즐겁게 해주는 대중음악의 전반적인 기능을 고려해 볼 때, 심지어 청자들은 노래의 음악성과 노래의 언어를 평가할 것이다. 이 사실은 대중음악의 생산과 소비에 비교적 높은 등급의 언어 의식이 있다는 추정을 가능하게 한다. 이 사실은 또한 우리가 이 장의 지면에 있는 단어들에 기울인 섬세한 주의가 대중에게 알려진 이 노래 단어의 경험과 완전하게 일치하지는 않는다는 것을 의미한다. 게다가 우리가 살펴보고자 하는 단어들은 공식적으로 출판된 원판 앨범의 재킷에 적시된 가사와는 군데군데 다르다. 본서의 노래 단어들은 이 앨범에서 이 곡이 인기를 얻게 된 후, 밥 딜런이 공연에서 직접 부른 노래의 단어에서 연유한다.

한 가지 녹음된 노래의 중요한 장르 속성은 그것이 연설, 더 정확하게는 선율 속에서 노래된 말들, 그리고 음악을 포함한다는 것이다. 연설, 또는 노래는 글쓰기와는 다른 방식이며, 우리에게 다른 채널(음향적인 것)을 통한 다른 매체(음반)의 방법으로 다가온다. 연설은 지면의 단어들에 억양과 표현의 층위를 덧붙이고 가창자의 표현법은 청자에게 특별한 감흥을 전달하기 위해서 억양과 표현의 정보들을 활용할 것이다. 밥 딜런의 공연에서 노래를 들어본 사람들은 누구든지 그가 많은 단어들과 어구를 어떻게 강조하고 뒤트는지 알 것이다. 그리고 이 세세한 사항들은 그 가사에 대한 우리의 해석에 영향을 미칠 것이다. 나아가 노래의 특수한 음악적 양상인 선율과 리듬은 아직 정보의 수준에서 언급도 되지 않았다. 선율과 리듬은 순수언어의 코드와는 구별되는 코드의 일부이며, 단어들에 대한 우리의 생각을 더 강화하거나 상대화할 것이다. 방식, 매체, 채널, 그리고 코드는 모든 텍스트에 대한 네 개의 긴밀한 장르 차원이다. 실제로 이 차원들이 하나의 차원에 대한 다양한 변수인지, 혹은 상대적으로 그 자체로서 독립된 차원들인지는 논의가 필요한 이론적 질문이다(스틴, 1999a). 그러나 이 논의들은 광범위한 규모의 이론적이고 경험적인 작업을 통해서 해결될 수 있는 쟁점 사안이다.

노래로서 <허리케인>의 또 다른 중요한 장르 특성은 유명한 작곡가에 의해 쓰였다는 사실이다. 이 글을 읽는 독자들 중 밥 딜런이 활동하던 시기에 성장한 사람들은 그를 좋아하거나 싫어할 것이다. 상상하기 힘든 일이지만 어린 독자들은 사실 그의 노래를 실제로 들어보지 못했을 수도 있다. 상황이 어떻든 간에 이 곡의 생산자는 비교적 유명한 인물이었고 이러한 사실은 이 노래에 대한 기대에 영향을 끼친다. 우리가 <허리케인>이 저항가요라는 더 세부적인 정보를 추가할 경우 이 노래는 더 특별해지는데, 저항가요는 딜런이 유명해지게 된 하위 장르의 하나이다. 우리가 이 배경 지식을 고려해 살펴본다면, 첫 연의 내용을 마무리하는 다음 다섯 행을 이해하는 것은 어렵지 않을 것이다.

> 5행 이것은 허리케인의 이야기이지,
> 권력이 비난하게 된 그 사람
> 그가 결코 저지르지도 않았던 일 때문에
> 감방에 내던져졌지만, 한때 그는 어쩌면
> 세계 챔피언이 될 수도 있었지

청자에게 권력에 대한 부정적 판단을 주지 않고, 간접적인 방법으로 저항을 형성한다는 것은 흥미로운 일이다. 인용한 행들에는 끝나지 않은 논쟁거리가 있다. 당신이 만일 누군가 저지르지 않은 어떤 일에 대해 그 누군가를 비난한다면, 비난받을 사람은 바로 당신이다. 그리고 당신이 동일한 이유로 그 누군가를 감옥에 집어넣고 성공의 경력을 빼앗는다면, 비난받을 사람은 바로 당신이다. 이것은 함축의 의미에 대한 논쟁이다. 이러한 논의의 결론이 비록 함축적이더라도, 잘못된 유죄 선고에 대한 고발은 도입에 적시된 이 노래를 심각한 저항 가요로 만들기에 아주 충분하다. 이 노래는 모든 대중가요가 그러하듯이 평범한 여흥 기능을 가지고 있다. 그러나 한편으로 대중가요는 강력한 이차적인 설득적 기능을 가지고 있다.

장르의 그러한 기능은 매체, 채널, 코드로서의 국소적인 한 부분일 뿐만 아니라 고정된 일련의 장르 차원이기도 하다. 연이어서 다른 차원들이 형식에 관여한다. 예를 들어, 6행과 7행에 나오는 고발은 또한 이 이야기의 전개에 대한 청자의 기대를 불러일으키는 미리 보여주기의 역할을 수행한다. 이 이야기는 서스펜스 이야기(이야기가 어떻게 끝이 나지?) 중의 하나가 아니라 궁금증 이야기(그들이 그것을 어떻게 처리했지?) 중의 하나이다. 이것은 이 노래에 대한 흥미는 최종 결론이 예상되는 6행과 7행에서 언급된 과정의 세부에 놓여 있다는 것을 뜻한다. 서스펜스 이야기와 호기심 이야기의 구별은 인지 심리학자인 브루어Brewer와 리히텐슈타인Lichtenstein (1982)에 의해서 형성되었다. 그리고 그것은 서사 담론에 대한 서스펜스와 호기심 기법의 구조적 영향 이론의 맥락 분야에서 꾸준히 연구되고 있다. 나는 이러한 이야기를 구성한 선택사항은 또한 서사적 노래의 경우처럼 관습화된 인지적 장르 도식의 핵심이라고 주장한다. 그러한 선택사항은 형식에 대한 장르 차원의 가치를 지닌다.

우리의 목적에 적합한 또 다른 이야기 유형이 있다. 이 유형은 라보브Labov(1972)에 의해 진전된다. 구술 이야기는 개요, 소개, 문제 상황, 문제

해결, 코다를 포함한 일련의 고정된 구성 요소들을 보여준다고 라보브는 주장한다. 라보브는 이 구성 요소들을 서로 구별된 것으로서, 또는 전체 서사를 통해 연결된 것으로서 발생한다고 평가한다. 딜런의 이 노래 또한 이러한 관례를 따르며 조직된 것처럼 보인다. 개요는 첫 연의 후반부에, 코다는 마지막 연의 후반부에서 발생하며 이야기 자체는 세 개의 주요 부분으로 나뉘어져 있다. 이 이야기에 대한 당신의 관점에 의존한다면 소개는 처음 네 개의 연에서 제공될 것이고, 문제 상황은 5연에서 9연의 전반부까지 전개되고, 문제해결은 10연에서 시작된다. 9연의 후반부는 문제 해결에 이르기 전에 전형적으로 서사를 중단시키는 한 지점에 대한 평가로 보인다. 우리는 마지막 부문에서 <허리케인>의 이러한 양상을 다시 살펴보게 될 것이다.

이 노래가 하나의 서사("허리케인의 이야기")라는 사실은 그 자체가 담론 유형의 하나로서의 타장르 차원의 중요성을 의미한다. 서사는 논쟁 유형과 같은 여타의 담론 유형들과는 다른 기대와 추론을 생산한다. <허리케인>은 서사이지만 첫 연의 5행부터 9행에서 보이는 것처럼 이 노래의 좀 더 대화적인 부분들은 우리가 지금까지 살펴본 것처럼 논쟁적이다. 그래이저Graesser와 크루즈Kreuz(1993)는 서사와 관련된 추론과 담론의 다른 유형들과 관련된 추론 사이에 차이가 있다는 담론 과정의 인지 이론을 제안하였다.

방식, 매체, 채널, 코드, 기능, 형식, 담론 유형의 각각 양상들은 노래와 그 하위분류들에 대한 다차원적인 인지 도식의 상정에 의한 통합적인 방법으로만 설명될 수 있다. 언어 사용자들은 해당 장르 요소들과 일치하는 일련의 한정된 경우에 맞춰서 인지 기관을 준비할 것이 당연하기 때문에, 언어 사용자들은 언어를 빠르고 효과적으로 진행시킬 수 있다(즈완Zwaan,

1993). 영역, 내용, 사용 영역, 문체 등 우리가 아직 언급하지 않은 또 다른 차원들이 있지만, 낙관적이게도 언어에 대한 인지적 설명과 활용이 장르에 대한 여러 추정들을 만들고 있다는 일반적인 생각이 분명해지고 있다.

3. 언어의 역할

지면 위의 단어와 노래의 일부로서의 가사 사이의 한 가지 중요한 차이는 노래의 가사가 중단 없이 계속된다는 것이다. 우리가 <허리케인>의 장르 요소들을 반영하는 동안, 그 음악은 우리를 다음 연으로 이끌고 왔다. 그 행위가 아직 다른 장르 요소와 구별할 수 없는 행위인 첫 연의 내용에 주의를 기울일 때, 우리는 이 노래가 확고한 장치를 가진 두 가지 주의와 함께 시작되고 있다는 사실에 주목해야 할 것이다. 밥 딜런과 청중 모두에게는 플롯의 수준에서의 극적인 사건과 담론의 수준에서의 극적인 고발이 존재한다. 그렇다면 두 번째 연의 조건으로 넘어가서 어떤 종류의 흐름이 지속되고 있는지 연구해 보자.

> 10행 누워 있는 세 개의 몸을 보는 패티
> 그리고 수상하게 주위를 서성이는, 또 다른 남자인 벨로
> "나는 하지 않았어요." 그는 말하지, 그리고 두 손을 번쩍 올리지
> "나는 그저 금고를 털고 있었어요, 제 말을 알아주세요.
> 나는 떠나는 그들을 보았어요." 그는 말하다가 잠깐 멈추지
>
> 15행 "우리 중 한 명이 경찰에 신고를 했어야 했죠."
> 그리고 패티는 경찰을 부르고
> 그리고 그들은 빨간 불빛을 번쩍이며 현장에 도착하지
> 그 뜨거운 뉴저지의 밤에

두 번째 연은 첫 번째 연의 처음 네 행으로 돌아오고 담론보다는 플롯을 진전시킨다. 나는 지금 이 지점에서 듣기 과정의 추정적인 인지 분석을 제안하려고 한다. 나는 즉각적으로 언어와 은유의 역할로 선회할 수 있는 분석이 필요하다.

청자는 사건의 새로운 전개에 의한 플롯 내용에 대한 정신적 모델을 쉽게 갱신한다. 그들은 사건의 연속에서의 인과의 고리를 구성하고(반 덴 브로에크 Van den Broek, 1994), 동시에 텍스트의 서사 유형에 대한 그들의 재현을 보강함으로써 그러한 갱신을 수행할 것이다. 게다가 청자는 그 이면에서 이야기의 호기심 형식에 적용된 의문점을 품을 것으로, 1연의 5행부터 9행에 나타나 있는 국소적인 설득 기능 위주로부터 2연 전체에 나타난 있는 녹음된 노래의 더욱 관습적인 여흥 기능으로 되돌아갈 것으로 기대된다. 최종적으로 선율과 가사의 패턴은 이 메시지가 진행되고 있는 그 안에서 코드의 특수한 형태를 구성하려고 할 것이다. 언어적인 리듬과 압운은 전반적인 텍스트 재현의 일부가 될 것이다.

가장 중요한 것은 청자가 언어를 통해서 이러한 장르의 요소들을 활용한다는 것이다. 언어 과정을 통하지 않고서는 내용, 유형, 형식, 기능, 심지어 매체와 코드의 어떤 인지 구조도 없다. 언어 사용자가 단어들을 진행시킬 때, 그들은 단어를 구조적인 의미에 대해서 물질적인 지시로서 취하고 그들은 단어들을 그들이 창안하고 주장하는 메시지의 다차원적인 정신적 모델에 여러 방법으로 관련시킨다. 이 정신적 모델은 어느 정도 관습적인 장르 도식에서 출발할 것이다. 그 장르 도식은 내가 지금까지 논의했던 모든 차원들의 기본값 정도를 수행할 것이다. 그러나 메시지가 나타난 첫 단어부터 그 도식은 지속적인 변화와 발전과 수정의 와중에 놓일 것이다. 그것이 바로 모든 장르 요소를 결정적으로 작동시키는 언어 과정이다.

동시에 이것은 모든 것이 언어라는 것을 의미하지는 않는다. 최초로 언어가 작동한 다음, 주제는 지속된 추정에 의해서 언어에 대해서 독립적으로 진행될 것이다. 서사적인(또는 논쟁적인) 유형은 또한 고유의 논리를 가질 것이며, 그 논리는 지면의 단어(또는 노래에서의 단어)를 넘어서서 진행될 것이다. 그리고 서스펜스나 호기심과 같은 형식과 관련된 감정은 그 역시 동반할 필요가 없는 언어적 감정을 유발했던 언어적 실례들을 동반할 필요가 없다(그리고 서스펜스나 호기심과 같은 형식과 관련된 감정은 언어적 실례들을 동반할 필요가 없다. 언어적 실례들은 그 역시 동반할 필요가 없는 언어적 감정을 유발한다.). 호기심 구성은 또 다른 부분의 메시지를 전달하고 있는 한 구절에 대해서 짧거나 긴 일련의 물음들을 양산할 것이다. 이러한 것들은 인지적 재현에 대해서 비교적 언어로부터 독립적인 수준인데, 이것은 우리를 텍스트의 표면으로부터 멀어지게 할 것이다. 언어와 문체에 대한 인지적 접근은 이러한 사실을 알아야 하고 그러한 접근이 성취하려고 하는 것에 대해서 분명한 입장을 취해야 한다. 인지적 접근은 발언된 것들의 단어에 접근하고 그 단어를 통합하는 최초의 단계에 대한 비교적 피상적인 "심리언어학적" 설명을 목적으로 하는가, 또는 메시지 구조의 진행 중인 단계나 다음 단계에 대한 비교적 심도 있고 더욱 일반적인 인지적 설명을 목적으로 하는가?

예를 들어서 세 번째 연의 시작하는 단어를 살펴보자. 어떤 것이 우리를 이야기 안으로 더 끌고 가는가?

> 그동안 저 멀리 이 도시의 또 다른 곳에서
> 20행 루빈 카터와 두 사람의 친구는 드라이브를 하고 있지
> 미들급 왕관에 대한 최고 실력의 경쟁자는
> 어떤 엿같은 일이 그를 다운시킬지 전혀 모르고 있었지

        경찰이 그를 갓길로 세웠을 때
        마치 그 이전에 또 그 이전에 그랬던 것처럼
25행 패터슨에서 이런 일은 늘상 있는 방식이지
        만약 당신이 흑인이라면 당신은 거리에 나타나지 않는 편이 나을
        거야
        주의의 시선을 끌고 싶지 않다면 말이야

  이 연의 첫 번째 단어들은 연결점과 부사적 기능을 수행할 뿐만 아니라 청자가 이야기를 구조화하고 유지하는 지식 틀에 지대한 효과를 미친다(에모트Emott, 1997, 즈완 외, 2001). 특히 첫 단어들은 한 맥락 틀을 차단하고 비록 이전의 장소와 관계와 되어 있지만 또 다른 장소에 동시적으로 위치한 다른 맥락을 개방한다. 이러한 일들은 다른 참여자, 행동, 소품을 구성한다. 이러한 인지적 효과는 단어의 의미에 내속하는 것이 아닌 단어들의 통합으로부터 전반적인 상황 모델로 변환되는 것에 의거한다. 단어들의 진행 과정은 단순히 언어 과정이 아니라 담론의 정신 모델에 대한 더욱 진전된 인지 과정으로의 확장이다.

  비록 모든 장르와 담론 차원은 아닐지라도 단어가 그것들의 대부분에 대한 반향으로서의 역할을 수행한다는 이러한 일반적인 접근법을 인지 과정은 따른다(비버Biber · 피네건Finegan, 1991). "그 동안(Meanwhile)"이라는 단어는 이 특별한 텍스트의 주제, 유형, 형식을 시사하는 것처럼 보일 것이다. 언어의 이러한 다기능적인 관점은 단어가 주제, 형식 등등을 나타내는 기능을 제외하고 문체와 사용 영역을 나타내는 분명한 기능이 있다는 것을 납득시켜 줄 것이다. 예를 들어서 무거운 명사적 전치수식은 신문체의 사용 영역과 관련될 것이다. 다시 말해서 담론의 다른 차원들에 관한 기대를 제외하고, 한 장르 모델은 논의가 진행 중인 장르의 적절한

사용 영역과 문체에 대한 구실들을 포함할 것이다. 이것은 어느 정도 공적으로 인정된 언어 다양성의 형식에서 한 관점으로부터 도출된 언어 그 자체는 장르 도식의 일부라는 것을 의미한다.

그러나 동시에 우리는 언어를 어떤 영향을 받은 현상으로서, 우리가 지금까지 논의했던(영역, 매체, 주제, 사용 영역 등) 모든 독립적인 장르나 담론 변인에 의해 좌우되는 종속변인으로서 기술할 수 있어야 한다. 이것은 우리가 언어에 대한 분석 모델이 필요하다는 것을 의미하는데, 그 모델은 언어학 영역을 비교적 독립적인 담론적 사실에 영향받은 연구로 사상한다. 그러한 모델에 대한 예로 가장 잘 알려진 문체론자인 리치Leech와 쇼트Short의 『픽션에서의 문체Style in fiction』(1981)에는 문체에 대한 필수적인 점검 목록이 있다. 그들은 문체를 어휘적, 문법적, 수사적, 텍스트적인 범주로 분할한다. 이러한 범주들은 특별한 사용 영역이나 문체뿐만 아니라 담론 주제, 형식, 기능을 시사하는 것으로서 그 자체로, 또는 결합된 형태로 연구될 것이다. 비록 이 모델이 갱신이 필요하더라도, 이 모델은 장르의 담론적 언어학 분석에서 요구하는 것에 대한 실례를 제공할 것이다.

동일한 이유에 대한 결과로 나는 담론에서의 은유 분석(스틴, 1999b)에 대한 임시적인 점검 목록을 전개시키게 되었다. 그것의 주요 목적은 인지적 텍스트 진행에서 은유의 가능성 있는 기능에 관련된 은유의 기술을 활성화시키는 것이다. 그것은 정확하게 동일한 이론적 장르 모델로 설계되지 않았다. 그래서 이 글의 관점에서 살펴보면 소수의 불일치가 발견된다. 그럼에도 불구하고 장르에 대한 다양한 담론 차원의 표현으로서의 일반적인 언어 틀은 동일하게 남는다.

그래서 나는 장르에 의한 영향으로서의 일반적인 모든 언어 기술로부터 장르에 의한 영향으로서의 더욱 특별한 은유 언어의 기술로 논의를 초점화했다. 이어지는 부문에서 나는 어떻게 은유적인 언어가 장르에서에서의 이러한 인지적 관점으로부터 분석되고 경험적으로 연구될 수 있는지를 보여주려고 한다.

4. 은유 양상

앞의 논의에서 나는 은유의 인지적 문체 연구 분야를 명확하게 하려고 했다. 나는 우선 인지언어학의 한 분파로서 해석되는 인지문체론을 경험 연구가 목적인 사회과학의 한 예로서 읽기의 인지심리학에 관련시켰다. 그리고 나서 나는 기능, 주제, 형식과 같은 현재의 일반적인 담론 양상의 다수를 수용하기 위해서 담론 진행의 모든 연구 유형에 대한 장르 분석 틀의 수립이 필요함을 지적하였다. 그리고 그 글의 마지막 부문에서 나는 각각의 장르 차원들이 다소간 잘 알려진 다양한 언어와 문체를 생산하기 위하여 언어에 반향되고, 서로 협력하거나 대립한다는 것을 설명했다. 게다가 나는 장르에 대한 비교적 독립적 차원의 반향으로서의 언어 분석에 활용될 언어 모델을 간략하게 언급했다. 이러한 모든 부문들은 그 자체의 영역에서 충분히 감당할 수 있는 여러 추정들을 소개한다. 그럼에도 불구하고 이 글에서 그들은 단순히 이어서 전개되는 <허리케인>에서의 은유 분석을 위한 기초로서 활용된다.

4.1. 은유 정체성

이어서 전개될 다음 요점은 은유 자체에 대한 규정이다. 비록 많은 인지 언어학자들이 비 문자적인 개념 사상(레이코프, 1993)으로서 은유에 대한 동시대적인 이론을 채택하지만, 이것이 일상 담화에서 어떻게 은유가 발견될 수 있는지에 대한 은유의 동일한 실제적 규정에 그들이 모두 동의한다는 것을 의미하지는 않는다. 이론 규정에서 실제적 규정으로의 진전은 많은 어려움에 휩싸인다. 그래서 우리가 이론 규정이 명확하다고 추정할지라도, 이 경우는 그렇지 않다. 나는 이 문제를 장황하게 설명하지 않을 것이다. 대신에 나는 좀 더 진전된 논의를 위한 가능성 있는 실례를 보여 줄 것이다(크리스프Crisp, 2002, 크리스프· 헤이우드Heywood · 스틴, 2002, 깁스Gibbs, 2002, 헤이우드 · 세미노Semino · 쇼트, 2002, 쾨베체시Kövecses, 2002, 로우Low · 카메론Cameron, 2002, 세미노 · 스틴, 2001, 스틴, 1999c, 2001a, 2001b, 2002, 2002a, 2002b).

이 부분에서 전개해야만 하는 가장 중요한 사항은 읽기 심리학에 인지 은유 이론을 연결하는 것이다. 언어와 문체의 인지문체론적 분석은 텍스트의 인지 과정에 대한 일련의 체계를 가정해야 하는데, 그러한 가정은 읽기 심리학에서 발견될 것이다. 만일 읽기 심리학자들이 표층 언어, 텍스트 기반, 상황 모델, 콘텍스트 모델(반 디크· 킨치, 1983, 킨치, 1998)과 같은 텍스트 재현의 여러 수준들을 구별해 왔다는 것을 우리가 고려한다면, 은유가 어떻게 이러한 모델에 당연히 포함되는지의 문제가 제기된다. 은유 규정 기획에서 언어적 은유를 단어, 구절 등등으로부터 텍스트 기반의 일부인 명제로 변환시킴으로써 언어적 은유가 개념은유로 변환되어야 한다는 인지언어학의 정신에 입각한 생각으로 이 일을 진행시켜 왔다(스틴, 1999b, c, 2002a). 이러한 은유 규정 절차의 명제적 본성에 대한 의문(크리스프, 2002, 깁스, 2002)은 계속해서 제기되어 왔다. 하지만 나는 그러한 의문들에 만족스러운 답을 줄 수 있을 것이라고 믿는다(비록 여기가 그렇게 하기 위한 자리가 아닐지라도). 이러한 명제들은 은유를 텍스트에서의 단순한 언어적 표현으로부터 완전한 비문학적인 개념 사상으로 이동시키는 다섯 단계의 절차에 따라서 더욱 분석될 것이다. 나는 많은 곳에서 이 절차를 설명하였다(스틴, 1999c, 1999d, 2001a, 2001b, 2002a, 2002b). 그리고 이것은 세미노·헤이우드·쇼트에 의해서 비평적으로 논의되었다(보고서). 현재의 제안이 비평계에서 용납되지 않는다면, 그와 비슷한 어떤 것으로 이 제안은 대체되어야만 할 것이다. 왜냐하면 한편으로 추상적인 언어와 개념 체계에 대한 동시대의 인지은유 이론에서 상정된 개념은 유와 다른 한편으로 읽기, 듣기, 그리고 언어의 다른 형식에서의 그들의 구체적인 사용 사이의 간격을 연결하는 일이 우리에게는 절실하게 필요하기 때문이다(쾨베체시, 2002).

진행 과정을 설명하기 위해 <허리케인>의 네 번째 절을 살펴보도록 하자.

> 알프레도 벨로는 단짝이 있었고 그는 경찰에 찔러 줄 랩이 있었지
> 그와 아서 덱스트 브래들리는 주의를 어슬렁거리고 있었지
> 30행 그는 말했어, "밖으로 뛰쳐나가는 두 남자를 봤어요, 그들은 미들급 체격으로 보였어요.
> 그들은 다른 주 번호판을 단 하얀색 차 위에 올라탔어요."
> 그리고 미스 패티 발렌타인은 그저 고개를 끄덕였지.
> 경찰은 말했어, "잠시만 기다려, 얘들아, 여기 한 사람은 죽지 않았어."
> 그래서 그들은 그 사람을 병원으로 옮겼지
> 35행 그리고 그 사람은 범인을 볼 수 없는 지경이었지만
> 경찰들은 그 사람에게 범인을 식별할 수 있을 것이라고 말했지

이 노래의 다차원적인 인지 재현을 유지하고 있는 우리의 상상된 청자에게 돌아가 보자. 그리고 이 연의 어떤 단어가 은유적 해석을 요구하는지 질문해보자. 달리 말해서, 이 연의 어떤 단어들이 청자가 지금까지 진행시켜 온 상황 모델에 직접적으로 반영되고 있지 않는가(레이코프, 1986)?

혹은 좀 더 기술적인 차원에서 어떤 단어들이 상상된 텍스트 세계에서 지시 대상에 대해 직접적으로 관련되지 않고 비축어적인 사상을 요구하는 개념을 활성화시키는가?

나는 이 연의 거의 모든 단어들이 은유적 해석을 요구하지 않는다고 논증하려고 한다. 이 연의 단어들은 상황 모델, 실체 개념, 행위와 과정 개념, 속성과 상태에 직접적으로 놓인 개념을 환기한다. 실체의 예는 인물 ("알프레드 벨로", "단짝", "아서 덱스터 브레들리", "두 남자", "미들급 체격", "미스 패티 발렌타인", "경찰", "그 사람", "범인")과 사물("차", "번호판", "머리", "병원")을 포함한다. 행위와 과정의 개념은 "-있었-"(1.28), "-었-"(1.29), "보았-"과 "보였-"(1.30) 등등에 의해 설명될 것이다. 그리고 속성에 대한 예는 "그저"와 "밖으로"(1.28), "하얀"과 "다른 주"(1.31)이다. 나이 용어로, 이 모든 단어들은 축어적 지시 대상들이다. 만일 이것이 옳다면 이야기의 이 부분에서 어떻게 겨우 몇 개만의 은유적 표현들이 존재하는지 관찰되어야 한다. 분명하게도 독자들 역시 고도의 축어적 방법에서의 상황을 상상한다.

내 분석에 의하면 오직 두 가지의 예외가 있을 뿐이다. 28행의 "랩"과 29행의 "주위를 어슬렁거리고 있었지"이다. "랩"은 "빠르게 침이나 두드림"이라는 주요한 신체적 감각을 갖는다고 논증될 수 있는데, 이로부터 "이야기"의 추상적인 사용은 더 확장되고 더욱 관습화된다. 비슷하게 "주위를 어슬렁거리고 있었지"는 "어슬렁거리다"의 기본 감각의 관습화된 확장으로 보이는데, 이것은 동물과 사냥의 의미에 결부된다. 두 경우 모두에서, 청자는 단어의 기본적인 의미와 그것의 결합된 개념부터 그 투사된 상황에서의 대상을 지정하고 있는 의도된 개념까지 사상하는 것을 구성하거나 재구성해야 할 것이다. 스틴(1999c)의 책에 기술되어 있는 다섯 단계의 절차는 이 사상이 완수될 수 있는 방법을 재구성하기 위한 하나의 수단이다.

중요한 것은 우리가 **잠재적인** 은유성을 포함하는 선택을 해왔다는 것이 사실이라는 것이다. 청자는 한 사상을 구성해만 할 것이다. 그러나 우리는 그들이 **실제로** 그렇게 해야만 하는지 알지 못한다. 이것은 인지 행위에 대한 자료를 수집함으로써 조사의 세분화된 단계에서 시험되어야 할 어떤 것이다. 은유 규정 절차의 목적은 텍스트 진행에서 은유적 인지가 발생하는 텍스트 내부의 명백한 위치를 지적함으로써 그러한 종류의 조사를 활성화시키는 것이다. 인지문체 텍스트 분석은 그러므로 의미의 분석 문제이지 인지의 문제가 아니다.

다음 연을 살펴봄으로써 은유의 규정에 대한 좀 더 많은 시간을 할애해 보자. 그리고 이어지는 분석으로 들어가 보자.

> 새벽 네 시에 그들은 루빈을 끌어들여
> 그를 병원으로 데리고 가고 그를 이층으로 불러들였지
> 그 부상자는 죽어가는 눈빛으로 올려다보았어.
> 40행 말하지, "이 사람은 여기 왜 불러들였죠? 그는 그 사람이 아니에요!"
> 그래, 이것은 허리케인의 이야기이지,
> 권력이 비난하게 된 그 사람
> 그가 결코 저지르지도 않았던 일 때문에
> 감방에 내던져졌지만, 한때 그는 어쩌면
> 45행 세계 챔피언이 될 수도 있었지

첫 번째 네 줄은 3연의 이야기를 이어간다. 내가 생각하기에 첫 번째 네 줄에서 "끌어들여"(1.36)라는 구동사만이 은유적인 단어로 사용되었다. 거기에는 어떤 문자적 유혹도 필요 없으며, 묘사된 행위는 "구금하다",

또는 "기소하다" 등의 의미와 같은 법률적 용어에 가깝다. 은유적 과장법으로 이 표현이 바뀌는 이 양상에는 과장의 의미가 있다. 이 연의 두 번째 부분에는 "허리케인"(1.41)과 "-하게 된"이라는 은유적이라고 생각되는 두 단어가 있다. 후자의 것은 다소 모호할 수 있지만, 동작의 구체적인 물리적 행동으로부터 정신 변화의 추상적 시간적 과정으로의 사상을 야기할 수 있다.

이 연에는 더욱 흥미를 끄는 두 가지의 중의적인 경우가 있는데, "죽어가는 눈"(1.39)의 "죽어가는"과 "세계 챔피언"(1.45)이 그 경우이다. 나는 각각 다른 이유로 이 두 경우를 해석했다. 표면적으로 "죽어가는 눈"은 은유적 자질을 갖춘 듯하지만 다시 생각해 보면 그것은 죽어가고 있는 눈이 아니라 그 사람이다. 이것은 이 표현의 지시적 의미가 환유에 의해서 해석되고 있음을 의미한다. "세계 챔피언"에 대한 해석은 은유적이 아니라 축어적인 것처럼 여겨진다. 그 해석에 대한 최고의 증거는 다음 연에 나오는데, 그 다음 연은 "남아메리카에서 그의 이름을 되찾기 위해서 싸우고 있는 루빈"이라는 정보로 시작된다.

우리는 은유 정의의 몇 가지 양상을 간단하게 살펴보았다. 이 논의에서 나는 암묵적으로 은유 정의는 각각의 단어가 상황, 또는 콘텍스트 모델에서의 지시 대상과 직접 연관될 한 개념을 활성화시키는가, 혹은 그렇지 않는가를 점검하면서 개개의 단어별로 진행되어야 할 것을 은연중에 강조하였다. 이것은 내가 다섯 단계 과정에서 보여준 것처럼, 은유가 사상으로서만 분석될 수 있다는 것을 의미하지는 않는다. 그러나 다음에서 보여줄 내용처럼 언어학자가 매우 정밀한 방법으로 은유적으로 사용된 단어들을 분석하는 것은 이 방법의 분명한 장점이다.

4.2. 은유 분석

나는 이 노래 중 아래 연에 동일한 가정을 적용하고 은유적으로 사용된 내용의 단어에 밑줄을 그었다. 편의상 독립적으로 사용된 전치사들은 배제했다.

> 4개월 후, 빈민가는 <u>불길</u> 속에 있고
> 루빈은 남아메리카에서 그의 이름을 위해 싸우고
> 그동안 아서 덱스터 브래들리는 여전히 강도 <u>놀이</u>에 빠져 있고
> 경찰들은 그에게 <u>나사를 조이고</u> 있지, 비난받아야 할 누군가를 <u>찾고 있지</u>
> 50행 "술집에서 일어난 살인 사건을 기억하나?"
> "도망치는 차량을 봤다고 말했던 것을 기억하나?"
> "법을 가지고 <u>장난을 치겠다</u>는 것인가?"
> "그날 밤 네가 봤던 도망치는 놈이 권투 선수였을 것이라고 생각해?"
> "너는 백인이라는 것을 잊지 마"

나는 은유적 표현은 세 가지 기초 분석 차원 사이에 변별성을 만드는 다양한 다른 방법들, 그러나 상호보완적인 방법들(스틴, 1999b)에 의해서 분석될 것이라고 제안하였다. 그 세 가지 기초 분석 차원은 언어적 분석, 개념적 분석, 의사소통적 분석이다. 각각의 접근 방법들은 한 은유적 표현에 대해 서로 다른 측면을 다루는데, 이러한 방법은 다른 측면과 연관될 수도, 그렇지 않을 수도 있다.

예를 들어, 언어적 분석은 이 연에 은유적으로 사용된 모든 단어들은 명사이거나 동사라는 것을 관찰할 것이다. 여기에 은유적으로 사용된 형용사나 부사는 없다. 게다가 언어적 분석은 또한 은유적으로 쓰인 어떤

단어로 문법적 주어의 역할을 하지 않는다는 결론을 내릴 것이다. 이러한 발견은 수많은 은유적 표현을 적용되는 것처럼 보인다. 그러나 다른 장르들에 분포된 그러한 표현들에는 상당한 변이가 존재한다. 이것은 다른 언어 형태의 은유는 대부분 그 유형에 따라 경험될 것임을, 그런 이유로 한 장르에서 다른 장르로의 변화가 주목할 만한 것임을 의미한다. 은유의 이러한 측면에 대한 말뭉치 작업은 매우 바람직한 일이다.

개념적 분석은 은유의 명제적 구조를 연구할 것이다. 예를 들어, 은유적으로 사용된 몇 개의 단어들은 그 단어들이 오직 은유적으로 사용된다는 단어들이라는 점에서, 그들 자신에 의해서 은유가 된다. "불꽃"(1.46), "놀이"(1.48), "찾다"(1.49)가 이에 해당한다. 그럼에도 불구하고 "나사를 조이고 있지"(1.49), "장난을 치다"(1.52, 이러한 분류에 대해 더 많은 정보는 크리스프 외, 2002 참조)에 나타난 것처럼 은유적으로 사용된 또 다른 단어들은 짝을 지어 등장한다. 이것은 우리가 다중 은유라고 불러온 것 중의 일부이다. 은유 분석의 이러한 유형의 또 다른 측면은 명사적 은유 초점에 연결된 축자적 은유 화제의 언어적 존재나 부재와 관련된다. 48행의 "강도 놀이"는 화제와 초점을 모두 포함하고 있고 그러한 이유로 그 구절은 텍스트 기반의 내포에 대해 즉각적으로 사용가능한 축자적("강도")이고 비유적("놀이") 개념을 모두 가진 명제를 생성한다. 나는 이것을 "명시적 은유"라고 불렀다. 왜냐하면 이것은 근원영역과 목표영역의 개념을 모두 포함하는 은유적 명제를 생성하기 때문이다. 그러나 "불꽃"(1.46)은 **불꽃**이 사상되어야만 하는 목표 개념을 포함하지 않은 명제에서의 **불꽃**의 개념을 촉발시킨다. 이것은 "함축적 은유"이며 분석자(언어 사용자)는 불꽃으로부터 열정과 비슷한 어떤 것으로 사상이 수행되어야만 하는 텍스트로부터 추론해야만 할 것이다. 은유의 독창성에 의존하고 있는 이러한 추론은 대부분 논란이 소지가 많다. 게다가 지시 대상의 정합성을 보장하기 위해서 텍스트 기반에서의 한 명제로서 이 사상이 포함되어야만 하는지에 대한 질문이 자주 제기되는데, 이 질문은 다른 연구 콘텍스트에 따라서 다른 대답을 받는다. 그러나 그러한 의문들은 은유에 대한 세밀한 개념적 분석의 수행에 의한 목록에 모두 다루어진다.

언어적 은유 분석은 어휘 형태와 문법 형태에 관심을 기울이는 반면에 개념적 은유 분석은 적어도 활성화된 개념에서의 명제적 구조에 부분적으로 관련된다. 의사소통 은유 분석은 발신자로부터 수신자에게로 보내진 발화, 즉 은유적으로 사용된 단어와 관련되어 있다. 예를 들어 기존의 정보나 새로운 정보에 의한 정보 구조는 이러한 의사소통 접근의 한 측면이다. 이 연에서 은유적으로 사용된 모든 단어는 (지금까지의) 발언 속에 있는 새로운 정보의 일부이다. 그런데 그것은 정보의 다른 유형적 발견이다. 스포츠 관련 대중 매체와 같은 특수한 장르를 제외하고는 일반적으로 은유적 주어는 많지 않다. 스포츠 관련 대중 매체에서는 은유적 별칭으로 경쟁자들을 언급하는 것이 일반적이다. 또 다른 의사소통 은유 분석의 변수는 국소적이고 전체적인 메시지에서의 은유적 발화의 위치와 기능이다. 그래서 이 이야기의 새로운 에피소드가 꽤 생생한 은유인 "빈민가는 불꽃 속에 있고"로 시작되는 것은 흥미롭다. 왜냐하면 바로 그 위치 때문에 48행의 "강도 놀이" 은유보다 이 메타포가 다른 무게와 강도를 갖는 것처럼 보인다. 딜런이 도입부에 강력한 은유를 사용하기 위해서 그 위치를 선택한 것일까? 또는 도입의 위치가 문제가 되고 있는 은유의 강제력을 증가시키는 것처럼 보이게 하는가? 이것들은 다음 장에서 우리가 살펴볼 문제들이다.

은유 분석은 믿을 만하게 정의된 어떤 텍스트에서 은유적으로 사용된 단어가 일단 확고하게 정의되고 나면 다층차원적인 일이 된다. 어떤 담론에서 은유의 구성에는 각 역할을 담당하는 변수가 있으며 그 영역에서의 어떤 순서는 그 작업의 처음에서 가정되어야만 한다. 나는 언어적, 개념적, 의사소통적 분석 사이의 변별성이 이러한 점에서 유용한 것으로 생각했으며, 이와 같은 은유의 속성에 기초하여 은유 인식에 관한 일련의 예측을 만들어내려고 한다.

4.3. 은유 인식에 대한 예측

은유에 대한 다층적인 접근은 그것이 다양한 목적을 위해서 서로 비교될 수 있다는 점에서 흥미롭다. 이와 같은 목적 중의 하나는 은유의 인식도를 연구하는 것이다. 내가 말했듯이 도입문장이나 종결문장처럼 확연한 위치에 있는 은유들은 연의 중간에서 나오는 은유보다 더욱 인식하기 쉬울 것이다. 단락의 도입부나 종결부는 어떤 이야기를 시작하거나 끝내야만 하는 언어 사용자에게 더욱 많은 주의를 요하기 때문이다. 거시 구조에 대한 통합이 요구하는 증가된 주의는 은유의 인식에 효과적이다. 시작 부분의 은유와 끝나는 부분의 은유가 중간 부분의 은유에 비해 좀 더 인식이 잘되는지 어떤지 경험적 연구를 통해 실험해 볼 수 있다.

그러나 연의 위치가 은유 인식도를 결정하는 유일한 구별 요소가 아니라는 것은 당연하다. 다른 은유의 특성 역시 같은 역할을 할 수도 있다고 생각된다. 예컨대 46행의 "불꽃"과 37행의 "끌어들여"는 이 연의 첫 번째 행에 위치하지만 직관적으로 전자가 후자보다 더 인식도가 높은 것으로 보인다. 이 직관은 "불꽃"은 명사이고 반면에 "끌어들여"는 명사라는 어휘적 사실, 또는 "불꽃"은 전치사구의 부분이고 반면 "끌어들여"는 동사구를 구성한다는 문법적 사실과 같은 그들의 변별성에 대한 분석으로 귀결된다. 이러한 몇 가지 특성들은 다른 특성이 은유 인식에 영향을 미치지 못할 때 긍정적인 영향을 미칠 수가 있다. 달리 말해 다차원적인 정보를 통해서 우리가 획득한 것은 일면 긍정적이거나 부정적인 영향력이다. 그것의 합산은 은유적으로 특수하게 사용된 단어가 낮거나 평균이거나 높은 인식도를 갖는 것으로 예측되는지 아닌지를 결정한다.

나는 여섯 가지 변수 그룹을 조사함으로써 <허리케인>에 나오는 은유에 대한 이와 같은 연구를 수행해 왔다. 은유에 대한 시행의 위치, 어휘 층위, 문법 범주뿐만 아니라 다음의 변수들도 살펴보았다.

- 은유 복합성: 인식도에 긍정적 영향을 갖는 하나의 발화 안에 하나 이상이 은유적으로 사용된 단어. 내가 여기서 복잡하고 다층적인 구조인 두 개의 은유 특성을 하나로 합쳤다는 사실에 주의해야 한다.
- 은유 수준: 어떤 발화에서 직접 구성 요소의 첫 번째 구성부로서 은유적으로 사용된 단어는 명제 구조의 낮은 수준에서 사용된 단어보다 높은 인식도를 갖는다.
- 은유 명시성: 동일한 발화에 나타난 원천어와 목표어는 은유 인식도를 향상시킨다.
- 발화에서의 위치: 동사 다음의 위치는 인식도를 증가시킨다.
- 텍스트에서의 위치: 텍스트에서 뒤에 나올수록 인식도가 향상된다.

따라서 이 연구는 두 개의 언어적 변수(어휘 층위와 문법 범주), 세 개의 개념적 변수(명시적, 복합성, 수준), 세 개의 의사소통적 변수(발화에서의 위치, 연에서의 위치, 텍스트에서의 위치)의 효과를 조사하였다.

이 노래의 구체적인 고찰을 위해서 이러한 접근 방법이 무슨 의미가 있는지 알아보기 위해서 7연을 살펴보자.

55행 아서 텍스터 브래들리는 말했어 "전 정말로 잘 몰라요"
경찰이 말했어, "자네같이 가난한 녀석은 이 틈을 활용해야 해"
우린 자네에게 모텔 일을 줬고, 자네의 친구인 벨로와 연락도 하고 있지.
자네는 이제, 다시 감옥에 가는 걸 원치 않아, 그러니 고분구분 하게.
자넨 사회에 봉사해야만 해.
60행 그 개자식이 점점 더 대담하게 나오고 있지
우리는 그놈의 엉덩이를 감빵에 밀어 넣을 거야
우린 그 놈을, 세 사람을 죽인 범인으로 찍을 거야
그 놈은 절대 점잖은 흑인이 아니야

이 연에서 은유적으로 사용된 단어들은 이 연구에서 조사된 8개의 변수에 대한 점수에 의거해서 <표 1>에 적시되어 있다. 텍스트 위치를 제외한 모든 변수들은 인식도를 증가시키는 것으로 예상되면 한 단어에 1점을 부여받는다. 텍스트에서의 위치에 대한 점수는 이 표의 예에서는 항수로 처리된다. 왜냐하면 그 위치는 연에 의해서 측정되기 때문이다. 게다가 이 점수는 순서의 가치를 반영하지만 다른 모든 변수들은 그 자체의 명목을 반영한다. 텍스트에서의 위치를 무시하고, 다른 점수들은 모든 특성의 합산에 의해 예상된 종합적 인식도 점수를 제공하기 위해서 단순히 누적된다. 이것은 은유적으로 사용된 단어의 서열을 만든다. 예를 들어, "밀어 넣다(put…in)"와 "찍다(pin)"는 가장 인식도가 높은 것으로, 반면에 "개(bitch)"와 "직업(job)"은 가장 인식도가 낮은 것으로 나타난다.

<표 1> 은유 인식 예측을 위해 은유적으로 사용된 단어들의 특성

	명시성	복합성	수준	발화에서의 위치	연에서의 위치	텍스트에서의 위치	어휘	문법	종합
가난(poor)	1	0	0	0	0	7	1	0	2
틈(break)	0	0	1	1	0	7	0	0	2
직업(job)	0	0	0	1	0	7	0	0	1
봉사(favor)	0	0	1	1	0	7	0	0	2
개(bitch)	0	0	0	0	0	7	0	0	0
밀어 넣다 (put in)	1	1	1	1	0	7	1	1	6
감빵(stir)	0	1	1	1	0	7	0	0	3
찍다(pin)	1	0	1	1	0	7	1	1	5

이 분석에는 네 가지의 중요한 주의 사항이 있다.

1. 은유적으로 사용된 모든 단어는 정확하게 정의되어야 한다.
2. 임계값에 대한 가정은 정확해야만 한다.
3. 은유 특성의 분석은 정확해야만 한다.
4. 모든 변수가 동일한 중요도를 갖는다는 가정은 정확해야만 한다.

나는 이러한 가정들 중 어떤 것도 예전에 나의 책(스틴, 보고서)에서 보고되었던 연구에서는 만나보지 못했다는 것을 즉각적으로 덧붙이고 싶다. 그러나 그 가정을 일으킨 원래의 가정들에 대해 더 정교하고 비판적인 자세와 최근에 진척 중인 다음 진행할 연구에 대한 새롭고 더 좋은 생각을 만드는 것이 가능한 지금의 시점에서 이것은 이 연구의 하나의 결과로서 중요해지고 있다.

예를 들어, 나는 "개자식(son of a bitch)"을 테이블에 포함시키고 싶은지 어떤지 알지 못한다. 왜냐하면 이것은 그 안에 하나의 은유적 요소만이 존재하는 한 단어로 취급되어야만 할 것이기 때문이다(사실, 이 실험을 마치고 취득한 공식적 가사에서 이 표현은 한 단어로 취급된다. 예, "개자식(sonofabitch)"). 만일 이것을 인정한다면, 이것은 내가 은유 인식에 대한 나의 연구에서 당분간 제외한 은유성의 또 다른 분류일 것이다.

게다가 지난 나의 연구(스틴, 보고서)에서 나는 동사는 명사에 비해 더 쉽게 인식 가능하다고 가정했다. 왜냐하면 모든 동사적 은유는 명시적 은유와 중요한 특질을 나눠 갖기 때문이다. 그들은 근원영역과 목표영역의 표면적인 겹침을 드러낸다. 그러나 지금 나는 명시성에 대한 이러한 관점에 대해 비판적 입장을 취하고 있다. 따라서 나는 또한 단어 분류에 대한 가정을 변화시키려고 한다. 더구나 명사를 동사보다 더 인식 가능한 것으로 기대하는 독립적인 영역이 존재한다(고틀리Goatly, 1997, 카메론, 1999). 그러나 내 책에 보고된 연구의 결과물에서 나의 원래의 가정은 대단한 영향력을 행사하지 않는다. 왜냐하면 그 가정은 단순히 그 변수에 대한 예측의 뒤바뀜을 의미하고, 그것은 바로 그것의 해석에만 영향을 줄 뿐 통계에 대한 의미 있는 영향을 끼치지는 않는다.

이 변화는 또한 텍스트에서 국소적으로 나타나는 진짜 명시적 은유("강도 놀이"를 포함하여)만을 남겨 놓고 모든 동사와 형용사와 부사에 대한 명시성 점수의 변화를 의미할 것이다. 사실상 그 숫자는 너무 적어서 이 연구에는 실재적으로 무용하다. 그러나 명시적 은유 중 세 개는 가장 자주 인식된 은유적으로 사용된 단어 중 상위 7위 사이에 있는 것으로 판명되었다는 사실에 주목해야 한다.

그리고 결론적으로 이러한 모든 변수들이 은유 인식에 동일한 영향력을 드러내는지, 그리고 그러한 이유로 그들이 동일한 중요도를 부과 받는지에 대한 경험적 질문은 당연한 것이다. 이것은 지금 돌입하려고 하는 경험적 실험을 통하여 도출될 그 무엇이다.

4.4. 은유 인식 실험

은유 인식 자료는 틸부르그 대학교University of Tilburg의 예술과에 재학 중인 전도유망한 18명의 학생에게 은유적으로 사용되었다고 생각하는 단어들에 밑줄을 그을 것을 요청하여 수집하였다. 이를 위하여 학생들은 인지언어학에서의 은유에 대한 간단한 설명을 들었다. 그리고 나서 그들은 이 노래를 듣고 가사가 포함된 조사지에 은유적으로 사용된 단어를 표시하였다. 이에 대한 더 자세한 설명은 스틴(보고서)을 보라.

이 자료에 대해 구체적 인상을 부여하기 위해서, 나는 18명의 실험 대상들이 얼마나 많은 단어를 은유적으로 인식하는지 보여주는 다음 연을 활용할 것이다. 밑줄 친 총 횟수는 이 질문지에서 단어 다음에 있는 괄호 안에 기입된다(주의: "나가떨어지다(take out)"와 "변하게 만들다(turn into)"는 각각 한 단어로 간주된다.).

        루빈은 단 한방의 펀치로 사람을 <u>나가떨어지게</u>(5) 할 수 있지
65행 그러나 그는 별로 그런 것에 관해서 말하는 것을 결코 좋아하지 않았지
        이것은 나의 일이야, 그는 말하지 그리고 돈을 받으니 이 일을 하지
        그리고 그 일이 끝나면 나의 <u>길</u>(1)을 곧바로 <u>가지</u>(4)
        어떤 <u>천국</u>(7)을 향해
        송어 떼가 헤엄치고 공기가 좋은 그곳으로
70행 그리고 오솔길을 따라 말을 달리지

하지만 그 때 그들은 그를 감옥으로 데리고 갔어
그들이 사람을 쥐(16)로 <u>변하게 만드는</u>(10) 그곳으로

 자료의 통계적 분석은 <표 1>에 제시된 여덟 개의 변수 중에서 다섯 개가 은유 인식에서의 변동값에 유의미한 영향력을 가진다는 것을 보여줬다. 중요도 순으로 발화에서의 위치, 연에서의 위치, 텍스트에서의 위치, 은유 복합성, 은유 수준으로 나열된다. 이러한 모든 영향력들은 앞서의 논의에서 모두 예측된 것이다. 말하자면 복합적인 은유는 단순한 은유보다 더 잘 인식된다. 이 연구의 결과는 은유의 인식 가능성에서 선택된 은유 특질의 효과에 관한 이론적 구상에 대해 경험적 증거를 제공한다.

 나머지 세 개의 변수(명시, 어휘 층위, 문법 분류)는 은유 인식 점수에 어떤 영향력도 갖지 못했다. 그들은 서로 연관되며 또한 명시의 화제에 연관된다. 그리고 그들은 분명히 더 많은 연구를 요구한다. 결과적으로 그 모델에 속하게 될 몇몇의 가정들은 수정되어야 할 것이다. 그리고 전체적인 모델은 동일한 중요도(0 또는 1)로 모든 변수들을 합산한 단순한 누적값이 아니다. 그 결과는 어떤 변수들은 다른 것보다 더 큰 영향력을 가진다는 것을 보여줬다. 그리고 그 모델의 일반적인 적용가능성을 시험하기 위하여 그것이 더 탐색되어야 한다는 것은 흥미로운 발견이다.

 전반적으로 인식 점수에서의 변동값의 약 절반은 다섯 개의 은유 변수에 의해서 설명된다. 이것은 다른 변수들이 나머지 변동값의 절반에 대해 설명을 해야 한다는 것을 의미한다. 다른 변수들에는 은유 관습, 은유 이미지 등과 같은 변수들이 속한다. 이 연구가 통찰하는 것은 은유의 구조적 분석이다. 이 텍스트의 경우, 이러한 구조적 접근은 은유는 다른 것보다 더 잘 인식된다고 예측하는 능력에서 이미 대단히 위력이 있는 것으로 판명된다.

5. 은유 인식에서 다시 언어와 장르로 돌아가서

마지막 장에서 연구된 결과는 그 전반적인 접근에 대한 어떤 좀 더 일반적인 논평을 개진하는 것에 활용될 것이다. 나는 종속 변수, 은유, 그리고 은유적 언어에 대한 이론적 틀을 반영하여 이 장을 시작하려고 한다. 그 틀의 가장 중요한 특성은 내가 언어적 은유의 수준, 개념적 은유의 수준, 의사소통적 은유의 수준의 양상에 대한 소개를 통해서 구별했던 은유의 다차원적인 본성이다. 이러한 차원들의 변수들은 은유의 전반적인 인지 효과에서 서로 다른 영향력을 갖는다. 이러한 이유로 어휘 층위와 문법 범주라는 두 개의 언어적 변수가 은유 인식 점수에 어떠한 독립적인 영향력도 행사하지 않는 통계적 등식으로부터 이탈했던 것은 우연의 일치가 아니다. 그들은 아마 은유 인식에 대해 중요하지 않을 수도 있으며, 그들은 인지적으로 더욱 기초적이고 영향력 있는 개념적이고 의사소통적인 변수와 높은 관련성을 가질 수도 있다. 이런 것들은 단지 가정이지만, 그들은 다음에 전개될 흥미 있는 연구에 길을 터준다.

이것을 더욱 구체적으로 만들어 주는 한 가지 방법은 텍스트를 생산한 사람의 역할로 이동하는 것이다. 만약 우리가 아래에 있는 이어지는 연을 고려한다면, 딜런이 지금까지 해왔던 것처럼 첫 행에 복잡하고 강력한 은유를 위치시킨 것을 우연으로 치부할 수 있을까? 그가 텍스트에서 상당히 현저한 은유의 위치 선정을 위해서 에피소드의 도입행이나 종결행을 사용하는 경우가 많다는 사실은 믿기 힘들 것이다. 전에 내가 제안했던 것처럼 거기에는 은유의 힘으로 어떤 상호 작용의 영향이 존재한다.

> 루빈의 모든 카드는 미리 표시된 것이었지
> 재판은 돼지 서커스였지, 그에게는 기회가 없었지

75행 판사는 루빈 측의 증인을 슬럼가의 주정뱅이로 만들어 버렸지
이를 지켜본 백인들에게 그는 혁명적인 부랑아였지
그리고 흑인들에게 그는 단지 미친 검둥이였지
누구도 그가 방아쇠를 당겼다는 것을 의심하지 않았지
그리고 그들이 총을 만들어 내지도 못했음에도 불구하고
80행 그 지방검사는 그가 그 패악을 저지른 자라고 말했지
그리고 모든 백인 배심원들은 동의했지

  그리고 물론 이러한 직관은 갑자기 얻어진 것이 아니다. 홀트Holt와 드류Drew(2001)의 작업은 은유가 대화의 전환점에서 자주 발견된다는 것을 보여주었다. 은유는 자주 요약과 평가의 기능을 하는데, 그것은 명백하게 위에 제시한 연의 첫 행에 대한 적절한 묘사일 것이다.
  이러한 관찰은 체계를 망라할 정도로 장르에 종속 변수적인 언어로부터 우리를 멀어지게 할 것이다. 은유적으로 장르 차원은 많은 독립 변수들과 똑같이 기능한다. 그 독립 변수는 이 노래에서의 은유적 언어의 언어적, 개념적, 의사소통적 특질에 그것의 영향력에 대해 조사될 수 있다. 이러한 장르 양상은 따라서 언어의 양상에 반영된다. 이 특별한 경우에, 그것은 이 이야기의 전환점에서의 은유의 전형적인 관습적 사용에 반향된 것으로 보일 수 있는 일상적이고 관용적이고 구어적('쓰여진'과 반대 의미로)인 사용 영역과 그 노래의 방식일 수 있다.
  86-90행이 평가에 대한 라보브(1972)의 범주를 제공하고 있다는 점에서 다음 연은 이 노래의 절정을 제공한다. 앞에서 본 것처럼, 이 노래는 자주 그것의 함축적 논의로 고발적 성격을 드러내는 저항가요이다. 이 연은 그 논쟁을 명시적인 결론으로 이끈다. 그리고 핵심을 찌르는 송곳으로서, 요약과 평가로서의 은유에 의해 고양된 대화적 분위기가 전개되는 이

야기의 또 다른 전이점으로서 강력한 은유를 다시 사용한다. 핵심을 찌르는 송곳이 "A는 B이다"의 전통적인 형식으로 이 노래의 몇 개 안 되는 명시적 은유 중 하나를 포함하고 있다는 것 역시 우연의 일치로 보기 힘들다. 스틴의 연구(보고서)에 보고된 바에 따르면, 6개의 은유적으로 사용된 단어(총 54개 중)만이 "놀이(game)"보다 더 잘 인식된다. 앞서 언급된 점검 목록에 따른 이 은유 분석을 완성하기 위해서는 스틴의 연구(1999b)를 보라.

루빈 카터는 잘못된 재판을 받았지
그 범죄는 "일급" 살인죄였지, 누가 증명했는지 추측해봐?
벨로와 브래들리 두 사람은 모두 <u>노골적으로</u> 거짓말을 했지
85행 그리고 신문들, 그들은 모두 그 <u>질주</u>에 <u>따라갔지</u>
그와 같은 사람의 인생이 어떻게
몇몇 바보들 손의 <u>손바닥</u>에 놓이게 됐지?
명백하게 <u>조작당한</u> 그를 보고 있으니
이 땅에 사는 것이 나를 견딜 수 없이 부끄럽게 만들어
90행 정의가 <u>놀이</u>가 된 이 땅

더욱 분명한 장르 중심 접근은 더욱 길게 늘어져 있는 플롯이나 논평에 포함되어 있는 다른 은유들보다 플롯에서 논평으로 다시 돌아온 텍스트의 전이점에서의 모든 은유가 더 인식 가능한지를 조사하고 싶을 것이다. 이것은 은유의 인식 가능성에 대한 라보브(1972)의 연구에 의해서 이론화된 전반적인 이야기 양식의 장르 차원에 대한 효과로서 이론화될 것이다. 게다가 나는 일상적으로 이러한 모델을 탐색해 왔고, 이것은 밑줄 친 자료에 나타난 변동값의 세 번째에 관해 설명한다. 그러나 이 모델은 그 텍스트와 연과 기타 등등에서의 위치의 변수가 누락되었을 때에만 작동한다. 이것들이 등식으로 성립되자마자, 은유적으로 사용된 단어 가운데 특별히 형식 중심의 분할은 그것의 예측적 힘을 잃고 모든 다른 변수들의 결합에 의한 것으로 설명된다. 다르게 말해서 형식에 대한 이러한 장르 특화된 접근은 자료를 조사하기 위한 좋은 출발점이 될 수 있지만 은유를 인식하는 동안 무슨 일이 진짜 일어나고 있는지를 포착하기에는 지나치게 투박하고 유난히도 일차원적이다. 이러한 모델을 일련의 서로 다른 언어 구성요소로 나눈다면, 위에 사용된 방법들은 일반화될 수 있는 접근일 뿐만 아니라 좀 더 정묘한 접근으로 판명날 것이다.

이론과 자료 사이를 오락가락하는 이러한 단편적인 조사는 인지문체가 관심 갖는 모든 것이다. 오직 이 방법만으로 언어학자들과 인지 심리학자들은 읽기와 언어 사용의 다양한 형식에서의 언어와 문체에 대한 연구의 협력을 시작할 수 있다. 인지 텍스트 분석에 대해 많은 잠재력을 가진 그러한 접근은 자가 증명적인 것처럼 보인다. 그러나 인지언어학자들과 문체론자들은 이 장의 가장 중요한 메시지인 경험적 조사의 행동 수칙에 대해 더 알아야 할 필요성을 느낄 것이다.

> 지금 코트와 넥타이에 몸을 숨기고 있는 모든 범죄자들은
> 자유롭게 마티니를 마시고 일출을 보지
> 반면에 루빈은 10피트의 감방에 부처처럼 앉아 있지
> 생지옥에 있는 한 무고한 남자
> 95행 이것은 허리케인에 대한 이야기지
> 하지만 그들이 그의 이름을 깨끗하게 할 때까지 이 이야기는 끝나지 않지
> 그리고 그가 보낸 시간을 그에게 되돌려 줄 때까지
> 그를 감방에 밀어 넣었지만, 한때 그는 될 수 있었지
> 세계 챔피언이

■ 참고 문헌

Bhatia, V. K. 1993. *Analysing Genre: Language Use in Professional Settings*. London and New York: Longman.
Biber, D. and Finegan, E. 1991. "On the exploitation of computerized corpora in variation studies." In K. Aijmer and B. AJtenberg (eds.), *English Corpus Linguistics*, 204-220. London: Longman.
Brewer, W. F. and Lichtenstein, E. H. 1982. "Stories are to entertain: A structural-affect theory of stories." *Journal of Pragmatics* 6: 473-486.
Cameron, L. 1999. "Identifying and describing metaphor in spoken discourse data." In L. Cameron and G. Low (eds.), *Researching and Applying Metaphory*, 105-132. Cambridge: Cambridge University Press.
Crisp, P. 2002. "Metaphorical propositions -a rationale." *Language and Literature* 11: 7-16.
Crisp, P., Heywood, J. and Steen, G. 2002. "Identification and analysis, classification and quantification." *Language and Literature* 11: 55-69.
Emmott, C. 1997. *Narrative Comprehension*. Oxford: At the Clarendon Press.
Gavins, J., and Steen, G. (eds.). In press. *Cognitive Poetics in Practice*. London: Routledge.
Gibbs, R. W. jr. 2002. "Stalking metaphors in the wild: Psycholinguistic comments on the metaphor identification project." *Language and Literature* 11: 78-84.
Goatly, A. 1997. *The Language of Metaphors*. London: Routledge.
Graesser, A. and Kreuz, R. 1993. "A theory of inference generation during text comprehension." *Discourse Processes* 16: 145-160.
Heywood, J., Semino, E. and Short, M. 2002. "Linguistic metaphor identification in two extracts from novels." *Language and Literature* 11: 35-54.
Holt, E. and Drew, P. 2001. "Figurative expressions as topical pivots." In J. Barnden, M. Lee, and K. Markert (eds.), *Proceedings of the Workshop on Corpus-based and Processing Apporaches to Figurative Language -held in Conjunction with Corpus Linguistics 2001*. 27-33. Lancaster: University Centre for Computer Corpus Research on Language.
Hymes, D. 1962. "The ethnography of speaking." Reprinted in J. Fishman (ed.), *Readings on the Sociology of Language*, 99-138. The Hague: Mouton.
Ibsch, E., Schram, D. and Steen, G. (eds.). 1989. *Empirical Studies of Literature*.

Amsterdam: Rodopi.
Janssen, S. and Van Dijk, N. (eds.). 1998. *The Empirical Study of Literature and the Media: Current approaches and perspectives.* Rotterdam: Barjesteh and Co's.
Kintsch, W. 1998. *Comprehension: A paradigm for cognition.* Cambridge: Cambridge University Press.
Kovecses, Z. 2002. "Cognitive-linguistic comments on the metaphor identification project." *Language and Literature* 11: 74-78.
Kreuz, R. J. and MacNealy, M. S. (eds.). 1996. *Empirical Approaches to Literature and Aesthetics.* Norwood, NJ: Ablex.
Labov, W. 1972. *Language in the Inner City.* Oxford: Blackwell.
Lakoff, G. 1986. "The meanings of literal." *Metaphor And Symbolic Activity* 1: 291-96.
_____. 1993. "The Contemporary Theory of Metaphor." In A. Ortony (ed.), *Metaphor and Thought*, 202-251. Cambridge: Cambridge University Press. (2nd ed).
Lakoff, G. and Johnson, M. 1980. *Metaphors We Live By.* Chicago: University of Chicago Press.
Leech, G. and Short, M. 1981. *Style in Fiction.* London: Longman.
Low, G. and Cameron, L. 2002. "Applied-linguistic comments on the metaphor identification project." *Language and Literature* 11: 84-96.
Rusch, G. 1995. *Empirical Approaches to Literature: Proceedings of the Fourth Biannual Conference of the International Society for the Empirical Study of Literature -IGEL, Budapest, August 1994.* Siegen: Siegen University.
Schram, D. H. and Steen, G. J. (eds.). 2001. *The Psychology and Sociology of Literature.* Amsterdam: John Benjamins.
Schreier, M. 2001. "Qualitative methods in studying text reception." In Schram and Steen (eds.), 35-56.
Semino, E., Heywood, J. and Short, M. Submitted. "Methodological problems in the analysis of metaphors in a corpus of conversations about cancer."
Semino, E. and Steen, G. 2001." A method for annotating metaphors in corpora." In J. Barnden, M. Lee, and K. Markert (eds.), *Proceedings of the Workshop on Corpus -based and Processing Apporaches to Figurative Language - Held in Conjunction with Corpus Linguistics 2001*, 59-66. Lancaster: University Centre for Computer Corpus Research on Language.
Steen, G. J. 1994. *Understanding Metaphor in Literature: An empirical approach.* London: Longman.

_____. 1999a. "Genres of discourse and the definition of literature." *Discourse Processes* 28: 109-120.

_____. 1999b. "Metaphor and discourse: Towards a linguistic checklist for metaphor analysis." In L. Cameron and G. Low (eds.), *Researching and Applying Metaphor*, 81-104. Cambridge: Cambridge University Press.

_____. 1999c. "From linguistic to conceptual metaphor in five steps." In R. W. Gibbs, jr., and G. J. Steen (eds.), *Metaphor in Cognitive Linguistics*. 57-77. Amsterdam: John Benjamins.

_____. 1999d. "Analyzing metaphor in literature: With examples from William Words-worth's 'I wandered Lonely as a Cloud'." *Poetics Today* 20: 499-522.

_____. 2001a. "A reliable procedure for metaphor identification." In J. Barnden, M. Lee and K. Markert (eds.), *Proceedings of the Workshop on Corpus-based and Processing Apporaches to Figurative Language -Held in Conjunction with Corpus Linguistics 200U*, 67-75. Lancaster: University Centre for Computer Corpus Research on Language.

_____. 2001b. "A rhetoric of metaphor: Conceptual and linguistic metaphor and the psychology of literature." In Schram & Steen (eds.), 145-163.

_____. 2002a. "Towards a procedure for metaphor identification." *Language and Literature* 11: 19-34.

_____. 2002b. "Metaphor identification: A cognitive approach." *Style* 36(3): 386-401.

_____. In press a. "Poetics and linguistics again: The role of genre." To appear in S. Csabi and J. Zerkowitz (eds.), *Textual Secrets: The message of the medium*.

_____. Submitted. "Structural metaphor properties and metaphor recognition."

Steen, G. J., and Schram, D. H. 2001. "The empirical study of literature: Psychology, sociology, and other disciplines." In Schram and Steen (eds.), 1-16.

Stockwell, P. 2002. *Cognitive Poetics: An Introduction*. London: Routledge.

Swales, J. M. 1990. *Genre Analysis: English in academic and research settings*. Cambridge: Cambridge University Press.

Totosy de Zepetnek, S. and Sywenky, I. 1997. *The Systemic and Empirical Approach to Literature and Culture as Theory and Application*. Edmonton: University of Alberta.

Ungerer, F. and Schmid, H.-J. 1996. *An Introduction to Cognitive Linguistics*. London: Longman.

Van den Broek, P. 1994. "Narrative comprehension and recall." In M. A. Gernsbacher (ed.), *Handbook of psycholinguistics*, 475-525. New York: Academic Press.

Van Dijk, T. A. and Kintsch, W. 1983. *Strategies of Discourse Comprehension*. New York: Academic Press.

Zwaan, R. A. 1993. *Aspects of Literary Comprehension*. Amsterdam: John Benjamins.

Zwaan, R. A., Madden, C. J. and Stanfield, R. A. 2001. "Time in narrative comprehension: A cognitive perspective." In Schram and Steen (eds.), 71-86.

09 언어적 창의성에 대한 인지제약*
시적 담화에서 비유 언어의 사용

예스하야후 쉔(텔 아비브 대학교)

1. 서론: 시적 담화에 나타난 인지와 비유 언어에 대한 전통적인 접근

시적 담화에서 비유 표현을 사용할 때 인간의 인지 체계는 어떤 역할을 할까?

이 질문은 현대문학 이론과 인지과학에서 오랫동안 제기되어 왔다. 이들의 '접점' 범위에 있는 실증적 문학 연구(미아일 Miall · 쿠이켄 Kuiken, 1990, 1994, 스틴 Steen, 1994), 인지언어학(레이코프 Lakoff · 존슨 Johnson, 1980, 깁스 Gibbs, 1994), 인지시학(취 Tsur, 1992), 은유의 인지 이론(프리만 Freeman, 1995)에서도 마찬가지이다.

여기에서 나는 지난 몇 년에 걸쳐 개발해 온 '인지제약 이론(CCT: Cognitive Constraints Theory)을 개략적으로 조망하고자 한다. 대체로 이 이론은 시적 담화에 나타나는 비유 언어가 드러내는 어떤 규칙성을 설명

---

* 이 연구는 이스라엘 과학 재단(교부번호 889/99-2, "시적 담화에서 인지시학, 그리고 비유 언어의 사용")의 지원을 받았다.

하는 창의성과 참신성이라는 미학적 목표와 의사전달을 보장하는 인지제약에 대한 적합성 사이의 '절충'을 반영한 것이다.

나는 우선 인지와 시적 구조의 일반적인 관계에 관한 세 가지 전통적인 관점을 간략하게 지적할 것이다. 그리고 인지제약 이론 'CCT'를 개관하고, 세 가지 발화의 비유 용법에 대해 논의함으로써 이 이론을 설명할 것이다. 최종적으로 현재의 인지제약 이론과 인지과학의 관점들과 연결할 것이다.

구조의 인지원리, 일반적인 시적 구조 용법, 특히 시의 비유적 구조에 따른 역할의 다양한 이론들은 다음과 같이 주요한 접근법으로 구분할 수 있다.

1) 전경화 접근법

다양한 문학비평가, 예술 심리학자, 철학자들이 널리 인정한 이 접근법은 시적 구조의 문체적 속성(비유 구조의 문체적 속성을 포함하는)이 시적 담화의 독특한 효과를 성취하기 위하여 인지원리들을 위반하고 변형시킨다고 주장한다(시클로브스키 Shklovsky, 1965, 무카로브스키 Mukařovský, 1970). 이 견해에 따르면, 시적 담화의 목표나 기능은 독자에게 '시적 효과'를 만들어 내는 것이다. 시적 효과는 정상적(또는 표준적)인 인지 과정과 원리를 변형하거나 위반함으로써 이루어진다. 따라서 이 관점의 주요 주창자인 시클로브스키는 예술의 목표를 이루는 기교는 "(…) 지각 과정 자체가 미학의 목적이며 지각하는 시간이 지연되어야 하기 때문에, 대상을 '낯설게', 형식을 어렵게 만들어서 인지하기 힘들게 하고, 인지되는 시간을 늘리는 것이다."(시클로브스키, 1965, 12쪽)라고 말했다. 이러한 접근법에 따라서 시클로브스키의 문장을 바꾸어 말하자면, 시적 담화는 인지 과정에 대한 '조직적 폭력'을 나타낸다. 여러 연구들(미아일·쿠이켄, 1994, 반 피어 Van-Peer, 1986, 스틴, 1994)이 그 관점에 대한 어느 정도의 실증적인 근거를 제공해 왔다.

2) 시적 효과 접근법

'전경화 접근법'의 더 발전된 형태로 간주할 수 있는 두 번째 접근법은 시적 담화가 "애초에 바-미학적 목적을 위해 개진되었던 인지 과정을 미학적 목적을 위해 전용한다."라고 주장한다(취 Tsur 1992, 4쪽). 이 관점에 따르면, 시적 담화의 독자들은(반드시 의식적이지는 않지만) 그들이 읽는 시적 담화에 일상적인 인지 전략을 적용하려고 시도한다. 그러나 이러한 전략은 시 속에 나타나곤 하는 비관습적이고 불규칙한 구조들 때문에 실패하며, 결과적으로 일정한 '시적 효과'를 드러낸다.

3) 관습주의 접근법

세 번째 접근법은 시적 담화가 독특한 인지 과정과 원리를 필요로 한다고 주장한다. 사실 이 접근법은 이전의 접근법들과 모순되는 것이 아니라 오히려 인간의 인지와 시적 담화가 야기하는 또 다른 역할을 부각시킨다. '인지 과정에 대한 폭력'이라고 주장하는 앞의 접근법은 바로 변형, 즉 일상적인 인지 과정의 폭력, 혹은 방해를 강조한다. 다른 원리들을 지정하는 것은 고사하고 일상적인 인지 과정의 폭력, 그리고 방해를 강조한다는 점에 주목해 보자. 접근법은 일상적인 인지 원리가 다른 원리로 대체되는지 아닌지에 따른 어떤 특별한 입장을 표명하지 않고 변형만을 특정화시킨다. 상대적으로 '독특한 인지 원리와 과정'을 주장하는 접근법은 시적 담화가 독특하고 특별한 원리와 과정을 필요로 한다고 말한다. 이 접근법에 따르면, 독자는 다른 유형의 담화(시적, 바-시적, 비문학적 등)와 관련이 있는 다양한 '독서 전략'을 원하는 대로 쓸 수 있다. 독자가 일단 주어진 자료를 시적, 또는 문학적 담론으로 식별하고 나면, 읽기와 관련된 모드, 즉 그 특정 유형의 담화와 관련된 전통적인 독서법이나 원리를 사용하는 모드로 전환한다(이 관점을 구체화 한 컬러Culler, 1976, 쉬미트Schmidt, 1982, 스틴, 1994 참조).

2. 인지제약 이론

2.1. 이론적 고찰

앞서 언급된 모든 접근법들이 시적 구조가 '표준적'이거나 '일상적'인 인지 규칙을 따르지 않는다는 것, (그리고/또는) 시적 담화를 읽는 데 수반하는 인지 과정이 일상의 담화를 읽는 데 수반된 것과 근본적으로 다르다는 것을 당연시한다는 것에 주목해 보자. 독자가 시적 담화에서 미학적 목적을 성취하기 위해서는 이러한 시적 구조의 특성과 시적 담화의 구조를 이해하는 방식을 결합함으로써 가능하다.

그러나 시적 담화가 '시적인' 것만은 아니다. 시적 담화는 또한 하나의 '담화', 즉 독자에게 전달되는 하나의 텍스트이다. 담화가 전달되기 위해서는, 일정한 소통의 인지적인(언어적일 뿐만 아니라) 원리, 다시 말해 특히 시적 담화에만 독특한 원리가 아닌 일반적인 원리를 따라야 한다. 이것은 시적 담화가 창의성, 참신성과 같은 특성들을 나타낸다는 것을 당연시하는 것 외에도, 시적 담화가 전달될 수 있도록 일정한 인지 원리에 적합해야 한다는 점이 시적 효과를 달성하기 위한 전제 조건임을 또한 당연시한다. 이것은 시적 담화에서 인지적 원리가 담당하는 역할에 관한 이전의 연구 영역을 확장하는 중요한 연구 분야를 드러낸다. 즉, 시적 담화에 대한 양상 연구는 일반적인 인지 원리를 확정하는 일이다.

비록 앞서 언급된 접근법들 중 일부(아마도 모두)가 시적 담화의 양상들이 일반적인 인지 원리에 따른다는 가정을 (대개 함축된 방법으로) 공유함에도 불구하고, 이 쟁점에 대한 조사를 행한 연구는 매우 드물다. 아마도 이 분야에 대한 연구가 부족한 이유는 시적 담화에 대한 경험적 연구에 관심이 있는 일부 인지 심리학자들(시클로브스키, 1965, 미아일·쿠이켄, 1990)뿐만 아니라 문학비평가들도 시적 담화의 창의성과 참신성에 대한 인지제약보다는 시적 담화를 다른 유형의 담화와는 다르게 만들어 주는 창의성과 참신성에 주로 초점을 맞추고 있었기 때문이다.

이 논문의 주요 목적은 시적 담화에 사용된 모순 어법, 공감각, 액어법과 같은 비유 표현의 창의성(참신성)과 전달성을 설명하는 이론적이고 방법론적인 틀, 즉 인지제약 이론을 개괄하는 것이다.

일반적으로 이 이론은 다음과 같은 두 가지 상호보완적인 주장을 한다.

1. 시적 담화에 사용된 일부 비유 표현의 유형(모순 어법, 액어법, 공감각)은 시의 관련 사항과 관계없이 언어 구조에 관한 일반적인 조건 속에서 규칙성을 드러낸다. 좀 더 구체적으로는, (큰 단위의 '허용' 조건들 중에서) 특정한 구조 조건은 특정 상황(시, 시인, 시파, 역사적 시기, 언어)과 무관하게 다른 담화에서보다 시적 담화에서 더욱 빈번하게 사용된다.
2. 인지적 관점에서, 자주 사용되는 구조적 조건은 덜 자주 사용되는 조건들보다 더 기본적이다(이해하고 기억하는 데 더욱 간단하고 자연스럽고 더 쉽다.).

첫 번째 주장이 시적 담화의 비유 언어를 사용함으로써 드러난 어떤 규칙성의 존재를 지적하는 것에 반해, 두 번째 주장은 이와 같은 규칙성에 대한 인지적 설명을 시도한다. 종합하면 이 두 주장은 기본적인 인지 원리가 시적 담화의 비유 언어 사용에 기저가 된다는 가능성을 도입함으로써 앞서 언급된 접근법들을 보완하고 있다.

3. 방법론적 고찰

다음은 세 가지 주요 시적 비유, 즉 **액어법, 공감각, 모순 어법**을 분석하여 인지제약 이론의 이론 및 방법론적 틀을 설명할 것이다. 그러나 이 작업을 시작하기 전에, 세 가지 비유의 분석에 적용될 인지제약 이론에 의한 중요한 두 가지 주장에 관해 몇 가지 방법론적 고찰 사항이 있다. 첫 번째 주장이 이 질문의 비유에 대한 형식적(언어적)으로 허용된 구조의 층위에서 나타난 어떤 구조적 조건이 시적 담화에서 더 빈번하게 사용된다는 것을 기억하자. 이 주장을 입증하기 위해 각각의 비유는 이용 가능한 구조적 조건뿐만 아니라 그 분석 층위가 결정되도록 분석할 필요가 있다. 이와 같은 분석은 세 가지 비유 각각에 의해 사용될 수 있는 공식적으로 허용되는 일련의 조건 구조를 산출한다. 이어서 여러 시적 표본(다른 언어로 쓰인 시 자료뿐만 아니라 히브리어 시와 영어 시)에 대한 텍스트 분석은 허용된 조건 중의 하나가 특정한 맥락(텍스트, 시인, 시파, 시기)과 상관없이 더 자주 사용되는지를 분석한다.

나는 이제 문학연구에서 매우 이례적이라 할 수 있는 이 텍스트 분석 방법론을 견지할 이론적 근거를 간단히 정의할 것이다. 문제는 다음과 같다. 우리는 어떻게 주어진 시 자료(히브리어나 영어로 된 시)의 성향을 일반적인 시로 보편화 할 수 있을까? 이 질문에서 '시 비유'에서 도출된 결론의 타당성을 확보할 수 있도록 해주는 두 가지 요소가 있다.

첫째, 각 비유를 분석할 시 자료는 여러 다른 시 자료에서 추출된 예시들로 이루어져 있다. 또한 이 시 자료는 (영어로 된 시 자료뿐만 아니라) 히브리어 시사에서 다른 국면을 드러내는 많은 저명한 히브리 시인들이 쓴 시를 포함한다. 그래서 어떤 다른 조건보다 어떤 하나의 조건을 선호하는 일반적인 패턴은 다양한 비유를 추출할 수 있는 특정한 시, 그것들을 구성한 개별적인 시인, 또는 주어진 시가 속한 특정한 '세대'나 '시파'와 같은 어떤 지엽적인 문맥적 요소들을 초월하는 것으로 간주될 필요가 있다.

둘째, 만약 고찰 중인 표본이 각각의 시기를 포함하는 서로 다른 시파뿐만 아니라, 주어진 국가별 시의 여러 역사적 진보의 기간들로 구성되어 있다면, 그러한 표본은 부과된 시적 특성들에 영향을 미칠 정도로 직접적으로 서로 대립되는 자료를 드러내는 것으로 여겨질 것이다. 이것은 시에서 잘 알려진 세대 간의 '투쟁'의 결과, 일반적으로 문학 변천이라고 특징지어진다. 따라서 주어진 국가별 시의 각 세대는 그 이전 세대에 대한 응답이나 대응으로 그들만의 시적 원리를 받아들이는 경향이 있다. 결과적으로 시인들 자신이나 비평가들이 쓴 시적인 선언, 소론, 평론이 증명하는 대안적인 시를 구축한다. 따라서 주어진 기간에 만연한 시적 경향이 이후의 기간에는 시인들에 의해 거부될 가능성이 있으며, 그 이후에도 동일한 현상이 있을 것이라고 추정하는 것이 합리적일 것이다. 따라서 다른 시대의 작가들이 시대를 초월한 동일한 패턴을 선호하기보다는 다른 구조적인 조건을 선택한다고 예측할 수 있다.

따라서 모든 일반적인 선호 패턴은 특정한 시, 시인, 시인 세대 등과 같은 특별한 관련 상황보다는 오히려 일반적으로 시적 담화(그리고 또한 비-시적 담화)에서 생긴다고 봐야 한다(유사한 고찰을 위해 울만 Ullmann

(1945)의 시적 공감각에 대한 연구, 맥케이MacKay(1986)의 시적 의인화에 대한 연구, 쉔의 1987, 1995, 1997의 연구 참조).

인지제약 이론의 두 번째 중요한 주장은 더 일반적으로 사용되는 조건이 다른 조건과 비교해서 그러한 구조적 조건을 인지적으로 더 '기본적'이거나 '자연스러운' 것으로 결정하는 어떤 인지원리를 확정하는 것이다. 다시 말하면, 각각 분석된 세 가지 비유에 대해서 (제시된) 시 자료에서 더 자주 사용된 조건이 덜 사용된 조건보다 인지적 차원에서 '더욱 기본적'이거나 '더욱 자연스러운'(더 그럴듯한 것으로 이해, 기억, 판단하기 더 쉬운) 것이라는 주장이다.

이 일반적인 가설을 확인하기 위해 몇몇 심리학 실험을 기술할 것이다 (다음 장 참조).

시적 언어에서의 선택적인 비유 사용이라는 쟁점과 관련하여 다음의 중요한 방법론적 측면을 강조하고자 한다. 여기에서 주요 논점인 비유의 시적 사용과 바-시적 사용 간의 차이(혹은 유사성)에 관한 논의('비유의 시적 사용'이라는 용어가 시사하는 것처럼)는 적절하지 않다. 오히려 바-시적 비유와는 상관없이 이러한 비유들의 시적 사용의 특성과 직접 관련된 다음의 질문을 살펴보자. 즉, 시 비유는 동등하게 '수용하는' 다른 조건에서 어떤 하나의 일반적으로 선호하는 (특정한 맥락을 초월하는) 패턴이 드러나는가?

시 구조의 분포를 비교하기 위한 가늠자로 우연성 수준을 채택한다는 것은 바-시적 언어가 사용되었는가, 사용되지 않았는가 참고할 필요 없이 동일한 패턴을 산출하는 그러한 시 구조의 체계적인 분포를 기술할 수 있도록 해준다. 물론 바-시적 언어의 유사한 특성화를 탐구하는 것이 나중에는 가능할 것이다. 그리고 제안한 제약이 바-시적 언어에 동일하게 적용되어 있는지 없는지를 규정하는 것은 매우 재미있는 것이다. 그러나 이것은 이 글의 범위를 벗어난다. 이 쟁점은 시적 언어에서 잠재적으로 실행될 수 있는 조건들 사이의 선호도와 관련되어 있기 때문에, 적절한 표준은 바-시적 언어 속에 있는 이러한 조건들의 분포가 아니라 오히려 우연성 수준이다. 다시 말해서, 만약 어떤 조건이 우연성 수준보다 (내가 정말로 증명하려는 것처럼) 아주 고도로 의미심장하게 선호되는 것으로 분석되는 반면에 다른 하나의 조건이 우연성 차원보다 더 낮게 선호되는 것으로 나타나면 그 결과는 비유의 바-시적 용법과 비교할 필요 없이 중요한 결과로 받아들여질 것이다.

4. 인지제약 이론의 실례: 세 가지 비유 표현의 분석

위에서 설명한 대로 각 비유를 분석하는 데는 세 가지 일반적인 단계들이 있다.

첫째, 한 특정한 (구조적) 단계를 분리시키려는 시도에서 해당 비유는 둘 이상의 구조적 조건들 중의 하나를 선택할 것이다.

둘째, 대규모의 광범위한 시 자료에 대한 텍스트 분석은 특별한 관련 상황(텍스트, 시인, 시파, 혹은 시기)을 넘어서 다른 구조적인 조건들보다 어떤 구조적 조건에 대해서 선호도를 드러낼지를 결정하도록 해줄 것이다.

셋째, 위의 선택적 용법에 대한 인지적 설명을 제공하려는 시도가 있을 것이다. 각 비유의 경우에 인지적 입장에서 덜 빈번하게 사용된 조건보다 '더 기본적'(즉, 이해하고 기억하기에 더 쉽고 더 '감각적이다'고 판단되는)일 것이라는 가정이 일반적일 것이다. 이 세 가지 비유 구조가 덜 빈번하게 사용된 구조보다 더 '기본적'인 이유는 어떤 일반적인 인지제약들을 충족시키기 때문이다. 이 일반적인 가설을 탐구한 수많은 심리학 실험들이 제시될 것이다.

4.1. 액어법

'문자 우선' 구조에 대한 선호와 구조적 조건

액어법은 "한 단어가 다른 두 개의 용어와 동일한 관계를 맺고 있지만 다른 의미를 드러내는 비유 표현이다." 예컨대 "그녀는 비행기와 남편을 탔다(She caught an aeroplane and a husband)"(쿠던Cuddon, 1977)를 들 수 있다. 이 구조는 전형적으로 하나의 동사, 혹은 하나의 형용사라는 특정한 통사 범주를 포함하고 있다. 이 구조는 (적어도) 두 개의 다른 통사적 범주(전형적으로 명사)의 '목록'을 지배한다. 그리고 그 명사 둘 중의 하나는 문자 그대로 나머지 하나는 은유적으로 서술어와 관련되어 있다.

현재 상황에서 액어법의 구조와 관련하여 질문해야 할 중요한 문제는 시적 사용에서 액어법의 구성 요소가 원리화 된 방식으로 순서가 정해져 있는가이다. 대체로 문학연구자들은 체계적인 방법으로 그 질문을 한 적이 거의 없다. 기본적으로 만약 시적 액어법이 체계적인 제시 순서를 보여주지 않는다면, 우리는 어떤 일반적인 원칙보다 오히려 특정 상황(특정한 시, 시인, 시기 등과 상관없이)이 그 순서를 결정한다고 추정할 수 있다. 그러나 만약 액어법이 체계적 순서를 가지고 있다면, 다음의 두 가지 순서 유형 중 하나를 따를 것이다. 즉, '축어적인' 표현이 앞에 나오고, 은유적 표현이 뒤에 나오거나("그는 자신의 셔츠와 슬픔을 포장했다(he packed his shirt and sadness)"), 그 반대("그는 자신의 슬픔과 셔츠를 포장했다(he packed his sadness shirt)")이다. 시 자료에 대한 텍스트 분석은 이 둘 중 어떤 것이 시적 액어법에 적용 가능한지를 알아보기 위해 실행할 것이다.

이전의 나의 연구(쉔, 1997)에서, 350개 액어법을 드러내는 표본이 네 가지 다른 시 자료에서 발췌되었는데, 그 표본은 히브리 시사의 여러 단계들과 미국 시인 앨런 긴즈버그Alan Ginsberg의 작품 하나를 보여준다. 히브리어 표본은 1900-1980년대의 현대 히브리 시 자료에서 뽑았다. 채택된 시인들은 히브리 시의 변천 과정에서 서로 다른 시기에 있는 저명한 시인들이다. 즉, 여기에서의 시기는 부여된 시적 특성의 관점에서 본질적으로 서로 다르다. 앞서 언급한 방법론적 고찰과 병행하여, 분석을 통하여 발견한 어떤 구조 패턴도 특정한 시, 특정한 시인, 특정한 **세대**, 혹은 **시파** 등과 같은 상황 요소 때문이 아니라고 가정하는 것이 합리적일 것이다. 나아가 액어법 자료를 일반화하기 위해 액어법 사용으로 유명한 미국 시인 앨런 긴즈버그의 시에서 액어법의 많은 자료를 추출했다. 또한 긴즈버그를 연구하면서 히브리어 자료에 관한 일반화가 히브리 시 이외의 시인에게도 동일한 방법으로 적용되는지를 검토하려고 했다.

액어법을 사용한 정도는 시인마다 매우 달랐다. 즉, 일부 시인은 액어법을 충분히 사용했고 다른 시인들은 자주 사용하지 않았다는 것에 주목해라. 분석한 표본의 편향성을 피하기 위해서 히브리어 표본을 구성하는 다섯 개의 자료에 포함된 각 시인의 가장 유명한 모음집들 중 하나에서 가능한 한 많은 액어법을 수집했다.

그 결과는 확실했다. 분석한 첫 번째 자료(현대 히브리 시인들과 긴즈버그)에서 '문자 우선' 순서로 배치된 것이 대략 83%인 반면, 그 반대 순서 즉, '은유 우선' 순서로 배치된 것은 17%에 불과했다.

필자가 집필 중인 후속 연구에서 이러한 구조적 규칙성이 아주 오래전의 히브리어 시, 즉 중세의 히브리어 시까지 확장될 수 있는지를 고찰했다.

앞에서 기술한 동일한 방법론을 사용하여, 11명의 중요한 중세 히브리 시인들의 작품에서 55개의 액어법이 수집되었다. 표본에 대한 분석에서 55개의 사례 중 43개의 사례(78%)가 '문자 우선' 구조로 이루어져 있는 반면, 단지 11개의 사례(22%)가 '비문자 우선' 구조로 이루어져 있었다.

추가적인 분석을 통하여 이러한 패턴이 조사한 모든 문헌 자료에서 일관적이라는 것을 알 수 있었다. 이러한 구조의 선호는 예외 없이 모든 분석의 단계, 즉 각 시인, 시기, 언어에서 명백했다.

인지제약 이론에 의해 만들어진 최초의 주장과 일치하여, 각기 다른 시 자료에서 두 가지 구조적인 조건 중의 하나가 선택적으로 사용되는 것으로 드러났다.

'문자 우선' 구조가 인지제약에 적합하다는 심리적 증거

인지제약 이론에 대한 두 번째 중요한 주장은 더 빈번하게 사용되는 구조('문자 우선' 구조)가 다른 구조보다 인지적으로 더욱 '자연적'이고 더욱 '기본적'인 것으로 간주된다는 것이다. 이러한 구조의 인지 원리가 적합한 것으로 여겨지는 것은 액어법 구조의 첫 번째 위치에 더 자주 접하는('문자' 개념) 용어가 자리 잡고, 반대로 이 문자 개념은 비교적 덜 자주 접하는 용어(은유 개념)에 대한 '인지적 참조 요소'로 작용한다는 것이다(쉔, 1998).

이전의 연구(쉔, 1998)에서 나는 '문자 우선' 구조("그는 자신의 셔츠와 슬픔을 포장했다(he packed his shirt and sadness)"), 즉 시적 담화에서 더 자주 사용되는 구조가 반대 구조("그는 자신의 슬픔과 셔츠를 포장했다(he packed his sadness shirt)")보다 더욱 자연스럽고 합리적인 것으로 판단된다는 것을 알았다.

훨씬 더 의미 있는 결론이 기억 실험(쉔, 1998)에서 드러났다. 이 실험에서 피실험자는 한 가지 질문("그 군인은 무엇을 포장했는가?(What did the soldier pack?)")과 액어법으로 드러난 관련 답변("그 군인이 셔츠/슬픔과 슬픔/셔츠를 포장했다(The soldier packed his shirt/sadness and sadness/shirt)")으로 이루어진 한 쌍의 질문지를 받았다. 문장은 '규범 순서'에 따라서 작성되었다. 즉, 문자 명사가 앞에 놓이고, 은유 명사가 뒤에 놓였으며("군인은 셔츠와 슬픔을 포장했다(The soldier packed his shirt and sadness)"), 나머지 질문지 절반은 반대 순서로 구성되었다.

실험은 두 단계로 진행되었다. 첫째, 피실험자에게 위에서 기술한 한 쌍의 목록을 읽게 했다. 다음으로 실험자는 큰 목소리로 질문을 읽고, 피실험자에게 이전 단계에서 기억했던 것을 바탕으로 가능한 한 정확하게 답변하도록 요구했다.

예상한 대로 피실험자들은 원래 제시했던 질문지 중에서 규범적인(문자 우선) 구조를 바꾼 것에 비해 매우 비규범적인(은유 우선) 구조를 규범적인 구조로 바꿔 놓았다(쉔, 1998).

이 이론에서 사람들어 규범적인 문장보다 비규범적인 문장 속의 두 명사의 순서를 바꾸는 경향이 있다는 것은 전자가 후자보다 더욱 '자연적'이거나 '기본적'인 구조를 나타낸다는 것을 보여준다.

내가 실행한 예비 연구의 결과에서도 이 제안을 지지하는 또 다른 근거가 발견될 수 있다(쉔, 준비 중). 이 연구의 피실험자에게 주어진 액어법을 해석하기가 얼마나 어려운지 판단하게 했다. 연구 결과는 이전의 결론과 일치했는데 피실험자들은 '문자 우선' 구조가 '은유 우선' 구조보다 더 해석하기 쉽다고 판단했다.

종합해 보면 이러한 연구 결과는 인지제약 이론(액어법의 경우에 적용할 때)에 의한 두 번째 주장을 뒷받침한다. 즉, 시적 담화에서 더 빈번하게 사용된 구조가 특정한 인지제약으로 확정된다. 그리하여 이 구조는 이해하기에 더 쉽고, 합리적인 맥락을 구성하기에 더 쉽고, 순서를 기억하기에 더 쉬울 뿐만 아니라 더 자연스럽다는 것이다.

4.2. 공감각

공감각(그리스어, syn = 함께 + aesthesis = 지각)은 오랫동안 다양한 분야의 학자들을 매료시킨 언어 현상일 뿐만 아니라 매력적인 심리 현상이다(댄Dann, 1999). 여기에서 우리는 두 감각을 연합하는 무의식적인 신체 경험을 지시하는 심리 현상(어떤 소리를 들을 때마다 어떤 색을 보는 현상)에 대해 주목하기보다는 오히려 언어의 공감각적 은유에 초점을 맞출 것이다. 공감각적 은유는 다른 감각 영역의 용어를 사용하여 어떤 감각 영역을 어떤 개념으로 언급하는 은유 표현이다. 예컨대 "멜로디는 달콤하다(heard melodies are sweet)"라는 구절에서, 키츠Keats는 청각 개념인 멜로디에 대해 미각 영역에 속하는 달콤함으로 말한다. 또는 "차가운 빛(a cold light)"이라고 말할 때 우리는 시각 영역에 속한 빛에 대해 촉각 영역에 속한 차가움의 개념으로 말한다. 좀 더 전문적인 용어로 말하자면, "달콤한 멜로디(sweet melodies)"라는 공감각은 맛이라는 근원영역을 소리라는 목표영역에 사상寫像함으로써 구성된다고 말할 수 있다. 다음의 모든 예시들을 단순화하면, 형용사가 사상의 근원영역을 나타내는 반면에 명사는 목표영역을 나타낸다.

공감각 연구와 관련된 중요한 질문은 **시적 담화에 나오는 공감각적 은유의 사상의 지향성**과 관련이 있다. 즉, 어떤 특정한 감각 자질이 다른 자질에 더 쉽게 사상되는가? 혹은 어떤 감각 자질이 어떤 다른 감각 자질에 사상될 수 있는가? 먼저 나는 공감각적 은유가 맥락을 관통하는 일반적인 패턴을 드러낸다는 주장을 뒷받침하는 증거를 서로 다른 자료를 통해 살펴볼 것이다. 다음으로 위의 패턴에 대해 인지적 설명을 하기 위한 경험적 뒷받침을 하는 연구들을 요약할 것이다.

공감각적 은유에서 약한 감각에서 강한 감각으로의 사상의 구조적 조건과 선호

감각 자질은 흔히 '가장 강한' 자질인 **시각**에서 **청각, 후각, 미각,** 그리고 '가장 약한' 감각인 **촉각**의 순서로 단계화 된다고 생각한다(울만, 1957, 취, 1992, 션 데이Sean Day, 1996, 사이토위치Cytowich, 1989). 이러한 단계, 혹은 위계를 고려하면, 특정한 공감각 은유는 약한 감각 자질에서 강한 감각 자질로 분포되어 있거나, 혹은 그 반대의 사상을 드러낸다. 한 예로서 다음과 같은 두 가지 공감각의 실례를 비교해 보자.

(1a) 달콤한 멜로디 sweet melody

(1b) 선율적인 달콤함 melodious sweetness

(1a)는 약한 감각에서 강한 감각으로 사상되는 것을 나타낸다. 위의 단계에서 근원영역(형용사 '달콤한')인 미각은 목표영역인 **멜로디**, 즉 청각의 멜로디보다 더 약한 감각자질에 속한다. 대조적으로 (1b)는 강한 자질에서 약한 자질로, 즉 반대 방향으로 나타낸다. 이러한 두 가지 기본적인 구조 조건을 고려하면, 시적 공감각에서의 방향성 문제는 아주 간단한 방식으로 공식화할 수 있다. 즉, 자연 담화에서 발생하는 공감각적 은유는 특정 관련 상황을 초월하여 다른 조건보다 더 빈번하게 이 두 개의 조건

중 하나를 사용하는가? 다시 말해서 다른 조건보다 하나의 조건을 선택하는 보편적인 선호도가 존재하는가?

과거부터 현재의 연구는 약한 구조에서 강한 구조(그것의 반대구조)에 대한 분명한 선호를 드러내는 여러 증거를 축적해 왔다. 이 서로 다른 시 자료를 망라하여 시의 공감각을 특징화하는 매우 견고한 패턴이 나타난다. 따라서 2,000개 공감각적 은유로 이루어진 유럽 시에 대한 대규모 연구에서 울만(1957)은 위의 공감각 일반화에 걸맞은 공감각 은유를 사용하려는 경향(비교적 적은 수의 예가 있지만)이 분명히 있다는 것을 먼저 지적했다(주목할 것은 이러한 일반화에 대한 예외가 존재하는데, 이 예외는 **시각-청각**과 같은 가장 강한 두 개의 감각자질과 연관이 있다.).

필자의 다른 연구(쉔, 1997)에서 유사한 패턴이 현대 히브리 시에서 발견되었다. 히브리 시는 완전히 다른 문화적 환경과 서로 다른 기간(19세기보다는 20세기)에 속하는 시인들을 소개한다는 점에 주목하자. 분석된 자료는 130개의 시적 공감각의 예시들로 이루어져 있으며, 1900-1980년의 기간 동안 활약한 20명의 현대 히브리 시인들의 작품이다. 선택된 시인들은 히브리 시의 변천에서 뚜렷이 변별된 네 개의 역사적 시기를 대표하며, 이 시기는 이전에 언급한 바와 같이 그들에게 부여된 시적 특성과 관련해서 매우 다르다. 그리하여 이들 각각의 자료는 다른 자료가 드러내는 각각의 다른 상황과는 현저하게 다른 독특한 상황을 나타낸다. 따라서 이러한 분석에서 도출된 구조 패턴은 공감각이 발췌된 특정 시, 공감각을 사용한 개별 시인, 또는 그 시인이 속한 특정 '세대'나 '시파'와 같은 관련 상황 때문이 아니라고 생각하는 것이 합리적이다. 네 가지 시 자료(울만이 분석한 세 개와 여기에서 기술한 하나)가 네 가지 민족 문학 자료를 다룬다는 사실은 제안한 공감각의 일반화를 더 강하게 뒷받침해 준다.

따라서 특별한 어떤 상황 요인, 공감각을 다룬 특정 시들, 특정 시인들, 특정 시파, 역사적 단계, 심지어 민족적인 시가 유럽뿐만 아니라 히브리어 표본에 공유되어 있는 약한 감각에서 강한 감각으로 사상되는 선택 패턴에 영향을 끼쳤다고 추정할 만한 이유가 없다.

션 데이(1996)의 산문에서의 공감각 은유의 사용에 대한 포괄적인 연구에서 유사한 패턴이 발견되었다. 데이는 영어로 인쇄된 텍스트와 전자 텍스트 모두에서 텍스트 자료를 수집했는데, 전자 텍스트는 월드 라이브러리 the World Library의 『최고의 서적 모음집 Greatest Books Collection』(1991) 시디롬, 옥스포드 텍스트 자료 Oxford Text Archive, 구텐베르크 프로젝트 Project Gutenberg에서 수집되었다. 자료의 시간 범위에는 1387년에 저술된 초서 Chaucer의 『캔터베리 이야기 Canterbury Tales』, 셰익스피어 Shakespeare의 책들, 멜빌 Melville과 같은 19세기 소설가들과 마이클 크릭턴 Michael Crichton의 작품 같은 현대 대중적인 소설이 포함되어 있다.

데이의 연구에서 중요한 점은 공감각 은유의 방향성 발견에 있다. 즉, 대부분의 경우, 사상은 약한 감각에서 강한 감각 방향으로 이루어진다는 위의 일반화의 근거를 더욱 지지한다.

이러한 경향은 히브리 소설가인 제네신 Genessin의 중편 소설 「에첼 Etzel」 속의 공감각 은유 사용을 분석한 이팻 매너 Yifat Manor(미출간 세미나 자료)에 의해 더욱 보강된다.

따라서 인지제약 이론에 의해 만들어진 최초의 주장과 일치하여, 앞서 언급된 증거는 공감각 은유에서의 약한 감각으로부터 강한 감각으로의 사상이 다양한 특정 상황에도 영향을 미치는 견고한 패턴이라는 점을 시사하고 있다. 이는 역사적으로 관련 없는 언어에서뿐만 아니라 서로 다른 기간 동안의 다양한 문학적 담론(산문과 마찬가지로 시)에서도 나타난다.

이러한 견고한 패턴은 그것을 충분히 설명할 수 있을 만큼 기본적이고 일반적인 설명을 요구한다.

약한 감각으로부터 강한 감각 구조로의 인지제약이 정합적이라는 심리적 증거

쉔(1997), 그리고 쉔과 코헨Cohen(1998)에 이어서 나는 약한 감각으로부터 강한 감각 구조로의 강력한 선호의 **인지적** 설명을 자세히 설명하고 발전시키고자 한다. 이 설명은 **인지적** 관점에서 약한 감각으로부터 강한 감각으로의 구조가 그 반대보다 더 **자연스럽**다는 것을 시사하고 있다. 이러한 점에서, 공감각은 일반적으로 은유에 적용되는 인지적 원리의 특별한 경우이다. 이 원리는 다음과 같다. 더 접근하기 쉬운 개념에서 덜 접근하기 쉬운 개념으로 사상하는 것은 그 반대보다 더욱 자연스럽다. 많은 연구가 보여주는 바와 같이, 이 원리는 일반적인 은유적 사상의 방향을 특징짓는다(쉔, 1997). 예컨대 레이코프와 존슨(1980)은 우리가 신체적 경험, 가령 상하 방향성, 물리적인 대상, 용기 등과 같은 것을 통하여 즉각적인 접촉을 가지는 구체적인 영역에 대한 지식이 덜 구체적인 (따라서 더 접근하기 어려운) 영역에 투사된다고 주장했다. 이러한 일방향적인 경향은 일상 언어에서 사용하는 언어적 표현에 반영된다. 예컨대 '나는 기분이 좋다/나쁘다(I feel up/down)', 또는 '그는 화/공포로 가득 차 있다(he is full of anger/fear)'와 같은 표현에 드러나는 것처럼 지향성, 혹은 용기의 근원영역을 사용함으로써 감정을 묘사한다. 이러한 사상은 분명히 일방적이다. 우리는 일반적으로 지향, 즉 용기를 감정의 측면에서 개념화하지 않기 때문이다. 따라서 언어에 반대의 방향성을 반영하는 관습화된 표현은 없다.

이러한 일반적인 인지 이론을 공감각에 적용하는 것은 촉각과 미각과 같이 더 낮은 감각에 속하는 개념들이 청각, 시각과 같은 더 높은 감각들에 기인된 개념들보다 더 접근하기가 쉽다는 것을 시사할 것이다(쉔·코헨, 1998). '빛(light)'과 같은 더욱 감각적인 개념보다는 '차가움(coldness)', 또는 '달콤함(sweetness)'과 같은 더 낮은 감각 개념에 더 접근하기 쉽게 만드는 것은 그것들이 더 직접적이고 덜 중재된 지각 경험을 수반하기 때문이다. 다시 말해서 더 낮은 감각 자질일수록 인지자와 인지된 대상 사이의 관계가 더 직접적이고 즉각적이 된다. 일반적으로 은유의 경우, 즉각적인 신체적 경험과 밀접하게 관련된 개념이 덜 밀접한 개념보다 접근 가능성이 더 많다. 추상적인 개념보다 구체적인 개념에 더 접근하기 쉽다는 논리는 낮은 감각 개념이 '구체적'이라는 사실을 결정한다. 이러한 사실을 지지하는 몇 가지 언어적 증거와 마찬가지로 (통시적 의미 확장에 대한 분석에 근거한 이러한 주장에 대한 상술에 대해서는 쉔·코헨, 1998, 쥐, 1992, 울만, 1945 참조). 따라서 관련 상황과 상관없이 자연 담화에서의 공감각적 표현에 대한 고도의 선별적인 패턴은 자연 담화에서 공감각의 사용이 위에서 말한 일반적인 인지원리에 의해 매우 제한을 받고 있다고 추정함으로써 설명 가능하다.

이제까지 위의 인지적 설명에서 끌어낸 예측을 지지하는 일련의 경험적 연구를 수행해 왔다. 따라서 쉔(1997)과 쉔과 코헨(1998)에서 낮은 감각으로부터 높은 감각 구조로의 사상이 그 반대보다 더 이해하기 쉽다는 예측을 지지하는 몇 가지 경험적 증거를 소개했다. 좀 더 포괄적인 연구(쉔·아이제넘 Eisenam, 준비 중)가 위의 심리적 설명을 지지하는 광범위한 증거들을 산출하였다. 기억에 대한 연구에서 피실험자들은 "낮은 감각으로부터 높은 감각 구조"에 따르는 10개의 공감각 은유와 그 반대 구조 10개를 읽었다. 다음에 피실험자들은 가능한 한 정확하게 처음에 제공된 공감각 은유의 기존 목록을 적어야 했다. 그 실험 결과는 약한 감각 구조에서 우월한 감각 구조로의 은유를 훨씬 더 분명히 기억한 결과를 보여주었다.

또 다른 연구에서 피실험자들에게 20쌍의 공감각 은유를 제시했다. 각 쌍은 다음의 예시처럼 사상의 방향은 달랐지만 동일한 개념을 수반하는 두 개의 공감각 은유로 이루어졌다.

(1) 쓰라린 온정 A bitter warmness

(2) 온정적인 쓰라림 A warm bitterness

(1)은 약한 감각으로부터 강한 감각으로의 사상을 나타낸 반면 (2)는 그 반대 사상을 나타낸다.

피실험자들은 각 쌍의 은유와 관련하여 어떤 표현이 보다 자연스럽고 더욱 합리적인 표현으로 보이는지를 결정해야 했다(피실험자들은 부적절한 고려를 함으로써 만들어진 결정을 배제할 뿐만 아니라 낮은 구조로부터 높은 구조로 된 은유를 자동적으로 결정하는 것을 막기 위해서 정당화가 필요했다.). 예상한 것처럼 피실험자들은 낮은 구조에서 높은 구조로 된 표현을 그 반대 경우보다 더 선호했다.

또 다른 연구에서 피실험자들은 ('표준'과 '비표준'적인 유형으로 동등하게 나뉜) 18개의 공감각적 은유를 읽었으며, 화자가 이러한 표현들을 사용할 수 있는 관련 상황을 찾아내어 적도록 안내받았다. 또한 그들은 이와 같은 관련 상황을 제시하는 데 있어서의 어려움을 자체적으로 판단하도록 1에서 5까지의 등급을 매겨 판단하도록 안내받았다. 피실험자들의 등급 평가 분석에서 예측대로 '표준적인 표현'이 '비표준적인 표현'보다 낮은 수치를 기록했다. 즉, 이것은 대부분의 피실험자들이 '비표준적인' 공감각보다는 '표준적인' 공감각에 대한 관련 상황을 더 쉽게 찾아냈다는 것을 보여준다. 이 결과는 피실험자들과 항목에 있어서 유의미하다.

결론적으로 이렇게 모여진 연구 결과는 시적 담화에서 더 빈번하게 사용되는 구조가 특정한 인지제약에 적합하다는 인지제약 이론(공감각 은유에 적용될 경우)의 일반적인 주장을 뒷받침한다. 그리하여 이것을 고려하는 것이 더 자연스럽게 이해하기 쉽고, 합리적인 관련 상황을 기억하기 쉽다는 것이다.

4.3. 모순 어법

구조적 조건: 직접 모순 어법보다 간접 모순 어법의 선호

인지제약 이론을 조망하는 세 번째 비유는 모순 어법인데, 시적 담화에서 자주 사용하는 비유이다. 이 비유와 관련된 중요한 연구 성과들을 간략하게 요약할 것이다.

모순 어법(고대 그리스어: Oxus = '날카로운' + Moros = '둔한', 즉 날카로운 둔함)은 '달콤한 슬픔(sweet sorrow)', '진실한 무의미(serious vanity)'에서와 같이 외관상 모순된 두 개의 요소들을 결합하는 비유적 표현법이다.

쉔(1987)의 주장에 따르면, 모순 어법에서 중요한 두 유형의 의미 구조, 즉 '직접 모순 어법' 대 '간접 모순 어법' 사이에서 한 가지 차이를 도출할 수 있다. '직접 모순 어법'은 '고요한 소리(silent sound)'에서와 같은 두 개의 직접적인 반의어들로 이루어져 있다(또 다른 예는 '여자인 남자(a feminine man)'와 '살아있는 죽음(living death)'이다.). '간접 모순 어법'은 '달콤한

슬픔(sweet sorrow)', 또는 '차가운 불(cold fire)'과 같이 '간접 반의어'라고 불릴 수 있는 것으로 이루어져 있다. 이러한 유형의 모순 어법은 단지 간접적인 결합을 통해서만 모순된 것으로 간주될 수 있는 용어들로 이루어져 있다(이러한 구별에 대한 자세한 분석에 대해서는 쉔, 1987 참조).

시적 담화의 다양한 예시들을 분석해보면 직접적인 구조보다는 간적접인 구조의 사용이 훨씬 더 선호된다는 것을 알 수 있다. 따라서 (몇몇 시기의) 히브리어 시와 영시에서 발췌된 대략 140개의 시적 모순 어법의 자료들을 분석하면 직접 모순 어법보다는 간접 모순 어법이 강력히 선호된다는 것을 알 수 있다(쉔, 1987 참조).

또 다른 연구(닐Nil, 미출간 세미나 자료)에서도 현대 아랍 시에서 발췌된 대략 80개의 모순 어법으로 이루어져 있는 자료의 분석을 통해 직접 모순 어법보다는 간접 모순 어법이 확실히 더 선호된다는 동일한 패턴이 밝혀졌다.

히브리 소설가인 제네신이 사용한 모순 어법을 분석했던 바르 요셉Bar-Yosef(1987)은 이러한 경향을 더욱 지지한다. 바르 요셉은 제네신의 산문에서 (이 글에서 말하는 '간접 모순 어법' 현상에 대충 상응하는) '약한' 모순 어법이 더 우세하다고 주장했다.

'모순 어법'이라는 용어가 아마 그것이 나타내는 현상의 특성(외관상 상반된 두 가지 용어의 조합)을 정확히 포착하기 위해 만들어졌다는 점에 주목함으로써 이 장을 마무리하고 싶다. 이 용어를 더 상세하게 분석하면 '둔한(dull)'이라는 용어가 '날카로운(sharp)'이라는 용어의 직접적인 반의어가 아니라 오히려 간접적인 반의어이기 때문에 이 용어 자체가 간접적인 구조라는 것을 드러낸다.

이는 인지제약 이론의 첫 번째 주장과 완전히 일치하는 것으로, 요약하면 직접 모순 어법보다는 오히려 간접 모순 어법을 선택적으로 사용한다는 것이 서로 달라서 관련되지 않은 시적 자료를 통해 드러났다.

심리학적 연구

독자들은 더 빈번하게 사용되는 구조('간접 모순 어법')가 인지적 입장에서 볼 때 그 반대의 입장보다 더 '자연스럽고(natural)', '기본적(basic)'이라는 인지제약 이론의 두 번째 중요한 주장을 기억할 것이다. 적어도 이 주장을 두 연구가 뒷받침한다. 깁스와 키어니 Kearney(1994)는 '간접 모순 어법'이 독자에게 직접 모순 어법보다 더욱 시적인 것으로 판단된다는 사실 외에도, 더 짧은 시간에 더 쉽게 해석된다는 것을 제시했다. 또한 깁스와 키어니는 독자들이 직접 모순 어법보다 간접 모순 어법을 구성하는 두 어휘의 결합으로부터 더 참신한 특성을 산출해 낸다는 점에서 간접 모순 어법이 직접 모순 어법보다 더 생산적이라는 것을 드러내었다. 이 연구 결과는 직접 모순 어법보다 간접 모순 어법이 특성의 결합을 해석해서 많은 특성들을 물질화하기 때문에 간접 모순 어법에 의미를 부여하는 것이 더 용이하다는 것을 제시했다.

또 다른 연구(미카엘리 Michaeli, 미출간 세미나 자료)는 직접 모순 어법과 간접 모순 어법에 대해 독자들이 만들어 낸 해석을 비교했다. 이 연구에서 피실험자들은 모순 어법의 목록(직접 모순구조와 간접 모순구조가 각각 절반인)을 받았다. 피실험자들은 각 표현을 해석하고, 해석하기 어렵다고 여겨지는 표현들에 표시를 했다. 이 응답에서 독자들은 직접 모순 어법이 간접 모순 어법보다 더 해석하기 어렵다고 느낀 것이 밝혀졌다. 간접 모순 어법이 직접 모순 어법보다 더욱 동질적인 응답을 만들어 냈다는 것도 밝혀졌다.

이러한 연구결과를 종합해 보면, 더 빈번하게 사용된 구조('간접 모순 어법')가 그 반대인 직접 모순 어법보다 인지적으로 더 '자연스럽고' 더 '기본적인' 것으로 여겨진다는 CCT의 두 번째 주장을 뒷받침하고 있다.

5. 요약 및 결론

이 논문은 인지제약 이론의 중요한 구성 요소들을 소개하고 있다.

1. 시적 담화에서 사용되는 비유 언어를 특징짓는 구조적 규칙성에 대해 서술하였다.
2. 이러한 규칙성에 대해 인지적으로 설명하였다.

인지제약 이론의 기본적인 추정은 시적인 비유 용법을 특징짓는 구조적인 규칙성이 한편으로는 창의성과 참신성이라는 미적 목표(참신한 비유 표현에 의해 나타나며)와 다른 한편으로는 소통을 보장하는 인지제약에 대한 적합성 사이의 '타협'을 반영한다는 것이다. 따라서 시적 언어에 대해 일정한 정도의 '자유'를 허용하면서 인지적 원리나 제약을 따르는 것은 다양한 조건들을 차단함으로써 해석 가능성을 보장한다.

인지제약 이론은 최근에 개발된 다른 이론과 몇 가지 기본적인 추정을 공유한다. 아마도 이 연구들 중 가장 밀접한 연구는 특히 최근에 레이코프와 터너(1989), 프리만(1995)이 개발한 '인지은유 이론'이다. 이 이론에 따르면, 기본적이고 관습적인 '뿌리(root)' 은유(**사랑은 여행이다, 논쟁은 전쟁이다.**)는 바-시적 맥락에서 이 근원영역(사랑, 또는 논쟁)들을 개념화하는 방법을 제약할 뿐만 아니라 시적 담화에서도 또한 제약한다. 다시 말하면 우리는 뿌리 은유를 기반으로 보통의 개념 레퍼토리를 구성할 뿐만 아니라(레이코프·존슨, 1980) 시적 담화에 적절한 근원영역들을 비유적으로 묘사할 때에도 뿌리 은유에 크게 의존한다.

인지제약 이론과 '은유 인지 이론'은 인지 구조가 비유 표현의 시적 용법을 제약한다는 추정을 공유한다. 이 두 가지 이론의 차이는 '은유 인지 이론'이 내용이 부과된 특별한 개념 구조(**사랑은 여행이다**.)와 주로 은유를 일컫는 반면에, 인지제약 이론은 비유 표현의 구조적인 면과 관련되어 있으며, 레이코프 식의 패러다임에서 직접적으로 설명되지 않는 모순 어법과 공감각과 같은 다양한 언술의 비유나 특성과 관련이 있다는 것이다.

더 광범위한 시각으로 보면, 인지제약 이론은 구어와 비유 언어의 시적 용법에서 예시되었듯이 언어적 창의성과 관련이 있는 이론으로 간주된다. 그런 의미에서 인지제약 이론은 창의적 사고에 대한 연구의 축적과 직접적으로 관련된다(스미스 Smith · 워드 Ward · 핀케 Finke, 1995). 최근의 창의성 연구의 진전은 '구조화된 상상력'이라는 개념을 개발해 냈다(워드, 1995). 구조화된 상상력은 인간의 상상으로 창조된 새로운 개념이 현존하는 '범주'와 개념의 속성에 의해 엄격하게 구조화되고 제약된다는 사실을 지시한다. 예컨대 워드(1995)는 구조화된 상상력이 우리가 참신한 개념을 창조할 때 그저 이전의 지식을 사용한다는 사실만 일컫는 것이 아니라, "구조화된 상상력의 중요한 측면은 새로운 개념에 보존된 낡은 개념의 정확한 특성들이 일반적인 범주화의 원리로부터 쉽게 예측 가능하다는 것이다. (…)"(워드, 1995, 158쪽)라고 주장한다. 비-언어적 창의성과 관련된 이러한 관점은 언어적 창의성 이론과 같은 인지제약 이론과 완전히 양립 가능하다. 왜냐하면 개념적이든 언어적이든 간에 둘 다 참신한 구조들이 창의적인 구조와 비-창의적인 구조에 동등하게 적용되는 기본적인 인지 원리와 제약 조건에 따라 제약을 받기 때문이다.

따라서 결론적으로 시의 비유 표현의 경우는 일반적으로 창의적 구조와 미적인 구조라는 양가적 특성, 즉 참신성과 전달 가능성 사이의 투쟁을 나타낸다. 즉, 시적 담화에 사용된 비유 표현은 (여러 문학비평가들이 주장하는 것처럼 두 개의 본질적인 개념 영역을 관련시키거나, 레이코프 지지자들이 주장하는 것처럼 뿌리 은유들에 근거한 새로운 예시들을 창조해 냄으로써) 미적 가치의 원인이 되는 언어 특성들에 대한 참신하고 혁신적인 용법을 드러낸다. 이러한 점에서 비유 표현은 러시아의 형식주의자들이 말하는 '인지 과정에 반하는 조직적 폭력'을 나타낸다. 반면에 인지 과정에 반하는 바로 이 폭력은 일반적인 인지 원리에 의해 조직되고 제약을 받는다. 현재 관점에서 시적 언어의 해석 가능성과 전달 가능성을 보장받기 위해서는 이러한 (인지적) 제약을 따라야 한다고 보는 것이 당연하다.

■ 참고 문헌

Bar-Yosef, H. 1987. *Metaphors and Symbols in U.N. Genessin's Stories*. Hakibbutz Hameuchad Publishing House.
Cuddon. J. A. 1977. *A Dictionary of Literary Terms*. London: Andre Deutsch.
Culler, J. and Kegan, P. 1975. *Structuralist Poetics*. London: Routledge.
Cytowic, R. E. 1989. *Synaesthesia: A union of the senses*. New York: springer-Verlag.
Dann, K. T. 1999. *Bright Colors Falsely Seen, Synaesthesia and the search for transcendental knowledge*. New Haven: Yale University Press.
Day, S. 1996. "Synaesthesia and synaesthetic metaphors." *Psyche*, 2. http://psyche.s.monash.edu.au/ v2/psyche-2-32-day.html
Freeman, D. 1995. "'Catch[ing]the nearest way': Macbeth and Cognitive Metaphor." *Journal of Pragmatics*, 23(6): 689-708.
Gibbs, W. R. and Kearney, L. R. 1994. "When parting is such sweet sorrow: the comprehension and appreciation of oxymora." *Journal of Psychologinguistic Research* 23(1): 75-89.
Lakoff, G. and Johnson, M.1980. *Metaphors We Live By*. Chicago: University of Chicago Press.
Lakoff, G. and Turner, Mark 1989. *More Than Cool Reason -A Field Guide To Poetic Metaphor*. Chicago: University of Chicago Press.
MacKay, D. G. 1986. "Prototypicality among metaphors: On the relative frequency of personification and spatial metaphors in literature written for children versus adults." *Metaphor and Symbolic Activity* 1(2): 87-108.
Manor, Yifat. Unpublished manuscript. "Synaesthetic metaphors in Genessin's prose." Tel Aviv University. Department of Poetics & Comparative Literature.
Miall, D. S. 1990. "Readers' response to narrative: Evaluating, relating, anticipating." *Poetics* 14(4): 323-339.
Miall, D. S. and Kuiken, D. 1990. "What is literariness? Three components of literary reading." *Discourse Processes* 28: 121-138.
_____. 1994a. "Foregrounding, defamiliarization, and affect: Response to literary stories." *Poetics* 22: 389-407.
Mukařovský, J. 1970. "Standard language and poetic language." In Freeman D.

 (ed.), *Linguistics and Literary Style*, 21-56. University of Massachusetts, MA: Hilt, Reinhart and Winston, Inc.

Michali, S. Unpublished manuscript. "Between direct and indirect oxymoron: a cognitive perspective." (in Hebrew). Tel Aviv University. Department of Poetics & Comparative Literature. Tel Aviv, Israel.

Nil, A. A. Unpublished manuscript. "The oxymoron in Arabic modern poetry. Tel Xai College." (in Hebrew).

Perry, M. 1979. "Literary dynamics: How the order of a text creates its meanings." *Poetics Today* 1(1): 35-64.

Schmidt, S. J. 1982. *Foundations of the Empirical Study of Literature*. Hamburg: Buske.

Shen, Y. 1987. "The structure and processing of the poetic oxymoron." *Poetics Today* 8/1(fall issue): 105-122.

_____. 1992. "Metaphors and categories." *Poetics Today* 13(4): 771-794.

_____. 1995. "Constraints on directionality in poetic vs. non-poetic metaphors." *Poetics* 23: 255-274.

_____. 1997. "Cognitive constraints in poetic figures." *Cognitive Linguistics* 8(1): 33-71.

_____. 1997a. "Metaphors and global conceptual structures." *Poetics* 25(1): 1-17.

_____. 1998. "Zeugma: Prototypes, categories and metaphors." *Metaphor and Symbol* 13(1): 31-47.

_____. I preparation. "Why did the baby sip kisses after milk?" Zeugma and cognition.

Shen, Y. and Cohen, M. 1998. "How come silence is sweet but sweetness is not silent: A cognitive account of directionality in poetic synaesthesia." *Language and Literature* 7(2): 12-140.

Shen, Y. and Eisenman, F. Submitted. "'Heard melodies are sweet, but those unheard are sweeter': Synaesthesia and Cognition."

Shklovsky, V. 1965. "Art as technique." In L. T. Lemon and M. J. Reis (eds.), *Russian Formalist Criticism*, 3-24. Lincoln: Nebraska University Press.

Smith, S. M., Ward, T. B. and Finke, R. A. (eds.). 1995. *The Creative Cognition Approach*. Cambridge, MA: The MIT Press.

Steen, G. J. 1994. *Understanding Metaphor in Literature*. London: Longman

Swayne, M. 1941. "Whitman's catalogue rhetoric." *University of Texas studies in English* 21: 162-178.

Sweetser, E. 1984. "Semantic Structure and Semantic Change: A cogntive

lingyistic study of modality, perception, speech acts, and logical relations." Unpublished Ph.D. dissertation. University of California, Berkeley.
Tsur, R. 1992. *Toward a Theory of Cognitive Poetics*. Amsterdam: Elsevier.
Ullmann, S. De. 1945. "Romanticism and Synaesthesia." *PMLA* 60: 811–827.
Van Peer, W. 1986. *Stylistics and Psychology: Investigations of foregrounding*. London: Croom Helm.
Ward, T. 1995. "What's old about new ideas." In Smith et al. (eds.), *The Creative Cognition Approach*, 157–178. Cambridge, MA: The MIT Press.

10 유머 텍스트에 대한 인지문체론*

살바토레 아따도 (영스타운 주립대학교)

"나의 믿음으로! 나는 아는 것도 없이 귀족 어투로 말한 것이 사십 년을 넘었다"
(몰리에르 Molière, 『부르주아 신사 Le bourgeois gentilhomme』, 2, 4)

1. 서론

몰리에르 소설의 등장인물인 조르댕 Jourdian 씨가 자신이 평생 귀족 어투로 이야기해 왔다는 것을 발견하고 기뻐했던 것처럼, 유머를 연구하는 언어학자들은 자신들이 쭉 인지문체론으로 연구하고 있었다는 사실을 발견하면 당연히 기뻐할 것이다. 우리는 이 주장을 증명하기 위해 간단하게 유머언어학과 문학 텍스트를 분석하는 이론들의 최근 경향을 살펴볼 필요가 있다. 이 논문의 뒷부분에서는 사례 연구, 즉 오스카 와일드 Oscar Wilde의 「아더 새빌 경의 범죄 Lord Arthur Savile's Crime, LASC」를 분석할 것이다. 이 작품은 반복적으로 언급될 것이기 때문에 먼저 이 작품을 간략히 요약하겠다. 간단히 말하면 이 이야기는 어떤 수상가(손금을 보는 사람)로부터 자신이 살인을 할 것이라는 사실을 들은 아더 새빌 경의 일에 관한 것이다.

---

* 이 글의 집필에 도움을 주거나 지지해 준 저자 신시아 비글리오티 Cynthia Vigliotti, 빅터 라스킨 Victor Raskin, 요나단 컬페퍼 Jonathan Culpeper, 엘레나 세미노 Elena Semino 에게 감사를 전한다.

새빌 경은 이 말을 듣고 심란해져서 절망과 두려움 속에 런던 거리를 밤새도록 헤맨다. 그런 다음 그는 집에 돌아와서 약혼녀와 결혼하기 전에 이 숙명적인 살인을 끝내야겠다고 결심한다. 그는 친척 둘을 살해하려고 했지만 실패하고, 거의 포기하려는 순간에 그 수상가를 우연히 만나 템스 강에 던져서 살해한다. 그리고 나서 그는 약혼녀와 결혼하고 행복하게 산다.

2. 유머언어학

유머언어학은 (유머러스하지 않은 게 뭐가 있냐고 묻겠지만) 플라톤과 아리스토텔레스까지 거슬러 올라가는 긴 역사를 가지고 있다. 그러나 그 기원이 뚜렷함에도 불구하고 유머언어학은 1980년대에 다음의 두 가지 일이 있고 나서야 정당한 평가를 받게 되었다. (1) 첫 회의는 학제 간 유머 연구 학술운동에서 시작하여 일련의 회의들(1976년 웨일스 Wales에서의 첫 회의 후, 1981년과 1987년 사이에 닐슨 부부 The Nilsens가 애리조나 Arizona에서 일련의 회의를 개최함)과 연합하였고, 마침내 학술지(HUMOR: 유머연구 국제저널)가 나왔다. 그리고 (2) 라스킨이 유머의미론을 다룬 책 분량의 논술(1985)을 출간했다.

언어학에서의 최초의 유머 이론(유머언어학의 개괄은 아따도, 1994, 참조))과 동떨어진 라스킨의 유머의 의미도식 이론(Semantic-Script Theory of Humor, SSTH)은 사실상 대부분(전부는 아니지만) 유머언어학 연구의 전통적인 분류에 따른 접근법에서 거칠게 출발하였다. 이 이론은 유머의 중심적 양상이 의미론적, 실용적이라고 주장하고, 나아가 이 주장을 보강하기 위하여 의미론과 관련된 이론을 제시했다. 라스킨의 의미론 이론은 섕크 Schank, 민스키 Minsk, 필모어 Fillmore의 접근법(섕크·아벨손 Abelson 1977, 민스키, 1981, 필모어, 1985)에 따른 도식(틀)에 기반하고 있지만 상당한 차이가 있다. 라스킨의 이론은 나중에 1990년대에 이르러 인지언어학(문체론)에 흡수되었다. 중요한 것은 라스킨이 확실하게 의미론적(어휘적)이고 실용적(사전적)인 정보를 구분해 경계가 존재하지 않는다고 주장함으로써, 유머의 의미도식 이론(SSTH)이 순전히 의미 이론이라는 것을 가장 먼저 주장했다는 점이다. 또한 의미도식 이론에서는 실제로 유머가 그라이스Grice의 협력의 원리를 위반하는 것으로 간주하는 매우 중요한 실용적 요소와 연합하여 작동된다(아따도, 1994, 참조).

라스킨의 유머 이론은 서로 다른 두 가지 주장으로 요약된다. 하나는 각 농담 텍스트가 (적어도) 두 개의 뚜렷이 다른 도식(그 도식은 농담과 겹친다.)에 따라서 해석될 수 있다는 것이고, 다른 하나는 그 도식들이 상반된다(그 도식은 지역 반의어이다. 이 쟁점에 대해서는 아따도, 1997 참조)는 것이다. 나는 라스킨의 견해(1985) 반대하여 그 의미도식 이론이 (유머의 심리적 모델을 이끄는) 부조화, 해결 모델로 축소될 수 있다고 주장했다. 이 주장(아따도, 1997)에서, 상반된 요구는 본질적으로 불일치이지만 심리학에서의 불일치의 개념보다는 더욱 형식적인 것이다. 그 불일치는 기대한 것과 실제로 인지된 것 사이의 어긋난 결합으로 간단히 정의된다.

영리한 독자는 의미도식 이론이 유머 텍스트의 가장 단순하고 가장 덜 복잡한 형태인 농담에 관해서만 주장한다는 것을 눈치챌 것이다. 이러한 방법론적인 제약은 처음에 단순한 사례들을 분석하길 원했던 언어학자들에게는 완벽했지만 더 긴 텍스트들을 분석하기에는 문제점이 있었다.

언어 유머의 일반이론(The General Theory of Verbal Humor, GTVH, 아따도·라스킨, 1991)은 아래에 나열된 6개의 지식 자원을 자질로 한다는 점에서 의미도식 이론과는 다르다.

1. 도식 대립(Script Opposition, SO): 의미도식 이론 참조.
2. 논리적 기제(Logical Mechanism, LM): 도식 대립의 불일치를 부분적으로 익살스럽게 둘러대는 기제. 논리적 기제는 불일치, 해결 모델의 해결 국면에 상응한다.
3. 상황(Situation, SI): 농담의 '소도구들.' 즉, 반드시 우습지만은 않은 농담의 도식에 의해 환기된 원문 자료들.
4. 대상(Target, TA): 농담의 '표적'으로 알려진 것.
5. 서사 전략(Narrative Strategy, NS): 1-2-3 구조의 수수께끼. 질문과 대답의 구조를 지닌 수수께끼와 같은 농담의 '장르.'
6. 언어(Language, LA): 언어학적 차원에서 모든 다른 선택들을 드러내는 실질적인 어휘적, 통사적, 음성학(등등)적 선택들.

유머 이론 유형의 기술에서 알 수 있듯이, 지식 자원에는 강한 위계적 의존성이 있다고 가정되고, 마침내 논증되었다(아따도 · 라스킨, 1991). 위에 제시된 순서로 드러나는 이러한 위계는 러취Ruch 외(1993)에 의해 실증적으로 검토되고 타당한 것으로 판명되었다. 예증을 위해 농담 하나를 분석해 보자.

(1) 마피아 단원과 포스트모던 이론가를 교배하면 무엇이 나올까?
당신에게 이해할 수 없는 제안을 하는 사람.

이 농담을 유머의 의미도식 이론으로 분석하면 **마피아 단원**과 **포스트모던 이론가**에 대한 도식을 구별하고 이 도식들이 답변에서 겹치는지 보려고 할 것이다. 즉, "당신에게 이해할 수 없는 제안을 하는 사람"은 **마피아 단원**(영화 <대부Godfather>에서의 인용이 분명하다.)과 동등하게 적용할 수 있지만 해결행의 '이해하다'가 드러내는 것처럼 포스트모던 이론가에게도 실제로 적용될 수 있었다(우리는 그 도식이 포스트모던 이론가들이 이해하기 어려울 정도로 악명이 높다는 사실에 대한 정보로서 아주 충분히 완전하다고 추정한다.). 두말할 필요도 없이 **마피아 단원**과 **포스트모던 이론가들**에 대한 도식은 적어도 이 텍스트의 목적을 위해서는 대립된다는 것이 자명하다. 언어 유머의 일반이론으로 분석하면, 질문에 대한 대답에서 논리적 기제와 같은 말장난 기제, 낯선 '교배시키는' 상황(이것은 약간 특이한 농담인데 거의 '소도구' 없이 매우 추상적인 상황을 다루는 것처럼 보이기 때문이다.), 명백한 대상(포스트모던 이론가), 마찬가지로 명백한 서사 전략('교배시키는' 농담)을 구별하고, 마지막으로 언어가 텍스트, 통사구조 등에서 선택된 말로서 기술될 것이다.

나는 언어 유머의 일반이론이 의미도식 이론을 확장하여 의미도식 이론에는 없는 사회적·서사적 화제들을 포함한 모든 언어적 단계를 포함하고 있다고 확실히 믿는다. 하지만 언어 유머의 일반이론은 농담에 관한 독점적인 관점을 동등하게 유지하지만 의미도식 이론, 언어 유머의 일반이론에 대한 모든 접근법들이 똑같은 관점을 공유하지는 않는다. 칠로피키 Chlopicki(1987)를 선두로 몇몇 연구자들은 더 긴 텍스트로 관심을 돌렸다. 아따도(1994)는 그들의 노력을 요약하고 검토하였다. '더 긴 텍스트들'(비농담 관련 유머 연구에서 알려진 바와 같이)의 유머에 대한 추후의 연구 덕택에 여러 세미나(칠로피키, 1997, 예시 참조)를 통해 긴 텍스트의 유머에 대한 연구들이 행해졌으며, 아따도(2001)에 의해 집약되었다. 그리하여 아따도(2001)에 의해 아주 확장된 언어 유머의 일반이론을 최초로 최대한 적용해서 장편 소설, 단편 소설, TV시트콤, 영화, 연극과 같은 긴 유머 텍스트를 분석하려고 한다.

3. 확장된 언어 유머의 일반이론

지면상 제약 때문에 아따도(2001)가 제기한 접근법을 상세하게 제시할 수는 없다. 그래서 그 접근법의 주요 견해만 언급할 것이다. 관심 있는 독자들은 정당화, 참조, 예시 등을 위해서 아따도(2001)를 참조하길 권한다. 특히 아따도 이론을 텍스트 처리의 심리언어학적 연구와 제휴하려는 데 들인 지대한 노력에 대해서는 말하지 않겠다. 예컨대 이 이론에 따르면 텍스트를 읽는 독자는 세계 표상 텍스트(정신 공간, 혹은 가능세계, 세미노, 1997, 4장 참조)를 구축하려 할 것이다. 그 세계 표상은 텍스트의 사건에 관한 모든 정보를 포함하고 조직하고 추론 요소나 매개 요소 같은 비문자적인 의미 요소를 위한 출발점으로 기능할 것이다(더 자세한 논의는 아따도, 2001, 참조).

긴 텍스트에 대한 언어 유머의 일반이론 적용에 따른 주요 양상은 다음과 같다.

- 언어 유머의 일반이론에 따라 각각의 유머러스한 사례들을 약호화 하면서 벡터로서의 텍스트를 분석.
- 의문행(jab line)과 해결행(punch line) 식별.
- 텍스트 속의 의문행과 해결행들의 상대적 기여도에 따른 중요성.
- 유머러스한 플롯의 분류와 분석.

텍스트는 물리적으로 직선적이고 방향성을 가진다(즉, 텍스트는 한 방향으로만 갈 수 있다. 다시 말해 텍스트는 하나의 벡터이다.). 그 텍스트를 따라가며 하나, 또는 그 이상의 유머의 예들이 발생한다. 이것들은 언어 유머의 일반이론에 따라서 분류되고 분석된다. 그래서 각 유머의 예에 대해서 지식 자원의 설명이 주어진다. 이것이 바로 이 유형의 언어 유머의 일반이론과 유머의 의미도식 이론의 유형 사이의 첫 번째 중요한 차이점이 된다. 여기에서 우리는 새로운 개념과 그것에 상응하는 '새로운 논리', 즉 의문행을 도입한다. 유머 이론에서 해결행이 텍스트의 결말에 발생하는 유머러스한 예시를 나타내는 것처럼(아따도 외, 1994 참조), 의문행은 그 외의 다른 모든 곳에서 발생하는 유머러스한 예시를 나타낸다. 의문행과 해결행은 의미적으로 구별되지 않지만(구별한 필요가 없을 때는 총칭 용어인 행(line)을 사용한다.), 서사 차원에서는 구별된다. 해결행은 종결되는 이야기를 분열시키는 반면에 의문행은 그렇지 않으며, 사실 종종 텍스트의 전개에 기여한다. 행들에 밑줄을 친 다음의 두 예문을 살펴보자.

(2) 그림이 전시되어 있는 미술관 회랑 끝에는 카를스루에의 소피아 공주가 서 있었다. 공주는 뚱뚱한 몸에, 검고 작은 눈(tiny black eyes)을 가진 타르타르(Tartar)인 같은 생김새의 부인이었다. 그녀는 눈부신 에메랄드 보석(wonderful emeralds)으로 치장을 하고, 서툰 프랑스어(bad French)를 높은 목소리로(top of her voice) 쏟아내고 있었다. (오스카 와일드의 「아더 새빌 경의 범죄」, 아따도, 2001에서 상세히 분석됨.)

(3) 젊은이들을 위한 클럽들의 존재를 믿는가?
<u>공손함(kindness)이 없을</u> 때만.

(3)에서는 해결행으로 인해 전적으로 있을 법하지 않은 사회 조직과 관련시킬 정도까지 텍스트를 해석하게 되는 반면에 (2)에서는 그러한 재구성이 일어나지 않는 것이 분명하다. 물론 그 묘사가 아첨과는 거리가 멀다는 점을 제외하고는 우리는 내내 한 여인에 대한 묘사만 보고 있다. 그런데 이 예는 수천 개의 단어로 이루어진 텍스트의 서두에 나온다.

예문 (3)은 아따도(1994, 128-131쪽, 284-285쪽)에서 분석되었고, 더 군다나 매우 단순한 말장난인 반면, 예문 (2)는 좀 더 자세히 분석할 가치가 있다. 독자는 '공주(princess)'라는 어휘소(그리고 아마도 '소피아(Sophia)'라는 이름. 그러나 적절한 이름의 의미에 관한 쟁점들은 여기에서 다루기에는 너무 복잡하다.)를 보고, 그것으로 인지 모델과 인지 표상을 구축한다. 이때 독자는 본질적으로 **공주(princess)**라는 도식과 틀을 식별(사소하지만 우리 연구자들의 경우, 텍스트에서 어휘의 쓰임새를 다루지만 독자의 경우 항상 이렇지는 않다.)하고 활성화한다. 이러한 인지 모델을 통해 독자는 텍스트가 나아가려고 하는 방향에 관한 몇 가지 예측을 하지만 다음과 같은 말로 인해 이 예상은 전복된다(그래서 불일치가 생긴다.). 즉, 공주는 전형적으로 '타르타르인의 외모'도 아니며 '서툰 프랑스어를 구사'하지도 않고 목소리가 크지도 않다. 이 세 가지의 불일치에서 텍스트는 추가적인 불일치를 제시한다. 즉, 동일한 의미 영역에 속하지 않는 두 개의 명사구('작고 검은 눈'과 '눈부신 에메랄드')를 대등하게 제시해서, 대등한 요소들이 의미적으로 관련된다는 기대를 전복한다(이것은 액어법으로 알려져 있는 일반적 과정이다.). 확실히 불일치의 결과로 생기는 유머는 의미론적, 인지적 과정이다.

언어 유머의 일반이론의 조건에 따라 텍스트의 모든 행들을 분류해 보면 다음의 두 가지 새로운 통찰을 얻을 수 있다.

- 행 사이의 관계에 대한 식별.
- 서로의 행과 관련된, 그리고 전체 텍스트 속에서의 행들의 발생 패턴에 대한 식별.

행 사이의 관계는 주제적, 혹은 형식적 관계를 식별하게 한다. 예를 들어,

지정된 개인을 목표로 하는 모든 행은 분명히 관련되어 있다. 이 관련된 행들은 **맥락**(strand)을 형성한다. 이 맥락은 6개의 지적 자원 중의 어느 하나의 내용과 그것의 결합에 기반을 둘지 모른다. 이것은 미묘하고 흥미로운 맥락을 생기게 할지도 모른다. 예를 들어 「아더 새빌 경의 범죄」에서 목표가 된 개인(아더 새빌 경)과 논리적 기제(거짓된 전제로부터의 추론 같은)를 공유하는 맥락이 드러난다. 아더 새빌 경의 캐릭터에 대한 표상은 자주 부적절한 추론과 관련된다. 맥락은 다른 맥락과 동일한 방식으로 결합될 수도 있다. 맥락 중 하나의 맥락은 **스택**(stack)으로 불린다. 하나의 맥락(스택)은 대규모 자료(시트콤의 모든 에피소드)에서 일반적이다.

행들의 발생 패턴과 관련지어서 어느 정도 흥미로운 형태들이 나타나기 시작했다. 가장 명백한 두 가지는 약간 흥미롭게도 '다리(bridges)'와 '빗(combs)'의 패턴이다. '다리' 패턴은 서로 멀리 떨어진 두 개의 행이 연관되는 것이다. '빗'의 패턴은 아주 근접한 몇몇 행들이 발생하는 것이다. <도표 1>은 아따도(2001)가 앤 섹스턴Anne Sexton의 시(「신데렐라」의 변형)를 그래프로 그린 것이다. 2개의 빗 패턴(텍스트의 서두에 "거지에서 부자로"라는 관용구에 대한 말장난과 말미에 'never…'라는 의문행)과 하나의 다리 패턴('that story'가 서두에 세 번, 말미에 한 번 나타남)이 있다. 이 그래프는 벡터를 통해 텍스트를 보여주는데, 여기서 가로선의 10의 증가는 텍스트의 열 개의 행들을 나타낸다. 이 특별한 그래프는 명확성을 위하여 오직 몇 개의 선택된 논리적 기제만을 나타낸다. 그래프에 모든 논리적 기제를 나타내기는 너무 복잡했을 것이다.

아마도 더욱 중요한 것은 문맥에 상관없는 행들의 전반적인 분포도가 역시 고찰에 도움이 되었다는 것이다. 이러한 방식은 다음과 같다. 즉, 텍스트는 동일한 길이의 임의적인 개수로 분할하였다.

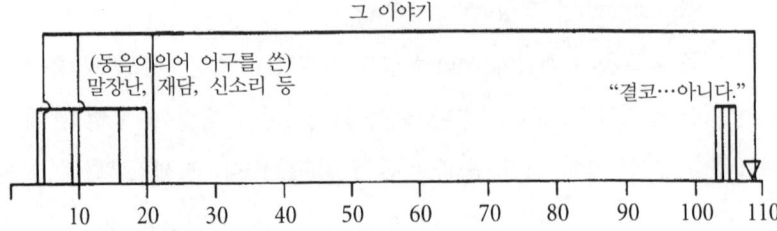

<도표 1> 섹스턴의 신데렐라 그래프

각 구간에 나타나는 행 수는 계산된 것이다. 이것은 텍스트의 벡터를 나타내는 도수분포도이다. 각 막대기의 높이는 텍스트의 특정한 부분 속의 행(유머)의 양을 나타낸다. 여기에서 우리는 두 개의 헛된 가설에 직면하게 된다. 즉, 하나는 행들의 분포가 무작위라는 점이고, 다른 하나는 그것이 균일하다는 점이다. 텍스트 속의 유머의 발생이 무작위적이라면, 행의 무작위적인 분포에서 예견되는 것을 넘어서서 막대기들이 함께 모여 있을 이유가 없다. 유머의 발생이 균일하다면, 텍스트의 모든 부분들은 동일한 양의 유머를 가져야 한다. 이상하게 보일지는 모르지만 아따도 (2001)는 헨리 피츠햄Henry Peacham의 무명의 악당소설(『내 것과 네 것에 대한 메리 담론A Merry Discourse of Meum and tuum』, 1639)에서 균일한 유머 발생에 대해 면밀하게 추정하고 분석하였다. 「아더 새빌 경의 범죄」에서는 행들의 분포가 무작위적인 것으로 보이지 않는다(<도표 2> 참조).

마지막으로 언어 유머의 일반이론은 역시 유머러스한 플롯의 속성과 관련된 요소로 인해 강화된다. 중요한 것은 파머Palmer(1987)가 모든 유머러스한 이야기는 본질적으로 유머가 덧붙여진 진지한 플롯이라고 주장하면서, 이러한 플롯의 존재를 부정했다는 점이다. 이것은 실제로 여러 예시들이 존재한다. 가령 아주 음울한 소설인 움베르토 에코Umberto Eco의 『장미의 이름The Name of the Rose』에는 무정부주의자의 이름과 인용(굴리엘모 배스커빌(guglielmo di baskerville), 호르헤 부르고(jorge de burgos))들이라는 유머러스한 맥락이 포함되어 있다. 우리는 이러한 경우를 '의문행을 가진 진지한 플롯'이라고 부른다. 하지만 아래의 것들을 포함하는 순수하게 유머러스한 플롯의 경우들이 있다.

해결행을 지닌 유머러스한 플롯 이것은 구조적으로 농담과 유사한 텍스트이다. 이 텍스트들은 (다소 긴) 예비된 국면과, 그 이야기의 재해석을 이끄는 최종적인 해결행이 뒤따르는 구성으로 되어 있다. 캐더린 맨스필드Catherine Mansfield의 『소곡Feuille D'Album』(아따도, 2001 분석)과 에드거 앨런 포Edgar Allan Poe의 『타르 박사와 페더 교수의 조직The System of Doctor Tarr and Professor Fether』(아따도, 1994 참조)이 그 예이다.

<도표 2> 「아더 새빌 경의 범죄」 그래프

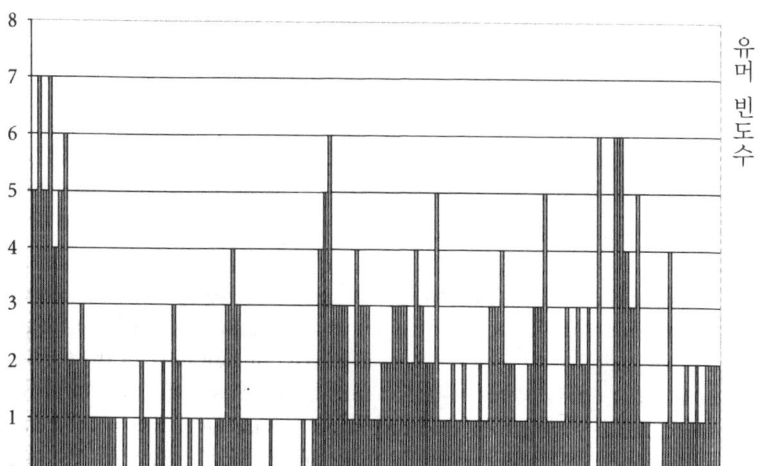

메타 서사 분열을 지닌 유머러스한 플롯 이것은 그 장르의 서사 전통에 다소간의 분열을 가진 텍스트이고, 이 분열들은 유머러스한 속성을 가진다(피란델로Pirandello의 희극들이 보여주듯이, 단지 분열에 불과한 것은 유머러스한 속성을 가지지 않는다.). 이러한 유형의 유머러스한 텍스트의 예는 멜 브룩Mel Brook의 『스페이스볼 Spaceballs』(아따도, 2001에서 논의)과 스턴Sterne의 『트리스트람 샌디 Thistram Shandy』이다. 아마 이것들은 그 장르에서 가장 좋은 예일 것이다.

유머가 중심축을 이루는 유머러스한 플롯 이것은 유머러스한 플롯 중에서 가장 흥미로운 범주이다. 이것은 이야기의 중심축 자체가 유머러스한 텍스트들로 구성된다. 예로는 「아더 새빌 경의 범죄」와 외젠 라비슈 Eugene Labiche의 <이탈리아의 밀짚모자 Un chapeau de paille d'italie>가 있다.

안타깝게도 이 마지막 범주는 문제가 있다. 플롯의 '중심축'에 대한 형식적인 정의가 부족하기 때문이다. 우리는 직관적으로 피카레스크 소설이 아닌, 여타 소설의 플롯(마담 보바리 Bovary의 '부정', 라스콜니코프 Raskolnikoff의 '살인사건', 로리타 Lolita의 '유혹' 등)에는 '이야기를 원활하게 진행시키는' 중심축을 이루는 특징적인 사건이 있다는 것을 알고 있다. 캠벨Campbell(1949)의 영웅 서사에서 중심축을 이루는 사건은 그 영웅이 떠나는 것이다. 프로프Propp의 민간설화에서는 영웅이 떠나는 것과 그 영웅에게 내려진 금지령을 위반하는 것(역할 1-3, 프로프, 1928, 26-27쪽) 두 가지이다. 이런 점에서 하나의 서사 중심축이 무엇이 될지를 비직관적인 방식으로 결정하는 것은 불가능하다. 앞으로 돌아가서 우리는 「아더 새빌 경의 범죄」에서 새빌 경이 누군가를 죽일 거라는 예언을 했던 사람이 바로 그 수상가로 밝혀지고, 예언을 한 그 사람이 서사의 중심축(정말로 전체 텍스트 전개는 이 사실에 의존한다.)이 되고, 이 사실이 유머러스하다고 주장할 수 있다. 예언의 재귀는 몇 가지 모순을 촉발시킨다. 즉, 만약 수상가인 포저스Podgers가 자신의 죽음을 미리 알았다면, 왜 이 사실을 새빌 경에게 알리지 않아서 자신의 목숨을 구하지 않았는가? 더구나 포저스의 신뢰도를 의심하게 하는 몇 가지 경우들이 있지만, 만약 포저스가 가짜라면 어떻게 그가 정확히 미래를 예측할 수 있었을까?

4. 사례 연구: 「아더 새빌 경의 범죄」

아따도(2001)에서 나는 오스카 와일드가 쓴 이 단편 소설을 완벽하게 분석했다. 내가 말하는 '완벽한 분석'이 무엇을 의미하는지를 설명하는 것은 흥미로운 일이다. 나는 텍스트에서 발견한 253개의 유머의 예를 모두 분류하고, 각 유머 문장에 대해 언어 유머의 일반이론 분석을 충분히 제공했다(거기에는 기법적으로 해결 문장으로 봐야 할 두 경우가 있었다.). 또한 텍스트에서 일어나는 몇 가지 맥락을 논의했고, 텍스트에서 일어나는 약간의 흥미로운 대립들, 특히 새빌 경과 와인더미어Windermere 부인을 중심으로 논의했다. 그러나 그 텍스트를 심미적으로 평가하거나 문학적인 텍스트로 평가하는 것은 전적으로 삼갔다. 아따도(2001)가 설명하지 않았지만, 이 상황에서 이 원론적인 입장을 분명히 해야만 한다. 언어 유머의 일반이론은 유머 이론이지 문학, 또는 문학성의 이론이 아니라는 것을 기억하는 것이 중요하다. 그러므로 텍스트의 유머러스함에 대해서만 이해할 수 있는 주장을 할 수 있다. 유머의 영역을 넘어서 확대하는 것은 부적절하다. 언어 유머의 일반이론이 문학적인 분석에 유용하지 않다고 말하는 것은 아니다. 오히려 나는 유머러스한 고전작품들이 의도적으로 우습게 여겨진다는 사실을 전혀 언급하지 않고 분석되는 것을 보고 놀라곤 했다. 텍스트의 유머러스한 의도가 텍스트 속성에 아무런 영향을 끼치지 않는다고 주장하는 것은 불합리하다고 믿는다. 따라서 어떤 텍스트를 언어 유머의 일반이론으로 분석하면 텍스트의 우스운 면들과 텍스트의 각 부분이 어느 정도까지 우습도록 의도한 것인지를 밝힐 수 있다. 그래서 나는 텍스트가 무엇을 하려는지, 그리고 실제로 무엇을 하는지에 대해 중요한 단서를 지닌 문학적 분석을 제시하였다.

나는 다음에 나오는 예를 들어 이 접근법의 타당성을 증명할 것이다. 텍스트의 거시적 측면에서 시작해 보자. <도표 2>는 텍스트를 100단어로 된 128개의 조각으로 나눈다. 위에서 언급한 대로 텍스트에서 문장의 분포는 전혀 균일하지 않으며 무작위적이지도 않다. 즉, 약 천 개의 단어에서 유머가 전혀 없이 펼쳐진 것은 '진지한 휴식'의 경우로 분석하기 위해 선택되었다(42-52 조각). 즉, 달리 말하면 유머가 풍부한 환경 속에서 거의, 혹은 전혀 유머를 보여주지 않는 텍스트의 범위인 것이다. 또한 아따도(2001)는 이 부분이 문체적인 특징(형용사 선택) 때문에 텍스트의 나머지 부분과 구별된다는 것을 보여준다. 다시 말해서, 이 진지한 휴식은 다분히 억지스럽다(이 경우, 행의 부재라는 하나의 특징만으로 진지한 휴식 상태가 결정되지는 않는다.).

텍스트의 진지한 휴식의 범위가 존재하는 것 외에도, 텍스트 속의 유머 분포의 가장 중요한 측면은 그것이 대략 '파도' 패턴으로 보인다는 것이다. 이 텍스트는 가장 집중도가 높은 문장들은 텍스트를 문장으로 나눈 비율이 18에 가까운(하나의 유머 문장이 18개의 단어마다 나타나) 7개 분할 부분으로 시작한다. 「아더 새빌 경의 범죄」의 텍스트를 문장으로 나눈 평균 비율이 대략 50이고, 매리 테일러 무어 Mary Taylor Moore의 고전 연재물 『처클은 실패하다 Chuckles Bites the Dust』라는 시트콤 에피소드의 시작

장면의 비율이 28인 것을 고려하면「아더 새빌 경의 범죄」의 범죄가 드러내는 언어의 향연을 알게 될 것이다. 이 높은 유머 빈도를 가진 서두 뒤 섹션 8에서 52까지는 낮은 유머 비율(진지한 휴식 구절)의 긴 구간이 나온다. 임의적으로 비교해 보자면 진지한 휴식 부분은 대략 367의 비율로 되어 있다(즉, 평균적으로 367개의 단어마다 하나의 유머 문장이 나온다.). 이 낮은 빈도 부분의 뒤에는 32를 약간 넘는 비율을 가진 또 다른 높은 빈도 부분(54-72)이 나온다. 세 번째로, 나타나는 높은 빈도 영역은 대략 22의 비율로 106-113 부분에서 발견된다.

다시 말해서, 우리가 설명한 파도 패턴은 1-7, 54-72, 106-113 부분에서 정점을 이룬다. 강한 시작과는 대조적으로 결말은 놀랄 정도로 낮은 비율의 유머로 이루어져 있다(약 67의 비율을 갖는 114-128 부분). 명백한 의문점은 이러한 파도 패턴이 이 텍스트에 독자적인 것인지, 아니면 와일드에게 전형적인 것인지 아니면 모든 텍스트에 존재하는 것(헛된 가설)인지의 여부이다. 우리는 피츠햄의 텍스트에 대한 분석(아파도, 2001, 147쪽)이 매우 다른 패턴을 보여주기 때문에 이 헛된 가설을 버릴 수 있다. 즉, 피츠햄의 텍스트에는 와일드의 텍스트에서처럼 커다란 진폭이 없고 분포는 훨씬 더 동질적이며 원전의 페이지마다 0에서 3개의 유머 문장들이 있다. 그러나 파도 패턴이 이 텍스트에서 독자적인 것인지, 와일드의 산문에 흔한 것인지, 혹은 그 시대적 현상인 것인지를 어느 정도 확신을 가지고 결정하기에는 성급하다. 이러한 질문들은 추후의 연구만이 해결할 수 있다. 따라서 언어 유머의 일반이론과 그것의 진척된 형태들에 따라 와일드와 다른 작가의 더 많은 텍스트를 분석하려는 연구가 계획 중이다. 한편, 우리는 최초로 이러한 질문을 할 수 있다는 바로 그 사실이 언어 유머의 일반이론의 최초의 성과로서 중요하다는 점에 주목할 만하다.

5. 「아더 새빌 경의 범죄」의 맥락들

「아더 새빌 경의 범죄」의 분석 결과, 맥락의 분류에 있어 하나의 구별점이 도입되었다. 우리는 중심 맥락과 주변 맥락을 구별할 수 있다. 이러한 식별은 상당히 직접적이다. 즉, **주변 맥락**은 텍스트의 일부분에서만 나타나는 반면에 **중심 맥락**은 텍스트의 많은 부분에서 나타난다. 예컨대 우리는 「아더 새빌 경의 범죄」에서 목표물(아더 새빌 경과 와인더미어 부인)에 기반을 둔 두 맥락을 발견할 수 있다. 첫째는 분명히 새빌 경이 가장 중심 맥락이다(새빌 경을 목표로 하는 문장의 예는 89개이고, 와인더미어 부인을 목표물로 하는 것은 23개밖에 없다.). 매우 높은 수치(253 중에서 89)는 아주 중요하다는 점에 주목해야 한다. 이 텍스트 유머의 대부분(약 35%)이 새빌 경을 놀리는 데 치중한다는 점을 분명히 보여 주기 때문이다. 다음으로 자주 목표물이 되는 인물이 와인더미어 부인인데, 그녀는 유머의 9%만 차지한다는 것을 고려하자. 다시 말해서 우리는 이 이야기가 주로 새빌 경을 조롱하는 데 주로 의존하고 있다고 단언할 수 있다. 우리는 이 사실로 돌아갈 것이다.

이제 주변 맥락으로 눈을 돌리면, 이 텍스트의 일부분에서만 일어나는 몇 가지 맥락의 예시들을 발견하게 된다. 여기서 주목을 받은 것은 다음과 같다(아따도, 2001, 85쪽, 괄호 속의 숫자는 이 텍스트에서 얼마나 많은 예가 나타나는지를 가리킨다.).

1. 상투적인 투덜거림(7. 다양한 주체들에 대해 다소간 초점이 없는 불평으로 이루어짐). 예를 들어, 새빌 경이 테러리스트 헤르 윈치코프 Herr Winckekopf에게 치체스터 Chichester의 수장인 삼촌에게 폭탄을 던질 계획이라고 말하자, 윈치코프는 다음과 같이 대꾸한다. "이런, 아서 경,

네가 종교에 대해 그렇게 강한 감정을 가지고 있는지 몰랐네. 요즘에는 그런 젊은이가 거의 없는데."
2. 목표물로서의 클레멘티나 부인Lady Clementina(14)
3. 목표물로서의 헤르 윈치코프(11)
4. 옷에 대한 병적인 집착(7. 다음 참조)
5. 목표물로서의 치체스터의 수장(6)

여기에 매우 상식적이지만 이전에 명시적으로 언급된 적이 없어 보이는 하나의 패턴이 있다. 즉, 주변 인물들은 그들을 목표로 하는 맥락과 연관된 것처럼 보인다는 것이다. 이러한 의미에서, 그러나 오직 이와 같이 제한적 의미에서만 우리는 유머가 플롯에 의존한다고 말할 수 있다. 즉, 우리는 어떤 인물이 나타나거나 (또는 언급)되어야만 그 인물에 대해서 농담을 할 수 있다. 예를 들면 클레멘티나 부인에 관련된 맥락은 거의 전적으로 새빌 경이 그녀를 방문했을 때 집중된다. 이와 비슷한 주장은 도식 대립을 기반으로 한 맥락에서 이루어질 수 있다. 즉, 그러한 맥락들은 대립으로 드러나는 도식들이 텍스트에서 활동적일 때에 발생하는 경향이 있다 (아따도, 2001, 206쪽).

이제 중심 맥락으로 돌아가서, 우리는 「아더 새빌 경의 범죄」가 새빌 경에 '관한' 것이라는 주장이 다른 맥락들에 의해 강화되고 명백해진다는 점에 주목할 수 있다. (우연하게도 이 사실이 사소해 보일지 몰라도, 유머가 플롯에 의존한다는 것이 항상 그렇지만은 않다는 것을 독자에게 상기시켜 보자. 『트리스트람 샌디』 중의 얼마나 많은 것이 트리스트람 샌디에 '관한' 것인가? 「고도를 기다리며Waiting for Godot」는 고도에 관한 것인가?) 우리는 매우 중요한 중심 맥락(97개 예)이 두 개의 논리적 기제인 '잘못된 추론'과 '허위 전제로 인한 추론'(이 둘은 논리적 기제의 분류 속에서 매우 긴밀하게 연관되어 있음)을 포함하고, 만약 우리가 잘못된 추론을 찾기 위해, 목표물 새빌 경에 대한 맥락과 논리적 기제에 기반을 둔 맥락을 상호 참조하면, 절반 이상의 경우들(정확하게 57번)이 새빌 경을 목표로 삼고 있다는 것을 발견하게 된다. 비교해 보면 다음으로 가장 빈번한 목표물은 클레멘티나 부인으로 아홉 번이 나오고, 와인더미어 부인은 여섯 번뿐이다. 따라서 우리는 새빌 경이 놀림을 당한다는 것뿐만 아니라 이 놀림이 주로 결점 때문이거나 부적절한 추론 때문이라고 결론지을 수 있다. 새빌 경의 오류의 특성은 다음에 나올 것이다.

6. 「아더 새빌 경의 범죄」는 사회적 풍자?

이 소설을 분석하다 보면 복잡하지만 흥미로운 쟁점이 드러난다. 그것은 와일드의 텍스트에서 사회적 풍자가 발견되는지 아닌지에 관한 질문이다. 이 질문은 많은 귀족들을 목표물로 삼는 신랄한 풍자로 인해 야기된다. 이 풍자는 와일드의 소설에서 계급의식으로 드러난다. 예를 들어 우리는 새빌 경의 삼촌(부적절하게 새빌 경이 살해하려는 대상)의 딸이 쓴 편지에서 옷에 대한 정상적이고 비정상적인 관심을 대비시키는 맥락을 발견한다. 거기에서 그녀는 '어울리지 않는 옷'(아따도, 2001, 195쪽)을 입기 원하지 않는다며 가난한 자들을 책망한 직후에 자신의 옷을 가지고 여섯 가지 화젯거리를 나열한다(234–240 문장).

몇 페이지 아래에서 와인더미어 부인은 다음과 같이 수상가에 대한 불신을 토로한다.

진저리나는 포저스Podgers를 기억하니? 그는 무서운 사기꾼이었어. 물론 나는 전혀 관심 없어. 심지어 그가 돈을 빌리려 했을 때조차도 용서해줬

지. 그러나 그가 나에게 치근대는 것은 참을 수가 없었어. (아따도, 2001, 200쪽에서 인용)

여기에서 와인더미어 부인이 (아마도 대부분의 사람들에게는 친분을 끊기에 충분한 이유가 되는) 사기를 쳐서 돈을 빌리는 것을 기꺼이 너그럽게 봐준다는 것이 중요하다. 그러나 포저스가 그녀를 치근덕거리는 것은 봐주지 못하는데, 그녀가 너그럽게 봐주지 못하는 이유는 그의 행동이 계급 구분을 흐리게 할 거라는 의심에서다.

새빌 경이 숙모 클레멘티나를 살해하려고 준비하는 과정을 묘사하는 것에도 불분명하고 모호한 사회적 풍자가 드러난다. 새빌 경은 "대중의 관심을 끄는 어떤 방식으로도 클레멘티나를 살해하지 않기를 매우 갈망했다."(아따도, 2001, 180쪽). 또는 신문에 이름이 나게 하거나, 와인더미어 부인의 집에서 '명사가 되는' 것을 원치 않았다. 새빌 경은 감옥에 가거나 사형을 당하는 것을 결코 무의식적으로도 예상하지 않았으며, 아마 자신의 계급과 돈으로 법망의 범위를 벗어날 수 있다고 암묵적으로 생각한다는 점에 주목하자.

이러한 맥락이 사회적 의식을 높여 주는가? 텍스트의 유머 양상의 외의 것을 주목해 보자. 「아더 새빌 경의 범죄」의 마지막에 나오는 새빌 경이 '부러워하는'(아따도, 2001, 176쪽), '영혼의 밤'에 장보러 가는 노동자 계급에 대한 묘사를 볼 수 있다,

> 이 시골뜨기들, 거칠고, 유쾌한 목소리들, 그들의 태연한 태도 (…), 그들은 내다 팔 과일을 가져와서 기껏해야 몇 시간 머물렀다. (…) 그들은 무례했지만 무겁고 징이 박힌 구두를 신고 어눌하게 걸으며 준비한 것들을 조금 가지고 왔다, 그는 이들이 자연과 함께 살아 왔으며, 그녀는 자

연에게서 평화를 배웠다고 느꼈다. 그는 노동자들은 알지 못하는 그들의 모든 것을 부러워했다. (아따도, 2001, 176쪽)

부정적인 측면에서 와일드의 테러리스트들이 정치적 깊이가 없는 어릿광대이며, 새빌 경이 템스 강에 포저스를 던져버린 직후에 뭔가를 떨어뜨렸는지 묻는 경찰에게 "별거 아닙니다."라고 대답한 것을 제외하면, 텍스트에 계급의식에 대한 다른 흔적들은 나타나지 않는다는 것에 주목하자. 이 마지막 말은 평민의 목숨을 무정하게 무시하는 것, 혹은 단순히 경찰에게 변명하는 것을 드러낸다고 여겨질지도 모른다.

언어 유머의 일반이론과 같은 언어학 이론이 어떻게 사회적 풍자를 찾아낼 수 있는지 궁금해 할지도 모른다. 실제로 언어 유머의 일반이론은 그런 식으로 사회적 풍자를 찾아내지는 않는다. 언어 유머의 일반이론은 '귀족'이나 '상류계급'과 같은 어떤 특징을 공유하는 목표물을 가진 유머 문장의 맥락을 찾아낼 뿐이다. 우리는 와일드 소설에서 이 발견을 사회적 풍자를 나타내는 것으로 해석한다. 언어 유머의 일반이론은 텍스트에 대한 이론이지, 작가의 의도에 대한 이론은 아니다(비록 작가의 의도가 언어 유머의 일반이론과 관련이 없는 것은 아니지만).

7. 아더 새빌 경의 전도된 도덕 세계

아더 새빌 경은 자신이 누군가를 살해할 것이라는 말을 듣고서, 충격을 받고 런던의 거리를 방황한다. 그는 숙면을 취하고, 목욕을 하고, 아침식사를 한 후에, 다음과 같은 도덕적 판단을 내린다.

그럼에도 불구하고 그는 자신의 의무가 어디에 있는지 명확하게 인식했으며, 자신이 살인을 할 때까지는 결혼할 권리가 없다는 사실을 충분히 의식하였다. (아따도, 2001, 177쪽)

그의 추론은 다음과 같이 계속된다. 즉, 자신이 살인을 할 것이라는 포저스의 예언을 믿고 만약 살인을 한다면 아내가 부정적인 주목을 받을 것이기 때문에 결혼하기 전에 살인을 해야 한다고 결론을 내린다. 따라서 그는 약혼녀에 대한 의무감으로 범죄를 행하려고 준비한다. 이것은 「아더 새빌 경의 범죄」의 중심적인 서사축이다. 이 유머 라인은 두드러진 빗 맥락(372 단어 텍스트 구절에서 15개의 유머 문장, 텍스트의 25 단어 당 1개의 유머 문장 정도의 비율)에 의해 이해된다. 이러한 유머 문장의 도덕적 함축을 분석해 보면, 와일드가 보편적인 도덕의 "거울 이미지"를 세우고 있다는 것을 쉽게 알 수 있다. 거기에서 사회의 도덕 이론은 쉽게 전도된다. 그 상황을 요약한 다음 표를 보라.

<도표 3> 새빌 경의 도덕관

좋음	나쁨
살인	살인하지 않음
의무	빈둥댐
희생	죄
타인을 위한 삶	자신을 위한 삶
사랑	이기적임
(무 냉소주의)	냉소주의
(이타주의)	자기중심주의
주저하지 않음	(주저함)
상식	(몰상식)

'좋음'과 '나쁨'을 교체함으로써 정상적인 윤리체계가 획득된다는 것을 주목하라. 새빌 경이 자신의 윤리가 비정상적임을 전혀 모르고 있다는 것

은 확실히 중요하다. 실제로 텍스트의 세계 표상 안에서 새빌 경의 윤리관에서 뭔가 비정상적이라는 것을 나타내는 유일한 힌트는 그에게 헤르 윈치코프(새빌 경은 윈치코프에게서 폭탄을 샀지만 삼촌을 죽이지는 못한다.)의 주소를 알려주는 러시아 혁명가인 카운트 루발로프Count Rouvaloff에게 있다. 새빌 경이 그 테러리스트의 주소가 필요한 이유를 설명하자, 루발로프는 "놀라서 잠시 동안 그를 바라보았다."(아따도, 2001, 189쪽) 새빌 경이 이상하게 행동하고 있다는 것에 화자를 포함해서 독자와 동의하는 텍스트상의 유일한 인물은 러시아 혁명가이다. 이 주제를 이끄는 그 유머에 대한 모든 관심은 필연적으로 우리의 윤리 체계의 토대에 대한 일반적인 질문에 반영되어야 한다. 살인이 의무가 되는 완벽하게 합리적이고 일관적인 윤리 체계를 세운다면 그 윤리 체계의 토대에는 그림자가 드리워진다.

우리는 새빌 경을 목표물로 하여 '잘못된 추론'과 '허위 전제로 인한 추론'을 갖는 맥락들이 교차하는 데서 이 이야기(그리고 아마도 와일드 소설)의 이데올로기 중심적인 측면을 명확히 알 수 있다. 와인더미어 부인도 매우 흥미롭게 관찰할 수 있는데, 그녀는 두 번째로 가장 빈번하게 목표물이 되는 인물이다. 그리고 그녀는 서사의 핵심은 아니지만 본능적으로 이야기의 중심으로 묘사될 수 있는 인물이다. 와인더미어를(위 보기에서 언급한 것처럼) 전혀 언급하지 않고도 플롯을 꽤 정확히 요약할 수 있다는 사실을 생각해 보자. 그렇지만 그녀는 새빌 경과 포저스를 (자신의 파티에) 모이게 한 사람이다. 소설의 마지막 장면에 다시 나타나서 수상술이라는 주제를 다시 제기하여 수상술을 무시하는 발언을 한다. 그뿐만 아니라 "수상술이 제 인생의 모든 행복을 주었거든요."(아따도, 2001, 200쪽)라고 말한 새빌 경의 말을 통해 소설의 순환적 결말의 요인을 성취한다.

아따도(2001, 201쪽)에서 언급했던 것처럼, 와인더미어는 매우 알 수 없는 인물이다. 와인더미어의 정신 공간 속에는 정반대의 것들이 공존하는 것처럼 보인다. 즉, 그녀에게 피아니스트는 시인처럼 보이고, 시인은 피아니스트처럼(아따도, 2001, 167쪽) 보인다. 그녀의 경솔함은 순진함으로 보인다(165쪽). 즉, 그녀는 개성을 지니고 있지는 않지만 개성의 혜택을 즐긴다(165쪽). 그녀는 포저스가 사기꾼이라는 것을 알지만 진짜 점술가로 대한다(200쪽). 소설 도입부에 '잡다한' 사람들이 그녀의 집에 모였을 때 그녀는 아더 경의 손금을 읽은 포저스의 생각에 동의한다(170쪽), 소설의 중심 맥락은 부분적으로 그녀의 이러한 부추김으로 시작한다(170쪽). 요약하면 와인더미어는 모순의 '**장소**'이며, (함축된) 화자는 유머로 그것을 활용한다. 그녀가 귀족이라는 점, 그리고 귀족과 평민(포저스) 사이의 경계를 무너뜨리는 것을 수용하는 모순(잡다한 사람들)의 범위로 설정되어 있다는 사실은 상반되는 것들이 공존하는, 모두가 자유롭게 참여하는 모임의 범위를 도입하려는 것이다. 그러나 그 범위는 과정에서 하나의 영역만을 제외하는 것으로 한정된다. 우리가 와일드의 자전적 자료에 대해 아는 것을 인정한다면, 이 측면에서 작가의 특정한 의도를 읽어 보는 것도 좋다. 그렇다 하더라도 전체 텍스트는 이러한 역설적 자세를 반영한다. 즉, 와인더미어가 믿는 것처럼 포저스가 사기꾼이라면, 그는 어떻게 새빌이 누군가를 살해할 거라는 것을 정확하게 예측할 수 있었을까? 사실 우리는 포저스가 자신의 죽음을 예견하는 것은 가능한 일이다. 포저스가 가짜가 아님에도 왜 와인더미어는 그가 가짜라고 확신하는가? 그 줄거리는 새빌 경의 관점을 받아들이면 간단히 해결된다. 와인더미어 부인의 관점으로 보면, 그것은 '난센스'이다. 그녀는 "나는 한평생 그러한 난센스를 들어본 적이 없다."(201쪽)라고 말하며, 이야기의 중심 맥락이었던 새빌 경의 잘못된 추론을 드러내며 이야기를 종결시킨다. 이것은 그녀의 특정한 기호적 입장에 대한 한 가지 의문을 야기한다. 위에서 살인이 의무라는 새빌 경의 전도된 도덕 세계를 보았다. 와인더미어 부인의 세계는 그러한 간단한 분열을 야기하지 않는다. 그러므로 그녀와 관련된 텍스트 세계의 재현은 불가피하게 모순적이라고 결론지을 수밖에 없다.

텍스트의 또 다른 구절에서도 비슷하게 앞뒤가 맞지 않는 이야기가 나타난다. 새빌 경은 자신이 누군가를 살해할 것이라는 말을 들은 후에 새빌 경은 런던 거리를 방황한다. 서술자는 분명히 그가 밤새도록 밖에서 머물렀다고 말한다. 즉, "그가 (집에) 도착했을 무렵에 하늘은 파르스름하고, 새는 정원에서 짹짹거리기 시작했다(176쪽)." 화자가 그 장소를 너무나 정밀하게 묘사해서 새빌 경의 행로를 런던 지도에서 추적할 수 있을 정도다. 놀랍게도 약 1시간이면 거리 전체를 다닐 수 있다. 다음과 같은 질문을 해보자. 그렇다면 자정 무렵에서 아침 6시까지 새빌 경은 어디에 있었을까?(공작부인이 11시 30분에 출발하고 포저스가 약 10분 정도 새빌 경의 손금을 보았다. 그 중간의 장면에 30분을 할애한다면, 새빌 경이 12시 10분경에 와인더미어 부인의 집을 나온 것이 된다.). 텍스트에는 적혀 있지 않다. 그러나 그가 창녀촌에 갔을 거라는 암시가 있다. "그가 옥스퍼드 거리를 건너서 좁고 **창피한 뒷골목**(필자 강조)을 방황했으며, "화장한 얼굴의" 두 여자가 그를 희롱한다고 적혀 있다. 이것은 매춘(여자들이 그를 희롱하기 때문에)을 암시하는가? 이미 말했듯이, 텍스트에는 적혀 있지 않고 기껏해야 모호한 암시만 있다. 그것을 사실로 받아들이면 전체의 플롯이 무너져 버린다. 그가 누군가를 살해한다는 말에 너무 혼란스러워 절망적으로 "영혼의 밤"을 경험하고 나서, "자신을 발견"하고 무슨 일이 있어도 (살인을 포함하여) 결혼을 지키겠다고 결정한 것으로 추정할 수 있기 때문이다. 새빌 경이 창녀와 관계하며 5시간을 보낸 시간, 흥미, 정력을 가지고 있다면, 분명히 그가 심오하게 영향을 받았다는 서술자의 말을 우리는 믿지 않게 될 것이다.

이러한 모순은 환상적(다시 말해서 텍스트 분석이 나만의 지나친 과잉 분석인가?)인가, 아니면 사실적인가? 그것들이 고의적인가 아니면 텍스트의 결점인가? 만약 모순이 사실적이고 의도적인 것이라면, 추측건대 독자들이 생각하는 허구 세계와 실재 세계의 사회구조를 강조하기 위해서, 사실적인 소설의 서사 핵심을 의도적으로 무너뜨림으로써 자신의 소설을 해체하는 와일드의 포스트모던 이미지를 떠올리게 한다. 모순들이 사실적이지만 우연한 것이라면 와일드가 재미에 너무 몰두한 나머지 세부적인 플롯 전개에 신경 쓰지 않았다는 이미지를 갖게 한다. 그런 모순이 단지 과잉 분석의 결과라면, 내가 제안한 읽기는 "과잉 해석"(에코, 1992)이다. 이러한 나의 과잉 해석이 그런대로 흥미롭지 않다고 할 순 없지만 텍스트의 '해석'은 아니다. 그러나 나의 이러한 해석이 '열정적' 읽기로 불린다는 사실에 약간의 위안을 느낀다.

8. 결론

결론적으로 언어 유머의 일반이론의 분석 결과 이 이야기에 어떤 심미적 판단을 내릴 수 있을까? 이 이야기는 매우 정교하게 쓰였으며 줄거리 속에서 유머러스한 효과가 두드러지게 하기 위해 많은 노력을 들였다고 생각한다. 이러한 의미에서 보면, 텍스트의 모든 효과들이 기대하는 심미적 효과(유머)를 성취하기 위해 작동한다는 점에서 와일드는 분명히 포의 창작 구성 원리를 따르고 있다고 할 수 있다. 더욱이 다리 맥락(결말에 와인더미어 부인의 재출현, 치치스터 수장이 새빌 경의 결혼식 주례를 본다는 사실)을 통해, 그러한 효과들 중의 일부가 분명히 교묘하게 계획되어 있다는 것을 알 수 있다. 따라서 그 텍스트는 기술적으로 매우 정교하다고 결론지을 수 있다.

그 텍스트는 일관된 세계관을 성공적으로 표현하는가? 다시 말해서 이 이야기에 주안점과 도덕이 존재하는가? 이 이야기가 새빌 경과 와인더미어 부인을 조롱한다는 점에서 이 텍스트는 영국의 상류층에 대한 가벼운 풍자라고 주장할 수 있다. 텍스트가 새빌 경의 도덕성은 '거울 이미지'로 드러낸다는 점에서 이 이야기는 그 시대의 도덕성에 대한 훨씬 세련된 패러디가 된다. 더욱이 텍스트가 텍스트를 파괴하는 것으로 보는 포스트모던 읽기도 가능하다. 즉, 이 말이 맞다면 와일드가 창조적으로 그의 시대를 초월한 것으로 말할 수 있다. 이 모든 주장은 「아더 새빌 경의 범죄」가 어느 정도 일관적인 세계관을 성공적으로 전개한다고 말하는 것과 다름없다.

언어 유머의 일반이론을 통해 우리가 분석한 소설에 대한 의미 있는 결론을 끌어내긴 했지만, 잠재적인 이의를 제기할 필요가 있다. 즉, 언어 유머의 일반이론은 다른 접근법들(예컨대, 인물 전개를 강조하는 이론에 고무된 언어 유머의 일반이론에 대한 칠로피키(2001)와 좀 더 일반적인 인물처리에 대한 컬페퍼(2001)의 연구를 참조)처럼 인물을 명확히 다루지 않는다. 이러한 점에서 언어 유머의 일반이론 적절성에 의문을 가질지도 모른다. 그러나 언어 유머의 일반이론이 도식, 틀에 기초한 이론이라는 것을 알면 이 의문은 쉽게 사라진다. 텍스트 내부, 그리고 외부에서 수집된 정보를 드러내는, 점점 복잡하고 정교한 틀이 발달하는 텍스트와 마찬가지로 더욱 일반적인 성격을 다루는 언어 유머의 일반이론 이야기 속의 각 등장인물에 대한 임의적으로 복잡하고 상세한 틀 역시 만들어질 것이다. 이런 의미에서 칠로피키가 하는 것처럼, 언어 유머의 일반이론은 텍스트의 의미론적 표상의 전개 안에서 성격 묘사가 특별히 특권 계급의 신분을 정하는 것은 아니다. 그러나 등장인물에 초점을 맞추지 않는다고 해서 성격 묘사가 전혀 없다는 것을 의미하지는 않는다. 반대로 어떤 텍스트 속에서 적어도 캐릭터와 관련된 풍부하고 상세한 틀을 만드는 데 많은 노력이 기울여져야 한다는 것은 분명하다.

이러한 점은 우리를 출발점으로 돌아가게 한다. 즉, 언어학에 기초한 유머 이론은 도식, 틀에 기초한 의미론이 1980년대 중반(도식과 틀 의미론 방향의 언어학에 대해 일반적으로 흥미를 느끼지 못하는 다른 중요한 예외들이 읽기 이론에 존재한다.) 전성기 이후로 계속 사용된 몇 분야들 중 하나였다. 최근에 도식, 틀 의미론은 언어와 문학의 연구에 대한 '인지'의 접근법 안에서 채택되기 때문에 각광을 받고 있다. (전적으로 무관하지만, 최근에 도식, 틀 의미론은 존재론에 기초한 통계의미론에서 점차 더 많이 사용되고 있다.) 여러 연구 맥락에서 이러한 경향이 있는 것을 긍정적으로 간주할 수 있다. 그러나 또한 주의할 필요가 있다. 즉, 이 분야에 대한 많은 기초적 연구가 행해져서 오늘날의 모델로 통합되어야 한다.

마지막으로 이러한 분석에서 언어 유머의 일반이론은 가치가 있는가? 어느 정도까지는 그렇다고 할 수 있다. 이 이론이 두 가지 약점을 갖고 있다는 것은 분명하다. 즉, 하나는 이 이론이 완전히 형식화되지 않았다는 점, 또 다른 하나는 주어진 텍스트 평가하기 위한 기준선 제공 시 상당량의 분석을 포함하는 데이터베이스가 부족하다는 것이다. 반면에 이 이론은 광범위한 텍스트의 유머 양상을 분석하기 위한 비-직관적이고 계량화할 수 있는 방법을 제공한다. 그리고 그 이론적 장치가 없었다면 텍스트에 대한 결론을 끌어낼 수 없었을 것이다. 언어 유머의 일반이론에 대한 풍부한 평가는 아따도(2001, 206-208쪽)에서 찾을 수 있다.

■ 참고 문헌

Attardo, S. 1994. *Linguistic Theories of Humor*. Berlin: Mouton de Gruyter.

_____. 1997. "The semantic foundations of cognitive theories of humor." *HUMOR: International Journal of Humor Research* 10(4): 395–420.

_____. 1998. "The analysis of humorous narratives." *HUMOR: International Journal of Humor Research* 11(3): 231–260.

_____. 2001a. *Humorous Texts: A semantic and pragmatic analysis*. Berlin: Mouton De Gruyter.

_____. 2001b. "Stylistic markers of 'serious relief' in Wilde's Lord Arthur Savile's Crime." *Stylistika* X: 19–31.

Attardo, S., Attardo, D. H., Baltes, P. and Petray, N. J. 1994. "the linear organization of jokes: Statistical analysis of two thousand texts." *HUMOR: International Journal of Humor Research* 7(1): 27–54.

Attardo, S. and Raskin, V. 1991. "Script theory revis(it)ed: Joke similarity and joke representation model." *HUMOR: International Journal of Humor Research* 4(3–4): 293–347.

Campbell, J. 1949. *The Hero with a Thousand Faces*. Princeton. NJL Princeton University Press. (2nd ed. 1968).

Chlopicki, W. 1987. "An application of the script theory of semantics to the analysis of selected Polish humorous short stories." M.A. thesis. West Lafayette, IN: Purdue University.

_____. 1997. "An approach to the analysis of verbal humor in short stories." *HUMOR: International Journal of Humor Research* 10(3): 333–347.

_____. 2001. "Humorous and non-humorous stories –Are there differences in frame-based reception?" *Stylistika* X: 59–78.

Culpeper, J. 2001. *Language and Characterization. People in plays and other texts*. London: Longman.

Eco, U. 1992. *Interpretation and Overinterpretation*. Cambridge: Cambridge University Press.

Fillmore, C. 1985. "Frames and the semantics of understanding." In V. Raskin (ed.), Mind Design. Cambridge, MA: MIT Press. (Rpt. in Readings in Knowledge Representation, R. J. Brachman and H. J. Levesque(eds.), Palp Alto, CA: Morgan Kaufmann. 1985: 246–262.)

Palmer, J. 1987. *The Logic of the Absurd*. London: British Film Institute.
Peacham, H. 1639. "A Merry discourse of Meum and Tuum." In A. Locatelli. 1998. *Il doppioe il Picaresco: Un caso paradigmatico nel Rinascimento inglese*. Milano: Jaca Book.
Propp, V. J. 1928. Morfologija Skazki. Leningrad: Akademia. Translated as "Morphology of the folktale." In *International Journal of American Linguistics* 24:4. 1958. (2nd ed. Austin: University of Texas Press. 1968).
Raskin, V. 1985. *Semantic Mechanisms of Humor*. Dordrecht: D. Reidel.
Ruch, W., Attardo, S. and Raskin, V. 1993. "Towards an empirical verification of the General Theory of Verbal Humor." *HUMOR: International Journal of Humor Research* 6(2): 123-136
Schank, F. C. and Abelson, F. 1977. *Scripts, Plans, Goals and Understanding*. New York: Wiley.
Semino, E. 1997. *Panguage and World Creation in Poems and Other Texts*. London: Longman
Sexton, A. 1981. "Transformations." *In The Complete Poems*. Boston: Houghton Mifflin.
Wilde, O. 1909. *Lord Arthur Savile's Crime*. (Text available from the internet, at various locations).

11 캐릭터 묘사의 인지문체론적 접근

요나단 컬페퍼 (랭커스터 대학교)

"캐릭터는 작가가 묘사한 것과 우리 사이의 경계에 존재한다"
사이먼 캘로우 Simon Callow, 『배우 되기 Being an Actor』(1984, 164쪽)

1. 서론

다음 두 예문을 살펴보자. 첫 번째 예문은 조안 해리스 Joanne Harris의 소설 『초콜릿 Chocolat』(1999)의 4쪽에 나오는 내용이다. 이 책의 중심 화자 중 한 사람인 비안 로셰 Vianne Rocher는 프랑스의 어느 마을에 막 도착해서 사육제 퍼레이드를 구경한다.

> 한 검은 형체가 퍼레이드의 후위에 있다. 처음에 나는 그를 퍼레이드의 일원-아마도 흑사병 의사-으로 오인한다. 그러나 그가 접근했을 때 나는 구식의 성직자 옷을 입은 시골 수도사임을 알았다. (1999, 14쪽)

두 번째 예문은 영국의 클래식 FM 라디오에 나오는 방송 광고이다. 그 광고에서 젊은 여성의 목소리는 다음처럼 말한다.[1]

---

[1] "젊음"과 "여성"과 같은 목소리에 관한 나의 캐릭터 묘사는 발화자의 고저와 음질에 대한 나의 지각에 기반한다. 그리고 이와 같은 인물묘사는 이어지는 텍스트의

아빠! 그녀는 계속 내 물건을 빌려가요. 내 CD 절반에 자국을 내놨고요. 내 스피커를 망가트리고, 그녀는 계속 내 옷을 입고 있어요. 일주일 동안 자전거를 보지 못했고, 이제는 다리 털 제거기도 없어졌어요. 요새 엄마가 왜 그럴까요? (『사나토젠 클래식 50 플러스 Sanatogen Classic 50 Plus』, 1998)

캐릭터 묘사는 이러한 예문의 작동 방식을 이해하는 데 필요한 핵심적인 문제이다. 본고는 이에 대해 상세하게 논의하고자 한다. 본고에서는 캐릭터들의 성격이 제공되는 텍스트 정보와 다른 한편 우리 머릿속 내용들 사이에서 발생하는 복잡한 상호 작용의 결과임을 논의할 것이다. 결과적으로 캐릭터 묘사에 대한 적절한 설명에는 인지적 양상과 텍스트 양상 둘 다 살펴보아야 할 필요가 있다. 어떤 문학비평의 글이나 토론에서는 종종 이러한 일에 실패하기도 한다.

본고는 텍스트 이해에 관한 반 디크 van Dijk와 킨치 Kintsch(1983)의 연구를 이용하여 다양한 범위의 캐릭터 분석에 적용될 수 있는 캐릭터 묘사의 인지언어학적 모델을 제시할 것이다. 컬페퍼(2001)의 글에 아주 상세하게 서술되어 있는 캐릭터 묘사 모델은 주로 연극 텍스트에서의 캐릭터들 중심으로 진행되었다. 캐릭터 묘사는 특히 연극에서 중요하다. 왜냐하면 연극 텍스트를 읽을 때 (라디오에서 연극 텍스트를 듣거나, 또는 연극이나 영화를 보고 들을 때) 캐릭터와 언어 사이에서의 연결이 비교적 직접적이기 때문이다. 예컨대 전형적으로 연극의 캐릭터는 서술자를 통하여 형성되지 않는다. 필자의 캐릭터 묘사 모델이 근본적으로 서사 장르들에 적용될 수 없는 이유를 알지 못한다. 그러나 다음과 같은 두 가지 양상이 서사

증거들로 확인된다.

학에서 더 중요해질 것이라고 기대한다. 하나는 서술자가 보고한 캐릭터의 정보를 가려내어 의도한 것을 추론하기이다(즉, 설명한 것으로 관점을 추론하는 것)(컬페퍼, 2001, 136-139쪽, 147-149쪽 참조). 다른 하나는 (예를 들면 사상의 제시를 통하여) 캐릭터의 정신세계에 접근할 서사론적 가능성이다. 이것은 작가에게 캐릭터의 자체 개념과 그 캐릭터에 대한 독자의 개념 사이의 충돌을 창조하도록 허용해주는 것이다.[2] 그럼에도 필자의 캐릭터 묘사 모델이 서사학(시학)과 관련하여 작동되는 방식이 완전히 해결된 것은 아니다.

2. 캐릭터 묘사: 문학비평의 몇 가지 접근법

다수의 문학비평은 '캐릭터들이 어디에 존재하는가?'라는 문제를 토론한다. 다시 말해 문학비평가들은 캐릭터의 존재론적 상태에 대해 논쟁한다. 대략적으로 이 논쟁에는 크게 두 가지 상반되는 관점이 존재한다. 첫 번째 관점은 캐릭터를 '인간화'하는 것에 초점을 맞추어 캐릭터들이 최소한 어느 정도 텍스트와 별개로 유용하게 논의될 수 있다고 주장한다. 첫 번째 관점에 대한 대응으로 전개된 두 번째 관점은 캐릭터를 플롯의 산물이거나, 또는 단순한 텍스트 현상으로 간주한다. 두 견해의 극단성은 아기를 목욕물과 함께 버릴 정도로 양극화되어 있다. 본고는 이러한 두 견해의 양극화된 극단성을 제시하고, 이 둘의 견해를 혼합한 접근법에 대해 논의할 것이다.

---

[2] 물론 이와 같은 양상들은 연극 테스트에 부적절하다고 말할 수 없다. 예컨대 독백은 캐릭터의 정신 세계에 접근하는 것을 제공한다.

2.1. 인간화 접근법

인간화 접근법은 캐릭터를 실재 사람(또는 보다 극단적인 견해로, 등장인물은 **실존하는** 인물이다.)의 모방이나 제시라고 가정하는 경향을 지닌 다양한 성향의 학자들에 의해 제시되었다. 그들은 "캐릭터의 외모와 행위와 말이 실제 생활에서의 사람들을 반영하고 언급하고 있다는 점에서. 우리가 허구의 캐릭터를 인식하고 이해하며 평가한다."(미드Mead, 1990, 442쪽)고 주장한다.

아마도 브래들리A. C Bradley의 『셰익스피어 비극Shakespearean Tragedy』(1905, 1960)은 가장 잘 알려진 '인간화(humanising)' 진영의 예이다. 왜냐하면 이 책이 비판을 위해 선택되어왔기 때문이다. 나이츠L. C. Knights의 평론인 「맥베드 부인Lady Macbeth은 아기를 몇 명 두었나?」는 이러한 공격의 선봉에 서 있다. 이 평론의 제목은 '인간화' 진영의 접근법에 대한 명백한 패러디이다. 나이츠는 브래들리가 셰익스피어 캐릭터의 심리학적 경험과 동기 부여에 대하여 추측하고, 희곡 텍스트 밖에서 캐릭터의 과거와 미래를 구축하는 점에 대해 비판한다. 실제로 이와 같은 비평은 브래들리의 공인된 비평적 입장보다 분석적 실행에 더 적합하다. 예를 들면 비극의 속성을 논의하면서, 브래들리는 '행위(action)'가 캐릭터와 동등하게 중요하며, 셰익스피어의 주요 관심이 "단순한 캐릭터에 있고, 심리학적 관심이 없는데, 그것이 커다란 실수였다."라고 말하는 것을 지적하는 데 부심한다(1960, 12-13쪽). 그러나 희곡에 대한 브래들리의 논의에서 심리학적 추측의 사례를 찾기는 어렵지 않다. 이것은 종종 수사적 질문의 형태로 나타나는데, 예를 들면 햄릿의 말에 대한 다음과 같은 그의 언급이 그러하다. "셰익스피어의 작품에 나오는 어떤 캐릭터가 이와 같은 말을 사용했는가?"(브래들리, 1960, 151쪽) 분명히 셰익스피어는 이와 같은 말을 햄릿의 성격에 대한 부분으로 사용했으며, 따라서 다른 캐릭터가 그러한 말을 했다고 살펴보는 것은 순수한 추측일 뿐이다. 다른 경우에도 브래들리는 자신이 '추측(1960, 264쪽)'에 확실히 몰두하는 것을 인정하면서, 『리어왕 King Lear』의 일부 캐릭터들이 마치 실재의 사람인 것처럼 다음과 같이 말하고 있다.

> 그런 남자와 여자가 어떻게 존재할 수 있을까? 우리는 스스로에게 물어본다. 인간성이 어떻게 그처럼 정반대의 형태를 취할 수 있을까? 특별히 인간 본성에서 어떤 요소가 누락되었는가? 또는 인간 본성에서 어떤 요소가 누락되지 않았다면 이러한 요소의 어떤 왜곡이 존재했기 때문인가? (1960, 264쪽)

브래들리의 책이 발간된 이후 비교적 소수의 학자들만이 캐릭터에 대한 인간화 접근법이라고 할 수 있는 방법을 채택했다(예컨대, 하베이 Harvey, 1965).[3] 그러나 학문적 문학 연구를 벗어나 대중들의 일반적인 문학 접근을 고려해보면, 다른 양상이 나타난다는 것을 염두에 둘 필요가 있다. 필자는 캐릭터들을 인간화하는 것이 대부분 사람들이 문학을 향유하는 일부라고 추측한다. 즉, 연극과 영화의 즐거움 중 하나는 마치 캐릭터가 실재의 사람인 것처럼 캐릭터를 이미지화하는 것이다. 이것은 문학비평에서 인간

---

3 어떤 측면에서는 프로이드파의 심리학자들이 인간화 접근을 실행한다고 주장할 수도 있다. 그러나 정신 분석적 접근법들은 의식보다는 무의식에 초점을 두고 있다는 점에서 나머지 인간화 진영과는 거리를 두고 있다. 정신 분석은 캐릭터 묘사 이론을 위한 최선의 출발점이 아닐 수 있다. 냅 Knapp(1990)의 의견과 일치하는 필자의 주장은, (a) 그것은 개성(예컨대 어린 시절에 집중하는)에 대한 매우 제한적인 관점을 지니고 있고, (b) 이것은 독자가 텍스트를 통해 행하는 "일반적인" 심리학적 과정과는 관계가 멀며, (c) 이것은 주류의 심리학 연구의 100년 동안 무시당하고 있다는 것이다.

화 접근법이 결코 실제로 없어지지 않는 이유와 여타의 비평가들로부터 신랄한 반발을 유발하는 이유를 설명해줄 것이다. 문학비평가들은 인간화 접근법을 전개하기 위해 자신들의 친숙하고 배타적인 안식처를 포기하고, '보통' 사람들이 텍스트를 파악하는 방식을 이해하기 위해서 심리학의 영역을 탐구해야 한다. 그리하여 "기껏해야 태만한 비평을 제시한다."(스타이안Styan, 1969, 164쪽)는 것을 근거로 인간화 접근법을 무시하기 쉽다.

2.2. 비-인간화 텍스트 접근법

'비-인간화(de-humanising)' 접근법의 일반적인 목표는 캐릭터가 실재 인물의 모방이나 재현이라는 것을 부정하고, 캐릭터는 순수하게 테스트상의 존재라고 주장하는 것이다.

브래들리가 수행한 비평에 대응하여 나이츠는 셰익스피어의 희곡은 극적인 시詩로 다루어져야 하며, 캐릭터들은 희곡의 구술적 조직 요소이지 그 이상의 것은 아니라고 주장한다. 그의 비평적 입장은 다음의 진술에서 명확하게 살펴볼 수 있다.

> 좋은 비평가와 나쁜 비평가 사이의 주요한 차이점은, 좋은 비평가는 예술 작품에 실제로 포함된 것을 지적하는 반면에 나쁜 비평가는 작품에 있는 문제를 멀리한다. 예컨대 나쁜 비평가는 그의 감상에 외부 요소를 도입하는데, 이것은 캔버스를 자신의 물감으로 더럽히는 것이다. (1963, 18쪽)

이와 유사한 주장이 몇몇 기호학자들에 의해서 제기되었다. 바인즈하이머Weinsheimer(1979)는 이러한 비평 진영의 극단으로 여겨질 수 있는 것들을 옹호했다.

닫힌 텍스트의 부분으로서의 캐릭터들은 기껏해야 반복의 패턴인데, 그것은 다른 모티브로 계속하여 재문맥화된 것이다. 기호학적 비평에서 캐릭터들은 해체된다. (1979, 195쪽)

이 입장에 따르면, 캐릭터들은 '텍스트성(textuality)'으로 해체된다. 그래서 우리는 캐릭터에 심리학 이론을 적용함으로써 캐릭터를 활성화시키는 시도를 거부해야 한다. 바인즈하이머는 제인 오스틴Jane Austen의 인물 엠마Emma를 분석하면서 다음과 같이 도발적 언급을 한다. "엠마 우드하우스Emma Woodhouse는 여성도 아니고, **마치 여성인 것처럼 묘사될 필요도 없다.**"(1979, 187쪽, 필자 강조)

비-인간화 접근법의 또 다른 분파는 캐릭터가 텍스트 내에서 일차적 기능을 한다고 주장해왔다. 적어도 아리스토텔레스 시대부터 지속되어온 논쟁은 인물과 플롯 사이의 관계에 대한 관심이다. 아리스토텔레스는 『시학』에서 연극에서는 행위가 가장 중요하며, 캐릭터들은 행위에 대한 최상의 '매개자들(agents)'이라고 주장했다. 초기의 형식주의자와 구조주의자들이 이러한 입장을 취했다. 채트먼Chatman은 그들의 주장을 다음과 같이 요약하고 있다.

그들은 캐릭터가 플롯의 산물이며, 캐릭터의 상태는 '기능적'이고, 간단히 말해서 **유력자**이기보다는 오히려 참여자이거나 **행위자**라고 주장한다. 또한 캐릭터를 실재의 존재로 생각하는 것은 잘못된 것이라고 주장한다. 그들은 서사이론이 심리학적 본질을 피해야만 한다고 말한다. 즉, 캐릭터의 양상은 '기능적'이어야만 한다는 것이다. 그들은 캐릭터가 스토리에서 하는 것만을 분석하려고 하지 존재 자체, 즉 외부의 심리적, 또는 도덕적 척도에 의한 '존재(are)'에 대한 분석을 행하지 않는다. 더군다나 캐릭터가 활동하는 행위의 국면들이 영역을 비교적 적은 수로 유형화되거나 분류된다고 주장한다(컬러Culler, 1975, 230쪽).

프로프Propp(1928, 1968)와 그레마스Greimas(1966)와 같은 학자들은 서사와 연극의 기저에 있는 보편적 행위 역할을 포착하기 위한 틀을 만들어 냈다. 이것은 캐릭터 묘사에 관한 일종의 '행위(deed)'(예컨대 선행, 악행)에 대한 기능으로서의 '행위자(doer)'(예컨대 영웅, 악한)에 초점이 있는 것이지, 행위자에게 동기를 부여했던 것은 아니다. 베니손Bennison은 이러한 종류의 접근법과 인간화 접근법 사이의 차이점을 다음과 같이 간단하게 정리하고 있다. 즉, 프로프 분파의 비평가들이 묻는 질문은 "무엇 때문에 캐릭터가 이런 행위를 하는가?"보다는 오히려 "이런 행위가 무슨 결과를 낳았는가?"라는 것이다(1997, 118쪽).

2.3. 혼합 접근법

바-인간화 접근법에서 캐릭터는 텍스트의 해석에 의해 결정된다. 나이츠가 지적한 것처럼, 비평가는 "결국 어떤 범위에 이르든 간에 그는 구성된 희곡의 대사와 함께 시작한다."(1963, 4쪽). 그리고 텍스트의 조직은 캐릭터에 대한 우리의 인상에 대해 어느 정도 부분적인 역할을 해야만 한다. 반 피어 Van Peer는 다음의 글에서 이와 같은 점을 언급한다.

> 서사와 극적 장르(시에서는 훨씬 덜하지만)에서 캐릭터에 대한 문제는 중요한 것이다. (…) 여전히 더욱 중요한 것은 캐릭터의 범주가 언어적 형식에 지배된다는 것이다. 캐릭터의 성격은 독자가 말, 문장, 문단, 텍스트의 구성, 생각, 발화로부터 추론하는 어떤 것이며, 이것은 부인할 수 없는 것이다. 그래서 텍스트의 언어적 조직은 어느 정도 우리가 주인공을 구성할 수 있도록 "그림"의 종류를 미리 결정할 것이다. 그러므로 이것이 성취되는 특정 **형식**을 상세하게 연구할 필요가 있다. 이 지점에서 이러한 필요성을 제공하는 이론적 틀이 거의 없는 것처럼 보인다. (반 피어, 1989, 9쪽)

한편, 엠마 우드하우스에 대한 바인즈하이머의 언급은 어떻게 아기를 목욕물과 함께 버리게 되었는지를 논증하고 있다. 그의 3인칭 중성 대명사의 사용은 혼돈의 경계에 있다. 즉, 엠마의 여성 정체성은 여성이라는 것은 모든 독자들이 부정할 수 없는 그녀 캐릭터의 일부이다. 캐릭터들은 독자, 혹은 청취자가 없을 때에만 텍스트에서 단어로서 유지된다. 툴란 Toolan은 그것을 다음과 같이 적시하고 있다(1988, 92쪽).

사실 이론가들이 무엇을 말하든 간에, 대다수의 독자들은 대부분의 소설 속 캐릭터들을 (희미하든 뚜렷하든지 간에, 또는 인식할 수 있거나 이해할 수 있거나 해독할 수 있거나, 또는 인식할 수 없거나 이해할 수 없거나 해독할 수 없거나 간에) 개인들로 이해한다. 그리고 이와 같은 독자들의 이해가 수립되고, 전도되고, 조작됨에 따라서 실재 세계의 캐릭터에 대한 우리의 지식을 포함한 모든 종류의 부가적인 지식이 이용된다.

에모트Emmott도 다음과 같이 비슷한 견해를 내놓고 있다(1997, 58쪽).

서사 텍스트를 읽을 때, 우리는 개개인이 신체적이고 심리적으로 행동하면서 거주하는 세계를 실재 세계에서의 생활을 경험하는 것과 같은 방식으로 상상한다.

우리가 텍스트를 읽을 때(또는 라디오에서 나오는 말을 들을 때, 연극이나 영화를 보고 들을 때), 일상생활에서 사람들의 경험을 이해하기 위해 사용하는 구조와 과정을 통해 캐릭터를 해석한다는 것을 부정하기는 어렵다. 또한 우리는 종종 실재하는 사람을 적용하여 캐릭터에 관해 이야기한다. 심지어 인간화 진영에 대해 의혹을 표명하는 작가들조차도 이와 같은 생각으로부터 완전히 벗어날 수는 없다는 것을 인정한다.

그러나 어떤 의미에서 우리는 리어, 맥베스Macbeth, 햄릿Hamlet을 인간이라고 느껴야만 한다. 왜냐하면 인간적 상황에서 인간성과 접촉하여 연기를 하기 때문에 우리는 연민을 느끼고 감탄하는 것이다. 즉, 그 패턴의 모습들은 결국 인간적인 패턴에서의 인간적 모습들이다. (스타이안, 1969, 164쪽)

우리는 코델리아Cordelia를 딸로 에드가Edgar를 아들로 말하고자 하는 당연한 충동을 갖고 있다. (…) 우리는 보다 확실한 것, 즉 인간적인 특성과 속성에 대해 이야기한다. (스타이안, 1969, 163쪽)

다른 한편, 캐릭터가 실재의 인물이라는 극단적인 인간화 관점은 순진한 것이다. 무대에서조차도 배우는 실재의 사람이다. 즉, 일반적으로 캐릭터는 배우가 흉내 내는 사람이다.[4]

이에 대한 필자의 입장은 최근의 구조주의 비평가의 입장과 다르지 않다. 마골린Margolin(1989, 10쪽)은 「캐릭터에 대한 구조주의적 접근에서의 '예술의 상태'」에 관한 논문에서 학자들이 "오히려 축소되는 캐릭터의 기능적인 지향 도식"에 불만이 있다는 것을 주목하면서 다음과 같이 말하고 있다.

쉽게 말해 나는 "허구의 인물이 기괴하게도 일반사람들과 유사하다는 느낌은 무시되고 조롱받아야 할 것이 아니라, 설명을 필요로 하는 서사의 중요한 특징"(마틴Martin, 1986, 120쪽)이라고 주장하는 월레스 마틴Wallace Martin과 같은 현 상황에 불만을 표명한 학자들에 의구심을 갖고 있다.

---

[4] 물론 배우의 여러 개성적 양상들이 캐릭터에 투영될 수 있다. 또한 현대판 "다큐드라마"와 같은 다른 장르들에서는 다르게 작동하고 있음을 명심할 필요가 있다.

실제로 마골린(1983)은 초기 논문에서 캐릭터들의 인간화 범위를 제안했는데, 최소한의 인간 범위인 "행위자로서의 캐릭터"와 최대한의 인간 범위인 "개인, 또는 사람으로서의 캐릭터"이다. 혼합 접근법은 지난 20년에 걸쳐서 적어도 어느 정도까지는 점차 대중적이 되어 왔다(예, 호치만Hochman, 1985, 피셀로프Fishelov, 1990, 미드, 1990). 묘사에 대한 텍스트 차원과 심리적(인지적) 차원을 모두 고려하는 접근법은 다음과 같이 현재의 문체론적 분석의 목적과 전적으로 일치한다.

(문학 언어학, 또는 언어학적 비평으로 알려진) 문체론적 분석은 작품의 언어적 특징을 상세하고 체계적으로 설명하는 문학 작품 분석의 접근법이다. 문체론적 분석은 독자들이 어떻게 특정한 텍스트를 이해하는가에 대한 상세한 설명을 성취하기 위해서 읽기 과정의 세부 사항에 대해 우리가 알고 있는 것을 연결시킨다.

3. 텍스트 이해 모델

본 장에서는 텍스트를 이해할 때 우리가 하는 행위를 언급할 것이다. 텍스트 이해에 대한 간략한 논의는 대부분 반 디크와 킨취가 기술한 모델에 기반하고 있다.[5] 이 모델은 발전(예컨대 브리튼Britton과 그레이서Graesser가 편한 책(1996)의 여러 논문에 영향을 주었다.)해 왔으며, 아주 최근의 접근법과도 잘 조화되고 있다.[6] 게다가 반 디크는 이 모델이 사회

---

[5] 반 디크와 킨치(1983)의 모델에 해당하는 대부분의 개념들은 결코 그것에 한정된 것은 아니다.
[6] 예컨대 반 디크와 킨치(1983)의 관점에 입각한 문학 이해의 기술에서 부분적으로 인지 이론에 기반한 즈완Zwaan(1996)은 킨취(1988)의 모델 관점에서의 묘사로까지 이어지며 나아갈 수 있다.

적 상호 작용의 연구 특히 인종적 편견과 인종주의의 의사소통에서 어떻게 사용될 수 있는지를 보여주었다. 이 모델은 캐릭터 묘사가 사회적 양상에 대처할 수 있는 모델을 분명히 필요로 한다는 점에서 장점이 있다.[7]

외부 세계에 있는 어떤 것에 대한 하나의 가설을 공식화할 때, 매우 일반적인 의미로 정보에 대한 잠재적이고 비교적 수동적인 두 가지의 원천이 있다. 즉, 하나는 외부적 "자극"(원래의 텍스트)이고 또 하나는 "선행 지식"("장기 기억"에 저장된 과거 지식과 경험, 그리고 이따금 "도식"이라고 하는 용어로 기술된 구조화된 일련의 일반 지식)이다. 언어를 이해함에 있어 우리는 해석에 도달하기 위해서 이와 같은 두 가지 정보의 원천에 의존한다. 즉, 인간의 정신은 언어학적 입력 자료를 해석하는 다양한 유형의 인지적 재현들(즉, 기호, 자질, 의미, 구조화된 일련의 요소)을 능동적으로 구축한다.[8] 반 디크와 킨치(1983)의 모델에 의하면, 독자는 다양한 양의 제한된 정신적 자원을 다른 차원의 재현에 적용하는 적극적 해석자이다. 반 디크와 킨치(1983)는 세 가지 차원의 재현이 있으며, 이 세 가지 차원이 존재하며 구별된다는 사실을 다른 학자들도 광범위하게 동의하고 있다고 주장한다. 재현의 단계는 다음과 같다.

표면적 재현, 또는 축어적 재현 표면적 재현, 또는 축어적 재현은 텍스트

---

[7] 디크와 킨치(1983)의 논의가 문제없다고 말할 수는 없다. 이에 대한 비판적 논의는 에모트(1997, 43-50쪽, 109-110쪽) 참조.
[8] 연구자들은 그들의 목적에 맞게 정신적 재현들, 또는 인지적 재현들을 명시하려는 경향이 있다. 보다 더 생물학적 관점에서는 이것을 뇌 속에서 작동하는 일련의 신경들로 명시한다. 반면 보다 더 인지적 관점에서는 이것을 마음 속에서 일어나는 두 가지 정보처리 사이에 놓인 것으로 명시한다. 어떤 독자들은 "도식"이 정신적 재현인지를 의심할지도 모른다. 도식은 하나의 특유한 정신적 재현의 형태이고, 비교적 구조화되어 있으며 비교적 오랜 시간 동안 내구력(영속성)이 있다는 것이 그 의문에 대한 답이 될 것이다.

의 표면적 구조에 대한 일종의 거울 이미지이다. 표면적 재현은 흔히 단지 몇 초 후에 기억에서 없어지는 것으로 생각된다(다양한 참조를 위해 롱 Long(1994, 213쪽)과 킨치의 책(1990) 등을 보시오).

텍스트 기반 재현 텍스트 기반 재현은 텍스트의 내용을 전제하는 관점으로 정의되며, 표면적 구조(예, 킨치 외, 1990)보다 더 오래 기억되는 것으로 간주된다. 이 정의는 무엇이 전제되는지에 대한 의문을 요한다. 텍스트 기반 재현은 그레이서 외(1997, 294쪽)에 의해 다음과 같이 명확하게 정의되고 있다.

전제는 술어(예를 들면 주요 동사, 형용사, 접속사)와 하나, 또는 그 이상의 **논항**(예를 들면 명사, 삽입된 전제)을 포함하는 이론적 단위이며, 각 논항은 기능적 역할(예를 들면 동작주, 피동작주, 대상, 위치)을 갖는다. 전제는 상태, 사건, 행위를 언급하며 실재, 또는 상상의 세계와 관련하여 흔히 진실한 가치를 갖는다.

예컨대 "키 큰 사람이 나타나자 탐은 달아났다(The tall man appeared and Tom fled from him)"라는 문장은 다음의 전제를 포함하고 있다(술어는 괄호 밖에 있으며, 논항과 그 기능적 역할은 괄호 안에 있다.).

전제 1 = appeared (동작주 = man)
전제 2 = tall (대상 = man)
전제 3 = fled (동작주 = Tom, 위치 = from him)
전제 4 = and (전제 1, 전제 3)

텍스트 기반은 명확한 텍스트 전제들과, 전제들 사이의 **지역적인** 일관성을 제공하는 소수의 추측을 모두 지니고 있다. 재현의 차원에서 어떤 일관된 추론이 어떻게 이루어지는가에 대한 것은 확실히 논쟁을 야기한다. 위의 예에서 대명사 him이 man을 언급한다고 추론하기는 쉽다. 전제들 사이의 시간적 관계 역시 추론 가능하다. 따라서 위의 '전제 1'은 '전제 3' 이전에 발생한다. 게다가 키 큰 사람이 탐을 도망치게 한다는 인과적인 선행 추론이 생성될 수 있다. 여기에서 언급된 추론의 예는 인접한 테스트 요소들을 연결시켜 만든 추론임을 주목하자. 그러나 반 디크과 킨취는 또한 텍스트 기반이 텍스트 정보 조직에 대한 고차원의 조직화를 통해서 광범위하게 텍스트의 **전체적인** 일관성을 확립하는 재현인, "거시 전제적인 텍스트 기반"을 포괄할 수 있다고 제안한다. 예컨대 이것은 텍스트의 주제, 또는 주요한 사항과 관련될 수 있다. 전체적인 일관성은 세계, 또는 장르 도식을 포함한다(반 디크와 킨치, 1983, 196-197쪽). 따라서 레스토랑에서 일어나는 일상적인 사건들에 대한 지식이 레스토랑에서 일어나고 있는 서사 장면을 조직화 하도록 도와준다(생크Schank · 아벨슨Abelson, 1977 참조). 또한 추리 소설에 대한 지식은 플롯-범죄, 수사, 해결 등-의 국면을 조직화하도록 도와준다.

상황 모델 상황 모델은 "사건, 행위, 사람에 대한 재현이며, 일반적으로 텍스트 상황"과 관련되어 있다(반 디크 · 킨취, 1983, 11-12쪽).[9] 상황 모델은 위에서 소개한 텍스트의 재현 차원의 새로운 정보를 기억 속에 있는 옛 정보와 통합함으로써 생성된다. 예컨대 "키 큰 사람이 나타나서 탐이 달아났다."라는 문장에서 키 큰 사람의 출현에 대한 탐의 감정적 대응,

---

9 반 디크와 킨치(1983)의 상황 모델은 존슨 레어드Johnson-Laird(1983)의 "정신 모델"로부터 영감을 받은 것으로 보인다.

즉 탐이 놀랐다는 것을 추론할 수 있다. 이와 같은 추론은 '어떤 사람은 키 큰 사람을 보면 흔히 놀란다'와 '어떤 사람은 놀라면 흔히 달아난다'라는 것과 같은 선행 지식에 의존하고 있다. 이와 같은 추론은 아이들은 키 큰 사람을 보면 흔히 놀란다는 것을 우리들이 알고 있기 때문에, 탐이 아이라는 확대된 추론을 이끌어낼 수 있다. 만약 텍스트가 더 많이 이어진다면, 상황 모델에서 동일한 개인을 추론할 수 있도록 다른 묘사들이 사용될 수 있다는 것에 주목하자. 반 디크와 킨치의 견해에서 상황 모델을 만드는 것은 텍스트를 이해하는데 중요한 목표이다. 즉, '만약 우리가 어떤 개인이 텍스트가 지시하는 특성이나 관계를 갖는 상황을 상상할 수 없다면, 우리는 텍스트 자체를 이해할 수 없다.'(1983, 37쪽) 이와 같은 견해는 또한 간햄Garnham과 오크힐Oakhill(1966, 314쪽)에서도 반영되고 있다.

통제 시스템 이해는 전략적이다. 분명히 텍스트를 이해할 때 선행지식의 전반적인 활성화는 대단한 인지적 노력을 요구할 것이다. 그리고 쉽게 시스템에 과부하를 줄 것이다. 이와 같은 지식의 사용은,

> 언어 사용자의 목적, 텍스트와 문맥에서 이용가능한 지식의 양, 그리고 이해하는데 필요한 과정의 단계, 또는 일관성의 정도에 좌우된다. (반 디크·킨치, 1983, 13쪽)

이와 같은 요소들은 다음과 같이 "통제 시스템"의 기준으로 작용한다.

> 통제 시스템은 단기 기억의 처리 과정을 관리하며, 필요한 삽화와 보다 일반적인 의미론적 지식을 활성화한다. 그리고 낮은 순서의 정보에 들어맞도록 더 높은 순서의 정보를 제공하며, 다양한 전략을 조정하고, 단기

기억에서의 어떤 정보가 삽화 기억으로 이동되어야 하는지를 결정한다. 또한 삽화 기억에 적절한 상황 모델을 활성화하고, 장기 기억에 적절한 정보의 효율적 탐색 등을 안내한다. (반 디크·킨치, 1983, 12쪽)

여기에서 언어 이해자의 필요에 의해 결정되는 인지적 노력의 단계는 '적합성 이론'(스퍼버Sperber·윌슨Wilson, 1995)과 관련될 수 있다. 적합성 이론의 관점에 따르면, 인지적 노력에 사용된 양은 결과적인 인지적 보상과 상호 균형을 이룬다.

4. 문학 텍스트에서의 캐릭터 묘사 모형화

본 장에서는 앞 장에서 언급된 텍스트 이해의 양상을 재검토할 것이다. 그리고 일반적으로 문학 텍스트를 읽을 때의 흥미로운 점과 특별히 허구적 캐릭터 묘사를 할 때에 야기되는 흥미로운 점을 부각시킬 것이다. 본 논의는 특히 즈완(1996)의 논의를 따를 것이다.[10] 그리고 캐릭터의 재현이 읽기의 과정에서 마음에 구축되는 방식을 보여주는 도표를 제시함으로써 논의를 시작할 것이다. 이후의 장들은 도표의 특정한 구성 요소를 설명하고 도표화한다.

4.1. 캐릭터 묘사 모델

유감스럽게도 이 도표는 위험을 수반하고 있다. 이 도표는 2차원적이며

---

10 에모트가 내게 강조한 바와 같이, 즈완의 연구는 비록 어느 정도 실증적인 검토가 뒷받침되고 있지만, 아직 자연발생적인 정보에 대해서는 실험을 거쳐야 한다(이것은 주로 도표로 만들어진 예들을 포함한다.).

정적이다. 이 도표는 인간의 마음과 상당히 다른데, 인간의 마음은 병렬(즉, 다차원적이다.)로 일을 처리하며 동적이다. 도표에서 획득할 수 있는 정보의 양은 제한적이다(즉, 도표에서 볼 수 있는 것보다 요소들 사이에 더 많은 연결이 있다.). 따라서 이 도표에서 제시하는 것은 이상화되고 단순화된 것이다. <도표 1>은 작품 읽기에 대한 모이치 Meutsch(1986, 324쪽)의 표에서 영감을 받았다. 그리고 이 도표는 앞 장에서 언급한 텍스트 이해의 양상을 통합함으로써 인지적으로 합당한 캐릭터 묘사 모델을 보여준다.

도표에서 각 실선의 사각형은 텍스트 이해 과정에서 중요하고도 변별적인 요소를 드러낸다. 이 실선의 사각형 안에 있는 각 점선의 사각형은 이와 같은 요소들의 부분이 적어도 이론상으로는 캐릭터 묘사에 한정적이라는 점을 제시해준다.[11] 여기에서 캐릭터가 잠재적으로 이와 같은 모든 요소들에 존재한다는 필자의 존재론적 관점에 주목하자. 화살표들은 요소들 사이의 연결을 보여준다. 나아가 이 도표는 하향의 이해과정(즉, 기억의 선행 지식에 의해 결정된다.)과 상향의 이해과정(즉, 텍스트의 요소에 의해 결정된다.)의 조화라는 것을 보여준다. 그리고 또한 이해는 순환적(즉, 우리가 보는 것은 우리가 알고 있는 것에 영향을 받고, 우리가 알고 있는 것은 우리가 보는 것에 영향을 받는다.)임을 보여준다. 다음에 각 요소들에 대해 간단하게 설명할 것이다.

---

11 여기에서 "이론상"이라고 말하는 것은 캐릭터가 가지고 있는 특유의 어떤 것은 그 자체로 식별되는 것을 암시하며, 하나의 정보처리 과정을 포함하고 있기 때문이다. 이것은 텍스트 기반과 재현의 표층 차원들에서 하나의 특별한 초점이다. 왜냐하면 이와 같은 차원들은 당연히 초래되는 최소의 정보처리 과정을 갖고 있기 때문이다.

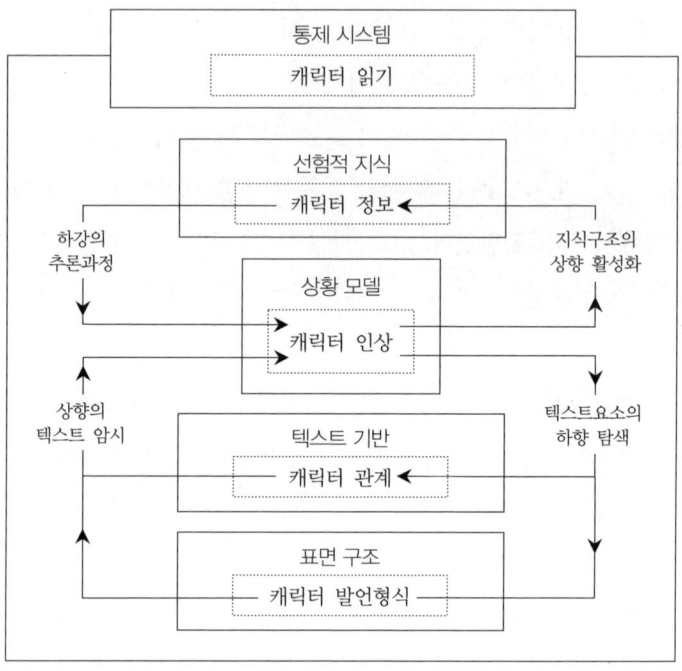

<도표 1> 캐릭터 이해

4.2. 선행 지식

장기 기억에 있는 일부 선험 지식은 캐릭터의 이해에 적절한 정보를 포함할 것이다. 작중인물 읽기에서 문화적이고 심리학적인 전형을 논의하는 요나단 컬러Jonathan Culler는 다음과 같이 기술하고 있다.

> 소설에서 캐릭터가 어떤 행위를 할 때, 독자는 행위와 동기, 습관과 개성 사이의 관계를 수립하는 축적된 인간지식을 활용함으로써 그 행위에 의미를 부여할 수 있다(1975, 144쪽).

컬러는 계속해서 다음과 같이 언급한다.

(…) 대부분의 문학적 효과는 ―특히 서사적 산문에서― 독자가 텍스트의 내용을 일반적인 인간 관심사의 단계와 연결시키려고 한다는 사실에 달려있다. 즉, 캐릭터의 행위와 반응을 총체성과 일관성의 모델에 일치하도록 구축한다는 사실에 달려있다. (1975, 144쪽)

그러나 컬러는 더 이상 이와 같은 "인간의 지식"을 탐구하지 않는다. 인지 심리학자와 다른 분야의 학자들이 제안한 인간 지식 이론 중 하나는 "도식 이론"(예컨대, 바틀렛Bartlett(1932, 1995), 민스키Minsky(1975), 나이서Niesser(1976), 루멜하트Rumelhart(1984), 섕크·아벨슨(1977))이다.[12] 아이젠크와 킨에 따르면, "**도식**은 세계, 사건, 사람, 행위에 관해서 잘 통합된 지식 덩어리를 지시하는데 사용된다." 도식은 비교적 일반적인 정보를 포함하는 구조화된 개념 덩어리이며, 장기 기억으로 저장된다. 도식 이론은 초기 사회적 인지의 연구(애쉬Asch, 1946)에서 나타났는데, 특히 한 개인에 관계되는 요소들이 통합된 인상을 형성하는데 결합되는 방식, 즉 인상형성에 적용되었다. 나아가 도식 이론은 사회적 인지 분야에서 여전히 활발하게 진행되고 있으며, 흔히 "인지 전형"의 개념에 대한 연구와 관련되어 있다. 예컨대 앤더슨Anderson 외(1990, 192쪽)는 전형을 "도식들의 특질을 지니고 있는 고도로 조직화된 사회적 범주"라고 정의한다. 해밀턴Hamilton과 셔먼Sherman(1994, 15쪽)의 경우 "전형은 인지 구조로서 기억에 저장되며, 집단과 집단 구성원의 인식과 행동에 영향을 끼칠 수 있는 일련의 믿음"이라고 주장한다. 지면 관계상 도식 이론과 사회적 인지에서의 도식 이론의 역할(컬페퍼(2001), 2장 참조)을 상세하게 제시할 수는

---

12 도식 이론은 브루워Brewer와 나카무라Nakamura(1984), 손다이크Thorndyke와 예코비치Yekovich(1980), 아이젠크Eysenck와 킨Keane(2000, 275-286쪽) 참조.

없다. 대신 텍스트에 나오는 캐릭터 분석을 위한 도식 이론의 함축성에 집중하고자 한다.

캐릭터들의 첫 인상은 도식에 의해 인도되는데, 일단 활성화된 도식은 계속 유입되는 캐릭터 정보에 대한 발판을 마련해 준다. 나아가 도식은 지식에 기반한 추론을 유도하도록 해주며, 따라서 캐릭터에 대한 인상을 선명하게 해준다. 다시 말하자면, 도식은 캐릭터의 복합성과 불확실성을 설명할 수 있도록 해주고, 캐릭터의 행위 모델(2.2. 참조)이 뚜렷하게 할 수 없는 것을 설명하도록 해 준다. 실례로서 다음의 신문 개인 광고를 살펴보자.

> 런던 거주, 32세, 꽃미남, 비흡연자. 회계사 그러나 좌파. 매력있고 낙천적인 여성을 구함. (<뉴 스테이츠맨>, 1994. 8. 26, 쿠니코 cunico(2002)에서 인용)

예문의 두 번째 문장이 특히 흥미롭다. 예문에서 직업 용어 '회계사'는 광고주를 특정 사회 그룹, 즉 직업의 역할이 회계업무인 사람들에 위치시킨다. 사람들은 흔히 다른 사람들을 개인으로서보다는 오히려 사회 그룹의 구성원으로 인식하며, 이와 같은 그룹이 인지적 범주의 기반을 제공한다고 믿는다. 그러나 도식 이론 관점에서처럼 인지 범주나 인지 개념이 구조적 덩어리로 규정된다면, '회계사'라는 말은 도식적으로 연결되는 선에서 다른 사회적 정보 활성화하도록 돕는다. 광고주에게 발생하는 문제는, 비록 "회계사"가 단순히 특정한 사회적 역할을 나타내는 것처럼 보인다 해도, 어떤 사람들에게는 '회계사'가 정치적으로 우파 그룹의 구성원임과, 특정한 개인적 관심을 가지는 것으로 도식적으로 연결된다(사회적 정보가 '사회적 역할'과 '조직 논리', 또는 어느 정도의 '개인적' 양상이 포함되는지에 따라서 어떻게 범주화되는지에 대해서는 컬페퍼, 2001, 2.4.4. 참조). 이와 같은 도식적 연결은 다음과 같은 경험의 결과로서 일어난다. 즉, 일정 부류의 사람들은 일정한 사회적 역할을 충족시키는 경향이 있다. 그래서 작가는 원하지 않는 도식적 추론을 차단하곤 한다. 이는 작가가 선행하는 텍스트에서 생성된 예상이 적용되지 않는 관습적 함의를 수행하는 연결의 형식적 장치인 "그러나"를 통해서 실행한다(그리스 Grice, 1975 참조).

도식들에 기초하여 추론하는 것은 툴란(1988)이 캐릭터 묘사를 "빙산" 현상으로 언급한 것을 통해서 설명된다. 즉, 빙산 현상은 텍스트의 말들은 캐릭터 인상에 대해 관찰 가능한 부분이며, 인상 이외에 관찰이 불가능한 많은 부분이 남아있으며 추론이 가능하다. 작가에게 말의 함축적 의미는 표현의 경제성을 말한다. 즉, 작가는 텍스트가 말하는 것 이상을 의미할 수 있다는 것이다. 이것은 텍스트의 분량 차원에서 심각한 제약을 받는 개인 광고 작가에게는 분명한 이점이 있다. 역시 허구 작가들은 이와 같은 이점들을 더욱 활용하였다. 예컨대 희곡 텍스트에서 대표적 사례는 캐릭터가 무대 지문들에서 어떻게 소개되느냐 하는 것이다. 일반적으로 생략의 방식을 지닌 무대 지문들은 캐릭터가 등장하자마자 독자가(감독과 배우를 포함) 곧바로 캐릭터의 유형을 파악할 수 있도록 작성된다. 아서 밀러 Arthur Miller의 희곡 『다리에서의 전망 A view from the bridge』(1955, 1975, 11쪽)의 첫머리에서 알피에르 Alfieri를 소개하고 있는 무대 지문을 살펴보자.

> 머리가 희어 지고 있는 50대의 변호사인 알피에르가 입장한다. 그는 뚱뚱하며, 유머 감각이 좋고, 사려 깊다.

이 텍스트와 개인 광고들 사이의 유사성은 놀랍다. 개인 광고에서 나타난 전형(앞의 예)과 마찬가지로, 인용된 무대 지문에서는 사회적 역할(알피에르는 변호사로 일하는 사람들의 범주에 속한다.) 정보와 그룹 구성원의 정보(그는 50대인 사람들의 범주에 속한다.)가 텍스트 초반에 주어진다. 즉, 개성에 대한 정보(그는 '유머 감각'이 좋고 '사려 깊은' 사람들의 범주에 속해 있다.)는 뒤에 나온다. 홀리요크Holyoak와 고든Gordon(1984, 50쪽)은 사회적 인지에서 역할 범주의 심리학적 탁월함을 주장한다(즉, 한 개인의 사회적 역할에 대한 지식은 그의 다른 양상들을 추론할 수 있는 아주 강한 입장을 지닌다.). 그리고 브루워·피스케Fiske·노이베르크Neuberg는 특히 성, 인종, 연령 등과 같은 범주가 지각 측면에서 비교적 자동적이고 보편적으로 사용되어 왔다고 주장한다. 그리고 이와 같은 범주를 '근원적 범주'라고 명명한다. 알피에르에게 부여된 특정한 개성적 정보, 즉 '유머감각이 좋다'는 것은 개인 광고에서 필수적이다(종종 약어 "GSOH=good sense of humor"로 표현된다.). 신체적 모습에 관한 정보 또한 개인 광고에서 전형적인 보통 "매력적임"으로 제시된다. 또한 알피에르의 신체적 용모는 '머리가 희어지고' 있으며 '뚱뚱'하다고 주어진다. 그러나 이와 같은 모습이 부정적으로 인식될 가능성이 있다는 사실은 실용적 맥락에서 개인 광고와 연극의 무대 지문 사이에서의 차이점을 드러낸다. 개인 광고의 목적은 자신을 가능한 최대로 밝게 제시하는 것이다. 이것은 작가의 캐릭터 제시와는 관계가 없다.

마지막으로 본 장에서는 캐릭터에 대한 인상이 허구의 캐릭터 유형에 대한 선행 지식뿐만 아니라 또한 실재 사람들의 유형에 관한 선행 지식에 의해서도 형성될 수 있다는 점을 논의할 것이다.[13] 텍스트의 단서들은

---

13 그 반대의 경우가 사실인지 아닌지에 대한 문제는 보다 더 논쟁적이다. 즉, 허구의 캐릭터에 대한 지식이 실재 사람에 대한 사람들의 지각을 결정할 수도 있다는 것이다.

'실재 사람'에 대한 지식과 '허구 캐릭터'에 대한 지식의 균형에 영향을 끼칠 수 있다. 따라서 만약 연극을 '도덕극'과 동일시한다면(예, 『에브리맨Everyman』, 1500년경), 우리는 허구의 '치명적인 7가지 죄(Seven Deadly Sins)'와 같은 인격화된 선과 악에 대한 지식을 끄집어내어 사용할 가능성이 높다. 반대로 만약 연극을 '일상극(kitchen-sink drama)'(아놀드 웨스커 Arnold Wesker의 희곡)과 동일시한다면, 우리는 실재 사람들에 대한 지식에 보다 더 비중을 둘 가능성이 크다. 그러나 허구의 캐릭터 유형에 대한 지식이 흔히 실재 사람에 대한 인식에 사용되는 지식의 유형과 분리되는 것은 아니다. 예컨대 서부극에서 한 인물이 일련의 선행을 하면, 당신은 그 인물이 '영웅'이라고 추론을 할 것이다. 그리고 당신은 이와 같은 영웅의 극적인 역할을 알고 있기 때문에 "이 인물이 살해될 것 같지 않다"는 추론을 할 것이다. 게다가 그 영웅은 '선하고', '용감할' 뿐만 아니라 또한 '남성'이고 '늙지 않았을' 것이라고 추론할 수 있다. 이것은 실재 사람에 대한 지각에도 쉽게 사용될 수 있는 양상이다. 확실히 허구의 캐릭터 유형과 일상생활의 사회적 범주 사이에는 도식적 관련이 있다. 이 문제에 대한 흥미로운 실증적 연구가 리빙스톤Livingston(1998)에 의해 이루어졌다. 그녀는 TV의 막장 드라마(특히 『코로네이션 스트리트Coronation Street』, 『이스텐더스Eastenders』, 『댈러스Dallas』)에서의 캐릭터에 대한 사람들의 인식에 대해서 포괄적인 연구를 했다. 그녀는 장르의 구조적 양상에 관한 지식이 일상생활의 사회적 지식에 선행하는 방식을 밝혔다. 예를 들면,

---

이와 같은 문제는 '공포 비디오 영화'가 아이들에게 미치는 영향에 대한 토론에서 현저히 발생하고 있다.

시청자들은 분명히 캐릭터들이 서로 다른 도덕적 위상을 갖고 있다는 것을 인식한다. 그리고 그 프로그램의 중심적인 메시지와 도덕적인 서사들을 찾는 것이 일반적으로 보다 더 캐릭터를 인식하는 적절한 방식임을 알고 있다. (…) 시청자들은 캐릭터의 속성에 맞게 그들이 무엇을 하는지에 집중한다 (그리하여 캐릭터의 재현을 서사의 재현에 연결한다.). 즉, '악인(baddies)'은 그의 속성에 맞게 약탈과 사기를 하며, '선인(goodies)'은 그의 속성에 맞게 그릇된 것을 고치고 타인을 돕는다. 도덕성에 대한 집중은 캐릭터의 행위에 대한 판단을 함축하며, 또한 캐릭터를 도덕적 범주로 나누는 것을 의미하는 서사의 이해를 함축한다. (리빙스톤, 1998, 142-143쪽)

4.3. 상황 모델

반 디크와 킨치에 의하면 '사람들'에 대한 재현은 확실히 상황 모델의 일부이다. 이러한 점에서 허구의 캐릭터-목적, 동기, 믿음, 특징, 감정-재현이 어떤 차이가 있다는 것을 입증할 필요는 없다. 실제로 텍스트를 이해하는 연구에서 문학은 그렇게 가정할 뿐만 아니라 또한 어느 정도 실증적인 증거로 입증되고 있다(게른스바허 Gernsbacher 외, 1992, 그레이서 외, 1994). 이와 같은 재현은 캐릭터와 관련한 일련의 추론들을 포함할 것이다. 예컨대 캐릭터와 관련한 일련의 추론들은 목적, 믿음, 특징, 감정, 사회적 관계 등에 대한 추론을 말한다.

두 개의 정보 원천이 상황 모델의 형성에 기여한다. 즉, 하나는 선행 지식(앞 장에서 논의한 하향 과정)이고, 또 하나는 텍스트 정보(다음 두 장에서 논의할 상향 과정)이다. 당연히 상황 모델은 언제나 두 개의 정보 원천 모두를 포함한다. 그러나 사회 인지 문학에서는 상황 모델에서 사람들의 인상을 형성할 때 선행 지식이 우위를 차지한다는 압도적인 증거가 있다(피스케·노이베르크, 1990 참조). 우리는 독자의 개인적인 관련성이

떨어지는 정보 조각들을 검토하려고 힘쓰기보다는, 오히려 분명한 인지적 경제 논리 때문에 텍스트상의 사람들, 혹은 캐릭터들에 대한 정보를 미리 형성된 사회적 도식에 맞추기 위해 노력하는 경향이 있다. 그러나 도식에 기반한 (또는 범주에 기반한) 인상은 단순화를 초래하는데, 이는 텍스트 정보가 일반적인 선행 지식의 관점에서 다루어지기 때문이다. 도식에 기반한 캐릭터들은 원형적이고, 평범하고, 전체적으로 잊기 쉬운 인물이다. 그들은 허구의 세계에 존재하며, 배경 속에 섞여 있다. 예컨대 역사극에서는 무수한 하인들이 전형적인 도식에 기반하여 나타난다. 즉, 그들은 하인의 캐릭터에 맞게 연기한다. 그러한 캐릭터들은 '밋밋함'으로 묘사될 수 있다(포스터Forster, 1927).

작가가 도식에 기반한 캐릭터의 과정을 활용하는 방식 중의 하나는 하나의 캐릭터를 특정한 도식 범주에 따라 형성해서 어떤 상황을 창조해 내는데 있다. 그런데 작가는 독자가 그와 같은 도식 범주를 완전히 포기하고 다른 것을 활성화하도록 요구한다. 필자는 이와 같은 전환을 중요한 인지적 재조직화를 포함하는 현상인 '극적 재범주화(dramatic recategorization)'라고 명명하였다(컬페퍼, 2001, 96-99쪽 참조).[14] 재범주화는 살인자 추리물의 핵심이며, 허구 작품인 추리물이 성공하려면 결말에서 우리가 살인자로 생각하지 않는 캐릭터를 살인자로 재범주화하는 것을 포함하고 있어야 한다. 본고의 서론에서 예시한 『초콜릿』(1999)과 「사나토젠 클래식 50 플러스」 광고의 발췌문은 원래 재범주화를 포함하고 있는 것으로 보인다. 『초콜릿』(1999)의 발췌문을 보면, 퍼레이드를 하고 있는 특정 인물에 대한 비안 로셰의 지각이 드러나 있다. 비안 로셰가 지각한 허구 인물의 특징은

---

14 '재범주화'는 피스케와 노이베르크(1990)의 인상형성 모델에서의 과정 단계이다.

리치Leech와 쇼트Short가 말한 "어떤 캐릭터가 허구의 요소들에 대해 알게 되는 순서"를 의미하는 '심리학적 연속과정(psychological sequencing)' (리치·쇼트, 1981, 177쪽)으로 나타난다. 이 발췌문 이전에 독자는 퍼레이드를 하고 있는 그 사람에 대한 다른 정보나 비안 로셰의 지각을 신뢰할 수 없다는 것을 지시하는 어떤 정보도 받지 못했다. 결과적으로 퍼레이드에서의 그 사람에 대한 비안 로셰의 지각과 독자의 인상 사이에는 밀접한 동질성이 있을 가능성이 있다. '검은 형체'로 묘사된 그 사람에 대한 비안 로셰의 첫 번째 지각은 특정한 하위 범주인 '흑사병 의사'의 역할로 수정된다. 나중에 알게 되겠지만 여기에서 중요한 점은 비안 로셰의 개념에는 '악'과 도식적 유대감을 갖고 있는 역할에 대한 관점을 지니고 있다는 것이다. '흑사병 의사'가 다가옴에 따라 상충하는 정보, 즉 "구식의 시골 성직자의 옷"이 드러난다. 그 사람의 옷은 '선함'과 도식적인 유대감을 지니고 있는 역할인 '성직자'의 사회적 역할에 대한 재범주화를 야기한다. 소설의 이 지점에서 '재범주화'는 무슨 일이 일어났는지를 적절히 묘사하고 있다. 그러나 소설의 연속되는 정보를 고려한 다른 과정의 전략이 요구된다. 이 점에 대해서는 다음 장에서 논의할 것이다.

「사나토젠」 광고에서 '그녀(she)'로 지시된 사람은 독자와 청취자에게 반항적이고, 10대이고, 화자의 자매로 범주화되기 쉽다. 이와 같은 개념은 지식에 기반한 (도식적) 추론에 많이 좌우되며, 광고의 마지막 부분을 제외하고는 그 정보가 모두 맞을 수 있다. 여기에서 '그녀(she)'의 적절한 사람은 여성임을 지시한다. 그리고 이 사실은 일반적으로 여성들이 사용하는 '다리 털 제거기'에 대한 지식에 의해 뒷받침된다. 이 사람은 시끄러운 음악("내 스피커를 망가트리고")에 대한 취향을 갖고 있다. 따라서 이 사람은 젊은(아마도 반항적인) 사람들과 어울리기 쉬운 취향을 지니고 있다. 이 사람은 스피커 소유주에게 쉽게 접근한다. 따라서 동일한 가족 구성원일 가능성이 높다. 또한 이 사람이 '허락 없이(nicked)' 화자의 소유물들을 가져갔다는 사실은 반항적인 성격임을 암시하고 있다. 그러나 마지막 문장의 '엄마(Mum)'는 자매라는 해석에 부합하지 않는 단어이다. 여전히 이 사람에게는 '여성' 범주가 적용되는 반면에, '엄마(Mum)'는 '자매' 범주화에 매우 어긋나고 있다. 또한 전형적으로 어머니는 십대가 아니기 때문에 '십대' 범주화에도 어긋나고 있다. 그렇다면 우리는 십대이면서 화자의 자매인 그녀를 간단하게 어머니로 재범주화할 수 있는가? 문제는 '어머니' 범주가 텍스트에 묘사된 행위들과 잘 부합하지 않는다는 점이다. 그래서 도식 범주에서 전환이 이루어지기가 쉽지 않다. 이에 대한 것은 다음 장에서 예를 들어 설명할 것이다.

4.4. 텍스트 기반 재현

즈완(1996)은 문학 텍스트가 정보를 일관적이고 명확한 방식으로 제시하지 않음으로써 텍스트 기반 차원에 대한 주목을 이끌어낼 수 있다고 주장한다. 캐릭터 묘사에 관련하여 작가는 독자가 도식적인 텍스트의 정보를 손쉽게 통합하지 못하도록 일관성이 없는 캐릭터 정보, 모호하거나 특이한 캐릭터 정보를 제시한다. 이것은 독자가 텍스트 기반의 정보에 더욱 강력히 의존하도록 만든다. 물론 이와 같은 '바-자동적' 과정은 전경화 이론과 관계되어 있다(무카로브스키Mukařovský, 1970). 다음과 같은 실제 즈완의 사례(1996, 247-248쪽)는 허구의 캐릭터 묘사와 관련이 있다.

추리 소설에서 언급되는 세부 사항은 이전 텍스트의 정보와 직접적인 관련성이 없는 것처럼 보일 수 있다. 예컨대 화자가 느닷없이 특정 캐릭터가 왼손잡이라는 정보를 언급할 수 있다. 비문학적 산문을 이해함에 있어 이와 같은 정보는 아마도 빠르게 활성화되지 않을 것이다. 왜냐하면 이는 전제가 되는 네트워크상의 다른 접점으로부터의 활성화를 부여받지 못하기 때문이다. 그러나 문학에서는 겉으로 보기에 부적절한 정보도 다음 단계에서는 적절한 것이 될 수 있다. 예컨대 살인자가 왼손잡이로 판명될 경우에 그러하다. 그러므로 문학적 산문의 경우, 외견상 부적절한 정보는 비교적 오랫동안 기억에서 활성화되고 있어야 한다.

확실히 변칙적이고 모순되는 정보의 조각들이 텍스트 기반 안에서 활성화되기 위해서는 많은 인지적 노력이 요구된다. 독자들은 왜 동기화하기 위해 노력을 기울여야 할까? 보편적인 한 가지 이유는 캐릭터의 상호 작용이 작가와 독자의 담화 속에 내포된 하나의 담화 차원으로 묘사될 수 있다는 사실과 관련된다. 어떤 캐릭터의 행위는 극작가와 관중/독자 사이에서 일어나는 의사소통 행위의 일부이다. 그리고 그에 따라서 우리는 캐릭터의 행위를 실제 상황의 사람들의 행위와 비교하여 캐릭터의 행위가 중요성과 적절성을 지니고 있다고 가정한다.

그렇다 하더라도 텍스트 기반에서의 캐릭터 정보는 상실되기 쉽다. 필자는 텍스트 기반의 정보가 중요하고 적절하다고 간주될 때, 그 정보가 캐릭터 인상을 형성하기 위하여 평준화하거나 추가할 수 있는 상황 모델로 이입될 수 있다는 하나의 가능성을 주장한다. 이와 같은 과정은 '단편의 통합(piecemeal integration)'이라고 명명될 수 있다(컬페퍼, 2001, 80-86쪽, 93-96쪽 참조. 역시 피스케와 노이베르크(1990)가 인상형성 이론에서 이 용어를 실생활의 사람들과 관련하여 처음으로 사용함). 이에 대한 사례가 「사나토젠」 광고이다. 앞에서 논의한대로 재범주화를 위한 문제점은 자매에서 어머니로의 전환이 간단하지 않다는 것이다. 왜냐하면 대부분 사람들의 어머니에 대한 도식은 반항적인 십대와 연결되는 특질을 포함하기가 쉽지 않기 때문이다. 그러나 텍스트 정보에 대한 개별적인 정보 조각들은 상황 모델 속으로 들어가서 전체적으로 소설의 캐릭터 인상을 구성한다. 이것이 이 광고의 핵심이다. 즉,「사나토젠 클래식 50 프러스」는 나이든 사람들에게 활기를 주기 위하여 독특한 광고를 한다고 주장한다. 또한 단편의 통합은 『초콜릿』(1999)의 진행 과정에서 성직자에 대한 캐릭터 묘사에도 적절하게 잘 맞는다. 비록 "검은 형체"와 "흑사병 의사"의 개념이 재범주화의 과정에서 폐기될지라도 성직자에 대한 후속 정보는 **처음의** 개념 측면들을 뒷받침한다. 그 성직자는 비안 로셰의 적으로 드러나며, 그 도시에서 그녀를 쫓아내기 위하여 비도덕적인 일이든 비인간적인 일이든 상관없이 거의 모든 일을 실행한다. 실제로 책의 후반부에서는 그 성직자가 젊었을 때 범죄에 가담했다는 장면도 나온다. 이와 같은 캐릭터의 단편적 인상은 도식에 기초한 인상보다 더 복잡하고 특성화 될 가능성이 있다. 이와 같은 캐릭터는 '모호한 것(round)'으로 묘사될 수 있다(포스터, 1927). 그러나 이와 같은 단편들에 의한 인상은 도식에 기초한 인상보다 더 많은 인지적 노력을 필요로 한다. 즉, 단편에 의한 인상들이 나타난다면 우리는 동기화하기 위해 그만큼의 노력을 쏟아야 한다. 이 문제를 이후 통제 시스템 논의에서 다시 언급할 것이다.

본 장을 끝내기 전에 다루어야 할 또 한 가지 중요한 점은 텍스트 기반(텍스트의 기본적인 전제적 내용)이 거시 전제적 텍스트 기반, 텍스트의 확장을 능가하는 전체적인 일관성을 확립하는 재현을 포함할 수 있다는 함축성에 주목해야 한다는 것이다(3장 참조). 여기에서 선행 지식은 전적으로 조직의 역할을 갖는 반면, 상황 모델에서 선행 지식은 새로운 정보를 창출하기 위하여 텍스트의 정보와 통합된다. 선행 지식의 논의에서 이미 장르에 기반한 캐릭터 유형의 중요성을 언급했다. 캐릭터는 틀 속에서 어떤 기능을 하는 것으로 정의되는 한 거시 전제적 텍스트 기반에 포함될 수 있다. 여기에서 캐릭터의 개념은 '행위자', 또는 '극적 역할'로서의 캐릭터에 대한 기능적 이해를 수용하고 있다. 예컨대 그리스 비극에서 합창단의 캐릭터들은 다른 캐릭터들의 텍스트에 대해 언급하는 특수한 기능을 하고 있다.

4.5. 표면적 재현 또는 축어적 재현

이러한 '재현'의 차원은 캐릭터에 기인되는 특정한 형식의 언어적 선택을 포함하며, 텍스트 기반에 따른 통사론적 분석과 의미론적 분석의 기반을 제공한다. 그러나 표면적 구조가 항상 텍스트 기반의 전제 속에 용해되는 것은 아니다. 디크와 킨치는 피상적 재현에서의 특정한 문체적 특질이 그 텍스트가 이해된 지 '오랜 기간 후에' 삽화적 기억으로 회상될 수 있다고 지적한다(1983, 343쪽). 즈완은 피상적 재현이 기억에서 상실될 지의 여부는 실용적인 문맥에 의해 좌우된다고 주장한다(1996, 243-244쪽). 예컨대 롱(1994)은 산문 문학에서 독자들이 피상적인 대화 형식에 대한 좋은 장기 기억을 갖는다는 것을 밝혔다. 특히 화자의 태도에 관한 정보가 제공되었을 때 이러한 현상이 일어나며, 그와 같은 정보가 상투적인 표현으로 드러날 때 더욱 분명해진다. 나아가 즈완(1996, 245-246쪽)은 압운이나 두운과 같은 문학적 장치가 더 고차원의 과정에 의해 텍스트의 피상적 형식에 대한 독자의 시선을 이끈다고 추정하여 주장한다. 텍스트 기반에 대한 논의에서 언급한 것처럼 역시 전경화 이론이 여기에 적절하다. 전경화 개념이 성공할 수 있는 주된 이유 중의 하나는 텍스트 해석의 연구에 대한 적절성에 있다. 비정상성을 합리적으로 설명하기 위한 측면에서 리치와 쇼트는 배경의 요소 보다는 전경화 요소에 더 많은 해석적 노력을 집중해야한다고 주장한다(리치, 1969, 68쪽, 1985, 47쪽, 리치·쇼트, 1981, 29쪽). 또한 반 피어(1986)는 전경화 요소가 심리학적으로 더 충격적일 뿐만 아니라 텍스트의 전체적인 해석과 관련하여 더 중요하다는 주장을 뒷받침하는 실증적 증거를 제시했다.

만약 적절성이 담보된다면 형식의 표면적인 특질이 상황 모델로 통합될 수 있다는 개념이 캐릭터 묘사 이론에 있어 중요하다. 왜냐하면 텍스트 인상에 대한 이와 같은 설명이 본질적으로 훨씬 더 캐릭터적이기 때문이다. 전통적인 캐릭터 유형을 전형화한 예로 셰리든Sheridan의 『연적The Rivals』(1775)에 나오는 캐릭터인 맬라프롭 부인Mrs. Malaprop을 들 수 있다. 맬라프롭 부인은 어떤 단어를 본의 아니게 유사한 소리가 나는 다른 단어로 바꿔 쓰곤 한다. 그래서 맬라프롭 부인은 조카에게 ('영향력(influence)'이 아니라) '풍요로움(affluence)'의 부족을 아쉬워한다. 이와 같은 그녀의 언어적 일탈은 작품 속 인물의 이름을 따서 만든 말라포로피즘(malapropism)이라는 용어로 더욱 유명해졌다. 또 다른 예는 조지 파쿼George Farquhar의 희곡 『멋쟁이의 전략The Beaux stratagem』(1707)에 나오는 캐릭터인 보니파세Boniface이다. 여인숙 주인인 보니파세는 빈번하게 "말하자면(as the saying is)"이라는 말을 반복한다. 이와 같이 이목을 끄는 문구는 보니파세 캐릭터의 핵심이다. 실제로 당시의 청중에게 보니파세의 문구는 아주 자극적이어서 그 연극의 첫 공연 직후에 "공연은 "말하자면 윌 블록Will Bullock의 이익을 위해서"라고 광고되었다."(코드너Cordner, 1976, 편집자 서문 8쪽).

4.6. 통제 시스템

전체의 이해 과정을 감독하는 통제 시스템은 (특히) 독자의 목적에 따라서 요구되는 과정의 차원과 일관성의 정도를 관리한다. 즈완(1996)은 다른 연구자(모이치, 1986)들이 한 것처럼 문학을 이해하는 다수의 인지 통제 시스템을 만들어냈다.[15] 그는 독자들이 각기 다른 텍스트 유형을 체험함으로써 변별적인 담화 형태에 맞게 통제 시스템을 발전시킨다고 주장한다. 독자는 과학적 담화와 뉴스 담화 같은 정보가 있는 텍스트에서는 상황 모델의 구축에 집중하게 된다. 반면에 독자는 문학 텍스트에서는 표면적 차원과 텍스트 기반 차원에 집중한다(1996, 245쪽 참조). 즈완은 통제 시스템이 문학 이해의 불확정성을 다룰 수 있도록 조정되고 있다고 주장한다(1996, 248-249쪽 참조). 예컨대 우리는 상황 모델의 생성을 지연시킬 수 있다.

어떤 점에서 문학 통제 시스템은 '캐릭터 읽기'인데, 주로 다른 캐릭터와 상반되는 캐릭터에 대해 얼마나 많은 주의와 인지적 노력을 기울이는가 하는 문제를 다루는 것이다. 상대적으로 적은 노력의 전략은 다음과 같다. 즉, 그 전략은 (1) 특별하고 세부적인 표면적 형식과 텍스트에 기반한 정보의 빠른 상실을 허용하기, (2) 상황 모델에서 도식에 기반한 캐릭터를 형성하기 위하여 텍스트 정보를 도식에 접합하기, (3) 부적절한 도식과 일관성이 없는 도식 정보를 무시하기이다. 또한 상대적으로 많은 노력이 필요한 전략은 다음과 같이 상반된 전략을 포함한다. 즉, 그 전략은 특별하고 세부적인 표면적 형식과 텍스트에 기반한 정보가 기억에서 활성화되는 것을 유지하기, 상황 모델에서 단편의 통합을 시도하기, 부적절한 도식과 일관성이 없는 도식 정보에 주목하기이다. 예컨대 만약 품위 있는 나이든 숙녀가 찻집에 들어가는 내용의 소설을 읽는다면, 적은 노력으로 적절

---

15 즈완(1996)은 본 장의 핵심을 실증적으로 뒷받침하기 위해 그의 초기 연구(1991, 1993, 1994)를 인용한다.

한 도식을 선택할 것이며, 텍스트 정보를 접합하고, 상황 모델에서 도식에 기반한 캐릭터를 만들 것이다. 그러나 만약 끔찍한 살인자가 찻집에 나타나고, 이 캐릭터가 깜짝 놀라 현장에서 도망치기보다는 오히려 적극적으로 살인에 관심을 갖고 살인에 대해 정곡을 찌르는 분석을 내놓는다면, 도식에 기반한 이전의 인상은 유지되기 어렵다. 우리는 이전에 이와 같은 캐릭터를 만나지 못했다고 추정하고, 이와 같은 캐릭터에 흥미가 있다고 추정함으로써 도식에 기반한 인상을 포기할 것이다. 대신에 우리는 상황 모델 속의 비교적 독특하고 상세하고 개성화된 캐릭터의 인상, 즉 단편에 의한 인상을 만들어내기 위해 텍스트 정보를 평준화하고 합산하는데 인지적 노력을 기울일 것이다. 물론 필자가 인용했던 캐릭터는 아가사 크리스티 Agatha Christie의 추리소설에 나오는 마플 부인 Mrs Marple이다.

분명히 독자가 많은 노력이 필요한 전략을 선택하기 위해서는 동기화가 요구된다. 즉, 이전 장에서 보편적인 이유를 제시했듯이, 독자는 실생활의 적합한 행위보다도 의미심장한 것처럼 보이는 캐릭터에 대한 세부사항이 작가가 의도하는 그곳에 투입되어 있다는 것을 (담화 구조 때문에) 안다. 그럼에도 불구하고 문학 작품의 모든 정보에 대한 높은 차원의 주의가 동등하게 주어진다고 주장하는 것은 비현실적이다. 만약 독자가 잘 대처한다면, 이해는 전략적이고 선택적이며 또한 반드시 그렇게 되어야 하는 것이다. 본고에서는 독자의 주의 배분과 과정의 깊이에 영향을 미치는 두 가지 요소를 제시할 것이다. 하나의 요소는 캐릭터가 주의와 이해의 노력을 기울일만한 가치가 있을 것이라는 예측이다. 적합성 이론(스퍼버·윌슨, 1995)의 관점에서는 캐릭터들이 그들을 이해하는 데 기울인 노력에 대한 적절한 인지적 보상을 제공할 것으로 재정리되고 있다. 물론 작가는 캐릭터들을 더 중심적이거나 덜 중심적이게 함으로써 우리의 주의를 이끈다. 예컨대 희곡 텍스트에서는 전반적으로 말을 많이 하는 캐릭터가 주인공(모순된 말과 행동으로 가득 차고, 변화를 하고, 플롯을 진행시키는 캐릭터)이다. 그리하여 흥미를 가장 많이 제공한다. 주의를 끄는 큰 주장을 함으로써(예컨대 독자/청중이 더 많은 대화에 주목하도록 함으로써), 독자/청중은 적합성의 원칙에 따라 작가가 적절한 보상을 제공하는 캐릭터를 구축할 것으로 기대한다. (적합성 이론이 판단하지 못하는) 또 다른 요소는 자아 반영성의 개념이다. 브루워는 자신이 만든 실생활의 인상형성 모델에서 사람들이 인지적 노력을 기울이는 이유로 많은 자아 반영성을 내세웠다. 이 개념을 텍스트의 허구 캐릭터를 이해하는 것으로 확대함으로써, 독자는 자신을 캐릭터와 동일시하여 그들에게 연민의 정을 느끼며, 역으로 캐릭터에 대해 불쾌감을 느낄 수도 있다. 이와 같은 자아 반영성은 특정 개인에 대해 더 많은 주의를 기울이는 결과를 낳는다. 그리하여 그 인물들의 인상을 형성하는데 더 많은 인지적 노력을 기울이도록 한다.

5. 결론

인간화 접근법이 사람들에 대한 실생활에서의 지식의 관점으로 캐릭터를 이해하려는 것과 마찬가지로 텍스트상의 캐릭터를 순수하게 설명하는 것은 부적절하다. 여기에서 필요한 것은 이중적 접근법인 인지문체론적 접근법이다. 캐릭터 묘사 모델은 캐릭터에 대한 인간화의 범위를 수용하고 있는데, 이것은 최근의 문학 이론가들이 주장하는 견해이다. 모델상의 특징들은 스칼라(scalar)라는 사실을 잊지 않는 것이 중요하다(즉, 하나의 캐릭터는 전적으로 텍스트에 기반 하지 않을 가능성이 높다.). 캐릭터 묘사에 대한 다양한 양상들이 명확한 설명을 위해 분리되어 다루어진다.

지금까지 다룬 많은 사안들은 겉으로 드러난 것보다 더 복잡하다. 예컨대 본고는 도식에 기반한 캐릭터가 그 자체로서는 허구 작품에서 거의 흥미롭지 않다는 인상을 주었을지도 모른다. 사실 작가는 특수한 효과를 위하여 그와 같은 캐릭터를 이용할 수 있고 실제로 이용한다. 소위 '전형성 왜곡'은 사회적 도식 범주에 대한 전형의 과장으로 이루어져 있다(컬페퍼, 2001, 88-92쪽 참조). 어떤 사람에 대한 캐리커처가 사람의 모습 중 일부를 과장하는 것(찰스Charles 왕자의 귀, 마가렛 대처Mrs Thatcher)의 핸드백)과 마찬가지로, 작가는 사회적 전형의 특수한 양상을 과장할 수 있다. 예컨대 순진한 시골뜨기의 전형적 특성을 드러내고 있는 『한여름 밤의 꿈A Midsummer-Night's Dream』의 보텀Bottom과 『말괄량이 길들이기The Taming of the Shrew』의 슬라이Sly는 지나치게 순진한 시골뜨기의 캐릭터로 인식될 가능성이 있다. 심지어 여왕의 연인이나 영주로서의 지위를 가지고 있을 때에도 아주 순진한 촌뜨기로 인식될 수 있는 효과를 위해서 순진한 촌뜨기의 전형을 드러낸다. 또 다른 경우인 '가능성 왜곡'(컬페퍼, 2001, 92-93쪽 참조)은 다른 유형의 왜곡을 포함하고 있다. 여기에는 어떤 사회적 도식의 일부가 예시될 수 있으나, 그 도식의 다른 부분들이 이용 가능한 증거와 심하게 충돌한다. 이솝 우화에서 말하는 동물들, 책과 영화로 나온 『닥터 두리틀Dr. Doolittle』, 영화 <혹성탈출the Planet of the Apes>의 캐릭터들이 한 예로, 그 캐릭터들은 마치 인간인 것처럼 행동하고 의사소통하지만 육체적으로는 동물이다. 전형성 왜곡은 코미디에서 흔하게 일어나며, 가능성 왜곡은 일반적으로 공상과학 소설에서 흔히 발생한다.

본고는 지면 관계상 모델에 관한 두 가지 양상에 대해 주의를 충분하게 기울이지 못했다. 하나는 캐릭터 묘사에 대한 소통 맥락이 많고도 복합적이라는 것이다. 문학 텍스트를 읽는 것은 다음과 같은 상황에 우리를 개입시키는 것이다. (1) 모든 캐릭터에 대한 재현, (2) 각 캐릭터에 있어 다른 캐릭터에 대한 재현, (3) 캐릭터가 등장하는 상황에 대한 재현, (4) 텍스트의 작가가 캐릭터의 담화를 통해 우리가 이해하기를 의도하는 것에 대한 재현에 개입시키는 것이다. 우리는 이 모든 재현을 구축할 뿐만 아니라, 또한 그것들을 서로 비교하여 추론도 한다. 또 하나는 캐릭터가 소통 맥락 안에서 관찰되며, 시간이 진행됨에 따라 구축된다는 것이다. 즉, 캐릭터 묘사의 과정은 역동적이다. 이것은 텍스트에서 캐릭터를 추적하고 그들에 대한 재현을 갱신해야 하는 지속적인 추론의 복잡함을 의미한다(에모트, 1997).

  마지막으로 본고는 희곡 텍스트를 예로 들어 논의를 했지만, 독자는 서사의 예들과 비문학의 예들도 논의되었다는 것을 알 것이다. 서문에서 암시한 것처럼, 본고에서 제안한 것은 캐릭터 묘사에 대한 일반적인 모델이다. 물론 각 장르들이 결정적인 변별성을 지니고 있지 않다고 말하는 것은 아니다. 앞으로의 연구 과제는 그러한 변별성이 무엇인지를 밝히는 것이다.

참고 문헌

Andersen, S. M., Klatsky, R. L. and Murray, J. 1990. "Traits and social stereotypes: Efficiency differences in social information processing." *Journal of Personality and Social Psychology* 59(2): 192−201.
Asch, S. E. 1946. "Forming impressions of personality." *Journal of Abnormal and Social Psychology* 41: 258−90.
Bartlett, F. C. [1932] 1995. *Remembering: A study in experimental and social psychology*. Cambridge: Cambrige University Press.
Bennison, N. 1997. Unfolding the Process: Character, narratology, and the fiction of George Eliot. Unpublished PhD dissertatation, Lancaster University.
Bradley, A. C. [1905] 1960. *Shakespearean tragedy: Lectures on Hamlet, Othello, King Lear, Macbeth*. London: Macmillan. (2nd ed).
Brewer, M. B. 1988: "A dual process model of impression formation." In T. K. Srull and R. S. Wyer (eds.), *In Advances in Social Cognition*, Vol. 1, 1−36. Hillsdale, NJ: Lawrence Erlbaum.
Brewer. W. F. and Nakamura, G. V. 1984. "The nature and function of schemas." In R. S. Wyer and T. K. Srull (eds.), *In Handbook of Social Cognition*, Vol. 1, 120−160. Hillsdale, NJ: Lawrence Erlbaum.
Britton, B. K. and Graesser, A. C. (eds.). 1996. *Models of Understanding Text*. Mahwah, NJ: Lawrence Erlbaum.
Callow, S. 1984. *Being an Actor*. London: Methuen.
Chatman, S. 1978. *Story and Discourse: Narrative structure in fiction and film*. Ithaca and London: Cornell University Press.
Cordner, M. (ed.). 1976. *The Beaux' Stratagem*. London: Ernest Benn.
Culler, J. 1975. *Structuralist Poetics: Structuralism, linguistics and the study of literature*. London: Routledge and Kegan Paul.
Culpeper, J. 2001. *Language and Characterisation: People in plays and other texts*. Harlow: Pearson Education.
Cunico, S. 2002. "An Anatomy of Madness: Disordered speech in drama." Unpublished Ph.D. dissertation. Lancaster University.
Emmott, C. 1997. *Narrative Comprehension: A discourse perspective*. Oxford: Oxford University Press.
Eysenck, M. W. and Keane, M. T. 2000. *Cognitive Psychology: A Student's*

handbook. Hillsdale, NJ: Lawrence Erlbaum. (4th ed).
Fishelov, D. 1990. "Types of character, characteristics of types." *Style* 24(3): 422–439.
Fiske, S. T. and Neuberg, S. L. 1990. "A continuum of impression formation, from categorybased to individuating processes: Influences of information and motivation on attention and interpretation." In M. P. Zanna (ed.), *Advances in Experimental Social Psychology*, Vol. 23, 1–74. New York: Academic Press.
Forster, E. M. [1927] 1987. *Aspects of the Novel*. Middlesex: Penguin.
Garnham, A. and Oakhill, J. 1996. "The mental models theory of language comprehension." In B. K. Britto and A. C. Graesser (eds.), *Models of Understanding Text*, 313–339. Mahwah, NJ: Lawrence Erlbaum.
Gernsbacher, M. A., Goldsmith, H. H. and Robertson, R. 1992. "Do readers represent characters' emotional states?" *Cognition and Emotion* 6: 89–111.
Graesser, A. C., Gernsbacher, M. A. and Goldman, S. R. 1997. "Cognition." In T. A. van Dijk (ed.), *Discourse as Structure and Process*, 292–319. London: Sage [Discourse Studies: A multidisciplinary introduction 1].
Graesser, A. C., Singer, M. and Trabasso, T. 1994. "Constructing inferences during narrative text comprehension." *Psychological Review* 101(3): 371–395.
Greimas, A. J. 1966. *Sémantique Structurale*. Paris: Larousse.
Grice, H. P. 1975. "Logic and conversation." In P. Cole and J. L. Morgan (eds.), *Syntax and Semantics 3: Speech acts*, 41–58. New York: Academic Press.
Hamilton, D. L. and Sherman, J. W. 1994. "Stereotypes." In R. S. Wyer and T. K. Srull (eds.), *Handbook of Social Cognition, Volume 2: Applications*, 1–68. New Jersey: Lawrence Erlbaum. (2nd edn).
Harris, J. 1999. *Chocolat*. Black Swan: London.
Harvey, W. J. 1965. *Character and The Novel*. London: Chatto and Windus.
Hochman, B. 1985. *Character in Literature*. Ithaca: Cornell University Press.
Holyoak, K. J. and Gordon, P. C. 1984. "Information processing and social cognition." In R. S. Wyer and T. K. Srull (eds.), *Handbook of Social Cognition*, Vol. I, 39–70. Hillsdale, NJ: Lawrence Erlbaum.
Johnson–Laird, P. N. 1983. *Mental Models*. Cambridge: Cambridge University Press.
Kintsch, W. 1988. "The role of knowledge in discourse comprehension: A construction integration model." *Psychological Review* 95: 163–182.
Kintsch, W., Schmalhofer, F., Welsch, D. and Zimny, S. 1990. "Sentence memory: A theoretical analysis." *Journal of Memory and Language* 29: 133–159.

Knapp, J. V. 1990. "Introduction: Self-preservation and self-transformation: Interdisciplinary approaches to literary character." *Style* 23(3): 349-364.
Knights, L. C. [1933] 1963. *Explorations: Essays in criticism mainly on the literature of the seventeenth century*. London: Chatto and Windus.
Leech, G. N. 1969. *A Linguistic Guide to English Poetry*. London: Longman.
_____. 1985. "Stylistics." In T. A. van Dijk (ed.), *Discourse and Literature*, 39-57. Amsterdam: John Benjamins.
Leech, G. N. and Short, M. 1981. *Style in Fiction*. London: Longman.
Livingstone, S. 1998. *Making Sense of Television: The psychology of audience interpretation*. London: Routledge. (2nd ed).
Long, D. L. 1994. "The effects of pragmatics and discourse style on recognition memory for sentences." *Discourse Processes* 17: 213-234.
Margolin, U. 1983. "Characterization in narrative: Some theoretical prolegomena", *Neophilologus* 67: 1-14.
_____. 1989. "Structuralist approaches to character in narrative: The state of the art." *Semiotica* 75(1-2): 1-24.
Martin, W. 1986. *Recent Theories of Narrative*. Ithaca: Cornell University Press.
Mead, G. 1990. "The representation of fictional character." *Style* 24(3): 440-452.
Meutsch, D. 1986. "Mental models in literary discourse: Towards the integration oflinguistic and psychological levels of description." *Poetics* 15: 307-331.
Miller, A. [1955] 1961. *A View from the Bridge*. Harmondsworth: Penguin Books.
Minsky, M. 1975. "A framework for representing knowledge." In P. H. Winston (ed.), In *The Psychology of Computer Vision*, 211-277. New York: McGraw Hill.
Mukařovský, J. 1970. "Standard language and poetic language." (Ed. and trans. P. L. Garvin). In D. C. Freeman (ed.), *Linguistics and Literary Style*, 40-56. New York: Holt, Rinehart and Winston.
Neisser, U. 1976. *Cognition and Reality: Principles and implications of cognitive psychology*. San Francisco: W. H. Freeman.
Propp, V. [1928] 1968. *The Morphology of the Folktale*. (Trans. L. Scott). Austin: University of Texas Press. (2nd ed).
Rumelhart, D. E. 1984. "Schemata and the cognitive system." In R. S. Wyer and T. K. Srull (eds.), *Handbook of Social Cognition*, Vol. I, 61-188. Hillsdale, NJ: Lawrence Erlbaum.
Schank, R. C. and Abelson, R. P. 1977. *Scripts, Plans, Goals, and Understanding: An inquiry into human knowledge structures*. Hillsdale, NJ: Lawrence Erlbaum.

Short, M. and Semino, E. Forthcoming. "Stylistic analysis and evaluation."
Sperber, D. and Wilson, D. 1995. *Relevance: Communication and cognition.* Oxford: Blackwell. (2nd ed).
Styan, J. L. 1969. *The Elements of Drama.* Cambridge: Cambridge University Press.
Thorndyke, P. W. and Yekovich, F. R. 1980. "A critique of schema-based theories of human story memory." *Poetics* 9: 23-49.
Toolan, M. J. 1988. *Narrative: A critical linguistic introduction.* London: Routledge.
Van Dijk, T. A. and Kintsch W. 1983. *Strategies of Discourse Comprehension.* London: Academic Press.
Van Dijk, T. A. 1987. *Communicating Racism: Ethnic prejudice in thought and talk.* Newbury Park: Sage Publications.
Van Peer, W. 1986. *Stylistics and Psychology: Investigations of foregrounding.* London: Croom Helm.
Van Peer, W. ed. 1989. *The Taming of the Text: Explorations in language, literature and culture.* London: Routledge.
Weinsheimer, J. 1979. "Theory of character: Emma." *Poetics Today* 1: 185-211.
Zwaan, R. A. 1991. "Some parameters of literary and news comprehension: Effects of discourse-type perspective on reading rate and surface-structure representation." *Poetics* 20: 139-156.
_____. 1993. *Aspects of Literary Comprehension.* Amsterdam and Philadelphia: John Benjamins.
_____. 1994. "Effect of genre expectations on text comprehension." *Journal of Experimental Psychology: Learning, Memory, and Cognition* 20: 920-933.
_____. 1996. "Toward a model of literary comprehension." In B. K. Britton and A. C. Graesser (eds.), *Models of Understanding Text*, 241-255. Mahwah, NJ: Lawrence Erlbaum.

12 인지시학의 양상

르우벤 취 (텔아비브 대학교)

본고는 인지시학을 개략적으로 소개하려는 목적을 지니고 있다. 간단한 서문 다음에 아주 간략한 사례 연구를 통하여 인지시학의 몇 가지 양상을 제기할 것이다. 20세기 비평 현황에 대해 소개하자면, 한편에서는 인상주의 비평가들은 문학 텍스트의 **효과**에 탐닉했지만, 그 효과를 문학의 **구조**와 관련시키는 데에 어려움을 지니고 있었다는 점이 드러난다. 또 한편에서는 분석적이고 구조주의적인 비평가들은 문학 텍스트의 구조를 **기술**하는데 탁월했지만, 텍스트의 인간적인 의의가 무엇인지와 지각한 효과를 설명할 수 있는 방법에 있어 항상 명확하지 않았다. 필자가 이해한 바에 의하면, 인지시학은 문학 텍스트의 구조와 지각한 효과 사이의 관련성을 체계적으로 설명할 수 있는 이론을 제공한다. 마찬가지로 인지시학은 문제시되고 있는 구조와 밝혀진 효과가 정당하게 관련될 **수도** 있고, 관련되지 **않을 수도** 있다는 점을 구별한다. 비평가는 인지 이론의 도움으로 문학 구조와 지각 자질 사이의 관계가 임의적이지 않다는 점을 확보한다.

사고 과정은 비교적 특별한 방향으로 전개되는 정보의 흐름을 수렴한다. 그리고 사고 과정의 요소들은 알맞게 정의되고, 간결하고, 밀도 있게 조직된다. 정서 과정은 유사한 성분들로 구성된 정보의 흐름을 비교적 분산시킨다. 그렇지만 모든 면에서 더 산만하고, 덜 밀도 있게 조직된다. 그래서 정서 과정은 특정한 방향이라기보다는 막연한 경향으로 전개된다. 인지시학은 시 텍스트가 의미를 갖고 있거나 생각을 전달할 뿐만 아니라 독자에게 **지각되는** 정서 자질도 보여준다고 가정한다. 당신이 "내 누이는 슬퍼", "음악은 슬퍼"라고 말할 때, 당신은 '슬프다'는 단어를 두 가지 다른 의미로 사용한다. 첫 문장에서는 한 사람의 어떤 정신 과정을 지시한다. 두 번째 문장에서는 음악 소리 연속의 정신 과정뿐만 아니라 음악이 당신에게 불러일으키는 정신 과정도 지시하지 않는다. "슬픈 음악 작품은 나를 행복하게 해"라고 말할 때에는 완벽하게 상응할 것이다. 당신은 음악의 특별한 멜로디, 리듬, 화성, 음질과의 상호 작용을 통해 생성된 지각 자질을 지시한 것이다. 달리 말하자면, 당신은 소리 패턴과 정서 사이의 어떤 구조적 유사성을 탐지했음을 말한 것이다. 당신이 "이 시는 슬퍼"라고 말할 때는, 두 번째 의미를 지닌 형용사를 사용한 것이다. 이러한 의미에서, '슬프다'는 음악, 또는 시에서 **미적 자질**이 된다. "나의 애너벨리를 싸늘하게 죽였습니다(chilling / And killing my Annabel Lee)"라는 시구는 슬픈 사건을 말하는 것이지만 그 지각 자질은 순수하고 천진하고 쾌활하다.[1]

    시의 지각 자질을 고려할 때는 더욱 분산된 화제에 직면하는 것을 피할 수 없다. 단어는 '간결한' 개념을 나타낸다. 심지어 '정서', 또는 '슬픔'과 같은 단어는 정신 과정을 밝히기 위해 사용된 표지이다. 이 단어들은 정보의 흐름을 그리고 그 분산된 구조를 전달하지 않는다. 그럼에도 불구하고 적어도 몇몇 시들은 분산된 정서, 흐릿한 분위기, 다양한 신비 체험을 배치하고 있다고 여겨진다. 더군다나 언어는 대부분 분명하게 **논리적** 특성을 지닌 **순차적** 행위이다. 즉, 언어는 전형적으로 왼쪽 대뇌 영역과 결합

---

[1] "chilling / And killing my Annabel Lee"의 선조성을 살펴보면, 심지어 아주 쾌활한 것으로 지각될 것이다.

되어 있는 반면에, 분산된 정서 과정은 전형적으로 오른쪽 대뇌 영역과 결합되어 있다(온스테인Ornstein, 1975, 67-68쪽). 그래서 정서를 **명명할** 수는 있지만, 언어는 정서의 독특한 **분산된** 특성을 실행하기에 아주 적절한 것으로 드러나지 않는다. 따라서 **정서적인 시**, 또는 **신비한 시**는 확실히 모순이 일어날 수밖에 없다. 우리는 실은 그렇지 않다는 것을 안다. 그러나 이 문제를 제기하는 것은 우리 모두가 인정하지 않아야 할 것을 너무 쉽게 받아들인다는 것을 강조하기 위해서이다. 본고의 주요한 사항은 언어 매체인 시가 단호한 개념 범주의 폭력으로부터 도피하기 위해 찾아낸 몇 가지 방식을 논의하는 것이다. 앞으로 제기될 사례 연구는 시에서 정서 자질이 어떻게 실행되어지는가, 그리고 더욱 극단적인 예로 '변성 의식 상태'가 어떻게 일련의 어휘로 배열되는가를 조망할 것이다. 이 관점의 하나의 핵심어는 '선범주적 정보', 또는 아마도 '선범주적 정보에 대한 말의 모방'이다. 부가할 두 개의 핵심어는 '자유 존재'와 '자유 형태'이다. 심리학자들은 '빠른 범주화'와 '느린 범주화'를 구분한다. '선범주적 정보'는 '느린 범주화'를 통해 더 이해하기 쉽다. 여기서 독자의 판단 스타일이 결정적이라고 지적할 수 있다. 불확실성과 애매성에 대해 포용력이 없는 사람은 빠른 범주화를 찾을 것이고, 기괴한 자질과 같은 정서를 포함하여 시의 가장 결정적인 미적 자질 몇몇을 놓치게 될 것이다. 본고의 마지막 부분은 시 리듬의 인지적 토대와 그 체험적 연구에 몰두할 것이다.

대략 지난 60년 동안 **인지**라는 말의 의미는 변화해 왔다. 원래 인지는 정서, 그리고 정신생활의 충동적인 양상과 이성을 구분했다. 현재 인지는 직접적 자극의 분석에서부터 주관적 체험의 조직화에 이르는 두뇌의 모든 정보 처리 활동을 가리킨다. 현대적 용어로 보면 인지는 지각, 기억, 주의, 문제 해결, 언어, 사고, 이미지와 같은 과정과 현상을 포함하고 있다. **인지**

시학이란 말에서, 인지는 후자의 의미로 사용되고 있다.

'시학'의 특성에 대한 다음 인용문에서 비어위시는 앞에서 언급한 시의 구조와 지각 효과를 환기하고 있다.

> 시학의 실제 대상은 문학 텍스트에서 일어나는, 시의 특수한 효과를 결정하는 특별한 규칙성이다. 결정적으로 시의 구조를 생산하고 시 구조의 효과를 이해하는 인간 능력, 즉 **시적 능력**이라 불리는 그 어떤 것이다.
> (비어위시 Bierwisch, 1970, 98-99쪽)[2]

인지시학은 여기서 분명해진다. 인지시학은 '시의 특수한 효과'와 '문학 텍스트에서 발생하는 특별한 규칙성'을 체계적인 방식으로 관련시키는 인지 가정을 제공한다. 나는 잠깐 동안 유대어와 영어 텍스트의 관련성을 통해 이것에 대해 조망할 것이다. 그러나 우선 인지시학에 관한 몇 개의 중요한 추정관을 언급하는 것으로부터 진행하자.

인지시학에 관한 하나의 중요한 추정관은 시가 처음에는 비미학적 목적으로 개발되었던 (언어적 과정을 포함한) 인지 과정을 미학적 목적으로 이용한다는 것이다. 마치 개발된 언어적 능력, 오래된 인지적 구조와 심리적 구조들이 새로운 목적을 위해 변화한 것과 마찬가지이다. 이러한 추정관은 독립적인 미학적 그리고/혹은 언어적 구조를 전제하는 것보다 더 빈약한 것이다. 시 읽기는 인지 과정의 수정(이따금 변형)과 원래 '고안되지' 않았던 것을 목적에 맞게 적응시키는 것을 포함하고 있다. 어떤 극단적이지만 중요한 사례의 경우에 이러한 수정은 러시아 형식주의의 유명한 구절을 말 바꾸어 말하면, "인지 과정에 가해진 조직적 폭력"이 될 것이다.

---

2 이 인용문에서 비어위시는 '시'와 '문학'을 구분하지 않는다. 어떤 비평가는 '산문의 시학', '도스토예프스키 Dostoevsky의 시학' 등과 같은 말을 사용한다.

아주 소수의 (결코 모든 것이 그런 것이 아닌) 중요한 시적 효과는 인지 과정의 규칙적인 진행에 대한 어떤 강력한 방해, 혹은 적어도 지연의 결과이거나, 미적 목적을 위하여 방해와 지연의 효과를 개발한 결과이다. 이러한 관점에서 정서는 효과적인 지향 장치라는 점, 그리고 많은 틀에 박힌 시들은 분명히 **비지향적인** 시들이라는 점이 지적될 필요가 있다. 그래서 시적 과정과 관련되어 있는 인지는 세 가지 관점에서 기술되어야만 한다. 즉, (1) 정상적인 인지 과정, (2) 인지 과정에 대한 어떤 종류의 수정 또는 방해, (3) 다른 원리에 따른 인지의 재조직이 그것이다.

시, 그리고 정서 자질

본고는 앞 장에서 언어는 본질적으로 고도의 변별적인 논리적 도구라는 점, 그래서 언어는 낮은 수준의 변별성을 지닌 산만한 정서 자질을 실행하거나 환기할 수 있는 특별한 조작이 요구된다는 점을 주장했다. 인지시학은 시가 이러한 문제를 극복할 수 있는 다양한 방식을 탐구한다. 이러한 탐구를 위한 효과적인 수단 중의 하나는 심리학자들이 관심을 갖고 있는 정서의 본질을 시의 지식에다 적용하는 것이다(취, 1978). 누군가 텍스트가 어떤 정서 자질을 지니고 있다고 생각할 때, 그는 텍스트와 정서 사이의 의미 있는 몇몇 구조적 유사성을 간파할 것이다. 그래서 현재 상황에서 정서 구조에 대한 간단한 논의가 반드시 필요하다. 심리학자는 다음과 같이 정서 요소들을 구별하고 있다.

1. 인지 상황 평가(첫 번째 의미로, '인지')
2. 정상적인 에너지 수준의 일탈: 에너지의 증가(감사, 분노), 또는 에너지의 감소(슬픔, 우울, 적막)

3. 고도로 활성화된 상태에 있는 산만한 정보는 개념 정보보다 덜 변별적이다.
4. 그러한 정보는 선취한 어떤 것과 무관하게 '마음의 이면'에서 작동한다. 예컨대 체스를 두기 위해서는 그 게임의 가능한 움직임과 전략을 알아야만 한다. 그렇지만 역시 이기기를 원해야만 한다. 이와 같은 이기려는 소망이 마음의 이면에서 작동해야만 한다. 그러나 움직임과 전략에 대한 생각의 본분을 방해하지는 않을 것이다.

위대한 유대인 시인 (소련에서 유대 시를 썼고, 스탈린 Stalin의 강제수용소에서 죽은 채 발견되었던) 하임 렌스키 Hayim Lensky가 쓴 짧은 서정시의 첫 연을 살펴보자.

(1) 대낮은 호수 위에 머물러 있고,
물고기는 잠자러 수심 깊이 내려가 버렸고,
새들은 지저귐을 멈추어 버렸고…
갈대의 바스락거리는 소리는 어찌나 슬프던지!

(1) The day is setting over the lake,
The fish have gone down to sleep in the depth,
Birds have ceased from their chatter…
How sad is the rustling of the reeds!

이 시에서 두 개의 특별한 관찰을 찾아내야 한다. 첫째, 정서를 **명명하**는 단어 'sad'가 4행에 유일하게 나타난다. 처음 세 행은 정서 내용에 대한 표방이 전혀 없는 풍경의 **사실**을 묘사하고 있다. 달리 말해, 정서는 '보여주기'가 아니라 '말하기' 방식을 통해서만 드러난다. 그러나 직관적으로 이것은 사실이 아니다. 그래서 우리는 이러한 직관을 체계적인 방식으로 설명하려고 한다. 둘째, 4행으로 된 네 개의 묘사 문장은 두 가지 방식으로 서로 관련되어 있다. 즉, 하나의 방식은 네 개의 문장이 상황의 **일부를** 지시하고 있고, 서로 **전체** 풍경을 기술하기 위하여 **완벽하다는** 점이다. 또 다른 방식은 네 문장이 중요한 의미를 지니고 서로 병치되어 있다는 점이다. 후자의 관련성은 압운 패턴에 의해 더욱 강화되고 있다.

독자는 병치된 실체에서 상식적인 성분을 추출해 내려는 경향이 있다. 학생들에게 먼저 세 행을 읽도록 하면, 그들은 이 시행들을 '침체되어 가는', '활동성의 저하' 같은 추상 개념으로 추상화한다. 이 세 행의 묘사가 어떤 정서 자질을 지니고 있냐고 물으면, 학생들은 자주 '적막'이라는 정서 자질에 대해 말한다. 우리는 정서가 정상적인 에너지 수준의 어떤 일탈과 전형적으로 결합되어 있는 것으로 알 것이다. 그리고 낮은 수준의 에너지는 전형적으로 슬픔, 침체, 적막과 결합되어 있는 것으로 알 것이다. 4행은 오로지 '인지 상황 평가'(즉, 정서가 환기하는 상황의 특성과 관련된 불확실성을 해결하려는 이것은 형용사 '슬픈'이 '적막'보다 더 적절하다는 일종의 상황이다.)만을 제공하고, 풍경 묘사의 정서 자질을 '슬픔'의 성향으로 풀이한다.

병치된 실체에 대한 상위의 범주화는 잠재의식에 자극받아 활동하는 기억에서 나타난다는 확실한 체험 증거가 있다. 이것은 스투르프Stroop 실험의 도움을 받아 증명할 수 있다. 스투르프 실험은 제기된 질문에 대한 몇 가지 관심사의 비자발적이고 잠재의식적인 인지 구조를 드러낸다. 이 실험에서, '노랑'이라는 색깔 이름을 '파랑'이라는 다른 색깔의 잉크로 썼다. 피실험자에게 그 단어를 읽도록 요구하면, 그는 잉크 색의 방해를 거의 받지 않을 것이다. 그러나 잉크 색깔의 이름을 말하라고 요구하면, 그는 색깔 이름의 방해를 받아 아주 곤란할 것이다(포스너Posner, 1973, 26

쪽). 이 실험 조사는 상위의 자동적 활동과 관련 있는 후속 연구를 제기한다. 이 실험에서 피실험자에게 자신이 기억하는 세 개의 단어 목록을 제시하도록 한다. 그 세 개의 단어는 동일한 범주(단풍나무, 떡갈나무, 느릅나무)에 속해야 한다. 그리고 피실험자에게 목록에 있는 단어들 중의 하나(떡갈나무), 범주의 이름(나무), 또는 목록과 관련이 없는 중립적인 단어를 보여준다. 이와 같이 시각적으로 제시된 단어들은 색깔 있는 잉크로 쓴다. 피실험자는 가능한 빨리 잉크의 색깔을 말하도록 요구 받는다. 스투루프 효과에 따르면, 만약 피실험자에게 보인 단어가 활성화된 기억이라면, 피실험자는 그 단어의 이름을 말하는데 더욱 곤란한 억제 경향을 가질 것이라는 점이 예견된다. 이러한 경향은 잉크 색깔을 말하기 위한 반응을 늦출 것이다. 이 실험 자료는 목록의 단어들(단풍나무, 떡갈나무, 느릅나무)과 범주의 이름(나무)이 제시된 단어보다 색깔 이름에서 더욱 많은 방해를 드러낸다는 것을 보여 주었다. 이 연구는 그렇게 하도록 하는 어떤 요구가 없더라도, 단어 목록이 드러날 때 범주 이름이 활성화된다는 것을 제시한다(포스너, 1973, 86쪽). 누군가는 아마도 조심스럽게 동일한 원리가 특별한 목적을 위한 범주에도 역시 확장되어 적용될 수 있으리라고 주장할지도 모른다. 즉, 렌스키 시의 첫 세 행을 읽을 때, 상위의 범주화인 '침체되어가는', '활동성의 저하'가 역시 활성화되어 있다. 그러나 이와 같은 추정에는 더 진전된 체험적 실험이 요구된다.

　병치된 실체에서 추출된 추상 개념은 고려할만한 부가 가치가 있다. 포스너가 말한 바와 같이, 이러한 추상 개념은 의미론적 기억에 관한 궁색한 위계적 조직화에 기여하는 바가 있을 것이다. 또한 추상 개념은 활동적인 기억 속에 있는 그러한 병치의 실체를 보존하는 데 유용할 것이라는 점을 덧붙일 수 있다. 위에서 제기한 바와 마찬가지로 인지시학의 중요한 추정관의 하나는 처음에는 비미학적 목적으로 개진되었던 인지 과정을 미학적 목적으로 탐구한다는 것이다. 특히 제시된 사례에서 대단히 중요한 것으로 받아들여지는 추상 개념은 활동하는 기억 속의 구성소를 고양시키는데 전형적으로 기여하고(혹은 의미론적 기억의 효율적인 조직화에 기여하고), 묘사된 풍경에 널리 스며있는 정서 자질의 양상으로 지각된다. 묘사된 풍경에 널리 스며있는 정서 자질의 양상과 마찬가지로 이러한 추상 개념은 위에서 묘사한 정서와 일치한다. 즉, 추상 개념은 산만한 정보를 개념 정보와 거의 구별되지 않는 고도로 활성화된 상태로 조직한다. 그리고 선취된 어떤 것이 없더라도 '마음의 이면에서' 활동한다. 이것은 이 시의 연이 어떤 산만한 정서, 혹은 희미한 분위기를 환기하는 방법이다. 그러나 이것들은 인간의 정서가 아니라 동물과 무생명체의 물리적 활동에서 기인된 것이다. 그러나 이것은 어떤 시 독자들에게는 거의 고민할 것이 없는 것처럼 보인다. 그들은 모두 요나단 컬러Jonathan Culler가 "시는 인간에 관한 몇 가지 문제, 그리고/혹은 세계와 관련된 인간에 대한 의미심장한 태도를 표출하는 것이다."(컬러, 1975, 115쪽)로 공식화한 **'의미의 규칙'**과 같은 '문학적 능력'이라는 기본 관습을 수용하는 것처럼 보인다. 게슈탈트 용어로, 정서는 '종족의 자질'이다. 즉, 정서는 부분이 아니라 총체의 특성으로 지각된다(이 경우에 내려감, 잠, 지저귐의 멈춤은 정서가 아니다. 그러나 풍경 묘사의 부분으로서 이것들은 정서 자질인 적막, 혹은 슬픔이 된다.).

나는 온스테인과 견해를 같이하여 산만한 정서 과정이 전형적으로 우뇌와 연결되어 있는 반면에, 언어는 좌뇌와 연결되어 있는 분명히 **논리적** 특성을 지닌 뛰어난 **순차적** 활동이라고 주장해왔다. 나는 또한 이러한 사태로 인해 생기는 문제점을 언급하지 않을 수 없다. 즉, 우리가 정서를

명명할 수는 있지만, 언어는 정서의 독특하고 **산만한** 특성을 실행하기에 적절한 것으로 잘 드러나지 않는다. 앞의 논의에서 시인은 정서 구조와 동등한 어떤 말을 만들어냄으로써 이러한 문제점을 극복하려고 시도해왔다는 점이 제시된 바 있다. 여기서 덧붙여 말할 것은 시인은 독특하고 **산만한** 정서 특질을 생성하기를 대단히 좋아한다는 것이다. 즉, 시인은 독자의 상상력을 통해 그 지향에서 생겨나는 풍경을 환기시키길 좋아한다. 특히 지향의 특성은 두 뇌반구의 서로 다른 입력 과정 방식에 의해 설명할 수 있다.

> 오른쪽 대뇌는 '양식화된 총체'로서, 즉 왼쪽 대뇌보다 더욱 동시적인 방식으로 입력을 진행한다. 이와 같은 동시적인 진행은 공간에서 스스로 방향을 잡을 때와 같은 산만한 입력의 통합에 더욱 유리하다. 자동차를 타고 갈 때 운동 입력과 시각 입력은 아주 빨리 통합되어야만 한다. 이와 같은 정보 처리 양상은 역시 복합적인 실체에 대한 '지적인' 통합보다 '직관적인' 통합에 달려 있는 것처럼 보인다. (온스테인, 1975, 95쪽)

아래의 '느린 범주화'라고 부르는 부분에서, '산만한 입력의 통합'이라는 구절은 '산만한 입력의 **통합**'으로부터 '**산만한 입력의** 통합'으로 가벼운 강조의 변화가 일어난다. '느린 범주화'의 방식으로 풍경 묘사를 읽는 데에서, 역시 더욱 산만한 입력이 지각된다.

이제 셸리Shelley의 짧은 서정시 「노래A Song」를 살펴보자. 이 시는 앞에서의 논의가 **특별하지** 않다는 것을 제시하는, 비슷한 해결책을 지닌 비슷한 문제를 제기한다. 동시에 이 시는 몇 개의 부가적인 문제점을 제기한다.

(2) 짝 잃은 새가 사랑을 애도하며 앉아 있다
　　쓸쓸한 나뭇가지 위에
　위로 결빙의 바람이 포복해오고,
　아래로 차가운 개울이 흐른다.
　헐벗은 숲에는 이파리가 없고,
　　지상에는 꽃도 없고,
　허공에는 어떤 움직임도 없다
　　물레방아 소리 외에는.

(2) A widow bird sate mourning for her love
　　　Upon a wintry bough;
　　The frozen wind crept on above,
　　　The freezing stream below.
　　There was no leaf opon the forest bare,
　　　No flower upon the ground,
　　And little motion in the air
　　　Except the mill-wheel's sound.

이 짧은 서정시에서 주목해야 할 점들은 절묘한 선율, 진지한 정서 자질, 강렬한 **분위기**이다. 첫 행을 제외하고, 여전히 나머지 시의 모든 부분은 거기에 무엇이 있는지에 관한 물리적 사실의 목록만을 제공하고 있다. 바꾸어 말하면 구체적인 실체가 드러나지 않는다. 만약 인간만이 사랑할 수 있고, 상대가 죽으면 과부가 될 수 있고, 그리하여 상대를 애도할 수 있다고 가정한다면, 이 시의 나머지 부분에는 첫 행과 관련되어 있는 세 개의 주목할 만한 은유가 존재한다. 그러나 새에 관한 이러한 개념의 기여가 아주 대담한 것은 아니다. 이 시의 유일한 형식상의 은유는 '천천히 움직인다'는 의미에서의 **포복해오고**(crept on)이다. 이것 역시 아주 대담한 은유는 아니다. 시의 나머지 부분은 비은유적인 평이한 언어로 되어 있다. 그렇다면 무슨 의미에서 시가 진지한 정서적 분위기를 생성하는가? 이와 같은 은유로만은 거의 불가능하다.

새와 새가 앉아있는 나뭇가지 사이에는 인접성이 존재한다. 그리고 나무와 나뭇가지 사이에도 아마도 부분이라는 점 때문에 인접성이 존재한다. 더군다나 나무, 바람, 개울, 숲, 지상, 물레방아 소리 사이에도 인접성이 존재한다. 예컨대 이들은 모두 하나의 통일성 있는 풍경을 위하여 결합되어 있다. 달리 말해, 이들은 모두 **전체** 장면을 위한 **부분들**로서, '환유'이다. 그러나 시는 역시 유사성의 축으로부터 인접성의 축으로 등가의 원리를 투사한다. 예컨대 3행과 4행은 개울과 바람이 낮은 온도(결빙의, 차가운)를 지니고 있고, 천천히 움직인다는 점에서 **유사하다**. 마찬가지로 5행과 6행은 생명력을 지닌 식물(꽃과 잎)의 **부재**를 묘사하고 있다는 점 때문에 유사하다. 이러한 모든 것들이 어떻게 이 시의 추상적인 정서 자질에 영향을 끼치는가? 정서를 구성하는 중요한 요소 중의 하나는 **정상 수준의 에너지로부터의 일탈**을 포함하고 있다. 기쁨, 환희, 그리고 분노가 고조된 심리적 에너지로 이루어져 있는 반면에, 고요, 슬픔, 우울은 저조된 에너지 수준으로 이루어져 있다. 그리하여 정서는 역시 고조된, 혹은 저조된 수준의 **활기**를 포함하고 있다.

그러나 풍경 묘사에서 언급한 에너지 수준이 무엇이든 간에 그것들은 인간 **정서**에 관심이 없고, 무생명체, 또는 성장체에 관심이 있다. 바람이 **결빙하고** 개울이 **차가워질**(냉-온 대립에서, 냉은 낮은 에너지 수준의 척도를, 온은 높은 수준의 에너지 척도를 지시한다.) 때에는 에너지가 저조 상태에 존재한다. 그리고 느림은 동사 움직이다(moved) 대신 **포복하다**(crept)에 의해 암시되고 있다. 쓸쓸한 나뭇가지와 그 위에 앉아있는 새

사이, 그리고 바람과 개울 사이에는 어느 정도 유추가 존재하는 것처럼 보인다. 예컨대 이것들의 모두는 어느 정도 과감하게 **축소된 행위**를 표명하고 있다. 그래서 역시 바람과 개울의 축소된 행위는 예를 들어 **적막**을 암시할 수 있다. '사랑을 애도하며 앉아있는' 짝 잃은 새는 물리적 실체의 축소된 행위로 인한 **비탄**이라는 정서의 성향을 드러낸다. 5행과 6행은 [+ **결핍**]과 [− **활기**] 요소로 이 정서 자질에 대해 기여한다. 이제 '인간 정서의 연상'을 유도하는 이 시의 기교를 살펴보도록 하자.「노래」는 "공감과 느낌의 관점에서 인간과 자연 사이에는 커다란 유사성"이 있다는 점과 "의미 지각의 관점에서 사물들 사이의 질적인 비교의 중요성"을 강조하고 있다. 전자의 기교는 새(인간 존재라기보다)와 새의 환경 사이의 유추로 구성되어 있다. 후자의 기교는 풍경 속의 존재와 부재라는 양 항목 사이의 유추로 구성되어 있다. 그러나 이 두 개의 기교는 로만 야콥슨Roman Jakobson이 "시적 기능은 등가성의 원리를 선택의 축에서 결합의 축으로 투사하는 것이다."(1960)라고 공식화한 원리의 사례이다.

그래서 시의 정서 자질은 **말하기** 방식뿐만이 아니라 **보여주기** 방식에 의해서도 드러난다. 이러한 정서 자질이 이 시의 전체 장면에 널리 퍼져 있다는 점과 정보가 **산만한** 것으로 지각된다는 점, 감동과 정서의 경우 정보가 산만한 상태로 아주 빈번하게 간취된다는 점도 역시 주목해야할 필요가 있다. 이러한 사실은 정서 **개념**을 정서 **자질**로, 달리 말해 **정서 분위기**로 확실히 변환시킨다. 이러한 방식으로 "지구를 에워싸고 있는 기체의 흐름"이라는 의미를 지닌 **분위기**는 예술 작품에 충만한 정서 자질에 대한 하나의 은유가 된다. 예컨대 공기는 어느 곳에나 있는 것처럼 느끼지만, 어떤 감각으로도 지각되지는 않는다. 그래서 이 시의 마지막 두 행은 이 시 전체에서 더욱 복잡한 기능을 하고 있다. There is no (…) No (…)

And little (…) 의 연속되는 문장의 일부인 Little은 '전혀 아무것도 없다'는 것을 암시한다. 이런 의미에서 "허공에는 어떤 움직임도 없다." 시행은 **결핍**을 암시하는 유추 목록의 또 하나의 항목이 된다. 이런 의미에서 Little 은 극도의 확실성이라는 심리적 분위기를 생성해 내는 단정적인 진술을 예고하는 것처럼 보인다. 그러나 이어지는 전치사 except는 전체의 배제 대신에 '아주 소량의' 대치를 통해 이 진술에 대해 실질적인 제한을 가한다. 즉, 전체의 배제가 아니라 물레방아 소리라는 하나의 배제가 있다. **물레방아**와 그 소리의 관계는 존재와 자유 존재 자질의 관계와 같다. 이에 따라 강조되는 것처럼 보이는 것은 묘사에서 소개되는 존재 자체가 아니라 자유 존재의 자질이다. 허공에서 일어나는 이러한 혼란은 낮은 수준의 활기 목록의 또 다른 항목이 된다. 예컨대 동일한 의미에서 이는 장면에 **탁월하게** 퍼져있는 그 자유 존재 자질, 즉 허공의 존재를 강조하고 있다. 제한이 없는 진술을 제한함으로써 생기는 이러한 의미의 변화는 극도의 확실성의 심리적 분위기를 시의 정서 자질에 기여하는 **불확실성**의 심리적 분위기로 대치함으로써 시 종지부의 결정적이고 결단성 있는 자질에 대항하여 '시적 방해'를 실행한다. 이와 같은 정서 분위기는 병치되어 있는 묘사의 구체적 항목들로부터 어떤 자질들을 추상화함으로써 생성되고 있다. 이러한 자질은 물레방아 소리의 다른 양상 때문에 강화되는 것처럼 보인다. 나는 이것을 요셉 글릭손Joseph Glicksohn으로부터 차용한 (구술 소통)의 개념을 통해 환기하고자 한다. 형태심리학은 전경-배경의 관계에 대해 말한다. 불규칙적인 소음인 물레방아 소리는 전형적으로 어떤 청각의 전경에 대한 배경으로 기능한다. 이 시는 전형적으로 배경으로 기능하는 지각 대상에 대해 독자의 주의를 강화시킴으로써, 지각의 정서 자질을 증대시키고, 결핍의 자질을 강화시키는 기대되는 전경이 **없**다는 것을 강조하고 있다.

빠른 범주화와 느린 범주화

빠른 범주화와 느린 범주화를 조망하기 위한 가장 간단한 방법은 하빅 달Hartvig Dahl이 말한 소경이자 귀머거리인 헬렌 켈러Helen Keller의 '자연 체험'을 통해서일 것이다. 헬렌 켈러는 여섯 살이 넘은 늦은 나이에 기본적인 소통의 기술을 받아들이기 시작했다. 헬렌 켈러에 관한 유명하지 않은 책 『내가 사는 세상The world I Live In』(달, 1965, 117쪽)에서 그녀는 여섯 살 이전에 아이스크림 같은 단어를 알지 못했다.

> 내가 좋아하는 어떤 것-예컨대 내가 아주 좋아했던 아이스크림-을 원했을 때, 나는 혀로 맛있는 맛을 알았다. 그리고 손으로 차가워지는 것을 느꼈다. 나는 기호를 만들었고, 나의 어머니는 내가 아이스크림을 원한다는 것을 알았다. 나는 손가락으로 '생각'했고 요구했다. (달, 1965, 537쪽)

나중에 아이스크림이라는 단어를 받아들인 후에, 헬렌 켈러의 혀와 손가락 끝의 특별한 감각은 사라져버렸다. 즉, "이전에 내 **감각의 지시대로** 나를 이쪽저쪽으로 이끌어 주었던 맹인의 자극이 영원히 날아가 버렸다." (달, 1965, 542쪽)[3]. 대부분의 정상적인 어른들은 잠깐 동안 범주화를 지연시킨다. 그리고 실체에 관한 적절한 판단을 하는 데에 필요한 정보를 수집한다. 이것은 만족할만한 적용을 위한 요구이다. 헬렌 켈러의 경우에 범주화는 6년 이상 지연되었다. 그리고 이 이야기는 빠른 범주화와 느린 범주화의 장점과 약점을 예증하고 있다. 언어 차원의 범주는 누군가의 인지 체계에 상대적으로 적은 부담을 주고, 쉽게 다룰 수 있다. 한편으로 그것은 정확한 적용 (앞에서 말한 '간결한 개념') 절차에 결정적일 수 있는

---

3 헬렌 켈러 이야기는 핀차 노이Pinchas Noy 교수에게서 도움을 받았다.

중요한 감각 정보의 상실을 포함하고 있다. 반대로 느린 범주화는 인간의 기억 체계에 너무 많은 감각의 부담을 지울 것이다. 이와 같은 과부담은 목적에 적용하는데 유용할 것이고 또 대단한 유연성을 제공할 것이다. 그러나 시간과 에너지가 필요할 것이고, 너무 많은 정신 처리 공간을 차지할 것이다. 더군다나 느린 범주화는 아주 불쾌할지도 모를 불확실성의 순간, 혹은 심지어 어떤 사람은 화나는 순간을 견뎌야 할 것이다. 반대로 빠른 범주화는 활기찬 정보의 손실을 견뎌야 할 것이고, 삶의 부적응 국면으로 이끌 수도 있을 것이다. 헬렌 켈러의 경우에 혀의 선범주적 감각과 단어 사이의 대립이 발견된다. 혀는 느린 범주화와 단어는 빠른 범주화와 관련이 있다. 산만한 감각은 간결하고 응집된 개념으로 재구성되어서 언어 부호로 고착되었다.

  다른 범주화 방식은 다른 시적 자질을 생성할 것이다. 다른 시 텍스트는 다른 범주화 방식을 요구할 것이다. 간략하게 고찰한 사례들에서 빠른 범주화의 방식으로 시를 다루었다면 시문장의 특별한 시적 특성이 빠졌을 것이다. 반대로 오마르 카이얌Omar Khayyam의 루바이야트Rubaiyaths의 시적 요소는 느린 범주화에 너무 포용력을 지닌 독자들에게는 완전히 구체화될 수 없다는 것을 알았다(취, 1990, 1991).

  다음에서 본고는 시와 관련된 다양한 문제들에 관하여 빠른 범주화와 느린 범주화를 자세하게 논할 것이다. 예컨대 시 은유의 이해, 함축적 비평가의 판단 스타일, 시와 변성 의식 상태의 문제를 다룰 것이다.

  먼저 아주 훌륭한 문학의 사례를 살펴보도록 하자. 알터만Alterman의 시에 관한 대학원 세미나에서 나는 알터만의 시에서 다음 인용 구절을 발췌하였다. 그리고 학생들에게 특별한 질문이 아니라, 이 시구에 적절하게 보이는 어떤 논평이든지 해보라고 하였다.

(3) 소들의 신음소리에 잠긴 마을로부터

(3) From the village drowning in the moan of the oxen

학생들이 보인 첫 번째 반응은 이 시의 전체 맥락과 관계없이 발췌된 시구에 지시되어 있지 않은 풍경에 대한 재현이었다. 이것은 분명하게 정의된 어떤 개념 범주 하에 포섭할 수 없는, 알기 어려운 '지각적' 시 자질의 체험에 대한 요구를 회피하려는 학술적으로 입증되고 또 잘 알려진 하나의 전략이다. 내가 발췌한 시행의 특별한 자질에 대해 논의한 다음에 나머지 시의 맥락에 대해 설명할 것이라고 약속했을 때, 학생들은 재난의 내포를 지닌 단어 **잠긴**(drowning)과 **신음소리**(moan) 등에 대해 주목하기 시작했다. 이것은 평가할 수 없고 분류할 수 없는 자극에 대한 직접 체험을 피하기 위한 완벽한 학술적 지도방식으로 너무나 잘 알려진 전략이다. 그리하여 나는 학생들에게 물었다. "이미지가 참말로 불쾌하거나, 또는 재난의 느낌을 불러일으키는가?" 학생들은 이미지가 아주 유쾌한 것으로 경험되었던 것을 알고서 놀랐다. 학생들은 "시행에 있는 재난의 내포를 지닌 핵심적인 두 단어가 즐거운 느낌을 불러일으키는 것을 어떻게 설명할 수 있는가?"라는 질문에 답변하기를 곤란해 했다. 그래서 나는 두 번째로 당황시키는 질문을 했다. "따뜻한 욕조에 들어갔을 때 무엇을 느끼는가?" 학생들은 즉각적인 감각을 피하기 위한 학술적 정당성을 찾아내기를 더욱 어려워했다. 첫 번째 답변은 '정화'였다. 이것은 즉각적이며 평가할 수 없고 명명하기 어려운 감각으로부터 유구한 정신사에 있는 어떤 고정관념으로 논의의 초점을 변경하는 탁월한 사례이다. 두 번째 답변은 '축축함'이었다. 이것은 동어 반복적이고, 아주 정보가치가 없는 답변이다. 두 답변은 모두 완전히 사실이지만, 일종의 '규칙 파괴'를 지니고 있다. 두 답변은 잘 알기 어렵고 명명할 수 없는 감각 체험에 직면했을 때 궁색함을 벗어나 어떤 괄목할만한 학술적 판단을 찾아내기 어려운 경우를 위해 마련된 것이다. 결국 다음과 같은 설명이 제시되었다. 피부의 바깥 표면에는 다양한 신체 부분들이 통일성을 이룬 고조된 느낌으로 인해 구별되지 않는 산만한 감각이 존재한다. 그리고 신체와 인접한 환경 사이에는 일종의 조화, 나아가 신체와 환경 사이의 분리를 무화시켜버리는 조화가 존재한다. 이러한 설명은 대부분의 세미나 참석자들이 받아들인 근거가 되었다.

이제 알터만의 은유로 돌아가서 그 마을은 전체 마을, 또는 사람을 감싸고 있는, 마을의 부분들(또는 사람들)을 단일체로 싸잡고 있는, 혹은 사람과 환경 사이의 분리를 초월하고 있는, 어떤 형태 자유와 존재 자유의 단일체 속에 잠겨 있는 것처럼 지각되었다. 여기에는 물리적 대상 자체를 구별하는 고정적인 인지 상태와는 달리, 마치 자아와 물리적 대상 사이에서 지각되는 것과 마찬가지인 일종의 지각 의식의 역행이 존재한다. 그래서 이 시의 재난을 내포하는 여러 핵심 어휘에도 불구하고, 은유를 통해 즐거운 이완을 경험할 수 있다.

이제 명사 '신음소리(moan)'를 살펴보자. 『랜덤하우스 대학사전 The Random House College Dictionary』에는 다음과 같이 정의되어 있다. "육체적, 또는 정신적 고통에서 나오는 길고, 낮고, 모호한 소리." 이러한 정의는 두 요소를 지니고 있다. 하나는 '신음소리'에 대한 감각 정보의 묘사이다. 다른 하나는 인간적인 의미와 평가를 암시한다. 빠른 범주화는 두 번째 요소에 대해서만 집중할 것이다. 첫 번째와 연결되어 있는 느린 범주화는 가능한 한 오랫동안 부분적으로 감각적이다. 그리고 느린 범주화는 어쨌든 간에 후자와 나중에 연결된다. 알터만의 시행에서 "소들의 신음소리에"라는 전치사구와 물에 잠김을 암시하는 동사 사이에는 논리적인 모순

이 존재한다. Drown과 관련된 동사는 그들의 추상적인 간접 목적어에 전이 자질 [+ 액체성]을 전이시킨다. 소리는 물질적 특성을 지니지 않은 자유 존재의 실체로 지각된다. 결과적으로 소리는 전이 자질 [+ 액체성] 속에 있는 물질적 특성을 제거한다. 그리하여 소리는 "신체의 바깥 피부 전반에 걸쳐 가볍고, 산만하고, 구별되지 않는 접촉, 즉 신체와 환경 사이의 분리를 무화시키는 것"과 같은 성질을 유지한다. 그와 동시에 고체로 된 신체가 자유 존재로 된 실체 속에 잠기는 것은 그 감싸는 실체의 압축감을 환기시킨다(취, 1986b).

인지시학 심포지엄(텔아비브 대학, 1993. 3. 30.)에서, 나는 청중들에게 이 세미나에 대한 이야기를 소개하였다. 계속 이어진 토론에서 제기된 질문들 중의 하나는 **잠김**(drown)의 '죽음(death)' 특성에 관련된 것이었다. 나의 답변은 은유의 자질 제거 이론에 대해 언급하는 것이었다. 즉, 은유의 모순은 틀에 부적절한 은유적 말의 자질을 제거하고, 적절한 것을 전경화 시키는 것이다. 알터만 시행에 나오는 '**신음소리**(moan)'는 소들의 낮지만, '육체적, 정신적 고통'과 아무런 관련이 없는 특별한 감각 자질을 전경화 시킨다. 여기서 '**잠김**(drowning)'이라는 어휘는 특별한 감각 자질에 잠김을 암시하지, 죽음의 특성을 암시한다는 것은 부적절하다. 그러나 이러한 분석은 "소들의 신음소리에 **잠긴**(drowning) 마을로부터"와 "소들의 신음소리에 **잠긴**(immersed) 마을로부터" 사이에서 가능한 차이를 무시하고 있다. 인지시학 워크숍의 참석자인 한 대학원생은, 윌리엄 제임스 William James의 연구자 중의 한 사람의 문장을 사용하여, 이 시행의 죽음의 특성은 "경계 없는 존재로 용해되어 사라진" 개체성의 상태를 암시하는 것처럼 보인다고 말하였다. 이러한 답변은 훌륭한 것이다.

감각적 은유와 기괴함

낭만주의 시는 풍부한 선 범주 정보, 또는 범주화가 덜 된 정보를 풍요롭게 사용하도록 해주는 통합과 지향의 시이다. 앞 장에서 논의한 사례에서 지향 구조의 작동을 방해하는 것이 시적 효과로 활용되었다. 그러나 이것이 모든 시에 필수적인 것은 아니다. 내가 의도하는 것을 보여주기 위해서 유대 시인인 아브라함 슬론스키Abraham Shlonsky의 시 2행을 통해 논의를 확장해보자.

(4) 죽은 달이 공쑨에 매달려 있다
　　하얀 가슴이 젖을 흘리는 것처럼

(4) A dead moon is hanging on nothingness
　　Like a white breast shedding its milk.

다시 이 시행에 관해 대학원생들이 보고한 직관으로부터 시작해보자. 세미나에서 일부 학생들은 "가슴이 젖을 흘리는" 시구를 앞 행에 나오는 '매달려' 있고 '죽은' 것으로서의 달과 모순된 관계를 지닌 삶의 원리, 자선의 원리가 신체화된 것으로 해석하려는 경향을 보였다. 여기서 달은 '자선'과 수동의 두 원리와 더불어, 역설적으로 삶과 죽음의 두 원리에 결합되어 있다. 한 학생이 난해함 속으로 뛰어들어 '젖을 흘리는'이 허여한다기보다 오히려 허비한다는 것을 함축한다고 해석을 바꾸었다. 그러나 이와 같은 해석은 나를 비롯하여 세미나에 참석한 다른 사람들의 직관과 일치하지 않았다. 다른 가능한 해석을 살펴보기 전에, 위와 같은 종류의 해석이 위법적인 것과는 거리가 멀다는 점에 주목해야만 한다. 해석은 가장 중요한 **문학적 능력** 중의 하나인 다음과 같은 공언에 의존하고 있다.

즉, "해석의 기본적인 관례는 소위 의미의 규칙이다. 해석은 시를 인간과 관련된 어떤 문제에 대한 또는/혹은 인간과 세계의 관계에 대한 의미 있는 입장을 표현한 것으로 읽어내는 것이다."(컬러, 1975, 115쪽). 해석은 다음과 같은 하나의 기본적인 미학 원리에 의해 더욱 정교화되었다. 즉, 훌륭한 시는 역설적이어서, 일치하지 않거나 조화되지 않는 자질의 혼합으로 구성되어 있다. 문학적 관점에서 더 특별하게 보이는 '의미의 규칙'은 훨씬 더 광범위한 문화적 적용을 보이는 원리를 문학 영역에 실현시켜주는 하나의 작동 장치이다. 이러한 원리는 앙드레드D'Andrade(1980)에 의해 다음과 같이 공식화 되었다. "융합된 사실과 평가 반응 측면에서 문화적 도식은 함축적인 가치로서의 직접적인 강력한 영향력을 갖게 되었다."

슬론스키 시행에 관한 위의 해석은 역시 원관념과 보조관념의 차원에서 정합성을 산출하는 의미론적 변형을 통해 시도되는, 은유적 정합성의 관례(컬러, 1975, 115쪽)에 의존하고 있다. 즉, 적절한 의미론적 변형을 통해, 달을 삶과 죽음의 원리와 결부시키는 원관념 차원의 정합성을 산출하려는 시도인 것이다. 그러나 보조관념 차원에서는 "정합적이지 않다." 즉, 보조관념 차원에서는 '혼합된 은유'가 존재한다. 매달려 있고, 죽은 (매달려 있는 인간의 머리와 같은?) 달은 하얀 가슴으로서의 달과 모순되어 있다. 이와 같은 생각은 변화된 방식으로 그러한 은유를 다루도록 유도한다. 이러한 방향의 첫 번째 시도는 크리스틴 브룩 로즈Christine Brooke-Rose의 작업을 통해 이루어졌다. "아주 무루하게 말하자면, 은유는 생각/내용의 관점에 따라, 기능적 은유(A는 무엇을 하는 가에 의해 B로 불린다)와 감각적 은유(A는 무엇처럼 보이는가에 의해 혹은 아주 드물게 ~같은 소리, ~같은 냄새, ~같은 느낌, ~같은 맛에 의해 B로 불린다)로 구분할 수 있다."(브룩 로즈, 1958, 155쪽).

이제 브룩 로즈의 은유 범주를 활용하여, 충돌을 일으키고 있는 직관에 명료한 구조적 기술을 적용시켜 살펴보도록 하자. 슬론스키 시행에 관한 전자의 해석은 분명히 이미지를 하나의 기능 은유로 다루고 있다. 반면에 후자인 "달은 (…) 젖을 흘리고 있는 하얀 가슴과 같다."는 확실한 감각적 은유로 다루고 있다. 여기에서 직관이 충돌하고 있다. 달을 "하얀 젖가슴이 젖을 흘리고 있다."고 말하는 것은 생명 기부 활동 때문이 아니라 그것이 무엇처럼 보이는 가에 따른 것이다. 즉, 달은 둥근 형태로서, 은하수(즉, 밖으로 쏟아지는)로 보이는 하얀 덩어리 곁에 있다. 그런데 만약 어느 정도 인간적인 의미를 획득할 수 없다면, 시인이 이와 같이 풍부한 이미지를 제공하려고 애쓰겠는가? 몇몇 비평가들은 묘사의 정밀함을 위해서라고 말한다. 그러나 다양한 이미지가 함께 덩어리지어지는 모순된 세부를 고찰할 때, 정밀한 설명은 무너져 버린다. 반대로 가장 중요한 인지시학의 추정관 중의 하나는 그 충돌을 설명해 내는 것이다. 슬론스키의 시행에 나오는 것과 같은 감각적 은유는 정상적인 지향의 과정을 방해한다. 예컨대 그 충돌은 이미지에 대한 인간적인 의미의 평가를 지연시킨다.

나는 어디선가 말장난과 캐리커처에 대한 심리 분석적 논의가 비유 언어의 어떤 측면을 밝혀낼 수 있을 것이라고 말한 바 있다(취, 1987b, 19-32쪽).[4] 가장 적절한 예를 들자면, 인용 시 (4)에 있는 이미지는 분명히 서로 정체성의 싸움을 벌이는 두 개의 시각 이미지를 하나로 혼성한 것으로 보인다. 한편에서의 시각적인 충돌, 그리고 또 다른 한편의 혼성에서 야기되는 정신 에너지의 축적은 전형적으로 캐리커처와 결합된 특수한 위트 효과를 생성해낸다. 그러나 더욱 꼼꼼하게 살펴보면, 이와 같은 설명

---

4 이에 대해 나는 크리스Kris와 곰브리치Gombrich가 쓴 모범적인 논문 「캐리커처의 원리 The Principles of Caricature」(1965)에 의존하였다.

은 이미지에 포함된 '기능적'인 해석과 '감각적'인 해석의 직관적인 차이를 규명해낼 수 없을 것이다. 우리는 은유에 의해 생성된 자질이 무엇이든, 은유가 '기능적'으로, 또는 '감각적'으로 해석되든, 대체로 정신 에너지의 축적은 독자의 참여를 강화시킨다고 말할 수 있을 것이다.

더욱 일반적으로 말하면, 하나의 자극에 대한 의미를 가치평가하려는 집요함은 깊이 뿌리박힌 생물학적 반응으로 나타난다.

> 대부분의 정서는 하나의 자극을 좋거나(유익하거나) 나쁜(해로운) 것으로 평가하려는 직관을 지니고 있다. (…) 유기체는 자신이 접촉하는 모든 자극을 명료하게 평가할 수 있는 것 같지는 않다. 조직이 상처를 입기 전에, 내면의 상처가 진행하기 전에, 즐거운 감각이 일어나기 전에, 길거나, 혹은 짧은 어느 정도의 시간이 필요하다. 평가할 수 없는 대상과의 직접적인 접촉을 분석하는 시간 동안 보통 놀람으로 일컬어지는 인간 차원의 행동 양상이 발생한다. (플루치크Plutchik, 1968, 72쪽)

그래서 감각적 은유는 어떤 평가할 수 없는 이미지와의 접촉에서 일어나는 유연한 인지 과정을 지연시키는 또 다른 문학적 장치로 간주될 것이다. 그리하여 그 장치의 기능은 지향 방해의 상태를 지속시키고, 그래서 또 놀람, 깜짝 놀람, 당혹, 아연실색 등과 같은 미적 자질을 생성해낸다.[5] 그래서 슬론스키의 직유는 분명한 묘사라는 허울 아래 놀람의 지각 효과,

---

[5] 이와 같은 지속은 어떤 독자에게는 참을 수 없는 불편한 느낌을 유발할 것이다. 범주화되지 않고, 무의미한 대상, 혹은 자극과의 접촉을 동등하게 견딜 수 있는 사람은 아무도 없다. 이것은 어느 정도 개성적인 스타일에 달려 있다. "수준 높은 사람은 감각을 더욱 열정적으로 범주화하려 할 것이고, 한 때 자신이 수립했었던 범주화를 포기하려는 마음이 덜 할 것이다. (…) 그에게 독특하고, 분류되지 않는 감각은 특히 공격적일 것이다."(오만ohamann, 1970, 231쪽, 취, 1975a, 1987a, 1-59쪽, 1992, 367-373쪽, 471-500쪽).

심지어 정서적 지향 방해를 생성해낸다. 그러나 이 두 시행은 정서의 지향을 방해하는 부가 장치를 지니고 있다. 이에 대해서는 다음에 논하도록 하겠다.6 '감각적인' 독자는 의미를 판단하지 않고, 시각 이미지에 머물러 있다. 이와 같은 이미지들은 보편적인 요소에도 불구하고 시각적으로 조화되지 않는다. 달, 여성의 가슴, 죽은 사람의 머리는 둥근 형태라는 점에서 비슷할 것이다. 그렇지만 이것들은 여러 세부에서 다르다. 독자는 본질적인 캐리커처의 만화적 기교로서만 이것들을 시각적으로 연결시킬 수 있다. 그리하여 참을 수 없고, 헤어 나올 수 없는, 조화를 이루지 못하는 혼합체는 어쩔 수 없는 것이고, 아마도 가장 결정적인 것임을 증명하는 것이다. 독자가 이미지를 기괴한 것으로 지각하는 것은 본질적으로 반응이 다르다는 점에서 놀랄만한 일이 아니다. 기괴함은 웃기면서 무섭거나 정떨어지는 어떤 개념을 동시에 전달하고 있다. 웃김, 그리고 공포, 혹은 정떨어짐 등은 위협의 발현에 대한 방어 기제이다. 전자는 위협을 거부함으로써 방어하고, 후자는 위협의 위험에 빠짐으로써 방어한다(버크Burke, 1957, 51-56쪽). 기괴함은 방어 기제들이 갑자기 불안해질 때 **경험할 수**

---

6 감각적 은유에 대한 이러한 용법은 아주 궤변적이고 대단히 예외적이다. 가드너 Gardner, 위너 Winner, 그리고 그들의 동료들은 풍부한 증거를 제시한다. 예컨대 취학 전 어린이들은 은유를 만들어내는데 아주 창조적이다. 그러나 그들이 만들어낸 모든 은유는 감각적이다. 어린이들은 이후의 발달 단계에서만 기능 은유, 또는 원관념이 개념적이거나, 또는 심리적 성질을 지니고 있는 은유를 만들어낸다. 전문가에 의하면, 어린이들은 배경이 유사한 형태이거나 다음으로 비슷한 색깔을 지닌 감각적 은유를 더 좋아하는 경향이 있다. 어린이들은 나중 단계인, 소위 '문자 시기'에서만 다른 종류의 은유를 위하여 기호를 발전시킨다(가드너, 1982, 158-167쪽, 가드너·위너, 1979, 125-134쪽, 실버스테인 Silberstein, 1982). 계속되는 청소년기에, 아이들이 은유적 재명명을 허용하기 시작할 때, 그들의 은유는 "긴장감에 압도된 위대한 각성"(가드너·위너, 1979, 134쪽)에 의해 특징지어진다. 예컨대 취학 전 어린이들이 하는 은유 연습이 "더욱 즐거운 실험"(ibid.)으로 특징지어지는 것과는 다르다.

있는 정서의 지향 방해(톰슨Thomson, 1972, 58쪽)이다. 슬론스키의 이미지는 기괴함의 부가적 요소들을 지니고 있다. 어떤 작가들은 "기괴함은 본질적으로 신체적인 것이고, 언제나 신체와 관련되어 있고, 신체에 대한 난폭함이다. 그리고 욕망을 억제하고, 별난 것이지만 근본적으로는 재미있는 것이어서 칭송받는 것이다."라고 주장한다(톰슨, 1972, 56쪽). "어떤 종류의 기괴함에 대해 웃거나, 반대로 그 속에 섞여있는 공포와 정떨어짐으로 반응하는 것은 신체적으로 잔인하고 비정상적이고 역겨운 것에 대해 반응하는 것이다."(톰슨, 1972, 8쪽). 기괴함 속에는 일종의 "금기된 것을 보고 경멸하는 즐거움"이 존재한다. 우주적 차원에서의 하얀 가슴은 외설, 혹은 신체에 대한 폭력성 같은 것을 재현한다.

슬론스키의 인용시는 여전히 또 다른 정서의 지향 방해 장치인 '관용구의 현실화'를 드러낸다. 즉, '은하수'라는 관용적 표현을 축어적 의미에서 예기치 않게 사용하고 있다(실제로 통사구조는 여기에서 애매모호하다. 예컨대 달이 젖을 흘리고 있다는 점에서 이 표현은 비유적이다. 또 하얀 가슴이 젖을 흘리고 있다는 점에서 이 표현은 축어적이다.). 이와 같은 갑작스런 의미의 변화는 독자에게 "갑자기 편안한 언어 감각을 의심케 만드는, 기괴함과 관련되어 있는 지향 방해, 그리고 혼란의 감각과 다르지 않는, 낯선 감각"(톰슨, 1972, 65쪽)을 제기한다.

그래서 기괴함은 경험한 바 있는 충격, 당혹감, 놀람 등과 같은 정서의 지향 방해를 이끌어내는 시적 장치를 활용하도록 한다. 실제로 이러한 자질은 이 시의 전체 속으로 결합되고 통합되기 위하여 이 시의 다양한 장치로 활용되고 있다.

만약 위의 과정에 대한 미학적 정당성을 살펴본다면, 충분한 답변이 제기될 것이다. 예컨대 독자가 지각하는 강력한 인간적 자질은 정서의 지향 방해이다. 누군가는 세 개의 일반적 규범인 단일성, 복합성, 어떤 강렬한 인간 자질을 지적한 미학적 대상에 대한 자신의 적극적인 평가라고 정당화할 것이다(비어슬리Beardsley, 1958, 465-469쪽). 슬론스키의 두 시행이 비유 언어의 관점에서 아주 복합적이라는 위의 분석은 명백한 것이다. 이 복합성이 소위 신고전주의 비평가들의 '혼성 은유'에 의해 성취되는 한, 이 시행들은 단일성의 관점에서는 불완전한 것으로 드러난다. 그러나 다음 사실에 주목하시오. 즉, 각각 자신의 방식을 지닌 다양한 종류의 시적 장치는 충격을 주려고 하는, 정서의 지향 방해 감각을 환기하려고 하는 목적이 있다. 이는 당혹감이라는 강렬한 인간 자질과 정서의 지향 방해를 생성해낸다. 역으로 이러한 자질은 다양한 이미지에 단일성의 지각을 부여한다. 이러한 관점에서 인지시학의 역할은 방어 구조와 지향 구조, 강렬한 인간 자질을 생성해 내는 혼란을 기술하는 것이다. 역시 인지시학은 이러한 자질의 특성을 규명하는 것, 그리고 시적 구조와 자질 특성을 체계적으로 관련시키는 것도 도와준다.

판단 스타일

'빠른 범주화와 느린 범주화', 그리고 '감각적 은유와 기괴함'에 관한 논의에서 느린 범주화, 감각적 은유, 기괴함에 관한 독자들의 포용력이 서로 다르다는 점이 제시되었다. 이와 같은 포용력의 차이는 역시 독자들의 비평적 판단에 영향을 끼쳤다. 비평적 판단에 직면했을 때, 어떤 독자들, 혹은 비평가들은 느린 범주화, 감각적 은유, 기괴함에 대한 적은 포용력이 요구되는 조건을 선호할 것이다. 간단히 말해 불확실성, 혹은 정서의 지향 방해가 적은 포용력을 좋아할 것이다. 한 편의 비평, 혹은 비평가의 저술에서 어떤 인지 장치들이 일정한 인지 스타일을 특성화하는 방식으로 지속적으로 전개될 것이다. 나는 이것을 '함축적 비평가의 판단 스타일'이라고 부른다. 부스Booth(1961, 71-76쪽)의 '함축적 작가'를 바꾸어 말한 **함축적 비평가**는 주어진 글에 자신의 판단을 반영한 사람으로 정의할 수 있다. "우리는 함축적 작가를 실재 사람에 대한 이상적이고, 문학적이고, 창조적인 변형이라고 말한다. 예컨대 함축적 작가는 자신이 선택한 것의 총체이다."(부스, 1961, 74-75쪽). 이와 같은 판단 스타일의 차이는 이따금 다양한 합리적 읽기를 도출해 낸다. 그러나 다른 예를 들자면, 어떤 독자들은 너무 과도한 불확실성, 또는 정서의 애매성이 잠재되어 있는 읽기를 회피하려는 경향을 드러낸다. 그리고 어떤 독자들은 회피한 읽기보다 합리적인 것이 덜 드러나는 읽기를 선호한다.

시, 그리고 변성 의식 상태

인류가 성취한 가장 위대한 것 중의 하나는 개인의 의식[7]이다. 아주 이른 시기에 인류는 의미가 흐르는 감각 정보의 흐름에서 안정적인 세계를 구축하는 안정된 범주화를 배웠다. 우리는 이미 빠른 범주화와 느린 범주화가 지닌 상대적인 장점과 약점에 대해 설명하였다. 안정적이고 잘 조직된 범주는 인지 체계 속에 있는 적은 양의 정보를 상대적으로 손쉽게 다룰 수 있도록 해 준다. 한편, 안정적이고 잘 조직된 범주는 정확한 적응 절차에 결정적일 수 있는 중요한 감각 정보의 손실을 일으킨다. 반대로 불안정한 선범주적 정보의 노출은 인간의 기억 체계에 있는 아주 많은 양의 감각

---

[7] 나는 어디선가 시와 변성 의식 상태에 대해 아주 장시간 토론한 바 있다(취, 1992, 411-470쪽).

에 부담이 될 수 있다. 즉, 이러한 과부하는 목표에 적응하기 위해서, 그리고 대단한 유연성을 산출하기 위해서 이용 가능하다. 그러나 시간과 에너지가 소비되고, 아주 많은 정신 처리 공간이 필요할 것이다. 느린 범주화는 매우 불쾌하고, 심지어 어떤 사람에게는 견딜 수 없는 불확실성의 시간을 필요로 한다. 이러한 파악을 위한 해결책은 어렌즈빅Ehrenzweig(1970, 135쪽)이 말한 "초점화된 게슈탈트와 거대한 무식별 사이에서 요동치는 자아의 창조적 리듬"으로 드러난다.

런던에 사는 심리학자 위니콧D. W. Winnicott과 마리온 밀너Marion Milner는 대상과 자아가 확실히 분리되어 있는 실재 세계에서 발상지에 더 가까워지기 위해서는, 자아와 비자아 사이의 경계를 넘나들 수 있는 창조적 자아의 중요성에 대해 강조하였다.

이와 같은 방식으로 본, "발상지로의 회귀"라는 거대한 혼융 체험은 모든 예술에 대한 최소한의 내용물을 표상한다. 프로이트Freud는 기본적인 종교 체험에서만 '발상지로의 회귀'를 찾았다. 그러나 이는 오늘날 모든 창조성에 속하는 것으로 인정되고 있다.

인용한 알터만 시 (3)의 은유에 대한 사람들의 반응에서 자아와 비자아 사이의 경계에 있는, 그리고 자유 존재와 자유 형태 자질에 잠긴 것과 같은 긴장감의 요소를 분명히 발견할 수 있다. 변성 의식 상태는 선범주적, 또는 범주화가 덜된 다양한 종류의 정보가 확장된 많은 시간으로 인해 노출된 상태인 것이다. 변성 의식 상태는 능동적으로 조직된 정신이 완전히 제어할 수 없는 선잠 상태, 또는 환각 상태(깨어 있는 것도 아니고 잠든 것도 아닌 반의식 상태)에서부터 최면 상태를 거쳐 다양한 종교 체험, 가장 주목할 만한 신비하고 무아지경의 체험에 이르기까지 광범위한 영역에 걸쳐있는 상태들이다. 창조 과정에서의 '영감'과 '통찰'의 순간은 쉽사리 인식되지는 않지만, 역시 이와 같은 변성 의식 상태를 지니고 있다.

한편으로는 낭만주의와 상징주의의 많은 시가, 또 한편으로는 종교시의 가장 많은 방식이, 풍부한 선범주적 정보를 드러내는 것을 추구하기 때문에, 우리는 이러한 장르와 방식을 지닌 시에서 부분적인 특징으로서 어떤 변성 의식 상태를 표현하고 성취하는 것을 찾아내고자 한다.

「엘긴의 대리석 석판을 보고서」

다음에서 키츠Keats의 소네트 「엘긴의 대리석 석판을 보고서 On seeing the elgin marbles」에 대해 꽤 자세하게 논의코자 한다.

> (5) 내 영혼은 너무 유약하다 — 유한성은
> 원하지 않는 잠처럼 나를 무겁게 짓누른다,
> 그리고 신이나 견딜만한 고난의, 모든 상상된 산봉우리와 절벽은
> 하늘을 바라보는 병든 독수리처럼
> 내가 죽어야만 한다고 말한다.
> 내게 아침의 눈뜸을 위하여 신선함을
> 유지하는 구름 같은 바람이 없다 하여
> 우는 것은 아직은 고상한 사치이려니.
> 이러한 희미하게 품은 머릿속의 영광은
> 마음에 말할 수 없는 갈등을 일으키고,
> 그리하여 이러한 놀람은 가장 아찔한 고통으로,
> 그리스의 장엄함이 거칠음과 뒤섞여
> 오랜 시간 황폐해지는구나 — 큰 물결치는 바다와 —
> 태양과 — 어떤 위대함의 그림자와 더불어.

(5) My spirit is too weak — mortality
　　Weighs heavily on me like unwilling sleep,
　　And each imagined pinnacle and steep
　　Of godlike hardship, tell me I must die
　　Like a sick Eagle looking at the sky.
　　Yet 'tis a gentle luxury to weep
　　That I have not the cloudy winds to keep
　　Fresh for the opening of the morning's eye.
　　Such dim-conceived glories of the brain
　　Bring round the heart an indescribable feud;
　　So do these wonders a most dizzy pain,
　　That mingles Grecian grandeur with the rude
　　Wasting of old time — with a billowy main —
　　A sun — a shadow of a magnitude.

　이 소네트는 변성 의식 상태를 보여주는 아주 뛰어난 시이다. 이 시는 키츠가 '강렬함에 대한 여러 원천'의 하나를 성취한 뛰어난 사례 중의 하나이다. 이 시는 무아지경과 유사한 일종의 '극한 체험'을 암시한다. 그리고 이것은 분명히 탁월한 '변성 의식 상태'의 일종이다. 다음에서 간단하게 '변성 의식 상태'에 기여하는 요소들의 누적되는 영향을 추적할 것이다. 이 시의 독특한 자질은 잠이 오든 안 오든 원하지 않는, 하여튼 '원하지 않는 잠'을 직접 언급함으로써 시작한다는 것이다.

　이 시에는 체험자에게 유한성의 감각을 불러일으키는 압도적인 체험이 존재한다. 예컨대 "유한성이 나를 무겁게 짓누른다(mortality weighs heavily on me)"와 "내가 죽어야만 한다(I must die)"이다. 인간의 유한감과 한정감은 때때로 자신을 아주 미천하고, 무의미하고, 한정된 능력을 가진 존재로 표현하곤 한다. 루돌프 오토Rudolf Otto는 가장 초자연적인 요소로 소위 '피조 감각', 혹은 '의존 감각'을 지적했다. 즉, "그것은 모든 피조물들 위에 존재하는 최상의 존재와 대비되어 자신의 무가치함에 잠기고 압도당한 어떤 피조물의 정서이다."(오토, 1959, 24쪽). 키츠는 이와 같은 '피조 감각'을 그리스 예술품의 앞에서 체험했다. 나는 이러한 정서 상태의 두 가지 측면을 지적하고자 한다. 하나는 '능동적으로 조직된 정신'과는 거리가 먼 '놀람'으로 기술할 수 있는 상태인 수동적인 정서 수용이다. 또 하나는 거대함, 장엄함, 초능력 등과 같은 것에 의해 드러나는 압도적인 감탄과 두려움과 경외의 느낌이다. 키츠의 소네트에서, "내 영혼은 너무 유약하다(My spirit is too weak)"는 의지 통제의 이완을 암시하는 정서 상태에 대한 매우 솔직한 개념적인 진술이다. 반면에 "모든 상상된 산봉우리와 절벽은(each imagined pinnacle and steep) / 신이나 견딜만한 고난의(Of godlike hardship) / 큰 물결치는 바다(a billowy main) ― / 태양과 ― 어떤 위대함의 그림자와 더불어(A sun ― a shadow of a magnitude)"라는 풍경 묘사는 "놀라움은 (…) 그리스의 장엄함(wonders (…) Grecian grandeur)"과 마찬가지로 '거대함, 장엄함, 초능력'으로 특징지어지고 있다.

이 소네트는 정서적으로 부담을 주는 차별화되지 않은 자질들의 원천이 되는 상당량의 추상 자질과 존재-자유 자질을 지니고 있다. 여기서 나는 1행에 나오는 **유한성**(mortality)이란 말이 본질, 혹은 자질을 강화하긴 하지만 산만하게 묘사된 인상을 준다고 말하지 않을 수 없다. 이 소네트는 거의 평범한 개념어로 지각될 수 있는 방식으로 시작한다. 이미 말한 바와 같이, "내 영혼은 너무 유약하다(My spirit is too weak)"는 직설적인 개념 진술이다. 일상어로 되어 있는 "나를 무겁게 짓누른다(Weighs heavily on me)"는 '나를 곤란하게 한다(troubles me)'는 의미에서 죽은 은유이다. 그럼에도 불구하고, 첫 두 행은 비차별적이고 비개념적인 것으로 지각된다. 왜 그런 것일까? 하나의 이유는 "유한성은 원하지 않는 잠처럼 나를 무겁게 짓누른다 (Mortality weighs heavily on me like unwilling sleep)"는 문장에 있는 추상성과 구체성 사이의 특별한 긴장감 때문일 것이다. 또 다른 이유는 이러한 긴장감에 있는 구체적인 요소의 특별한 성질 때문일 것이다. 마침내 이러한 방식으로 생성된 지각 자질은 이 구절을 주변에 있는 구절과 관련시킴으로써 강화된다.

이를 상세하게 살펴보자. 만약 명사의 상대적인 추상 정도에 대해 말하자면, 잠재성이 실제보다 더 추상적이라는 의미에서 **유한성**(mortality)은 **죽음**(death)보다 더 추상적이다. 게다가 우리는 더 이상 이와 같은 의인화를 순수한 추상과 연결시키지 않을 정도로 시와 신화, 심지어 일상적 사고에서 **죽음**의 의인화에 익숙해 있다. 대조적으로 **유한성**(mortality)은 우리의 인식에서 형태-자유로 존재한다. 이러한 의미에서 **유한성**(mortality)은 그 표현을 추상적인 방향으로 뻗는다. 한편, **짓누른다**(Weighs)는 신체적 대상의 독점적인 특성을 **유한성**(mortality)의 특성에 부여한다. 여기서 추상 개념이 특징적인 시각 형태를 지닌 신체적 대상과 결합할 때, 그 전형적인 결과는 추상 개념이 간결하고 변별적이고 개념적인 특성을 갖는 비유적 표현으로 드러난다. 그러나 추상 개념이 촉감, 체온감, 무게감과 같은 최소한의 변별적 감각 중의 어느 한 영역에 속하는 신체적 자질과 결합할 때, 추상 개념은 강렬하고 충분한 지각이긴 하지만 산만하고 비차별적인 것으로 나타나는 경향이 있다. 시인은 **유한성**(mortality)에 무게감을 부여함으로써 효력과 활력을 제공한다. 이러한 방식으로 이 은유는 아주 (차별화된) 추상명사를 매우 낮게 차별화된 술어와 결합시킨다. 즉, 이 은유에는 윔새트Wimsatt(1954)가 말한 **실명사 차원**에 남아있는 '구멍'이 존재한다. (말하자면, 이 표현은 어휘가 명명할 수 없는 일종의 느낌을 암시한다.) 이 시의 경우, 이 은유는 실명사 차원의 직접적 표현인 "내 영혼은 너무 유약하다(My spirit is too weak)"와 바로 연결되기 때문에 그 구멍은 양쪽 방향의 변이를 위한 기둥으로서 기능한다. 이와 같은 분석이 모종의 정신 실행에 의존하고 있다는 점에 주목해야 한다. 예컨대 술어 **짓누른다**(Weighs)가 '나를 곤란하게 한다(troubles me)'는 직설적인 관용적 감각으로 성취되는 것이 아니라는 점을 인정해야만 한다. 그러나 이 시행의 술어에 고유한 것으로 제시되는 자질들은 **짓누른다**(Weighs)를 신체적 부여 속성으로 이해할 때에만 간취될 수 있다. 그리고 또한 이 단어가 자체적으로 획득되거나 암시되어진다기보다 실명사 차원의 표현에 대한 더욱 추상적이고 더욱 구체적인 해석을 위한 것으로 한 번에 동시에 이해할 때에만 간취될 수 있다. 여기서 이와 같은 읽기는 이어지는 "원하지 않는 잠처럼(like unwilling sleep)"이라는 구절에 의해 강화되고 있다. 이 구절은 환유적으로, 비차별화된 중압감을 몸의 사지로부터 분화되지 않은 무게감을 **유한성**(mortality)으로 전이시킨다. 즉, 이 '유한성'이라는 추상 개념은 외부세계와 화자를 관련시킨다.

선택적인 정신 실행

시에 대한 지각 효과는 시의 구조와 독자의 정신 실행이라는 두 측면에 의존하고 있다. 동일한 시에 대한 선택적인 실행은 서로 다른 지각 효과를 야기할 것이다. 다음에서는 이 시의 이어지는 풍경 묘사에 대한 선택적인 정신 실행 두 가지를 제기할 것이다. 앞에서의 추정관에 따라 이 시의 풍경 묘사와 정서 자질 사이의 관련성을 살펴보면, "산봉우리와 절벽(pinnacles and steeps)"은 산만성을 증가시킴으로써 **유한성(mortality)**의 정서 자질을 증폭시킨다고 생각될 것이다. 그러나 이것이 반드시 그런 것은 아니다. 선택적인 정신 실행이 필요할 것이고, 독자는 선택적인 정신 실행 사이에서 왔다 갔다 할 것이다. 지평의 측면에서 "모든 상상된 산봉우리와 절벽은(Each imagined pinnacle and steep)"은 실제적으로 이어지는 풍경의 일부분으로 간주될 것이다. 그리고 수직의 측면에서는 "신이나 견딜만한 **고난(godlike hardship)**"으로 확실하게 표현되었기 때문에, 일종의 엄청 고통스런 노력이 요구되는 환경으로 간주될 것이다. **전형적인 예**로 풍경은 **고난(hardship)**의 개념 특성을 날카로운 관점으로 드러내는 경향이 있다. 여기서는 풍경의 (본보기로서보다는) **실제** 특성을 강조하면 할수록, 추상명사 **고난(hardship)**의 지각 초점이 (더욱 산만해지고) 더욱 유연해진다. 선택적으로 우리의 지각이 "산봉우리와 절벽(pinnacles and steeps)"의 **형태(shapes)**에 주목하면 할수록, 개념 자질에 대한 정의 획득은 더욱 날카로워질 것이다. 그리고 역으로 우리의 지각이 산봉우리와 절벽에 관하여 **시간과 공간 속에 자신을 위치시키는 것**에 주목하면 할수록, 개념은 더욱 산만해지고 (더욱 '지각적'이) 될 것이다. 이와 같은 모든 것은 지향에 대한 계속되는 논의에 의해 더욱 증폭될 것이다.

"하늘을 바라보는 병든 독수리처럼(Like a sick Eagle looking at the sky)"이라는 시행은 앞선 발화와 다양한 관련성이 있다. 첫째, 독수리는 '산봉우리들과 절벽들' 속에 있는 높음이라는 함축성을 강화시킨다. 둘째, 독수리는 분리되어 있다는 불행의 느낌을 강화시킨다. 예컨대 이는 하늘에 존재해야만 하는 독수리가 죽음에 임박해 있다는 시각 이미지와 결합되어 비극적 느낌을 강화시킨다. 셋째, 독수리의 단순한 출현은 '산봉우리들과 절벽들'이 실제 풍경이 될 수도 있다는 암시를 강화시킨다. 넷째, "하늘을 바라보는(looking at the sky)" 독수리는 공간과 관련하여 자신을 위치시키는 그 행위에 관한 의식을 표상한다. 즉, 독수리는 "모든 산봉우리들과 절벽들(each pinnacle and steep)"에 있는 본보기로서의 양상이라기보다는 공간 지향의 양상을 강조하고 있다. 그래서 이 구절은 유한성(mortality), 그리고 고난(hardship)에 대한 간결한 지각보다는 산만한 지각을 강화시킨다.

상징과 풍유

"모든 상상된 산봉우리와 절벽은(each imagined pinnacle and steep)"이라는 표현에서 주목해야만 할 두 가지 양상에 대한 논의는 아주 중요한 부가적 문제를 환기한다. 여기에 도입된 이론 지식은 풍유는 상징과 구별된다는 어떤 결정적인 관점을 인식하도록 도와준다. 전통적으로 상징과 풍유는 일종의 '이중적인 말하기'를 암시한다. 즉, 어떤 구체적인 실체에 대한 말하기와 어떤 추상적인 것에 대한 함축이다. 그러나 구체적이고 물질적인 형태의 풍유는 어느 정도 잘 정의된 추상적이고 정신적인 의미의 '단순한' 변장으로 간주하는 반면에, 상징은 추상 개념과는 독립된 하나의 실체를 갖는 것으로 간취된다. 그리고 상징은 일상적인 개념어로 표현할 수 없는, '여하튼' 말로 나타낼 수 없는 어떤 실체, 자질, 느낌을 암시하는 것으로 간취된다. 키츠의 소네트에 나오는 풍경은 "신이나 견딜만한 고난(godlike hardship)"으로 분명하게 표현된 풍유적 풍경으로, 혹은 단어들을 벗어나려는 어떤 느낌을 암시하는 상징적 풍경으로 지각된다. 그래서 형언할 수 없는 체험은 정확하게 말로 표현할 수 없다. 왜냐하면 언어는 정보가 간결하고, 잘 정의되어 있고, 순차적인 전형적인 왼쪽 뇌반구 활동에 속하는 반면에, 체험은 정보가 산만하고, 비차별적이고, 총체적인 오른쪽 뇌반구 활동과 관련되어 있기 때문이다. 전통적인 풍유는 명쾌한 개념 언어로 표현될 수 있는 것과 마찬가지로 잘 변별화된 물리적 형태와 명쾌한 생각에 따른 인간 행동을 제공한다. 반대로 상징은 정보를 어느 정도(혹은 대부분) 산만하고, 비차별적이고, 총체적인 것으로 지각하는 방식으로 정보를 다룬다. 상징은 정보를 공간 지향의 인지 구조와 결합함으로써, 또는 정보를 최소한의 차별화된 의미의 관점에서 다룸으로써, 또는 정보 요소들의 다양한 관련성을 제시함으로써, 이런 일들을 한다(취, 1987a, 1-4쪽). 즉, 이와 같은 모든 일들은 소위 '불일치 구조'에 의해 강화된다.

키츠와 말로우

키츠의 소네트 9-10행과 말로우 Marlowe의 비극 「탬벌레인 Tamburlaine」의 세 행을 비교함으로써, 인용한 키츠 시의 특수한 의미론적 특성을 더 조명해볼 필요가 있다.

> (6) 이러한 희미하게 품은 머릿속의 영광은
> 마음에 말할 수 없는 갈등을 일으키고

> (6) Such dim-conceived glories of the brain
> Bring round the heart an indescribable feud;

> (7) 네 가지 요소로 우리를 짜 맞춘 자연은,
> 통치를 위해 우리의 가슴 안에서 싸우고 있는,
> 야망의 정신을 가지라고 우리 모두를 가르친다.

(7) Nature that framed us of four elements,
　　Warring within our breasts for regiment,
　　Doth teach us all to have aspiring minds.

　말로우의 비극에 나오는 탬벌레인과 파우스투스Faustus의 무한한 존재에 대한 대단한 갈망에도 불구하고, 상식적이고 포괄적인 일반화의 관점에서, 키츠의 시가 말로우의 시보다 더욱 낭만적이고 정서적인 분위기를 드러낸다고 예측될 것이다. 위의 두 인용시가 이와 같은 '상식'을 어떻게 입증하는지 살펴보는 것은 흥미로울 것이다.
　위의 두 인용시는 어느 정도 상식의 요소를 지니고 있다. 이 두 인용시는 '형태-자유' 자질의 관점에서 유의어라는 언어적 용어로 인해 아주 직접적인 방식으로 비차별적인 느낌을 드러내고 있다. 예컨대 "우리의 가슴에 있는" **싸움**(war)과 "마음에 있는" **갈등**(feud), 그리고 우리의 마음(혹은 머리)에서 일어나고 있는 이것들의 관계가 그것이다. 진정한 낭만주의자로서의 키츠에게, 이 '갈등(feud)'은 짧은 순간에 일어나는 강렬한 정서이다. 즉, 얼마 동안 유지되지 않을 정도로 아주 강렬한 것이다. 말로우에게 이 '싸움(war)'의 느낌은 더욱 더 지속적인 특성을 지니고 있다. 몇몇 독자들은 인용시 (7)과 비교하여 (6)에서 더욱 강력한 정서 자질을 지각했다고 말했다. 이는 **싸움**(warring)과 **갈등**(feud)이 서로 다른 함축성을 지니고 있기 때문이라고 설명될 수 있다. 그러나 훨씬 더 의미 있는 것은 말로우의 시행에 나오는 '싸움(war)'이 "우리의 가슴 안에서 싸우는(Warring within our breasts)" 분명하게 차별화된 "네 가지 요소(four elements)"인 반면에, 키츠의 마음에 있는 '갈등(feud)'은 비차별적이고 형태-자유일 뿐 아니라 역시 존재-자유로 보인다는 사실이다. 즉, 일상적인 지시적 언어 측면에서 '갈등(feud)'은 **누구**, 혹은 **무엇** 사이에 있는 것이라고 말할 수 있을 것이다. 더군다나 "마음의 **주변(round** the heart)"이라는 위치는 "우리의 가슴 안에서**(within our breasts)**" 속에 확실히 포함된다. 그렇지만 심리적 측면에서는, 후자가 분명한 경계 안에 들어가는 반면에 전자는 흐릿한 직관으로서 지각된다. 그래서 더욱 열정적인 충격을 주는 키츠의 시행은 행위를 수행하는 대상들이 제거되고, 격렬한 행위에 주목한다는 사실과 관계가 있다. 더군다나 비록 두 시의 은유가 일종의 정서적 곤란함을 언급하는 것처럼 보이지만, 키츠가 이와 같은 의식 자질을 말할 수 없는 불투명함에 대한 장치로 사용하는 반면에, 말로우는 그 의식의 '순차적' 자질을 부각시키는 수사 장치로 사용한다. 말로우의 "우리의 가슴 안에서 싸우는 것(Warring within our breasts)"이라는 표현은 '통치를 위해(for regiment)', '가르친다(teach)', '야망(aspiring minds)'과 같은 단어와 구의 목적에 걸맞은 요소, 그리고 '**모두(all)**'라는 결정적인 특성에 의해 생성된 **인내 목적**의 심리적 양상을 부여한다. 두 인용 사이의 한 가지 흥미로운 대조는 말로우가 인칭 대명사 '우리(our)'를 정확하게 사용하고 있는데 반해, 키츠의 두 시행은 목적 주체가 포함되어 있다는 것을 강조하지 않는 비인칭의 구성을 확실히 하고 있다는 점이다(필자는 이와 같은 특성을 다시 논할 것이다.).

반대로 키츠는 "말할 수 없는 갈등**(indescribable feud)**", 그리고 "희미하게 품은 영광(**dim** conceived glories)"에 나오는 형용사를 통해 정서의 비차별적 특성을 강조한다. 나는 이와 같은 비교에 적절한 모든 양상에 대해 논의하는 것을 생략코자 한다. 여기서는 "머릿속의 영광(glories of the brain)"이라는 구절에 대해서만 논의하겠다. 스트로슨Strawson(1967)은 하나의 진술에서 주어와 술어에 가장 자연스런 명사의 배치가 무엇인지에 대해 연구했다. 가장 자연스러운 질서는 아주 구체적인 명사가 지시 위치에, 덜 구체적인 명사가 술어 위치에 배치될 때이다. 예컨대, "머리가 영광을 안다(the brain has glories)"와 "머리가 영광스럽다(the brain is glorious)"와 같은 문장에서처럼, 시공간적으로 지속되는 사항의 **특성**이 술어 위치에 배치되는 반면에, **시공간적으로 지속되는 사항**이 지시 위치에 드러날 때이다. 이 두 구절에서 '**머리**(brain)'는 지시 표현이고, **영광**(glories), 또는 **영광스럽다**(glorious)는 머리에 부여된 속성을 가리킨다. "머릿속의 영광(glories of the brain)"이라는 구절은 두 가지 변형에 따른 서로 다른 두 구절에서 파생된 것으로서, 어느 정도 구태의연한 구조로 생각될 수 있다. 즉, 두 가지 변형이란 '심층' 술어의 명사화, 그리고 표면 구절상의 지시 위치로의 명사화 이동이다. 이와 같은 소유격 구절을 '명사화된 술어', 또는 '주제화된 한정어'라 한다. 이것들은 "속성 묶음으로서의 존재"로부터 그 존재들과 어느 정도 분리된 '의미 있는 속성'으로 관심의 초점을 이동시킨다. 인용시의 맥락에서 이것은 **갈등**(feud)이란 단어에서 만나게 되는 존재-자유의 자질을 강화시키는 일종의 '선-존재' 상태의 복귀로 간주될 것이다.

이와 같은 두 구절에 대한 비교가 일반적인 치밀한 읽기 방식과 완전히 변별되는 것은 아니다. 그럼에도 불구하고 의식, 그리고 정보의 범주화에 대한 논의는 여러 가지 의미 있는 공헌을 수행한다. 전형적으로 은유 이론은 어떤 은유를 아주 훌륭하고 풍부하게 해석해 낼 수 있는 방법, 혹은 기발한 은유를 이해하는 방식과 같은 문제를 탐구한다. 여기서 우리는 의미 차원에서 확실히 변별되는 것이 아니라 지각 효과에서 변별되는 두 개의 은유를 다루었다. 인지적 지시 틀은 이 두 은유의 차이를 설명하는 데 기여했다. 즉, 인지적 지시 틀은 어떤 언어 구조와 낮은 지각 범주 양식으로의 '복귀' 사이의 관련성에 대해 설명했다. 다음으로 인지적 지시 틀은 역시 텍스트의 정서 자질로의 복귀는 물론 시의 인지적 특성화와 같은 관련성도 설명했다. 우리는 역시 텍스트가 고전주의나 낭만주의와 같은 시기, 그리고 문체의 영향과 관련될 수 있도록 이와 같은 관련성을 더욱 진전시킬 수 있는 방법을 드러내야 한다. 인용한 키츠 시의 맥락에서, 인지적 지시 틀은 역시 이러한 지각 효과의 차이가 어떻게 어떤 영속적인 분위기와 변성 의식 상태 사이의 구별에 기여하는지 제시한다. 나아가 누군가는 인지적 지시 틀을 기술을 위한 언어적 도구를 제시하는 인지 구조라고 주장할지도 모른다. 예컨대 다른 지시 틀로 행해진 이러한 기술은 사소한 것에 지나지 않는 것으로 드러날 수도 있다.

애매성, 그리고 유연한 시각

신비평이 애매성 탐구를 위해 좋아하는 대상은 다양한 관계 속에서 드러나는 의미론적 요소들이다. 예를 들어 "이러한 희미하게 품은 머릿속의 영광은(Such dim-conceived glories of the brain)"이라는 구절을 살펴보자. '영광(Glory)'은 아주 분명한 개념으로서, 우리의 목적에 따라 '흥분된 또는 존경스런 찬양', '자부심의 대상', '광휘, 빛남, 영광'을 지시하고 있다. "머릿속의 영광은(Glories of the brain)"은 '그리스 예술 작품에 헌정된 존경스런 영광'(응시자의 머릿속에 있는 영광)이거나, 혹은 "엘긴의 대리석 석판(The Elgin Marbles)"이 자부심의 대상(창조자의 머릿속에 있는 영광)임을 의미한다. 무언의 형용사로서의 '희미하게(Dim)'는 '영광'의 빛남 양상을 드러낸다. 그래서 우리는 다시 비합리적인 반응에 대한 감각적인 설명을 해야 한다. 즉, 시각은 가장 차별화된 감각이어서 관습적으로 은유의 합리적 구성소로 기능한다. 비록 '희미하게(dim)'가 함축적으로

'영광(glories)'을 빛으로 바꾸지만, '희미하게(dim)'는 그 빛을 덜 구별되고, 덜 차별적인 것으로 만든다. 비슷하게, 창조자의 머릿속에 있는 "희미하게 품은 영광(dim-conceived glories)"은 무의식의 **어두운 층위**에서 발생한다. 이제 "희미하게 **품은(dim-conceived)**"을 살펴보자. 이 시에 가능한 의미 중 어느 것이 적절한 것인가? "-에 대해 품는 것은(To conceive of)"은 '감각으로 지각하는 것이 아니라 지적으로 이해하는 것'을 의미한다. "품는 것은(To conceive)"은 '생각들, 혹은 느낌들을 하나의 패턴으로 서로 관련시키는 것'을 의미한다. 혹은 다른 의미로 불합리한 '**출산(bringing forth)**'이라는 꽤 신체적인 은유를 야기하는 '임신하게 되는' 것을 의미한다. 어느 정도, '희미하게(dim)'와 '영광(glories)'은 이 시의 마지막 행에 더욱 객관적으로 드러난 '태양(sun)'과 '그림자(shadow)'의 전조가 되었다. 그래서 아서 미즈너 Arthur Mizener(1964, 142쪽)는 베르그송 Bergson의 '형이상학적 직관'을 모방하여 역으로 말을 바꿔 말했다. 이러한 말들의 단일한 의미는 이 시행들을 완전히 이해할 수 없을 뿐만 아니라, 그 언어는 우리의 주목을 방해하려고 다양하게 나타나는 어떠한 비유도 허용하지 않을 것이다. 그래서 흐릿한 의미는 이 소네트의 산만한 지각에 기여하게 된다. 우리는 이와 같이 서로 경쟁하는 의미로 인해 과부하가 걸린 인지 체계에 대해 인지용어로 이야기할 것이다. 전경-배경 관계의 관점에서 우리는 비차별적인 '배경' 속으로 의미를 '쏟아버림'으로써 잠재적으로 잘 정의된 의미를 다룬다고 말할 것이다. 그 과정은 잘 정의된 형태가 중첩되거나, 또는 끊임없이 반복될 때 비차별적인 배경으로 지각되는 시각적 양상의 과정과 아주 비슷하다.[8]

---

[8] 나는 위에서 병치된 실체에서 추출된 추상화는 고려할만한 부가 가치가 있다는 스트루프 실험의 참조를 제시했다. 추상화는 활동적인 기억 속에서 그렇게 병치된

"신이나 견딜만한 고난의(Of **godlike** hardship)" 구절에 나오는 형용사는 '신에 걸맞은, 또는 신과 같은'을 의미한다. 그리고 그것은 '오로지 신만이 견딜만한 고난', 또는 '오로지 신만이 당할만한 고난'을 암시한다. 이러한 방식으로 '**godlike**'라는 단어는 체험 주체와 외부 대상이라는 두 개의 명백한 실체를 융합시킨다. 11행의 '**놀라움**(wonders)'이라는 단어에는 '경악, 감탄, 경악, 또는 놀람을 야기하는 어떤 것', 또는 '낯설고, 경탄스럽고, 놀랄만한 것 때문에 **흥분된** 정서'를 의미하는 유사한 애매성이 존재한다. (이 소네트에는 아주 적게 나타나는) 이러한 애매성의 다양한 의미는 서로를 흐릿하게 하는 경향, 전체적으로 이용 가능한 정신 공간을 침해하는 것을 서로 방해하는 경향이 있다. "모든 상상된 산봉우리와 절벽은(each imagined pinnacle and steep)"에 대한 앞의 논의에서 나는 수직적인 것과 지평적인 것이라는 두 개의 선택적인 정신 실행을 제시하였다. 즉, 수직적인 것은 "신이나 견딜만한 고난의(Of godlike hardship)"이라는 확실하게 표현된 예를, 지평적인 것은 실제적이고 지속적인 풍경을 제시한다. 현재 맥락에서는 세 가지 종류의 정신 실행을 제시할 수 있다. 즉, 다양한 의미가 동시에 작동하고, 서로를 침해하고, 전체적으로 이용 가능한 정신 공간을 침해하는 것을 서로가 방해한다는 것이다. 이것은 강렬한 정서 자질이 깔려있는 이 시에서 의미에 대한 유연하고 통합된 집중을 성취하는 방식이다.

주어 대상과 목적 대상 사이에 떠돌아다니는 공시적인 이미지 효과에 대해서는 이미 언급했다. 그러나 이것들은 역시 통시적 양상을 지니고 있다. 옥테트(octet, 소네트 첫 8행)는 처음에 나오는 단수 인칭 대명사 '내

실체의 보존을 촉진시켜준다. 비차별적인 배경 속에 있는 시각 정보, 혹은 소리 정보를 억제하는 것은 인지 체계의 부담을 상승시키는 또 다른 기교이다.

(My)'에 의해 지배되고 있다. 이것들은 세스텟(sestet, 소네트 후반부의 6행)에서 모두 사라진다. 가장 특징적인 것은 "glories of my brain", "round my heart" 대신에 "glories of the brain", "round the heart"이라는 비인칭 구절로 드러난다. 11행의 '고통(pain)' 역시 어느 개인의 의식과 관련되지 않은 것처럼 보이는 심리적 추상 개념이다. 위쪽의 애매한 구절들은 덜 의식적인 상태에서의 체험을 아는 지속적인 의식 요소인 '나(I)'로부터 전이된 것으로서 기능한다. 즉, 이 구절들은 개인의 의식 상태로부터 변성 의식 상태로의 전이로서 기능한다.[9] 이러한 상태에서는 이미지 흐름에 대한 각성이 존재한다. 그러나 생각, 느낌, 의지, 자아와 타자의 구별, 대상과 사고의 구별에 대한 각성은 존재하지 않는다. 이는 "자신의 정신을 무념무상으로 만들어내는 능력, 정신을 모든 사고가 통과하도록 만드는 능력"(키츠, 1956, 26쪽)에 관심을 갖고 있다. 생각, 느낌, 의지로서의 자아와 절연된, 그리고 자아와 타자의 구별, 대상과 사고의 구별과 같은 이미지의 흐름은 "가장 아찔한 고통(a most dizzy pain)"으로 지칭된 의식 상태로 이끈다. '고통(pain)'은 날카롭지만, 비차별적인 느낌을 단순하게 명명한 것이다. '아찔한(dizzy)'은 고통의 강도를 약화시키지는 않지만, 고통의 상황을 흐릿하게 한다. '아찔한(Dizzy)'은 불편한 느낌 때문에 현기증 나는 상태, 이따금 극단적인 격정, 외부 세계에 대한 흐릿한 지각

---

[9] 변성 의식 상태에 대한 최근의 신경심리학적 연구는 다음과 같은 개념을 제공한다. "자아는 일종의 'I-Me-Mine' 복합체의 작동을 최소한 짧게 제시하는 선을 따라 도출되는 것처럼 보인다. 그러나 이 세 개의 자아 중심적인 것이 갑자기 용해되어 버리면 무슨 일이 일어날까? 신기한 변성상태가 야기된다."(오스틴 Austin, 2000, 209쪽). 퍼싱어(1987)는 신(God) 체험(어떤 병리 현상과 마찬가지로서)이 인간 두뇌의 측두엽에서 일어나는 전기적 혼란인, 일시적인 측두엽 현상과 관련되어 있다고 주장했다. 이러한 상태의 특징은 "자아에 대한 묘사가 변화하는 것이다. 몰개성화는 전형적인 것이다."(퍼싱어, 1987, 18쪽).

을 지시한다. 바로 이 '아찔한(dizzy)'의 존재는 키츠 시의 변성 의식 상태의 구조적 유사성에 기여한다. 마이클 퍼싱어Michael A. Persinger는 신 숭배에 대한 신경심리학적 토대라는 연구에서 다음과 같이 말했다. "신 체험에서 전정 감각의 역할을 고마워하는 사람은 거의 없다. 그러나 균형 감각과 운동 감각에서 역할을 하는 측두엽의 역할을 고려하면, 이와 같은 체험이 기대된다. (…) 신 체험과 관련이 있는 문학은 기본적인 전정기관의 입력을 묘사하는 은유로 충만하다. 예컨대 '들어 올려진 존재', '빛의 느낌', 심지어 '취한 사람처럼, 빙빙 도는' 감각은 상식적이다."(퍼싱어, 1987, 26쪽).

마지막 3행은 이와 같은 '아찔한 고통'에 대한 '화학적 수사'를 제공한다. 예컨대 "그리스의 장엄함이 거칠음과 뒤섞여 오랜 시간 황폐해지는구나 — 큰 물결치는 바다와 — 태양과 — 어떤 위대함의 그림자와 더불어(mingles Grecian grandeur with the rude wasting of old time — with a billowy main — a sun — a shadow of a magnitude)"이다. 중요한 의미론적 양상을 강화함으로써, 이 목록에서 통사 구조는 해체된다. 이러한 구조에 대한 시적 중요성을 이해하기 위한 시도로, 그러한 구조를 형태-자유 통찰로 간주한 어렌즈빅을 인용하겠다. 우리가 베르그송의 '형이상적 직관'을 인용했듯이.

내가 자아를 성찰하기 위해 내면에 관심을 집중했을 때, (…) 나는 먼저 물질세계에서 내면으로 오는 모든 지각을, 응고된 딱딱한 빵조각 같은 것으로 표면에서 느꼈다. 이와 같은 지각은 분명하고, 변별적이고, 서로 병렬되어 있거나, 혹은 서로 병렬될 수 있는 것이었다. 예컨대 지각들은 목표를 향하여 서로 모이는 경향이 있다. (…) 그러나 만약 내가 나 자신을 주변으로부터 중심을 향하여 생각한다면 (…) 나는 아주 다른 존재를 발견하였다. 이와 같이 예리하게 세공된 크리스탈과 얼어붙은 표면 아래에는 이전에 내가 보았던 어떤 흐름과도 비교할 수 없는 지속적인 흐름이 존재했다. 거기에는 선행하는 것을 따르고 포함하는 것을 알리는 각 상태들에 대한 하나의 연속체가 있었다. 실제로 시작도 끝도 없이 모든 것이 서로서로 확장되었다. (어렌즈빅, 1965, 34-35쪽)

키츠 소네트에서 "아찔한 고통(dizzy pain)"을 구성하는 요소들은 통사적으로 병렬된 구절들로 표현되었다. 언어에 있어 병렬은 피할 수 없는 것이다. 그러나 통사의 해체는 구문의 논리적 조직을 이완시킨다. 더군다나 그 구절들의 **지시물들**은 '황폐해지는' 것을 말하고 있다. 게다가 '태양'을 제외하고, "예리하게 세공된 크리스탈과 (…) 얼어붙은 표면" 속으로 나머지 것들은 "자신들을 대상 속으로 무리 짓지" 않는다. 예컨대 나머지 모든 것은 존재-자유, 형태-자유의 실체여서, 확실하게 굳어진 경계가 없다. 그래서 그것들은 "시작도 끝도 없이, 모든 것이 서로서로 확장되는" "연속체"로 들어가는 것을 거부하지 않는다. 18세기에 구체화된 "큰 물결치는 바다(billowy main)"라는 유명한 말은 이와 같은 맥락에서 특별한 효과를 지닌다. 윔새트(1954)가 지적했듯이, 이러한 종류의 말은 ('광범위한 확장'의 의미로) '큰 바다(main)'로서의 일반적인 개념으로 사용된다. 이 말은 구체적인 속성들 중의 하나를 언급하는 형용어구로서의 '물결치는(billowy)'이 '대양', 또는 '큰 바다'라는 '실명사 차원'의 직접적인 단어를 건너뜀으로써, 더욱 일반적인 추상 개념과 더욱 일반적인 구체 개념 사이에 긴장감을 생성해낸다. 이 구절의 두 단어는 형태-자유 실체를 드러내는데, 이 시에서는 거대한 에너지를 암시한다.

장엄함(grandeur)과 **위대함**(magnitude)이라는 말은 어원적으로 유사하다. 그럼에도 이들은 다른 의미로 받아들여진다. 장엄함이라는 단어는 사물의 인상적인 자질에, 위대함이라는 단어는 사물의 규모 자질에 적용된다. (역시 이러한 의미에서 이 소네트는 주체로부터 대상으로 이동한다.) 이들의 숭고함의 효과는 축적된다. '태양'과 '그림자'는 숭고함이긴 하지만, 본능적인 열정이 지배적인 이 소네트의 강력한 결구에 걸맞게 분명한 대립을 이루고 있다. 그럼에도 불구하고, "어떤 위대함의 그림자(a shadow of a magnitude)"는 지각 영역을 초월하는 어떤 본질을 암시한다. '그림자'와 '위대함'은 모두 물리적 대상의 속성이다. 그러나 그림자는 어떤 대상에 대한 반영이다. 위대함은 어떤 대상에 대한 추상 개념이다. 예컨대 명명되지 않은 채 남아있는 '대상' 그 자체는 건너뛰어져서, 생략된 '실명사 차원'의 양쪽 사이에 고도의 은유적 긴장감을 생성해 낸다. 여기서 위대함(magnitude)은 시각적인 그림자를 던지는 **존재-자유**의 추상 개념이다. 그리고 더욱 현실적으로 그림자를 던지도록 해주는 빛을 밝히는 태양을 볼 수 있다. 이것이 우리가 묶여 살아야만 하는 '동굴'을 초월하고 있는, 소위 아주 강력한 초감각적 실체를 암시하는 것은 아닌가? 심지어 우리가 볼 수 있도록 해주는 것은 아닌가?

그래서 키츠의 소네트는 한편으로 추상적 주어 '유한성(mortality)'에, 다른 한편으로는 최면 상태의 '원하지 않는 잠(unwilling sleep)'에 적용되는 낮은 차별성을 지닌 서술어 '짓누르다(weighs)'가 암시하는 아주 사소한 종류의 변성 의식 상태로 시작하고 있다. 변성 의식 상태는 구체적인 풍경으로 시작하여 지각할 수 없는 '초월' 세계에 통찰력을 제공하는 아주 낮은 차별성을 지닌 산만한 '절정 체험'으로 끝마치는 숭고함의 연속적 실체를 통해 움직인다. 이 소네트의 세스텟의 특별한 압운 구조는 이와 같이 산만하게 '열려 있는' 결말에 독특한 기여를 한다. 소위 이탈리아 소네트는 세스텟에 다양한 압운 패턴을 지니고 있다. 이 소네트의 압운 패턴은 ababab형이다. 다음과 같이 abab형의 4행시로 끝나는 시를 가정해 보자.

(8) 이러한 희미하게 품은 머릿속의 영광은
　　마음에 말할 수 없는 갈등을 일으키고
　　그리하여 이러한 놀람은 가장 아찔한 고통으로,
　　태양과 — 어떤 위대함의 그림자와 더불어.

(8) Such dim-conceived glories of the brain
　　Bring round the heart an indescribable feud;
　　So do these wonders a most dizzy pain,
　　A sun — a shadow of a magnitude.

마지막 행과 앞 행들의 비논리적 연결과 관계없이 이와 같은 구조는 균형 잡히고, 안정적인 결말을 생성해낸다. 인용한 4행시의 네 번째 행은 아주 **필수적인** 종결을 이루고 있다. 이제 4행이 아닌 6행, 즉 ababab 패턴에서 이 시는 안정적인 종결 대신에 유동적인 패턴을 취한다. 이러한 패턴의 유동성은 "거칠음으로 / 오랜 시간 황폐해지는구나(with the rude / Wasting of old time)"라는 긴장감을 주는 행간걸침을 통해 더욱 강화된다. 만약 인용시 (8)의 종결이 합리적인 지각 자질을 포함하여 매우 차별화된 균형 상태를 지니고 있다면, 유동적이고, 낮게 차별화되고, 산만한 자질을 지니고 있는 인용시 (5)의 개방되어 있는 종결은 이 소네트의 의미와 주제적 차원에서 나타난 낮게 차별화되고, 산만한 의식 상태를 강화시킨다.

이제 이에 대해 고찰해 보자. 인용된 소네트는 키츠의 '무아지경' 시편들 중에서도 중요한 의미를 지닌 예외적 작품이다. 가장 훌륭한 낭만주의의 무아지경 시편들에서 이따금 죽음을 통한 비활동성이 어떤 강력한 활동, 또는 (강렬함을 함축하는) 무한한 숭고성에 의해 상쇄되는 것이 발견된다. 그래서 우리는 키츠의 몇 편의 시에서 죽음 이미지를 강렬한 열정의 맥락으로 사용함으로써 무아지경이 성취되는 것을 발견한다. 키츠가 "여러 강렬함의 세계"를 성취하고 있는 몇 편의 소네트의 종결을 살펴보자.

(9) (…) 그 때 광활한 세상의
해변에 나는 홀로 서서 생각을 하네
사랑도 명예도 허무로 가라앉을 때까지 (키츠, 「두려움을 느낄 때」)

(9) (…) then on the shore
Of the wide world I stand alone and think
Till Love and Fame to nothingness do sink
(Keats, 「When I have fears」)

(10) 여전히, 여전히 그녀의 부드러운 숨소리를 들으며
그렇게 살고 싶어. 그렇지 않으면 기절해 죽는 수밖에
(키츠, 「빛나는 별」)

(10) Still, still to hear her tender-taken breath,
And so live ever — or else swoon to death. (Keats, 「Bright Star」)

(11) 사랑, 명예, 미는 참말로 강렬하다,
그러나 죽음이 더 강렬하다. 죽음은 삶의 강렬한 포상이므로
(키츠, 「내가 왜 웃었냐고?」)

(11) Love, Fame and Beauty are intense indeed,

> But death intenser; Death is Life's high meed
> (Keats, 「Why did I laugh?」)

바바라 헌스테인 스미스 Barbara Herrnstein-Smith(1968, 172-182쪽)에 따르면, 이 시들의 종결부에 있는 죽음과 허무에 대한 언급은 이승 다음에는 아무 것도 존재하지 않는다는 흐릿한 느낌을 환기하는 '종결의 인유'를 만들어낸다. 4행시에 있는 2행 대구(couplet)는 이와 같은 종결의 느낌을 강화시킨다. 그래서 인용 소네트들에서 (강렬한 열정으로 대구화된) 죽음에 대한 언급은 무아지경의 느낌, 또는 '절정 체험'을 생성한다. 이와 같은 2행 대구의 구조적 종결에 의해 강화되는 '절정'의 느낌은 **단호한** 어조를 생성해 낸다. 대조적으로 키츠의 「엘긴의 대리석 석판을 보고서」 소네트에는 죽음에 대한 언급, 또는 구조적 종결이 존재하지 않는다. 그보다는 반대로 ababab 압운 패턴이 안정적인 abab 패턴에 대항하여 '방해'를 한다. ab 단위는 이 두 가지 구조에서 다른 지각적 기능을 한다. 네 번째 행이 강하게 규정되어 있어서 강력한 종결을 성취해내는 abab 패턴에서 ab 단위의 중복은 안정적인 종결 형태를 생성한다. ababab 압운 패턴에서 ab 시행의 짝들은 개방적이고 유동적인 종결을 생성해냄으로써 끊임없이 반복되는 단위로 지각된다. 동시에 종결을 향하여 진행되는 시행은 두 행으로 된 ab 단위에 대항하여 또 다른 '방해'를 한다. 더군다나 한 행으로 병렬되어있는 구절인 마지막 행은 두 개의 균형 잡힌 절반 5+5로 분할되어야 하지만, 비대칭의 두 부분 2+8로 분할되어 종결에 대항하여 여전히 또 다른 '방해'를 한다. 엄격한 압운 패턴에도 불구하고, 이 시의 이러한 방식으로 해체된 형태의 느낌은 내용과 의미 구조에 의해 암시되는 어떤 해체된 의식의 인상을 강화시킨다. '위대함의 그림자'라는 플라톤 식의 인유는 의미로 접근할 수 없는 어떤 세계에 대해 어느 정도 희미하게 포착할 수 있도록 해 주는 가능성을 제시한다.

이제 이 소네트, 그리고 다른 비슷한 소네트에 대해 최종적인 논평을 해보도록 하자. 본고에서 제안한 개념에 따르면, 소네트는 독자에게 무아지경의 체험을 환기하지 못한다. 독자가 무아지경으로 인식하는 지엽적인 자질이 배열될 뿐이다. 우리는 이와 같은 지엽적인 무아지경의 자질을 지각하도록 해주는 소리 수단을 어느 정도 이해해야만 한다.

지금까지의 논의에서 본고는 한편으로 신비평, 구조주의, 언어학, 그리고 다른 한편으로는 인지시학의 아주 전통적인 도구들을 사용했다. 이 지점에서 한편으로 신비평과 구조주의 관계, 다른 한편으로는 이들과 인지시학의 관계에 대해 언급하지 않을 수 없다. 신비평과 구조주의는 내용을 훌륭하게 기술하기 위해서 하나의 텍스트에서, 또는 텍스트들 사이에서 명확한 특성을 드러내도록 해주는 비평 용어들을 사용한다. 그러나 이러한 작업을 할 때, "그래서 어쩌자는 것이야" 같은 질문이 불가피하게 제기된다. '실명사 차원'을 건너뛰는 소유격 구문인 18세기의 유명한 시적 언어의 실례인 "큰 물결치는 바다(billowy main)"에 대한 논의는 여기서 해명될 것이다. 이것은 예컨대 포프Pope의 시적 이상과는 아주 다르다는 측면에서 의미가 있다. 오히려 베르그송이 표현한 '형이상학적 직관'을 담보해주는 소리 구조의 일부로서 의미가 있다. 이와 같은 상세한 기술에 대한 의의를 논의하는 것은 텍스트에 대한 '지각 효과'이다. 그리고 인지시학은 지각 효과를 원리화된 방법으로 다루는 가장 훌륭한 방식을 제공한다. 한편, 인지과학의 개념들은 시 텍스트 내부, 혹은 시 텍스트들 사이에 있는 특성을 명확히 하기 위해서 내용에 대한 기술을 거의 하지 않는다. 그래서 인지과학의 개념들은 신비평과 구조주의가 개발한 개념들, 심지어는 18세기 시 이론에 결정적으로 의존하고 있다.

마지막으로 레이코프Lakoff와 그의 동료들이 말하는, 예컨대 인용시 (1)에 대하여 **행복은 위이고, 불행은 아래이다**라는 일종의 관습적 개념은유와 관련되어 있는 것으로 드러난 몇 가지 나의 예문들이 암시를 주었다. 실제로 레이코프와 필자는 아주 다른 일을 하고 있다. 레이코프에게 **행복은 위이고, 불행은 아래이다**는 개념적 *의미*를 암시한다. 필자에게 이것은 어떤 '지엽적 자질'을 생성해내기 위해 상호 작용하는 여러 요소들 중의 하나이다. 간단히 말해, '불행'이 레이코프에게 하나의 의미라면, 필자에게 '불행'은 하나의 미적 자질이다. 레이코프에게 의미는 "이미 확립되어 있는 것"이다. 필자는 예기치 않은 비유적 의미와 지엽적 자질들은 생성될 수 있다는 견해를 가지고 있다. 이들 중의 몇몇은 레이코프의 개념은유에 기반을 두고 있을 수도 있고, 그렇지 않을 수도 있다. 동일한 이미지는 다른 맥락에서, 심지어 동일한 텍스트에서, 다른 정신 실행("그리고 모든 상상된 산봉우리와 절벽은 / 신이나 견딜만한 고난의"에서처럼)에서, 변별적인 지각 자질들로 기여할 수도 있다. 더욱이 동일한 맥락과 동일한 정신 실행에서까지 새로운 정보는 심지어 사건 이후에도 개념 조건을 재구성한다. 예컨대 학생들은 렌스키 시의 첫 세 행을 읽고서는 '고요'로, 4행을 읽고서는 '슬픔'으로 지각된 정서 자질을 말했다. 위의 분석은 한 편의 시에 있는 동일한 지각 조건이 고요, 혹은 슬픔과 같은 양립할 수 없는 정서 자질을 환기할 수도 있는 지각에 대해 체계적으로 설명하고 있다. 계속된 읽기를 통해, 전체 시는 곧바로 '슬픔'으로 지각된다. 다른 곳에서 필자는 **사건 이후에**(취, 1992, 466-468쪽) 우리의 지각을 반동적으로 변화시키는 인지 구조에 대해 어느 정도 자세히 설명한 바 있다. 「수용할 수 없는 레이코프의 길 Lakoff's Roads Not Taken」(2000a)이라는 논문에서, 필자는 해석과 과학적 사고에 대한 두 가지 접근 방법을 제시했다. 하나는 이미 확립된 의미에 의존하고 있고, 다른 하나는 "모든 작품은 각자의 특별한 경우에 따라 행해진 것으로 남아 있다."(나이츠L. C. Knights, 1964, 229쪽에서 인용)는 가정에 의존하고 있다. 이 두 접근 방식은 빠른 범주화와 느린 범주화라는 각기 다른 인지 전략을 지니고 있다. 시의 정서와 정서 자질에 대한 이러한 필자의 접근방식은 모든 작품을 각자의 특별한 경우에 따라 분석하는 이론적 도구를 제공하는 데 목적을 두고 있다. 심지어 대부분의 사람들이 동일한 반응을 보일 때에도, 접근방식이 관습을 위한 증거일 필요는 없다. 관습은 일상적인 인지 작업에서 우리가 이미지를 사용하는 것을 방해하는 이러한 개념에 선행할 것이다. "탁구공이 달걀보다 큰가 작은가?", 또는 "벌의 머리 색깔은 무엇인가?" 같은 질문에 대해 생각해 보자. 우리는 보통 이와 같은 질문에 대한 대답을 미리 기억 속에 저장해 놓지 않는다. 갑작스럽게 질문을 받을 때, 우리는 기억 속에서 이미지를 꺼내어 적절한 자질을 평가한 다음 새로운 답변을 만들어낸다. (우리는 이것을 '관습'이라 부르지 않는다. 심지어 이러한 질문에 답변하는 대부분의 사람들이 무루하게 동일한 답변을 만들어낸다는 가능성이 있을지라도.) 시인과 독자는 상황을 변화시키는 어느 정도의 창조성을 지니고 있다고 인정하려는 의지가 있는가, 아니면 변화하지 않는 관습에 의해 조건 지워진 것으로 창조성을 간주하길 선호하는가. 이것이 문제시된다.

율격과 리듬

경험적 딜레마

앞의 논의에서 인지 절차가 어떻게 시 형식, 독자의 반응, 비평가의 판단을 형성하고 방해하는지에 대해 살펴보았다. 본고의 마지막 장인 여기서는 아주 간단하게 인지 절차가 어떻게 시 리듬을, 시 리듬의 실행을 형성하고 구속하는지 탐구해 볼 것이다. 다음에서 아주 간단하게 시 리듬의 인지 개념, 그리고 리듬의 경험적 연구와 관련이 있는 몇 가지 주요한 문제들을 제기할 것이다. (이에 대해서는 다른 글에서 상당히 개진된 바 있다. 취, 1977, 1998)

약강 5보격(iambic pentameter) 시행은 비강세 음절과 강세 음절이 규칙적으로 교체되어 구성되는 것으로 생각된다. 먼저 165행으로 된 『실낙원 Paradise Lost』에는 약강 5보격 시행이 딱 두 개뿐이다(취, 1998, 24쪽). 시 독자들은 아주 다르게 인식되는 약강 5보격과 같은 불규칙한 강세 패턴을 어떻게 경험하는가? 일찍이 19-20세기 이래로 어떤 규칙성을 찾아내기 위한 시도로 장비를 사용한 시 연구가 이루어졌다. 이러한 연구에서 성취한 가장 좋은 점은 강세 음절들, 또는 강세 지점들 사이에는 동등하고 일정한 시간 간격이 존재한다고 고집스럽게 지속되어온 신화를 반박한 것이다. 그러나 그들은 시 리듬에 대한 순진한 개념을 지니고 있다. 즉, 그들은 자신들이 한 편의 시의 리듬을 구성하는 관계를 측정할 수 있다고 생각했다. 이에 반해 그들은 시 리듬의 어떤 우연한 실행을 측정하였다.[10] 이러한 문제를 피하기 위해서 웰렉 Wellek과 워렌 Warren(1956, 13장)은 시 리듬이 세 개의 '영역'을 가지고 있다는 하나의 모델을 제시하였다. 예컨대 하나는 강약의 위치를 규칙적으로 선택하여 시행을 구성하는 추상적 작시 패턴이다. 또 하나는 강세 음절과 비강세 음절을 불규칙하게 선택하여 통사 단위를 구성하는 언어 패턴이다. 또 다른 하나는 실행 패턴이다. 필자는 이 모델에 기초하여, 구어 연구에 기초한 리듬 실행 이론, '제한된

---

[10] 이들의 작업은 쉬람 Schramm(1935)이 요약 정리하였다. 역시 웜새트와 비어슬리의 책(1959)을 참조하시오.

채널 용량' 가설, 게슈탈트 이론을 수렴하여 지각 지향적인 하나의 율격 이론을 개발하였다. (은유를 이해하는 것과 마찬가지로) 시의 리듬 실행은 어떤 문제 해결 활동이다. 예컨대 언어 패턴과 작시 패턴이 충돌을 일으킬 때, 이 둘을 동시에 지각할 수 있는 하나의 실행 패턴이 받아들여진다. 작시 패턴은 하나의 예측, 또는 단기 기억 속의 기억 흔적으로서, 인지 체계에서만 하나의 '율격 장치'로서 존재한다. 조지 밀러George Miller(1970)에 따르면, 채널 용량은 "마법의 수 7±2"로 엄격하게 제한되어 있기 때문에 소리 자료는 충돌을 일으키는 패턴들을 동시에 지각하기 위한 정신 처리 공간에 저장되는 것처럼 다루어야 한다. 필자가 이 이론을 체험적으로 실험하려고 했을 때, 모든 실험 음성학의 권위자들은 시 리듬의 주요 부분이 정신에서 일어나는 것이라서 리듬의 적은 부분만이 음성 결과로 검출되기 때문에 이 실험은 불가능하다고 말했다. 나는 소리를 다룰 때 요구되는 것과 같은 내 이론에 기초하여 어떤 예측을 만들어 냄으로써 이러한 문제를 벗어나려고 했다. 그리고 실행의 실례들이 이러한 예측에 따라 리듬의 확정을 판단하는지를 살펴보았다. 그리하여 나는 상대적인 강세, 분명한 발음, 게슈탈트 덩어리, 어떤 (음악적인) 음조 간격의 관점에 따라 예측을 만들었다. 그러나 다시 모든 권위자들은 이러한 변수들의 어떤 것도 기계의 결과물로 도출될 수 없다고 말했다. 필자는 25년 이상 동안 기계는 이해할 수 있다는 관점으로 내 연구의 화두를 재형성하기 위한 방법을 찾으려고 노력해 왔다. 이와 같은 관점은 연속성과 불연속성을 포함하고 있다. 필자가 1977년에 세운 가설은 충돌하는 패턴들은 충돌하는 소리 단서들에 의해 드러날 수 있다는 것이었다(취, 1977, 97쪽, 103쪽, 134쪽). 이 가설은 연속성과 불연속성의 동시적 관점으로 광범위한 충돌 현상을 다루는 방법을 발견함으로써 돌파되었다.[11] 이와 같은 충돌 현상은 계속 진행되는 문장들, 연속되는 강세 음절의 열들, 심지어는 약 위치에 있는 최고치의 강세 등을 포함하고 있다. 본고에서는 이러한 현상들의 첫 번째 것에 대해서만 논할 것이다.

운율 패턴의 충돌, 하나의 경험적 연구

시의 리듬은 동시에 발생하는 작시 패턴, 언어 패턴, 실행 패턴 세 개로 구성되어 있다. 먼저 작시 패턴과 언어 패턴이 충돌할 때, 실행 패턴은 문제에 대한 '세련된 해결책'을 제공해야만 한다. 리듬 실행에서 언어 패턴과 작시 패턴의 충돌은 동시에 지각될 수 있다. 예컨대 행간걸침은 시행의 종결은 말의 흐름에서 불연속을 요구하고, 한 행에서 다른 행으로 넘어가는 문장은 연속되기를 요구하는 것과 같은 충돌을 야기한다. (채트먼 Chatman이 공식화하여) 수용된 견해는 이와 같은 문제에 대한 해결 가능성을 거부한다.

> 낭송 실행에서 모든 애매성들은 진행되기 전, 혹은 진행되는 동안에 해결되어야만 한다. 낭송은 선형적이고 순간적인 특성을 지니고 있기 때문에, 문장들은 한 번에 큰소리로 읽어야만 하고, 특별한 억양 패턴을 제공해야만 한다. 그리하여 실행자는 낭송을 할 때 선택적인 억양 패턴과 억양과 결합한 의미 사이의 선택을 강요받는다. (『신 프린스턴 시학사전 The New Princeton Encyclopedia of Poetry and Poetics』(1993, 893쪽)의 'performance', 채트먼, 1965, 1966)

---

11 이는 내가 랭커스터 대학교 Lancaster University의 게리 노울스 Gerry Knowles와 톰 바니 Tom Barney의 작업을 알았을 때 일어났다.

나는 이 문제에 대해 달리 생각하고자 한다. 나는 1977년도에 발행한 책에서 충돌하는 패턴들은 충돌하는 음성 단서에 의해 나타날 수 있다는 것을 추측해냈다. 1998년도 책에서는 이러한 사실을 실험 연구를 통해 증명하였다. 작시 단위(시행)와 통사 단위(절)가 충돌하고 있는, 즉 구, 또는 절이 한 행에서 다음 행으로 이월되고 있는, 키츠가 쓴 아래의 시 「그리스 항아리에 대한 송가Ode on a Grecian Urn」를 살펴보자. 그리고 유명한 두 영국 배우 더글라스 호지Douglas Hodge와 마이클 쉰Michael Sheen이 낭송한 녹음 자료를 비교해보자.

1. 목가적인 역사학자, 이렇게 표현할 수 있는
   꽃무늬의 설화, 우리의 압운보다 더욱 달콤한…

1. Sylvan historian, who canst thus express
   A flowery tale more sweetly than our rhyme…

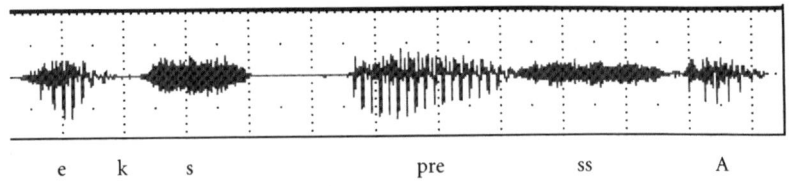

<그림 1> 호지가 낭송할 때, "express A"의 파동 구조 (성문폐쇄음 적시)

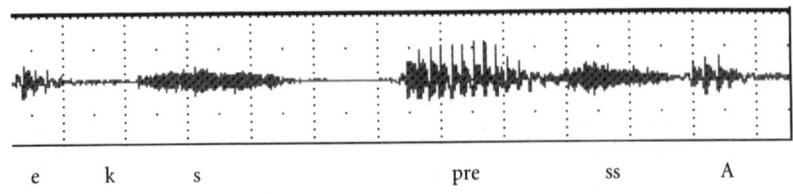

<그림 2> 쉰이 낭송할 때, "express A"의 파동 구조 (성문폐쇄음 없음)

대부분의 청자는 쉰이 다음 행의 처음에 나오는 'A'를 'express'와 연속하여 초조하게 읽는 반면에, 호지는 'express'의 끝을 한 번에, 그리고 동시에 연속적이면서 불연속적으로 읽음으로써 이 문제에 대한 놀라운 리듬적 해결을 보여준다는 것을 판단하는 것이다. 두 단어 사이를 읽어내는 두 사람의 읽기에는 측정할 수 있는 휴지가 없다. 그리고 이는 통사적 연속성을 고려한 것이다. 두 사람의 읽기 사이에는 그들 사이의 지각 차이라고 설명할 수 있는 두 가지 중요한 차이가 있다. 첫째, 쉰의 낭송은 'express'의 /s/가 'A'와 분리되지 않고 연결되어 있다. 반면에 호지의 낭송에서 우리는 파동 도면에서 순간적인 '덩어리'로 나타나는 두 단어를 지각적으로 분리하는 성문폐쇄음을 식별할 수도 있다. (성문폐쇄음이란 "I said 'an aim', not 'a name'을 말할 때, 'aim' 앞에 삽입하는 말소리이다.) 둘째, 일반적으로 'press' 음절, 그리고 특히 폐쇄의 /s/는 쉰의 낭송에서보다 호지의 낭송에서 상당히 길다.

어떻게 **이러한 것들이** 효과를 결정하는 변수라는 것을 알아내는가? 여기서는 더 이상 이론적 고찰을 하지 않겠다. 그렇지만 나는 호지의 낭송과 동일한 지각 효과를 갖는 쉰의 낭송을 전자공학적으로 재현하였다. 나는 쉰의 /s/ 부분을 복사한 다음 반복적으로 붙이기를 하여 /s/를 늘였다. 그리고 호지의 낭송에 있는 성문폐쇄음을 복사한 다음 쉰의 낭송 'A' 앞에다 붙였다. 다시 대부분의 청자는 원본이 아니라 수정본에서 연속성과 불연속성을 드러내는 충돌의 단서를 판단하게 되었다.[12]

나는 유대 시인 알터만의 시에 나오는 유사하지만 훨씬 더 복잡한 행간

---

[12] 이론 구조, 그리고 호지와 쉰의 낭송에 대한 비교는 취의 글(1998)에서 발췌한 것이다. 본고의 이 부분에 대한 확장된 판본은 소리 파일과 함께 온라인에 있는 취의 글(2000b)에서 이용가능하다.

걸침에 대해 연구했다. 이 시에 대한 요시 바니 Yossi Banny의 낭송에서 쉰의 낭송과 마찬가지로 2행의 시작이 1행의 마지막과 분리되지 않았다. 나는 유사한 방식으로 낭송을 다루어서 대학원 세미나에서 두 개의 순수한 낭송 버전의 결과를 소개하였다. 그리고 다시 대부분의 청자들은 원본이 아니라 수정본이 문제를 해결한 것으로 판단하게 되었다.[13]

결론

인지시학은 오늘날 '인지언어학'이라는 이름 아래 진행되어온 것에서 훨씬 더 나아가 성과를 올리고 있다고 생각된다. 인지언어학은 본고에서 진행했던 질문을 하지 않는다. 결과적으로 인지언어학은 답변도 하지 않는다. 인지시학과 인지언어학은 중요한 관점에서 심지어 서로 정반대이다. 인지언어학은 아주 다른 광범위한 은유들이 기저에 있는 동일한 개념 은유로 어떻게 환원될 수 있는지를 훌륭하게 보여 주었다. 반면에 인지시학은 아주 유사한 은유들 사이에 있는 중요한 변별성을 드러내었다. 그리고 이러한 변별성이 독특한 시적 효과를 만들어 낸다고 주장하였다. 인지시학은 시 텍스트의 지각 효과, 그리고 지각 효과와 시 텍스트의 관계를 원리화된 방식으로 설명한다. 주지하는 바와 같이, 인지시학은 더욱이 주제 구조, 의미 구조, 통사 구조, '정신 실행'을 선호하는 독자의 인지 스타일, 압운 패턴, 그리고 지각 효과를 생성해 내는 이들의 상호 작용 등 많은

---

13 이 낭송에 대한 원본과 '수정본'은 온라인에서 이용 가능하다.
http://www.tau.ac.il/~tsurxx/doctored_Barney+Mp3.html. 나는 키츠가 쓴 시 「엘긴의 대리석 석판을 보고서」에 대한 더글라스 호지의 낭송에 대하여 췌의 글(1977)에서 어느 정도 논한 바 있다. 본고의 율격에 대한 연구 부분은 이스라엘 과학재단 Israel Science Foundation의 지원으로 이루어졌다.

것에 대해 말하고 있다. 신비평, 구조주의, 형식주의는 이러한 효과들을 앞선 이론적 방식으로 이따금 아주 훌륭하게 다루고 있다. 인지시학은 이것들을 원리화된 방식으로 다루는 법을 고안해냈다. 결국 인지시학은 시의 의미구조와 리듬구조를 동종 세트의 원리로 이해한다. 이 두 관점으로 인지시학은 선택적인 (정신, 또는 소리) 실행을 인정한다. 그리고 은유의 충돌 개념을 시 리듬의 충돌 패턴과 마찬가지로 "문제에 대한 세련된 해결"이라는 미학적 원리에 따라 다룬다. 예컨대 은유의 충돌 개념은 의미 해석에, 시 리듬의 충돌 패턴은 리듬 실행에 적합한 것이다. 특히 의미 구조와 리듬 구조는 인지 과정에 의해 실현되고 또 구속받는다.

■ 참고 문헌

Austin, J. H. 2000. "Consciousness evolves when self dissolves." In J. Andresen and K. C. Forman (eds.), *Cognitive Models and Spiritual Maps*, 209-230. Thorverton, Essex: Imprint Academic.

Beardsley, M. C. 1958. *Aesthetics: Problems in the philosophy of criticism*. New York: Harcourt, Brace & World.

_____. 1970. "Poetics and Linguistics." In D. C. Freeman (ed.), *Linguistics and Literary Style*, 97-115. New York: Holt, Rinehart & Winston.

Booth, W. C. 1961. *The Rhetoric of Fiction*. Chicago University Press.

Brooke-Rose, C. 1958. *A Grammar of Metaphor*. London: Secker & Warburg.

Burke, K. 1957. *The Philosophy of Literary Form*. New York: Vintage.

Chatman, S. 1965. *A Theory of Meter*. The Hague: Mouton.

_____. 1966. "On the 'Intonational Fallacy'." *QJS* 52: 283-286.

Culler, J. 1975. *Structuralist Poetics*. London: Routledge & Kegan Paul.

D'Andrade, R. G. 1980. "The Cultural Part of Cognition." Address Given to the 2nd Annual Cognitive Science Conference, New Haven.

Dahl, H. 1965. "Observations on a 'Natural Experiment': Helen Keller." *JAPA* 13: 533-550.

Ehrenzweig, A. 1965. *The Psychoanalysis of Artistic Vision and Hearing*. New York: Braziller.

_____. 1970. *The Hidden Order of Art*. London: Paladin.

Gardner, H. 1982. *Art, Mind, & Brain*. New York: Basic Books.

Gardner, H. and Winner, E. 1979. "The development of metaphoric competence: Implications for humanistic disciplines." In S. Sachs (ed.), *On Metaphor*, 121-139. Chicago: Chicago University Press.

Herrnstein-Smith, B. 1968. *Poetic Closure*: Chicago: Chicago University Press.

Jakobson, R. 1960. "Closing Statement: Linguistics and poetics." In T. A. Sebeok (ed.), *Style in Language*, 350-377. Cambridge, MA: The MIT Press.

Keats, J. 1956. *The Selected Letters of John Keats*. (Ed. L. Trilling). Garden City, NY: Doubleday Anchor.

Knights, L. C. 1964 [1928]. "Notes on comedy." In E. Bentley (ed.), *The Importance of Scrutiny*, 227-237. New York: New York University Press.

Kris, E. 1965. *Psychoanalytic Explorations in Art*. New York: Schocken.
Kris, E. and Gombrich E. H. 1965. "The Principles of Caricature." In E. Kris (ed.), *Psychoanalytic Explorations in Art*. New York: Schocken.
Miller, G. A. 1970. "The Magical Number Seven, plus or minus two: Some limits on our capacity for processing information." *The Psychology of Communication*. Harmondsworth: Pelican.
Mizener, A. 1964. "The structure of figurative language in Shakespeare's sonnets." In B. Herrnstein (ed.), In *Discussions of Shakespeare's sonnets*, 137-151. Boston: D. C. Heath and Company.
Ohmann, R. 1970. "Modes of Order." In Freeman, D. C. (ed.), *Linguistics and Literary Style*, 209-242. New York: Holt, Rinehart & Winston.
Ornstein, R. E. 1975. *The Psychology of Consciousness*. Harmondsworth: Penguin.
Otto, R. 1959. *The Idea of the Holy*. (Trans. J. W. Harvey). Harmondsworth: Penguin.
Persinger, M. A. 1987. *Neuropsychological Bases of God Beliefs*. New York: Praeger.
Preminger, A. and Brogan T. V. F. 1993. *The New Princeton Encyclopedia of Poetry and Poetics*. Princeton: Princeton University Press.
Plutchik, R. 1968 [1962]. "The Evolutionary Basis of Emotional Behaviour", In M. B. Arnold (ed.), *The Nature of Emotion*, 67-80. Harmondsworth: Penguin.
Posner, M. I. 1973. *Cognition: An Introduction*. Glenview IL: Scott, Foreman & Co.
Schramm, W. L. 1935. *Approaches to the Science of English Verse*. Iowa City: Iowa University.
Silberstein, L., Gardner, H., Phelps, E. and Winner, E. 1982. "Autumn Leaves and Old Photographs: The Developments of Metaphor Preferences." *Journal of Experimental Child Psychology* 34: 135-150.
Strawson, P. F. 1967. "Singular terms and Predication." In P. F. Strawson (ed.), *Philosophical Logic*. Oxford: Oxford University Press.
Thomson, P. 1972. *The Grotesque*. London: Methuen.
Tsur, R. 1975a. "Two Critical Attitudes: Quest for certitude and negative capability." *College English* 36: 776-778.
_____. 1977. *A Perception-Oriented Theory of Metre*. Tel Aviv: The Porter Israeli Institute for Poetics and Semiotics.
_____. 1978. "Emotions, emotional qualities and poetry." *Psychocultural Review* 2: 165-180.
_____. 1987a. *The Road to "Kubla Khan."* Jerusalem: Israel Science Publishers.

_____. 1987b. *On Metaphoring*. Jerusalem: Israel Science Publishers.

_____. 1987c. *Mediaeval Hebrew Poetry in a Double Perspective —The Versatile Reader and Hebrew Poetry in Spain*. (In Hebrew). Tel Aviv: University Publishing Projects.

_____. 1988a. *Hebrew Hypnotic Poetry*. (In Hebrew). Tel Aviv: The Katz Research Institute for Hebrew Literature.

_____. 1988b. "'Oceanic' Dedifferentiation and Poetic Metaphor." *Journal of Pragmatics* 12: 711–724.

_____. 1992. *Toward a Theory of Cognitive Poetics*. Amsterdam: Elsevier.

_____. 1997. "Douglas Hodge Reading Keats's Elgin Marbles Sonnet." *Style* 31: 34–57.

_____. 1998. *Poetic Rhythm: Structure and Performance —An empirical study in cognitive poetics*. Bern: Peter Lang.

_____. 2000a. "Lakoff's Roads not taken." *Pragmatics and Cognition* 7: 339–359.

_____. 2000b. "The performance of enjambments, perceived effects, and experimental manipulations." *PSYART: A Hyperlink Journal for the Psychological Study of the Arts*.
Available HTTP: http://www.clas.ufl.edu/ipsa/journal/articles/psyart2000/tsur 04.htm;alsoavailable
http://www.tau.ac.il/~tsurxx/Doctored_enjambments.html

Tsur, R., Glicksohn, J. and Goodblatt, C. 1990. "Perceptual organization, absorption and aesthetic qualities of poetry." In L. Halász (ed.), *Proceedings of the 11th International Congress on Empirical Aesthetics*, 301–304. Budapest: Institute for Psychology of the Hungarian Academy of Sciences.

_____. 1991. "Gestalt Qualities in Poetry and the Reader's Absorption Style." *Journal of Pragmatics* 16(5): 487–504.

Wellek, R. and Warren, A. 1956. *Theory of Literature*. New York: Harcourt, Brace & Co.

Wimsatt, W. K. 1954. "The Substantive Level." *The Verbal Icon*. New York: Noonday. 133–151.

Wimsatt, W. K. and Beardsley, M. C. 1959. "The concept of metre: An exercise in abstraction." *PMLA* 74: 585–598.

■ 후기

도날드 프리만 (서던 캘리포니아 대학교)

나는 약 삼십 년 전에 "'문체 선호는 인지 선호를 반영한다'는 오만 Ohmann의 가설"[1]로부터 시작하는 언급을 통해 딜런 토마스 Dylan Thomas 시의 통사에 관한 논문[2]을 다소 대담하게 시작하였다. 그런데 그 당시에는 '인지'가 의미하는 명확한 개념과 '무엇에 대한 선호'를 명시하기 위한 논리적인 이론의 토대가 없었다. 이 책에 수록된 논문들은 수십 년 사이에 인지문체론 분야가 얼마나 발전했는지를 보여주고 있다.

이 책의 저자들은 일찍이 1970년대의 인간 인지에 관한 지식 영역보다 더 견고한 경험적 기반과 다양한 학제 간 이론의 접근 방식을 공유하고 있다. 아마도 1960년대의 일반 언어 철학의 분석 방법에서 일어난 '언어학적 전환'(로티 Rorty, 1967)과 병행하여, 크레이그 해밀턴 Craig Hamilton이 문학비평에서 '인지적 전환'이라고 칭한 문헌들과 마찬가지로, 이 책의 논문들은 인지 분석의 틀 구조로 작품을 분석하면서 더 강력한 해석의 힘을 보여주고자 직·간접적으로 특성화하고 있는 것을 제공하고 있다. 말하자면 나는 이 논문들이 문체론의 초기 연구보다 더 대단하며, 지금까지 소위 '문학 이론'의 틀 구조 내에서 경쟁적으로 진행된 바-인지적이고 바-언어학적인 문학비평보다 더 대단하다고 믿는다. 또한 이 책의 논문들은 내가 다시 겪어야만 하는 특정집단의 불행한 현실을 공유하고 있다.

---

[1] 오만, 1962.
[2] 프리만, 1975년에 간행됨.

이 책에서 가장 명백하게 경험적인 연구에 해당하는 논문들은 경험적인 분석으로부터 도출한 결론들이 문학 분석으로부터 도출한 결과물과 꼭 들어맞는다. 미국 포크 가수 밥 딜런Bob Dylan에 관한 제라드 스틴Gerard Steen의 논문은 딜런의 대표적인 저항 가요에 대한 재해석과 우리의 전위적인 해석에서 장르의 역할에 대한 틀 구조를 생성하기 위하여 인지심리학적 읽기를 끌어들인다. 빌리 반 피어Willie van Peer와 에바 그라프Eva Graf는 미국의 대중 소설가 스티븐 킹Stephen King의 소설 『거시기IT』에서 어린이와 성인의 언어에 어떻게 공간적 개념이 묘사되고 있는지를 연구하기 위해 발달심리학 이론과 그 결과물들을 적용한다. 요나단 컬페퍼Jonathan Culpeper는 도식 이론의 종합, 서사학의 양상, 적합성 이론, 그리고 테운 반 디크Teun van Dijk와 그의 동료들이 함께 작업한 희곡에서의 캐릭터 묘사에 관한 텍스트언어학 연구를 종합하여 서사에서의 캐릭터 묘사 이론을 정립한다. 이러한 논문들의 성과는 문학비평에 쓰인 일련의 분석 틀 때문이다. 이와 같은 일련의 분석 틀은 개념통합에 관한 해밀턴의 말(해밀턴은 언어와 문학 이론에서의 제임슨Jameson(1972)[3]의 말을 바꾸어 말한다.)로 바꾸어 말하면, '직관의 감옥'에서 탈출하는 문학비평을 가능하게 한다.

비평 방식이 유사한 다섯 편의 논문은 주로 유럽의 담론과 서사학 이론의 다양성으로 인지문체론을 종합하고 있다. 엘레나 세미노Elena Semino는 문학 작품에서의 텍스트 세계의 창조에 관한 선구적인 연구를 통해 두 명의 현대 영국 소설가의 작품에서 정신 유형이 어떻게 서사적으로 기술되는가에 대해 더욱 인지 위주의 고찰로 확장하고 있다. 헨리 제임스Henry James의 『융단 속의 문양The Figure in the Carpet』에 관한 야나 포포바Yanna

---

[3] 결과적으로 사람들은 오스트리아-헝가리 제국에 대한 칼 마르크스Karl Marx의 이론을 바꿔 말한 것이지만, 이러한 상호텍스트성은 어디에선가는 멈춰야 한다.

Popova의 통찰력 있는 연구에서는 이야기 본래의 모호성을 해결할 수 없는 이유와 과정을 보여주기 위해 러시아 형식주의자들의 방법론적 함의를 상기시키는 인지은유 이론을 적용하고 있다. 캐더린 에모트Catherine Emmott는 문학 분석과 비평에서 인지적 접근 방식과 서사론적 접근 방식을 융합하기 위한 지점을 '분열된 자아' 서사에서 찾았다. 살바토레 아따도Salvatore Attardo는 오스카 와일드Oscar Wilde의 소설 연구 사례에서 문학 유머 이론과 인지언어학의 틀 의미론을 함께 적용하고 있다. 크레이그 해밀턴은 문학의 알레고리에 대한 다시 생각하기를 네 개 영역의 개념 사상으로 활성화하기 위하여 의도된 말장난이 아닌 부유한 중세 태피스트리 서사에 대한 복잡한 서사론적 분석과 최신의 개념통합 이론을 융합하고 있다.

이와 같은 더욱 직접적인 문학 분석에서 더욱 추상적인 이론 틀 구조를 지닌 인지적 접근 방식들의 합성으로 생성된 것은 혼합물이 아니라 화합물이다. 내 생각에 결과적으로 분석적 태도는 제공된 구성 요소와는 동일하지 않으며, 문학의 서사를 공부하는 학생들은 각자의 주제에 접근하는 기술의 혼합을 실질적으로 재구성할 것이다.

거의 사십여 년 동안 문학 언어에 관해 글을 써온 (그러나 결코 산문 문체론의 얽히고설킨 덤불 속으로 뛰어든 적은 없는) 누군가는 아마도 이 책에서 시에 중점을 둔 네 편의 논문에 대해 우호적일 수 있다. 마가렛 프리만Margaret Freeman은 에밀리 디킨슨Emily Dickinson의 육필 원고 두 편을 분석하면서, 틀 의미론을 적용하여 육필 원고에 나타난 본래의 형식적 형태에 개념 투사를 통해 디킨슨 시의 의미를 인지적으로 재구성하고 있다. 이것은 가장 오래된 전통적인 언어학의 텍스트 학문과 가장 최신의 문학 분석 방법의 결합이다. 피터 스톡웰Peter Stockwell은 인지 이론에 따라 직시 이론의 양상과 주의에 대한 심리학적 연구를 종합하여 밀턴Milton의 소네트 네 작품을 매우 풍부하게 분석하고 있다.4 예스하야후 쉔Yeshayahu Shen은 시적 담화도 담화이기 때문에 항상 독창성과 소통가능성 사이에서 절충하는 것으로 타결해야 한다고 주장한다. 그는 이러한 절충을 따라가면서 액어법, 공감각, 모순 어법의 양상에 대한 구조적 질서를 인지적으로 해석하고 있다. 르우벤 춰Reuven Tsur는 (줄어드는) 시의 해석을 결정하기 전에 시 문구에 대한 우리의 반응을 특징짓는 '선 범주 정보' 이론을 발전시키고 있다. 그리고 그는 히브리 시와 영국 낭만주의 시의 전통에 대한 설득력 있는 분석에 이 이론을 적용한다.

나는 그들의 열정과 지적 교양에 대한 나의 감정을 전달하기 위한 노력으로 이 책에 수록된 논문들에 대한 생각을 적고 있다. 이 책의 논문들은 새롭고, 실질적이며, 기초가 튼튼한 주장을 펼침으로써 그 해석을 구체화하고 있다. 키츠Keats의 시 「엘긴의 대리석을 보며On Seeing the Elgin Marbles」에 대해 르우벤 춰의 해석보다 더 훌륭한 논의가 있을지도 모른다. 그러나 만약 더 훌륭한 논의가 있다 하더라도 나는 수십 년간 이 시에 대한 대부분의 중요한 학술적 읽기에서 그것을 찾지 못했다. 이 책의 논문들은 문학비평 작품 자체로서 실질적인 기여를 하고 있다. 또한 이 논문들에서 문학 분석은 매우 훌륭한 해석적 힘을 지니고 있다. 나는 『인지문체론』의 여러 저자들의 논의를 개관하기보다는 이러한 해석적 힘과 왜 그것이 그렇게 중요한지에 대한 실례를 보여줄 것이다.

하나의 이론은 경쟁 이론보다 더 넓은 범위의 현상을 설명할 때 더 강력한 해석적인 힘을 지닌다. 내가 셰익스피어Shakespeare의 『오셀로Othello』에

---

4 스톡웰은 인지시학의 실천으로서 밀턴의 「소네트 XX」를 특성화하고 있다. 이러한 분석은 동일한 작품을 연구한 스탠린 피시Stanly Fish(1980, 148-173쪽)를 놀라게 할 것이다. 그러나 나는 스톡웰이 옳다고 생각한다.

관한 논문(프리만, 간행 예정)에서 논의했던 것처럼, 인지문체론의 하나의 양상인 소위 인지은유는 극시의 이미지뿐만 아니라 극시의 캐릭터 묘사, 플롯 구조, 동작, 심지어 무대 도구의 양상까지를 설명하면서 지금까지 공통점이 없고 개별적이었던 문학 분석들을 통합한다.

신비평가의 설득력 있는 주장(스티어링 Stirling, 1956, 129~132쪽)과 마찬가지로 이 희곡의 결정적인 이미지는 빛과 어둠이다. 희곡 『오셀로』의 결정적인 인물 관계는 이아고 Iago라는 인물에 의해서 조종된다. 그런데 이 이아고는 또 다른 인물인 오셀로에 의해서 조명된다. 오셀로의 주요 무대 장치는 딸기 모양이 있는 하얀 손수건, 여러 종류의 촛불, 거리에서 다투는 연인과 5막에서 오셀로가 데스데모나 Desdemona를 목 졸라 죽이기 바로 직전 그녀에게 집중된 빛 요소들이다. 이러한 것들의 해결 행은 이아고의 "나는 내가 아는 내가 아니야(I am not what I am)"(1막 2장 62행)[5], 오셀로의 "내게 시각적 증거를 보여달라(give me the ocular proof)"(3막 3장 357행), "촛불을 *끄고* 다음에는 이 촛불을 *끄리라*(Put out light, and then put out the light)"(5막 2장 7행)이다. 왜냐하면 인지 패러다임에서 언어는 은유의 유일한 실증이며, 그러한 은유의 실증은 논리적으로 언어보다 앞서기 때문에 희곡에 관한 모든 사실들은 핵심 은유인 **보는 것은 이해하는 것이다**와 관련 은유인 **빛은 지혜이다**, **빛은 삶이다**로 설명된다. 따라서 인지문체론은 직관적으로 이러한 사실들이 서로 관련되어 있다는 우리의 통찰을 포착한다.

인지문체론은 여러 이론적 장점을 지니고 있다. 인지문체론은 예측을 생성한다. 즉, 내가 『맥베스 Macbeth』의 사례에서 논했던(프리만, 1995) 바

---

[5] 모든 인용은 리들리 Ridley(1958)가 제시한 『오셀로』에 따름.

와 같이 인지문체론은 거대한 야망의 성취와 종국의 좌절을 다룬 희곡은 **경로** 도식, **용기** 도식, 되돌아가야 한다는 강제적인 발걸음에 관한 동작의 이미지 도식에서 나온 은유들을 포함할 가능성이 높다는 것을 예측한다. 그리고 인지문체론은 원칙적으로 틀릴 수 있음을 수용할 수 있고, 반증이 가능한 주장을 생성한다. 이것은 스탠리 피시(1980, 70쪽)가 **견고한 과학에 기초하다** 은유로 인지문체론을 문체론의 허수아비 이론이라고 조롱한 것과는 전혀 다른 주장이다. 피시는 혼자 그 이론을 구축하고 또한 해체하였다. (그 이론이 실행되었을 그 때나, 실행되고 있는 지금이나, 그 이론은 문체론에 어떤 손상도 입히지 않고 있다.) 오히려 문학 분석에서의 이러한 반증 가능한 특성은 소위 미국의 많은 문학 이론들과 구별해 주고, 진정한 이론임을 입증하는 품질보증서이다.

처음에 언급했듯이 나는 유쾌하게 이 책에서 문학 분석의 가치를 찾았다. 그렇지만 이 책에는 저자들에 관한 나를 슬프게 하는 인구통계학적 사실이 존재했다. 그것은 오직 내 조국의 국민과 관련하여 두 가지 경우만이 존재한다. 하나의 경우는 미국에서 영국으로 이민을 갔다는 것이고, 나머지 하나의 경우는 영국에서 미국으로 이민을 왔다는 현실이다. 문체론은 미국에서 성장주가 아니다. 즉, 문체론 전문가의 수는 감소하고 있다.[6] 미국의 주요 연구 대학의 대학원 문학 과정에서 약속한 그대로 개설을 하여도, 그 분야에 연구자를 끌어들일 만한 언어학과 문헌학 같은 관련 영역에서의 연구 수요는 말할 것도 없이, 문체론의 현역연구자 수는 줄어들고 있다. 대신에 지금 부각되고 있는 것은 특수한 다양성을 지닌 자유로운 인류학적 문화 연구로 예시된 다학제 간 특성이다. 다학제 간 특성은

---

6 이 단락의 슬픈 어조가 시사하듯, 이 분야에서 활동하는 현역 숫자는 대략 한 자리 수로 줄어들고 있다.

'과학적 연구'에 대한 유명한 상아탑의 수치(소칼Sokal · 브리크몽Bricmont, 1998, 프리만, 1998)인 소칼 사건과 또 다른 문화 연구의 다양성을 제기하는 두 명의 주요 전문가의 의견을 심각하게 받아들여야만 하는지 의문을 제기한 신문 기사[7]를 통해 제기되었다. 아마도 문화 연구는 해체비평의 거대한 지적 어리석음으로 문학 언어와 여타 언어를 언어학적 자유(꽤 공정하게 말하자면 언어학의 아류)[8]로 분석하는 훌륭한 계승자일 것이다. 그러나 미국 대학의 영문학과에서 나타나는 해체비평의 주도권은 조직의 건강 신호가 아니다. 내가 이 글의 도입부에서 언급했던 학자로서, 오래전에 이 분야를 떠났지만 이 분야의 창시자 중 한 사람인, 그가 쓴 책의 제목[9]을 내 식으로 덧붙이자면, "참으로 미국에서의 영문학은 매우 좋지 않은 상황에 처해 있다."

다소 애처롭지만 나는 이와 같은 생각들 때문에, 그리고 이 책의 논문들을 다시 읽으면서, 문학 분야 내부에서 (또는 미국의 영문학과 내에서) 문학 연구를 개선하려고 내 경력의 후반기를 보낸 것이 실수였다는 결론을 내린다. 즉, 복원은 내가 생각했던 것처럼 영문학 분야 내부에서 이루어질 것 같지는 않고 언어학의 학제 간 연구를 통해 이루어질 것이다. 그리고 학제 간 연구의 두드러진 성과는 이 책의 논문들이 될 것이다. 대서양의 한 쪽에서 노력, 진지함, 통찰력을 통해 쓴 이 책의 논문들은 잃어버

---

7 "Homi Bhabha: Harvard's Prize Catch," *The New York Times*, Nov. 17, 2001, p. A21과 "Creating a Stir Wherever She Goes [on Gayatri Chakravorty Spivak]." *The New York Times*, Feb. 9, 2002, p. B17. 참조.

8 자크 데리다Jacques Derrida(1976)는 1960년대의 스위스 언어학자 페르디낭 드 소쉬르Ferdinand de Saussure의 세기말(19세기를 지칭) 언어 이론에 의지하여 자신의 해체 이론을 주창한다. 그러나 그는 심지어 소쉬르의 『일반 언어학 강의Cours de linguistique generale』의 체계와 기본조차 지키지 않은 것이 반복적으로 증명되었다(엘리스Ellis, 1989, 기타 다양한 자료 참조).

9 오만, 1976.

렸었던 진지한 학문으로서의 고귀한 위상을 지닌 문학 연구와 분석으로 복원하기 위하여 가장 빛나는 희망을 제공한다.

■ 참고 문헌

Derrida, J. 1976. *Of Grammatology*, (Trans. G. C. Spivak). Baltimore: The Johns Hopkins University Press.
Ellis, J. M. 1989. *Against Deconstruction*. Princeton, NJ: Princeton University Press.
Fish, S. 1980. *Is There a Text in This Class?* Cambridge, MA: Harvard University Press.
Fowler, R. (ed.). 1975. *Style and Structure in Literature*. Oxford: Basil Blackwell.
Freeman, D. C. 1975. "The strategy of fusion: Dylan Thomas's syntax." In R. Fowler (ed.), *Style and Structure in Literature: Essays in the New Stylistics*, 19–39.
_____. 1995. "'Catch[ing] the nearest way': Macbeth and cognitive metaphor." *Journal of Pragmatics* 24: 689–708.
_____. 1998. "Our So-Kalled Profession." *Northeast Corridor* 5: 174–186.
_____. In press. "'Speak of me as I am': A cognitive reading of Shakespeare's *Othello*."
Jameson, F. 1972. *The Prison-House of Language: A critical account of structuralism and Russian formalism*. Princeton, NJ: Princeton University Press.
Ohmann, R. M. 1976. *English in America: A radical view of the profession*. New York: Oxford University Press.
_____. 1962. *Shaw: The style and the man*. Middletown, CT: Wesleyan University Press.
Ridley, M. R. (ed.) 1958[1994]. *Othello*. London: Routledge. [The Arden Shakespeare].
Rotry, R. (ed.) 1967. *The Linguistic Turn: Recent essays in philosophical method*. Chicago: University of Chicago Press.
Socal, A. and Bricmont, J. 1998. *Fashionable Nonsense: Postmodern intellectuals' abuse of science*. New York: Picador.
Stirling, B. 1956. *Unity in Shakespearean Tragedy*. New York: Columbia University Press.

■ 찾아보기

■ 용어

(ㄱ)
감각적 은유 ······················· 434
강약도 ····························· 42
개념은유 ··························· 74
개념은유 이론 ···················· 181
개념혼성 ························ 4, 9
개체 발생 단계 ··················· 195
거시 구조 ························· 301
검증 명제 ························· 275
경계 작업 ························· 118
경로 ······························· 199
고발 ······························· 285
공–지시성 ························ 237
공간적 개념 ······················ 191
공간적 이동 ······················ 117
공간적 지시 ······················ 199
공감각 ····························· 321
관계적 직시 ······················ 118
관습적 개념은유 ········ 166, 167, 465
관습주의 접근법 ················· 318
구성적 직시 ······················ 118
구어적 공간 표현 ················ 187
궁금증 이야기 ···················· 285
극적 재범주화 ···················· 399
근원영역 ·························· 305
글쓰기/건축 은유 ················· 11
기능 ······························· 286

기본 개념은유 ···················· 187
기본 은유 ·························· 90

(ㄴ)
나비 도식 ························· 169
나비 영역 ························· 169
나비 은유 ························· 173
내용 ······························· 287
느린 범주화 ······················ 429

(ㄷ)
다중 자아 ························· 261
단순 유추 ··························· 13
단편의 통합 ······················ 402
담론 유형 ························· 286
담론적 직시 ······················ 198
대중 매체 ························· 300
대중음악 ·························· 283
독립 변수 ························· 309
동작주 ···························· 221
동작학적 형태 ··················· 193

(ㅁ)
마비 서사 ···················· 250, 269
말라포로피즘 ···················· 405
매개자들 ·························· 381
매체 ························· 285, 286

명시성 ·············· 305
명시적 은유 ·············· 305
모순 어법 ·············· 321
모호성 ·············· 74
목소리 ·············· 117
목표 ·············· 199
목표영역 ·············· 305
묘사의 병치 ·············· 260
문체 ·············· 287
문학경험론 ·············· 275, 279
문학경험론자 ·············· 275
미란다 영역 ·············· 169
미어휘화 ·············· 156
밀기 ·············· 118
밀턴풍 ·············· 108, 111
MLA ·············· 3

(ㅂ)
반복 제한 ·············· 132
반사실적인 혼성 ·············· 12
방식 ·············· 286
방치 ·············· 132
방향 ·············· 199
범주화 ·············· 83
변동값 ·············· 310
변성 의식 상태 ·············· 417, 441
변수 ·············· 303, 305
복합적인 은유 ·············· 307
분산 ·············· 131
분열된 자아 ·············· 233, 234, 249
비-공간 영역 ·············· 201
비-아이러닉한 읽기 ·············· 77

비-인간화 접근법 ·············· 380
비유 언어 ·············· 316
빠른 범주화 ·············· 429

(ㅅ)
사냥 은유 ·············· 91
사상 ·············· 7, 75
사용 영역 ·············· 287
사회심리학 ·············· 272
사회적 직시 ·············· 198
삶으로서의 은유 ·············· 280
상대론적 관점 ·············· 194
상대적인 본성 ·············· 199
상황 모델 ·············· 388
서사 병치 ·············· 259
서스펜스 이야기 ·············· 285
선범주적 정보 ·············· 417
선택적 투사 ·············· 13
성문폐쇄음 ·············· 471
소칼 사건 ·············· 483
스투르프 실험 ·············· 421
시간적 이동 ·············· 117
시의 리듬 ·············· 469
시적 효과 접근법 ·············· 318
신체화 ·············· 80
신체화된 인지 ·············· 3
실재론적 관점 ·············· 193
실행 패턴 ·············· 469
심리학적 연속과정 ·············· 400

(ㅇ)
압운 패턴 ·············· 460, 472

애매성 ································· 454
액어법 ································· 321
어휘적(개념적) 결핍 채우기 ········ 158
언어 발달 과정 ······················· 187
언어 유머의 일반이론 ··············· 347
언어 패턴 ····························· 469
여성주의 이상향 ······················ 12
영역 ··································· 287
오만의 가설 ·························· 477
요소 ··································· 199
우화 ··································· 22
원천 영역 ····························· 85
위상학적 본성 ························ 199
유머의 의미도식 이론 ··············· 347
유인 ··································· 131
유인자 ························· 131, 132
유추 ······························· 4, 13
율격 장치 ····························· 468
은유 ··································· 4
은유 복합성 ·························· 307
은유적 공간 ·························· 201
은유적 투사 ·························· 90
음조 변화 ······················· 44, 45
의인화 ································· 6
의존 감각 ····························· 445
이데올로기적 관점 ··················· 149
인간화 ································· 378
인간화 접근법 ························ 378
인내 ··································· 122
인지 리얼리즘 ························ 78
인지 태도 ····························· 117
인지과학 ······························ 279

인지문체론 ······················ 188, 345
인지언어학 ······················ 235, 272
인지적 모델 ·························· 282
인지적 재현들 ························ 386
인지적 전환 ·························· 477
인지제약 이론 ················ 316, 319
읽기 ··································· 112
읽기 감각 ····························· 142
입력 공간 ····························· 10

(ㅈ)
자아-은유 ····························· 236
자아-정체성 ·························· 257
작시 패턴 ····························· 469
장르 ··································· 278
장르 기대 ····························· 278
장르 도식 ····························· 288
적합성 이론 ·························· 407
전경화 접근법 ························ 317
절대적인 계측적 본성 ··············· 199
정보 구조 ····························· 300
정서 자질 ····························· 419
정서적 문체론 ························ 112
정신 공간 ······················ 10, 239
정신 실행 ······················ 447, 472
정신 유형 ················ 147, 148, 149
정신적 모델 ·························· 288
정적 공간 ····························· 199
정적 위치 ····························· 199
정합성 ································· 300
종속 변수 ····························· 309
주의 ··································· 131

지각 효과 ·················· 464
지각적 직시이동 ············ 117
지시 적합성 ················ 245
지시 타당성 ················ 239
지시 대상 ··················· 300
지시적 현상 ················ 236
직관의 감옥 ················ 478
직시 ························· 198
직시 중심 ··················· 117
직시이동 이론 ·············· 116

(ㅊ)
채널 ··················· 285, 286
천사 도식 ··················· 160
총체(게슈탈트) ············· 187
총칭 공간 ·················· 10, 14
축어적 공간 ················· 201
축어적 재현 ············ 386, 404

(ㅋ)
캐릭터 묘사 ················· 376
코드 ·················· 285, 286

(ㅌ)
텍스처 ················· 141, 142
텍스트 기반 재현 ··········· 387
텍스트 중심 행위 ··········· 276
텍스트성 ····················· 381
텍스트적 이동 ·············· 118
통사적 미끄러짐 ······ 111, 113
통제 시스템 ················· 389

튀어 나오기 ················· 118
특수 효과 ··················· 263
특이한 개념은유 ············ 167
틀 문법 ······················· 53
틀 의미론 ···················· 53

(ㅍ)
패턴 ························· 288
페미니즘 해석 ··············· 28
표면적 재현 ············ 386, 404
풍유 ······················· 4, 21
피동작주의 ·················· 221
피조 감각 ··················· 445

(ㅎ)
함축적 비평가 ·············· 441
함축적 작가 ················· 441
행위 ························· 382
행위자 ······················ 382
허수아비 이론 ·············· 482
형성 ·························· 78
형식 ························· 286
형이상학적 직관 ······ 455, 464
혼성 ························· 241
혼성 공간 ··················· 243
혼성 이론 ··· 4, 9, 173, 175, 181, 241
혼성 전략 ··················· 243
혼합 접근법 ················· 382
확장 유추 ····················· 13
후방 조응 ··················· 116

■ 인명

(ㄱ)
그레마스 ·· 382

(ㄷ)
더글라스 호지 ································ 470
데이비드 포터 ································· 41
데이비드 헤르만 ······························ 19

(ㄹ)
레이코프 ································ 235, 465
로만 야콥슨 ···································· 427
로저 파울러 ···································· 146
루돌프 오토 ···································· 445
루이스 드 베르니에 ················ 146, 152
르우벤 취 ······································· 415
리빙스톤 ··· 397
리치 ·· 150

(ㅁ)
마골린 ·· 384
마이클 쉰 ······································· 470
마크 존슨 ·· 8
말로우 ·· 450
말테오루스 ·· 6
모리스 메를로 퐁티 ························· 34
모이치 ·· 391
미드 ·· 378
미란다 그레이 ································ 162

(ㅂ)
바바라 헌스테인 스미스 ················ 463

바인즈하이머 ································· 380
반 디크 ··· 376
반 피어 ··· 131
버크 ·· 438
베르그송 ··· 455
부스 ·· 441
브래들리 ··· 378
비어슬리 ··· 440
비어위시 ··· 418

(ㅅ)
셸리 ·· 424
쇼트 ·· 131, 150

(ㅇ)
아브라함 슬론스키 ························· 434
아서 미즈너 ···································· 455
알터만 ·· 430
앙드레드 ··· 435
어렌즈빅 ··· 442
에모트 ·· 383
엔더스 ··· 6
엘레나 세미노 ································ 146
오만 ·· 437
온스테인 ··· 417
요나단 컬러 ···························· 392, 423
요나단 컬페퍼 ·································· 44
요셉 글릭손 ···································· 428
요시 바니 ······································· 472
워렌 ·· 467
웰렉 ·· 467

윔새트 ·································· 447

(ㅈ)
조안 해리스 ···························· 375
조지 레이코프 ···························· 8
조지 밀러 ······························· 468
존 밀턴 ································· 108
존 파울즈 ······························· 162
즈완 ····································· 390

(ㅊ)
찰스 필모어 ······························ 53
채트먼 ·································· 469

(ㅋ)
크리스틴 드 피장 ························· 3
크리스틴 브룩 로즈 ················· 435
키츠 ······························ 443, 450
킨치 ···································· 376

(ㅌ)
터너 ······································ 10

톰슨 ···································· 439
툴란 ···································· 383

(ㅍ)
파울러 ································· 110
포스너 ································· 421
포코니에 ·························· 10, 175
포크너 ································· 147
포프 ···································· 464
프란시스코 바렐라 ······················ 3
프레드릭 클렉 ······················· 150
프로이트 ······························ 442
프로프 ································· 382
플루치크 ······························ 437
피쉬 ···································· 110
피터 스톡웰 ··························· 108

(ㅎ)
하빅 달 ································ 429
하임 렌스키 ··························· 420
헬렌 켈러 ······························ 429

■ **저작물**

그리스 항아리에 대한 송가 ········ 470
내가 사는 세상 ······················· 429
노래 ···································· 424
랜덤하우스 대학사전 ··············· 432
사 대문의 도시 ······················· 249
선율의 번개: 에밀리 디킨슨의 신작 시
 ·· 54

소네트 20 ······························ 109
소네트 23 ······························ 126
소네트 24 ······························ 137
소네트 7 ······························· 138
소리와 분노 ··························· 147
수사적 독자 ···························· 44
수집가 ································· 162

숙녀들의 도시 ································ 3
실낙원 ··· 467
아더 새빌 경의 범죄 ················· 345
에밀리 디킨슨의 미공개 시편들 ···· 37
엘긴의 대리석 석판을 보고서 ······ 443
융단 속의 문양 ··························· 73
잠수종과 나비 ··························· 251

장미 이야기 ························· 5, 25
초콜릿 ·· 375
코렐리 대위의 만돌린 ········ 146, 152
탄식 ·· 22
탬벌레인 ·································· 450
폭력의 아이들 ···················· 234, 270

■ 저자 소개

엘레나 세미노
랭커스터대학교 현대 영어와 언어학과 강사이다. 그녀는 문체론에 관한 여러 논문을 발표하였다. 그녀는 『시, 그리고 다른 텍스트에서의 언어와 세계 형성 Language and World Creation in Poems and Other Texts』(롱맨, 1997)을 출판하였고, 『인지문체론: 텍스트 분석에서의 언어와 인지 Cognitive Stylistics: Language and Cognition in Text Analysis』(존벤자민, 2002)를 공동 편집하였다.

요나단 컬페퍼
랭커스터대학교 영어·언어학과 교수이다. 그는 화용론, 역사적인 측면의 영어, 문체론 연구에 몰두하고 있다. 특히 대인 관계의 화용론과 초기 근대 영어에 관심을 두고 있다. 문체론 연구와 관련하여 인지적인 문체론, 연극, 셰익스피어를 연구하고 있다. 저서로는 『언어와 인물묘사: 연극, 그리고 다른 텍스트에서의 사람들 Language and Characterisation: People in Plays and other Texts』(롱맨, 2001), 『문체론과 셰익스피어: 다학제적 접근 Stylistics and Shakespeare: Transdisciplinary Approaches』(콘티뉴엄, 2011) 외 다수가 있다.

크래이그 해밀턴
노팅엄대학교 영어교육원 강사이며 유전학/생태보호/사회연구소의 연구원이다. 그는 인지시학의 영역에 대해 다양한 저서를 출판하였다. 대표적으로 『불명확한 수수께끼: W. H. 오든의 시에 드러난 정신, 신체, 은유에 관하여 Opaque Enigmas: Mind, Body, and Metaphor in W. H. Auden's Poetry』(UMI Dissertation Services, A Bell & Howell Company, 2001)가 있다. 또한 그는 영국의 영어주제연구소에서 문체론에 관한 글을 편집하고 있다.

마가렛 프리만
로스앤젤레스 밸리 대학의 영어 교수이다. 그녀는 인지과학과 예술에 대한 연구를 증진시키는 데 전념하고 있다. 또 인지와 예술을 위한 'Myrifield 연구소'를 공동으로 운영하고 있다. 매월, 정기적으로 '에밀리 디킨슨 읽기 모임(Emily Dickinson Reading Circle)'을 진행하고 있다. 그녀의 전문분야는 인지 미학이며, 시의 도상성 이론을 연구하고 있다. 논문으로 『시의 도상성에서 은유의 역할 The role of metaphor in poetic iconicity』(Routledge, 2011)외에 다수가 있다.

야나 포포바
옥스퍼드 대학교 강사였고 현재는 미국 오하이오 주립대학교 인지과학과 조교수이다. 그녀는 대학에서 언어학, 문학, 철학 등을 가르치고 있다. 연구의 영역은 인지언어학과 인지시학이다. 구체적으로는 화용론을 포함한 언어와 인식 사이의 관계, 언어와 은유, 인간의 근본적인 인지 능력으로서의 서사, 인간 구현의 한 측면으로서의 시간에 관심을 두고 있다. 저서로는 『이야기, 의미, 경험: 서사성과 실행 Stories, Meaning, and Experience: Narrativity and Enaction』(Routledge, 2015)이 있다.

피터 스톡웰
노팅엄대학교 부교수이다. 그의 가장 대표 저서는 『인지시학개론 Cognitive Poetics』이다. 그는 『사회언어학 Sociolinguistics』(루트리지, 2002)과 『과학소설의 시학 The Poetics of Science Fiction』(롱맨, 2000)을 출판하였고, 『언어의 본질과 기능에 관한 이해 An Introduction to the Nature and Functions of Language』(스탠리소네, 1996)를 하워드 잭슨과 공동 편집하였다. 그리고 『불가능한 소설 Impossiblity Fiction』(로도피, 1996)과 『문체론의 형성 Contextualised Stylistics』 (로도피, 2000)을 공동 편집하였다.

빌리 반 피어
뮌헨 대학의 문학과 교수를 거쳐, 현재 랭커스터 대학에서 문학과 교수로 재직 중이다. IGEL(문학과 미디어의 경험적 연구를 위한 국제 협회) 회장과 PALA(시와 언어학 협회)의 교수이다. 또한 케임브리지 대학의 클레어 홀(Clare Hall) 연구원이기도 하다. 그는 시학에 대한 여러 논문과 저서를 발표했다. 『문체론과 심리학: 전경화에 대한 연구 Stylistics and Psychology: Investigations of Foregrounding』(London, 1986), 『텍스트 길들이기: 언어, 문학, 문화에서의 연구 The Taming of the Text: Explorations in Language, Literature and Culture』(Routledge, 1988)가 대표적이다.

에바 그라프
클라겐푸르트의 알펜–아드리아 대학에서 응용언어학과 부교수로 있다. 그녀는 언어 코칭 프로세스 연구 분야에서 성과를 드러내고 있는 연구자이다. 또 다른 연구의 초점은 성별 이데올로기이고, 특히 성별 이데올로기와 언어의 상호 작용을 연구한다. 그녀는 과학 저널의 편집장이기도 하다. 이론을 실천하고 또한 연구와 실천 사이에 다리를 구축하는 일에 참여하고 있다. 저서로는 『공간과 언어에 대한 대화체 분석을 향하여 Towards a dialogic analysis of space and language』(LIT, 2007) 등 다수가 있다.

캐더린 에모트

글래스고대학교 영어학과 부교수이다. 그녀는 『서술의 이해: 담화의 관점 Narrative Comprehension: A Discourse Perspective』(옥스퍼드대학교출판부, 1997)을 출판하였고, 『언어와 문학 Language and Literature』지의 부편집장이다. 그녀는 현재 AHRB기금으로 수행하는 프로젝트 <문학, 서술, 인지과학: 독서 특성의 학제 간 관점>의 전임 연구원이다.

제라드 스틴

암스테르담 자유대학교 영어과 조교수이다. 그는 문학에 관해 인지적 접근을 한 다양한 저서를 출간하였다. 그는 『문학의 은유 이해 Understanding Metaphor in Literature』(롱맨, 1994)을 출판하였고, 『문학의 심리사회학 The Psychology and Sociology of Literature』(존 벤자민, 2001)을 공동 편집하였다.

예스하야후 쉔

이스라엘 텔아비브 대학교의 문학과 교수이다. 언어 사용과 인지 연구 프로그램을 수행하고 있다. 주요 연구 분야는 이야기 문법, 담화 이해, 비유적 언어 이해, 인지시학, 은유 및 개념 구조 등이다. 「은유와 개념 구조 Metaphors and conceptual structure」(1997), 「은유와 시적 전경 Metaphor and poetic figures」(2008) 등의 연구 논문을 활발히 발표하고 있다.

살바토레 아따도

영스타운 영어과 교수를 역임하고 현재 텍사스A&M 대학교 문학과 교수로 있다. 유머에 대한 저널인 '국제유머연구학회'의 편집장이기도 하다. 그는 빅터 래스킨 교수의 제자로서 래스킨의 SSTH를 확장하여 GTVH를 계발하였다. 이는 유머에 관한 일반 이론으로, 문학에 나타난 유머의 형태를 연구하는 데에 유용하다. 저서로는 『유머 텍스트: 의미론적이고 실용적인 분석 Humorous Texts: A semantic and pragmatic analysis』(Berlin: Mouton De Gruyter, 2001) 등이 있다.

르우벤 췌

텔아비브대학교 히브리어문학과의 명예교수이다. 그는 인지시학을 압운, 소리, 상징, 리듬, 은유, 시와 의식의 변화 상태, 시대 문체, 장르, 원형 패턴, 비평 활동 등에 적용함으로써 인지시학 이론을 발전시켰다. 그는 영문 저서인 『시의 리듬: 구조와 실행 - 인지시학의 실증적 연구 Poetic Rhythm: Structure and Performance —An Empirical Study in Cognitive Poetics』(피터랭, 1998)를 출판하였고, 『인지시학 이론을 위하여 Toward a Theory of Cognitive Poetics』(노스홀란드, 1992), 『무엇이 소리 패턴을 구현하는가: 말소리 지각의 시적 양상 What Makes Sound Patterns Expressive: The Poetic Mode of Speech Perception』(듀크대학교출판부, 1992), 『은유화에 관하여 On Metaphoring』(이스라엘과학출판사, 1987), 『'쿠빌라이 칸'에 이르는 길: 인지적 접근 The Road to 'Kubla Khan': A Cognitive Approach』(이스라엘과학출판사, 1987)을 출판하였다.

도날드 프리만

서던 캘리포니아 대학교의 명예교수이다. 언어학과 문체론을 오랫동안 연구해온 저명한 학자이다. 『언어학과 문학적 문체 Linguistics and Literary Style』(Holt Rinehart & Winston, 1970), 『문학에서의 문체와 구조 Style and Structure in Literature』(Cornell Univ Pr, 1975)(공저) 등의 여러 저서와 논문을 출판하였다.

■ 역자 소개

양병호
현재 전북대학교 국어국문학과 교수로 재직 중이다. 그동안 인지시학에 관심을 가지고 『시와 인지』(역서), 『인지시학의 실제비평』(역서), 『한국 현대시의 인지시학적 이해』 등을 출간했다. 이 외에도 시집 『구봉서와 배삼룡』, 『스테파네트 아가씨』 외 다수와 『시여 연애를 하자』, 『몽상과 유랑의 시학』 외 다수의 저서를 출간하였다.

유인실
전북대학교 국어국문학과에서 문학박사 학위를 받았다. 백석 시를 꾸준히 연구하고 있으며 여성, 소수자, 탈식민성, 환경 문제에 깊은 관심을 가지고 있다. 저서로 『사랑의 시 여행에서 만나다』(공저), 『한국 현대문학과 탈식민성』(공저) 등이 있고 시집으로 『바람은 바람으로 온다』 등을 출간하였다. 현재 전북대학교, 전주대학교에 출강하고 있다.

이승철
전북대학교 국어국문학과에서 문학박사 학위를 받았다. 「정지용 시의 인지시학적 연구」, 「백석과 윤동주 시의 '방' 텍스처 고찰」 등 인지시학과 관련한 연구 논문을 썼다. 시집으로는 『눈의 허기』가 있으며, 『그리운 시 여행에서 만나다』(공저) 등의 저서가 있다. 현재 전북대학교 국어국문학과 강의 전담 교수이다.

이강하
전북대학교 국어국문학과에서 문학박사 학위를 받았다. 「김소월 시에서의 사랑의 구현 원리: 사후적 시간에서 주체의 위치를 통하여」 등의 논문과 『부단한 시적 실험의 도정과 무의미시: 『김춘수』(공저), 『추억의 시 여행에서 만나다』(공저) 등의 저서를 출간하였다. 현재 전북대학교와 원광대학교에 출강하고 있다.

한국문화사 인지시학 시리즈

인지문체론
텍스트의 언어와 인지 분석

1판 1쇄 발행 2017년 8월 10일

원　　　제	Cognitive Stylistics: Language and cognition in text analysis
엮　은　이	Elena Semino(엘레나 세미노) · Jonathan Culpeper(요나단 컬페퍼)
옮　긴　이	양병호 · 유인실 · 이승철 · 이강하
펴　낸　이	김진수
펴　낸　곳	**한국문화사**
등　　　록	1991년 11월 9일 제2-1276호
주　　　소	서울특별시 성동구 광나루로 130 서울숲IT캐슬 1310호
전　　　화	(02)464-7708 / 3409-4488
팩　　　스	(02)499-0846
이　메　일	hkm7708@hanmail.net
홈페이지	http://www.hankookmunhwasa.co.kr

책값은 뒤표지에 있습니다.

잘못된 책은 바꾸어 드립니다.
이 책의 내용은 저작권법에 따라 보호받고 있습니다.

ISBN 978-89-6817-520-6　93700

이 도서의 국립중앙도서관 출판예정도서목록(CIP)은 서지정보유통지원시스템
홈페이지(http://seoji.nl.go.kr)와
국가자료공동목록시스템(http://www.nl.go.kr/kolisnet)에서 이용하실 수
있습니다. (CIP제어번호: CIP2017018233)